復刻版

旬刊美術新報

第3巻

第25号〜第36号（昭和17年5月〜9月）

不二出版

〈復刻にあたって〉

一、復刻にあたっては左記所蔵の原本を使用させていただきました。記して感謝申し上げます。
　　飯野正仁氏、東京文化財研究所

一、原本自体の破損・不良によって、印字が不鮮明あるいは判読不能な箇所があります。

一、資料の中には人権の視点から見て不適切な語句・表現・論もありますが、歴史的資料の復刻という性質上、そのまま収録しました。

（不二出版）

〈第3巻　収録内容〉

第二五号　一九四二（昭和一七）年五月二〇日　発行
第二六号　一九四二（昭和一七）年六月　一日　発行
第二七号　一九四二（昭和一七）年六月一〇日　発行
第二八号　一九四二（昭和一七）年六月二〇日　発行
第二九号　一九四二（昭和一七）年七月　一日　発行
第三〇号　一九四二（昭和一七）年七月一〇日　発行
第三一号　一九四二（昭和一七）年七月二〇日　発行
第三二号　一九四二（昭和一七）年八月　一日　発行
第三三号　一九四二（昭和一七）年八月一〇日　発行
第三四号　一九四二（昭和一七）年八月二〇日　発行
第三五号　一九四二（昭和一七）年九月　一日　発行
第三六号　一九四二（昭和一七）年九月一〇日　発行

〈復刻版と原本の対照表〉

復刻版巻数	原本号数	発行年月
第1巻	第1号〜第12号	昭和16年8月〜17年1月
第2巻	第13号〜第24号	昭和17年1月〜5月
第3巻	第25号〜第36号	昭和17年5月〜9月
第4巻	第37号〜第48号	昭和17年9月〜18年1月
第5巻	第49号〜第62号	昭和18年1月〜6月
第6巻	第63号〜第76号	昭和18年6月〜10月
付録	『戦時記録版　日本画及工芸』第1輯・第2輯	昭和19年2月・9月

第25号

第26号

第27号

第28号

第29号

第30号

第34号

第31号

第35号

第32号

第36号

第33号

第32号

第36号

五月下旬號

旬刊 美術新報

昭和十七年五月二十日發行（毎月三回十日目發行）

ピエール・ボナール作

25

第二回

創元會繪畫展作品公募

會期　昭和十七年九月五日—十五日

會場　上野公園櫻ケ丘・日本美術協會

搬入　昭和十七年九月一日

（出品規定は事務所へ）

東京市世田谷區世田谷三ノ二四四五（須田方）

創元會事務所

（會期中會場）

翔鳥會第五回展

會期　六月二日—七日

會場　銀座・松坂屋（七階）

同人　長谷川路可　狩野光雄　遠藤敎三（いろは順）

繪絹の切符制に就ての御知らせ

繊維製品の切符制販賣に伴ひ、永々休業致して居りましたが、いよ〳〵その配給機構も整備され、繪絹專用の購入票(切符)が發行される事となりました從つて、右購入票御所持無い御方樣へは、御購入いたゞけなくなりましたが、諸先生は勿論、趣味に作畫される方へも、必ず作畫に使用される限り、購入票が交附されます。

右規則の說明書御入用の方は郵券四封入御申越下されば直に、御送附申上げます。

品質と老舗を誇る繪絹專門店!!

京都市中京區新町竹屋町北入

大畑後素堂

電話(3)九三八番

振替大阪五七四九九番

旬刊 **美術新報** 第二十五號要目

□美術家聯盟の結成（時評） 內田 巖
南方の生活工藝の再認識と使命 渡邊 素舟

ボーナル特輯

ピエール・ボナール 益田 義信
ボナールの世界 川路 柳虹
ピエール・ボナールの藝術 レオン・ウエルト

美術家聯盟に望む 木田 路郎
讀畫會展評 豐田 豐
南方文化展の出品

口繪 ピエール・ボナール作品集（六頁）
日本水彩畫展 □南方工藝展覽會グラフ ■美術旬報

色彩感覺と教養

過日藤田嗣治氏が佛印から歸來の談話中に日本畫の水墨が賞揚されたが彩畫がそれほど歡迎されなかつたのは佛人が色彩感覺に於て邦人よりも鋭いといふ點を擧げられてゐたのは一考に價ひする。日本畫の色彩がその本來の素朴な繪具で示す色が單調であるのは致し方ない。併しそれにはそれのいくらでも複雜な用法がある筈である。要は色彩感覺の教養如何の問題である油繪は本來色を主とする美術である。色彩を最も複雜に示しうる繪具をもつてゐる。おのづからアチエールの問題が重視されねばならない。日本の油繪の色彩がなほ貧弱であるとすればそれは油繪畫家の色彩感覺の教養に缺ける點がある爲であらう。本號に紹介したボナールの再檢討もこの點意義があるであらう

迫る火　西澤笛畝

華香鳥語　永田春水

第三十五回讀畫會展

スコール來る　湯原柳畝

白鷺　朝井觀波

獅子　竹原嘲風

岩壁　松久休光

葛蒲　木本大果

遲日　田口黄葵

第三十五回讀畫會展

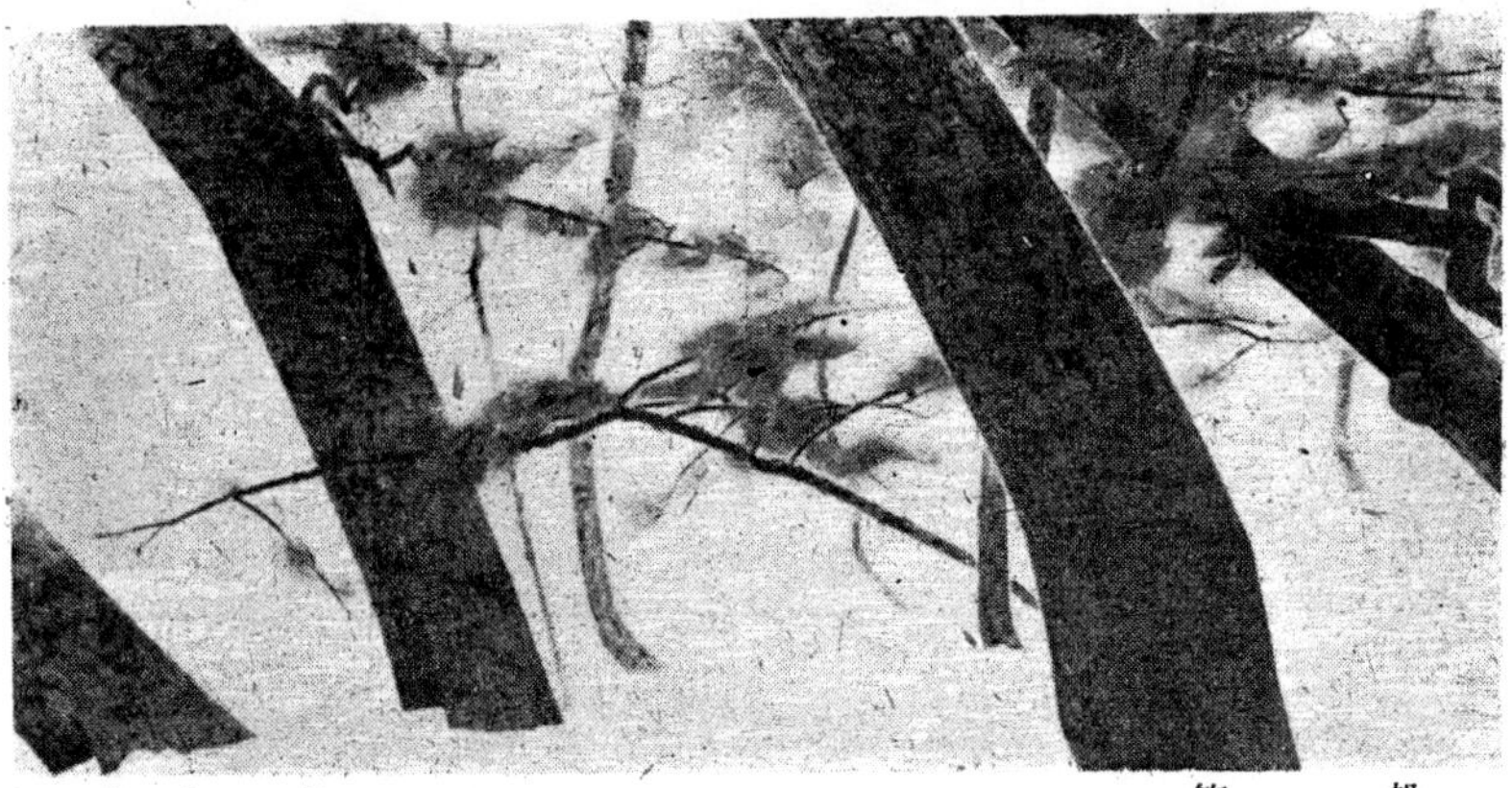

松籟　森白甫

雨後　荒木十畝

風樓に滿　五島耕畝

一水會春季小品展

一水會の人々は小品も大作も同じ氣持で見られる感じである技の細かさ、その洗練が一體に弱い感じであるが、かういふ小品には恰度ふさはしい落着を示してゐる。誰にも好まれさうな繪で畫品も相當に高く惡いアカデミズムでないところが取柄であらう。安井曾太郎氏の「早春」は中景が少しかき足りないやうな憾みはあるが重厚な態度に於ては第一である。且つ色の明るい澁さが特に好ましい。有嶋生馬氏は重厚な筆觸だが平凡無味に陥り、石井柏亭氏は爽快な筆觸により乍ら弱い。小山敬三氏の「白馬」は大分このモチーヴに親しんだ痕が窺はれるがあの最近のソフトフオカース式調子は寫眞のピント硝子の調子を少し外したやなう感じがしてならない。中村善作氏の線は美しく裕伊之助氏の「花」は器物がぞんざいである。山下新太郎氏の「讀書」は場中での重鎭的傑作、卒なき技巧であり、木下孝則氏の「体息」もトンの美しい繪である。高野三三男氏の「女」三點は赤黑黃とコスチユームでわけての描寫だが甘いモダアンな一種のロコヽ趣味に魅力はあるが繪畫的な力がないのが惜まれる。總じてたゞ美しく樂しめる作風を好ましく思つた。（青樹社）

東陽會展　（山懷萠春）　細木原青起

第一美術展

濱地淸松、三國久、御厨純一三氏を理事とする第一美術展は公募展と云ふより塾展と云つた感が強く雜然として、およそ一つの會として堅持すべき主張なり特長なりを認め難いのは遺憾である。陳列作品も習作程度の研究作品が大部分であるが、素直な素質の作家も一、二無いわけではない。

第五室は、從軍作品及戰場に主材せるもの多く時局下異彩を放つてゐたのは特筆すべきであらう。この室では石川重信の「輸送船團」「ラボールの火山」濱地淸松「重慶爆擊に向ふ海軍攻擊機」高橋賢一郎「友軍機來」松見吉彥「砲艇の活躍」など第一線の溌剌たる現實を生々しく描破し、注目すべき佳作が多かつた。

會員級では御厨純一の「靜浦」「雪の山中湖」「川口湖」など淡淡たる寫實の中に滋味ある佳作であり、三國久の「ダム」「天后宮」も流石も流石に手馴れた技巧である。高橋賢一郎「月島風景」山田篤「つり」も記憶に殘

精藝社展

右圖　青柿　山本丘人
左圖　天部　眞野滿

る。

會友、一般出品の中で片倉健藏「無花果の木」姉川覺「お隣り」金貞燮「風景」石川太作「春の野」長谷川富三郎「船上山」水平譲「ラマ塔の廢墟」、谷井喜三郎「水田風景」田中敏三「水郷雪景」などを佳作と目すべきであらう。

第九室の素描、版畫エッチングの室は、此の展覽會の中で最も純粋でもあり充實して居り興味深く見られた。宇田川榮三郎「農家麗日」田中進「伐採」三木辰夫「春の郊外」「ミラノ風景」河邊梅村「小さき弟」その他の肖像連作、野村陸雄「素描」谷井喜三郎「水仙」長谷川富三郎「寺小路」石川重信「突撃前」高橋賢一郎「敵機來る」等を注目した。（府美術館）

第七回新古典美術展

森　女　金子九平次

女人奉請圖　松田侯三

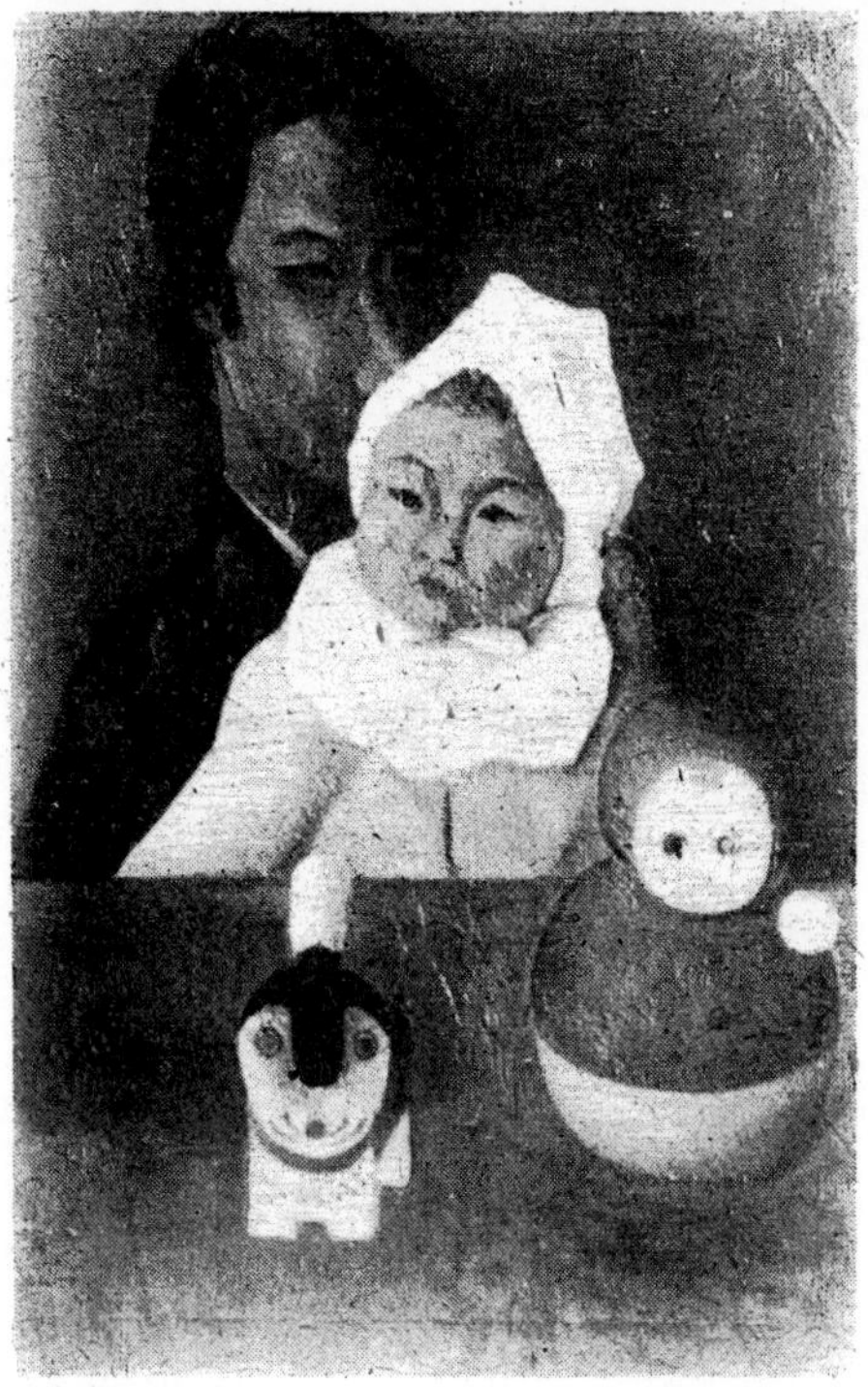

幼兒と玩具　森川鉄

新古典美術展

洋畫、彫刻、工藝、版畫に草月流の瓶華と云ふ多角的集團であるが、結局見るべきものは特別陳列のブルヴデル作「ベートウベン」一點のみと云ふわけである。

主宰金子九平次の彫刻「森の女」もブルウデルと並べては、質的に輕石のやうに輕く、たよりがないのも無理からぬこととして、洋畫はルウオ紛ひのグロテスクな傾向が多く採るべき作品は甚だ稀れである。金子九平次の「南佛カーニユ」川幡正光の「淺間遠望」「雨の不忍池」などが無難と云へるがその他の一般出品は概ねレベル以下である。たゞ一點、傷痍軍人、鈴木定夫の描いた「ジヤングル突破」が稚拙であるにせよ、生々しい實感から來る迫力が貴いものであつた。版畫の松田侯三の「女人像」「女人奉請圖」は力作でもあり好感の持てる佳

京城展出品

（彫塑普及會主催）

藤井浩祐　（化粧）

風土會展

右上圖　春の山　白石達夫

右下圖　雪景　小川廣一

下圖　少女　北原榮

青塑會共同制作　建設

作である。工藝の中にネクタイに澁味のあるいゝ柄があつた。（府美術館）

島あふひ個展

二科閨秀中の偉材、島あふひ女史の近作はフォウブ的筆觸の逞しさと練達な技術を注目された。「早春の中禪寺湖」「くちなし」「ばら」など圓熟した深味を示し「庭」「或畫家の像」も力作として精力的な一面を見せてゐるが「山湖」にみる荒々しいツゥシユや色彩は、まだ一つの試作的畫境から出てゐないやうに思はれる。（青樹社）

俊寛　芝野川

鹿之圖　丸木位里

第四回研究會展

三魁、數慶、茂生三人展

丸木位里氏らの新日本畫研究團體の研究會の流れを汲む人々の試作展であり、新人らしい熱意の見える點を買ふべきであらう、村山三魁は南方への憧憬による臺灣風俗を描き、壁畫風の大作「樂」は裝飾風の細密畫で或程度、題材をこなして居るが「蕃社の少女」の洋畫風の逞しさの方が地についてゐる感じである。樋笠數慶の「池心」はなかなか力作であるが、水に映つた木影がやゝ強すぎる感じであり「白秋」は、落葉の配置が作爲的で氣になる。野原茂生の「山」「丘」「徑」などは割合に無難である。（紀伊國屋）

べにげし　川合清

東陽會展

著名な漫畫家による日本畫の試みである。水墨による南畫風の作品が大部分であるが、中には、宮尾しげをの「琉球糸滿の雨」「廣東珠江の船」のやうな本格的な練達な技術を示すものもある。「琉球糸滿の雨」は版畫的な効果が面白く原色的なアクの強い色彩が興味を惹いた。水島爾保布氏の二作のうち「崖崖」の神經質な細描の方がよい。細木原青起「山懷萠春」「虎枝の芽と白猫」など練達な本格技を示し、服部亮英「梅」は構成がやゝ陳腐であり、むしろ「春駒」の俳趣ある雅致を取る。堤寒三の「富士」「筑波」は、南畫風の精緻な描寫であるが、やゝ型にはまりすぎた感がある。田中比佐良の「啄木の山」はアクの抜けた瀟洒とした技術で淡い詩趣もあり、現代女性を描いた「張り弓」と共に佳作だ。岡本一平「五月雨の頃」など達者すぎ描きすぎて稍うるさく、麻生豐の「春近し」は浩一路と似て非なる版畫的効果を示した水墨で、山襞の描寫など一寸味がある。北澤樂天の「スコール」「難關突破」は悪い意味で畫的な腕達者で、野暮つたく、宍戸左行「水郷五月」の川蒸汽など面白いが蘆の描寫がまづい。下川豐明（凹天）の「降魔」の健達な筆力は相當のものである。（三越）

☆

燦木社第十七回展

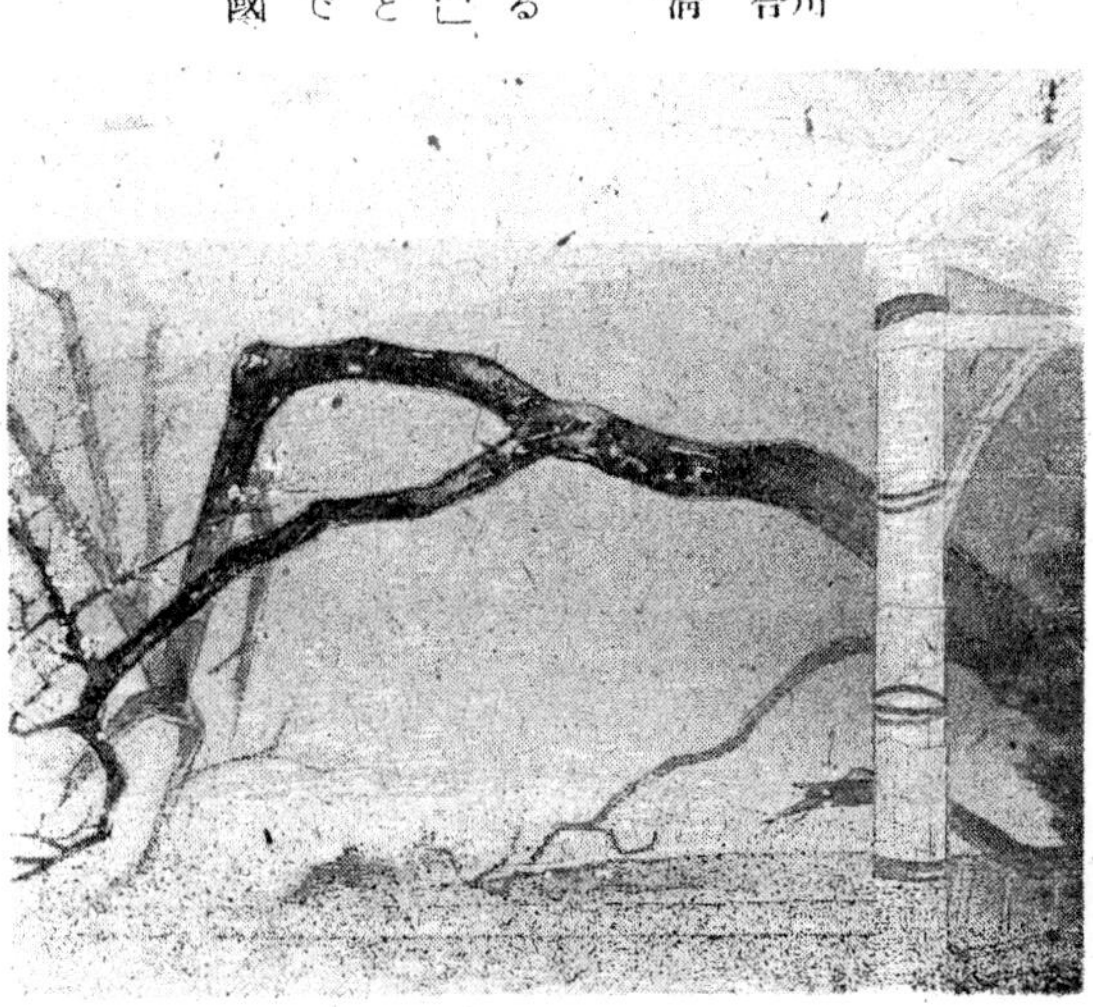

梅の窓　穴山勝堂

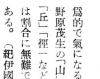

ボナール

繪畫の魅惑はなんであろう。畫面から吾らに呼びかける何か强い牽引である。それは或る場合筆力であり色であり、或は主題であらうが、つまり個性の一切が繪に呼吸の如く感じられる點にある。ピエール・ボナールの藝術は主題が吾らを魅するといふのではない。平凡な庶物、裸女、會食の卓、辻馬車、風景――それが凡てボナールの肉體を通じて光と色の交響樂の中に匂ひの如くに觸感せらるゝ魅惑であらう。本文についてその魅惑の當體を吟味されたい。

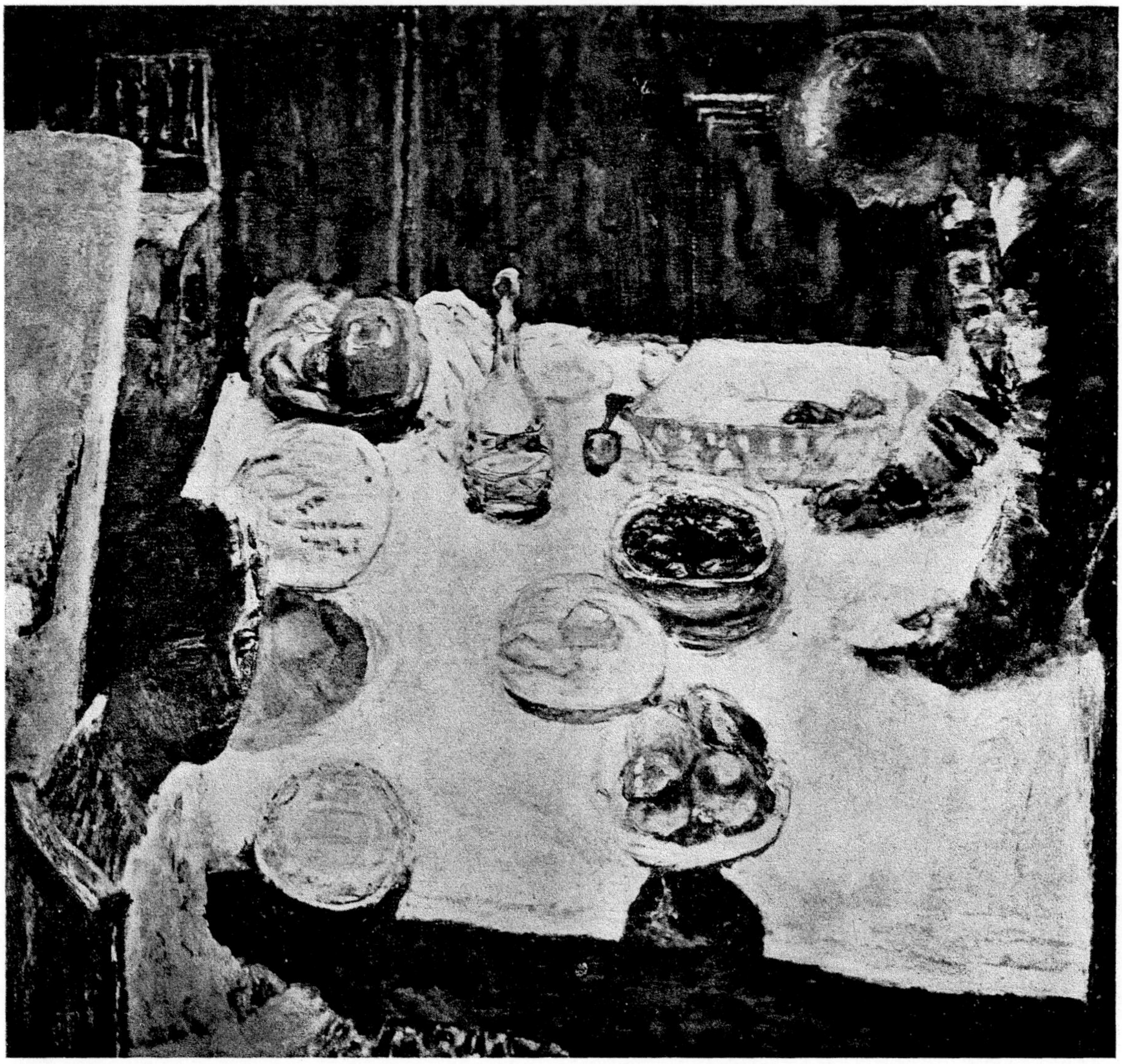

食　卓

食　　卓

木　　陰 (1922)

室内

街の風景

ノルマンヂー風景

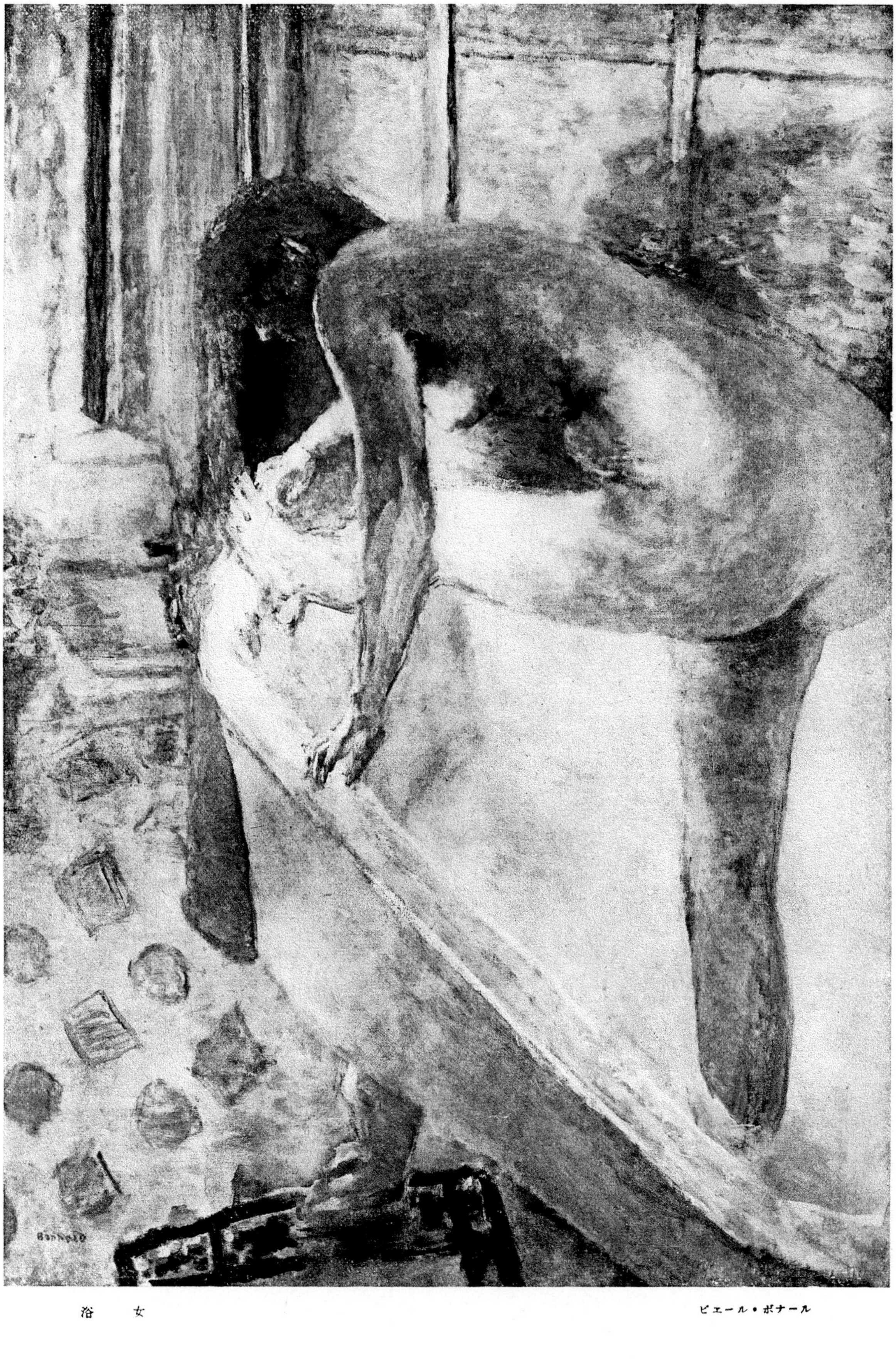

浴　女　　　ピエール・ボナール

愛　犬

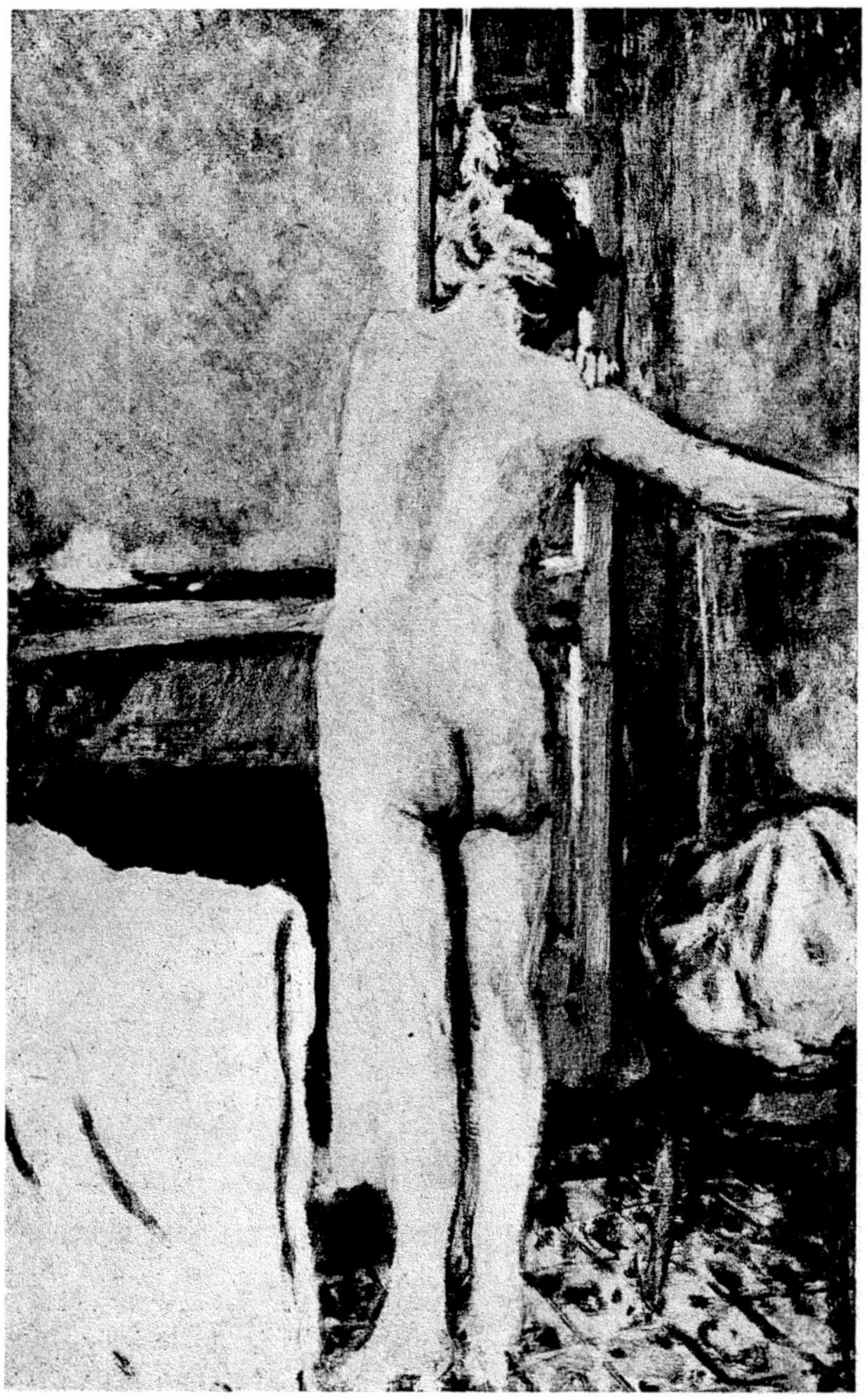

ストーブの前

果　物

南方の工藝

アンコール・ワットの廊下

サンカローク

サンカローク

泰のベンチャロン

螺鈿の高

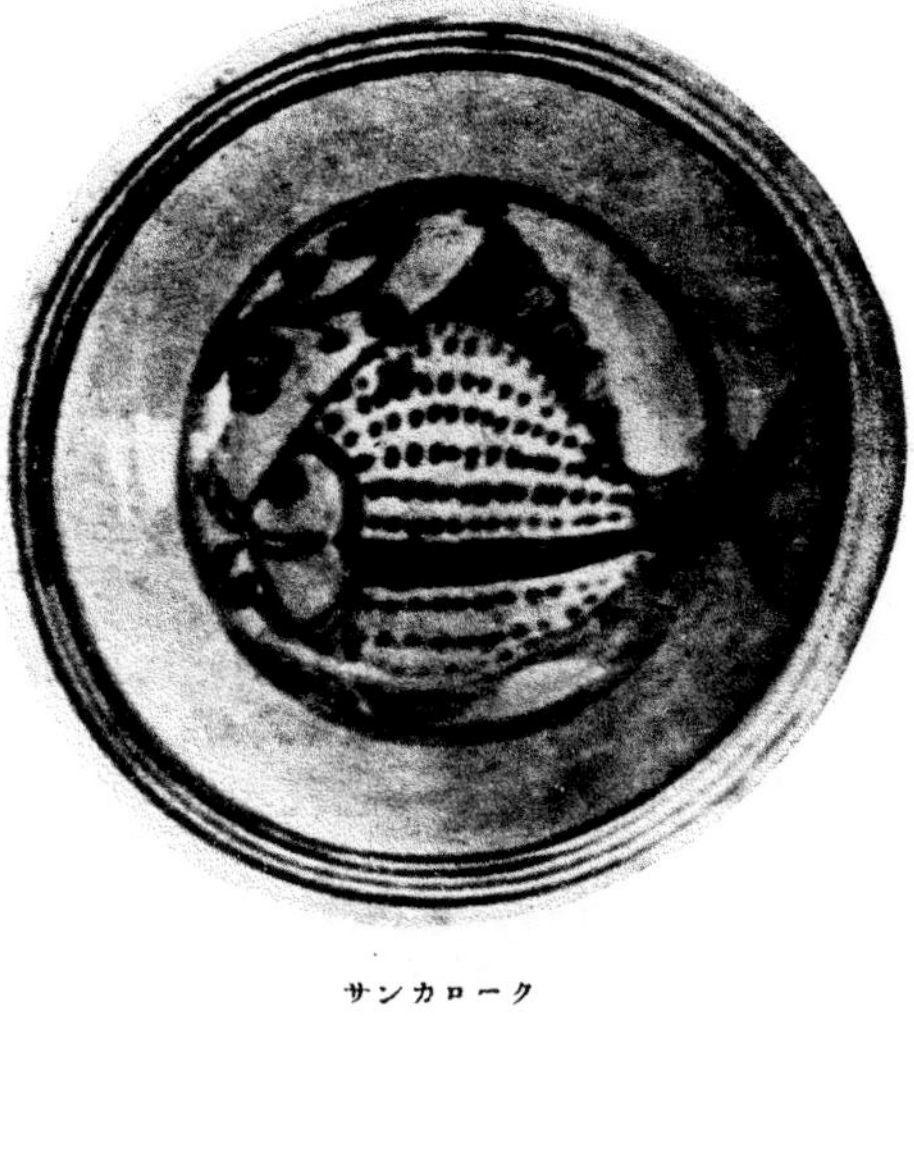

サンカローク

南方の工藝

本文「南方の工藝の再認識と使命」參照

マ カ ラ

銅 鼓（表面）

暹羅染　佛を中心にして火焔樣の葉形を置いてゐるが、特異なほとけからくさである

中米コパン石彫の象鼻———古く象はアメリカにゐなかつたから瓜哇カンボヂャのモチーフと共通する

安南燒(染付)

美術時評

美術家聯盟の結成に當りて

內田巖

食事　ボナール

◇

國家の直面する現狀に對する文化使命の自覺、これが聯盟結成を進めた我々畫家の感情であると思ふ。その感情は有意識的無意識的に參加された個々の立場の中に動いてゐる生活の日本人の面目である。聯盟に參加した一人一人を比較すれば、明暗や、濃淡や、線の强弱も考へられる。しかし一億一心と云ふ理念への追求は今日の急務であらねばならない。

聯盟が多くの困難や畫壇從來の習慣や矛盾を越えてその成立を强行せしめた大きな意味がそこにある。聯盟は今それ等過去のいきさつや未來への問題を抱へて立ちあがつた新しい畫壇の姿勢である。それは現象に拾はれた一概念でもなく、大業に口先の文化をふりかざす觀念の考圖でもない。畫壇が今日の生くる藝術の爲に必然的に立ちあがつた姿である。何者も批難し得ず、何者も嘲笑し得ざる日本の畫家の立ち上つた姿である。

職能組織と云ふ言葉がある。

かつては商業組合と云ふ言葉がある。

しかし藝術家の集團は單にかゝる言葉によつてのみ表現なし得ない。勿論消極的な權益の擁護ではすまされぬ。

赤誠は今日當然の事である。だがその當然は藝術家にとつてより高い當然として考へられねばならぬ。國を思ふ心に變りはない。藝妓組合だつて飛行機を献納する。しかし藝術家の献身はより深くより高い標準を意義づけねばならぬ。酒場、喫茶店だつて協力への標語をかゝげてゐる。藝術家の集團の標語はさうした意味とはその基底に於て矢張り別な系統であらねばならない。

藝術は生活の言葉である。時代の言葉でもある。日本の藝術する血が日本の傳統とその理念に深く裏づけられゝばらるゝ程、その言葉はより正しく、より愼重に採り上げられねばならない。『こんな時代だから畫家も何かせねばならぬ』と云ふやうな考へ方は一掃して欲しい。

藝術家は單なる生活者ではない。

生活しつゝその生活の言葉を作る生活者である。

言葉は人生に於ける相互の心を結びつけ、その行爲の前提を意味づける一箇の刺戟である。

藝術はその刺戟の故に存在する。

だが單なる効用ではなく、刺戟それ自體の中に生きると云ふ表現を持つ。

生きると云ふ事は積極的な義務である。藝術家は生きると云ふ表現の言葉を持つ。

そこに藝術家の國家的な役目の重大性が考へられる。

そこに藝術家の集團と從來考へられて來た單なる職業組合との大きな相違がある。

美術家聯盟の文化的使命への自覺とは以上を意味するのであつて、敢へて通俗的に加算された現象の物質的量感ではない。寧ろ今後の物質を克服してゆく精神の處置を集團として約束せねばならぬ。

『先に開かれた美術家大會は一つの打開作用を意味してゐた。長い間の對立、反感を越えて大家中家小家美術學生の別なく一堂に會した。』と云ふ人もある。しかし打開すべきはかゝる表面の對立でもなく反感でもない。矛盾は更に過去の作家の內部に巢をくつてゐる筈だ。

『又畫家に何が出來るか』こんな眼で我々を眺める向きもある。今迄も畫家はその本來の性格と違つてもつとも嫌ふべき商業主義に頭を下げねば生活が出來なかつた。頭なら我慢も出來やうが、いつか精神をもその精神が所有すべき時間をも捧げてしまつた。反省すべきは寧ろさうした卑屈さである。

しかし私は『畫家に何が出來るか』と云ふ人々に答へよう。その人々の多くは未だ畫家の眞の生活や心を知らない。『畫家は君達の出來ない事をやつてゐるのだ』と私は寧ろ反撥したいのだ。

今日でも『畫家は濡手で粟を掴む生活者』『無用の長物』『遊び人』『靑白きインテリ』そんな風に考へる人がゐる。その節もないではない。だがブローカーや株屋や藝妓屋や淫賣屋の主人の忙しさを以つて我々と比較して我々を遊んでゐると云へるだらうか？

自分の利益の爲に東奔西走してゐる事は、果して、終日アトリヱにゐる我々よりも眞に忙しい事だらうか？そこでアトリヱに居れば遊んでゐる如く考へられる我々を時々不思議に思ふ。

以上は文化使命に直面して我々の深く反省しなければならない事だと思ふ。

今日、戰爭はその生活概念の上で、單なる客觀的な現象ではなく、我々日本人の主觀である。美術家聯盟の主觀もそこにある。

南方の生活工藝の再認識と使命

渡邊素舟

一　ジャバ・スマトラの染織

南方はとまれ資源が豊富であるから既に天平の時代に於いても幾多の香料、犀角、象牙、珊瑚、玳瑁、瑠璃、織物その他の工藝及びその材料が輸入されたし、大佛供養に際しても倍臚だの抜頭だの迦陵頻だのが婆羅門僧正や佛哲によつて齎されてゐるのであるから、南方文化の交渉が繋く深いであらうことはいまさらではない。

既に古く四川省の蜀紅錦や廣東錦は南方スマトラの絣及びジャワの華布と共に盛んに行はれたものである。從つてこれ等の染織に見られた幾何學的の文様は南方苗族の好んだ意匠であり、泰國及びビルマの土族文様にも行はれてゐたのであるから、南方の圖案は一に幾何學的のものといふことが出來さうである。この點原始民族特有の圖案形式ともいへるのであるが、それだけにまた平和の生活を持ち得なかつたであらうことも想像されるところである。從つてさうしたものに使はれた染料が錫蘭産の摩厨の木の果の黄色であり、土蕃の藍であつたことは藍と赤黄を特色とする蜀錦や間道の色々見ただけでも首肯されるし、後世これが爪哇にも移されて爪哇更紗の染料として特異なものにもなつたやうでもある。今日スマトラ産の染織に見えるところの青黄赤等の縞ものゝ原色の明るい澁さがさうした特色から來てゐるものであらうことも解るし、スコールの激しさに洗はれても褪せない色であることの技術が、また極めて合理的に行はれたであらうことは土地の自然の和の義でもあらうことゝして理解されなければならぬであらう。

無論さらさの語はポルトガル語でもあらうが、意義は寧ろ爪哇の土語に見える草花文を撒布する意でもあらうか。即ち從來の土俗では幾何學的の文様が民族の寫生形態として行はれてゐたのであるが、狩獵より農耕の生活が進むにつれて植物を取扱ふやうにもなり、草花文が見られるに至つてさらさの義が葡語によつてキャッチされたのだかも知れない。固より印度には二千年前の陶版幾何文の版型さへもあるのであるから、臈纈染の古く行はれたであらうことはいふまでもない。特にアレキサンダーの東征以後は廣くエヂプトやペルシャにも齎され、泰國から呂宋支那日本にも傳へられてゐるのである。例へば正倉院の臈纈が支那を通したヒンヅーのモチーフであることを見てもかうした消息は頷けるであらうと思へる。

固より爪哇の草花文の特色は土壌的なものであるが、スマトラの青赤黄などの原色の美しさはカリホルニヤを初め南米産のそれよりも東洋的な明るい澁さを見せてゐるところに性格がある。特に明代以後の印金とモール織から成るものゝ豪華な絢しさは特異にして大膽なるデザインと俟つて學ぶべく優れたものといはなければならない。特に絣は間道織に通じてリズミカルな點描が麗しく而も土壌的なモチーフに充ちてゐるところがよい。

いふまでもなく印度の古渡の印華布はポルトガル船や西船によつて早く日本に齎されてはゐるが、當時シャムで圖案して印度で染めた暹羅染《しやむろぞめ》もまた幾何學的な細かい文様の澁いものとして歡迎されたものである。從つて和蘭陀が商權を握つてからは印度、支那、爪哇の文様を自國に輸入して一種の銅版捺染法によつて大量に製産しこれを東洋に輸出したのである。これが和蘭の紅毛更紗である。無論支那でも印度のさらさを摸倣して唐さらさを輸出したのであるから南方文化の齎した時代生活への寄與は大きい。從つて、サントメ、ベンガラ、モール、セイラスの織染から、ジヤガタラ、チャンパ、シャムロ、唐棧等々と總ゆる南方諸地方の染織が輸入されたのであるが、これ等の素材は一にかなきんを用ひたのであるから印度の木綿であり、染料は既述したやうに摩厨の木の果と藍を主として生燕脂をも使つたものであらうが、和蘭陀の統制下に置かれてからは土俗の染方が壓されて逐次にヨーロッパの科學染料を使ふやうになつたら、金澤でさへも爪哇更紗のイミテーションを染めたのであるから南方の染織は漸く亂れ始めたのであるが、とまれ强い陽とスコールに曝されても褪色せぬものはやはり土俗のよさに外ないであらうといへる。それだけにまた爪哇更紗は爪哇なるものに還つてまことのものを創めねばならぬであらう。東亞の科學に新しい基礎を置いて世界的なものへの生産に進まねばならぬであらう。無論これは爪哇やスマトラの染織だけのことではない。南方工藝のために新しい研究所が建てられなければならぬのである。そこに國家の目標の一つがある。

尚、これ等の南方の布飾には眞鍮や貝にて水玉か星のやうにきらきら光るものを嵌してゐるが、この手法はどこやらに王朝時代の金銀螺鈿を服飾に象嵌したのを聯想させるやうに見えて興味が持てる。勿論當時の泉州や揚州との交流文化を考へるならばこれ等の南方文化に接觸したであらうことは容易に窺はれるやうでもある。

二　太平洋の巨石文化

爪哇は阿育王の頃から既に相當の印度文化を持つてゐたやうであるから、建國の西紀前六五年の頃には既にヒンヅー民族の南下に伴つてこれ等染織の技術は移し植ゑられてゐたであらう。無論當時は法顯もいつてゐるやうにバラモンの文化ではあつたらしいが、とまれベクーやカンボチヤと共に印度教徒の植民地的な感じでもあつたのであるから、大乘も齎され密教も傳へられたしまた回教徒から遁れた多くの佛教徒もあつたのであるから、ボロ・ブドルの千佛壇はかうした人々によつて造られたものらしく而も密教に屬する彫刻建築であり、立體曼荼羅としての羯磨曼荼羅であるやうである。從つて印度爪哇式であるから外觀はバラモン式ではあつても、内面は佛教式であり寺院と塔婆との特質を持ち、九層の壇には彫刻と浮彫とを持つてゐるが、中に腕木船などの刻飾があつて今日のカヌーの淵源を示してゐたり、入口の門の上にはキルティームッカがあり、基底にマカラを見せてゐるなど南米のメキシコ及び中米のコパンの刻飾に通ずるものゝあるのは、文化東漸の證を示すものとして意義が深い。無論この種のものはカンボチヤのアンコールトムの壁飾にもあるのであるから、爪哇、コパン、カンボチヤの文化は共通する線上にあるものとして興味が深い。

無論かうした太平洋文明の擴大は古くはネグリートの南下に初まつて以來、インドネシヤが發展し、ヒンヅー民族の南下と原マライ種の勢力に續いてポリネシヤが擴大し、メラネシヤ、ミクロネシヤの發展に俟つて行はれたものでもあらうが、他面また當代の地中海文化とアジヤ文化の交流に預つて勢力のあつたフヱニキヤ人の世界的傳播力によるところが多かつたものかも知れない。即ち今日の太平洋諸島を初めアメリカの東岸に到る雛段灌漑と巨石文化の數々は、一に西アジヤ文化の移動であり發展でもあるとすればこれ等民族の發展的努力のあとを探ることの尊さが解るのである。即ち中米コパンの石彫には象鼻が刻飾されてゐるのと同じく、カンボチヤのアンコールトムの壁彫とか、爪哇のそれにも通じることはアジヤ文化の擴大を示すものとして心强い限りである。

いふまでもなく雛段灌漑と巨石文化は太平洋の諸島に多い。從つて石材にも富むのであるから大東亞の文化の建設にはこれ等の石刻の巨大なるものが登場して來るであらうことは歷史的必然だかも知れないのである。今日の爪哇には石彫の獅子などが興味の多いものだかも知れないが、すべては樣式が硬くになつてゐて興亞的な氣持がない。にも拘らずバリー島には素晴らしい鬼面の彫刻があつて强くわれわれの意慾を唆る。わけても圓く突き出した大きな眼玉と、大きく肥滿したやうな口元には一つのグロ味もあるけれども周圍の裝飾的効果と俟つて興味の多いものと見られる。勿論眼と鼻の感じからして法隆寺の鬼面を聯想させるものもあるが、巧みな裝飾的意匠から見ると一段の面白味があるものといへるであらう。が、而も問題はすべて今後にあるであらうと思はれるところに彫刻とその人々の血が湧くのである。

三　南方圈の陶磁器

フイリツピンでは今日でも尙灰釉の素燒の水瓶などを燒いてゐるやうであるが、元より廣く日常生活の用を足すものでは無論ない。やはりすべては支那、安南、暹羅、カンボチヤ、交趾支那、日本、和蘭等から輸入されてゐるやうである。

支那のものでは古く漢唐元のものから尤も多くは明以後淸朝にかけてのものが多く見える。わけても官窯のものはスマトラ、ジヤバ、バリー島に多いし、福建の染付はまた東印度諸島の北部からニユーギニヤ全島に亘つて見られるから、今日の名古屋の陶器以上に夥しく輸出されたものらしく想像される。元より江西省の南豐窯の染付もまたセレベスには多く見えるが、明代廣東窯の用器はボルネオ、ジヤバ、セレベス、バリー島などにも多い。日本の茶人が交趾安南といつてゐる黃緑褐の三彩も或はこの窯のものだかも知れない。勿論交趾燒といはれてゐるものは西貢からシヤム灣に突出でたデルタ地帶で燒かれたものであり、コーチンチヤイナの地方とされるが、これは大越のことであり占城のことでもあるといはれるから、或は安南燒のことだかも知れないが定かでない。無論その他にも景德鎭と見られるもの或は龍泉窯と認められるものは多い。特に當時は爪哇でもセイロンでも或は占城でもだが、一體に中國の磁器を尊重したやうであるから大いに迎へたものであらうが、安南のものも多く見られる。

元より安南は漢代に大越として獨立したものではあるが、支那からは屬國として扱はれたし、占城からも暹羅からも壓迫されてゐたのであるから、燒物も勢ひこれ等の中間樣式のものとして發達したので多分に女性的感じを持つてゐるものと見られるのである。從つて唐末北宋時代の東京、安南のものはジヤバに多く、セレベスにもまた呂宋にも見える。が、一體に安南人はチベツトビルマ族であり占城族馬來人及び支那人とも混血してゐるのであるから勢ひ中性的の民族でもあるが、而し支那との交渉が一番多かつたせいでもあらうか、安南の文化は一に支那の感化によるものが多く、工藝もまた支那安南式のものともいへる。が、他面またサンカローク窯のものにも通じてゐるだけに暹羅の影響をうけてゐるものとも見られる。窯は東京地方紅河平原の西で燒いたものゝやうであり、桃山末期德川初めにこの方面から輸入されたものと見られる安南吳須とか安南の絞手といはれた染付でもあり、珠光手といはれてゐるものなども或は安南の靑磁だつたのかも知れない。が、なほ南蠻手といはれてゐる呂宋助左衞門の將來した小壺なども見えるのであるが、燒いた窯がどこであるかを判然させる事はむづかしいものゝやうである。田內梅軒の陶器考には德川時代初期の唐物の大部分は安南手だといつてはゐるが判然さうと定められるものでもあるまい。無論これ等は和寇の八幡船や御朱印船によつて持つて來たし、當時は安南にも日本街があつて勢力を張つてゐたから恐らく支那のものよりも安南のものゝ方がより多く輸入されたやうに思へる。わけても安南ものは澁くてやさしいものでもあるから當時の日本人の好みには合つたものゝやうでもある。即ち唐物茶入に呂宋の眞壺それは南蠻の水指などいふやうなものではあるが、とまれ多くのそれ等の中には相當の安南ものがあつたであらうことはいふまでもない。勿論今では雲南鐵道の國境に近い香耕で燒いてゐるやうでもあるが下手物ばかしで感心の出來るものはないやうである。が、とまれ天竺德兵衞や山田長政とか錢屋五兵衞等の一騎當千のつはものどもがゐたのであるから、却つて安南物や暹羅のものが輸入されたやうでもあるが、すべては呂宋から持ち越されたものである。

フイリツピンの壺に就いては、既にスペインの船が呂宋からアメリカに向ふ途中我が土佐沖に於いて難破したからこれを臨檢した時に若干を沒收したし、呂宋助左衞門が南蠻貿易によつて十數個を將來して秀吉に獻じてゐるが、今日比島大學のバイヤーコレクションその他で見ると、こゝには十二世紀以後の宋元明淸のものとサンカローク窯のものが多くあるものゝやうである。

いふまでもなく宋《そん》胡録《ろく》とは日本で呼んでゐる名であるが、泰國ではサンカロークの都で燒かれたものゝことである。今でもチヱンマイ地方で燒かれてゐる淺黃釉の雜器があり、バンコツク地方でも燒瓦、甕、植木鉢、土鍋の類が燒かれてはゐるが、日常用器の類はすべて輸入に仰いでゐるやうである。古く寬永手鑑にも染手吳須手安南とも違ふとあるが、最近三木榮氏はサンカロークでは染付は燒かなかつたといつてゐるが、恐らくこれは廣東の石灣窯のものだともいはれてゐるから茶人が安南吳須だといつてゐたものは廣東窯のものだかも知れない。

從つて宋胡録はバルアン王時代のサンカロークで燒いたものでもあるやうであるが、總じて質が粗く帶黑と帶黃色のものでもあり、これには支那式のものとシヤム式のものとが見える。例へば後者の鬼瓦や佛像などの彫像は雄徑なものであるが、鐵釉で文樣を畫いた前者のものなどは貫入があつて雅趣豐かなものではある。而し形の上から見るとペルシヤ的のものが多いし、繪高麗風のものが多くて親しめるものである。

尙、當代の貴族がシヤムの意匠を支那商人

に與へて景德鎭で燒かせたと傳へられるものにベンチヤロン燒といふ五彩がある。金地錦手の花模〻であり五彩は菩薩模樣と渦卷形が多く、器體一ぱいに模樣を畫き詰めてゐるやうであるが、素地は白磁でも上繪は高肉で緻密であり絢爛なものでもある。が、氣品の餘りないものではある。

かくの如く南方の陶磁器は支那、安南、泰のものが尤も盛んであり、今後のものがまたかうした傳統的繫がりの上に愈々延び榮へねばならぬであらうが、而し支那のものにしても安南、泰のものにしても今日以後の大東亞圈を構成しようとする南方圈の諸民族に對してどれだけの指導と供給が可能であらうかは想察するに難くはない。が、それだけにまたニツポン陶藝家の發奮と蹶起が望まれねばならぬのである。而しそれがどれだけ確かな理解と指導性があるであらうかを省ることは思ひ半ばに過ぎるものがありはしないか。そしてまた支那陶磁のやうな大陸的な技に徹してもゐるであらうかなどゝ、新しい反省の觀點から見直さねばならないのが心せかれるやうでもあるが、他面世紀の作家が徹底的に國家的性格に目醒めてゐるであらうことを思へば、大東亞的なものへの躍進と期待とが望まれること切である。

四　籃胎漆器と螺鈿と錫嵌

漆では泰國に蒟醬塗《きんまぬり》といふものがある。蒟醬は古く四川地方で華撥 Pippali から造つた醬といふ藥であるが、これが廣東から或は雲南から當時のビルマロートを通つて印度に入り西方に傳はつたといはれてゐるから、この藥を入れる容器としてシヤムでは竹で編んだ器體を造りこれに漆を塗つたものであるが、この漆の面には存星の技を以つて色漆を彫塡しそれに金銀の箔をも置いてその上に透明漆をかけてゐるやうでもある。從つて樂浪の漆器がこれと同じく籃胎であるのを見ると兩者の時代的關係が首肯されやう。無論正倉院御物の籃胎がこれに通ずるものであらうことはいふまでもないが、他面玉楮象谷の籃胎漆器はこれを摸したものでもあらうが、泰には櫃とか飯器、汁器、盆から化粧具に喫煙具、佛具、花盛器などがあり、爪哇にもさまざまな籃胎の漆器がある。無論今日の日本にも久留米とか高松などにはこの種のものが作られてゐるけれども、製品が硬くて竹籠の性能を生かしてゐないのが遺憾である。もつと、これ等の製品のやうに竹籠の柔かい彈力性を漆で消さないやうにしなければならぬと思ふ。そして表面に沈金や存星の技を施せば立派なものになるであらう。竹籠の技巧は東洋の特色であり材料も豐富であるから泰の蒟醬や爪哇のものなどを反省して、東亞的ニツポンのものを造らなければならぬと思ふ。

いふまでもなく今日では漆液がないやうであるが、これも一いき王朝時代のやうな國民的な增産計劃を實行する意氣に燃えれば難關の突破は容易であらう。佛印でも農業の副業にではあるがとにかく一六〇〇瓩の程度を採取して日本に輸出してゐるのであるから、愈々大東亞的の見地に立つて世界的增産の企劃を進めなければならないであらう。

尙、螺鈿の合子とか、盤や花瓶といふやうなものゝ精巧なものがあり、鬼神や佛唐草を嵌飾したり、鐵線蓮の寶相華樣を見せてゐることなど、王朝から宋代にかけての文樣の系統が窺はれて興味が深い。特にビルマのきんまには黑漆に錫を嵌飾した合子などを見るのであるが、これなどは王朝時代の白﨟の象嵌を想起させるものとして頗る興味の深い繫がりがあり、東亞的のものとして期待すべきものだかも知れない。漆作品の視野は廣いし。東亞性の史實と覺醒を以つて世界性なるものへの躍進を計らなければならないと思ふ。

五　ボルネオの銅器と泰の象嵌

鑄造に就いては古くボルネオの銅器がある。無論この銅器は多くは朝倉文夫氏の集藏されるものでもあるが、ボルネオのブルナイ族に傳はつてゐるものとして珍らしいものであり、中には日本の銅鑼と同じやうなものもあつて興味を惹くが、恐らくこれも樂器であるらしく、蠟型の仕上げから見て頗る南越の銅鼓に似てゐるものゝやうでもある。銅鑼の表には特有な大蜥蜴が唐草の地文の上に凸飾されてゐるのであるが、いかにもボルネオ的のモチーフであり樣式から見て明代の風趣を見せてゐるものゝやうでもある。

いふまでもなく南越の銅鼓は形からいふと南ロシヤの底無の鼓形土器に通ずるものゝやうであるから、トリポリエ文化を見せてゐるやうでもあるが、表面に凸飾された星形文を繞つて無數の圓輪が全面に擴がり、四方に蟾蜍が蟠つてゐるなどの圖案からいふと恐らく西アジヤ系のものゝやうにも見えるが、とまれかうした文化系統を持つた南方民族の作としては興味の多いものと見られる。從つて既に馬援が交趾を平げた時にあつたのであるから、やはり安南、シヤム、交趾、貴州、廣西あたりで造られたものかも知れない。

勿論ボルネオの銅器も苗族のかうした鑄物に一脈通ずるところあるものであらうことには興味があらう。而も佛印クメール族のシヤールといはれてゐる蠟型鑄物の大酒甕もまたこのブルナイ族が所有してゐるやうでもあり、而もこれは主人が死ぬとこの甕の中に死骸を容れて銅鑼で蓋をして葬るといふ習俗があるといはれるところを見ると、愈々その共通性が考へられるやうになり、惹いては九州の陶棺に思ひを馳せたり、銅鐸の埋沒との關係がまたどこかにありはしないかと香取秀眞氏がいつてゐられるなど、日本と南方との關係は多角的であつて而も深いものゝやうでもある。

・例へば、朝倉文夫氏藏の水入銅器に飾られてゐる犬形や乘馬形には上代日本のはさは形土器のそれを聯想させるところがあり、三木榮氏藏アユチヤ出土の泰の佛頭の顏は夢殿本尊のそれを髣髴されるなど、まことに南方の藝術と工藝には親しめるものが多いのである。わけても南方では蛇形を寫すのに波線の兩側に黑點をつけてゐるやうであるが、これなどは我が帝室博物館にある原始時代の兜の天邊飾から眉庇及び帶金に到るまで線彫の技法を持つてつけてゐるやうであるから、この作者は恐らく南洋系ではないかと思はれて興味が深いが、他面また頭推太刀の形式にしてもアッシリヤのニネベの王宮の壁飾に見えることなど、南方工藝の再認は我等に對して新しい民族的な刺戟を齎すものとして興味が持てる。

なほ泰にも麗しい銅器がある。この銀象嵌は頗る精巧なものであり優れた技巧を見せたものであるが、美しいほとけ唐草を一ぱいに象嵌したり或は獸唐草を同じやうに嵌飾してゐるものでもあるが、まことに精緻にして而も瀟洒な感じを與へるものでもある。器は盛器といつたやうなものであらうが多くは特別な祭典などの時に使はれるものゝやうであり、他にも象嵌の器物は頗る多い。無論この種のものには多分な印度的及びペルシヤ的の感じはあつても、この國獨自の樣式でありどこやらに樂浪の象嵌を聯想させる技であることなど興味の深いものといへる。

木工や竹で造られた槍の確かな美しさは見るからに胸がすくやうな科學性が見えて親しまれるが、質やタブーといふやうな性質のものには多くの興味が持てないやうに思はれる而しスマトラの彫刻的な膳などは力强い刻飾であるし、胡弓や月琴や笙などは全く日本的の形をしたものとして親しまれる。

漆繪籠　　（泰國製）

六　南方工藝研究所の設立

元より南方の工藝は南方の民族の生活と風土に和してものされた物であるから、それだけの必然性と合理性を持つてゐるものに違ひない。從つてわれわれがこれを好むと好まないとに關係はなく南方の動きに卽して發展するものであらうことに間違ひはないのであるが、而し東亞の共榮圈の文化としては自らにしてそこに一つの强い動きが直ぐ正しく押し上げられて來たであらうことを肝に銘記しなければならぬと思ふ。卽ち八紘一宇の聖戰の目的を完遂するためには廣く南方の諸民族をしてよりよくその各々の所を得せしめるための生活を共に手を取つて堀り下げると同時に、築いて往かなければならぬのである。從つてその生活建築の構成要素たる工藝の種々相がよりよき研究を持たずして、よりよき指導と建設が與へられる筈のないことはいふまでもないことであらう。さう思ふと南方工藝の研究こそは東亞共榮圈確立のために缺くことの出來ない基礎條件であるばかしでなく今後の產業の世界性の促進に對しても緊要なことであるといはなければならないのである。私は東亞の新しい生治を建設するために南方工藝研究所を國家的なものとして建設する必要のあることを力說したい。元より今後の新しい敎育のためにも將たまた厚生の上からいつても開拓の點から見ても、この種の研究所の設立は積極的に必要であることを切言してこの一文の筆を擱きたいのである。

戰爭畫の眞實とは？

――現地で語る戰爭畫問題――

現地で戰線の生々しさを體驗した藤田、宮本、栗原、吉岡四畫伯は、戰爭を美術人の眼から、どんなに見たか、戰場にあつての美術眼を語るに相應はしい座談會がこのほど朝日新聞昭南支局に依つて現地で催された。その一節を參考のため拔萃してみよう。

×

栗原氏　彈丸が落ちて來る。首をすくめてぢつとしてゐるのは兵隊と同じだが、違ふのは今度彈丸がきたら落ちる時の光を見てやれなどと思ふ。さういふ意識が働くことだ。

吉岡氏　一種の餘裕があるんだね僕の經驗でも激戰中曳光彈の光を見て、あの色は何と何を混ぜたら出るかと考へてゐる。

藤田氏　今まで見た戰爭畫に比べて何處か違ふところがあるだらう。

栗原氏　砲彈と煙に噓が多いブキテマの一大激戰を體驗したが戰火が夜空に映つて邊りが眞赤になるといふのは噓だ

宮本氏　僕がブキテマの戰跡を觀て印象づけられたのは强烈な光の中に汜濫する綠の色彩だつた。

藤田氏　實際の戰爭を客觀的にみると例へば軍服のボタンが外れてゐるとか、首筋に汗をかいてゐるとか色々のディテールがある。しかしそれは戰爭中は誰も感じないものだ戰爭畫にはさういふ主觀を含めての客觀描寫が必要だね。戰爭畫の畫面はきれいではあり得ない。今までのはきれいに描き過ぎてるね。

栗原氏　畫面がきれいでないといふのは決定的な事實だな戰爭最中に感ずる綠はどす黑い暗綠色の一色だ。細い新芽の色、空の反射を受けた明い綠などは感じない。

藤田氏　僕は主觀によつて誇張していゝと思ふ。海が對照的にきれいだとか、波の色が鉛のやうに鈍く光るとか、縱橫無盡に主觀を混へて描きまくるべきだ。

ピエール・ボナール

益田義信

印象派以後巴里畫壇で其の名を知られた多くの畫家達の中には、可成りの外國人乃至は外國人との混血が見られる。殊にスペインの血を持つたピカソを首領とする立體派の誕生以來、踵を繼いで現れた。何々主義、何々派と云はれた運動を顧みると、其處には雜多な民族を發見することが出來る。

斯うした民族の多樣性は、フランス近代美術の華とも云はれた、所謂巴里派の人々を初め、其他の畫家達の仕事の上で、其の感受性、感情の强弱、表現の方法、色彩感覺となつて、實に雜然とした風貌を備へるに至つた。オランダの田舍から出て來たヴアン・ゴッホが、巴里で印象派の作品に接した時、如何に心を打たれ、フランス人の持つ色彩感覺に魅力を感じたかは、當時の彼の作品を通じて感得することが出來る。ピカソが野心滿々として故國スペインから巴里に現れた時、如何にロートレックに魅惑され、更にモンマルトルの生活を身に泌みて愛し、フランスといふ異國の文化に身を搖がされたことだらう。イタリー出のモヂリアニ。オランダ出のヴアン・ドンゲン。ポーランドの血を持つたキスリング。スペイン系ユダヤ人を父とし、イタリー系の母を持つたパスキン。リトアニアのスーチン。實に枚擧に遑なき程である。

彼等は同樣に巴里に參集し、勉强し、そしてフランスといふ異國の文化、美術に心を搔き廻された經驗を持つた人達である。

ボナールは、斯うした經驗や惱みは曾て味ふことなく、純粹のフランス人として生れた。一八六七年、巴里郊外フオントネー・オーローズの或る中産階級の子弟として生れ、圓滿な家庭に育つて、一法律學生として其の出發をした。然し彼が法學士の稱號を得た頃は、既に繪畫に對する脈々たる熱情を秘めて、アカデミー・ジユリアンの熱心な畫學生として畫人としての生涯の一歩を踏み出してゐた。爾來今日七十五歲の高齡に達する迄、畫人として、又人として誠に順調な路を進み、身についたフランス的な感覺と、美に對するラテン的な優れた素質とが、幸福な環境と、彼の熱情と相俟つて美事に育生された。

アカデミーを出た當時から今日迄の彼の進展を見ると、其處には整然とした發展こそあれ、轉身とか飛躍と云ふものはない。初期に於て、日本畫の構圖法に影響されたことは面白い事實と云へよう。縱に細長い畫面に、互に有機的な關係を保ち乍ら對象物を配置した作品。物質感よりも、平たく塗られた面を以て繪を構成するといふ興味。斯うした態度はゴーガンの影響と相俟つて、裝飾的な畫面を作らせた。

其後モンマルトルを主題とする、青・綠・黑・灰色の暗い調子のエポックが續いた。私は、ボエシイ街の畫商の窓で見た一枚のボナールを今でも覺えてゐる。或るカフエーの內部から見たモンマルトルの夜景だつた。黑い外套の女の半身を前景として、電燈に照された街の雜沓が見える。雨に濡れた步道には、寒さうに身をちゞめて人が行く。街燈の黃色が生き〳〵とした生命を與へてゐる。此の作品を思ひ出すと、私はモンマルトルの雜音を聞く思ひがする。其處に盛られた詩情はヴエルレーヌ、マラルメのそれである。薄靄に包まれた灰色の町。雨に濡れて客を待つ辻馬車の列。黑いマントの子供達。斯うした主題は凡そ十年程續けられた。

次に彼の田園風物を主題とした作品が續いた。ドーフイネ、ノルマンデイー、ヴレーヌ、ヴエルヌイユの風景は、彼のパレツトを明るくした。太陽と、明澄な空氣とが畫面の隅々まで這り込んだ。色彩が氾濫した。色彩家《コロリスト》としての彼の天分は此處で見事に發揮された。花、田園風景、室內、裸婦等が複雜な構圖と芳醇な色彩を持つて誕生した。此の聯作は一九一三年頃まで續く。

色と光とは、遂に其の飽和點に達した。形と線とは之れ等の內に姿を消して了つた。此處に到達した彼は、自分の藝術に就て反省する時が多くなつた。

『形（フオルム）は嚴然とした存在である。私は色彩の爲に「形」を犧牲にしてゐた』

斯うした反省がなされて以來、彼が硬い鉛筆でデツサンする姿を見ることが多くなつた。形と色彩とが兩々相俟つて彼の作品は益々其の豐饒さを加へた。

冬は南佛に、春は巴里に、夏は巴里郊外で精進する彼は遂に一流の畫人たるの地位を得て、彼の美術は其の老齡と共に益々練磨された。ボナールと云へば印象派の最後を飾る人と考へられてゐたが、彼の藝術は更に現代に迄伸びて來てゐる。其の感覺は現代人のそれに一致してゐる。又、彼こそは最もフランス人らしい、而も健全なフランスの家庭人らしい特質を持つた畫家と云へやう。彼の描く裸婦は日常生活に見られる姿態に於て描かれてゐる。彼の生活は即ち彼の藝術に通じてゐるのである。ボナール夫人は幾度彼のモデルの役をつとめたことだらう。彼の愛犬は、畫面構成の一役を買つてゐる。庭に咲いた花は、彼の居間の花瓶に生けられて美しいタブローに變形する。彼の生活環境は其の儘彼の藝術に飜譯されるのである。而も、純粹な健康なフランス人としての感情を通して。

世界大動亂以來、フランスの斯うした畫人達の消息は不明である。或る者はスイスに、或る者は米國に難を避けたとも云はれてゐるが、ボナールは必ずフランスに止まつてゐると思ふ。恐らくは彼の愛する南佛邊りで、夫人と愛犬を伴つて戰禍を避け、其處で老齡を勞りつゝ彩管に專念してゐるのではあるまいか。印象派を以てフランス繪畫の傳統的本流の最後とすることが許さるるならば其の流れの最後を飾る畫人として、又、老齡には拘らず益々香氣あるフランス近代畫家の一人として彼が其の晩年を全うされることを希ふ次第である。

——十七年五月——

ピエール・ボナールの世界

川路柳虹

かつて私は舊著「マチス以後」の最後の章に於てピエール・ボナールを論じ、彼を以て「生ける過去」とした。それは印象派最後の光芒をルノワルに擬する常識を延長して彼ボナールをそれに擬したことであつた。印象派はすでに昔語りであり、「史」の上の事蹟だ。だが印象派の系譜を現代に生かしてゐるものはボナールであり、印象派の敎條がすでに亡んだとして、印象派の「光」の眞實は現代の感覺によつて新しく生かされてゐると觀たが爲めである。然もボナールの世界はその至藝の至す「味《グゥ》」の世界である。それは今日の畫壇から見て正に過去の世界である。今日の藝術はもつと前進してゐる。がその「味」の世界がまたどの位繪畫そのもの丶愉悦を吾人に感じさすか。その世界に於てすら現代の感覺は充分に滿足されてゐるではないかといふ意味に於て彼の「過去《パッセ》」は決して死んではゐない、生きてゐるものである意味を語つたのであつた。

歐洲繪畫が二十世紀初頭から歩んだ道は、はるかに「味《グゥ》」の世界を越えてゐる。だがその前衛たちの仕事が一つの文化史中に溶け込んで、二十世紀の畫業の總收としての役割に適合しうるだけの成策を擧げたかどうかといふ問題に立ち至るとまだ俄かに勝負の決を採りえない。此の間に於て「過去」は「過去」であつてもボナールの世界は彼の氣禀を本據とする個的世界なることに於て、その個的な感覺情緒が決して一二の論議で消しとぶやうな脆いものでない實證を吾らははつきりとボナールの藝術に見得ることに於てボナールの存在は群少のモデルニズムを超越した一つの世紀的存在なることを今更に感じさすものである。

ボナールは一八六七年の生れだから現在では日本流に言へば古稀をすぎてゐる。その永い畫業はそれ自ら佛蘭西近代繪畫史を形成する重大因子の一つである。彼を語ることに於て印象派以後現代に到る多端な繪畫史を語ることにもなる。だが、それにもかゝはらず彼は一つの「個」であり自ら「一つの世界」である。即ち「ボナールの世界」に住して終始一貫かはらざるものである。それを彼の氣禀《タンペラマン》に歸するものも多い。柳亮君の小著「ボナール」を見ると冒頭彼を「氣禀《タンペラマン》」の書家の一語で語つてゐる。かつてマネは繪畫そのもの丶定義を「氣禀《タンペラマン》を通じる自然」だとした。ボナールを「氣禀の書家」とすることは彼を印象派の後繼者と觀る視點を保證するものでもある。即ちそれは印象派を通じてプッサンに至らんとしたセザンヌの古典的意圖に於ける氣禀の尊重と同様な系譜に連りうるものであることを意味しよう。

近代繪畫の發達をきはめて秩序立つて論理的體系に收めようとする時、ボナールも印象主義の系譜から除外するわけにはゆかない。と共に繪畫史を論理的系譜から外して個人の業績を中心にする場合「ボナールの世界」は蓋し近代繪畫の(それは印象派以後を意味するが)アカデミック乃至ロマンチック繪畫と全く隔絶した意義を甚だ明らかにする一つの例證となる。即ち「氣禀」といふ「史」よりも「個」を重んじる世界が最も「繪畫的なる」表象に於て價値あることの例證となるからである。ボナールは蓋し最も住みにくい周圍を彼の傍に相當永い間持つた。立體派以後現代に到る論理的なイズムの世界の喧噪の中に交つて、彼は小兒の如く無邪氣に彼の「氣禀」のまゝを恣にして今日に到つたからである。僚友マチスもその單純な畫面構成に於て可成りに論理的である。がボナールは全くそれと反對である。しかも視覺による「美」の世界はボナールにとつて永遠に光と色彩の赫耀たる世界以上でない。彼はその世界で永遠の王座を保つてゐるのである。

ボナールは「光」の中にある。そして「色彩」の中に浸つてゐる。彼は印象派のデサンダンスとしてあるが、彼の放蕩的な色彩はそれ自ら音樂的な氾濫の中に恍惚たる世界を形づくつてゐる。もはや理窟は要らない。たゞ美しいのである。世に「コロリスト」なる言葉があるがボナールの場合それは當らない。色彩は彼にとつて繪畫の一要素ではなく全部であり魂であるからだ。多彩といふのでなく色彩の音樂的交響樂的世界のガンムの中に彼自身の魂が生棲してゐるからである。即ち視覺によるこの世界の愉悦がこの世界の事物の色彩交響の甘味以外の何物でもないことを敎へるからである。彼の示す形體自らも色彩の一ガンム以外の何物でもないからである。しかもそれは「生ける歡《ジョワ・ド・ヴィヴル》」を示す彼の魂のエクスタシーそのものである。

近來日本の畫界にボナールの影響は少からず見うける。だが、ボナールの手法がとり入れられても彼の全的生命の跳躍に迫るほどのものがない、けだし、それは手法以上の或るものだからであらう。

私はかつて一九二七年ベルンネーム・ジユン畫廊に於ける彼の個展を見て彼の業蹟の素晴らしさを實感した。そのシユブチーユな感覺の大きな振幅を感じた。繪畫はこれでいゝとも思つた。がその個的な世界を圍つて發展し爭鬪しつゝある世界をも體驗した。けだし、現代繪畫がフオーヴ以來の體驗を歴史の一端として更に大きい双曲線を描いて發展する時、ボナールの美も結局「個」の美に歸せられるのではあるまいか、といふことは彼は印象派の系譜中にあり、その最後の變貌として史の中に語ることが出來るのではあるまいか。

が、翻つて日本の油繪がボナールに學ぶといふ意義は別な立場から大きい意味がある。それは油繪のマチヱールといふものゝ至醇な技術をそこから汲みとるべく無限であることである。日本の油繪の多くは殆んど「色《クラール》」を知らない。それはまだ「繪具《ピグマン》」でしかない。これを古典に學ぶべく古典は吾々のサンスから遠いし、近代に學ぶべく吾らはロマンチツクの歴史的意義にさへ疎い。ボナールはかゝる時、最も身近であるだらう。最も親しめ、最も訊くにやさしい存在だらう。がそれだけ彼の「個」から發するメチヱを知ることも亦決して容易でないものであることを注意してをかう。

それは「ボナールの世界」は事物の美を錯雜な色彩の交響面に於て仔細に織細に觀察し乍らそれを一つの新しい秩序に於て語つてゐる大きな世界であるからだ。

ピエール・ボナールの藝術

□□□

レオン・ウヱルト

◇

新時代繪畫のルネツサンスはまことに驚異とすべき時代である。多彩な時代であり英雄的時代でもある。凡ゆる舊習に對して勇ましく挑戰した時代である。それは素描に對しても構圖に對しても、瑣末な塵のやうな傳習に對しても一切の因襲を拒否したのであつた。

即ち、素描からアカデミツクが追はれた。寫眞のやうな寫實を尊重しなくなつた。構圖法に於ても儀禮的な規矩に從はなくなつた。色彩の法則に於ても畫面をわざと暗晦にして調子づける方法を採る必要もなくなつたのである。戰鬪的な狀態の時代であつた。

だが、その戰鬪が勝利に終つた時吾らはその相手に理解を忘れることが屢々ある。毒ある屍體もかつては生命體であつたことを忘却することがある。勝利者が忘恩者となることがある。壯麗な服をした大司祭たち――前時代の人々の中にあつて、この新時代の畫家たちは、いつかは榮冠を吾らが頭上に戴く運命を自信してゐた幼いヘルキユールの姿を思はせるものがあつた。

繪畫はたゞ輝かしい事物の外貌を描くだけでは滿足されなくなつたのである。畫家自身も自らの「聰明であらねばならぬ」ことを語る。それは視覺の世界が先づ腦髓に屬せねばならぬ必要からその視覺の活動力を一度休止させたのである。

彼らは構圖に於ても何らかの發見を企てようとする。それはセザンヌからプツサン迄遡る路の發見であつた。彼らは畫論を打ちたて明快な批判をもつてセザンヌの藝術を理解しようとした。それらの畫家たちはヘルキユールとは凡そかけ離れた討論會の議長のやうでもあつた。

かやうにして繪畫は視覺の織物から頭腦の行動へと變轉したのだ。ルクサンブル美術館に、或る施療院の一室を描いたタブロオがあるのを御存知だらう。それはベツドの上に蒼白な顏色の子供が寢てをり、傍の椅子には父親が腰をかけてゐる。此の繪に示された父親の憐み深い顏は禁煙家らしい性格を感じさす。人の良い職人肌で情深い親であらう。彼の手にはオランヂユがあり子供の前に差出されてゐる。病人の子供はその蜜柑《オランヂユ》を見乍ら微笑し、同樣に父親にも微笑を投げてゐると思はす圖である。

私はこのタブロオの前に立つ時、同情の心が湧いてくる。が、そのことは勿論、「繪畫」そのものゝ本質とはかゝはりないことで、繪畫の本質を理解しない大衆に迎合しようとする墮落的行爲の作品であるに過ぎない。こんなタブロオは他にも澤山ある。吾々はかやうな蜜柑《オランヂユ》――日曜日のための、愛のための、祝祭日のためのオランヂユを求めはしない。と言つて、たゞの色彩遊戲や色彩科學の説明が何の役に立つといふのか？

吾々が今迄忘却してゐたものは繪畫上に於ける「人間的なもの《ヒユーメン》」の表現であつたのだらう。

古來眞實な少數の畫家は、かゝる祝祭日的宗教味からも、又色彩の因襲主義からも何ら影響はされなかつたのである。レンブラントの金色、褐土色、またはコローの灰色に於ても、それはみな彼ら自身の靈の發露以外の何物でもなかつたのである。

第二十九回日本水彩畫會展

綠衣（下圖）。 石井柏亭

椅子に倚る婦人像 中西利雄

⇧ 小箱 小山良修

新綠 相田相彦

森 長澤昇

空征かば 荻野康兒

第二十九回日本水彩畫會展

淺春山湖　小山周次

雪景　望月省三

箱根風景　早川國彦

漁村の朝　富田通雄

花の山　小堀進

春山　山中仁太郎

A老人と孫たち　荒谷直之介

晩春　春日部たすく

兵士が兵器を操縦するが如くにたゞ機械的に色彩を操縦する畫家、色調や構圖の上の幻想に自ら陶酔してゐる天才等の中に混つて、ボナールは自己の席次を爭はうとはしなかつた。たゞボナールの繪畫は彼自身の靈の優雅さと、諧謔的な神祕性との上にのみ築かれたのであつた。

私は嚮にレンブラントやコローの名を擧げた。それと共にフェルメール・ド・デルフトを擧げてもよい。その全諧調から、もしくは或る急速調からのみ彼らを推斷するのは難いかも知れないが、人々がその内奥に觸れるに從つて分解することの出來ない或る祕密に到達するであらう。その内的祕密こそ彼らの個性をなす源泉である。

この神祕な力が榮譽ある少數の畫家と凡庸畫家とを截然別つものなのである。恰も衆愚の中にあつて眞の偉人を見出すが如くである。一般に世間が天才と呼んで賞讃する外面的なものとは甚しく異つた本質的なもの、夫れである。

明るい大作品にも、暗い小風景作品にも畫家の魂は自然に滲み出てゐる。そして夫れは吾々自身が虚心坦懷である場合、その作品は最も親み深く吾々自身の作品として享け入れられるに違ひない。だが、人々はかういふかも知れない――

『君たちはアングルから學ばうとする古臭いくすんだ調子の作家や、平行六面體を云々する連中を立體派と呼んでゐる。ボナールはそこへゆくと寧ろ漫畫家であるだらう。そこへ君は又レンブラントを引き合ひに出さうといふのか。……』と。

現實に於ける改革主義者はボナールの奔放さに驚く。そして終には怒り出すだらう。傲然とかまへてからからかひ半分に新しい藝術家を眺めてゐたブルジョア達を彼らが飜弄したやうに、ボナールはその連中をまた飜弄してゐるのである。現實に於ける改革主義者は以前にあつた一切のものを破碎した。その大膽な點は軍隊的であり官僚的であつた。彼らは主張への奉仕の爲めに數箇の條文をかゝげた。彼らは協力一致してその破壞事業を遂行したがそれは全く組織的な行動であつた。

ブグロオやコルモンや、ベスナールに對しては凡ゆる尊敬を拂ふ。彼らの組織的な破壞は他の面に於ては建設でもあつたのだ。

彼らの作品には傲慢な誇りがあつた。彼らは明るい調子と、テレビン油臭い媒めた調子とを對照的に同一畫面に置いた。時には古い印象派の筆致を眞似、時には寫眞のやうな正確な手法を採用する。この僞似古典派の何と稚氣滿々たることよ！ 彼らはデュフヱールやデニス・プツヒの即寫的寫實の畫面を切取つて說明づける以外の仕事ではないのである。

そこで諸君はボナールが此らの革新派連中を愚弄してゐる理由が漸次わかることゝ思ふ。ボナールの繪畫は數學の課題の如く說明や計算で效果を示してゐるのではない。盲目たち――人間の心をもつてゐないものには斷然外道であらう。……

ボナールは外觀的世界に於ては全てを棄權してゐる。ボナールはたゞ「自然」にのみ親しく奉仕する。彼はその中でいかにも滿足してゐる風である。自然は彼が呼びかければ一々それに應答してゐる如くに見える。

むろん、自然は他の畫家達にも服從するであらう。然しそれは單に服從である。軍人の如き强剛な畫家達は彼らの純眞と彼らの形式をなるべく壯重な配備を以て整頓しようと考へてゐる。兵隊の前に出た大將の如く彼らは自然の前で演說をしてゐるのだ。然し、ボナールは彼らの如き威嚴をもつ軍人ではなかつた。彼は一匹の仔猫にも、犬ころにも、その愛撫の手をさしのべて愛しむだけなのだ。この小さい家畜と一しよに卓の上に置き忘れられた羊毛の毬の方へ彼の視線は懷しげに向ふのである。

そこには卓布《セルビエット》がある。皿がある。飲みくさしの珈琲茶碗がある。太陽の光りが、またランプの光りが優しくもの柔らかにそれらを照らしてゐる。……

ボナールは激しい感動をかくしてゐる。然し彼はそれを脩辭學的に處理しようとしないで自然の儘の狀態に放任してゐるのだ。彼は感激を拵へものにしたくないのである。

吾々はいつも餘りに誇張的に自然を眺めるやうに、外の世界の通譯者から慣らされてゐる。お茶に人々を招待して、壁面にかゝげられた一つの繪から何らかの美を見出し、繪畫について得々と語り出す老人たち、或はそれと似た若年寄連中……そんな人々がまだ餘りに多く吾々の周圍にゐないだらうか。ボナールの感激とはそんなものでない。その性質の如何は自分には甚だよくわかるのである。……

ボナールはまた決して說教をしない。誰でも本來說教を好むものもゐないが、時にまじめな人々は、豪い人間は辯舌によつて自己を吹聽するものだと思つてゐる。故に一たび、辯舌を以て自己を吹聽する者に出合ふと、彼らはそれに信賴し安心して、苦もなくそれに捉へられるのである。だがボナールの場合、彼が自己を吹聽してゐる姿を想像することは困難であらう。

ボナールはいつでも愉快に見える。子供たちと同じににこ〳〵して己れの家にゐる。彼は畫筆をもつことで嬉戲してゐるのである。併しそれは輕跳な夫れではない。かれはこの無二な境地に於て凡てを人々に示してゐるのである。

彼は考へぶかい態度をも把る。併しそれは彼の或る習慣であつて、何ごとか後に大言壯語しようと思議論を蓄へてゐるのではない。彼はむしろ常に微笑してゐる。心から微笑してゐる。それを外から說明するのは困難である。……

ボナールの忠實な心と純眞な態度！

だがボナールは外部からの忠實さうなことを學ばうとはしてゐない。又彼の純眞はコメディ・フランセーズで見る娘女優のナイーヴテとも異る。內心何か憤りを以て苛々してゐる時に於ても、何か意地惡さうに見える時に於ても、彼の純眞な態度は少しも失はれないのである。……

ほんとうの純眞な態度とはわざと子供らしい態度を示すことでもない。氣隨な感情や、敎會宗徒の同一系素服を着ることが純眞だと見做すべきではない。

ほんとうの純眞性《ナイーヴテ》とは（美術に於ては）事物の變化推移を銳敏且つ正確に理解することである。それは概論的に分析して論議することでもなく、たゞ自然の本能に從つて享け入れることにあるのである。吾々美術家にとつては眞個の純眞《ナイーヴテ》とは率直な感情と感覺の進出にある。若し純眞《ナイーヴテ》といふ觀念を最初から意識するとしたら、その生活なり藝術なりをたゞ故意にしかく作爲したとしたら、ボナールの場合に於てもそれは彼が一個の策謀をなす男か、さもなくば馬鹿ものだといふことになる。

ボナールの感性《サンシビリテ》は水の流るゝ如くである。

それは水流に投げられて漾ふ卷尺のやうに、一切の事物が「時」に從つて流轉するやうに、本能的な、きはめて自在なボナール自身の性格に基因するものである。女性的な小兒的な藝術でもある。ボナールは藝術といふものは決して意識的に組織したり構造したりは出來ないものだと信じてゐるのである。そこがボナールの敵にとつては反對で、彼ら建築師土木事業家たちは、建築術や彫刻術に對してくだらぬ論理をでち上げる。彼らはかくの如き外部的な仲媒が藝術の世界を完全に理解するものだと信じてゐる。彼らは畫くことよりも議論することを本旨と心得る。彼らは事物の本質が單なる言語で說明出來ると思つてゐる。そして現在及び過去の作品から既に定評あり間違ひのない作品の或る物をこと更に引例して自己辯護の具に供する。併しそれらの名作の眞の價値を彼らが理解したのだと思つたら飛んだ間違ひである。

立派な藝術家は自己本來の氣禀をもつてゐる。單なる思ひ付きの考へからは容易に理解されるものでないのである。……

自然を探求し、自然を摸倣し、無限な想像によつて擴大してゆくこと、自然の叡智を見出してゆくことこそ、いかに立派な犧牲的行爲であるだらう。立派な藝術家は明快な言葉を語るごとく、高い精神と美しい情緒をその藝術から示してゐるのだ。藝術とは正に一つの言葉である、言葉は調子である。面倒な記號の連續ではない。

ボナールは生きた世界を畫いてゐる。人間、事件、個々の事物の絕え間ない發生出現が永久に連續してゐるこの世界にボナールも存在してゐる。この絕え間ない發生は世界の秩序であり、彼にとつてはそれが統一である。ボナールは兩眼を閉ぢる。そしてしづかにその眼を開く。その「眼」がボナールの全存在である。彼は自分の純眞素朴な心の誘惑を少しも怖れなかつた。彼は墓穴から出て來たものゝやうにその開かれた「眼」に外界の眩しさを味つた。このとき、ボナールは凡てを忘却した。彼自らの感享性に對してすら、その選擇に對してすら無心であつた。この世界の、何といふ壯嚴な、驚異すべき混亂の世界であることか。その美こそ海洋の如く深遠で複雜で輝きに充ちてゐる。實に吾々の實在世界こそは事物が互に混亂し推し重なり推移しつゝあるのだ。或時は晴朗であるが、或時は霧の如く不透明に、流動、變轉、限りない惑亂で中心も意志もなく動いてゐる。しかもどんなに複雜に、どんなにデリカに、それらが一つから他の一つへ入り混つてゆくことだらう。さうには眼に見えない幻影が、それらを識別し、排列し、轉置し、正確に區分してゐるのだ。

ボナールの人物畫に見る暗い葡萄酒のやうな紫色――それは彼の獨得なサンシビリテから生れるものだ。

大部分の畫家はたゞ一般の感覺に慣らされてゐる。そしてそのありふれた一般的感覺をたゞ分析してみたり、或は因襲的に取り扱つたりするだけが彼らの仕事なのである。彼らにはこの生々した世界がほんとに感じられないためにたゞ一般的な虛しい幻像を再現してゐるにすぎない。だがボナールは彼らと全然反對である。彼の畫く人間も、動物も、樹木も、大空も、まるでそれが畫面であることを忘れさすやうにのび〳〵と生々と感じられるのである。

多くの畫家は畫く對象からたゞ一つのイデーしか有《も》たうとしない。それは彼らがたゞ論理的にものを把握するからである。彼らは動物、人間、樹木等々を描く場合、何らか感情をもつとして、たゞそのものを心に浮べるだけで苦もない表現をする。然し彼らの誤りは彼自身の肉體をもつて直接にそのものから學ばうとしないことだ。事物と共に生きてゐる自分のナマな感覺で事物をあるがまゝに享け入れようとしないことだ。彼らにとつてこの對象の世界は、過去の作家が示した個々の註釋なしには一歩もそれに近づけないのである。だがボナールはその例外である。彼は驚異をもつて對象を享け取る。事物の混亂したありの儘の姿――無數の色彩、無數の形體、それが結ばれほぐれつゝ煙の如く、叉籠の中の毛糸の如く、とりどりに變化し、錯綜する狀態を畫いたとしても、彼は大畫家たり大藝術家たり得てゐるではないか。

その上彼には、私がかつて語つた如く、一つの天禀《タンペラマン》がある。即ち純粹で誠實で若々しいことである。彼の精神はすぐで何らの邪念をもたないことである。彼は對象をあるがまゝに任せて何らそれに手を加へない。彼は天使のやうな態度をとらないが、その優雅と氣高さは一切に充ちてゐる。いかなる對象からも實在の平常愉快な姿を吾らに示すのである。彼は健康で元氣潑剌としてゐる。彼はデリカでしかもユーモアをもつ。

ボナールの感情は屋根瓦の上にとまる小禽たちのやうに、彼の心に單純にとまつてゐる。何といふ自然なイデーでありサンチマンであるだらう。彼の視界を萬象が過ぎてゆく如く、彼の心の中にもそのものかげが推移してゆく。この偉大な畫家はかくして人間のこまやかな心の境にまで自由率直に入り込んでゆけるのである。

（高槻健次抄譯）

第五回
白閃社日本畫展
會期　五月十七日—廿四日
會場　上野公園・府美術館

林鶴雄近作油繪展
會期　五月廿六日—廿九日
會場　銀座（數寄屋橋際）日動畫廊

土橋醇一佛印回顧展
會期　五月廿八日—卅一日
會場　銀座・菊屋ギャラリー

第二回
佐藤重雄戰爭畫展
會期　六月一日—七日
會場　銀座ギャラリー
京橋區銀座西三ノ一（讀賣新聞社裏）

第十四回
福陽美術日本畫展
會期　六月二日—七日
會場　銀座・松坂屋（七階）

赤城泰舒近作水彩展
會期　五月廿六日—廿九日
會場　銀座・資生堂畫廊

主催　室内社畫堂

美術家聯盟に望む

――自由主義的思惟を清算せよ――

木田路郎

日本畫家報國會の結成について洋畫家による美術家聯盟の成立したことは斯界のため慶賀すべきことであるが、此際吾人の夫れに望むことは夥多ある。

美術家が連衡的團體聯盟をつくり、その集團の力によつて、個々の小集團のみでは能く成し能はぬ事業や、問題の解決やを計らうとしたことはすでに昨年試みられた。しかし、それは既成の小集團の存在を單位としての考案であり、その小集團の存立そのものが美術界にとつて妥當なりや否やといふ疑問を持ちかければそこに幾多の？　が附せられたのも止むをえない。この點に正しい横槍を入れたのは國畫會（主として主盟梅原龍三郎氏の意見であると聞いてゐるが）であつたようだ。國畫會の意見は既成團體をその儘認めてそれの聯立を謀るは意義なし。聯盟は須く個人を單位とすべく、その個人は單に職能性を本位とすべしといふにあつたやうだ。これは蓋し正論である。

だが、かゝる職能人が此の際盟を結ぶといふ根本意義についてその會員中には充分の認識を缺くものがなほ多くありはしないか。といふことはこの結盟を單に作家の「便宜のため」の機關である程度の認識しか持たず、何が故に一團とならざる可からざるかの問題に對して徹底を缺く所ありはしないかといふことである。尠くとも過日の發會式の低調なる雰圍氣を知るに及んで吾人はこゝに多少の憂惧を抱くものである。

美術家聯盟の諸君はすべて知識層をもつて自認する美術人である。尠くとも吾が目下の美術界に於ては最もインテレクチュアルな美術人である。それらの人々がかゝる一元的集團を結成することの自覺の根本には、今日の日本がその美術文化を通じて國家に御奉公すべき職分についての重大な責任を感じてからのことでなくてはならない。在來の在野集團はいはゞ事情因緣の累積によつて成りし集團であつた。それはその儘としてをいて、たゞ横の連結として個人單位の聯盟を作つたといふ點にはもつと深いイデオロギッシュな信條の把握があつてよいと思ふがその點が第三者にはなほ判然としない。むしろ此の際集團を解消してこの美術家聯盟に一元化するを本來としないのであらうか。

勿論吾らは在來の集團が後進指導の必要は認める。しかしそれは各々の研究所のみあれば足りる仕事であり、又特に一派の指導に特殊の指導方法をもたぬならそれも敢て必要とはしない。美術家聯盟が今日その結成を本旨とするものは在來の因緣による集團を解消して畫壇の一元化により、國家的美術施設の一大機關となり、そこに一切の新出發を求むべきが本來ではないかと思ふのである。

吾らは日本の洋畫の發達がたゞ今日の如き個々の集團による小局的作家養成によつては到底全きを得ないことを思ふからである。試みにそれら展覽會に應募する出品作家の言にきけ。おれは獨立張りだから二科に向かない。春陽會に出すにはこんなタッチは不向きだ。曰く何々、曰く何々といふ小乘的苦慮は必竟各々の集團がいつかセクト的技術を固めて終つてゐる證左ではないか。そしてそれは決して日本油繪の全體的發展に對して進歩的役割を果してゐるとは言ひかねるのである。日本油畫が日本現代の美術文化の最高水準によつて大東亞を、更に世界を威服する爲めには此際作家一同がもつと强力な機關を作り凡ゆる研鑽の照尺角度を定め一大飛躍に資する根本的練磨について考究するの必要があるのである。藝術の進歩が美術學校研究所集團展覽會のみによつて左右さるゝのでなくその全體的有機的機構を動かすことに於てより高い發達に向はねばならぬ問題が多々ある筈である。さような機關を作るためにも美術家聯盟の如きは熟慮する義務があると思ふ。

要するにこの切迫した戰時下の單なる消極面――消費の合理化的運動の如き――にのみ美術家聯盟の必要ありと思ふ如きは餘りに過去的自由主義的思想より脫せざるの態度と考へられても仕方あるまいと思ふ。卑近な材料配給問題も必要なるは言を俟たない。だが此の如きは此の聯盟の派生目的であつて、結束の本旨はもつと高い國家的文化運動の展開にあることを各自が强く自覺すべき要あることを一言しておかう。

讀畫會展（第三十五回）

豐田豐

第三十五回讀畫會展は雨降りに觀たせいか、作品全體が妙に薄暗くじめ〳〵してゐたが、そこに又御殿の大奥の襖繪でも觀て歩いてゐるやうなしんみりとして壯嚴なものも感じられた。當にそれは雨降りのせいばかりでなく、讀畫會そのものゝ持つ傳統的、藝術的性格であるとも言へる。

それを決定的に感じさせたのは荒木十畝の『雨後』と森白甫の『松籟』だ。十畝の『雨後』は眞向からさういふ御殿の奥の首座にある床の間掛けのやうな幽玄沈寂なものをひた〳〵と觀取させた。しかし全畫の中心となつてゐる杜若の濃藍は一見一寸華麗なやうに明るいが、それも唯の明るさではなく、やはりそれは古蒼、玄黄な心氣の滲みであつて、彼方上部水鷄の遊弋はこの繪に幽明界のやうな神秘を附與する。白甫の『松籟』は四曲半双に雄松の黑綠の樹幹四つ、それに小松の薄塗の葉と幹が濃淡、剛柔相反映して全體の薄暗はほのかにも詫びしく、質實に薄調子だ。さうしてその神經の細かさは底の底にふるへてゐるやうだ。長谷川等伯を今樣に纖細にしたこれは御殿の奥の控への間を飾るに相應しい。

永田春水の二曲一双『華香鳥語』はこの二人の幽玄に對し、グッと明るくなり八重櫻と木蓮と尾長の地と枝の對立は尋常普段の屛風裝飾を樹立して、寫實感覺も正常に多奇なく、お座敷用折廻しとして無難作の程度に終つてゐるが、繪としては親しみ深い。

その點白甫は質實なうちにも會場藝術意慾熾んであり、同じ四曲半双の西澤笛畝の『迫る火』は更に一層會場的に豪壯となり、地獄繪圖のやうに劇的である。さうした神秘な情趣を細かく畫き分けてはゐるが、やはり斯ういふ壯大なものは青龍社のやうな荒削りな行き方が、畫魂の燃え立ちと畫面の征服に於いては有利なやうに思はれる。

この種豪壯な會場藝術意慾は、十畝、白甫の幽玄體に對し今年讀畫會に於ける對立する特徴となつてゐるが、朝井觀波の『白鷺』、竹原嘲風の『獅子』の六曲半双はその畫面の大よりして一層會場藝術的な發展態を感じさせる。だがその內容精神より言ふと二人とも笛畝のやうに劇的ではなく寫生本位的である。さうして觀波は唯一金屛地として就中御殿裝飾的であり、厚塗の青竹に大きな白鷺八羽は手强く描いてはゐるが、內容どこかに空虛である。嘲風の『獅子』はその點生命感の强烈なライオンを對象としてゐるだけ、より緊密に寫生探求的に劇的なものを持つが、どうもライオンといふ取材は日本畫的に親しみ憎く、紅色の舌なぞ茶色の律動的な毛並に對してなか〳〵効果的であるが、繪全體としては暗く單調である。松久休光の『岩壁』はその新造型派調の重疊が極めて能動的な新興

南方文化展出品
黄花魚紋盂（泰國）

南方文化展の出品

五月初旬帝室博物館内表慶館に於て開催された南方文化展覧會は折角世間の視聽を蒐めてゐる南方諸圏の民藝品をあつめたことゝて毎日參集者を多數吸收してゐたが、この種の民俗作品は蒐集すればまだ他に限りなくあるもので、到底この程度では十分とは言へないであらう。が、しかしこれだけのものを一堂に集めただけでも未知の觀衆には非常な利益であつて、この上望むところは泰、安南、ジャバ等の古美術品を蒐めたきことである。又民俗作品にしてもその中にある多少の歴史的變遷を示すため古代の工藝と現代の工藝とを兩方とも秩序的に陳列する如きも實際の技術家に參考となるべく、ことに日本工藝の南方進出に稗益をあたへるであらう。このやうな擧は決して拙速のみを尊まず、今後隨時催して吾が國人の南方圏への理解を深めることを望むものである。開會當時目錄も出來てをらなかつたまゝ參考のため陳列品の大略を左に紹介してをく。

第一室

車

第二室

家屋摸型（四個）、南洋海路圖（參考二枚）、彫刻飾立物、鍔、建築飾物、

牌

第三室

獨木舟、丁字實製船摸型（四艘）、獨木舟摸型（十四艘）、櫂（三挺）

第四室

櫛（六點）、頸飾（六點）、腕飾（十點）、耳飾（二點）、腰飾（二點）、足飾（二點）、扇（六點）、枕（一點）、帽子（二點）、笠（二點）、椀（二點）、皿（五點）、鉢（五點）、杓子（二點）、石貨（二點）、貝貨（五點）

第五室

タイ漆繪籠（三木榮氏藏）、タイ沈朱蒟醬器（同藏）、タイ沈朱椀（東京美術學校）、タイ沈金椀（同）、タイ箔繪煙草入（同）、タイ螺鈿台付花瓶（大倉美術館）、タイ螺鈿丸形台（同）

第六室

佛印アンコールワット壁浮彫（摸）、タイ佛頭、ビルマ佛坐像、ジャワボロブドウル群像、同佛像、パリー島壁面裝飾、交趾水注、安南土器（帝大）、安南靑瓷盂（永田安吉藏）、南洋各島裂（二十、朝倉文夫氏藏）、同（四、大倉美術館）、ビルマ醬器各種

第七室

ニューブリテン島舞踏面（三）、ボルネオ假面（四）、ボルネオ木偶、スマトラ木偶、ジャワ人形、影繪（早大藏）、早玩具（十數個、早大藏）、鼓（帝大藏）

第八室

漁獵具、捕鱶器、箭（五十一）、槍（十八本）投槍器（八）釣具、弓（十七）、石斧

第九室

吹矢筒（五）、スペヤ（六）、木刀（四）、楯（五）、刀（三十八）、牙器（四）

意慾を持ち、點在された栗鼠一四、小禽數羽は惑亂的な構成を律調的に引き緊め、創造的表現に於いては優れたものである。龜割隆志の『林』は白甫、休光と同じ系統の新構成のものだが、全體として弱々しく薄ぼやけてゐる。田口黄葵の『遲日』も鵄一羽だけが無暗と濃黒に強いが、全體として等しく薄ぼやけ、下の野の花がその間幾分の夢心地を誘ふ。湯原柳畝の『スコール來る』の四曲半双は會場効果もあり、俊敏潑剌な動的効果もある。南方取材としての時節柄な能動的意慾もあつて畫因熾烈尖鋭、今年讀畫展中鬪志極めて健全なものである。

これ等の會場藝術幽玄體に對し、前評の永田春水は日本畫的優美を特色とするものであるが、木本大果の『菖蒲』もやはり優美態系統のものだ。五島耕畝の『風樓に滿』もこの優美態のうちに屬しながら、百合の白色に對し、周圍の水墨の濃潤を以つて疾風の動的効果を企圖し、幽玄味の中に誘ふが、畫面混濁の感を免れない。

授賞作では第二賞外山德山の『鵜』は膠溜の樹上の鵜を描いて、無難に新意のある作。同新山草羊の『鶴』は強健に張り切つて、六羽の藍白色も單調に失してゐる。授賞中好い方だ。第三賞須田青蒲の『實驗室』は魚屬學的によき參考であり、松井黎光の『鷲』は黑白二色を以つて稍々豪壯に畫いてゐる。その他大久保青更の『南より來る』の南蠻船は多彩濃厚快適な浪曼作であり、岩間武平の『溪暮る』『北之國』の對作は簡素な新造型を以つて、異色ある主觀に富んでゐる。池上秀畝塾傳神洞一派の出品の無いのは淋しいが、その唯一田原廣豐の『淸晨』があり、その二重橋の水墨胡紛は妙にたゞ黑んでゐるが構成としては面白い。杉原笛畝の『冷日』の薪と倭鷄の群は黑色の神秘態として妙品であり、遠藤一郎の『鷹』は飼鷹を描いて、紅紫の紐、柏の濃綠はよく鷹の眞摯な寫生に反照して美しく新人中拔群である。

☆

旬報

美術家聯盟發會式
洋畫家大同團結・國策に協力

既報の如く我國洋畫家の美術聯盟はこのほど發展解消して美術家聯盟となり、從來と違ひ個人の聯盟と變つた。これに參加した團體は十六を數へ、個人とした都合の惡い者は團體で參加し、既に千餘名に上つてゐる。同聯盟としては飽くまで國家目的に副ふべく努め、各性能を記入した美術家のカードを作製し、献納畫製作其他各種事業を種々計劃してゐる。これが發會式は五月四日正午から上野精養軒で擧行、來賓として、陸、海軍報道部、大政翼賛會等各方面の代表者五十餘名、其他關係の新聞、雜誌記者等多數參會、盛會であつた。

五月四日正午から上野精養軒で開かれた美術家聯盟發會式
起つて挨拶するは理事石井柏亭氏(記事參照)

京都市展授賞
榮えの廿四氏

うちつゞく戰捷のさなかにわが國美術の粹を蒐めて開かれた展覽會として京都を中心とする美術愛好家の人氣の的となり去る五月一日から二十日まで京都市岡崎公園大禮記念京都市美術館で開會中だつた第七回京都市美術展當初の搬入作品は日本畫二百二十五點、洋畫四百九十四點、彫塑三十九點、工美二百五十七點の合計千十五點、内入選は日本畫百三十四點、洋畫二百五十點、彫塑二十八點、工美百五點の計五百十七點、その中における新入選は日本畫二十九點洋畫九十六點、彫塑十一點、工美十七點で、ほかに委員の出品が審査委員において日本畫九點洋畫八點、彫塑四點、工美九點、參與において日本畫三點、工美六點、委員において日本畫十九點、洋畫二十五點彫塑一點、工美五點を數へた。前記入選作品五百十七點の中から日本畫六點、洋畫九點、彫塑二點、工藝七點に授賞と決定、會期中の同月九日午後二時から同美術館でこれが授賞式を擧行された。授賞作品及び作家は左の如くである。

【日本畫】「潮音」川本參江、「故鄕の山」桑野博利、「春光」後藤貞之助、「綠」澤宏靱、「インド少女」樋口富麻呂、「淺春」平間旦陵

【洋畫】「籔」西田靜子、「蓮」西田秀雄、「新綠の八瀬路」戸島孚雄、「道」高木四郎、「古城」井澤元一、「山麓の椿」福井勇、「堂」奥田仁、「石楠花」北原元七、「奈良の秋」島津多樹

【彫塑】「建國」芦田岳堂、「坐像」清水禮四郎

【美術工藝】「總力染屛風」稻垣稔次郎、「赤漆彫華紋手筥」黒田辰秋、「鐵製八咫烏置物」黒井光珉、「大刀豆之圖手筥」松本祥輝、「土に遊ぶ染屛風」、佐野多景夫、「彩色百日草花生」新開邦太郎、「繪刷毛目花瓶」森野嘉光

第七回佐分利賞
久保守、川端實兩氏へ

第七回佐分利賞は、久保守(國畫會)、川端實(光風會)の兩氏に授與される事に決し、故佐分利氏七回忌に當る四月廿二日夜佐分利家で、同家遺族、親戚、準備委員等集合の上、前記兩氏に授賞された。

因みに同授賞者は初回以來通計十四氏に上つた。

皇國藝術聯盟南方へ進出
=滿、中華、泰、佛印で巡回展企圖=

京都市山科に住む杉本哲郎氏が主宰する皇國藝術聯盟では所屬畫家達の近業を蒐めて南方巡廻展を續開すべく計畫、その後着々準備中の處六十點以上に達したのを機會に、去る五月五日京都市でその内示展を開いたが、更に續々寄せられる作品を加へて今月末興亞院並に名古屋富山等で鑑賞家の批判を求めた上、杉本氏が隊長となりそれらの作品を携へ、中華民國から滿洲、泰、佛印等を巡り、友邦及び盟邦各國民に皇國藝術の眞の姿を示し、文化工作の一助たるべく萬遺憾なきを期することゝなつた。

◁◁◁◁◁◁近く解散の噂
時局に顧省、京都畫家聯盟と合併か

皇國藝術聯盟は、藝關係の畫家を以て組織されてゐる京都畫家聯盟所屬以外の畫家を殆ど網羅して昨十六年その結成を見たものだが同じ京都で二つの聯盟傘下に畫家が夫々立て籠り、主張においてまた行動において兎もすれば相反せるが如きものを招來する危險を醸成し易いやうな狀態にあるのは、總力戰下まことに面白くないとの非難の聲が高まり、當該關係者間でも顧省するものが漸次增加した結果近い將來皇國藝術聯盟は一旦解散の方法で各所屬畫家は擧げて京都畫家聯盟に吸收されるのではないかといはれてゐる。

大阪高島屋の催し
東西大家小品展

大阪高島屋美術部では恒例の春の東西大家展を今年は特に新作小品展と銘打ち五月二日より六日まで同美術部で開催好評を博した。

調花草畫會設立
狩野晃行氏が教授

明朗美術聯盟の狩野晃行氏は今回板橋區練馬南町一の三四八五の自宅内に「調花草畫會」を設立し日本畫の習得に志す初心者の爲に會員組織で每週一回教授をする事となつた。

中重長陽個展

西山翠嶂門下の中重長陽氏は新作日本畫十三點をもつて四月二十八日より五月三日まで大阪大丸美術部で個展を開いた。

豫報

小室翠雲個展

小室翠雲氏の第三回展が五月廿六日から卅日迄三越本店で開催される。作品に橫二尺竪五尺五寸といふ大作十點全部花鳥の絢爛たるものゝ由。

五月會日本畫展

本年一月大阪の十合美術部で染色工藝展を開き好評を得た「五月會」が來る六月十二日から十七日迄同じ十合美術部で北澤樂天、岡本一平其他一流漫畫家の、漫畫でない洒脱味豐かな日本畫展を催す。

土橋醇一佛印回顧展

土橋醇一氏の佛印回顧展が廿八日から卅一日迄菊屋ギヤラリーで開かれる。アンコールワツト、チモール地方の南方風景十四五點と人物二三點が展示される。

美術文化協會展
第三回を府美術館

美術文化協會第三回展が來る廿七日から六月四日迄上野公園東京府美術館で開かれる。同協會では大東亞戰下一層美術文化の使命を完遂すべく福澤一郎氏以下同人一同第一線將兵の武勳に感激しつゝ純藝術作品の製作に必死の努力を續けつゝあつただけに非常な期待がかけられてゐる。

日本精神昂揚の作品公募開始
忠愛美術院上野で二回展

陸軍中將中島今朝吾氏を總裁に花岡萬舟氏を院長とせる忠愛美術院では、日本美術の神髓を究めて皇道美術確立を目指し、結成以來同人協力して硏鑽を重ねてゐる。しかして愈々八月一日から十四日迄上野公園櫻ヶ丘日本美術協會で第二回展を開催する事に決し、同人は固より日本精神の昂揚を表現した作品を公募し、現代美術展に一道標を樹立すべく非常な意氣込みで進んでゐる。其の成果が各方面注視の的となつてゐるのは當然であらう。

群馬美協帝都旗擧展盛況

昨年結成と同時に高崎市で記念展を開催した群馬美術協會（委員長小室翠雲氏、委員磯部草丘氏等十六氏）では、今回帝都に進出、去る六日から十日迄銀座三越で第一回展を開催、「老人の首」藤野舜正、「兎」星野宣、「鴉」森村西三、「林檎」金子丈平、「首夏」福田元子、「爽晨」石原紫雲、「牡丹」吉田澄舟、「東海神秀圖」新井洞巖、「雪江」小室翠雲、「夏立つ浦」磯部草丘、「紅梅」恩田得壽、「靜」北村明道、「そらまめ」御供喜代太、「蘇州城外」住谷磐根、「赤城山」小林眞二、「初夏」清水刀根、「芍藥」塚本茂、「庭乃一隅」河野通勢、「花」福澤一郎、「シクラメン」横堀角次郎、「風景」栃木宗三郎、「水郷新綠」正田二郎、「薔薇」神保和幸、「聖德太子」籾山三穀、「鐘馗」藤野舜正、「アマリリス花杖」森村西三右作品を華々しく陳列、連日觀衆で賑つた。

待望の翔鳥會第五回展
＝六月二日から七日迄銀座松坂屋＝

翔鳥會の第五回展が來る六月二日から七日迄銀座の松坂屋七階で開催される。同會は結成以來既に五年を經過したので會としての色彩よりも同人各自の個性發揮に力點を置き製作に努力し、遠藤教三氏は空陸海を象徵した三部作、狩野光雅氏は木曾の御嶽を主題に扱つた野心作で山の靜寂を把へたもの、長谷川路可氏は狩野氏と反對に淺間山の噴火を對象にした動的な表現に依る苦心作を發表する。更に今年は海軍への獻納畫として、遠藤氏は滿開の櫻を、狩野氏は黎明の山を、長谷川氏は慰問美人を、といつた努力振りだ。

銀座三越に於ける第三回群馬美術協會展に出品した同協會員の記念撮影前列右から・小林眞二・磯部草丘・森村西三・後列右から・石原紫雲・金子丈平・恩田得壽・籾山三穀・吉田澄舟・高田誠。

展覧會の暦

▽壁畫會第六回展　廿一日から廿五日迄青樹社
▽野村守夫洋畫展　廿二日から廿四日迄資生堂
▽後藤碩二個展　廿二日から廿六日迄菊屋ギャラリー
▽正統木彫家第二回展　廿三日から卅一日迄府美術館
▽海洋美術展　廿三日から六月七日迄府美術館
▽白閃社第二回展　廿五日迄府美術館
▽汎美術第八回展　廿五日迄府美術館
▽玉村方久斗新作日本畫展　廿六日から卅一日迄上野松坂屋
▽赤城泰舒近作水彩畫展　廿六日から廿九日迄資生堂
▽林鶴雄近作油繪展　廿六日から廿九日迄日動畫廊
▽小室翠雲第三回展　廿六日から卅日迄日本橋三越
▽美術文化第三回展　廿七日から六月四日迄府美術館
▽愛國俳句俳畫展　廿七日から卅日迄鳩居堂
▽北上聖牛日本畫展　廿七日から卅一日迄銀座三越
▽尾形乾山遺作展　廿七日から卅日迄高島屋
▽土橋醇一佛印回顧展　廿八日から卅一日迄菊屋畫廊
▽全日本工藝美術展　六月二日から七日迄高島屋
▽南方工藝品展　同二日から七日迄高島屋
▽翔鳥會第五回展　同二日から七日迄銀座松坂屋
▽福陽美術第十四回日本畫展　同二日から七日迄銀座松坂屋

輸出圖案作家協會

今回京都に輸出圖案作家協會が二十餘名の會員を以て結成され事務所が中京區高倉二條下ル安井綜逸氏方に置かれた。相互の連絡親睦を圖りつつ輸出圖案の創作硏究に鋭意努め、新東亞建設の一翼としてその職域に一路邁進すべき團體たらんことを期してゐる。

總務は、安井綜逸氏、庶務は西川定美、中村竹次郎、駒崎陽岳の三氏、情報は太田紅彩、鬪留辰雄、江畑晴耕の三氏會計は淺田和三郎氏である。

歸還勇士戰爭畫展

歸還勇士佐藤重雄氏の第二回戰爭畫展が六月一日から七日迄銀座ギャラリーで開催される氏は昨秋新宿の伊勢丹で第一回展を開き「幸福なる難民」其他の戰爭畫を發表し好評を發した。今回は體驗に依る戰爭畫約三十點を出陳する。

白閃社展注目

白閃社の第五回日本畫展は去る十七日から上野公園の東京府美術館で開催、今年は公募展でなく同人の作品ばかりだがいづれも大作揃ひで鑑賞家の注目を惹いてゐる。會期は來る廿五日まで。

近く赤壁俳畫展

赤壁吟社主催赤壁俳畫展が五月廿七日から卅日迄鳩居堂で開かれる、作品は半折約卅點色紙短册各數十點、俳畫に堪能な作家もあれば素人の範圍を脫しない作家もあり畫の巧拙よりも俳味に重點を置いた展觀である。

南方圏を思ふ
第六回壁畫展の課題

壁畫會第六回展が明廿一日から廿五日迄銀座青樹社で開かれる、「南方圏を思ふ」といふ題下に鶴田吾郎氏は動物を、安田豐氏は植物を島村氏は果實を、中村氏は人物（彫刻）を、布施氏は氣象を、伊藤氏は魚鳥類といつた各力作を出陳するが外に四季に亘る風物の連作（簡單に懸け替への出來るやうに三號程度）各二點宛を季節に別けて分擔し發表する。

福陽會十四回展
六月上旬銀座松坂屋

福陽會第十四回日本畫展が來る六月二日から七日迄銀座松坂屋七階で開かれる。時局下同人等は第一線の將兵に感謝の氣持ちを其職域に於て具現すべきだといつた更新の意氣で精神的な努力作を發表すべく懸命になつてゐる。二曲一双乃至六曲半双程度約五十點の他に郷土風景の連作を左記十二同人が各一點宛出品する筈。

勝田蕉琴、荻生天泉、太田秋民、酒井三良、角田磐谷、石

美術經濟

美術業界の膨脹に見る

經濟と靑年

關東關西ともに美術經濟界の經濟の膨脹は素晴しい勢で昂進してゐる。昭和最初から今日まで四十割迄到つてゐると謂はれる。たとへば新畫切つての巨商として現在に盛んである某堂は當時に於てすら有名であつたに係らず千圓二千圓の手形程度の切出しに止まつたのが、今では十萬、二十萬はいと易きことゝなつてゐる。また山の手の某堂の如き當時、疲弊に惱んでゐたのが、何十萬といふものを單獨即金拂で買へる狀態は日常のことである。

最近））屢々の禁令や統制によつて斯界も「美術は駄目だ」と悲觀され表面の賣買取引は止まつたものゝ、其蔭には却つて猛然必死の賣買が進展した。こゝに實例を擧げることを遠慮して置くが、難かしくなつた一面非常な發展である。これは平和取引にいつまでも馴れてゐた業界が非常時に際して、これではならぬといふ時局精神の活動？である。米英に宣戰の噂が起ると匆忙として地方の知る方へ荷物を送つて安全を保つべく逃避））計劃をしたものが頻出したのも、經濟膨脹によつて來る「持てるものゝ弱身」を暴露したものである。そしてその地方逸藏を企てた顏ぶれは、たいした業者でないことに依つて、相當行わたりの膨脹さを覩ることが出來た。

靑年））の業者が、時局に向つて醒めつゝあるのは誠に喜ばしき現象である。正に將來への新興美術業界への希望と發展を期待さるゝのである。これは近來の時局現象と觀るよりも、經濟膨脹の賜である。卽ち親父であるその店主が豐かになり、餘裕が出來たために、その子供である靑年は研究が出來、書物を買ふの自由が與へられ、同時に、その親父の店主は名品を買つても、幾つでも、すぐに右左に賣らないでもいゝ程の經濟力を持つて來たので、研究の餘地が許されることである。經濟本位の關西では以前からこの傾向があつたので靑年に優秀者を見つゝあつたのであるが、東京も旣に其時代を出現しつゝある。●

重美と國寶と經濟

重要美術品になれば、美術品の値段が急轉昂騰するのは、組織經濟の上から謂ふを待たない。また「あれが重美になつたので何十倍になつたが馬鹿々々しい」といふ聲をよく聽かされる。重美にならうと、でなくても美術價値は依然同じであつて指定されたから尊くなると考へるのは實に「馬鹿々々しい」のである。しかし値段の高くなるのは、重美になつたゝめに選まれた組織經濟によるのであつて何倍何十倍は當然である。所謂「馬鹿々々しい」といふ聲は、美術品と經濟を混亂してゐるのである。しかし重美になつて高くなるのは惡いことではない。國寶になれば一層のことである。それ程に美術の上に騷がれる重美になるかならぬかで、値段激變の最も懸隔の甚しいのは經卷と貴きあたりの古文書である。前者では百圓台のものが萬金にも及び、後者は三十圓位のものであるが二三百圓乃至二三千圓は必至である。こゝにその種のものが擔保に入れられて金融されてゐるものがある。これはその以前に、重美申請を申出でてあつたのであるが、重美申請の期日までに擔保から出すことが出來ぬ事情があつて、申請延期をある懇意な委員に申出たところ、「重美になれば何十倍になるのだから、擔保などすぐ返濟出來るのだ。延期には及ぶまい」と云ふたのである。重美申請が成るか成らぬか、何うしてもせねばならぬと騷ぐ價値のあるのは經濟的の尊さに於ては當然である。●

重美南蠻屏風の行衞

南蠻屏風中で、重要美術になつた北海道松前の海運問屋舊藏屏風は東京の鈴木弘氏の名で重美として登錄されたのだが、その始めは昭和初年に書畫雜品と共に三百圓位で舊藏者の手を離れたが書畫は整理され利益を見てこの南蠻屏風は丸々浮いたと謂はれるが、鈴木氏は四五千ならばとの腹のところ、長野草風氏の賞讃などで一萬圓となり、金澤あたり二三ヶ所を轉在してゐたが、遂に大阪の蒐集家に擔保流出の頃は一萬數千圓となり、帝國ホテル附近に現はれ、有尾氏に救はれ、石原求龍堂其他をめぐつては二萬五千圓に及び遂にこの程、更に高くなつて向島系の某家に納つた。この間十六年で無から三萬圓に及んだわけである。その昔堺の港に入港した黑船は、松前に航し、東京灣に流れ、大阪港に入り遂に隅田川に繋留やつと安心したわけである。

春峰庵の清算と現在

嘗つて浮世繪肉筆屏風の大多數僞物展觀として斯界を騷がせた所謂春峰庵事情も既に昨年すべての清算が終つたが、同展觀の製作期間は一年足らずで其總費用は拾萬圓位を出でないと謂はれる。それが東京美術俱樂部で、川部、池戸、本山など巨頭連の手に取扱れて賣上げは百萬圓の見つもりであつた。多少の眞物も混つてゐたのであるが、それにしても、事成就すれば夥しいものである。ところが由井正雪事件の破綻のやうに直前で僞物たることは暴露された。その後、今は清算されてその展觀物は全部、持主へ戻されてゐて、摸寫として、參考品としてならば賣却されることが許されてゐるのであるが、全部で拾萬圓には賣れるだらうとの事である。●

資本拾萬圓――目標豫算百萬圓――結果拾萬圓といふわけである。

塚省三、渡部浩年、酒井白澄須田善二、鴻巣一善、湯上呂久、猪巻清明

赤城泰舒水彩畫展

日本水彩畫の會員で文展無鑑査の赤城泰舒氏近作水畫彩展が室內社畫堂主催で五月廿六日から廿九日迄銀座の資生堂畫廊で開かれる。朝鮮金剛山を主題にしたもの並に靈峰富士、信州に於ける風景等約二十點を展示。

林鶴雄近作油繪展

昨年文展の特選を獲得した林鶴雄氏の近作油繪展が廿六日から廿九日迄日動畫廊で開かれる。氏の作品發表は滿二ヶ年振りで今回はいつもの子供を題材としたものゝ他に鄕里の農村や紀州の漁村風景等力作十數點を展示。

京都の學童作品展

京都市立動物園では京都市國民學校圖畫研究會との共催で來る八月の夏期休暇利用の學童作品展を園內で開催する事になり旣に準備に着手してゐる。右は同市內各國民學校兒童をして任意に園內動物の生態を寫生させ在洛大家の審査を經て入選作を展觀するものである。

「旬刊」美術新報
昭和十七年五月十八日印刷
昭和十七年五月二十日發行
發行日 毎月三回（一日十日廿日）
購讀料
一册金五十錢（郵税一錢）
一ヶ月三册金壹圓五十錢（送料共）
麹町區九段一ノ一四 資文堂
編輯發行兼印刷人 猪木卓爾
東京市麹町區九段一ノ一四
發行事務所 日本美術新報社
電話九段二七一五
振替東京一六二五〇
日本出版文化協會會員 一二一三五番
配給元 日本出版配給株式會社

通信は一切發行事務所へ

發行所 東京市本郷區東片町二八 日本美術新報社

昭和十年一月十二日　第三種郵便物認可　第二十五號
昭和十七年五月二十日發行（毎月三回十日發行）

（金壹圓五十錢　一ケ月三冊）

定價金五拾錢

（郵稅一錢）

六月上旬號

旬刊 美術新報

昭和十七年六月一日發行（每月三回十日發行）

特輯 開國文化と南蠻美術

世界地圖四圖都市屛風（部分）

旬刊 **美術新報** 第二十六號要目

■工藝界の問題（美術時評）　大嶋隆一
古典的教養について　田近憲三

開國文化と南蠻美術
南蠻屛風追想言　永見德太郎
第二次海外文化に伴ふ日本的藝術　池永孟
開國文化と洋風繪畫　貴船眞琴
直士會を觀る　大藏雄夫

口繪
南蠻美術列品　池永美術館
日本初期洋風畫作品

□展覽會グラフ□美術旬報

文展開催の決定

今年も文展が例年どほり開かれることになつた。支那事變以來一回の綜合展をのぞき何の支障もなく官設の展覽會が開催せらるゝといふこと、しかもこの大東亞戰爭といふ世紀の異常時國家危急の秋に際してもなほかつ餘裕綽々として官設美術展覽會の開かれるといふことの意義をおもへ、吾ら御稜威の下に生れる蒼生の何たる幸福かとしみじみ聖恩に感謝まつる次第である。

それにしてこそ、この秋こそ作家は緊張一番この大東亞戰下の日本美術なる意識の下に、その意識を判然表明しうるやうな立派な力の籠つた作品を寄せたきことである。昨年の文展作に見ても作家の緊張を著しく疑ふべき情態すら見えた。これではいけない。何も戰爭取材の作品のみが緊張心を表はすといふのでない、いかなる作品にも漲り溢れる力を見たいのである。東亞美術文化の指揮者たる日本の作品と賞しえらるゝ充實さがほしいのである。

業火　小早川秋聲

印度少女（賞）　樋口富麻呂

奈良の秋（賞）　島津冬樹

第七回京都市美術展

石楠花（賞）　北原元七

桐陰の席　保間素堂

藪（賞） 西田靜子

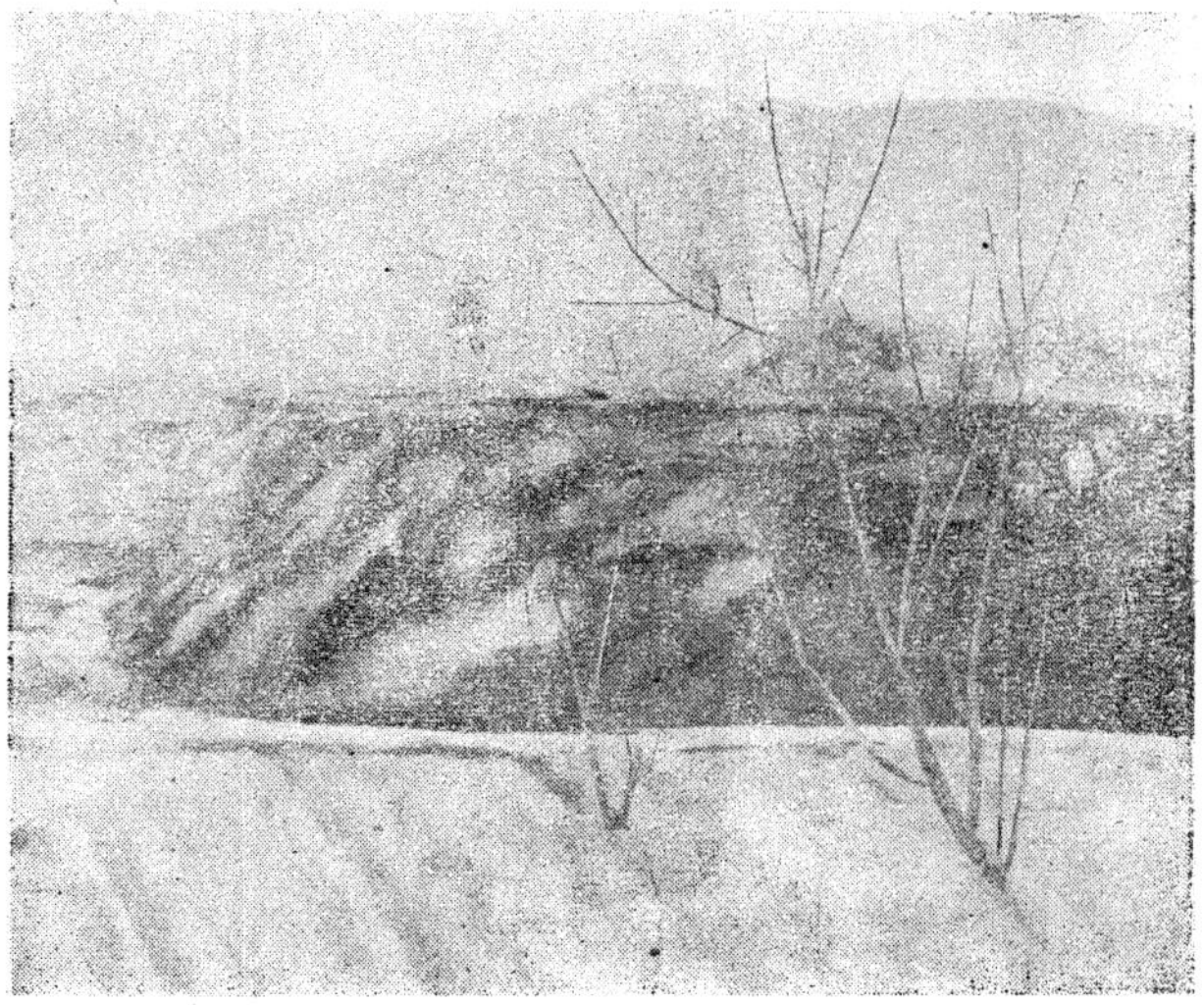

浅春（賞） 平野旦陵

(1)

第七回京都市美術展

(1) 鐵製八咫烏置物　黑井光珉 (2) 彩色百日草花生（賞） 新開邦太郎 (3) 繪刷毛目花瓶（賞） 森野嘉光 (4) 赤漆彫華紋手筥（賞） 黄田辰秋 (5) 總力染屏風（賞） 稲垣稔次郎

(3)

(4)

(2)

(5)

新生社第一回展

薫風 石田重子

田（賞） 小澤春子

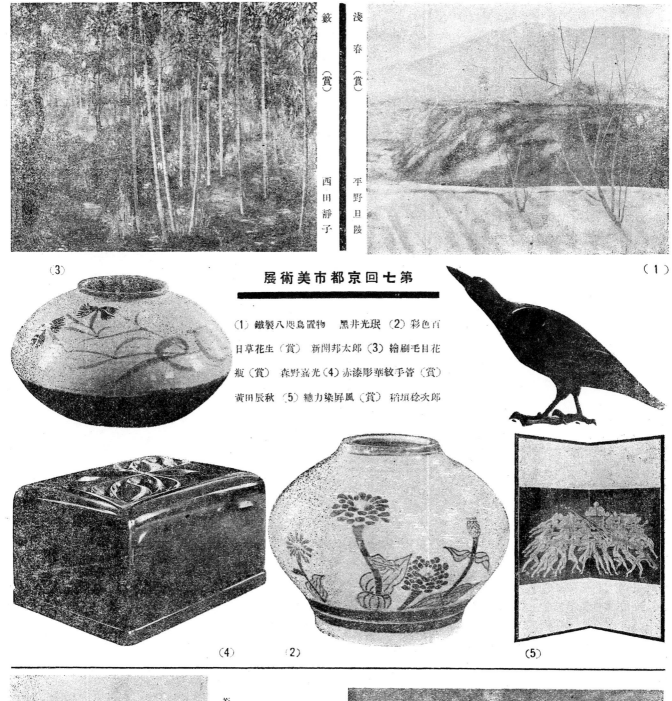

阿部六陽個展

川合玉堂氏に多年師事し、展覽會等には殆んど出品せず研鑚これ勉めて來た氏の第一回個展である。出品は竹のある竪物「夕月」の外は全部風景で二五横三尺横を主に充實した成果を示した。玉堂氏に深く親炙し、玉堂風景畫のテクニックを、微細な點に至るまで巧みに咀嚼し畫面の隅々にまでよく浸透してゐるが、それほど苦にならず、樹木の描寫などには繊細な神經の鋭い一面も見える。結局、明確な個性的なものは未だ萌芽として微かな痕跡を示す丈である。氏の藝術の個性的完成は勿論今後に待たねばならぬが、精進よくこの藝境を確保した氏の力倆は大いに認めらるべきであらう殊に「殘雪」「斑雪」等に示した重厚なる迫力は、特筆すべく山稜の稜線の滋味ある技巧や色感の澁い落ち着きなど、この作者のゆくべき一つの道を示したもので「畑」「丘の春」等の桃の花などの絢爛な、しかし素朴な賦彩も注目され全體的にみて現代の風景畫家として、氏は立派に一つの席次を確保したと保證してよい。(三越本店)

青鷺社展

玉堂門三俊秀の結社第一回展である。島春潮氏仲々の好調で「きんときささげ」「鐵線花」など構成に苦心を見せてゐる。中村玲方氏の「魚藻圖」の鯰のゐるのは眞摯な力作で「寄り」は練達である。村雲大僕子氏の三點中で「冬の野路」が大景をよく收めしかも平淡な詩趣に富む佳作であり、「山田挿秋」は宋元山水の味を覗つて點景人物に得意の趣を添えたが、惜しくも猶大成に到らず贊助出品、川合玉堂氏「早乙女」俳趣ある好小品である。(資生堂)

太齋春夫漆繪展

本格的の洋畫家としても相當の力量のある作家だと云ふことが頷かれるが、困難な漆を驅使して、これ丈の成果を擧げたことは驚くべきことである。漆を或は磨き上げ、あるひは艶消しにして、莊重な豪快な畫面を形成してゐる。「倉庫」「波」「冬の藏王」「海」「岩」「南方の娘」「笛」など佳作として擧ぐべきであらう。(青樹社)

南風塾守眞會展

師堅山南風氏が柳のうら葉の白と表葉の緑の交錯にした色感のおもしろさに二羽の燕を配した「薰風」を首座として塾員の內、すぐれたる作は岩田光壺氏「秋果」眞道秋皓氏「甘果」晉部白鳥氏「ダリヤ」川手青郷氏彩池」など。(銀座松坂屋)

新しき村展

工藝品や書や短冊や色紙や油繪や雜然混然とバザー式に並べられ、眞に玉石混淆であるが、特別陳列のルゥオ作「ピエロ」は流石に渾然とした重厚なバリエゥに輝いてゐた。白隱「觀音」良寛「涅槃圖」鐵齋「蝶追花」ブルゥデルの素描「サントゥル」ロダン小品等々の珍品も並陳されて異彩を放つてゐた。

『同人作品では、武者小路實篤「筍」その他の水墨畫が個性のある深さを見せて立派であるが、千家元麿の日本畫「黄水仙」「玉葱」等々や長與善郎の「夢に現れた富士の群」など全くの素人藝であり推拙な面白さがあるわけでもない。油繪には千家元麿松本長十郎はじめ見るべきものなし。(鳩居堂)

松平齋光個展　(麥の丘)

阿部六陽山水畫展　(火山の春)

端館九皐個展　(水芭蕉と兜草)

冬の野路　村雲大撲子

青鷺社第一回展

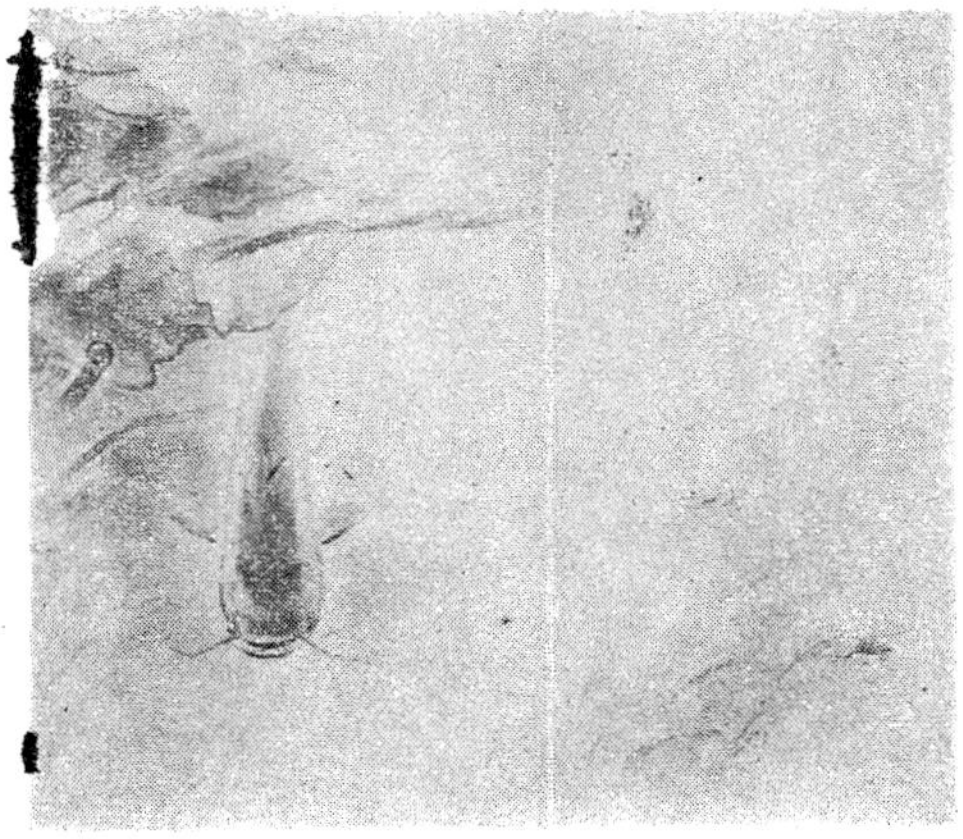

魚藻圖　中村玲方

南薫造個展

新嘉坡

第一回表裝美術展

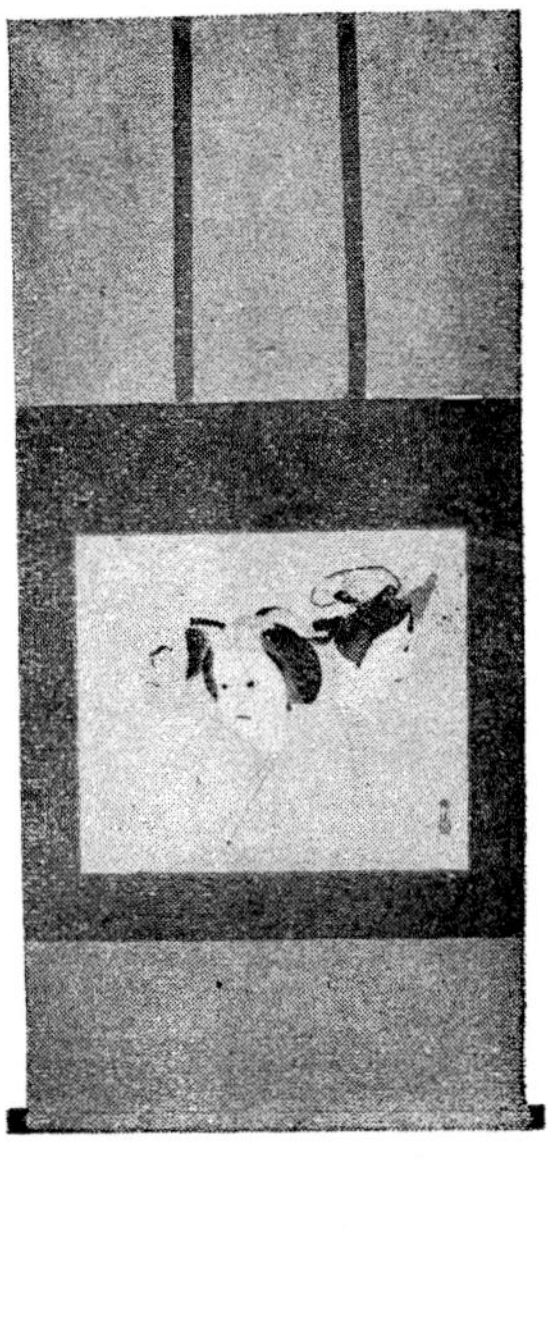

夕汀　天野清次郎表裝

阿波の木偶　井澤清表裝特選

京都市展評

吉副禎三

日本畫・洋畫・彫塑美術工藝の各部門を通じて、直接戰爭に關係のある、題材のものも見受けられるが、一般には、表現又は、内容美に於いて國策に協力しやうとする作家の企圖が認め得られた。

日本畫（出品一六七點）で平素は人物畫を得意とする菊池契月氏が珍らしくも戰線で將兵と共に活躍して居る動物であるところの馬に取材された『紫騮』を出品した。これは、山樂あたりを想起せしめる傾向もあるが、作者の個性が發揮され、その古典的浪漫的な表現は淸高で優雅で意力的な内容美を湛へ、非常に藝術價値の高いものである。福田平八郞氏の『花菖蒲』は、自然の優しいロマンで美化された中に、潑剌とした男性的なリズムが躍動する佳作である。山口華楊氏『鳶』は、構成と描寫に於いて勇健な氣魄と近代的な情緖を見る。菊池隆志の『鯉』の分析的な古典的浪漫的な表現に淸澄な近代感覺を發揮する。

廣田多津の『母子』の構成と對象に働らく視角は空間性を强調し描寫と共に知的情操を發揮する。此等の作は各價値的な段階を異にするが、創造意欲を時局に向けられ、佳い藝術効果を收められた。

官能的なものを狙はれた出品は少いが、上村松篁氏『狐』は構成が甚だ奇拔で、色彩など官能描寫が徹底して居る。南畫では、水田竹圃氏の『松風寒泉』が閑雅な風韻を湛へて大家の作にふさはしい。

その他、注目に價するものは田之口青晃惜『春譜』、をはじめ村上安秋氏『湯ざめ』、勝田哲氏『北國の町』、谷角日沙春氏『入社を待つ少女』、宇田荻邨氏『鸚鵡』、平間且陵氏『淺春』、樋口富麻呂氏『印度の少女』、秋野不矩氏『子ら』、石崎光瑤氏『蕾』、天野大虹氏『土佐の港』、などである。

洋畫（出品二八二點）で歐米の洋畫の模倣にあらずして、日本流の所謂洋畫として外國の模倣から脱脚しやうとする意欲が看取し得られる事は愉快である印象に殘るものは—太田喜二郎氏『雪』、黒田重太郎氏『遲日』、須田國太郎氏『鷺』、田中善之助氏『牡丹』、大橋幸吉氏『新綠』、同『壺と白椿』、寺松國太郎氏『春』、など。

彫塑（出品三三點）で、能、能狂言、往時の日本の藝術家、俳人等に取材され古典を狙つたものが多いが、此等には優れた作品が少なく、松田尚之の『女坐像』、同『乙女』などは佳い藝術効果を收められた。

美術工藝（出品一二五點）で、主に模樣に於いて時局色を狙つたものが多い。藝術價値に富むものは——伊藤陶山氏『唐草文花瓶』、淸水六兵衞氏『靑磁花瓶』、澤田宗山の『杜若手附花器』、堂本漆軒の『翔決小屛風』、淸水正太郞氏『花菖蒲飾皿』、河合卯之助氏『鷄頭畫陶板嵌込飾楯』、山鹿淸華氏『手織錦共榮圖壁嵌』など。

特輯 南蠻美術

（寫眞は池長南蠻美術館陳列品）

紅毛人狩獵圖　小野田直武筆（寬延―安永）（秋田洋畫）
秋田洋畫は平賀源内の鑛山檢分に際し秋田藩家老の直武に傳授したのである。

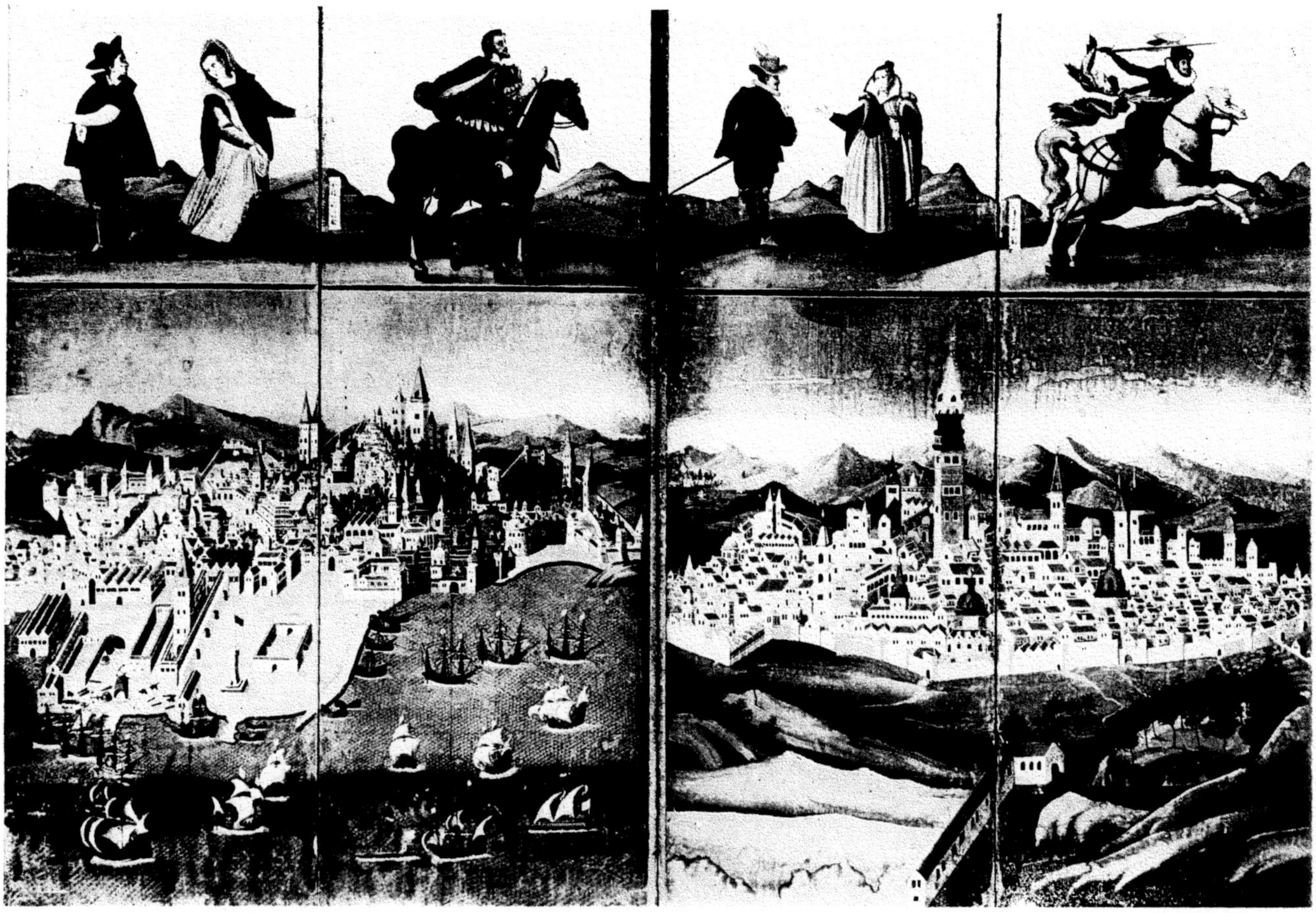

⇧

世界地圖四國都市屏風

所謂安土屏風で日本製作の世界地圖中、最も古きは安土と推定される世界地圖四國都市屏風八曲屏風一双で狩野派筆である。一五七〇年のオリテリウスの世界圖などに近いもので、日本、朝鮮等が殊に詳記されてゐるのも日本人作として注意される。

⇨

異國風俗圖

文錄三年三月に蒲生氏郷の妹が南部利直へ入輿のお道具で、中型油繪屏風一双の部分圖である。信長時代南國より長崎へ渡來の宣教師が傳來した油彩の法で、それをもつて描いたもの、本屏風も當時代の製作である。

唐美人図　小野田直武筆（秋田洋画）

がま仙人　佐竹曙山作（秋田系洋画）

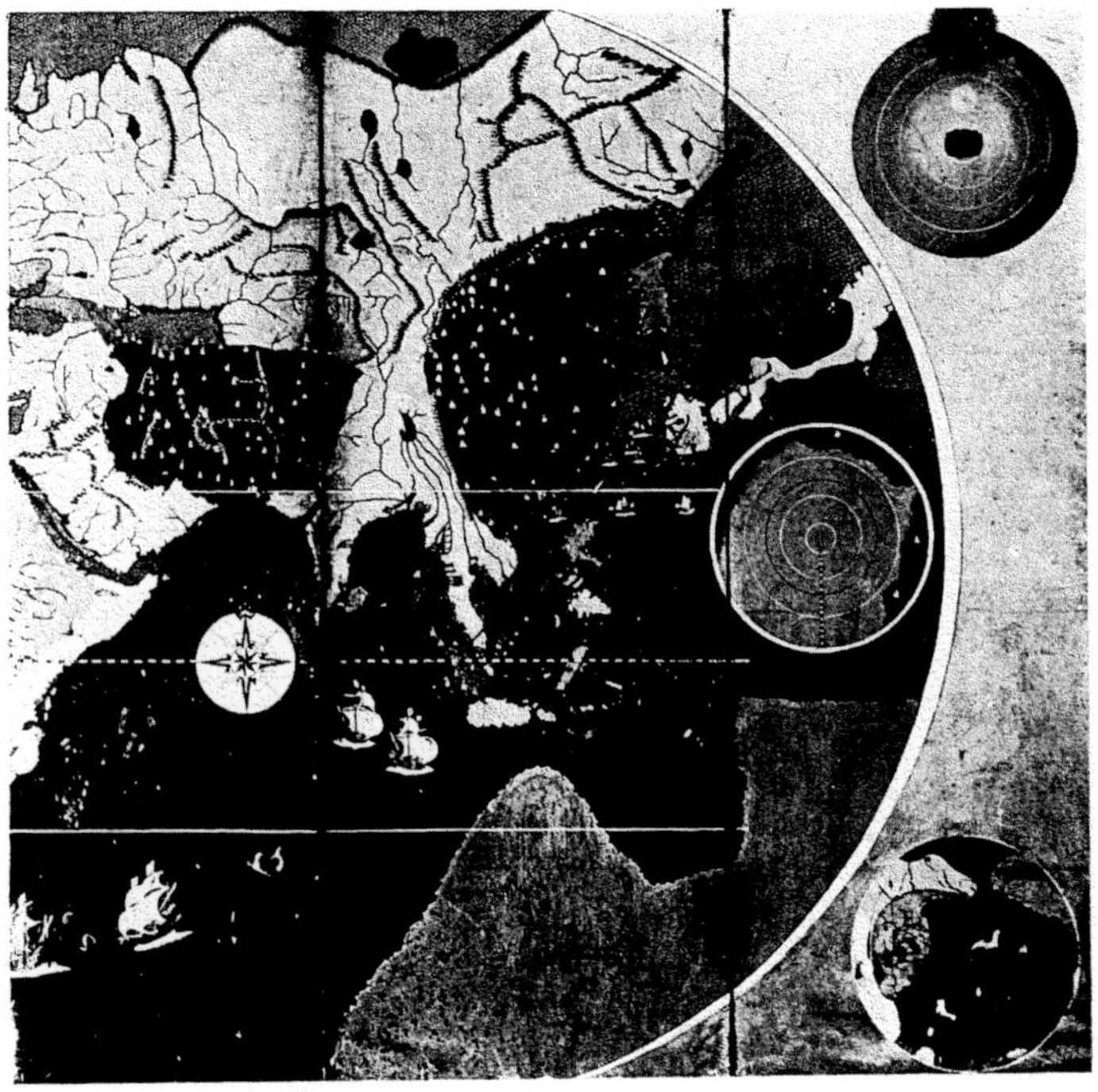

南蠻屛風として狩野内膳筆と落款あるもので、奈良の舊家上村耕作氏舊藏のものである。

南　　蠻　　屛　　風

堺又は長崎入港貿易船のある、所謂南蠻屛風はよく知られてゐるので、こゝには其内の優品である狩野内膳筆のものと、他の屛風の二つの部分圖の船のところだけを掲出する。これは御物の南蠻屛風のもので永德風巨匠の筆で、時代は慶長以前に遡るであらう。

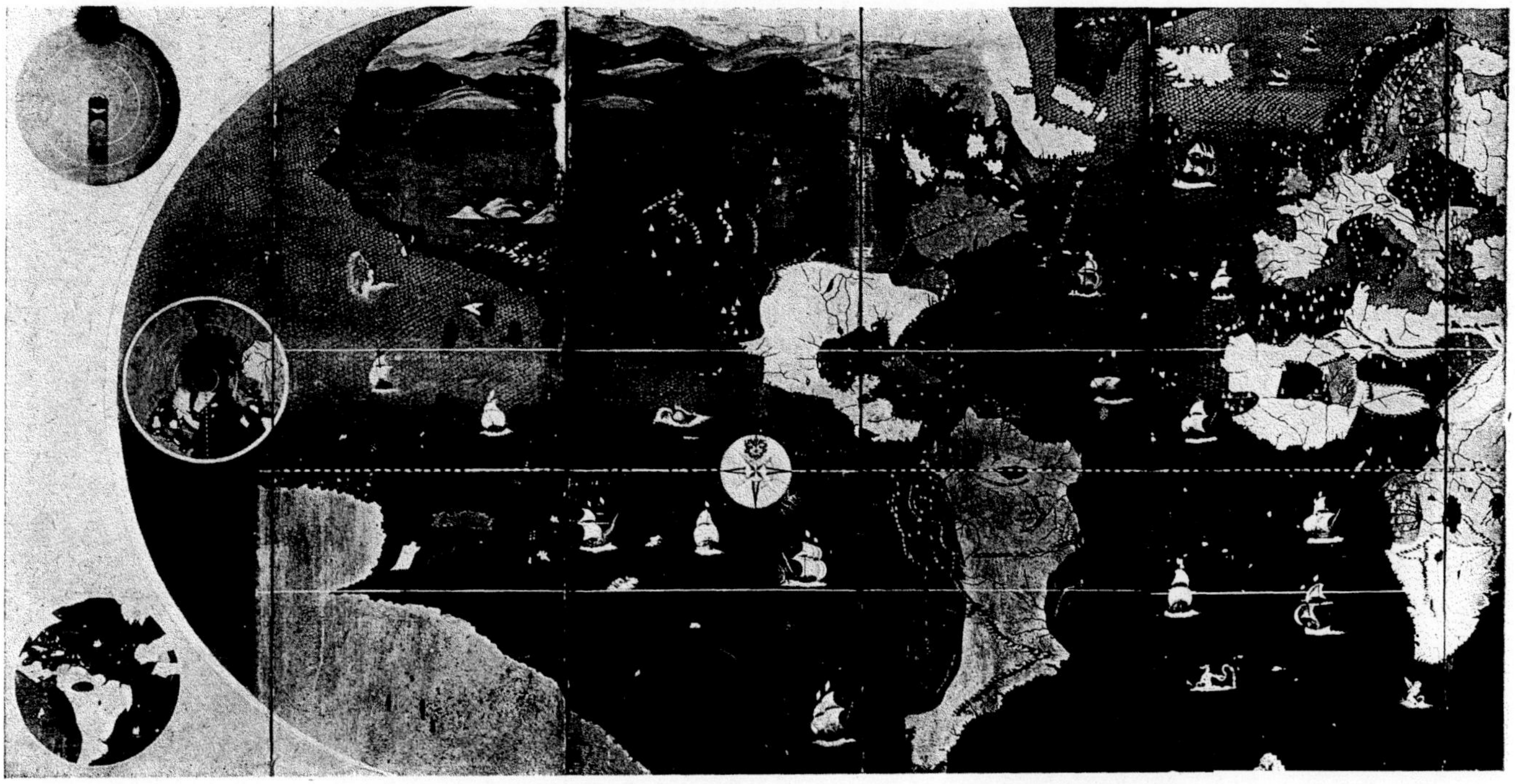

世界地圖四國都市屏風

織田信長像　　傳狩野永德筆

大德寺內の信長菩提寺の總見寺舊藏である。南蠻屏風には最も關係の深い永德筆といふことと、この肖像が南蠻貿易發展の保護者である信長であるといふ意味に於て貴重である。

平賀源内筆　西洋婦人圖（油繪）
源内は關東に洋畫術を開拓す
源内の作品と信ずべき洋畫は
他に存せず。

秋田洋畫——秋田の家老小野田直武より藩公佐竹曙山に油彩技法を傳來したもの、藩公の名の「義敦」と落款がある。

亞歐堂田善筆　今戸瓦燒之圖（油繪）
田善は須賀川の人、亞歐堂の號は白河樂翁より賜ふ。

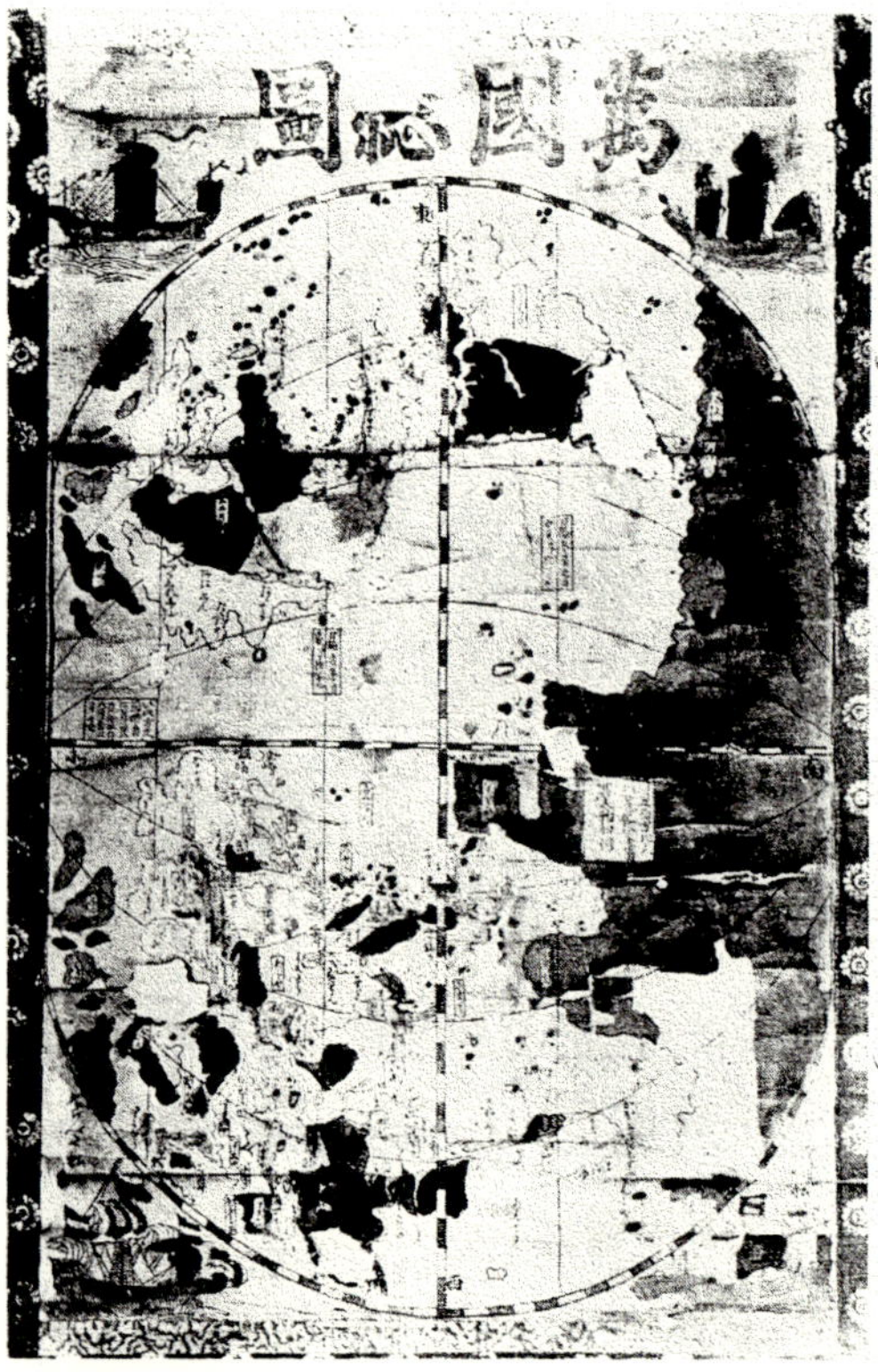

萬國總圖

池長南蠻美術館
（神戸市葺合區熊内）

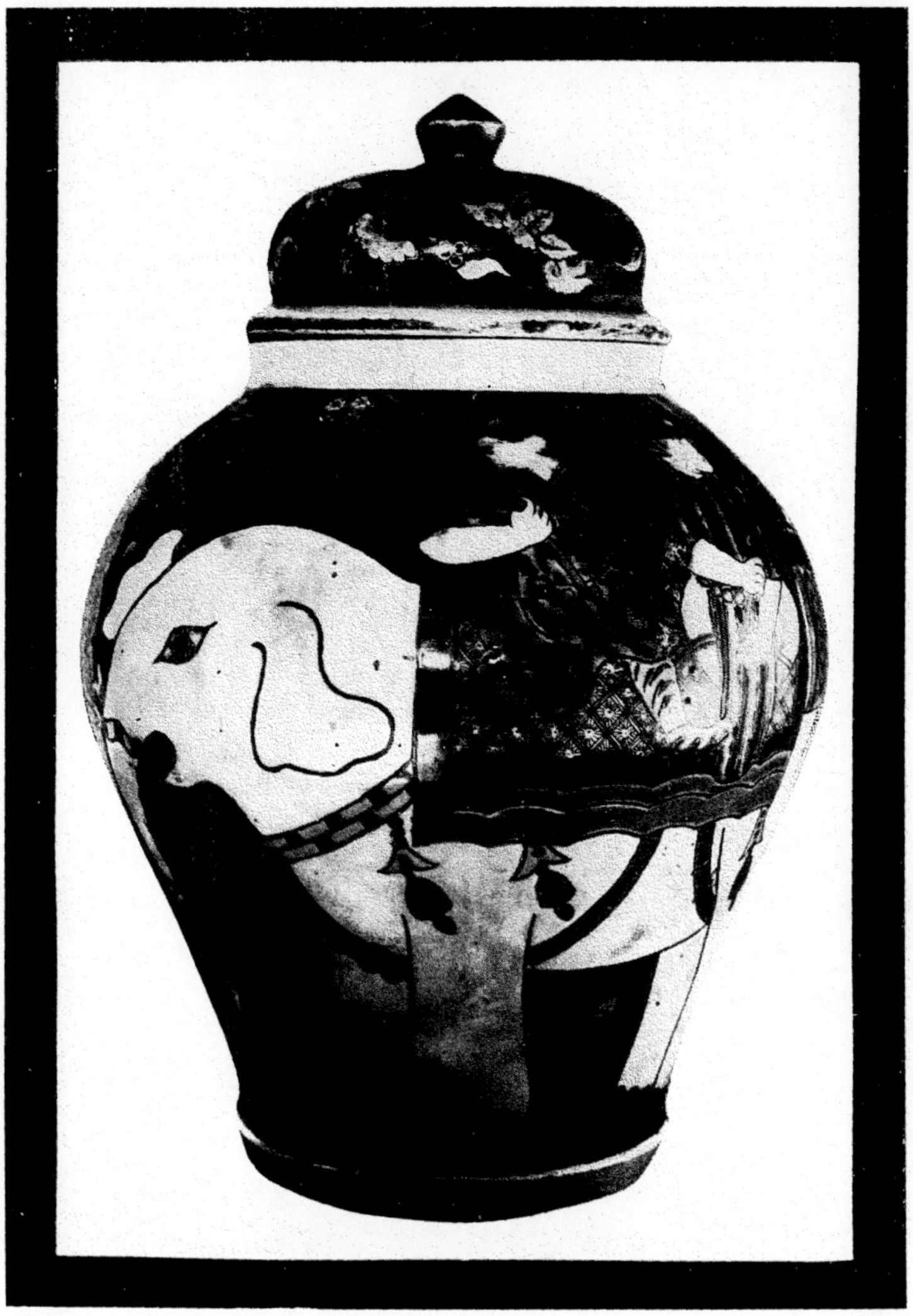

古伊萬里　南蠻人圖壺（慶長時代）

泰西王族騎乘圖　山田右衛門筆

第七回京都市美術展

繋厩　　菊池契月

蹄逢　　西村卓三

織葉　　板倉星光

七夕　　伊藤小坡

第七回京都市美術展

鷺　須田國太郎

雪　太田喜二郎

牡丹　田中善之助

北國の町　勝田哲

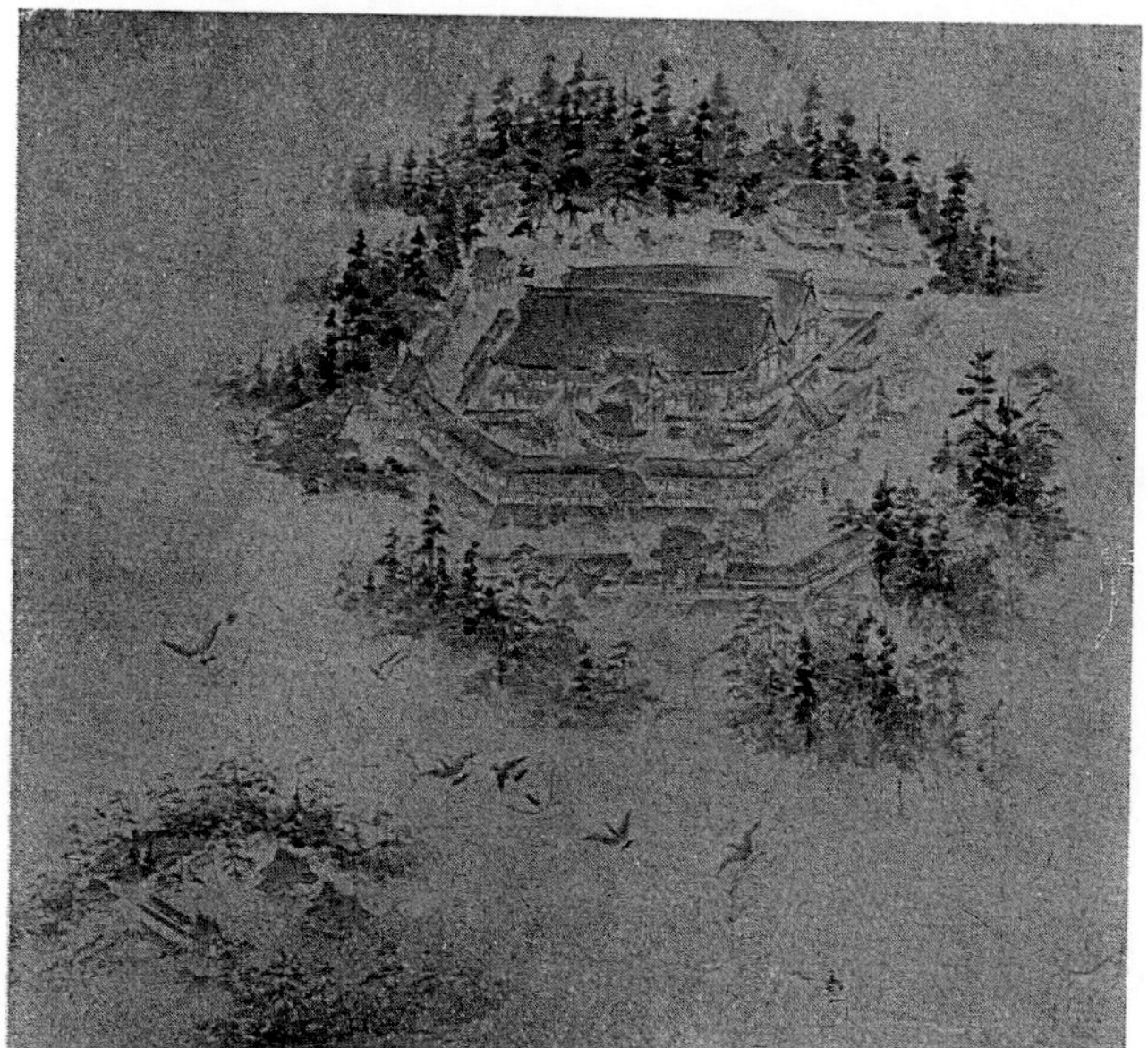

男山八幡宮　池田遙邨

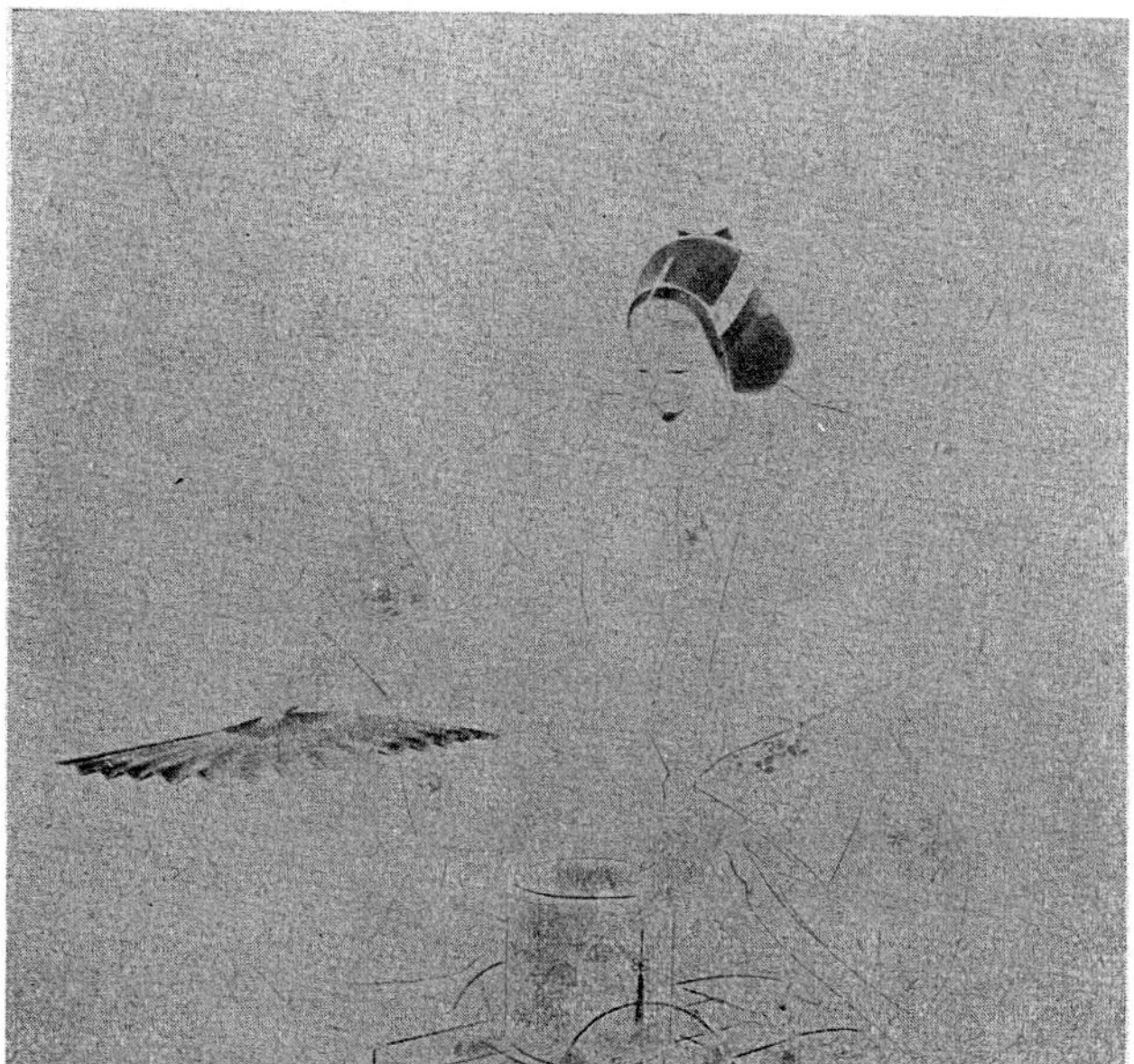

松風　三宅鳳白

新生社第一回展

奮戰圖　神谷道精

摘草　川崎小虎

仔馬　東山魁夷

直土會 第二回展

(習　作)　大須賀力

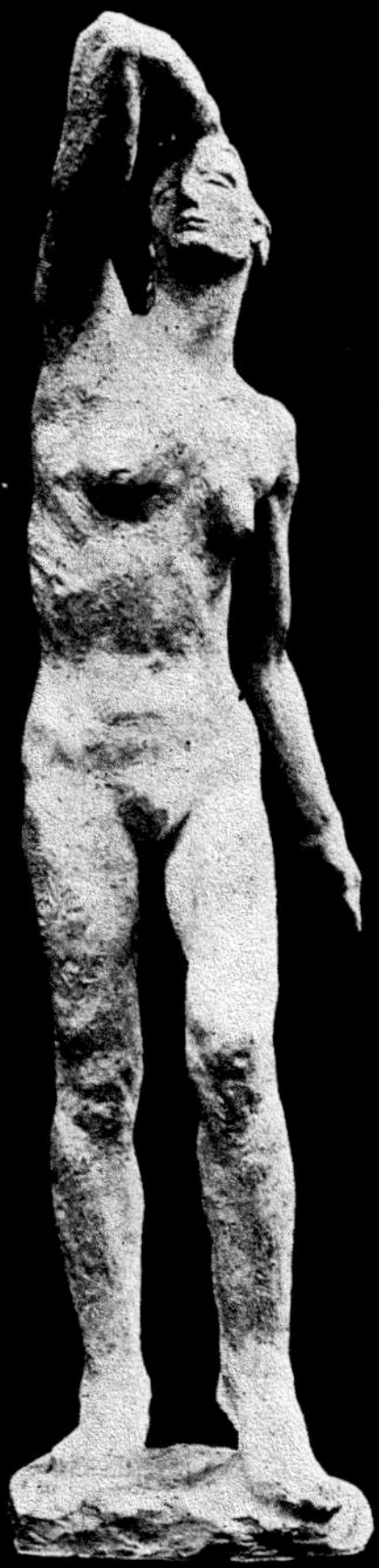
希(ねがひ)　建畠覚造

感に打たれた女(昭和七年)　故建畠大夢

(首)　安田周三郎

(アウリテイ大使)　荒木珖子

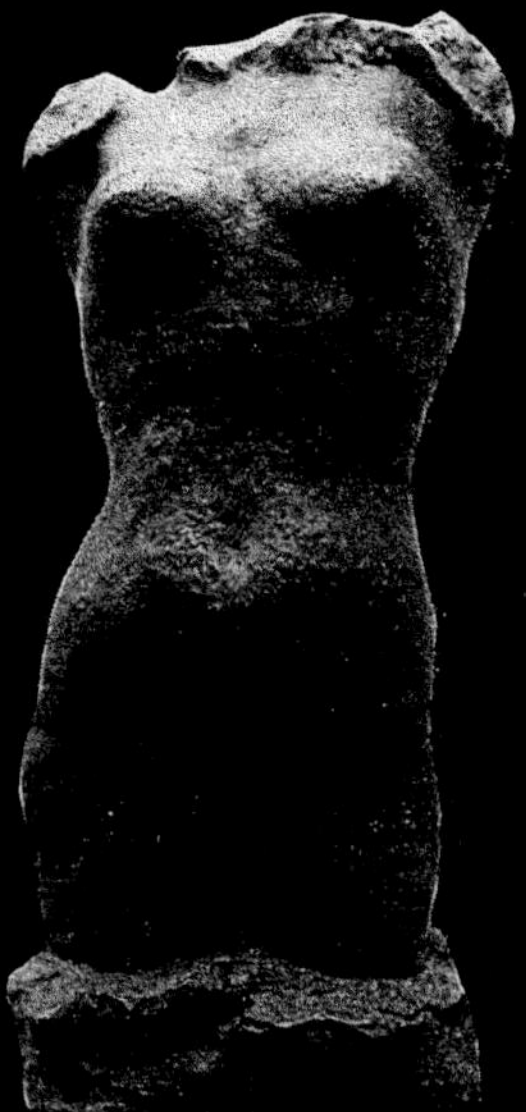
(トルソ)　毛利教武

美術時評

工藝美術界の怪文書

時局不認識の一例

大島隆一

池長美術館陳列室

■

さいきん、工藝美術界において、問題となつてゐるのは、所謂「怪文書事件」である。よるとさはると、作家たちは、このことについて私語し、臆測をたくましうしてゐるやうである。さも重大な問題のごとく、中には眼の色をかへて、いきまいてゐる人たちもあるやうである。

しかしながら、怪文書といふと、いかにも、おほげさにきこえるが、その實、愚劣な一片の印刷物にすぎない。いつたい、誰が、「怪文書」といふやうなことをいひはじめたのかしらないが、考へれば、まことに滑稽至極な名稱である。

■

この「怪文書」なるものにたいして、僕は、いまゝで黙殺してきた。事實、とるにたらないものだからである。だが、さいきん、また、第二の「怪文書」ともいふべきものが流布されるにいたつたので、こゝに一應とりあげることにした。

最初のものは、かなり廣範圍に、ばらまかれたやうであるが、こんどのは、ごく一部にかぎられてゐるやうである。はじめのは、まがりなりにも活字で組まれてゐたのだが、次にあらはれたものは、謄寫版によるきはめて貧弱なものとなつた。印刷費もなく、郵税にも事かくにいたつては、怪文書作成者もまことに氣の毒のいたりである。

たゞ、こゝでちよつと問題となるのは、二つの怪文書の出所が同一であるか、どうかといふことである。僕の考へるところでは、これは異るもので、最初のに追從して、第二のものが發送されたとみる。もつとうがつていへば、はじめのは京都において、あとのは東京において作成されたものであらう。

■

この手紙と葉書とは、二つとも、工藝美術作家協會の事務所からだしたことになつてゐる。頭をひねつたとすれば、ひねりかたがたりない。きはめて、幼稚な所業である。

それよりもわからないのは、いつたいなんのために、かういつた手數をかけねばならないかといふことである。

工藝美術作家協會のことについては、僕の關知するところでないが、もし、こゝの專任委員とかに不滿があるのならば、こんなまはりくどい手段をとる必要はないはずである。

「肅正有志」といふのは、おそらく委員の中の幾人かに相違ないのだから、委員會の席上において堂々と論議するなり、あるひは、臨時總會の開催を求め、そこにおいてはなばなしくわたりあふことである。そのほうが、かんたんであり、男性的である。

あゝいふ專任委員のもとでは、どうとかかうとか書きならべるよりも、そんなにいけないのならば、男らしく體《たい》あたりでゆくべきである。眞に協會のことを憂へるならば、この方法をとるべきだと考へる。

■

もし、しやべることが不得手だといふのならば、印刷物に堂々と憂へる士の名前を列記して、正面からゆくべきである。協會肅正論者はわれわれである、といふことを、ひろく天下に示すべきである。これならば、傍からみてゐても、立派であり、氣持がいゝ。

自分たちのやることに、ほんとに決意と確信があるならば、前述二つの方法のうち、そのひとつを選ぶべきであらう。

いまゝでの「怪文書」なるものを、ぢつとみてゐると、ほんとに工藝美術作家協會のことを憂へてゐるのではなく、たゞ、たんに、いやがらせをやつてゐるとしか考へられない。「私怨」のはけ口をこゝに求めた、卑劣な行爲である。

もう一歩、つゝこんでいへば、人をおとしいれ、あはよくば、「文展審査員」の椅子を占めようといふ魂膽である。いさゝか見え透いた仕業だが、これが、ほんとのところであらう。

■

みつともないことは、まだ、かういつた暗闇を歩く人間が、工藝美術界の一隅にゐるといふことである。

いまは、いつたいどういふ時代であるかを、もういちどよく考へてみるべきである。いゝ年をした男たちが、子供のまゝごとのやうに「怪文書遊び」をやつてゐる時では、斷じてないはずだ。

こんなことは、わかりきつたことなのだが、まだ、わからないといふことは、はなはだ殘念であり、なさけない話である。（完）

古典的教養について

田近憲三

近來の西歐畫壇では、數年毎に何か新しい運動が提唱されて、その提唱されるや一氣に美術界を席捲するのを常として居た。そしてその運動は波紋をゑがいて世界に擴がると共に、また世界の隅々から、美術とはその生れたばかりの邪氣のないもので無ければならない様に喧傳される狀態であつた。

所が、それほど迄に喧傳されたものが、數年を經て更に新しい誕生に出喰すと、奇妙にも一切の威力を失つて、泡沫の様に消え去る現象が眺められた。そして畫壇は、この消え去るものの價値判斷などは何うでも良く、唯此のより新しいものへの禮讃に忙しかつた。そしてその波紋が、一々吾國にまで傳つて、御承知のやうな畫壇の混亂時代が生れたのであつた。

繪畫では、實際技術のイロハに近い問題でも、實地に手掛けるとなると、長い研鑽を必要としないものは無い有樣であつて、この時若い人々が、其中の何れを選んで研究し、何によつて建設して良いのか分らなかつたのも無理はなかつた。

また波紋と云ふものは、遠方にひろがる程其のうねりを大きくするものであつて、是れが遙か彼方の吾々の畫壇に、ますます誇張して喧傳されるのは致方がなかつた。所が左樣した傾向だけでは濟んで居ない。それはまた、一般の渇望に乘じて、これを紹介することによつて、一種の投機的な成功を得ようとする人々に利用される事を免れなかつた。そして波の動きは、人爲的にもあふるが上にあふられた傾きが無いでは無かつた。

然し、實際の本場で、そこまでの波動が揺いで居る譯ではなかつた。其れは、向ふに少々長く滯在した人でさへあれば、誰しも熟知して居る事實であるが、西歐の美術は、それ自身が永い傳統に基礎を置いてゐるだけに、一方ではその種の運動からでは想像もつかない様な、着實堅固な研究がつまれてゐるのであつた。

所が左樣した質實な道では、所謂流行家達の宣傳材料にならない。それで其の方面は等閑に附されたばかりか、恰も存在しないかの様な印象さへ與へてしまつた。

この西歐の畫壇全部が、何か一つの動き、——極言すれば何か一つの流行を中心にして動くものの様に考へてやつたことは、又自分達自身の畫壇も、何か一つの動きの下に支配されなければならないと考へさす事であつた。そして其處にこの中心となる動きが無い場合には、たゞ一種の寂寥感に閉されるだけでは濟まない、却つて不安な浮動狀態さへ意識する迄になつたのであつた。

それが、此の大戰を契機として一時に逼塞した。この外邦文化との絶緣狀態が來て、一切の波紋が傳はらなくなつたのである。そして新しく古典の教養が云々されはじめた。古典の再認識なる言葉は、あの激しかつた新運動の廢墟から、何時の間にか口にされ出して來た。

まさに極左から極右への轉向である。

所でこの一氣の轉向は、突然人々の心に、難解堅實なものへの憧れが生れた爲めであらうか。實際には感覺を異にし、解釋と思索に相違のある所の古典に、突然な情熱が生れた爲めであらうか。ドイツの古典、イタリーの古典、フランスの古典の何れでも良い、繪畫の初期時代から近世まで何の時代の古典でも御座れと云ふ遣り方は、正しく包括力の大きさとして欣ぶ可きものであらうか。

古典は、傳統の魂である。

それは藝術の教養であり、建設の基底である。そして古典が一時の好奇心に玩弄されない様にと祈る者は、私一人では無いであらう。

◇

所が、古典の再認識と云ふ言葉も變なものである。もしも將棋や圍碁の専門家にむかつて、定跡の再認識などと、素人から持出せば何う云ふものであらうか。

定跡は必ずしも絶對の鐵則ではあるまいが、要するに棋道の傳統であり、傳統に基いて多くの研鑽から生れた回答であつて、また今後ともに、更に多くの研究によつて、より完成に導かれる實際の方則でもある。それは便利だから利用するのではない。たゞ正しいものであるから準據するまでであり、單に目前の利害のために應用する以上に、これを究めることが、棋理の最後を窮めることに相當するからその研究が行はれるのであらう。

彼等の生活では、これを如何に生かすかと云ふ事にかゝつて居る。其の生活は、必ず闘はねばならないものであり、闘ふ以上は必ず勝たねばならないと云ふ容赦のないものであるだけに、徒らな定跡のまる暗記や棒呑みを出來なくさせて居るからに外ならない。

畫家に古典を問ふことは、棋士に定跡を質す樣なものである。美術の古典と棋道の定跡とでは構成も本質も全く相異つた存在ではあるけれども、其處に盛られた教戒を如何に實地に、吾身の上に生かすかと云ふ點に至つては、全然同一である。

では古典を何の樣に生かして行くか、と云ふ問題に遭遇する。この時古典は、定跡の樣に目前に與へられた方程式ではないだけに、その古典を正しく觀る、唯だその事一つにさ、作家の教養と覺悟にまつより外はあるまい。

世間一般では、繪畫に携はる人間が、全部美術家であると考へて居る。其れは美術家と呼ばれるものかも知れないが、正直に云へば、美術で飯を食つて居る職業人と云ふにすぎない。其の中には、唯だ繪を描いて、これを售り社會地位を占めれば充分であると云ふ人々が大部分である。そして其れ等の人々とは別個の存在として、一部分に、美術を創つて見ようと志して居る人々がある。上手、巧者な作品でなくて、內容として立派なものを創つて見せようと云ふ人々である。

そしてそれ等の人々には更に別個の存在として、藝術家であつて見ようと志す人々がある。

作品が一個の生命力となり、自分自身が一個の光體として輝きたいと望む人々である。それ等の人々は、自分の建設だけではなく、時代の文化に對して責任を識つて居る人物であり、その爲めには社會的に、一個の受難者で居ることをも承知して居る人々である。

藝術とは、縷々とした建設の道程に外ならない。

この縷々とした氣永さに倦んで、一足飛びに進展を計らうとするなれば、たとへ何れほどの天才が何の樣な機略をめぐらさうとも一個の詐欺仕事にしか成れないのがこの藝術の道の嚴格さである。また其の道程のはかどらない事に倦んで、中途に努力を惜む人は、長い旅中に足をとゞめて前に進まない人間と同一になるのもこの世界である。

否な、旅を途上に斷念する人は、唯だそれだけで濟むかも分らないが、藝術の道は自分一人だけが進む道ではなくて、總べての人が前へ前へと進む世界である。社會に對しては、何れだけ大家を衒つて、胡麻化すことが出來ても、より進歩出來ない作品は何物でもあり得ない。また作品自身が、後輩に追ひ拔かれて行く事實は如何とも致方がない。そして立止るものは、この道の敗殘者として殘されて行くばかりである。

この藝術と云ふ社會は、文化の絢爛さを代表するものであるだけに、一般の人々は純眞な尊敬から眺めて、何事か英雄的な事蹟でも行はれて居る社會の樣に考へ易い。でなければ、少くとも華々しいものをこの中に想像する。然し若しもこの世界で、その華々しさを見せびらかす仕事があれば、由來その種のものは悉く詐欺師の藝當であつて、この社會の本當の姿は、忍從、刻苦、そして倦みもせぬ遲々とした累積に外ならない。

それは、石を刻んでこれを積み上げてゆくやうな仕事に似て居るかも知れない。それは、何も無いものの上に、自分一人の知能と技術によつて古來からの仕事と對抗出來るものを創つて行かうといふ念願である。國家に百年の大計があれば、藝術家はまた自分の一生では、その幾分も果し得ない樣な企劃をすゝめて、その中の能ふ限りを遺して行かうと云ふ仕事である。

例へば、專門棋士にならうと志して、誰一人の師匠にもつかず、一切の棋書もふれずに、一人きり盤面に向つて居たら何うであらう。才幹さへあれば、成就出來るかも知れないが、まはり遠い勉强である。また斯うした遣り方で、現在の定跡を全部一人の手で編み出すと云ふ藝當は、絕對に不可能ではないかも知れないが、先づ出來ない相談と見なければならない。繪畫の道は無數に擴つて行くが、その中に善惡を見定める業は、作家の獨善だけで容易に行へる道ではないのである。

また、人間が持つて生れた力だけでは、何時しか限りがあるものである。ある時には、持つて居るだけの能力では行止まつて、新しく鍛え直して出なければならない場合がある。

またある場合では計算を誤つて、何かに據つて正しい方向の發見をしなければならない場合がある。また最初から識別して進んだ方が、近道である場合もある。

その時、自分の周圍が、一生涯それ等を指示してくれる樣な環境であれば文句はあるまいが、若しも左樣でなかつた時、或ひはまたその環境以上の制作を志した時に、こゝに必要なのは古典への教養であらう。

◇

では其の古典とは、何うしたものであらうかと言ふと、專門の識者にこれを間違へる人も居ないであらうが、大體には漠然とした見解が下されて居て、簡單に言へば、古來傳へられた美術が全部古典であると云ふ事になる。これをもう一層簡單に云へば、古いものは古典と云ふことになる。

古典は古い時代の藝術に相違がないが、では古い藝術の傳承が古典の傳統を生かして居るかと云ふと、必しも左樣は行かない。例へば現在の茶道の樣なものである。それは難解の樣で居て、實は單純な問題であつて、この茶道については、その最初の誕生期に行はれた、禪的な東洋の哲學觀と、自然と自己とが一致した一個の三昧境を想像するか、或ひはこの三昧境を一つの基礎として其後に行つた人間の養成を考へられるなれば一目瞭然である。今日行はれて居るものは、些かその魂を失つた虛禮の殘骸の樣なものである。其處には古代の樣式が尊重されて居るだけに、これを土臺として、極めて一部分の人には往時の悟入にひたる事が出來るかも知れないが、われ〳〵は先づ其の往昔の茶道を古典と尊重することは出來ても、現在のものは其の殘骸とより受入れることが出來ない。

この樣式の傳承について、私自身が恐れ入つた話がある。それはある夏季のこと南佛を旅して居た頃であつた。名もない田舍の町に宿つた時、偶然に話し合つたある工藝家に、彼等の持つてゐる傳統について二三話した末、半分はお世辭を交ぜて、古來からの樣式の見事に傳承されて居ることを稱讚した。

所がその老人は氣の毒な程赤面しながら物語つた。彼等の傳統は その藝術樣式の繰返しでは無いと云ふのである。古來彼等の文化は、少くともこの方面の技術に於て、全歐に一頭地を拔いて居た。そして總べての時代に先覺者として常に新しい境地を開き他國の趣味と技術の指導をつゞけた。常により新しく、より美しいものを創つて文化に應へなければならない、これが彼等の傳統であると云ふのであつた。

彼等は、彼等の古典の中に、形式を學ばずして、古人の意氣を學んで居るのであつた。

唯今古典なる字義について、何の樣な解釋を下されやうとも、それは各個人の隨意であるが、この古典に於て何うしたものを尊重しなければならないかと云へば、その道はたゞ一つである。

古人の創業を見て、或はその完成美を娯しみ、或ひはその巧妙さの借用を企て、ある時にはその樣式の特異さに陶醉して樂しむ事は、多くはその殘骸を抱いてその腐臭に泥むことになり易い。

古典は、古人の偉業であるとともに、また古人の遺訓に外ならない。其れは少くとも藝術に携る人々に對しては、建設の鐵則を訓へるものであり、藝術が永久に新しく生きて行くことが出來る。その生命と魂を示唆してくれるものである。藝術の中に、何が永久に殘ることが出來るか、何うしたものが永久に正しいものとして尊ばれることが出來るか、それを敎へてくれるものは此の古典以外に見出せないであらう。

では其の古典を何の樣にして學ぶかと言はれると、現在の吾々の社會では、洋畫に關する古典作品は、殆ど何一つ持つて居ないと云つて差支へない狀態であつて眞面目な研究家の困難は察するに餘りがある。

一方この古典的なものが迎合されるについて、恐らくは今後頻出する論説は、勿論その中にはこの機會を得て積年の研究を發表される篤學な著述もあることであらうが、その一半は、先に新しい運動時代に現はれたと同樣な、便乘的なものと見なければならないであらう。そして初學程度の語學の力と幸運に手に入れた數册の參考書と、あとは糊と銳利な鋏さへあれば、切り拔きの張り交ぜでもつて立派な研究家顏の出來る世界である。たゞこの中の取捨でさへ容易なことでは無いであらう。

また受けるとか、儲かると云ふ理由で、この種のものを手にかけた出版が行はれるかも知れない。其の中で未前に良心ある立派なものと、亂雜なものを選り分ける方法は發見されないであらう。そして古典は、一方からこの機會に眞面目な生長を冀はれながらも、一方からは盛んに荒されて行くことを免れないのではあるまいか。

古典はその一個〳〵が、何うした時代の浪に搖られても、必ず殘つて行くだけの內容と命を持つてゐる。それは正しく且つ美しい。また藝術家の最初から必要な基底でもあれば、最後に及んで仰ぎ視る敎示でもある。そして其れは、現代の作品と違つて、違つた世界に住み違つた感覺に基いて居るものだけに、最初から困難を覺悟して、これに徹して行く氣持が肝要であらう。

たゞ古典が玩弄された時は……。

否な、道ゆく人に、指針を自分から壞す人も無いことを想うて、その杞憂を拂ひたい。

開國文化と南蠻美術

南蠻屏風追想言

永見德太郎

名稱

今日、吾々の言ふ名稱南蠻屏風は、過去に於ては、やゝこしく不便だつたのである。又是に關しての舊記とみなす可き文献は、未に何等發見すること依然として不能なりである。現品その物が、次第に認められるに從ひ、海外に存在する分さへ判然となり、或は又近年逆輸入されたりしたのであつた。

日本藝術中の偉大な作品、歴史背景を認識される程、美術史上に於て、一分野の持つ價値は、益々光輝を放つ樣な道程となつたのであるから、相當祝福していゝ筈である。

南蠻屏風は、國內だけの風景風俗と限定せず、海外文化の交流に就いての範圍を擴大し、且つ歐風の畫法採用、つまり洋畫系統に迄肉薄せしこと、其に當時の慣例を打破した寫生、浮世繪の先驅に近い觀察等、進取的の努力であつた。其等を充分知る以上は、讃仰せねばならない。

一に文献、二に文献といふ所謂文献專門患者に對しては殘念乍ら淋しいであらう。南蠻屏風は、大津繪や長崎版畫と同樣、文献としての眞の價値あるものは皆無と言つても差支ない程である。然し、繪畫自體が、點數にあつても、數多く、良く保存される以上、何よりの幸せであらう。

殊に、美術品の中で、その創作時代、世に迎へられなかつた結果、大衆の重視を浴びない場合の例は、尠なくない實際が多分にあつた。だから浮世繪にしろ、佛畫にしろ、現代の研究、鑑賞にあたつて、何等文献無く、檢討に際し、推定をせねばならぬ物に遭遇する。だから、私は文献と共に現品が兩者相伴ふなら、鬼に金棒とするが、その樣に心丈夫なのは先づ少ない。世の變遷、時の流轉には、幻想となり、屏風一雙のうち、片方だけ殘存すれば、まあ〳〵であつたりする。

南蠻屏風は貴族富豪の特權階級に、好奇心と裝飾の必需品であつたが、描かれたる重點に、異教が目立つので、影をひそめたのである。そして極めて最近より問題化されてゐるのである。

南蠻屏風の名稱は、昭和二年よりおこつたのであるが、過去の當時は何と呼ばれたかに就いて、私は、注意を怠らなかつたが、其らしく、又は類似の名稱は、何一つ出現しないのであつた。

或美術雜誌で、先年、美術放談の座談會を催ふされたとき、文學博士某氏は、南蠻屏風は、仕入物だと迷說を述べられたが、私はかねて、この某氏の名聲を尊敬してゐたゞけ吃驚して、二の句がつげられなかつた。大先輩の暴言は、南蠻屏風に關する智識が、全々ないからではないかとさへ、自分の耳を疑つたりしたのであつた。

この場合の仕入物とは、外國行の間に合はせの品、藝術的良心の乏しい、香りや匂ひは無いのだといふ、たゞ送れば儲かる主義の代物を指すのである。が左樣な貧弱な論を吐かれたとて、世の識者は盲目ではない。年と共に、南蠻屏風より盛上る力は一般の趣味の上に加はり、又、日本繪畫史には一課目を追加されて居るのである。

世の拍手、人々の稱讃になると、今度こそ、高價になる、人氣を博す譯で、えたいの分らぬ其こそ仕入物の擡頭である。果ては、贋物橫行となつたりするから、世評は不思議な產物を見せたりする。

屏風に對する名稱は、屏風自體の部分或は箱に、名稱を記したのも在るのである。例へば、岡本家のでは、黑船屏風、海軍省藏（永見家舊藏の一つ）のには、〇らんさ圖長崎船柏之圖浮世亦平書と書いてある。是はおらんだ圖長崎船舶之圖浮世又兵衛畫の意を、古い時代の人の筆跡が殘つてゐるのである。阿蘭陀や唐の意味は、其國のみでなく、外國即ち異國、又は萬國といふ廣い意義を指したこと等を、考へてをきたい。黑船の解釋はそれに似て、紅毛碧眼關係の船である。幕末期に言ふ亞米利加船と限つてはいけない。鎖國時代前に、ポルトガルやスペイン兩國民の渡來冒險を試みた船舶もそう呼んでゐたのである。通俗風な說明をすれば、歌本「松の葉」に、黑船の緣がつくれば云々は、その道の人々に記憶されるであらう。

唐人屏風としたのは、無理ではない。現在でも、古老は、歐米人を唐人とか毛唐人と言ひたがる。世界には、三國あるだけと信じきつた時代があつた。三國一の富士の山、三國一の花聟といふ。日本、支那、印度が地球の全面積を占めたと思つたのも、東西の交涉や人智の發達不完全の間は無理からぬ點であつたのである。

堺屏風と傳へられたことがあつた。南蠻屏風の畫材構成に、もつとも重要素をなす南蠻船の姿態、切支丹傳道ぶり等の目指す地域は、堺、長崎、其他の西國諸地方面であつた。長崎と堺は、集團都地として、對外的根深さが、他より多く知られてゐるだけに、長崎屏風と傳へられたらしい。然し乍ら、長崎又は堺の兩地及び他の港にしてが、同時代の建築に大した特長差は、きわだつて目にはつかぬし、風俗にせよ、大體、同種或は類似があるのであつた。

南蠻屛風に描寫された內地に就いての研究は、結局、判然としてゐないのである。大船型の碇船より推せば長崎らしい、切支丹教會堂の巨體建築は、やはり長崎に近い。然し乍ら、沖に島々や、岬の無いのは、堺か或は府內らしい。畫技の構成上、風俗に純寫生や、想像の加筆される部分もあり、屛風そのまゝが裝飾必要品である以上、忠實に新來文物を摑んだと雖、金泥の雲型を用ひた舊來の踏襲も在するのであるから、果して、何れの港地を寫したかは、謎であるのである。

參考の爲に、一證として、述べたいのは、切利支丹寺院である。長崎の異教徒全盛時代、即ち南蠻交易の華々しき折、そこには寺院十一教會があり、山手の高臺、町の中心地、海に臨める場所に、聳え建つてゐたのである。

天正十四年の「耶蘇會年報」に依れば、堺の會堂屋上には、美々しく大十字架が光り海上遙かな方角より眺望せられたと記されて居る。だから、內地は、何れの港なるかは、不明確である。

屛風は、普通六曲折一雙であつて、片側を日本、片方を西洋と區別して居る。西洋の方は、南蠻本國を表現したのか、彼等の東洋出張所である根據地點の臥亞を現はさんとしたのか、是すら、多大なる疑問が殘されるのである。

それである爲、名稱の一定を見なかつたのも、當然至極であらう。

南蠻畵屛風
南蠻繪屛風
南蠻人渡來屛風
南蠻船渡來屛風
南蠻人來朝屛風
長崎屛風
堺貿易屛風
長崎船柏之圖
黑船屛風
唐人屛風
天正年間の開港地屛風畵
其他

やゝもすれば、南蠻畵即ち西洋畵と誤解されやすく、天正年間としては時代に問題が湧きやすく、南蠻人來朝と限稱しては、かへつて物足らぬ恨みであつたりする。ので、私は「畵集南蠻屛風」を刊行するにあたり、南蠻屛風と命名したのである。現在でも適切な名稱だと思つて居るのは、手前味噌だらうか。

南蠻人來朝、南蠻船、南蠻會堂、南蠻繪其他こまかいすべてを含む意義は其中に含められると考へる。

研究論文と書集

私に南蠻屛風の研究を間接に刺激したのは、「對外史料寶鑑」の編著者永山時英氏であつた。同氏は長崎圖書館長として奉職中、河本家の屛風圖のコロタイプを示し語られた時は、大正十四年の日であつたと思ふ。それから「世界に於ける日本人」の著者渡邊修二郎氏を訪問せしとき、屛風の談に及び、興趣深い印象を得たことは、今も忘れきれない。南蠻研究に關する限り、渡邊翁は、もつと世上に乘出す可き博學の仁だと、私は尊敬しつゞけて居る。屛風の殘缺を掛物に仕立てたのを、手に入れたのは、大正十四年時代で、是が同種の所有慾を滿足させた最初である。その前、日本畵家の河合英忠氏が、堺圖として、摸寫小品の極彩色を讓られたのも、やはり其頃であつたであらう。文學博士新村出氏の來訪あつて、智識に示唆をうけたのも、やはり同じ時代らしかつた。京都大學の考古室にて、文學博士濱田耕作氏は、喜んで保管中の河本家のを見せて下さつた。一雙揃ひにて、保存優秀、洋畵傾向の影響には、好奇心といふより、描法による或壓迫をうけたのであつた。胸の高鳴り禁じ得ずと形容詞を使つていゝだらう。その後研究に拍車をかける段階に到達したのであつた。回顧せば二十年近くの歲月は流れて居る。先輩の面影すら今は亡き人もある悲しさである。幾多感慨無量なる氣は渦卷くが、次第に、吾黨有志の增加し行くのは、大きな喜びである。

自個の分に過ぎた南蠻屛風の初期制作が、手に入つてからは、私は有頂天になつて、研究を進めた。其は所有者といふ優越感ばかりでなく、天は吾に勉强の課目を與へてくれたとして、樂しみであつた。

其頃、東洋文庫に在勤して居られた石田幹之介氏を、しば〳〵訪れては、いろ〳〵教へを乞ふたのであつた。

私を意外に驚かせたのは、此種の研究發表が、日本人に少くて、外國人は早く着眼して居たことであつた。知る範圍に於ては、おそらく、最初の研究者であらう、獨逸人ヲスカー・ミユンスターベルヒ氏こそ。彼は「Orientalisches Archiv」（一九〇一＝一九一一年の巻。雜誌）に「Die Darstellung von Europäern in Der Japanischen Kunst」の論文を掲載して居られる。その「東方雜誌」の「日本美術に於ける歐人の研究」は、御物、獨逸のルツプレヒト前親王家御所藏品、其他僅少の分、日本にて木版複製せし發行元不明の物等、參考用として掲載してあるのである。

大正五年發行の「歷史教授用參考圖十集」は、發行元不明だが、東京帝國大學編纂掛の指定圖である。圖は良品と認めがたいが、大體の輪廓だけは知れよう。

「史學雜誌」第三十四編第一號にはドクトル・ヨセフ・ダールマン氏の研究があつて、內容には御物、矢代家、佐藤家、佐伯家、吉野家、東京帝室博物館の所藏品を引用した論文、日本繪畵に現はれたる日歐交通の初期の研究であるが、摸寫品を眞實の物として傳へたりして居られるのは惜しい。

同氏は稿を改め、大正十二年に、單行本にまとめられたのは、「Japan Älteste Beziehungen Zum Westen」日歐最古交渉で、前回のより此方は挿入圖寫眞が多い。ミュンスターベルヒ氏と共に、ダールマン氏は眞面目な熱心さである。

「佛教美術」第二冊、大正十四年三月刊には文學博士新村出氏の南蠻屏風の感興がある。御物と室生寺其他の感想を述べられるが、文中、田中豐藏氏研究云々は玉に傷の誤記である。

大正十五年の「對外史料寶鑑」文學士永山時英氏は、河本家のを挿入し、簡單なる研究は、ダールマン氏の論文を引用されたらしく、誤りも、前人のまゝである。

「畫集南蠻屏風」は私の編輯で、自家藏の一雙を部分圖をも添へ、南蠻屏風の前に坐りてと題する解説を附隨し、蘭國公使ジョゼ・コスタ・カルネイロ閣下の序文をいたゞいた。昭和二年七月刊。

翌昭和三年には、三越本店にて、南蠻展を開催せし記念に、私の編著「南蠻美術集」を九月刊行して居る。序文は新村出博士、内容中に山村家、永見家、釋迦堂、矢代家を含む解説は簡單に記した。

「日蘭交通」第一輯の中にはジョゼ・コスタ・カルネイロ閣下の南蠻美術考が在つて、河本家、矢代家のを挿入圖として採用、ダールマン氏と私の研究に就いて、擧げられて居る。發行昭和四年六月。

その後、大阪朝日新聞社主催の開國文化展が開かれ、昭和四年十一月に「開國文化」といふ單行本の發行となつた。内容中に、世界圖並に南蠻人渡來圖蠻屏風に就て牧野信之助氏の講演筆記が掲載せられる。御物、佐藤家、佐伯家、東本願寺別院、岡本家、矢代家、河本家、益田家、室生寺、釋迦堂、吉野家、平井家等、同種の物は多い。だが牧野氏の研究は、根本の的は外れ誤謬甚しく、貧弱な骨折に過ないのは殘念である。と共に、時代の進歩とは逆行であつたのは、かへすがへすも遺憾であつた。

數ケ年を費し、努力精進の結果、私の「南蠻屏風大成」が、文學博士黒板勝美氏の序文をいたゞき、長文の南蠻屏風の研究を別冊として添へ、昭和五年七月、誕生したのである。挿入圖に、御物を筆頭に、男爵益田家、山村家、永見家、田中家、原家、釋迦堂、東本願寺別院、河本家、矢代家、平井家、室生寺、唐招提寺、上村家、岡本家、佐藤家、佐伯家、吉野家、某家、杉本家、荒木家、他に外國に散在するのでは、獨逸のルツプレヒト前親王家、英吉利のビクトリア・アンド・アルバト博物館、佛蘭西のギメ博物館、亞米利加のボストン博物館等。我國のを地方別にすれば、東京、横濱、靜岡、名古屋、岡崎、大津、京都、奈良、大和、大阪、山形、富山、金澤、高岡、仙臺、奥州方面にわたつて居る。

其次は、昭和八年一月に、池長孟氏の「邦彩蠻華大寶鑑」の出版で、自家の南蠻屏風を、おさめてゐるのである。

南蠻屏風專門の編著は私の二種で、何れもコロタイプ大版畫。原色版の極上質は池長氏のである。

其後、現在までに、研究論文や單行本の公表は、くり返へされるものゝ、新發見の屏風にせよ、角度の異なる觀點より論究される學説にせよ、眞の開拓は無いのである、と述べるのは、果して廣言であらうか。

紙質、印刷等は無論、重大時局下にあつては、列擧せし「南蠻屏風大成」や「邦彩蠻華寶鑑」の如き豪華版は、もう當分の間、新たに接することは、不可能であらう。

たゞ此上は、愛情深い理解者の所藏品を公開し、安く買つたから、人氣が出たから等の根性は棄て、日本文化發展の一要素をした、かたみとして、保存に注意せらるゝ愛好家の輩出を祈つてやまないのである。

と同時に、研究家は、前人の研究家の心勞を偲び、人眞似や穴探しのみに終らず正鵠ある進境の道を求められたいのである。たゞ字句を妙に難解な風に改めたり、知つたか振りを發揮しないで、熱情ある研究家の緻密な探求心のねばりをもつて、世に出現せられるのを、私は待望提案するのである。

大東亞共榮圏の實行期である今日よりしても、近世日本の對外智識を磨く角度意慾からの觀點からも、この種の研究は、再檢討の價値を深められて良からうと、言ふのは、私達ばかりではあるまい。

私の南蠻屏風研究は築港礎石の一部分であつたとしたら、滿足である。

註　引用の南蠻屏風は其後移動して所藏者に變更が多い。

第二次海外文化に伴ふ

日本的藝術

――わが蒐集について――

池長　孟

昭和二年の十月のことで、當時はモデル・シップなどは頗る珍らしいものだつたので、東京へ行つた際、銀座の「ふたば」で大型のを一個土産に買つた。その時はたゞ面白いとだけで南蠻蒐集など夢にも思はなかつたのであるけれど、後で顧ると、私の南蠻美術への因緣への運命のツナガリとも見られるのです。その以前の八月には大阪の内本町の「べにや」でバッテイラ渡海圖、魯西亞船の二枚の長崎版木版畫に興味を持つて買つたのです。これが南蠻美術らしいものを買つた抑もです。大正六年京都大學の佛法を出て海外へ勉强のつもりで行つた。布哇から桑港といふ順序で、米英から佛蘭西、瑞西、墺、獨逸まで行つて佛蘭西へ戻りさて落ちつくと十一月の事で二番目の子が生れたといふので急遽歸神した。この間には法律よりもローマ、フロレンス、ロンドン、巴里などと博物館や美術館を見る方が忙しかつたが、竟に美術方面に赴く動機が作られてゐた譯です。長崎版畫もベニヤ以來の蒐集が大分纒つたので、大丸で展觀されたのは昭和四年の櫻が咲く頃でした。この會に黒田博士（源次氏）が見えたのが緣で、その所藏の長崎繪を讓られたり、その紹介で新村博士（出氏）の絶品針屋版三枚も讓りうけたりしてこれで長崎版畫は大體完成したのでした。一方隴を得て蜀を望むといふわけで、肉筆も面白く荒木如元の「瀕海都城圖」川原慶賀の「長崎港圖衝立」などを求めたが、前者は靑木大乘さんの舊藏であるさうです。

南蠻硏究は永見德太郎氏の南蠻紅毛美術の蒐藏全部を讓られた昭和六年が始めでそれから翌年の南蠻屛風と大猛進で急激に進んで行つた。私が得た始めの南蠻屛風は奈良の舊家上村耕作氏の所藏で、狩野內膳の筆者落欵があるのは有名で、南蠻屛風は皆無落欵の中にこれは見事です。京都の富田氏の愛藏の所謂「安土屛風」八曲一双、これは世界地圖に人物風俗を畫込んだ優品だが、その年私の所藏となつた。私の南蠻第一書「邦彩蠻華大寶鑑」が八年には出版されたが、あれに掲載された程の多數が蒐集されたのです。池長美術館の陳列品や開催計劃も他一人を煩さないで全部やるのだから飮んでゐるやうに見える暇な時も、寢てゐる時も一切自分一人で考慮工夫をめぐらしてゐるのですが、此の「邦彩蠻華大寶鑑」も出版原色印刷寫眞整版から紙まで、或は裝幀までを單獨でやる、この間に東京へも出る旅行もする、そして悉く一人で成就したのですが、これを出すまでの苦心と秘密嚴守は容易でなかつた。一方西村貞君の「黃檗畫像志」の出版があつたが原圖の畫像は私の蒐集品が多いのです。私の蒐集に働いてくれた人々を擧げると高見澤版畫の上村益郞君、その弟の忠雄君、大阪の三隅貞吉、西村貞、東京の淸水源泉堂、始めに靑木大乘氏の舊藏品を紹介して來た杉本等の諸君で、金子孚水君は昭和十年であるが南蠻屛風の大物蒐集は同君によつて更に盛んになつた。現在の池長美術館が神戶市熊內に建設落成したのは昭和十三年の五月二十八日で、神戶未曾有の水害が七月五日です。建築物は水位にビクともしないが、道具がまだ揃はぬのに、水道は止る、交通は不能で、流石の私も困つたが、皇紀二千六百年記念に始めて第一回開館をしてから今年は既に第三回目の展觀發表を重ねる程になつたのです。

「南蠻美術」といふ言葉は、便利でわかりがするので私も使つてはゐるが、正しくは「日本製作に成る異國趣味美術品」といふべきで甚しいのは「長崎繪」などと云つてゐるが亂暴極まる。亂暴といへば、南蠻屛風を「仕入もの」といふ言葉で取扱つてゐるものもあるが、實に亂暴です。仕入物とは造作なく多産する非美術的品といふことで、名所屛風には澤山の仕入物があつたが、南蠻屛風には絶對にさうした品がない。昔から代々これを所藏してゐる海送問屋や貿易商の富豪、巨商の家柄を見ても分ることです。大阪の八幡筋あたりで造つてゐる仕入物のお土産屛風を見て、つまらぬ南蠻屛風しか見ぬ人々が、あの口だらうなどと云つたのが惡傳されたのでせう。私の私見では永見德太郞氏の南蠻人氣が盛んであつた頃、慶長風俗に恰度沒頭してゐた故岸田劉生氏が、多少の反感を含んで南蠻屛風を仕入物だと輕く見捨てたので仕入物說に應じる人々も出たと思ふが、結局分つてゐない人の間に流行した言葉です。

南蠻といふ言葉の原籍は「南蠻北狄」といふ文字が支那にあるが、あれから西班牙、葡萄などの國々の船が南方から來るので、支那の字を用ゐて斯う云つたので、阿蘭陀は後に入港したので、この方は前者と區別するために紅毛と呼んだものです。來朝は天文以來こゝに四百年の歷史を持つてゐる。

その昔、佛教渡來による支那の文化が最初に日本を進展させた。次に基督敎による歐羅巴の文化が輸入された。この第二次海外新文化に伴うて興隆したものが南蠻美術であり、日本に嘗つてなかつた新繪畫樣式を生んだのです。勿論わが國民性のよろしさは、いづれの時代と場合とに於いても、外來文化をよく日本的に消化していつも新日本のものとしてゐた。それが禁令によつて、此の新興藝術も一時封鎖され、秘藏裡に埋もれてゐたのが、近年に及んで、其埋藏から開放されたのですから、南蠻美術は今が新生初期時代で、まざまざと新しい輝しさを發揚しようとする、そこに興味があり、感激があり、また新生の歡喜が溢れるといふものです。實に日本初期海外文化が、始めて檢討の時機を得たといふべきで南蠻美術の意義はこゝにあります。

私はこの機會に日本人の手に成つた南蠻美術硏究に資すべきものを列擧して世の參考にしたいと思ひます。

南蠻美術硏究書目

――明　治――

藤岡作太郎著「近世繪畫史」　三十六年
最初のもので既に松平子爵家の「泰西王族騎馬圖」が紹介され、平賀源內の西洋婦人圖、司馬江漢の異國風景人物圖など掲載さる。

帝室博物館版「嘉永以前西洋輸入品及參考品目錄」　三十九年

――大　正――

澤村專太郎「本邦に於ける初期洋畫」（國華二七八號）　二　年
第一期洋畫についての重要資料

永山時英著「對外史料美術大觀」　七　年
長崎方面の美術

ダールマン著「日歐最古交渉」　十二年
南蠻屛風

京都大學編「考古學研究報告」第七冊
新村出博士の切支丹研究や濱田耕作博士の南蠻鞍　同年
黑田源次博士著「西洋の影響を受けた日本畫」　十三年
浮世繪と應擧の眼鏡繪と長崎繪
新村出博士著「南蠻更紗」　同年
初期切支丹銅版畫と南蠻趣味
同著「南蠻廣記」「續南蠻廣記」　十四年
切支丹典籍と南蠻美術
京都博物館「明治以前洋畫類集」　同年
展覽及目錄
永山時英著「切支丹史料集」　元年
永見德太郎著「長崎の美術史」　二年
著者が郷里長崎の資料によつて長崎畫系を論ず
大阪朝日新聞社版「開國文化大觀」「同史料大觀」「開化文化」　四年
永見德太郎著「南蠻屛風大成」　五年
平福百穗著「日本洋畫の曙光」　同年
秋田系洋畫
濱田耕作博士「安土屛風に就て」（佛教美術第十八册）　六年
澤村專太郎著「日本繪畫研究」　同年
沈南蘋と西洋版畫の影響と田善の銅版畫
黑田源次博士著「長崎系洋畫」　七年
池長孟著「邦彩蠻華大寶鑑」　八年
池長蒐集品圖錄
西村貞著「黃檗畫像志」　九年
池長美術館版「對外關係美術史料年表」　十五年

皇軍の戰果は實に見事に、赫々の武勳を收めてゐる。これには十年一劍を磨くの努力が成されてゐるからで、それと同じやうに文化は一層長い年月の努力が積まれなければ結果には到達しない。われ〳〵日本人性は兎角にせつかちである、文化の上には性急を殺し短慮を戒めて、結果にあせらずやらねば駄目です。我國が占據した昭南島の博物館は實に科學的に整然と見事なものだといふことに私も感服してゐます。あの系統的秩序と組織は立派なものです。藤田嗣治氏の南方効果は大分成功したと聞いたのですが、南方もこちらから直ちに敎育するといふのでなく、先方の生活、慣習と同化交流してお互に進むといふのでなければ行かぬでせうね。昭南島の博物館の立派さなどは、考へて日本に敎へられ戰果が齎した應用さるべきもの丶一つです。

日本の美術館についての私見を云へば日本の美術館は智識者の研究所であるかも知れないが、何の知識もない人にでも分りよく、懇切叮嚀な案內書なり、說明を要する筈です。處が現狀は餘りにも官僚式の獨善で不親切であることを痛感します。いかにい丶ものでも雜然と並べて「見ろ〳〵」と云つても役に立つものではない。それでは分らぬものは美術などは一生分らぬので、もつと民衆への指導的設備がなければいけないと思ひます。美術館などは、何んなものでもい丶、個人邸宅の一部でもい丶、それは立派に越したことはないが、美術館は何時でも出來るので內容は容易には出來ない。日本では古い美術――それは一日々々と減つて行くのに、それを保護しないでゐても立派な館を建てようといふ傾向がある。池長美術館は三階建で各階が四十二坪、貴賓室、館長室、休憩室、倉庫まで完備し屋上に館長に關する歷史、寫眞、文獻、書物等全貌を見らるべきものを藏した室があり、日本の濕度に堪へ防火に大丈夫、建設當時に體驗したやうに水にも勝ちそれで正味十萬圓に過ぎない小さいものですが、內容は世界にも日本にも類のない唯一の誇らしい日本製作の南蠻美術品を大蒐集してあります。內容は大切であるが、一面に十萬圓ばかりでも美術館は建つといふ見本でもあります。大いに專門的小美術館の盛んに出來、大興亞の指導者日本の文化發揚に資することを切望します。

——昭和十七、五、十、
神戸池長美術館にて——

南十字星の下　藝術行進十六氏

海軍から派遣・待望「海の雄躍篇」

無敵日本海軍は、昨年十二月八日、大東亞戰爭開戰以來約五箇月に亘つて、ハワイ海戰からマレー沖海戰、スラバヤ、バタビヤ兩沖海戰等を經インド洋作戰にと、十指に餘る海戰を戰ひ、敵艦隊あるひは空軍の擊滅に、世界海戰史上に類例を見ない大戰果を擧げたことは、今更ら說くまでもない。

海軍省ではこの新しい世界の黎明を繪畫や彫刻によつて後世に傳へるため、この程帝室技藝員安田靫彥畫伯を初め畫壇、彫塑界の重鎭、新進の十六氏に依囑して、南方へ派遣する。

彩管に、鑿に、米太平洋艦隊全滅の眞珠灣攻擊、英東洋艦隊主力擊滅のマレー沖海戰世界最大の航母レキシントン擊沈、その他の海戰、空中戰、陸戰隊の奮戰、またはメナドにおける我國最初の落下傘部隊の勇戰等を制作するのが、その目的である。

◇

この彩管部隊は

日本畫　帝室技藝員安田靫彥、文展審査員矢澤弦月、文展無鑑査三輪晁勢、文展特選江崎孝坪

洋畫　藝術院會員藤田嗣治、文展審査員中村研一、同奧瀨英三、光風會員川端實、第一美術會員御厨純一、春台美術協會員有岡一郎、二科會員宮本三郎、新制作派會員佐藤敬、第一美術會員三國久、光風會員石川滋彥、同藤本東一良

彫刻　日本美術院同人中村直人

◇

以上のうち藤田、中村、宮本の三畫伯は既に南方に先行してゐる。一行は約二箇月に亘つて現地で將兵の勞苦のあとをたどり、つぶさにその實情を視察し、大東亞共榮圈確立の大理想に邁進する日本民族の海の雄躍篇を完成することになつてゐる。

開國文化と洋風繪畫

貴船眞琴

東洋は永い間西歐人にとつて一つの無可有鄕であつた。夢であつた。而して羨望であつた。マルコポーロの旅行記はしかもその夢幻をお伽噺の香ひと共に金銀財寶の實在を匂はせた魅力に於て時人を沸き立たせたのであつた。西歐人の東洋への憧憬はその最初から物慾への牽引が彼らの夢以上に現實の嗜欲をそゝつた爲めである。古代に於ける歐亞の交渉は支那より印度、波斯、埃及に及び、それが間接に小亞細亞、ビザンチユーム、希臘、羅馬へも伸びた。しかし「近代」は海の征覇に始まつた。海國が先づその卓越した航海術によつて萬里の波濤を越えて東洋に冒險し來つたのである。それはかつての亞歷山大王の如き武威でない。現實の交易といふ商略である。しかもそれは今日いふ文化使節の如く宗教の傳波を以て侵略し來つたのである。その宗教こそが加特力教であつた。

印度に至らんとしてアメリカを發見したコロンブスはトスカネリの「世界球體說」を信じて出航したのであるが、その最初の目標こそジパング即ち日本であつた。世界の東の果て、日出づる國の日本が十五世紀の終りにやつと彼らの現實的好奇の對象となつたといふことは「海」を征する人力、即ち航海術、船舶力の發達が餘りにも近代的なることを感ぜしめずには措かない。

世にいふ南蠻屛風は殆んど南蠻船屛風である。船こそ一つの魅力であり驚きであつたまだ三本檣の帆船でしかない南蠻船が當時のわが國人にとつて先づ一つの魅力であり、驚異であり、しかもそれに乘り來つた紅毛人の異樣な風貌と服裝、風俗、趣味、而してその齎らす珍寶のなんと耀かしくも魅惑をそゝつたこと、その說く天主の教、聖母瑪利亞の慈眼、十字架、念珠等のいまだかつて見ぬ西の國の文化にまざまざと接して唐天竺のほかに淨土ならぬ淨土のあることを始めて聞いた我國人の眼覺めこそ、實にわが日本の今日ある强大國家の基礎的覺醒の最初であつたと言へよう。寧樂の文化は大唐の制度と佛教の歸依に始まつたが、西歐文化への憧憬とそれへの反撥的覺醒が室町幕府の時代に始まつたのである。西歐の近代は十六世紀に始まるが、それは明瞭に日本の近代と深い交渉をもつてゐる。幕末から明治維新へかけては西歐の文化を知つた始めでなく、それはたゞ西洋近代の科學文明と資本主義文化を移入した始めにすぎないのである。日本が西歐の「文化」に接觸した始めこそ天文年間に始まるのであり、南蠻紅毛の渡來に基因するのである。

勿論大唐の文化制度を移入した大化改新の日本と、近代貿易に附隨する加特力教宣布による天文慶長の日本とは同一ではない。しかし六佛教が時を經て直ちに邦土化し佛教文化が惟神精神と合體して平安以後の日本文化を創成した事に對し、もし基督教に於ても慶長十六年以後の禁制なかりしならばその邦土化と共に或は意外な異變に遭遇してゐたかもしれない。天文年間の邪宗移入は日本人に新しい世界觀を與へたのは事實であるが、それは遂に潛行的となり反抗的となり愛國的となり幕末に至つてそれが爆發頂點に達したのである。だから室町幕府の海外政策がよし進展しえたとするも基督教文化を通じて全西歐の文化が日本を風靡するには當時の幼稚な航海術のみでは恐らく不可能であつたらう。それ故この一時期の西歐反映は不熟なる果物の如く渾化の機を失つたのであるが、それは四百年の潛行過程をへて後明治に至つたのであり、それ故にこそ明治文化の遠い基因をなす時代と考へるのが正しいと思ふのである。

かゝる文化史的考察の上に所謂南蠻美術なり、蘭畫なり泥繪なり油繪なりを齎す時、かゝる異邦影響の美術はそれを技法的にのみ鑑賞することを、また趣味的にのみ愛玩することを一つの危險とせねばならない。むしろそれは當時のわが國人の熱意ある外邦文化攝取の精神を如實に反映した精神的ドキユーマンとして觀ることを最も必要とするのである。一冊の「解體新書」に半生の膏血を絞つて蘭學攝取に努力した幕末の蘭醫の苦心と等しき苦鬪熱意あつて彼ら初期の美術人も西歐技法を學ばんとしたのである。と共に狩野派の傳統に生ひ育つた日本畫家がその逞しい描寫力と創意を以て何の臆する處もなく新しき主題としての南蠻船に紅毛人に立ち向つたのである。あの金色燦爛、しかも剛健素朴な南蠻屛風の描寫と構想の氣魄を思へ。今のおつかなびつかな院體を眞似る畫工や油繪まがひの厚化粧繪かきの足もとにもよれぬ氣魄ではないか。

わが國の洋畫は普通司馬江漢に始まるごとく考へられてゐるが、その以前に長崎を中心として種々の畫人があり蘭畫移入は南蠻船渡來と時を同じうしてゐることが充分證されてゐる。こゝで簡單に所謂洋畫と南蠻船主題の南蠻繪畫とを比較すると後者は純粹に傳統日本畫であるが前者は直接技法を洋畫に典らんとしたことはよくわかるが、さてこの洋畫なるものも、今日の眼から批判するなら、むしろ、日本畫の一派としての洋風畫派とも言へるもので、恰度今日の日本畫界に於ける新派の作家、少し以前の國畫創作協會の試みと同じやうなことを當時に於て技法こそ單純であるが、それを試みたものと思はれることである。彼らの眼は西洋風に倣ひ乍ら、その基底に日本的視覺をどうしても脱し切れないものがある。その事は技法の稚拙といふ以上に實はまだ意識として西洋畫法的觀察の訓練に缺けてゐた爲めであらう。そこでいはゞ折衷的な日本的洋畫を示してゐたにすぎないのである。

傳稱山田右衛門作と稱する「帝王騎馬圖」（松平保男家舊藏）はテンペラ畫であつて、日本洋繪の祖をなすものであるが、（右衛門作は明暦年間の人といはれる）それは西班牙王族の騎馬像であり原畫は恐らく西班牙の十七世紀、ヴェラスケス時代の作品からそのまゝ摸したものらしく、その背景となつてゐる遠山は全く漢畫の描法を以てしてゐる。長崎派の畫人川原慶賀、荒木如元、喜多元喜らの時代となつても純粹の日本畫に洋風を加へたもの、洋畫そのまゝを稚拙に摸倣したもの等であつて、江漢、亞歐堂田善らに至つて擬似西洋臭が一層濃厚となつたのであるが、今日から觀る場合との稚拙さに至つては同樣である。

長崎は當時の日本に於ける唯一の貿易港であり、同時に外國文化の植民地であつた。最新の世界智識がこの港を通じてのみ移入されたのであるから、かゝる歐化美術のこの地に發生したのも當然である。が商港として德川幕府以前にひらけたものは堺であり、南蠻寺の表門としてのこの商港は南蠻屛風の主題としてよく取り扱はれてゐる。がそこは日本本土の中心地帶であり、京狩野の畫人が筆にした技法は後の長崎派の畫人の如き歐化を些しも交へなかつたと傳へられる。が洋畫の遠近法は長崎に早く移入され、天明前後から化政にかけて應擧始め多くの日本畫家にも一般化したが、その最も影響をうけたものは浮世繪派の畫家であつた。江漢もかつて春信に學び春重と稱したが、浮世繪は現實の空間を緻細に取り扱ふことに於て最も西洋畫に近い要素をもつてゐるから西村重長や歌川豐春に早く表はれ後世北齋廣重の逞しい風景描寫に迄發展したのである。かゝる描法も江漢らが早く西洋畫法を平賀源内らに學び、蘭人の教をうけたに依る處多い。江漢は天明八年長崎に行つたのであるが、そこで彼は蘭人イサツクチシングから始めて西洋畫法の書「藝術《コンスト》技巧《シキル》書《デブック》」を手に入れたのであつた。

江漢は多くの海景圖、海港圖を描いてゐるが、その天空の廣い水平線の低い構圖法を見るとたしかに和蘭風景畫に學んでゐることがわかる。即ち十七世紀のルイスダヱルやキユイプらの夫れが影響してゐるのである。（堤淸六氏舊藏西洋風俗圖等に見よ）田善は最も版畫に於て巧みで且つ異色あるが彼の洋風擬態は圓山の遊女の裾を西洋王妃の如くに描き、鈴ケ森白井權八の武勇圖を描いては斬られた雲助の足を解剖學の智識によつて骨と筋肉を精細に示すなど、彼らの繪畫を進じて當時の西洋文化吸收の努力をまざ〳〵と感じるものがある。（田善は和蘭綴を以て繪に署名してゐた。曙山の如きもさうである。

長崎派に學んで一派の畫派をなしたものに秋田の藩公佐竹曙山、小野田直武らがある。直武は平賀源内に洋風技を授けられたが、彼の藩公佐竹曙山又繪を好み、且つ最新の西洋文化に心酔する處から北方の地にも洋畫風は傳はつた。が、この秋田派の洋畫も漢畫と洋風技の折衷であつて就中その花鳥畫に至つては長崎に來た日本南畫の祖伊孚九、沈南蘋・宋紫石らの流風をやゝ西洋的寫實を交へて示した痕の歴々たることである。江漢も宋紫石に學んでゐるから彼らとの交渉は深かつたであらう。これらの南畫派は技法から言へばむしろ院體に近いのであるから寫實といふ點で洋風と折衷する可能は充分ある。秋田の洋風畫人はその折衷をよく試みたものとなすことが出來る。

かやうに日本の近代文化は繪畫の上に於て和漢洋の折衷的雜體を見るのであるが、そのことはまた當時文化の全般に對する影響とも言へよう。わづかに和蘭を通じてのみ知る西歐ながら、その西歐の科學的智識の吸收が、醫學に、軍事に、地理に、そして繪畫に表はれたと同時にそれは等しく漢學の力を籍り、しかも傳統國粹の魂によつて磨かれたのである。その傳統的流風こそ明治維新の興業に力あつたものであることを思へば歴史の歩みは嚴かにも正しいものである。

この事をもう一つ別の面から考察するならそれは日本人の進取性に基くといふことである。その進取とは文字通り「進み取る」努力である。西歐文化の吸收はたゞ消化力にのみなくその發展的進取にあつたのである。今日世界を驚倒さす皇軍の戰果も、即ちこの進取性の表はれであるが、德川幕府が三百年の昔に貿易を禁じ日本人の海外渡航を禁止したといふ一事が日本人の外に向ふ雄圖を挫いたやうで、實はその鬱勃たる進取力を内に蓄積さし、その二倍の力、三倍の力で堰を切る如く奔放に流出する機運を待つてゐた如くにも考へられるのである。歴史の命ずる運命の下に今日の日本の躍進があることはかゝる逆流的効果も又無視出來ないのではなからうか。

和寇とは海賊ではない。武裝商船軍である。一葉の八幡船を馳つて大洋を押し渡り日本の商的發展の礎地を造つた水軍の謂である。この進取性と等しき吾ら祖先の海外文化攝取は武士の魂でなされた。天正の昔大友、有馬の藩士少年伊東マンショ、大村ドン・バルトロメオが往復に八年を費して羅馬法王に使ひした時法王らは少年の毅然たる姿に武士の精神を見たとその記念碑に記してある。この少年に見る突々たる精神こそ進取性そのものであつたらう。南蠻繪畫にしろ、長崎派の洋畫にしろ、みな當時の畫人の進取性を語らざるものはない。しかも源内の如き、江漢の如き、文筆をよくすると共に科學眼をもち、兵書を飜き醫學を攻究したのである。それは恰も十五、六世紀の伊太利畫家が科學者たり、詩人たり、畫家たり、政治家たり、行政家たりしものと同じである。この點今の畫人はわが三百年前の畫人に多く省みるべきであらう。何も畫家に多能を望むといふのではない。苟くも進取の氣あらばその偉業は單なる畫筆の天地のみでない氣魄が必要だといふことである。

旬報

日◇本◇最◇古◇の◇銅◇版◇畫

重美に指定直前紛失した事件の眞相

慶長元年、現在の長崎縣高來郡有家の日本耶蘇會修學寮で竪七寸、横四寸六分の紙本墨刷の聖母マリアが耶蘇を懷く畫像が製作され信仰の宣傳に流布された、日本で造られた最高の銅版畫で「有家版畫」と尊重されるものである。この内の一枚は長崎市山手町の國寶建造物である大浦天主堂のゴシック式教會堂に掲げられ信仰の的となつて居り嘗て藤懸靜也博士の視察調査によつて、同版畫及び天使と惡魔との戰を畫いた「ミカエル像」と耶蘇一代記を題材にした「十五玄義圖」の三點は近く重要美術に指定候補となつたので、長崎市博物館でこれが寫眞を撮り當局にその指定申請手續をすることとなり、四月下旬撮影に着手しやうとすると、聖母と耶蘇像は本物の銅版畫でなく寫眞であることが發見され、掛員一同は大いに驚いて、この怪事件の調査に取掛つた。記者は去月神戸市の南蠻美蒐藏の池長美術館の展觀を見に同館に赴いて、その「聖母耶蘇」の銅版畫の本物が同館に保存秘藏されてゐることを知つたのである。

意外實物は池長美術館に秘藏

池長美術館では、神戸市三宮の某書肆の手によつて昨年頃購入したもので、嘗つて南蠻美術蒐集の間に同最古銅版畫の讓渡を希望したことがあつたが其後手に入れることが出來たもので池長氏は

「長崎市岡町の奥村といふ人が此程來たので、私は銅版畫がそんな問題になつてゐるかを始めて知つたのである。長崎では、どうか返して欲しい、信徒の念願に同情してどうか返して呉れとの事であるが、私は信徒のために返すといふ心にはなれない、それよりも私が銅版畫を南蠻文化の日本的重大な資料として尊重することは、信徒の信仰よりも遙かに熱誠である、たとへ再び大浦天主堂へ返したとして、今度騷ぎ出したやうな無責任な教會では、再び何時どこかへ失はないとは信じられないのである、私の處の美術館へ保存されれば日本のためには永久失はれる憂ひはないのに何故に不安な教會へ戻して置くことが出來やう。私は物好きな愛好家程度に扱はれて、返せなど云はれても肯じられない。」

ある説では一昨年、大浦天主堂では二千六百年記念のため文庫を建設の議が起り其資金捻出策として賣出したものだと云ひ、天主堂では全然そうした事には關知しないと云ふ、これが現在までの眞相である。

春陽會新會員
上野、南城、原三氏

春陽會では曩頃第二十周年展を開き成果を擧げたが、同展を機に左記三氏を新會員に推薦した。

▲上野春香氏
札幌氏出生、昭和三、四、五年佛國に留學、木村莊八氏に師事す。

▲南城一夫氏
前橋市出生、東美卒、大正十四年から昭和十三年まで佛國留學。

▲原　精一氏
藤澤市出生、故萬鐵五郎氏に師事、昭和十三年應召出征、同十六年八月支那派遣軍報道部囑託として報道宣傳に從事す。

南薫造水彩畫展
＝高島屋で盛況

南薫造氏の水彩畫新作展は五月十二日から十六日迄日本橋高島屋で開催、

『赤布を冠る少女』、『白リラの花』、『支那の芝居』、『マラッカ』、『支那少女』など十三點の新作を陳列、會期中觀衆で賑つた。

上海に日本畫
宮崎井南居氏活躍

日華美術親好會は主事宮崎政近氏を始め係員が上海に出張五月十二、十三兩日を招待日に、十四、五兩日公開で上海西華德路大陸新報社隣り大陸畫廊で現代大家日本畫展を開催した、栖鳳、玉堂、大觀、關雪、龍子、桂月、放庵、契月の諸作を始め現代有名作家六十作を展觀といふ豪華ぶりは上海の愛好家を瞠若させて餘りあつた。此効果は大興亜美術報國の實を擧げ頗る意義深いものであつた。

京城に彫塑展
中里聖豐氏の普及會

本郷區駒込上富士前の東京帝國美術彫塑普及會では常務理事中里聖豐氏自ら京城に出馬、同丁子屋で北村西望、平櫛田中、藤井浩祐、關野聖雲、國方林三、後藤良等三十の現代有名作家の彫塑作品を展觀した。大興亜戰時下に半島でその豪壯ぶりを展開し美術文化の良果を收めた。

庚辰會第三回工藝美術展
會員の力作を松屋で展列・好評嘖々

庚辰會の第三回工藝美術展は五月七日から十四日迄銀座松屋で開催、飯塚琅玕齋氏―「花籠」外二點、岩田藤七氏―「硝子花瓶」外二點、豐田勝秋氏―「鑄銅花器」、香取正彦氏―「牡丹透香爐」外六點、各務鑛三氏―「クリスタル硝子花瓶」外二點吉田源十郎氏―「硯箱」（菊）外八點、高野松山氏―一點、楠部彌弌氏―一點、村越道守氏―一點、山崎覺太郎氏―「秋風呂先屛風」外五點、松田權六氏―一點、北原三佳氏―「觀音」外五點、宮原謙氏―「紅綠釉彫文花瓶」外四點、清水正太郎氏―「紅彩文花瓶」外八點、平館酉氏―「花鳥圖卓」外二點、

―「青磁盃」外二點、

右のほかに賛助出品として、板谷波山氏―「青磁耳付香爐」外一點、津田信夫氏―「鷺置

豫報

山南三回展
麥僊遺作も陳列

山南會第三回展が六月六日から十一日迄上野公園東京府美術館で開催される。今年は會員の作品以外その恩師である故土田麥僊氏の七周忌に相當するので其遺作を陳列して記念する事となつた。遺作の主なるものは第四回國展出品「林泉舞妓圖」（帝室博物館寄托）帝展第十一回展出品「明粧」（細川侯爵家藏）帝展第十三回展出品「燕子花」（帝國藝術院藏）等の代表的作品を始め未發表作品、畫稿等珍しきもの多數陳列の筈。

故五雲門下展觀
京都・大禮記念美術館

故西村五雲門下の同人達は六月十六日から十八日までの三日間京都市岡崎公園大禮記念美術館を會場に本年度塾展を開催することゝなり、それ〴〵力作を得べく營々と精進を續けてゐる。

明絃會第二回展
新加盟兩氏も出品

明絃會の第二回展が六月十日から十四日迄新宿の三越八階で開催される。同會は昨春、文展院展、獨立、春陽とそれ〴〵出品を異にする日本畫家の細谷秀穀、佐々木京林、洋畫家の坪内節太郎、近藤晴彦の四氏に依つて結成され、其旗擧げ展が銀座

物」、淸水六兵衞氏—「天目油滴」外一點、香取秀眞氏—二點を展列、鑑賞家を堪能させた。

新興岐阜美術院春季展盛況

第二回新興岐阜美術院展（春季展）は、五月二十日から二十四日迄岐阜市丸物百貨店樓上で開催、川崎小虎、水田竹圃、小盬美州、小島紫光、杉山祥司諸審査員が鑑別した同縣下百五十餘氏の作品を陳列、好評を博した。尙又、同縣畫人協會の軍部への献納畫展は、同二十七日から二十九日迄三日間同樓上で開催會期中盛況を呈した。

東邦畫研究會

旗擧展氣魄充實

第一回東邦畫研究會展は五月八、九、十の三日間銀座交詢社で開かれ、野田九浦氏の賛助出品のほか、（秋果）石川朝彥（彩池）（雪溪）池內龍朗、（女）（母子）（佳日）乾誠一郎、（南想五題）武山一路、（漁村）（岩）（靜日）玉井安秀、（山懷）（磯）（樹林）中土大至良、（雪の朝）（えんどう）（萬年靑）松島義松、（老武者）（いくさ二題）（つるべ打、伏兵）柴田耕洋前記作品を出陳、新生の意氣込みを示した。

安田靭彥氏敬慕日本畫展

全部を陸軍へ献納

安田靫彥氏を敬慕する若き作家が去月十八、九、二十の三日間東京美術會館で各々紙本尺八横の作品十五點を展觀し、閉會後直ちに陸軍省恤兵部に献納した。世話人は關尙美堂で其顔觸れは左の如くである。

半田鶴一、加藤淘綾、中庭煖華、上垣候鳥、倉光和子、安谷茂彥、相原萬里子、佐藤白鶴、吉川朝衣、水口青峽、島村亮、瀨戸水明、鈴木鳥心、鈴木麻古等

夏の染織品展好評

五月十二、十三の兩日上野松坂屋で夏の染織品展が開かれた。

黑色模樣付、小紋友禪、絞り着尺、御召、薄御召、丸帶地、袋帶地、名古屋帶地、殿方衣裳など、名作同人が洗練の手法を盡した夏の染色逸品を陳列し、好評を博した。

共同制作で光る東丘社展

第五回展大阪、神戸、京都で盛況・引續き中京

堂本印象畫塾東丘社第五回展は塾員の共同制作『大東亞戰爭』を主題とした十二點をもつて五月五日から十日まで大阪心齋橋大丸六階で、引續き十二日から十七日まで神戸大丸で十九日より二十四日迄京都大丸でそれぞれ開いた。更に六月三日より十日まで名古屋松坂屋で開催する昨年の共同制作は十八の小集團により各個的にやつたが、今年は塾全體が一丸となり

▲曉の一隊▲ジャングルを衝く▲翼の勇士▲轍のひゞき▲その一瞬▲渡河▲燻る市街▲南の光▲凍雪▲春風唱和▲赴く人▲海鷲捷舞

右十二場面の作品を完成し、中でも『燻る市街』『ジャングルを衝く』『凍雪』『轍のひゞき』『その一瞬』『春風唱和』は注目に價し各地で盛觀を呈した。なほ同時に會場に隣る別室で印象氏『富貴草』三輪晁勢氏『夏日』不二木阿古氏『月影』妹背平三氏『初夏』等全塾員東丘社小品展を開き、今春、中支方面で名譽の戰死を遂げた中川眞三氏の遺作數點と遺影をも掲げ將來を囑望されてゐた靑年作家に敬弔の意を表した。

木島櫻谷遺作展

京都市上京區等持院東町櫻谷文庫では去る五月十七日同所に木島櫻谷氏遺作展を開き遺作品並に遺品の一部たる儒家の遺墨支那畫等を展觀した。

天釉伊賀燒其他展

大阪の高島屋で

菊山當年男氏は天釉伊賀燒の第五回作品展を去月十九日から二十三日迄大阪高島屋で開催した。京窯の永樂善五郎、備前の金重陶陽、萩燒の板倉新兵衞、金澤の大樋長左衞門、膳所の岩崎眞三、薩摩の上野平、高崎の高取善五郎の七氏が參加出品の近來にない見事な大展であつた。

展覽會の曆

▽佐藤重雄戰爭畫展　六月一日から七日迄銀座ギヤラリー
▽全日本工藝美術展　六月二日から七日迄日本橋高島屋
△翔鳥會第五回展　六月二日から七日迄銀座松坂屋
▽福陽美術第十四回展　六月二日から七日迄銀座松坂屋
▽中村伴二人展　六月二日から四日迄銀座菊屋ギヤラリー
▽日本漆藝院展　六月二日から六日迄日本橋三越
▽日本陶磁彫刻作家三回展　六月二日から六日迄日本橋三越
▽新作茶道具展　六月二日から五日迄上野松坂屋
▽デッサン社素描水墨展　六月三日から七日迄銀座三越
▽一色文子個展　六月四日から六日迄銀座紀伊國屋畫廊
▽今村寅士第二回水彩展　六月六日から九日迄銀座菊屋ギヤラリー
▽菊花石鑑賞會　六月六日から十日迄上野松坂屋
△山南會第三回展　六月六日から十一日迄上野、府美術館
▽日本版畫協會展　六月六日から十五日迄上野、府美術館
▽四行會洋畫展　六月六日から八日迄銀座資生堂畫廊
▽現代美術協會展　六月九日から十八日迄上野、府美術館
▽兒玉畫塾第六回展　六月九日から十三日迄日本橋三越
▽田村一男個展　六月九日から十三日迄銀座青樹社
▽能美會木彫展　六月九日から十二日迄日本橋白木屋
▽明紘會第二回展　六月十日から十四日迄新宿三越
▽岩田藤七新作硝子器展　六月十日から十四日迄日本橋高島屋
▽淸流會第三回展　六月十日から十四日迄銀座松坂屋
▽古田彰近作油繪個展　六月十一日から十三日迄銀座畫廊

京都諸家献畫

曠古の大法要を記念し妙法院へ

妙法院門跡豐公會並に七卿顯

の資生堂で開催され注目を惹いた。今回展には新に加盟した日本畫家片山坦、洋畫家岩隈精一兩氏の出品もあり、殊に岩隈氏は工兵少尉で、從軍スケッチを近藤坪內二氏は各三點、佐々木氏は大作二點、細合氏は七八點出陳の豫定である。

日本版畫協會展

第十一回を府美術館

第十一回日本版畫協會展が七日から十四日迄上野公園府美術館で開かれる。搬入は來る四日午前十時から午後四時迄、受付場所は同館新館北側。出品は、創作版畫（木版—銅版—石版）で未發表のもの、點數に制限なし。鑑別は會員之れに當る。陳列作品は審査の上、日本版畫協會賞を贈る事になつてゐる。

今村寅士水彩展

第二回を菊屋畫廊

今村寅士第二回水彩展が六月六日から九日迄銀座の菊屋ギヤラリーで開催される。氏は昨年第一回展を同畫廊で開催し好評を博した。今回の出陳はヨット其他海に關する作品並に競馬に取材せるものなど十七八點の豫定である。

第四回綵尙會

大阪、阪急で開催

關尙美堂の第四回綵尙會は去月十八、九、二十の三日間芝の東京美術會館に開催好評であつたが、來る九日から十四日まで

彰會共催、中部軍司令部、京都師團司令部、京都府市、同商工會議所後援の「圖南完遂祈願豐太閤奉告祭攘夷完遂祈願七卿八十年祭大法要」は、五月十七日から四日間に亘り青蓮院門跡田村德海大僧正以下一山大衆及び天臺座主澁谷慈鎧大僧正以下延暦寺一山大衆等出座のもとに京都市東山妙法院並に三十三間堂に於て、天臺宗開かれて以來京都で初めての豪華版を繰り展げつゝ營まれた。この曠古の大法要慶讃の意味から竹內栖鳳橋本關雪、堂本印象諸氏ほか京都在住十三畫家は、それ〴〵彩管を揮つて名作各一幅を妙法院に獻納することとなり、まづ栖鳳氏から蛙二匹描いた尺五の逸品が五月十六日に納められた。他の十二畫家の作品も續いて獻納されるはずである。妙法院では、これを同院御殿の疊廊下に掲げて大法要永久の記念とすることになつてゐる。

「富士百景」を軍事保護院へ

蒼靑社、竹立會、圓丘會各會員の美擧

日夜再起奉公を念願しつつ療養を續けてゐる白衣の勇士たちを慰問するため、京都畫壇の蒼靑社、竹立會、圓丘會では、豫ねて會員一同の手で富士百景の制作を計畫、曩に完成せる內五十景を、軍事保護院に寄贈したが、更に直接富士山麓に出向いて描いた各會員苦心の傑作五十景を、このほど榊原苔山、大矢峻嶺、岩佐古香、東原方僊四氏が携へ、傷痍軍人京都療養所に到りこれが寄贈の手續きを終つた。

小林彥三郎氏獻畫

大政翼賛會へ「後庭の昆麻圖」

過般大政翼賛會に於て全國の隣組に呼びかけ昆麻栽培の國民運動を起し、無敵空軍の活躍の爲にヒマシ油を献納する意圖で種子の配布を終り既にその蒔付も濟んでゐる折柄大輪畫院主宰小林彥三郎氏は、「後庭の昆麻圖」(竪六尺五寸、横五尺)と題する作品を大政翼賛會に献納、同會でば欣然之れを受理、その第一會議室に掲げた。尙、五月十三日小林氏は東條大政翼賛會總裁の名に依る感謝狀を攝受した。

表裝展明年度の審査員投票で決定

第一回展の特選と佳作も決まる

上野公園東京府美術館に開催の改組第一回表態展では、新制度による授賞者を左の如く決定した。

特選(二人)

野澤靑玆筆「阿波の木偶」 井澤　淸表裝

東山魁夷筆「夕汀」 天野淸次郞表裝

佳作(十二人)

岡島將矩、伊藤寬、上山光吉、右原淸、新井淸七、岡田友孝、得久慶吉、野上菊松、石川八朗、金子爲之助、木村松之助、中村梅吉、片岡壽三郎、

引つゞき明年度の審査員を第一回同展出品者投票により選出することとなり、十四日午後一時から表裝展會場で投票及び開票を行つた。

今回の審査員中、中村豐、根岸

美術館巡り

白鶴美術館

—兵庫御影—

白鶴美術館は御影の鶴山莊にあつて、銘釀「白鶴」の家元嘉納治兵衞氏が蒐集品を藏するが、今年五月の展觀は茶器の名品であつた。實に茶道に於ての鶴庵の盛名にそむかぬもので其蒐集の趣味をまざ〴〵と親喫せしめられた。しかも鶴庵翁が「わしの存世中は白鶴美術館に同じものは二度出品させしまへん」と明言するのに其蒐集の豐富さを見る。恰も展觀中にこの間の空襲があり、蒐集家なるが故に器を愛するため、その際の如きは一人一個の茶椀を懷に抱えていづれも地下室に隱れたさうである、つまり身を以て名器と死なうといふ覺悟である。斯くして日本の美術は擁護される。

池長美術館

—神戸熊內—

去る四五月の二ヶ月に亘つて神戸市熊內の池長美術館は、其蒐集品の第三期發表展觀をした、同館は嘗つて其全貌をまだ見せたことがない、二千六百年の記念開館には切支丹畫、初期洋畫、洋風版畫、長崎繪、銅版畫等の系統であつた如く、其蒐藏品を部分的に系統立てゝ展觀するやり方で、今年は南方文化に最も關係深い秀吉、信長の兩像を正座に掲げた、前者は山樂筆、後者は永德筆と謂はれいづれも珍品であつた。展觀品は日本製作の世界地圖人物圖の大蒐集が展示され、併せて秋田系の洋畫系統の作品が、小野田直武田代忠國、佐竹曙山、小野田直林と列べられ、平賀源內著の「天狗髑髏鑑定緣起」(安永三年)に直武が挿繪を畫いてゐるものも出陳された。南蠻屛風は、一階正面に六曲一双一點だけであつたが、池長孟氏蒐集中の最も見事なもの丶由である南蠻屛風でかくも黑船の大構圖はないであらうし、波の描出が三階波でなされたのも類はないことで、筆致の精細と奇麗なことは目ざめるばかりである、新しい表裝裂の美しさも大いに目を引いた。南蠻唯一の同館は商港神戸に燦然として興亞文化の指導性を發揮する。

南紀美術館

—和歌山市小松原—

三尾邦三氏が其蒐集するところの美術品を其宏壯な邸宅に藏したまゝ一際を美術館に提出したもので、正に皇紀二千六百年の記念文化事業である。令回その第一回特別展觀を開いた。日露大戰の往時を回顧して民心の緊張を新にするため乃木東鄕兩元帥の筆蹟、建武を仰顧して楠公の軍令墨蹟と兜類を正座とし、陶器には鴻池家傳來の祥瑞作一閑人の鉢を始め名陶が展列され、茶席には悉く南紀鄕土の美術品を使用するなどの用意掬すべきものがあつた。

引つゞき大阪市阪急百貨店で開催する筈である。

淸流會第三回展

十日から銀座松坂屋

淸流會の第三回展が六月十日から十四日迄銀座の松坂屋七階で開催される。同會今年の展觀には新に加入した西田靑坡氏が四五點出品し、榎本千花俊氏は尺五の力作四點位、門井掬水氏は嵐の中の牡丹、雨後の牡丹、平日の牡丹などの研究的作品其他數點、櫻井氏は薦纈四五點、寺島氏は娘を取材したものを各出品する豫定である。

兒玉塾第六回展

十三日から三越で

兒玉希望畫塾の第六回展が六月九日から十三日迄日本橋の三越で開催される。同塾では大東亞戰下、主宰希望氏の意を體し作品の製作にも第一線將兵の心持ちにて希望氏の嚴選に美事パスすべく懸命な努力を續けて居る。

岩田藤七硝子展

岩田藤七氏の新作硝子器展が十日から十四日迄日本橋の高島屋で開催される。作品は花瓶、皿、其他百餘點いづれも氏獨自の特色ある作品が展示されるので大いに注目される。

古田彰近作個展

古田彰氏の近作油繪展が六月十一日から十三日迄銀座ギヤラリーで開催される。風景靜物其他約十四五點の力作を展示の筈

彌太郎、安藤初太郎、小川久雄氏は辭退したので、その內から明年度審査主任として一人を選むことし（その決定は明年）いよ〳〵開票總數六十八票、審査員定數七名で左の如くであつた。

第二回表裝展審査員
（昭和十八年度）

▲四〇　清水　善次
▲三九　伊藤　寬
▲三八　野上　菊松
▲同　上山　光吉
▲三六　天野清次郎
▲三二　山田政之助
（次點）二三　小杉龜太郎

右の六名に、前記主任一人を加えて審査員定數七名になるわけである。

六月二日は乾山二百回忌展

尾形乾山は寬保三年六月二日に江戶下谷の入谷で歿してゐる歿年は八十一、又は八十三と謂はれるが、忌日には變りはない。今年今月二日は正にその二百回忌に當るので、諸種の作品追慕企劃がなされて居り、上野公園帝室博物館に例の乾山名品があるのを緣故に同館の特別展觀說もあつたが時局柄實現を見ず、企劃中の重なるものは去月二十七日から三十日迄、日本橋の高島屋で乾山會主催の

乾山二百回忌記念展觀

が忌日に先立ち逸早くも開催された。掛幅繪畫、作陶及び文獻で約五十點程の遺作が展列。悉く初代乾山の作ばかりを撰出したので實に見事な大觀を呈した其內

▲細川護立侯所藏の人參圖、茶碗圖、花かご圖、朝顏圖、紅葉に鹿の圖（五點）▲馬越恭平翁遺愛品で（馬越恭一氏出品の八ッ橋橫物）▲八百善栗山善四郎氏所藏の柳畫讃及び桔梗竪幅竹扇面▲福井菊三郎氏所藏山里も住めば都」の歌がある山里の圖（抱一箱）▲芝虎の門の晚翠軒井上恒一氏の桔梗竪幅等が畫幅の優なもので、文獻の中では脇本十九郎氏の「乾山遺墨」一册や相見香雨氏の「尾形流印譜」」一册は共に、初板であるのが尊く、足利の丸山瓦全氏が遠路出品の「作陶傳法書」は乾山自筆といふので絕品である、乾山文獻中の重要美術品で「小西家文獻」は武藤山治氏舊藏、渡邊善十郎氏所藏である、さて陶作では

▲大河內正敏子・所藏の浪千鳥圖額皿は乾山陶で光琳繪合作▲佐藤醇氏所藏、紀州家傳來繪替向付五客▲秋田市楢山表町の醫學博士小泉重憲氏の香盒▲東京美術學校所藏の繪替向付▲正木直彥翁遺愛品で「燃ゆる火の夜をのこすか朝露に光ことなる百合のひと花」元文改元之年號のある色紙形角皿▲福井菊三郎氏所藏山水繪角向付に行藏覺灑洒笑殼任榮枯の讃あるものなどであつた。

關西で山中商會

阪急百貨店の山中商會常設の會場では忌日當日から三日間その法要展觀として同會秘藏の中八十一歲深省落款の陶作を始め諸名品を特別展觀。

菩提寺善養寺

では二日午前十時から墓所掃苔法要供養の式典の後午後二時から福井利吉郎博士の「乾山に就て」の講演があり終つて點茶や樂燕等の催がある。

吉田柳外氏

京都市上京區衣笠北高橋町吉田柳外氏は豫ねて京大病院で病氣療養中の處去る五月十五日長逝した。享年六十四。氏は岐阜縣の人で明治二十七年京都で美術肖像畫を專門に創業同四十二年更に京都美術肖像畫學校を開設して今日に至つた。その間政界實業界等各方面名士の贊助を受け令名を馳せてゐた。

——消息——

▲畑正吉氏　此程芝浦の工藝學校教授をやめた。

▲須田國太郎氏　大東亞展のため東上中。

▲金子九平次氏　隣組の指導に勤勞努力。

鶴田吾郎氏　二月以來南方パレンバン旅行中のところ五月中旬歸京。

▲岡本太郎氏　この程入隊、中支那派遣呂第五三九二部隊波川隊。

▲泥谷文景氏　神奈川縣北鎌倉山ノ內一、四〇四番地（電話鎌倉一、一六五）に轉居。

▲米田莞爾氏　神奈川縣藤澤市鵠沼六六八四番地に轉居。

▲矢澤弦月氏　南方派遣の海軍報道班員を命ぜられ大東亞戰爭記錄畫製作を目的として出發その挨拶狀に「洵に聖代に生を享け候畫人の面目これに過ぎず男子の本懷と感激罷在」云々。

▲小柴錦侍氏　橫濱市山手町十一へ移轉した。舊居は東京市神田。

▲加藤鎭雄氏　名古屋市撞木町一丁目九へ移轉した。舊居は同市東芳野町。

▲清水眞輔氏　五月十四日大阪府下濱寺町船尾の邸宅で病氣のため逝去した、氏は東京の三越美部部長から大阪同店の美術術長を歷任した美術界の最古參者である。謹んで哀悼す。

▲小興美州氏　岐阜市々會議員に立候補した。

「旬刊」美術新報
昭和十七年五月三十日印刷
昭和十七年六月一日發行
發行日　每月三回（一日十日廿日）
購讀料
一册金五十錢（郵稅一錢）
一ヶ月三册金壹圓五十錢（送料共）
東京市麴町區九段一ノ一四
編輯發行兼印刷人　猪木卓爾
麴町區九段一ノ一四　資文堂
發行事務所　東京市麴町區九段一ノ一四
日本美術新報社
電話九段二七一五
振替東京一六二五〇
日本出版文化協會會員　一二一三五番
配給元　日本出版配給株式會社

通信は一切發行事務所へ

發行所　東京市本鄕區東片町八二　日本美術新報社

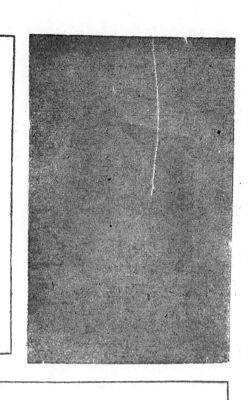

主催　工藝美術作家協會

後援　商工省・文部省

第一回全日本工藝美術展覽會

（特別展覽）南方工藝美術資料

會場　日本橋　高嶋屋　八階

開期　昭和十七年六月二日―七日

東京市麴町區大手町二ノ二、野村ビル六階
工藝美術作家協會
電話丸ノ内(23)一八七七・三九四四
振替東京六四九九八

昭和十年一月十二日第三種郵便物認可第二十六號
昭和十七年六月一日發行（毎月三回十日目發行）

（金壹圓五十錢　一ケ月三册）

定價金五拾錢

（郵稅一錢）

旬刊 美術新報

六月中旬號

肖像　猪熊弦一郎（新制作派協會春季展出品）

27

街頭展に拾ふ新人の作

新人紹介

1

2

（１）　北海――野村守夫

（２）　斑雪――阿部六陽

（３）　牛頭――本郷新

初夏の陽光さはやかな銀座街頭のガレリーに個展や小集團の作品展が日を追ふて賑ふ。最近觀畫子の眼にとまつたものを拾ふと資生堂の野村守夫氏の個展が一つ野村氏は二科の新進であるが此度の個展で鋭い感覺をその色感の鮮麗に示した。その二は三越で開かれた阿部六陽氏の日本畫山水展。これは日本畫らしい日本畫の筆致でしかも洗練された風景眼を示したもの。第三は日動畫廊の新制作派小品展であるがこれは凡て輝かしい作品の展望。その中から本郷新氏の逞しい「牛頭」の彫塑を見る。新人といふべきでない中堅大家ではあるがその若々しさと力強さを賞さずにはをけない。

3

旬刊 **美術新報** 第二十七號要目

□日本畫の舊性格刷新（時評） 佐波 甫

乾山忌に當りて

乾山の人と藝術 福井利吉郎
陶工乾山 鷹巣 豊治
人間セザンヌ 成田 重郎
情報局推薦 上田 俊次
東丘社の協同制作 秦 一郎
東丘社の「大東亞戰爭」 下店 靜市

展覽會評

職場の美術 矢野 文夫
直土會を觀る 大藏 雄夫
新生社展評 田澤𤲟田軒

口繪

セザンヌの作品
東丘社綜合制作□乾山の藝術 新制作派・街頭展に拾ふ□紙本展
□美術旬報□展覽會グラフ

無署名協力作品

東丘社に於て試みられつゝある綜合制作なるものは日本畫に新しい課題を提供する一つの表はれである。昨年は第一回の試みとして社員の數人宛が同一課題に對し協同して一つの綜合作品を提供したものであるがそれには各自の署名があつた。どこからどこ迄が誰といふけじめは無くとも三人なら三人が畫いたといふ事は示してゐた。然し今回のものは全然無署名であることが畫壇にとつて最初の試みであり大きく言へば劃期的な事である。法隆寺の金堂壁畫も宇治鳳凰堂の夫れも無署名であり、桃山の障壁畫も永德山樂一派と呼ばれ乍ら無署名で併も千古に輝く畫業を示してゐる。その効果如何は暫く措き名聲によつて作の効果を論ふ現代に於てかゝる擧は一つの勇敢な所業と言へよう。吾人この試みを大に贊する。反響あらんことを望む。

（2）

（1）

新制作派春季展

寫眞――(1) 無題 内田武夫 (2) 古い商館 小松益喜 (3) 風景 荻須高德 (4) 女の像 伊藤繼郎

(4)

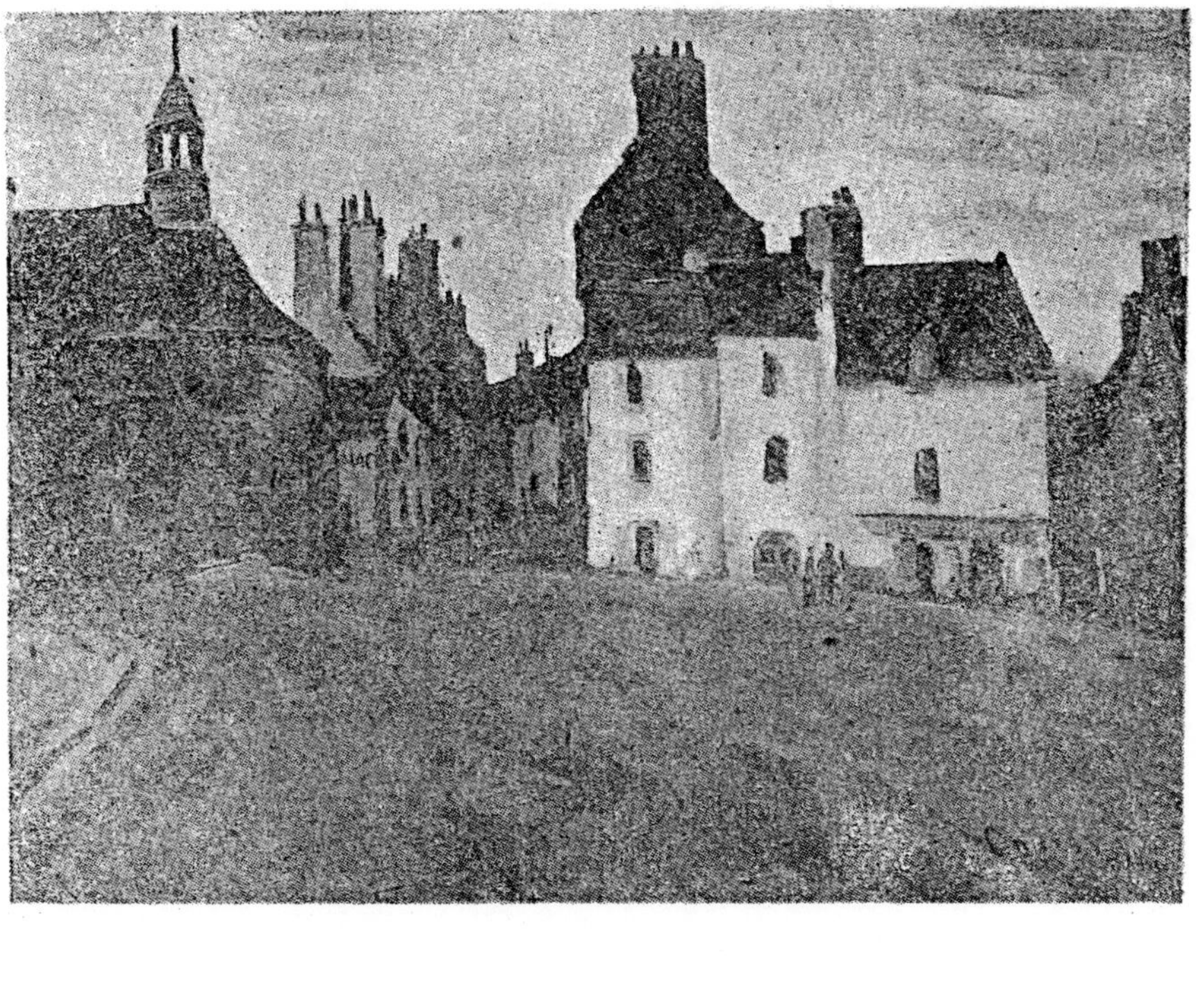

(3)

現代名家紙本新作展

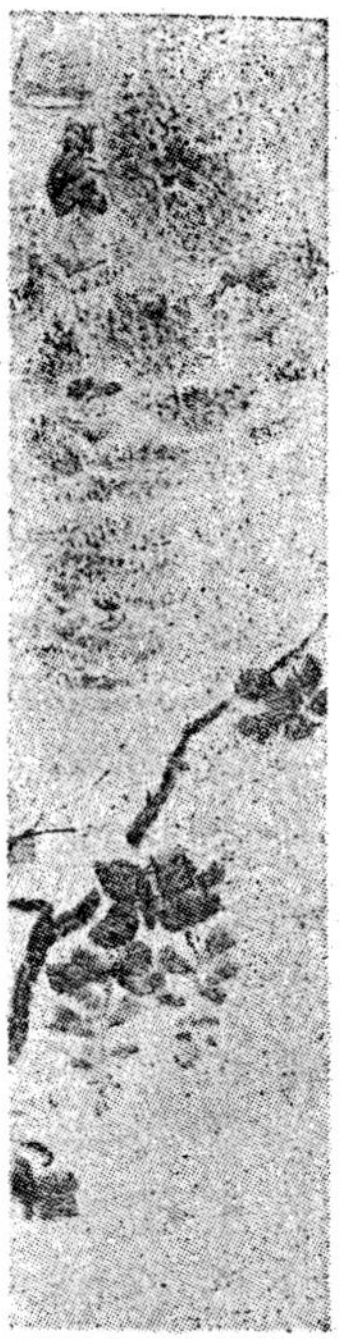

茶摘　小川千甕

緑雨　大智勝觀

紫陽花　德岡神泉

爽物　森白甫

五明會展

大内青坡（彫琢）

紅彩文花瓶　清水正太郎

第三回庚辰會展出品

小絲源太郎個展

(瑞祥)

第六回日本壁畫展

南方を偲ぶ　安田　豊

南方果實　島村三七雄

林鶴雄個展

(草原にて)

新生社第一回日本畫展

田澤田軒

川崎小虎畫伯から日本畫の敎へを受けつゝある若き人々によつて、新生社なる小團體が結成され、その第一回展が五月の五日から十日まで銀座松坂屋にあつた。

小虎畫伯は贊助出品として「仔犬」と「摘草」の二點を出品し、門下生の爲めによきお手本を示してゐた。

新生社同人の出品は總計三十九點で、大田歳夫が「實」と「花」「埴輪」の三點。小倉芳司が「牡丹」と「雪」。松崎修己が「たそがれ」と「花曇り」。田中千惠子が「路上の點描一、二」の各二點其の他は一點宛であつた。

東山魁夷の「仔馬」は魁夷としては些か物足りぬものがあつた。塾展も文展も同じ心構へで制作をするやうにして貰ひたい。端舘九皐の「若櫻」なんとなく人を惹きつける力があつた。佐藤永芳の「H陸軍中尉」は迫力が不足に思はれた。平子堅龍の「和平讃」うまく纏めたゞけのものに過ぎなかつた。神谷道緒の「奮戰圖」現在の心構へをもつて、もつと〳〵修業すれば將來性はあると思つた。上原月鄕の「猿公の圖」舊手法も悪くはないが斯うしたことで滿足してゐては駄目だ。川嶋正之の「潤聲」は響きが全然ない繪であつた。

小林立堂の「喜壽の祝」お孫さんをお相伴とする祝膳についた老人の喜悦が、可なりよく描かれてゐた。尾形奈美の「おばあさん」も老人の氣持をはつきり摑んだ作であつた。近藤乾年の「しやが」も可なりものの眞を握つた作であつた。

故高橋照美の「かんざし」は神經質的な美人畫として、一つの性格が出た作であつた。照美さんの死は新生社にとつて遺憾至極といへやう。川邊菊二郎の「驟雨」はもう一と工夫あつてもよからう。但し、工夫と小細工と勤違ひをせぬやうに望む。

其の他の作家もみな努力作を示してゐたが、回を重ねるにつれてよい作を示すやう、折角精進を希望する。

名家紙本展

紙本の方が趣致深く雅味もあるのだが、鑑賞家と云ふものは兎角絹本をよろこぶものだと云ふ。さうした惡癖矯正の意味でも、この企ては大いに贊成してよろしい。德岡神泉、加藤榮三杉山寧等の遲筆家諸氏の作品には見參を得なかつたが、皆擔當の力作揃ひで興味があつた。池上秀畝氏「脊鷺」は古畫にも紛ふ極密畫であり、伊東深水氏「晴日」は、淸楚な雅致ある現代美人である、橋本關雪氏「竹雨弄珠」の輕妙なる、服部有恒氏「酒」は取材面白く、堂本印象氏「風景」よく描く構圖であるが、もつさりしてアクが拔け切らない。關雪、栖鳳の山水と比べるまでもない。大智勝觀氏「綠雨」米點風の描寫が、すつきりして來た、小野竹喬氏「爽朝」も淸爽であり、小倉遊龜氏「靑梅」中々澁く味のある技巧である。太田聽雨氏「山紫水明處」東山の描寫など淸潔に出來てるが、大文字の「大」の字が神經質すぎる。小川千甕氏「茶摘」俳畫風の潤達な面白さあり鏑木淸方氏「盆踊」手振足振のうまさ高雅な氣品がある。堅山南風氏「家苞」硬化した現代花鳥畫の俗風から脫却しやうとする努力は尊い。加納山樂氏「富貴圖」山崎豐「夏苑」潤達無比山中喘哉州氏「夏草」はしやれたもの、近藤浩一路氏「日田夏嵐」寫實的にいよ〳〵精緻を極めるほどレアルから遠くなる。鄕倉千靱氏「兎」新井勝利「初夏」など練達なり、酒井三良氏「山の家」樂々と描きこなし、坂口一草氏「鮎」は水墨の味ひ深く、木本大果氏「夏草」やゝ重厚味を見せて來たのは一進境である。島田墨仙氏「小堀遠州公」は恐らく場中での佳作であ

鈴木哉雲個展（樓閣山水）

狩野晃行個展（鷄）

第二回正統木彫家協會展
寫眞は會員の人々（府美術館にて）

八木博個展（町はづれ）

らう。泥谷文景氏「五月雨」の輕妙なる、森白甫氏「爽朝」森田河夷氏「雉子」現代花鳥畫の定石を踏むもの。（高島屋）

杉の芽會第五回展

女子美術生徒の習作展である仲々勉强してゐるが、これから自分の個性を掘り當てるところまでゆくのは容易な修業ではない。高野むら子「多木」掘内日奈生「公園」川口千惠子「花」關野ひさ子「春山」など、技術的に一通りの水準には達して居り、佳作と云へるだらう。（紀伊國屋畫廊）

小糸源太郎個展

逞しい重厚なマッスと豪放な太い線で畫面處理が淸潔であり强い迫力を備へてゐる。一つの個性的な畫境を確保したものとして推奬すべき個展である。「裸婦」の立體的な構成は一寸小出楢重を思はせ、硬質ガラスのやうなマチエールである。風景は概ね佳作揃ひで「双虹」「大安日」「春雪」「杏の岡」「碓氷秋雨」「信濃の春」など注目すべきものであらう。「花」ABは細緻であるが風景ほどの迫力はないやうである。（資生堂）

精藝社日本畫展

邦畫壇の新鋭をあつめ、珍しく眞劍な力作揃ひで充分見應へがあつた。杉山寧「たけのこ」院體風の精緻な寫實を、かなり尖鋭に突つ込んでゐる。山本丘人「靑柿」も彼としても最近の佳作であり、端嚴な寫實で、素朴な美しい光輝を持つてゐる。上村松篁「水かげ」の金魚も勉强の痕がみられて立派である。橋本明治「夏信」は輕い氣の利いた作風である。村田泥牛の「春蠶」はチュリップ二株を並べたものであるが、葉の表裏の色別が工藝的にすぎ、水がたまつてゐるやうに見る。其他新井勝利「牡丹」眞野滿「天部」中村貞以「ほたる」等の力作があり、加藤榮三「百舌の仔」は未到着（資生堂）

京都市展續評（工藝）

今年の市展はあまり振はなかつた。機構の改善が今日の課題となつてゐる。工藝は例年市展でも成績がいいのであつたが、今年は芳ばしくなかつた。授賞作も相當の數があるけれども、いづれも低調だつた。

代表作では、ただ一つ岸本景春氏の紙屛風に刺繡した動と靜とがあるのみだ。自由な構成、洗練された色調、品位ある樣式然も新意をよく出してゐる。是につゞいて小倉友之助の蒔繪小屛風が染織ではみるべきものがあつた。陶器の方は作品は最も多數を占めてゐるが、際立つたものが一點もない。楠部彌弌氏の染付花鳥は精巧にしつかり出來てゐるが陳套だ。こんなに古典に捉はれてはいけない。淸水正太郎氏大皿は新しい意欲をもつてゐるが破綻がある。德力孫三郎氏の陶器は新味を出してゐるが弱い、勝尾龍洞氏の花瓶は强さと新鮮味をもつが形としてのまとまりが今一息だ。森野嘉光氏の花瓶は氣の利いた新味を出してゐる。米澤蘇峰氏の陶箱は大體成功した作だが本來もつと低火度でやるべきであつた。樂志左衞門氏の茶碗は美しい作であり大いに傳統の殼を破つて新鮮味を出たしのがいゝ。伊東翠壺氏も一つの展開を示して來た。漆器は殊に振はない。堂本漆軒氏の小屛風も鶯がしぶくおもしろい作としながら波が大きすぎた。番浦省吾氏も熱意が乏しい。西澤玉舟氏の丸硯の方が好意がもてる。金丈は更は貧窮だ。他に多少注目すべき作を拾つてみると下の如し。宮下善壽氏の花挿、宮永友雄氏の墨流鉢鈴木淸氏の角瓶、松本薛顯氏の手箱、岡本富治氏の花瓶、新開邦太郎氏の花生、近藤悠三氏の梅繪花瓶、澤田宗山氏の水瓶、高木敏子氏の綴壁掛、尙淸水七兵衞氏、山鹿淸華氏 はないもう。

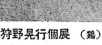

賞　轍の響

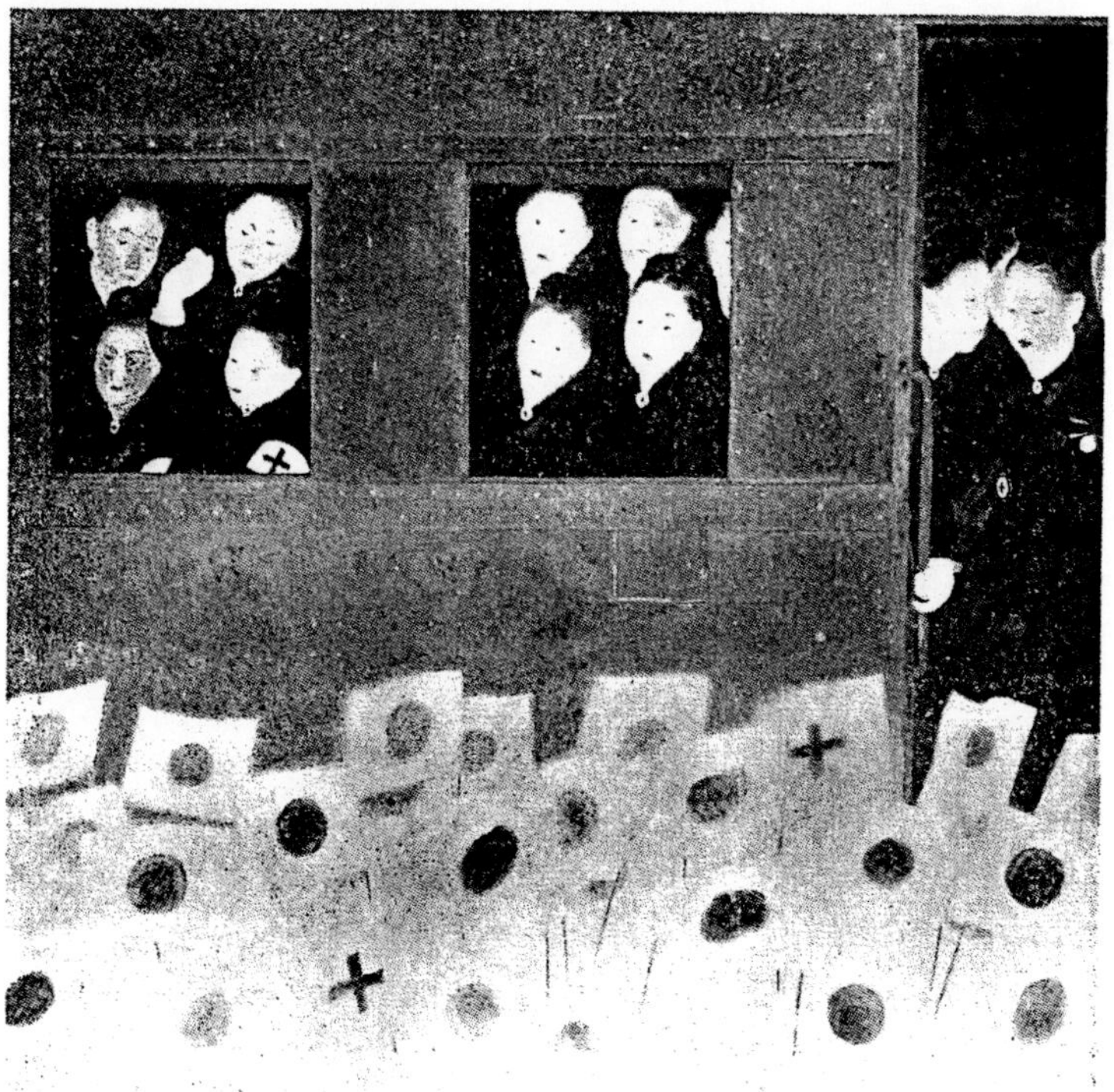

東丘社の

綜合協力制作

『大東亞戰爭』

情報局賞に注視集る

賞　歡送

客年京都の堂本印象氏畫塾たる東丘社では全員こぞつて壁畫式な構成畫面に銘々二三人づゝ協力して綜合制作の作品十數點を示し畫壇に一大センセーションをあたへたが、本年は又異つた態度で『大東亞戰爭』を主題とし、戰爭畫を中心に各員總努力で屏風その他に綜合制作を試み剛健な表現、新鮮な感覺を畫面に横溢せしめた。特に今回の擧で注目すべきは各人が一切署名を爲さず協力そのものゝ實をあげたことで、古代の壁畫制作が東西すべて無署名なることなどゝ思ひ合せて誠に意義ある試みと言へよう。情報局が特に推奬する作品に「情報局賞」を與へたこともこの戰時下の畫人協力の表れを示したものと考へられる。

凍　雪

春　風　唱　和

その一瞬

暁の一隊

ジヤングルを衝く

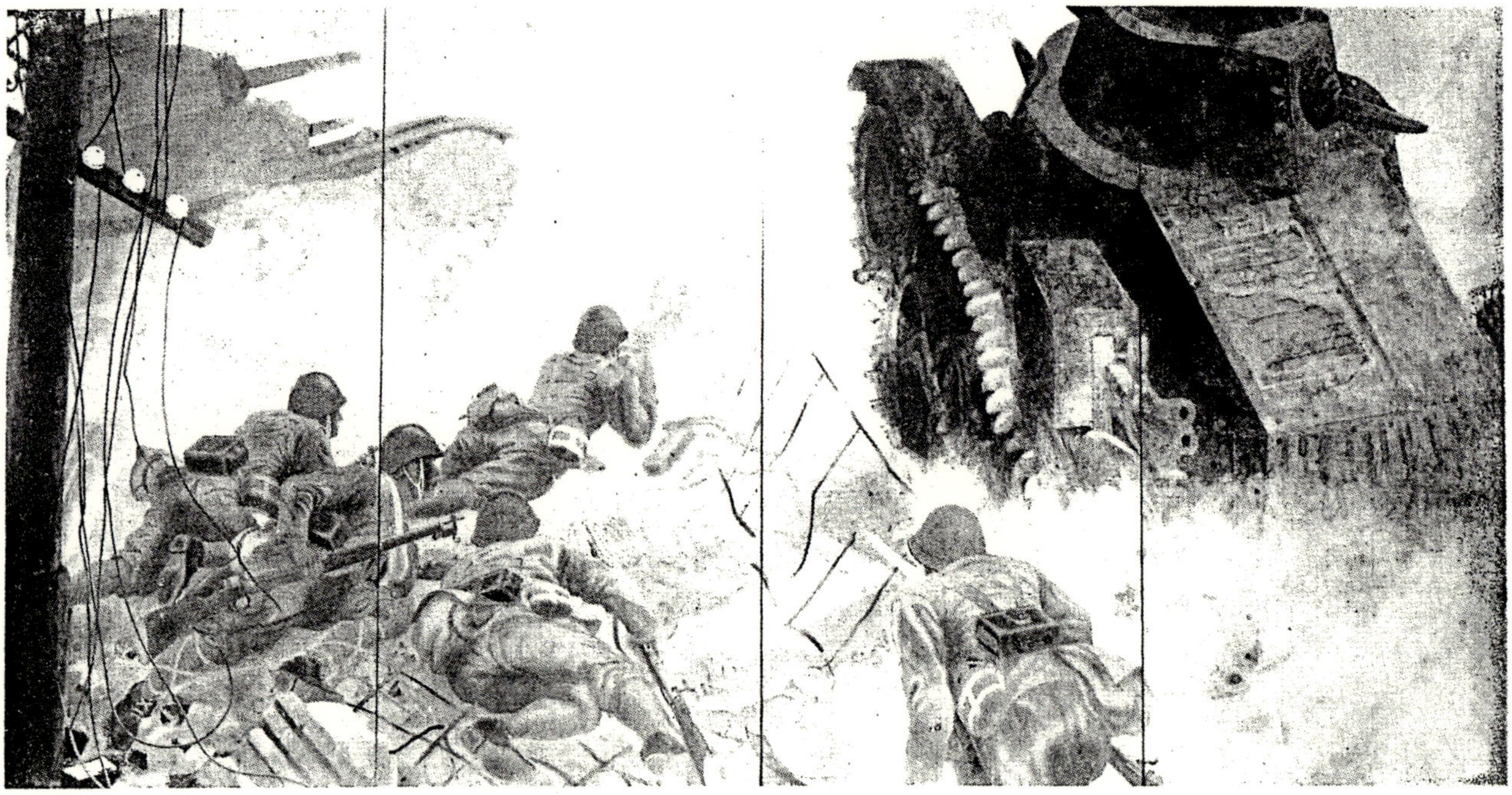

燻る市街

南の光

翼の勇士

ポール・セザンヌの作品

水邊風景　（1885）

ピアノに倚る少女

セザンヌ

麥藁帽子の少年　（バルバザンチ畫廊）

ベヌスとキユピツト　（1867）

柳の池　（バルバザンチ畫廊）

巨匠セザンヌは現代繪畫の父祖の位置にある。その名あまりに普遍化し乍ら、しかもその一作一作を吟味するたびに教へらるゝものは餘りに多い。本邦にはわづか數點のセザンヌしか所有者を見出しがたいがボラールやベルンネームら著名畫商の蒐集及び各國美術館の陳列品以外になほ吾らの見知らぬ作品も尠からずある。それらの中からこゝに遺れるを拾ふとしよう。新しき評傳家成田氏の稿も參照されたい。

セザンヌ

ゾラの肖像　(1860)

靜物 (1865)　伯林カツシラー氏藏

嵐　(1868)

灰色帽子のセザンヌ夫人 (1888)

サン・ヴイクトアール (1880)　モスクワ・モロゾフ畫堂

新制作派協會春季展

婦　人　像　　　　　　　　　　小　磯　良　平

少　女　像　　　　　　　　　　中　西　利　雄

早　　春　　　　　　　　　　　內　田　巖

現代名家紙本新作展

風景　　堂本印象

朝顔　　杉山寧

⇨ 壽老圖六角皿

光琳、乾山合作（鐵繪）

大倉喜七郎男爵藏

⇦ 裏名（原寸大）

乾山の作品

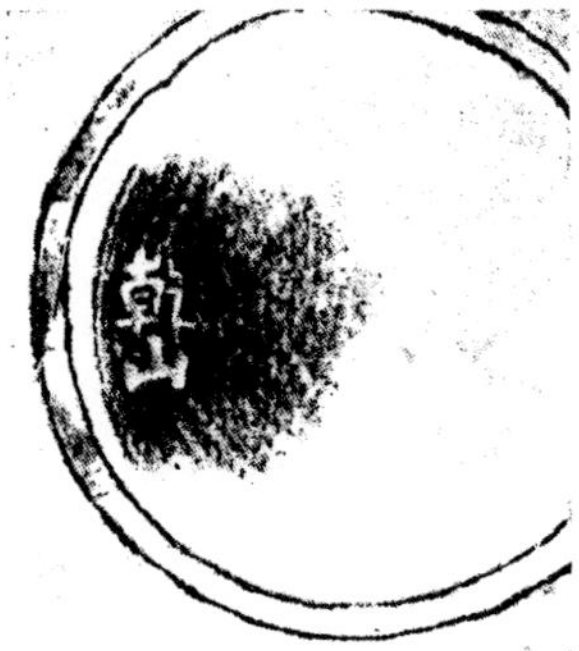

鳴瀧乾山窯址發見　茶盌陶製破片　（高台裏銘）

桂又三郎氏藏

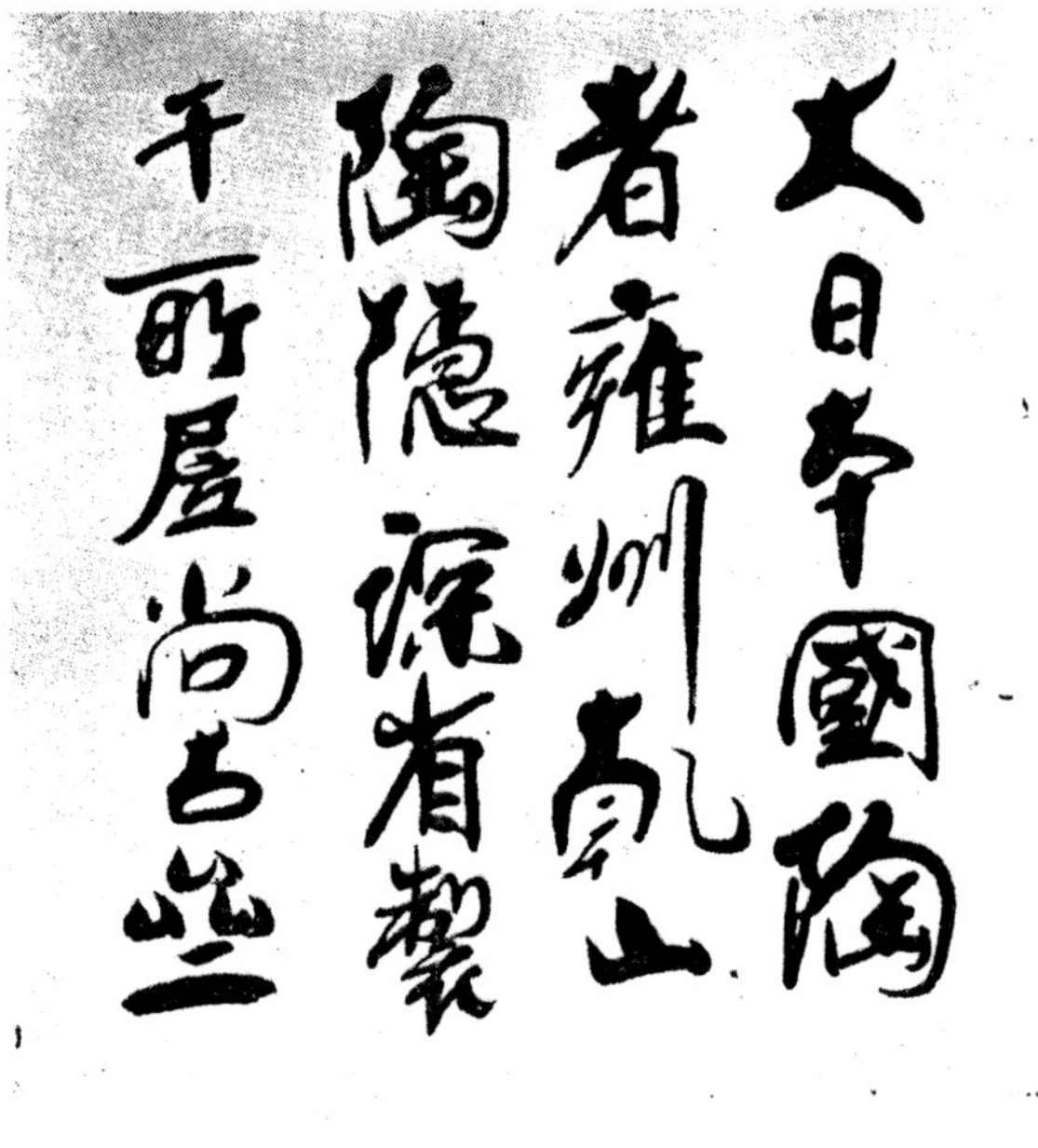

裏名

黃山谷圖四角皿　光琳、乾山合作（鐵繪）　側面

花籠圖

乾山筆　紙本著色

神奈川西郷春子氏藏

作品公募

日本精神ノ昂揚ヲ表現セルモノ

日本畫・油繪・彫刻

第二回

忠愛美術院展

會場　東京市上野公園櫻ヶ丘「日本美術協會」

會期　八月一日ヨリ八月十四日マデ

搬入　七月卅日（規則書ハ事務所ヘ）

事務所　東京市豊島區椎名町六ノ四〇四三（花岡方）

總裁　陸軍中將　中島今朝吉　院長　花岡萬舟

同人（イロハ順）

岩田彌光　長谷川八十　西川宗舟

穂坂光希　本田桃多郎　吉田廣洋

高澤圭一　津田正周　土田實

内藤外次　山田順治　増田英一

益田柳外　松田康一　松宮光村

前原豊三郎　藤田峰英　淵上巍

小林亮三　木寺轍　島津純一

第二回

日本油繪會展

會期　自六月十六日　至六月十九日

會場　銀座・三越支店

會員

末松勇　鈴木良三

福田新生　林鶴雄

高橋庸男　大月源二

一木万壽三　能勢眞美

矢崎重信　矢野雄藏

瀧川太郎　石川眞五郎

尾形乾山二百回忌に當りて

尾形乾山の人と藝術

福井利吉郎

私は光琳を研究し屢々其發表をしてゐるので、光琳研究から、其弟である尾形乾山を說かうとするのである。

乾山は寛文三年京都の豪商尾形宗謙の三男即ち光琳の弟として生れた。二十五歳の時父の宗謙が死んだので、遺產の分配があつたが、財產の外に、特に光琳には能衣裳が片身として分たれ、乾山には因月江の墨蹟と書物が與へられた。二十五歳といへば現在ならば大學を出てこれから社會に向はふといふ頃であるが、この片身分けの時に既に光琳は豪華な畫家としての運命があり、乾山は文人的な藝術への生涯の岐路に立つてゐたのである。そして名も禪臭のある「深省」を自ら名乘つて、仁和寺門前の雙ヶ岡（ならびがをか）に移つた。この二十六歳以後の十年餘を私は乾山の「雙岡時代」と謂ふのである。

この間の十年間の事は、二條家の玄關の日記「內々御番所日次記」によつて見ると、二條家との交渉が出來、兄の光琳によつて共に屢々伺候してゐるが、光琳が親しく切實に伺候し、繪を描いたり、お伽までする程であるのと較べると、乾山の方は通り一ぺんで、儀禮的である。ここにも光琳、乾山の風格を異にする點を見ることが出來るのである。同日記に深省の名がはじめて見えるのは、元祿二年で、これは「仁和寺御記」の三月六日に御室仁和寺へ始めて伺候したのと同じく二十七歳の時である。元祿六年の五月には二條家が深省をお尋ねになつたので、其御禮に伺つて、手造献上をしてゐる。これは仁和寺と同時で、それから度々作品を献上してゐるのである。献上の種類は茶碗、花筒、香炉などであるが、手造陶器以外に「梅花露」を手土產として献上してゐる。「梅花露」といふのは何であらうか、私の考へでは、名古屋の甘露梅などのやうな漬物ではないかと思ふ。手造料理も至極面白く思はれるのである。

元祿十二年の鳴瀧窯に移つてからを、私は「鳴瀧時代」と呼ばうとするのである。この時代は「仁和寺御記」によつて餘りにも知られてゐるが、こゝで「乾山」の號について一言云つて置きたいのである。乾山は京都の西北即ち乾（いぬゐ）の方の意味で、誰も知る如くであり、手造りの茶碗献上乾山と號すとあるので、私は乾山といふのは號であると思つてゐる。ところが乾山といふのは號でなくて、たゞ居た場所を稱したまでゞあるといふやうな乾山號抹殺說を聽くのであるが、私は反對である。乾山とは號しなかつたといふことは、學者の考へ過ぎであつて、また考へ足りない點である。彼が學者風の人であるために多く「深省」といふ本名を使用してゐるところから左樣に考へられるのであらうが、そのために乾山號を抹殺することは出來ないと思ふのである。

聊かこれは脫線の形であるので、二條家の日記に戻つて見ると、元祿十六年と翌年の寶永元年にも二條家へ手造作品を献上してゐる。寶永二年には晚餐のお相伴をしてゐるが、これも光琳の如く賑やかな社交性はなくて如何にも、物しづかに見られる。正德二年五十歳を機とし、鳴瀧時代を終つて、京都の二條通り長者町に移つたことを「小西家古文書」によつて知るのである。今では寺町四入といふのであるが、言葉の上から、私は「長者町時代」と謂ふのである。この頃は乾山の生活も殿樣藝ではゐられなくなつて、窯物商賣になつた渡世時代である。

經濟的にも容易ではなくなり、光琳への金の催促狀が大阪と東京とに現存してゐるが、催促狀と云つても、光琳への經濟整理法など乾山の性格の正しい一面を知るべきもので、決して普通の貸金督促のやうな、讀んであと口の惡いやうなものではない。

乾山が京都に於いて二條家のやうな高貴であり文人であり、いろ〳〵の意味をもつ方へ出入したことに對して、江戶に下つての東叡山輪王寺宮公寛法親王に親謁を許されてゐたことは共に、乾山に如何か都合のいゝ事であつたのである。

東叡山輪王寺宮公寛法親王が京都から江戶に下られたのは正德四年で、乾山が五十二歳の時であるが、同宮家御下向の後を慕ひて江戶に移つたと傳へらるゝが、その頃に乾山が江戶に移つたかどうかは研究せねばならぬ。それは、宮の御下向は二月十三日なのに、二條家の記錄には正德四年九月に伺候してゐる。更に三年目の享保元年にも伺候の記錄がある。この年は光琳の死んだ年である。そこで正德四年に乾山が江戶へ移つたことは疑問である。しからば法親王が一度叡山の天臺座主として京都に戻られ後に再び江戶に御下向された享保十六年の時に、乾山が江戶に移つたのであらうか。

時に乾山は六十九歳じある。それでは餘り老齡すぎると考へられるかも知れぬが、乾山の如き偉人であるからそう常識で批判して了ふことは出來まいとは思ふ。

正德四年に江戸へ下つては「長者町時代」が餘りにも短かい。後の光琳遺產整理にも彼は立合つてゐるし、享保十六年まで「長者町時代」が續いたとしたら、餘りにも長い。專門家が問題視してゐる乾山江戸下りの年時は、更に二條家の記錄に依るより外はないので、その問題の鍵は一つに二條家「內々御番所日次記」であるが、私は、はじめに斷つた如く、光琳研究を基にしての乾山であるから、享保元年光琳歿後の右記錄はまだ精査探求してゐないので、この提示だけをして結論を他日に讓ることとする。

年次順に戾つて、享保五年。五十八歲で光琳の箱書をしてるものが正しく遺つてゐる。松に山茶花の繪で立派なものである。十三年に蘭繪茶碗の箱書あるもの。十七年七十歲で、七十翁とある遺品。十八、十九、二十年は遺品がなくて、元文元年七十四歲に、正木直彥氏遺愛品で、「百合繪和歌書色紙形皿」があり、裏銘に「平安城乾山元文改元之年於武江造之」と明記した尊い遺品が、五月末の乾山二百回忌展觀に出品されたのは衆目の知る處である。その三年乾山七十六歲で公寬法親王は薨去され、彼の藝術的活躍は爾來、「うきことも嬉しき折も過ぎぬればたゞ明けくれの夢ばかりなる」と「喝」を辭世として、寬保三年六月二日歿したまで一層盛んにつゞいたのである。

さて、乾山の藝術であるが、まづ繪畫について考へると、その陶器の下圖は光琳が書き、光琳死後は渡邊氏——光琳の高弟渡邊始興と思はれる——が畫いたとあるが、光琳としてあるのも或は乾山自身が畫いたものらしいので、斯ういふことは或は妙に考へらるるかのやうであるが、彼自身の繪畫の本質を示すやうになつたのは、元祿十五年の四十歲からの事で、その以前は光琳臭いものであるのである。これは最も陶作の下繪の關係からである。乾山にとつては、南畫の先驅者と雖後輩である。彼の繪は「大日本陶者」と上野の東京帝室博物館にある四方皿の裏銘に書いた如く、非常な自信をもつて居り、南畫は勿論南蠻ものに對する理解まで繰りひろげて、すべての新しいものを取り入れてゐるのである、新南畫である。南宗的特質を會得して、しかも日本美の正道を目ざしてゐるのである。乾山の藝術は、陶、書、畫、文學——即ち詩をつくり和歌を詠む等——を一々に部門的に分けて、その特質を現はしたものをいいと云ふよりも、綜合的にされた作品によつていいのである。これは西洋の理論では極めて幼稚と見られるのであるが、陶を作つて歌を併せ、繪を畫いては詩を添へる。そこに日本的なものがあり、これこそ、實に最大藝術なのである。實際に乾山程に、陶に、書に、繪に、文學にそれが一つになつて、あれだけの構成をしてゐる人はないのである。その辭世には前記のやうに「喝」と「うきことも」の歌と、和漢兩者への併合で世の中と分れて行つたのである。

私はこの大藝術家乾山によつて、日本藝術の行く道にも教訓を受けて見たいと思ふのである。

本月二日、尾形乾山の二百回忌に際し、乾山研究の同志から成る乾山會が、其菩提寺西巢鴨庚申塚の善養寺で法會を營んだ席上、文學博士福井利吉郎氏は東北大學から上京、特に講演をされた。本稿はその講演の聞書であり、校閱をも經る暇がないので、勿論文責は記者に在る。こゝに博士及び讀者の諒を得て置く。（記者）

陶工尾形乾山

鷹巣豊治

乾山は我邦に於ける三大陶工の一人である。併しながら彼の作品は木米と同じくその代表的作品を除いて他は何れもその鑑別に尤も困難である。即ち東京帝室博物館藏黃山谷圖角皿と大倉喜七郎男爵藏壽老圖六角皿とがその著名なものである。之等は何れも兄の光琳が繪付したもので此の場合光琳が主役となつてゐる。乾山の繪付したものでは、纔かに北原大輔氏藏蘭圖角皿一點だけが有名である。從つて乾山の作風を見る上での唯一の標本であることは勿論である。然るに之を最近問題にする專門家があると謂はれる位だから、乾山の遺作はそれ程面倒でもあり且つ尠ないのである。

乾山は三十七歳で陶器を始めたことが仁和寺御記に依つて證されてゐる。彼は當時仁和寺に近い鳴瀧雙《ナラビ》ケ岡邊に家を持つて、お釋迦樣を本尊とした持佛堂を建立して、習靜堂と號し獨照和尙に隨つて禪を修めながら行ひすまして居た。それより以前陶法を仁淸に示導せられ遂に鳴瀧に移り元祿十二年三月窯を設けて陶器を造つたのである。世に之を鳴瀧乾山と稱するのである。乾山は此處で十一年間燒いたと言はれ、殊に仁和寺の宮樣へ初窯の作品を獻上したり、或はお庭で陶器の型を作つて御覽に入れたり、燃料に使用する松木のお拂下げを願つた事などが御室御記に錄されてゐる。

當時の乾山の初期の作品は、仁淸に似た原料を使用して、素地、釉成形、燒成火度等略仁淸系と見るべきが適當であらうと思はれる。然るに乾山の遺作と稱される殆んど總ては樂燒程度の軟陶であるので、一說に硬燒は無いとさへ言はれてゐるやうである。然るに數日前岡山なる友人桂又三郎氏が訪ねて來て、承はれば「鳴瀧窯址發掘後から陶片若干を拾ひ歸國して、それを水で洗つて見ると仁淸風の茶盌の高台裏中央から稍下、左より高台近くの位置に楷書體『乾山』(挿圖參照)印刻銘あるものを發見した」と語り悅んで示された。如何にも仁淸に酷似してその白色緻密な素燒茶盌の破片は器體薄作で高台作りや印の捺されてある位置その書體等が總て仁淸風である。私は之に依つて乾山に就いての一の謎を半ば解決することを得て共に欣んだのである。而して「陶器圖錄」第一號「京都篇」所載の乾山名款中に之に酷似せる書體の稍々大めなものゝ揭示されてゐることをも知り之に關するその記事は「恐く乾山を慕へる後の陶工の使用せるものか」とある。此想像說は遺品の上から見るとき一應御尤な說であらうが自分は乾山が仁淸に授かつたと言ふ陶器祕法の傳書などから考へても、之等の陶片は事實乾山の作品として有り得ると思ふ。而して乾山も仁淸のあの絢爛豪華と云はないまでも自ら好むところの絢爛優雅な彼の色繪をも試みたことを想像してゐる。それは彼が絹紙に畫いた繪畫に依つても充分に言へると思ふのである。陶器を作る事に知識ある人ならば硬い陶器程困難で軟かい陶器程比較的樂である位は御承知と思ふ。初期の乾山は仁淸親子等の厚意手傳に依つて此の困難な硬い陶器を造つたのであらうが斯するうち彼は製陶についての經驗も出來、性來無慾恬淡な人であつただけに、何時までも鳴瀧で好きな陶器を燒く事は經濟上許さなかつたであらう。事實乾山は鳴瀧が種々の點から不便であつたので、正德二年には二條通りの兄光琳の傍に移つたのである。それから江戶に出づるまでの乾山は二條家文書以外あまり知られてゐないが、製陶は他所の窯で手輕に作つたと見ることが妥當であらう。勿論その頃の作品は旣に陶器に對しての立派な體驗者でもあつたのであるから、彼が器物に接するその態度も一層自由で彼本來の個性が遺憾なく發揮された事と思ふ。從つて兄光琳との合作の如きも折に觸れ屢試みられた事であらう。或は又光琳の弟子渡邊始興等も來て感興に乘じて合作をした樣にも思はれる。斯くの如くして乾山は光琳の感化をも受けるところが尤も多かつたのである。而して時に色繪を以て繪畫に於けるが如き優麗磁潤な繪畫的文樣や或は溫雅洒脫な光琳文樣等心行くまゝに畫いたことであらう。併し乾山は一面に非常に侘びた茶道の精神を體得すると共に、一面に禪機を摑んで悟道に入つて居た人であるから自然その藝術の上でも枯淡なものが適切であつた。彼は時に水墨を以て牧溪の叭々鳥を畫き山水を作つたのである。陶器に於ても黑繪(鐵繪)で蘭を畫き水仙を畫き菊を畫いて己の嗜むところを茶禪に托して發揮してゐるのである。

乾山は兄光琳が歿した翌年享保二年五十五歳の時公寬法親王(輪王寺宮)に附いて江戶に下ると言はれ、宮が歿せらるゝ元文二年まで廿年間非常な寵遇をうけつゝ奉仕した。その間京都へも歸つたであらうが、乾山の一生は此時代が最も華かであつた。嘗て公寬法親王が江戶の鶯の聲のわるいのを歎ぜられ、京都の鶯を愛でさせ給ふことを承り乾山は早速京都から鶯を取り寄せて獻上した。その鶯が上野の杜に放たれ、次第に増殖して此の附近が鶯の名所となり、鶯谷初音の里の名稱を生むに至つたと言ひ傳へられてゐる。その鶯の歌が今に絶えないかと思ふと床しい心持がする。

偖て乾山は江戸にある間、殊に宮様に仕へるかたはら入谷でも陶器を焼いたと云ふ事である。之が世に云ふ入谷乾山である。今日全くその跡を知る由も無い。元文五年三月十五日、法親王の三回忌に切々斷腸の思ひを叙せる追悼獻歌に依つて哀々たる人間乾山を躍如として彷彿させるものである。

乾山は輪王寺の宮歿後、下野國佐野へも行つて此處でも陶器を造つたのである。即ち之が佐野乾山で最近之に關する詳細な研究が篠崎源三氏の努力に依つて發表された。是に依つてその全貌を知ることが出來たことは、洵に斯界の感激に堪へない。茲では同氏の佐野滯在中の經過を紹介する。

「乾山は元文二年の初秋殘暑も凌ぎよくなつた頃、內窯や陶土釉藥等を携へて船便により越名に渡り杜川の枕流齊庵に落付き、其の親戚松村大川家を歷訪し留連久しきに亘り重陽には佐野に居つたことには疑ひない。なほ例の素燒のまゝの佐野乾山が多く殘存せることから推察すると、最後の燒成を行はずして江戸に歸つたやうに思はれる。恐らく西風も强くなり、寒さが嚴しくなつたので倉皇として引き上げたのではあるまいか。以上が乾山來佐の動機と經過とに就いての想像である。」とあり、かくて乾山は再び江戸に歸り、その後六年間彼の生涯は世俗的に見れば悲慘で、本所の假りの住居で、死後數日にして始めて發見されたと云ふ文献さへ殘つて居る。而し此の文献は乾山の如き人にして有り得ない餘りにも殘酷な誤傳の記錄ではあるまいか。

江戸に於ける乾山は多く繪筆をとつたらしい。その遺作を通して全貌が比較的論じ易い。結局同じ人が作つたのであるから、繪畫にも陶器にも何處か共通した氣分がある。最もハツキリとわかり易い様にする爲め乾山の落款と賛に書かれた歌等の書體に依つて說明する。帝室博物館藏角皿、西鄕家藏花籠圖等に見る軟かい丸味ある書體のものと、さうでなく渡邊善十郎氏藏萩圖、細川侯爵家藏花籠圖等に見る雄渾遒筆なものとがある。前者は京都時代で後者は江戸時代と推定することが出來る。

乾山の繪に接して特に嬉しい事はあの色に對する欲求である。是は元祿享保を中心とする町人の新たに勢力を得た時代で尤も華美を極めた當時で、それが反映して居るが乾山の作つた美しさには光琳の作つた美しさとは全くその性格上異なる境地がある。それは兄光琳も到底及ばないところの優れた人格に他ならないのである。之こそ乾山の藝術が世に最も賞讃さるゝ所以であらう。乾山は東福門院の御用呉服所雁金屋の三男として京都に生れた。父宗謙は殊に書畫に堪能であつた。雁金屋へは本阿彌光悅の姉が嫁して居り、從つて光琳派の始祖俵屋宗達とも關係が深い。宗謙が亡なる時一番上の兄藤三郎は早く勘當され二男の光琳、三男の乾山（權平）は遺產相續の際兄光琳は能衣裳一式を弟の乾山は書籍一式と印月江の墨蹟を貰つてゐる。之に依つても父宗謙は乾山の性格或は嗜好と云ふものを能く知つてゐた事がわかる。私は常に光琳乾山の藝術に接する時、必ず探幽尙信の關係を想起するのである。探幽、光琳は努力家で技巧家で威力に富んで居り、尙信、乾山は品位に富んで居る。

乾山は三十代既に畫筆を執り、七、八十歲に至るまで枯淡な黑繪の陶器を描いた一方では色彩と絕緣することが出來ず、濃厚華麗な草花を常に畫いてゐる。この草花の繪と關係して見逃してならない事は、乾山の歌である。それには花、色、香、露等と言ふ文字が尤も目に觸れる。茲に乾山の嗜好や人生觀が自ら表現されてゐるのである。

乾山の藝術は陶器、繪畫、詩、和歌等が融合して一つの藝術と成つて居るところに最も特徵がある。彼は尙古齋と號した程であるから和漢の古藝術を解し、又當時新興の南畫にも充分な知識を持つて居た。陶器に畫いた黑繪山水圖中に、それと見られるものもある。それのみならず遠く南海から新に舶載された南蠻關係にまで及んでゐる。如斯、彼は時世を知る人であつたので、自作の落款に大日本國云々とか、或は日本とか、皇州逸民等と立派に書銘してゐるところに乾山の偉大さを感ずる。この態度こそ乾山の藝術が世界的に賞揚される所以であり、又日本美術史上沒すべからざる偉大なる業蹟である。

更に人としての乾山を見るに、彼は義理に厚く、理智に富み、立派な人であつた。之には種々の文献がそれを證してゐる。

最近篠崎源三氏新發見の佐野に傳はる乾山筆の陶法傳書に次のやうなことが誌されてゐる。

「黑之方之事、私も承及たる事候へ共、京樂燒家は千ノ宗易利久居士ノ時ヨリ數代連綿致シ今以燒候、古來ヨリノ寸法ノ茶碗其外ノ茶器生類ノ香爐、其外彼是數多之品々相傳候家ニテ燒出候藥色ハ大方赤黑ニ限リ色品少キ家業ニ候處、私共方ヲ寫出シ候事、人情薄キ樣ニ存候故書付不申候、其上樂燒ノ一入ト申者ヨリ已來懇意ニ申談候者ノ事故、猶以テ相障リニ成候事ハ不仕候、人々私方ニ黑燒ヲ賴ミ來リ候へ共利久已來相傳ノ家ニテ御求メ候事ハ勝事ニ候マヽ、樂燒方ニテ正眞ヲ求メ申候樣申候云々」

これに依つても乾山が非常に德義を重んじ友情に篤く、而もそれがために周到な心遣を怠らなかつた圓滿な常識の人であつたことが窺はれる。宗家や先輩に對する彼の律義さは正に師の影を踏まざる奧ゆかしさを思はせる。之を思ふ時、現代美術工藝家の中には、或は傲岸不遜我が物顏に振舞つて忘恩非禮を敢てし、或は名利に超然たるが如く裝ひ、而も市氣、匠氣、惡臭紛々たる藝術家が少くない。之れに反して乾山の義理堅く、思遣りの深かつたことには心から親しみと尊敬とを禁じ得ない。

更に乾山は獨照和尙に隨つて禪を修め、藤村庸軒について茶道を學んだ。從つて獨照の弟子月潭や、庸軒の弟子杉本普齋、山田宗徧等とも交友があつた。殊に仁和寺の宮、二條綱平公、公寛法親王等に尤も寵遇された。斯くして彼は深く悟道に徹し常に名利を超越し寵辱の外に立ち、已れに足つて外に待つことなく清貧にして美を樂しみ、陋巷に在つて其の樂しみを改めない隱逸の高士であつた。彼は詩、歌を好み、書は殊に優れてゐた。

放逸無慙八十一年、一口吞却沙界大千。

うきこともうれしき折も過ぎぬればたゞあけくれの夢ばかりなる

この辭世は實に乾山の一生を物語るもので禪味ある辭世の和歌で陋巷の裡に晏如として大往生を遂げた彼の死生を超越した心境を如實に語るものである。要するに乾山は藝術に徹し、道義に徹し、また悟道に徹した圓滿な人格の持主であつたと解すべきであらう。

斯くの如く藝術家としても豐な天分に惠まれ、人としても人間味の濃かな乾山の作品の性格や特色は自ら明白である。文は人であるとも云ふ。總じて藝術は作家の全人格の反映そのものであるから、乾山の藝術は陶器にせよ繪畫にせよ書にせよ、それは悉く乾山の全人格の具現である。即ち陶器も繪畫も幽雅で華麗にならず、溫潤で冷峭にならず、重厚で浮華にならず、いさゝかの匠氣も衒氣もない。洵に全作品を通して邪氣無く良心に愬づる所がない。そして其の一點一線に至るまで、皆物それ自身の生命の核心にぴつたりとふれて間然する所がなく、調和美の極致に到達してゐる。恰も名醫の打つ針が悉く、神經の急所に中るやうに生命の核心に觸れてゐる。而もそこには何等の作爲の跡も無い。巧みもなければ苦心もない。恰も水の低きに着いて自ら窠に滿つる樣な自然である。殊に乾山の書は當時流行の所謂お家流なるものから全然無關心であるわけには行かない。けれども、その典麗な長所のみを採つて型にはまらず乾山その人の個性を最も端的に率直に具現してゐる。乾山は又朝鮮の文字を習つたと傳へられてゐるが、いかにもそれに似て素朴なところもある。併し典麗ではあるが愚直ではない。氣品高く重厚である。且ついかにも達筆で手にも筆にも些かの澁滯がない。見て居れば見てゐる程强い魅力を感ずる。（帝室博物館藏四角皿裏銘、大藏男藏六角皿裏銘、西鄕家花籠圖和歌等の挿圖に依つて參照せられたい。）臨模手習ひを試みると形だけは似ても到底その精神を摑むことは出來ない。世に乾山燒ほど僞物の多いものは無い。云ふまでもなく立派な乾山銘あるものに僞物がある。それだけに乾山の陶器の鑑別には苦しむのである。然るに或る專門家の如きは「乾山の二字を見たゞけで、一目僞物であることを看取することが出來る。それほどに乾山の書には乾山の個性が染むで居る。而も其の個性は凡人の及ばない高さと深みとを持つ乾山の人格が反映してゐるから一目瞭然だ。」などと高言するが決して左樣に簡單なものではなく、前にも申述べたやうに、その代表的遺品を除いては輕率に識別し難いのである。（昭和十七年六月三日）

の　社　同　作

情報局推薦

情報局第五部第三課長　上田俊次

現代には餘りにも不實行が多い。有言不實行、不言不實行これでこの非常時局下が切拔けられるか、自分の信條は一にも實行二にも實行、實行あるのみだ。今回で二回目の東丘社共同製作展の後援をしたがそして今年は作品中二點に對し「推賞」をした。東丘社員一同が心を協せ力をつくして己を空しうして默々として美術家としてなさんとするところを實踐してゐる態度、師も弟子も共に個人の名利を捨ててやる、その態度がよいと思ふ。今度の推賞は「轍のひゞき」「歡送」の二點である。推薦の理由は「必ずしも畫技の拔群なるに非ず、着想の非凡なるに非ざるも大東亞戰爭を主題とせる東丘社共同制作壁畫中、一は構想雄大一は畫面醇美、何れも銃後民心を昂揚し、或は之を慰藉するところ尠からざるものありと認め、以上二作を推薦する所以なり。情報局」と言ふのである。勿論今後推薦は美術のみに限らず廣く文藝その他の部面にも及ぼす積りでゐる。（談）

共同制作の意義と畫家の行動性

情報局　秦一郎

去年、大東亞共榮圏建設の構想の下に銃後勤勞の姿を描いた東丘社塾員五十數名の共同制作壁畫十八點は、時局に即應したその畫題と個人を沒却した共同制作といふ、我繪畫史上稀にみる新しい、そして至難なその意圖を認め、情報局では率先してこれが献納を受理する事に決し、一日、府美術館でその展示會を催して後、各官廳を通じ、それぞれ向々へ配布した事は周知の通りである。當時、この擧に對して、畫壇各方面には果して毀譽褒貶まちまちのセンセイションを捲起した模樣であるがその反對者の中にはこれ等の献納畫中には、餘り出來榮えのよろしくないものもある事を指摘し、之を献納した東丘社の態度を便乘と見做し、欣然受理した當局の不明を糺彈するものもあつたやうである。しかし、これに就ては當時「塔影」誌上を通じて上田課長もはつきり畫壇へ聲明された事だし、私も座談會其他で屢々言及した事だが、かかる惡評が多くは當局の眞意のあるところを曲解した一向に大局を洞察し得ぬ短見者流の世迷言か畫壇といふ古沼の底に長年主のやうな存在を續け、展覽會時期にだけポカッと水面に首を出しては、一見尤もらしい口を利きながら、その實、自分に御都合のよいグルウプの提灯を持つ事だけを唯一の能事と心得てゐる憫むべき御用批評家の常套手段にすぎなかつた事は夙に明白な事實であつた。

然るに其後、時局は一大轉換を劃して遂に大東亞戰爭勃發、他の文化諸部門に較べて、一ばん立遲れの憾みさへあつた畫壇も、その前後を契機として漸く覺醒の機運が兆し、あつちこつちに彩管報國の華々しい狼火が擧り、畫人赤誠の一表示たる献納畫運動が次々と行はれるやうになつた。當局としてもこれ等の活潑な動きに對しては極めて細心な注意を以てその動機を觀察し、現時局下最も有意義と認めるものには出來るだけこれを援助すると共に何等行動性の伴はぬ内容空虚な自家宣傳や、羊頭狗肉的美擧？　には充分警戒してゐるつもりである。

東丘社塾が本年度も大東亞戰爭を主題とした共同制作の意圖の下に、陸海軍を始め當局の援助を申出た時も、その壯擧に對しては固より異論はなかつたものの、昨年度献納畫受理の因縁もあり、しかも當時とは畫壇の狀況や、同社の制作の動機も大分異つてゐる關係上、特にその點を指示して塾員諸氏の自重と奮起を促したのである。

それに近代の兵器を取材とするにはおよそ困難と見られる日本畫と、實戰の經驗淺い畫人諸氏の「大東亞戰爭」といふあまりにも厖大な畫題とが果してどれだけ強い實感を畫面に盛り得るものか、ひそかに危惧したからである。

ところが、塾員諸氏の苦心の結晶たる十二點の壁畫がやつと完成されたと聞き、偶々關西へ美術工藝狀況視察を兼ねて東丘社展の當局後援の可否について下檢分に出張を命ぜられた私は、五月五日朝、大阪大丸で當日から蓋を開けた同社展を參觀

東丘社の共同制作「大東亞戰爭」を見る

下店靜市

此の展覽會をみに行つて、私は「歡送」と云ふ作品の前に來た時、突然胸がいつぱいになつた。どうして此の作品がこれほど強く私を感動させたのであらう。

突撃寸前の狀況を取扱つた「その一瞬」もまた悲壯な題材を取扱つたものであり、戰爭訓がこのやうに現實に適切な着想をもつてせられた場合よく彫琢を得た構成、しつかりした色調や線、息づまるやうな緊迫感を盛りあげた時崇高な美しさがあらはれて來る。眞つさきに敵陣に突入せんとするこの戰鬪の指揮者の緊張し切つた顏付、凜々たるその眼光凌絶の氣は漲つて戰陣訓は生きた精神としてこゝに息づいてゐるではないか。「凍雪」は滿蒙の曠野に、飛雪と凍地を冒して嚴然と敵襲に備へた兵を描いてゐるが、哨務は重大なり、一軍の安危を擔ひ一隊の軍紀を代表す、宜しく身をもつてその重きに任じ嚴肅に之を服行すべしと云ふ戰陣訓の精神を客觀的にではなく表現してゐる。

國民的な感激――大東亞戰爭に題材して、これらの作品は實戰の體驗者を加へて、このやうな心の表現をめざしてゐる事がはつきり分る。今日日本畫は如何にあるべきか、と云ふその在り方を最も適切な姿相に於て展開したものであつた。

私は東丘展の意義がこのやうな民族藝術としての主題、構想、表現にあるのだとおもふ。まさに今日の日本畫はかくあらねばならぬ。戰時中何を描いてもいいと云ふやうな在り方は決して適當でない。藝術の時代性はこのやうな作品にして可能なのだとおもふ。殊に今、崇高な戰が敢行され、一億の民は一となつて聖戰完遂に熱鐵の如くつき進んでゐる。然も到るところに、前線と銃後に崇高な畫題は散在してゐるのだ。今日の畫家が全精神を打込んでやるべき仕事がどんなものだかはこれで明瞭な筈だ。これは一私塾にみられた云はば盛り上る力に外ならない。してみれば問題となつてゐる文展の如きものが如何にあらねばならぬかはあまりにも明瞭でないか。「轍の響」は砲車をひく挽馬が急に方向を轉じた一瞬を描いたが、この畫を非凡な力の充滿横溢、氾濫に振蕩せしめたのは機微を捉へた着想のよさと、これを生かした構成、省略、強調と云つた技術上の苦心にもよると同時に、旺盛熱烈な表現の意欲等が一體となつてゐる點にもよる。

十二作全體が題材としてそれぞれいい角度から把握され

丘共制　東

する機會に接し、それが杞憂であつた事を知つたのである。

これより先、上田課長入洛を機會に、東丘社ではこれら十二點の下繪の內閲を同氏に請ひ、その後援許可は略々內定はしてゐたものの、この日初めてその實物を見るに及んで、その出來榮えも去年のそれを遙かに凌駕する力作揃ひであることが解つた。日本畫として描きにくい現代の戰爭を單なる想像や演習見學によつてともかくあそこまで描き得た制作者等の苦心努力は大いに多とすべき事を認めたのみならず、同じ共同制作でも去年の場合とは異り、一切作者名を顯はさぬ上に、塾主堂本印象氏躬ら全制作に一々加筆され、眞に師弟一體となつて見事にこの難業を完成された雄圖に大いに敬意を表し、改めて之を後援する事に決したのである。昨年川端龍子氏の「畫心應召展」以來當局としては實に甫めての後援である。そして更に上田課長の入洛を俟ち、その中、特に日本畫としては珍らしく大膽で動的構圖を捉へ、ある程度まで成功した大作「轍のひびき」と、とかく平俗に流れがちな畫題にも拘らず女性のやさしく凛々しく描いた閨秀作家の共同制作になると聞く「歡送」（「赴く人」改題）との二作を種々銓衡の結果、推薦することになつた。

その推薦理由について當局の言葉がきは別項、上田課長談の中に掲げられてゐる筈だから參照せられたい。

偖、ここでもう一度はつきりお斷りしておくが、この推薦の辭にもある通り、全制作を通じて以上の二作が必ずしも雄篇傑作であるといふのではない。それらの出來榮えについては多少優劣の差こそあれ、それぞれ構圖に秀でたもの、着想の妙なるもの、實戰をある程度まで髣髴させ得るもの等、佳品、力作はなほ二三にして留まらないものである。そして何れも作家の美意識を通じて、銃後民心を昂揚し、或は之を啓蒙、慰藉するところ尠からざる點に於てはさして甲乙はないであらう。

個々の作品評については、なほ私にも多少の言ひ分はある。しかし、これは戰爭畫とリアリズムといふ興味ある課題について他日の機會を待つて之に觸れるとしよう。

法隆寺のあの驚嘆すべき壁畫の作者達の名前が今日なほ不明であるにも拘らず、千古不朽の名作として何人も之を鑽仰しないものはあるまい。昨年、東丘社の共同制作十八點を受理した情報局が、制作者達を一夕ホテルへ招いてその勞を犒つた席上、川面部長や上田課長等が感謝、激勵の辭を贈つたあとに、私は圖らずも法隆寺壁畫を描いた無名作家達の例を引き、共同制作の妙諦も希くはここまで行きたいものと話した覺えがある。

本年度、東丘社の共同制作が昨年度の各個分散隊型による共同制作の方式を更に一歩進めて塾主躬ら之に參加せられたのみならず、前線に活躍してゐる皇軍將士が皆自我を沒却して個人名に囚はれぬ眞に滅私奉公の精神を以て素晴らしい綜合的戰果を擧げてゐるのに鑑み、全塾員打つて一丸となり、作者名を一切顯はさなかつた事は特筆すべきで、此度の後援の主旨も飽くまで作家のこの行動性に留意したわけである。作の出來、不出來の如きは此際むしろ二次的なものと謂ふべきで、しかもその出來榮えも偶々昨年度を遙かに凌駕したものであつたのは作者等の熱誠の賚として眞に祝福に耐へない。

この後援がひとり東丘社の塾員諸氏を犒ひ、之を一層激勵するに留まらず、引いては畫壇全般に今後何等かのよき刺戟と深い示唆とを與へ得ればとひそかに切望する次第である。

幸ひ、大東亞戰勃發を契機として、先に東西日本畫壇が甫めて美しい親和を以て結成された日本畫家報國會の軍用機獻納展を皮切りに、今後更に何か有意義な美的精神運動に乘出さんとしてゐる模樣だし、一方洋畫壇も低迷逡巡、容易に歸趨を見なかつた美術團體聯盟が漸く個人單位を標榜して近く發展的解消に進まんとしてゐるやに聞いてゐる。既に用意は萬整つたのである。

點火は行動を前提とした作家自身の內的革命の中にある。

×　×　×　×

た事、卑俗な刺擊的なものを捨てて取扱方に洗練淨化の働きがある事などは注意すべき點であらう。明治時代の戰爭畫からみて兵器と共に日本畫もまた隔世の發展を遂げてゐる事を特記すべきである。今迄の戰爭畫は戰記繪卷にしてからが狀況描寫の域を出でなかつたのである。本當は戰そのものの中に在らねばならない。ここでは一發のさく裂彈も一滴の血も描かれてゐない。それでゐて繪はそくそくとして胸に迫る力をもつてゐる。死角に一擧突入するやうな題材把握の巧妙さが、そして何時いかなる人にみられても恥かしくない堂々たる聖戰の本義に徹した毅然たる精神とが一致して描かれてゐる。

赤十字看護婦の出發を送る「歡送」は要するに悲壯美の凝結に外ならない。この畫のもつ深い感銘は今日の國民にとつては數多い題材だ。それが一點に凝集して描かれてゐる。言葉に表はし得ない複雜なものを深く堪へてゐる。多くを語らふとはしない。沈默勝に感謝の心をこめて描き現はされ、送る者は聲も姿も省略してしまつて、ただ送られるものだけが僅に車窓に一部分だけ描いてゐる。風を受けた旗の波、然も凄絕な戰地に赴くこれらの人々を表情的にはつきりと描いたわけではないのだ。つつましやかに描かれるほど感銘は深い。不思議な日本畫のもつ微妙な働が驅使されてゐる。

あまりに身近にあるものは見過ごしたりしやすいものである。題材の捉へ方でも表現の仕方でも、それに對する評價の仕方でも、すべてさうだとおもふ。恁う云ふ點に戒心の餘地が大いにある。

◇

今迄は自我を重んじすぎたのであつた。宗教から美術が解放せられて以來、繪は個人主義になり切つたのだ。これからはさうであつてはならないとおもふ。

人間としてのセザンヌ

(1)友情　(2)セザンヌとモデエル　(3)藝術家氣質
(4)セザンヌと弟子　(5)家庭のセザンヌ

成　田　重　郎

((彼は、本質的に「畫家」であつた。彼は、畫家としてのみ、人間的であつた。この點は、一般に認められてゐる所である。しかしながら、セザンヌにあつては、畫家として、人間が生きたのである。))

((彼は、自分の見たものを書にしたといふ意味で、畫家である。……しかし、彼は、家庭の主人であつた。それ故に、彼は、愛とか、憎とか、人間的感情を強く感じてゐたに相違ない。これらの感情は、何故、セザンヌに、表現を要求してはならないか。人間がゐなければ、作品は存在しないのだ。))

セザンヌの若き日の巴里生活を述べたなかで、ギュスタヴ・コキオは、さう云つてゐる。

1　友　情

セザンヌの成形に與つて、大に力あつたと思はれるものは、色々ある。教育、家庭、友情、社會的環境……と見て來ると、いづれも皆重要な影響を與へてゐるやうである。コレージュ・ブウルボン以來の佛蘭西流の古典教育、グレコ・ラタンの敎養といふものが、なかでは、一番セザンヌの魂の糧と成つてゐる。讀書し、思索し、行動した少年時代には、友情の寶玉が、若々しい生命を活氣づけてゐる。

繪畫に對する才能は、子供の時から顯著であり、先づジルベールといふ先生の指導を受けた。その後には、プロヴアンス派のルウボンに大に啓發せられた。この事に就いては、イタリアの美術史家、リオンネロ・ヴエンチユリが、その著((セザンヌ))のなかで、取扱つてゐる。これは、セザンヌ藝術の發展の歷史の上では、一の點晴である。尙、エーキス美術館所藏のプロヴアンス派の人々や、イタリアの古典繪畫あたりからも、何物かを與へられてゐることは、確かであると思ふ。ギャスケの((畫聖セザンヌ))のなかでも、この點は明かにされてゐる。

それから、セザンヌの生涯の上に、大きな影響を與へてゐるのは、友情である。少年時代からの友人達との交涉、特にエミイル・ゾラとの交友關係である。他日文學者として、一派の首領と成るゾラは、中學時代から、級友ポール・セザンヌとは、思想感情の上に於て、傾向を同じくするものあり、交はる所深いものがあつた。此の兩人を特に結びつけたものは、文學に對する熱愛であり、共に詩を朗讀し、共に詩作に耽つて、樂しんだ。亦、音樂も好きで、中學の友人達と、樂團を作つた程である。少年時代の感じ易い魂に、藝術への憧憬の齎らした感化は、どんなものであつたらう？……巴里に出て、畫家に成るやうに奬めたのが、明敏なゾラであつた、ことを思つて見られよ。かくの如く、ゾラは、少年時代から、セザンヌの理解者であり、よい助言者であつた。また、後年、ゾラは、文學者として、巴里で知られるやうに成つてからも、少年時代の親友、セザンヌを推薦してやまなかつた。であるから、セザンヌの成形に、ゾラの交友が、頗る密接な關係を持つてゐたことは、爭はれない。

學友としては、ゾラのほかにも、バイユやマリオンがゐた。いづれも、後年、學究として、教授生活に活躍する人々である。又、アンリ・ギャスケがゐた。((畫聖セザンヌ))の著者、詩人ジョアキム・ギャスケの父である。かういふ舊い友人達とは、學校を出てからも、全然交涉がなかつたのではない。

けれども、それは、お互にまだ比較的若い時代のことで、世の中に知られてゐない頃であつた。ゾラが、巴里の客間で持て囃されるやうに成ると、兩人の交友が、今までのやうな具合には、行かなくなつた。人情の然らしめる所、まことに機微に觸れてゐる。ゾラが小說((作品))を發表してからは、セザンヌとはばつたり逢はなく成つた。作品のモデエルがセザンヌであつたためであらう。或は又、巴里で有名に成つて來たゾラが、繪具で汚れた服を着込んで、ゾラの、きらびやかな客間へ、平氣でやつて來るセザンヌを、面倒くさく見るやうに成つたこともあらう。世間がゾラをちやほやして來ると、ゾラ邸の方では、セザンヌをこれまでのやうに迎へなく成つたのは、自然の成行といふものであらう。セザンヌも、晩年には有名に成ることは成つたが、しかし、ゾラの方でも、やはり、セザンヌとは、わだかまりのない心持で、逢ふことは出來なかつた。セザンヌの方でも、エーキスへ引つ込んだことだし、また、巴里でもかけ違つて、進んでゾラと逢ふことはなかつたらしい。小說家として、巴里の客間に、多くの巴里人を迎へたゾラにして見れば、エーキスの田舍漢セザンヌは、彼の客の一人としては、不向きであつたかもしれない。ルーゴン・マツカアル叢書を刊行して、金儲けをしようとする位のゾラであつた。この時分は、ゾラも文學方面で大成功を收め、一擧に名と金とをせしめたから、セザンヌを目するに（ラテ）と呼んで、落伍者をもつてしたのは、おのづから人情の然らしめる所であらう。……かくして、少年時代からの兩人の交友は、次第に趣きを異にするに至り、舊い友人同志は次第に遠ざかつたのである。文學と美術との別離であつたと云へば、それもさうであらう。

　セザンヌとゾラとの交友の跡をたづねて見るのは、この兩藝術家の靈魂の發展史のために、極めて重要である。人生に於ける（友情）の任務は、藝術の運命にとつても、重大なものがあつたのである。相依り相扶けて、成長しゆく生命の不思議な交錯は、この兩藝術家の手紙の間から、讀み取ることが出來よう。往復の手紙も少くないが、ゾラからセザンヌに送られたものは、セザンヌの手許に丹念に保存されてゐた。これは、後年、ゾラの要求に從つて、ゾラの手許に全部返された筈である。セザンヌの性格の何物かを、この事實のなかから、汲み取ることが出來るであらう。近年、ジョン・レワルドの研究に依つて、此の方面が明らかにされてゐる。

2　セザンヌとモデエル

　所が、セザンヌとの關係を、益々深く堀り下げて行つたものがゐる。セザンヌの晩年の交友のなかに、それが見られる。これが畫商で著者のヴォラアルの場合である。彼は、近代畫家に多くの知人を持つてゐた。藝術家の許に親しく出入して、深く交はり、その上、作品を買ひ取つたのが、ヴォラアルだつた。セザンヌとも、ルノワルとも、晩年の知友であつた。ヴォラアルは、タンギイ老の店で、印象派の畫家達の作品を見てゐたが、その仲間のピスサロに奬められて、初めてセザンヌの作品を見て感動したのが、一八九二年頃であつた。それからといふもの、セザンヌを捕捉しようと追つかけたが、遂に一八九五年に、セザンヌ個展を自分の畫廊で開くまでに漕ぎつけた。セザンヌの最初の勝利であつた。長らく不遇で排撃されてゐたセザンヌも、すつかり氣を良くして、ヴォラアルと交つた。セザンヌの肖像畫といへば、極めて少く、きまつて自畫像であり、セザンヌ夫人像である。珍らしいのは、蒐集家ショーケや批評家ジェツフロワ、詩人ギャスケ父子の肖像である。エーキス出身の畫家の先輩、アンプレエルの肖像も變つてゐる。ヴォラアルは、畫商であるだけに、要心に要心をして、セザンヌに近づいた。さうして、この藝術家の氣持を強く把握してゐたから、畫の描ける時とか、描けない時とかを心得てゐて、努めて畫家の心を亂すまいと苦心した。が、彼の肖像は、破られる憂目は見なかつたが、結局完成されずにしまつた、とヴォラアルがその（セザンヌ）のなかで述べてゐる。ルノワルの方は二枚までも、ヴォラアルの肖像を物にしてゐる。

　セザンヌが、好んで肖像を物した人は少い。セザンヌ夫人が、屢々描かれたのは、尤もなことである。大體、肖像は稀で、若干あつたとしても、多くは成功を收めてゐない。靜物や風景で示したやうな業績は、肖像に於ては、遂に見られなかつた。無生物に對しては、縱橫に喰ひ入ることの出來たこの畫家も、對人關係に成ると、どうしても落ちつかなかつたものらしい。ちよつとした事も氣に成つて、大藝術家も、畫筆を手にすることが、簡單には行かなかつたやうである。それからまた、描ける日と、描けない日とがあつた。空模樣を見ることが、彼の作畫には大事であつた。灰色の日は、正に彼の好んだ所で、さういふ日には畫作に沒頭した。

　晩年エーキスに引つ込んでからは、一層さうであつた。寫生に出かけたが、この方は、自然相手だからいゝ。靜物でも、描きかけて、氣に入らなければ、そのまゝ中止して放棄したり、果ては、破つたり、燃やしたりした。このやうにして、消滅した作品も、隨分あつたやうである。ルノワルが、エスタークで、セザンヌの棄てた水彩を拾つた話は、一の挿話としても面白い。器物は、うつちやらかして置いても、かまはないが、果物は腐るまで置いたり、花も枯れるにまかせたりしたが、おしまひには、造花をわざ／＼描いて、その枯れないところを悅んだ。

3　藝術家氣質

　セザンヌは、全く藝術家氣質の人である。繪畫は繪畫のためにのみ、描かれるべきである、と、信じた位に、畫家氣質を多く持つてゐた。繪畫から文學を放逐したのが、セザンヌだつた。詩を繪畫のなかに、求めてはならない、と、固く信じた。

プウサンとは、反對の行き方である。セザンヌに至つて、か〻る純粹繪畫が生れたのは、か〻る純粹な藝術家氣質の現れであつた。だから、夫として、父として、また隣人として、どのやうに生きてゐたかといふよりも、より多く藝術家であつたと云つたら良いのだらう。作品が賣れなくつても、父の遺產で食つてゆけた彼は、俗世間とは絕つて、自分から引つ込んでゐた。カトリックの敬虔な信者として、教會には缺かさず出かけて、ミサに列席した。が、エーキスの人達からは、理解されてゐなかつた。彼の畫が、巴里で賞賛されると聽いて、驚いたのはエーキスの人達だつた。つまり、セザンヌの畫が賣れる位なら、誰の畫だつて賣れる……といふ位に考へてゐた人々が、故鄕のエートキスには多かつた。

セザンヌの畫が賣れるやうに成つたのは、晩年に成つてからのやうである。尤も印象派の旗揚げ展覧會には、セザンヌの（縊死人の家）が賣れた。この作に着目したのは、ドリア伯だつた。この作は、後で、カモンド蒐集に收められて、ルウヴル博物館に陳列せられること〻成るが、當時の事としては、破天荒の事件であつた。しかし、賣れないのが普通であつた。タンギイ老が心配してくれて、セザンヌの畫も、そのクロオゼル街の些やかな店に、置かれるやうに成ると、客足がぽつ／＼附き出した。

そんなことで、母親も隨分心配し、息子の畫が賣れるやうに、と、希つてやまなかつたが、やつとさういふ時が來て、展覧會も催されたり、畫も賣れたりするやうに成ると、父の方は、もう此の世にはゐなかつた。二百萬フランの遺產を相續した彼は、その作品が賣れても、賣れなくつても、大した事はなかつたのである。欲しい人には惜しげもなく、唯だ畫をくれてやつた程の畫家だつた。

しかし、セザンヌは、勳章だけは貰へなかつた。文藝批評家オクターヴ・ミルボオは、セザンヌ敍勳のために奔走した一人である。徹頭徹尾民間畫家であつた彼セザンヌは、結局、勳章だけは貰へなかつた。文部省美術局は、斷乎としてセザンヌを排擊した。局長アンリ・ルウジョンは、飛び上つて、

——あ〻、セザンヌだけはね……

と云つた。セザンヌだけは、はねられてしまつた。

彼の作品は、勿論、美術局の氣に入らなかつた。畫家のカイユボットが、リュクサンブウル美術館に、その蒐集の作品を遺贈した時、官邊の意向として、この遺贈の受諾を拒絕したから、騷ぎに成つた。すつた揉んだがあつて、カイユボット遺贈の一部がリュクサンブウル美術館入りをして、光榮ある陳列が見られることに成つた。印象派の仲間は、セザンヌ共々、リュクサンブウルに這入つたわけである。大體フランスには、民間派の作家の間から、いつも大藝術家の生れる傾向があるが、公式作家でないために、廣く認められる日も遲く、亦、藝術家を遇する道が備はつてゐながら、長い生涯の間、之を無視することが多い。セザンヌも此の側の藝術家であつた。ロダンも、長い間文句をつけられたり、けちをつけられた藝術家で、セザンヌは、同じレストランでロダンと飯を食つたこともあり、ロダンの才能を認めてゐた一人である。ロダンの出生作時代には、論難の的と成り、ひどく排擊されたが、晩年には、遂に勳章まで、せしめた所は、セザンヌと違つてゐる。日本にも、來遊の意があつたのに勳章が貰へぬと聽いて、沙汰やみと成つたやうである。これは、第一次大戰の始る前頃の話ではなかつたかと思ふ。

終始一貫して、民間派畫家として押し通したセザンヌは、藝術家らしい藝術家であつた。巴里風な典雅とか、優美とか、纖細とかは、之を他の藝術家にまかせ、彼は、明瞭とか、純粹とか、强壯とか、雄大とかいふものを、多分に示した藝術家である。

4　セザンヌと弟子

セザンヌは、弟子を養成したことはなかつた。しかし、自分の步いて來た道筋を語り傳へたり、今まで得た知識を全部讓つてやりたい、と云つてゐる。セザンヌには、先生と呼べる人がほしかつたやうに、自分の道を傳へる弟子がほしかつた。色々セザンヌの指導を求めた人達はゐた。けれども、アトリエはさういふ後進の人達を迎へはしたが、彼等を敎へるためには開かれなかつた。

モーリス・ドニは、その（新藝術理論）のなかで、セザンヌのために捧げた文章のなかで、一九〇六年にセザンヌ巡禮團を組織して、遙々と巴里からエーキスまで出かけて、死の前のセザンヌを見舞つたことを述べてゐる。またエミイル・ベルナアルは、セザンヌから指導を受けた畫家であり、通信を往來してゐたが、之を思ひ出として纏めて、單行本にしてゐる。ギヤスケの紹介で、晩年のセザンヌに近づいた畫家のカモワンも、セザンヌの言葉に耳を傾けた一人である。亦、セザンヌ巡禮團に參加した詩人レオ・ラルギイエは、（繪畫の悲劇）の一本を捧げ、小說家のエド

モン・ジャルウは（田園の煤煙）のなかに、セザンヌを描き出してゐる。

　ヴァン・ゴツホは、和蘭の田舎から巴里に出た素人らしい畫家だが、セザンヌに對しては、大に敬意を表してゐた。けれども、ヴオラアルに據ると、セザンヌはゴツホを狂人扱ひしてゐるやうである。ギヤスケは、之に反して、セザンヌがギヤスケ所藏のゴツホの畫を高く評價したと述べてゐる。最後に、ゴツホは、ゴーガンと、アルルで共同生活をしながら、制作をやつてゐるうちに、ゴーガン相手に殺人騒ぎを起し、療養所で一年間休養してから、巴里に歸り、近郊オーヴエルで、自殺して果てた。しかし、その後に來た人々に與へた影響は、セザンヌに次ぐものがあらう。ロベール・レーは、（古典感情の復興）のなかで、ゴーガンの方が、セザンヌよりも、當時の畫家達に影響を與へたと認めてゐるが、歴史上では、今日、ゴツホの影響も過小評價は絶對に禁物である。

5　家庭のセザンヌ

夫として、父として、隣人として、彼がどうであつたか。さういふことが、セザンヌの場合に於ては、餘り問題にされてゐなかつたのは、彼が豐かな中流家庭の人であつたからもあらうが、大體、藝術家らしい藝術家であつた爲めもあらう。

（セザンヌは、畫家である時だけ、人間的であつた）

と云はれてゐる位である通り、藝術家が、セザンヌの全部であつたと見ていゝのである。

　この點では、近代の多くの苦惱の藝術家の間にあつても、物質的には惠まれてゐたから、そのために問題を起すやうなことは、無かつたのであらう。ゴーガンとか、ゴツホとかの如き生活破産者とは、比較にならない。教養ある士がセザンヌの場合である。

　フランス流に家庭の主人であり、妻や子供を愛したのであらう。いゝお父さんであつたと見ていゝ。獨り息子のポールが、セザンヌの畫に穴をあけたり、畫を破つたりするのを見て、父のセザンヌは悦んだ。自分でも、息子以上に畫の破壞をやつた。しかし、妹の一人、マリイの所へは、よく出入して、圓滿に親類づき合ひをしてゐたやうである。そのために、身づくろひもちやんとしてゐたり、又、モーニングなんかも、着込んでゐた事もある。珍らしい事件であらう。畫家セザンヌのモーニング姿は、世紀の傑作ではなからうか。

　作畫の際には、隨分氣むづかしやであつても、そのほかは好々爺であつたのであらう。日常生活は規則正しく、朝五時には起きて、六時には、ロオヴのアトリエに出かけ、そこで十時半まで勉强する。時には、お寺まゐりをして、ミサの歸りに、アトリエに廻ることもある。ブウルゴン街の家で晝飯をたべる。折々はアトリエで、質素な食事をする。乾酪一片、一握のパン、クルミ若干、葡萄酒一杯、コーヒー一杯。これがアトリエの晝飯の獻立である。それが、彼の創作の動力と成り、藝術の榮養と成る。

　さて、午後は、好きな場所へ出かけて寫生。お馴染の馬車でゆく。挽いてゐるのは雇ひつけの老御者の白馬……金の鞍を置かなくつても、セザンヌの夢は、その雇馬車の上で、まどかなものがあつた……五時までモチフに掛り切る。それから、ブウルゴン街の家に歸り、夕飯の後、直ぐ寢てしまふ。エーキスには、妻子を伴はず、單獨のことが多かつた。老乳母のマダム・ブレモンが、一切の世話をしてゐた。妻と息子は巴里に殘してゐた。

　妻は、娘時代に知つた時は、二十ばかり、オルタンス・フイケ孃であつた。巴里の製本女工。瑞西國境近くのヂュラ地方の出身で、一八五〇年生れ。父は銀行の雇員であつた。普佛戰役の直前頃に知つたものらしい。一八七二年一月四日に獨り息子のポールが生れてゐるから、セザンヌは、家族を構成して、生活をしてゐたが、父からの送金は、何かと名目をつけては、增加して貰ふほかなかつた。この點に就いてセザンヌの生活には、困難が湧いた。それは、一八七八年三月中に、父、銀行家セザンヌが、息子の不始末を知つて、憤つたためで、父は息子に、祕密の結婚から生れた息子ポールを、妻と諸共に、放棄せよと命じたから、たまらない。息子もむつとした。父は送金を絕つと脅した……。

ゾラが救援にやつて來た。舊い學友はこの窮境の友に敎へて、父と和解せよと奬めた。セザンヌは、遂に折れて出て、父と話をつけた。

父は、きちんと送金してくれた、金に不自由はしなかつた。そのためもあらうか、又、性來物惜みせず施しをする心が厚かつた。乞食達は、セザンヌを慕ひ寄り、ミサの歸りには、路上に待ち構へてゐた。それで、妹のマリイが、兄のため心配して、ミサには金を持つてゆかせなかつた。その結果、セザンヌも乞食達も、お互にバツが惡くつて、顏を赤らめ合つて、立ち止まつてゐることもあつた。

一生の間、藝術家らしく、身づくろひは怠り、なりふりに構はなかつた。カトリツクの信者として、寺まゐりは、缺かさなかつた。この邊は、佛蘭西の南部地方出身者にふさわしい健康な性格を示してゐる。大學で法律を學んだといふことを考へて見ることは、一面セザンヌのこの性格の何物かを、理解する小さな鍵にはなるであらう。マチスと並んで、現代畫家の雄鎭、ピエエル・ボンナアルが、やはり、法科出身であることは、何物かを語つてくれてゐるやうである。ボンナアルと云ひ、マチスと云ひ、セザンヌ等の後を繼いだ人としては、ピカソやスウテイヌやシヤガルなどゝは反對に、色彩の組織と造形の尊重を忘れなかつた人達であり、その意味でセザンヌから流れ出てゐる現代美術の開花には、色と香とを添へてゐる人々である。室内生活の樂しさ、團欒のうれしさ。これがこの後を繼いだ人達の世界である。若い人々は、セザンヌの風景から、また、佛蘭西の家の内部に歸つて來たのである。まどひの嬉しさ！ 家庭の愛！

コキオは、良く云つた。

(セザンヌは、畫家としてのみ、人間的であつた)。

(わしは、畫を描きながら、死にたい。わしは、畫を描きながら、死なう……)

さう云つたのは、セザンヌだつた。

旬報

元老も新進も交つて聖戰の秋へ
今秋文展の審査員
去る二十七日の帝國藝術院會議で推薦

今秋の文展第五回審査員の銓衡會議は五月二十七日の帝國藝術院で開會され、愼重審議の結果左の人々が推薦されそれぐの手續を執ることゝなつたので本月中旬には正式決定の筈である。今秋審査員の顔ぶれは從來と趣きを新にし第一部の「日本畫」では竹内栖鳳氏も出馬し、鏑木、小室、安田、西山などの帝國藝術院會員が顏を揃へるのを始め、第三部の「彫塑」でも朝倉、北村、山崎などの會員があり、第四部の「美術工藝」にも板谷、香取の兩頭目に京都の淸水六兵衞氏も參加するといふ有樣で興亞聖戰下の職域報國に、元老も第一線出馬意嚮を窺はれるのである。但し第二部の「油繪水彩其他」では、田邊至、熊岡美彦、木村莊八氏等を頭にして、俊英に依存し、會員は帷幕にあり、加ふるに新審査員を九名も擧げてゐる俊英新鋭ぶりであるのは注目される。

その顔ぶれは左の如くである。（順列は五十音順、〇印は新審査員）

第一部（日本畫）鏑木淸方　小室翠雲　竹内栖鳳　西山翠嶂　安田靫彦――以上會員　伊東深水〇池田遙邨　宇田荻邨　奥村土牛　川崎小虎　島田墨仙　中村岳陵　野田九浦　福田平八郎　山口蓬春

第二部（油繪）〇相田直彦　〇池部鈞　猪熊弦一郎　木村莊八　熊岡美彦　小絲源太郎　〇曾宮一念　田邊至　中野和高　〇硲伊之助　林倭衞　〇三上知治　〇水谷淸　〇耳野卯三郎　〇宮田重雄

第三部（彫塑）朝倉文夫　北村西望　齋藤素巖　佐藤淸藏　内藤伸　平櫛田中　藤井浩祐　山崎朝雲――以上會員　安藤照　石井鶴三　關野聖雲　中村直人　長谷川榮作　堀進二　横江嘉純

第四部（美術工藝）板谷波山　香取秀眞　淸水六兵衞　淸水龜藏　津田信夫　富本憲吉　六角紫水――以上會員　海野淸　〇大須賀喬　岸本景春　山鹿淸華　山本安曇　吉田源十郎　〇吉田醇一郎　廣川松五郎

猶「今秋の文展規則」は五月上旬號掲載の通り。

日本油繪會展
第二回を銀座三越

日本油繪會の第二回展が六月十六日から十九日迄銀座の三越支店で華々しく開催される。同會の會員はいづれも一水會の常連であるばかりか、矢崎重信、高橋庸男、矢野雄藏の三氏は一水會賞の受賞者であり、福田新生氏は岡田賞を、林鶴雄氏は文展で特選になり、而して福田、一木、矢野、瀧川、能勢の諸氏は文展出品者である。尙末松勇、鈴木良三、大月源二、石川眞五郎といつた新鋭畫家の出品に一層盛況が豫想される。

展覧會の暦

▽三春會展　六月十一日から廿一日迄上野・府美術館
▽日本油繪會二回展　六月十六日から十九日迄銀座三越
▽現代亘匠工藝作品展　六月十六日から廿一日迄上野松坂屋
▽郡山三郎油繪個展　六月十六日から十八日迄銀座菊屋ギャラリー
▽現代大家日本畫小品展　六月十六日から十九日迄日本橋三越
▽現代名匠竹藝美術展　六月十七日から廿一日迄日本橋高島屋
▽中村正典第二回展　六月十七日から十九日迄銀座紀伊國屋ギャラリー
▽細谷達二個展　六月十七日から廿日迄銀座鳩居堂
▽童林社第十回展　六月十七日から廿五日迄上野・府美術館
▽野口彌太郎上海風物展　六月十九日から廿二日迄銀座資生堂ギャラリー
▽淸々會第三回展　六月廿日から廿三日迄銀座・銀座ギャラリー
▽現代水彩畫會四回展　六月廿日から廿四日迄日本橋三越
▽皐月會美術工藝展　六月廿日から廿四日迄日本橋白木屋
▽伊藤錦三個展　六月廿一日から廿五日迄銀座靑樹社
▽珊洋會洋畫展　六月廿一日から廿四日迄菊屋ギャラリー
▽中谷ミユキ洋畫展　六月廿三日から廿六日迄銀座資生堂ギャラリー
▽現代美術亘匠作品展　六月廿三日から廿八日迄上野松坂屋
▽日本山岳畫協會油繪展　六月廿四日から廿八日迄日本橋高島屋
▽濱田庄司陶磁展　六月廿四日から廿八日迄銀座鳩居堂
▽構造社第十五回展　六月十五日から廿五日迄府美術館

池田治三郎個展

池田治三郎氏洋畫展は去る五月廿六日から卅一日まで京都市四條高倉大丸京都店で開催、豫期以上の好評を博し連日鑑賞者の群で賑つた。

＝日本水彩畫會展連日盛況＝
授賞者、新會友、新會員決定

日本水彩畫會第二十九回展は五月九日から同廿二日迄上野の府美術館で開催、總搬入一千二百五十六點の內、入選作品百六十八點を陳列、ほかに石井柏亭氏還暦記念、會員平井武雄氏同記念の各作品、及び物故會員丸山晩霞、山口敏男兩氏遺作品を特別陳列し、連日盛況を續けた。尙、今回左記の如く授賞者、新會友、新會員を決定した。

（授賞者）岡田賞　石川菊壽　會友奬勵賞　石川新一。三星賞　柄谷詩下緒。三秀賞　山森龜吉。第一賞　古茂田次男　みづゑ賞　大崎善生。MO賞

豫報

九元社彫塑展

九元社では、來る七月一日から同十日まで上野の府美術館で第八回公募作品（彫塑）展を開催する。出品受付は六月廿八、九の兩日。同社では、豫ねて「彫刻の時代性と社會的役割」に就て眞面目な研究と實踐とに努めてゐるから、同人諸氏の發表作品に頗る期待が懸けられてゐる。

淸々會三回展

淸々會の第三回油繪展が六月廿日から廿三日迄、銀座の銀座ギャラリーで開催される。同會は新宿を中心にした、池田朋昭、並木哲男、江淵晃夫、大竹牧英、鎌田喜男、岡本哲夫、廣本季與丸の諸氏に依つて結成された靑年畫家の集團で、今回發表の作品は並木氏は風景三點、池田氏は五月の赤富士、大島アンコ、海濱風景、岡本、鎌田兩氏は人物各三點、大竹、江淵兩氏は風景各三點といつた所である。

皐月會の豪華展

白木屋美術部を中心に結成されてゐる皐月會の美術工藝展が六月廿日から廿四日迄同店の五階美術催物場で開催される。出品作家は陶磁の板谷波山、鑄金の香取秀眞、漆の六角紫水、竹の飯塚琅玕齋、鑄金の山本安曇、染色の鹿島英二、鑄金の佐々木

職場の美術

——石川島造船所自彊會繪畫展——

矢野文夫

産報の美術部に所屬してから第二回目の展覽會が石川島の自彊會館に五月二十七日迄開催され、盛會であつたが、「職場の美術」として、全國の魁けをなし、時局下全美術界の注目の的となつた。

石川島造船の美術部は、勞務の近藤孝太郎、造船工務の青山五夫兩氏の肝煎りに依つて成立したので、近藤氏は多年フランスに留學、美術史研究に一家を成してゐる人であり「セザンヌ傳」（改造社版）等の譯書もある。青山氏も各展覽會に出品の經驗ある洋畫家であり、この優れた識見ある二人の指導者を持つたことは、同美術部の幸ひであつた。しかし兩氏は工員ではなく事務關係の人であり、眞實の職場から、すぐれた「美術」を拾ひ出す産婆役である。最初は寥々たるものであつた工員中の美術愛好家も、展觀を重ねるごとに増え、現在では三十數名の美術部員を擁し盛大なものである。二十五日の夜、自彊會館で同美術部の懇話會があり、記者も出席したが、筋骨逞しい第一線の年若い産業戰士揃ひで、見るからに頼母しさを感じさせた。潤ひに乏しい工場に花咲き工員の「情操」を培ふ糧として、「美術」の果す役割こそは、時局下注目に價するものであり、有産階級の「床の間」を目標としてのみ生産される職業的美術の存在意義に多大の疑問の持たれ始めた今日、眞實の「生活美術」として、大地に根を下した逞しい庶民藝術の生れ出る日も近いであらう。

然しかつてのプロレタリヤ美術の如く、傍觀者によつて描かれた煽動的アジ、プロを目標として、直接彼等の働く「職場を描いた繪畫」を期待するものは、この展覽會を見て、およそ期待を裏切られるであらう。全出品畫を通じて工場を描いたものは、僅々三四に過ぎず、大部分は風景か人物、靜物等であり、他にウエーキ島敵前上陸を描いた戰爭畫一點が異彩を放つてゐたことを特筆しなければならない。もともと、工員の情操涵養を目標とし「心の糧」とするための美術であつてみれば取材は全く作家の自由であり、目的意識を持つた職場繪畫など姿を潜めるのも當然である。産業報國の熱意に燃える産業戰士の描く職場の姿は、明朗で逞しく、かつてのプロレタリヤ美術の陰慘反逆の影など微塵もないのである。このことは出品畫中の職場を描ける二三の作品を見れば明瞭である。例へば暗い工場内部から明るい日に輝く外部を見た今村榮三の「外の光」の如き、神田禎治の「工場」の如き、また新美術賞を獲た橋本朝治の「河口」の如きが、それである。特に橋本朝治の「河口」は、河口に並ぶ工場の建物や倉庫を描いたものであるが、ドラン風の黝んだ澁い色感と迫力のある強い量感のある筆觸など、小品であるが堂々として注目に價する佳作である。

全出品六十三點中、その他の注目した作品を拾つて見やう。

飯田巖氏の四點中、「山行前」が力作で、量感のある堅實な作風であるが、畫面の整理がやゝ不足し、「南瓜の花」「厨の隅」の素朴さや「蝶」の色感など記憶に殘る佳作である。秋山正芳氏の三作では「木立の下」が暢びやかな描寫であり、小林信夫氏「妹」も確實性を持ち共に推賞出來る。菅原新作氏の「顏」は、相當技術的に細緻な工夫をこらしてある。伊藤彥治氏の「ばら」「メロン」はナチユラルな技法であるが、その描寫力は相當のものであり、以上の諸作はいづれも入賞作で、併せて春島會の「新美術賞」を獲得した。

松本信夫氏「早春の沼邊」は構圖も色感もよいが、描寫に整理し切れぬものあり、杉山喜久夫氏「旋盤」は、橙、桃、青などの色感が特異なものである。小牧盛行氏「ウエーク島敵前上陸」は力作だがむしろ素朴な「二本松」がよい。中島力氏の三作、稚拙であるが詩人的素質があり、「草むら」など面白い。根本孝氏の水彩「田園」は、ルウオ風のフオウブ的迫力を持つ異常な作品であるが、本質的のものかどうか今にはかに結論づけられない。有村靜男「武藏野風景」竹村昇「靜物」西野弘「薔薇」松崎治「薔薇」など素朴であり、唯一人の女流、島本まきの氏の「自畫像」は相當深刻に對象にぶつかつて居り描寫力も確實であり、伏間弘氏の「並木路」「池」など、畫面整理もよく行はれ、詩的な好き感覺の持主である。赤須由之助氏「神津牧場」も好き素質がある。

その他、近藤孝太郎氏「薔薇」他二點、青山五夫氏「雪の日」他二點の出品があるが、これは、參考出品として取りあげぬことゝする。

以上を通觀して、その技術的水準は相當高く、アマチユアの餘技とは最早云ひ切れぬ程度に達してゐるのは驚嘆に價する。烈しい勞働の餘暇に、これ丈立派な成果を擧げた點からみて、「職場の美術」の將來に大きな期待をかけることが出來たのは、欣ぶべき收穫と云はねばならぬ。（了）

◇

荒木茂喜

（新會員推薦）石川蒴壽、石川新一、市原義夫、山崎政太郎、草野米子。

（新會友推薦）古川又次郎、牛尾弘、吉松眞司、酒泉淳、渡邊三郎、加藤弘之、板倉國臣。

矢澤弦月氏送別會

軍の任務を帶びて昭南島へ〇基地に航空出發した矢澤弦月氏の征途を祝ふ送別會は弦月氏を同人とする雛醍社の催しで五月廿四日正午上野公園精養軒で開催し盛會であつた。

日本南畫展

京都の旗擧げ好況

小室翠雲氏の提唱に基き、大東亞共榮圈内の文化交流、特に日、滿、華三國民の協和親善の一助たるべく、昨夏大同團結せる日本南畫壇に於ては、愈々その基礎固めも終りさきに東京の第一回展を開いたが、更に京都に於ても五月二十六日から六月一日にかけ岡崎公園京都美術館で展觀開催、異常の人氣に迎へられた。なほ同展は北京、南京、上海、新京でも續開されることゝなつてゐる。

赤光社第二回展

大阪女人社同人融紅鸞女史門下にて結成する赤光社第二回展は五月十九日より廿五日まで大阪心齋橋そごう五階畫廊で開催岡田芳子、藤田利子、阿部せつ他十三氏何れも眞面目な作家態度に好意の持たれるものであり、融紅鸞女史の竹に椿を描いた『早春』の賛助出品も清新な感覺の盛られた佳品であつた。

猪飼俊一少尉

南方戰線で散華

歷史畫家としてわが美術界に偉大な足跡を遺した故猪飼嘯谷氏の息、京都市左京區下鴨上川原町猪飼俊一少尉は南方戰線に

象山の諸氏など一流所の作品多數が出陳され却々の豪華展である。

野口彌太郎上海風物展

獨立美術會員野口彌太郎氏の上海風物展が六月十九日から廿二日迄銀座の資生堂で開催される。作品の主なるものは飛行機上からの上海市街、佛蘭西租界

勇戰中本年一月二十八日名譽の戰死をなせる旨五月下旬原隊から發表された。

同少尉は三高文科から東京美術學校に進みその在學中前後二回文展にパスせる新鋭の日本畫家だつたのみならず、豐橋豫備士官學校を首席で卒業教育總監から時計を授與された有爲の將校であつた。

長谷川玉峰遺作展
けふ限り京都博物館

呉春を祖とする四條派は、江戸末葉より明治時代に於ける京都畫壇の有力な流派としてその果した歴史的役割は甚だ大きいが、恩賜京都博物館では、五月廿八日より今六月十日まで同派の作家長谷川玉峰の遺作展を開催してゐる。玉峰は、松村景文の門下で、師風を繼承して花鳥を得意としたが、人物、山水をもよくした。今回同博物館では玉峰と因緣の深かつた大津市に傳存する遺作を蒐集展觀したものである。

勤皇歌人 蓮月尼遺芳展

勤皇歌人蓮月尼遺芳展は五月十二日から十六日迄日本橋高島屋で開催された。

大田垣蓮月尼は故富岡鐵齋翁と共に著名である。蓮月尼は千種有功の門に入つて和歌を學び、その歌風は優美纖細、幽雅な書風と共にその令名を謳はれてゐる。又敬神崇祖の念に厚く、高き精神生活にその生涯を送つた勤皇歌人である今回展には、鐵齋畫蓮月贊の「昆爐」(半切)、岡亜畫蓮月贊の「大原女」(絹本) その他三十有餘點を陳列し、鑑賞家を堪能させた。

津田青楓個展

津田青楓氏の「花卉蔬菜」紙本畫展が大阪高島屋美術部に於て五月廿二日より廿四日まで開催された。『赤蕪八角盆』『夏草』『喜久』『兎』等二十點、何れも水墨の匂清く、淡々たるその畫境は畫壇の圏外にあつて悠々自ら娯むの様、推服させるに充分であつた。

中村正典二回展

中村正典氏の第二回展が六月十七日から十九日迄銀座の紀伊國屋ギャラリーで開催される。今回の出陳は水彩十五點、油繪五點、素描三點、主な作品は油繪で「赤い月夜」「踏子像」水彩の「踊子達」「笛を吹く少女」な

黄浦江の渡舟、上海の藝人など上海に於ける様々な風物を題材とした力作廿五號以下で十二三點が展示される筈。

直土會展評

大藏雄夫

建畠大夢氏の急逝は、彫刻界の一大損失と同時に、中核體を奪はれた直土會に取ては此の上もない打擊であり、痛嘆であり、會員は啻ならぬ心の動搖を感じた。そして第二回展の開否もだいぶ問題に上つたが、ともかく開會されたのは悦んでい〻。

直土會の性格は、彫刻の純粹性を守つて行かんとする裡に、小乘的な姿をもつてゐる。併し今後この性格は漸次變貌し來り、同じ傾向を持ち續けることの出來なくなることは、當然を通り越して必然の勢と見做さなければならない。何故なら、昨日まではヒットラ的會長の心理作用によつてすべてを解決し會員の總意は肯んじられなかつたからである。

まづ會場を一巡りする。こゝには瞠目するやうな意欲の逞しいものや、露はなドギつい神經や、覇氣みなぎり、時代的な創意と感覺に充ち滿ちたものや進步的な思想を含む作品などは、いまだ提出されず、たゞ彫刻藝術が如何に難しい仕事であるかといふ一種の自覺をもつ極少數の作品に接したに過ぎない。そしてこの事は、大概の彫刻展に共通して云へることだと思ふた。

會場は大夢遺作で引締められたが、さすがに段違ひでアッピールする。昭和二年作『生氣』は客觀的態度をもつてムキに對象に鍬を入れ、健やかな若い女の意志の强さを捉へて力感を示し、昭和七年作『感に打たれた女』は、和やかなサンチマンを流して、そのシヤルムを深めたが、この角張つた骨盤の表現は、幾多の作家に影響を及ぼしてゐる。昭和十五年作『喜田君の首』は、形態を超越して、精神的なもの內包するものにタッチし、塊と線の單純化をもつて、極めて快調に制作され、そこに彫刻の何であるかを探り當てたと云ふやうに、認識感あり、モメント に富む力作である。そして昨年作『子供』小品は、構成原理から來る兒童の肉體の必然的な形態のうちに、いたいけな感情を植ゑつけてゐるが、これは輸入的エンゼルでなくして、日本的童話劇から抜け出たもの〻やうに感じられる。斯様に四點を通じて、その時代々々の作風に進步を示し、生長の惱みの果しなき跡を見ると、敎へられるところが甚だ多い。

安田周三郎君は、この會のユニックな存在であらう。一番勉强してゐる。『首』は對象のつかみ方が面白く、かつ動きを捉へて成功した。この斷髪はい〻。

小松彌六君の『習作』は、彫刻に根ざして彫刻の力を求めんとする心構へが見え、伸びるものを感じるが、顏の灰汁を流して欲しい。

建畠覺造君の『希』は、たしかに翼望がある。併し、あまりに神經的で、全體の調子を弱めてゐる。ひどくなると、センチに陷る惧れあり、戒心を要す。

毛利教武君の『木の實持つ女』は、祿々仕事もしない獨りよがりで、こんなカモフラジーをしてゐては、もう救はれない。

山根八春君の『眠に落ちんとする時』は、クラシックを履きちがへて、かび臭いパーソナル・フイルに陶醉し、時代に對する恐るべき不感症に墜ちてゐる。

大須賀力君の『トルソ』は、パッシヨンに乏しく、モデレー不足のため、人體の密度と重量によき考慮が與へられず、そして分厚なぢ山は人體と無關係だ。

木下繁君の『習作』は、造型意識の上昇があり、相當モデレーの强化を圖つてゐるが、このポーズに隨伴すべき律動的感覺が全體に融らず、浮かした右大腿部において、それが全く堰かれたのは惜しい。

安達貫一君が女を取扱つたのは、近頃珍らしい。『女立像』は何よりも先づ性來の技術家だけに、上皮的で生氣乏しい顏に頓着せず、飽くまでも工人的な綺麗事に終始してゐる。

廣井吉之助君の『胸像』、伊藤芳雄君の『首』は、行き方は違ふけれど、嚴しい本質への追求があり、個性的な進展がある。この進展をして、より高次な民族的なものへ向けたいと願ふ。

盟邦獨逸の作家クルト・ドレーベス君の『ウルズラ・オツト孃』は、穩當な常識的の作風で、多分に繪畫的反映をもつが、仕事を未完のま〻放擲しなものより遙かに良い。

この他、杉浦藤太朗、三木凱歌、長谷川正雄、坂上正秋、服部仁郎諸君の作品など、それ〳〵申分あれど一應取上げる。

第二回青勾會展

大阪大丸國際美術部で第二回青勾會展が五月五日から十日まで開催出品同人は左の六氏であつた。

（陶磁）宇野壯太郎、宇野賢治、宇野仁平（染色）川島甚兵衛（鑄金）大國壽郎（漆器）堂本漆軒。

京都工藝の技術保存

斯界の要望熾烈・當局考慮せん

さきに京都工藝の藝術保存につき京都府藝術家組合が結成され、約百三十名の組合員の作品には總額二十五萬圓限度で七・七禁令を超えた價格が認められてゐたが、この組合は極めて限られた人員で組織されたもので あり、これ以外從來の傳統的技術を生命として來た多數の作家は、一律に七・七禁令で價額を抑へられることとなつてゐるのでこの儘の狀態では勢ひ工藝の技術低下は免れ得ないとし、業界では藝術保存を建前とせる藝術作家組合とは別に、今度は技術保存を建前とせる何等かの特典が與へられたいとの要望を次第に昂めつつある。依つて當局でも目下これに對する愼重なる研究を進め、一方京都商工會議所でも各業界の意嚮を纏めて折衝に乘り出すこととなり、五月下旬同所で陶磁器、漆藝、人形、家具、建具、金屬製工藝、刺繡、西陣織物、同帶尺、友禪、染色各組合理事長との懇談會を開いた。右に付石原京都府經濟部長は語る——

『京都は特殊の事情にあるので技術の保存についても何んとかせねばなるまいと思ふ。現在藝術作家組合員の製作品は「藝」として許されてゐるが、今度の技術保存もこれに準じ「技」とでもなるのではないか。まづ陶磁器から手を着けて行かうと思つてゐるが具體的にはまだ何もきまつてはゐない。』

百艸居展好評

岸浪百艸居第三回個展は六月二日から六日まで日本橋三越で開催、「榮果金凧」六曲屛風一雙（某友邦へ謝意寄贈）、「紅白椿壽」六曲屛風一雙（某友邦へ記念寄贈）、「山翁」二曲屛風一雙、「曉風白露」二曲屛風一雙、「なゝかまどの秋」二曲屛風一雙、「椿の宿」二曲屛風一雙、「わが青少年」二曲屛風一雙、「春叢心多至凧」衝立兩面、「机邊隨時」畫册十面、「海錯」（右）「江魚」（左）二曲屛風一雙右を陳列、好評裡に閉會した。

赤堀信平個展

文展彫塑部審査員赤堀信平氏は近作三十點を以て五月五日より十日まで大阪三越七階で個展開催、その高雅な作風は獨自の境致を見せた。

林鶴雄新作油繪展

林鶴雄新作油繪展は五月廿六日から廿九日迄日動畫廊で開催、「漁村風景」「紀東早春」「薮と倉」「臺山」「草原にて」など十七點を陳列好評を博した。

開會迫る待望の二展覽會

～～現代水彩畫會と童林社～～

現代水彩畫會の第四回展が六月廿日から廿四日迄日本橋の三越五階西館で開催される。出品作家は現代水彩界の一二流四十九名を網羅した堂々たるもので、而もそれ等の作家がいづれも自信ある作品を一人一點といつた自重振りである。尚同會では別に短册或は色紙一枚宛の出品を各作家に要望し、之れ亦四十九枚の銷夏的短册及び色紙が出陳される。又、童林社の第十回展が六月十七日から廿五日迄上野の東京府美術館で開催される。同社は東美の油繪科、彫刻科の昭和六年度入學者に依り組織され、會員五十餘名を抱含し、而も本年は紀念すべき第十回展とあつて個人の緊張振りも非常なもので、小林萬吾氏の賛助出品もあり、ルノアールの原色版十二點（水彩パステル）の參考陳列もある。

六月の大阪市美術館

大阪市立美術館に於ける六月中旬から下旬までの展覽會スケヂユールは左の如くである。

▼新樹社美術展（十一日—十四日）
▼青藍會書道展（十二日—十四日）
▼常設古美術展（卅日迄）

結城素明氏令嗣
南方洋上で戰死

結城貞昭海軍軍醫少佐は去る四月十八日ビスマルク諸島方面で戰死した旨このほど海軍省から發表された。結城少佐は昭和十四年岡山醫大を卒業後「飛龍」「鳩」の乘組を經て、第一線に出動してゐた。澁谷區千駄ヶ谷出身で、嚴父は藝術院會員結城素明氏である。

清籟社日本畫展

第二回を上野松坂屋

清籟社の第二回日本畫展は七月十四日から十九日迄上野松坂屋で開催。石川美峯、稲川光風、五十嵐久和、西丸小闌、樋田五峯、相馬千里、森田青華右同人諸氏の近作日本畫を展示する。

郡山三郎油繪展

郡山三郎氏の油繪個展が六月十五日から十八日迄銀座の菊屋ギャラリーで開催される。氏は昭和十三年の帝美出身で、現在同校に奉職してゐる。卒業以來毎年獨立展に出品しつゝ畫道に精進し今回發表の作品は、牡丹、月見草、つゝじ、河口湖風景其他十數點である。

ど、劇場に關係を持つ氏の事とて自然レヴューの踊子や少女が多く題材となつてゐる。尚氏は天才畫家故長谷川利行氏を偲び其の遺作品「オペラ館のスケッチ」を特別陳列する由。

鈴木日出見個展

夢名子鈴木日出見氏の第一回個展が七月一日から五日迄日本橋の白木屋本店で開催される。氏は七星會員であり又美術新協の同人で、更に日本壁畫協會にも關係を持ち、而も繪畫は獨學で師を必要としないといつた主義で今日に及んでゐる。今回發表の作品は、何分初めての個展とあつて昨年の秋頃から日夜製作に着手したもの、「双慾」「群蝶」「碧洋」其他いづれも墨繪を主とした二尺横物の風景、花鳥十六七點の展示で大いに注目される。尚同展には伊東深水、熊谷守一、猪熊弦一郎、兒島善三郎、玉村方久斗諸氏の特別出陳がある。

「旬刊」美術新報
昭和十七年六月八日印刷
昭和十七年六月十日發行
發行日 毎月三回（一日十日廿日）
購讀料
一册金五十錢（郵税二錢）
一ヶ月三册金壹圓五十錢（送料共）
編輯發行兼印刷人 麹町區九段一ノ一四 猪木卓爾
發行事務所 東京市麹町區九段一ノ一四 日本美術新報社
電話九段二七一五
振替東京一六二五〇
日本出版文化協會會員 一二二三五番
配給元 日本出版配給株式會社
通信は一切發行事務所へ
發行所 東京市本鄉區東片町八二 日本美術新報社

昭和十年一月十二日第三種郵便物認可第二十七號
昭和十七年六月十日（毎月三回十日目發行）
（一ヶ月三冊 金壹圓五十錢）
定價金五拾錢
（郵税一錢）

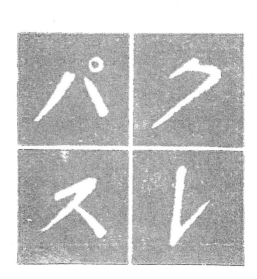

旬刊

美術新報

六月下旬號

渡邊華山　花鳥

特輯

油繪と國民性

28

街頭展に拾ふ新人の作

新人紹介

1

2

街頭美術巡禮も足まめでないとついモノを見逃すことになる。特に金の草鞋で深す譯でもないが新人探求となると餘計に氣を使はねばならぬ。菊屋ギャレリーに開かれた土橋醇一氏の南方作品は時節柄モチーヴだけでも注意を惹くが、これはチャチな景物紹介ではなく堂々本格技の健闘で特に色感の秀で筆觸の鋭い點は新人の力强さを示してゐる。兒玉希望塾展は日本畫畫塾としても淸新活潑な步みを見せてゐるがその大部分は青年の努力である。遠藤金坪氏の技術はむしろ老巧であるがその自然觀照には力强いものがある。美術文化展は全右翼轉向となつたが中で日本畫に新意を見せてゐる作家丸木位置氏も特徵ある新人と言へよう

3

（1） 鷲——丸木位里（美術文化第五回展）
（2） 獅子（アンコールワツト）—土橋　醇一
（3） 春興——遠藤金坪（長流賞）（兒玉畫塾展）

春の水（仿古圖）

（塾展）　兒玉希望筆

旬刊 **美術新報** 第二十八號要目

□日本畫の舊性格を清算せよ（美術時評）　佐波　甫
工藝の分立を排す　山崎覺太郎
全日本工藝展作品　森田龜之助

油繪と國民性（座談會）
（出席者）
柳亮　內田嚴　岡鹿之助
高田力藏――川路柳虹

漆と陶彫の三展　渡邊素舟
長谷川利行展　百田宗治
兒玉塾展　木村重夫
正統木彫派展　大藏雄夫

口繪
春の水（コロタイプ）兒玉希望　聖ヂアコモの殉難（マンテニア）根津美術館展觀　□全日本工藝展

□旬報□美術經濟□展覽會欄

雄渾果斷の意圖

大東亞戰は月、一月その逞しい展開を見せて吾ら皇民の胸奥無限の感動に引き緊められるのを覺える。しかも前週のマダガスカルやシドニー攻撃につゞくアリユーシヤンとミッドヴエー沖に於ける戰果を知るに及んでわが海軍の眞に戰史に絶する雄渾果斷の壯擧にたゞ驚嘆するよりほかにない、戰果そのものを云々するにあらずこの戰果を齎した雄渾無比の精神に想到して吾ら忸怩たるものがないであらうか。これを想ふて美術界の諸事を想へば、そこに最も缺けたるものは實にかゝる絶大な氣魄と精神の缺如であることを考へねばならぬ。雄渾といふは何も手荒な仕事を意味するのでない否粗大ほど卑むべきではない。精細にして用意深く、しかも淋漓たる力をもつ美術こそ現代吾らの最も望むところのものである。戰果を想ふてこの一事に至るのみ。

第六回兒玉畫塾展

合唱（塾賞）　海野旭世

山間小驛　紺野壽

小鳥　國長有光

花影（塾賞）　藤原茂富

巣 （美術文化賞） 高津善本

初夏の池畔 三崎孝雄

美術文化第五回展

積木と栗鼠 小牧源太郎

霧 佐田勝

第八回汎美術協會展

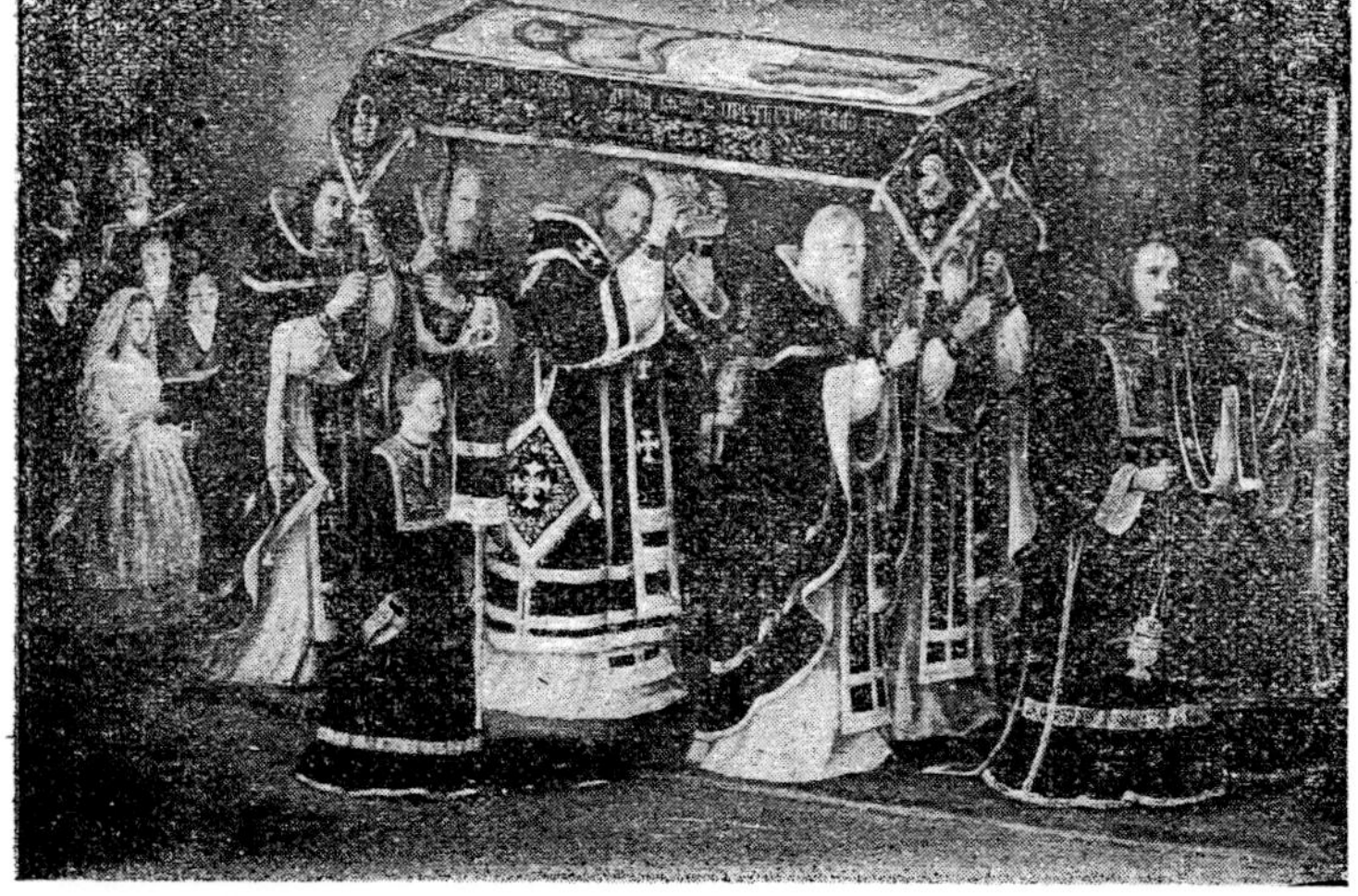
大金曜日 牧島省三

浴衣の女 津田昌宏

安田畫塾小品展

右圖（雀）中庭媛華　左圖（梅）瀬戸水明

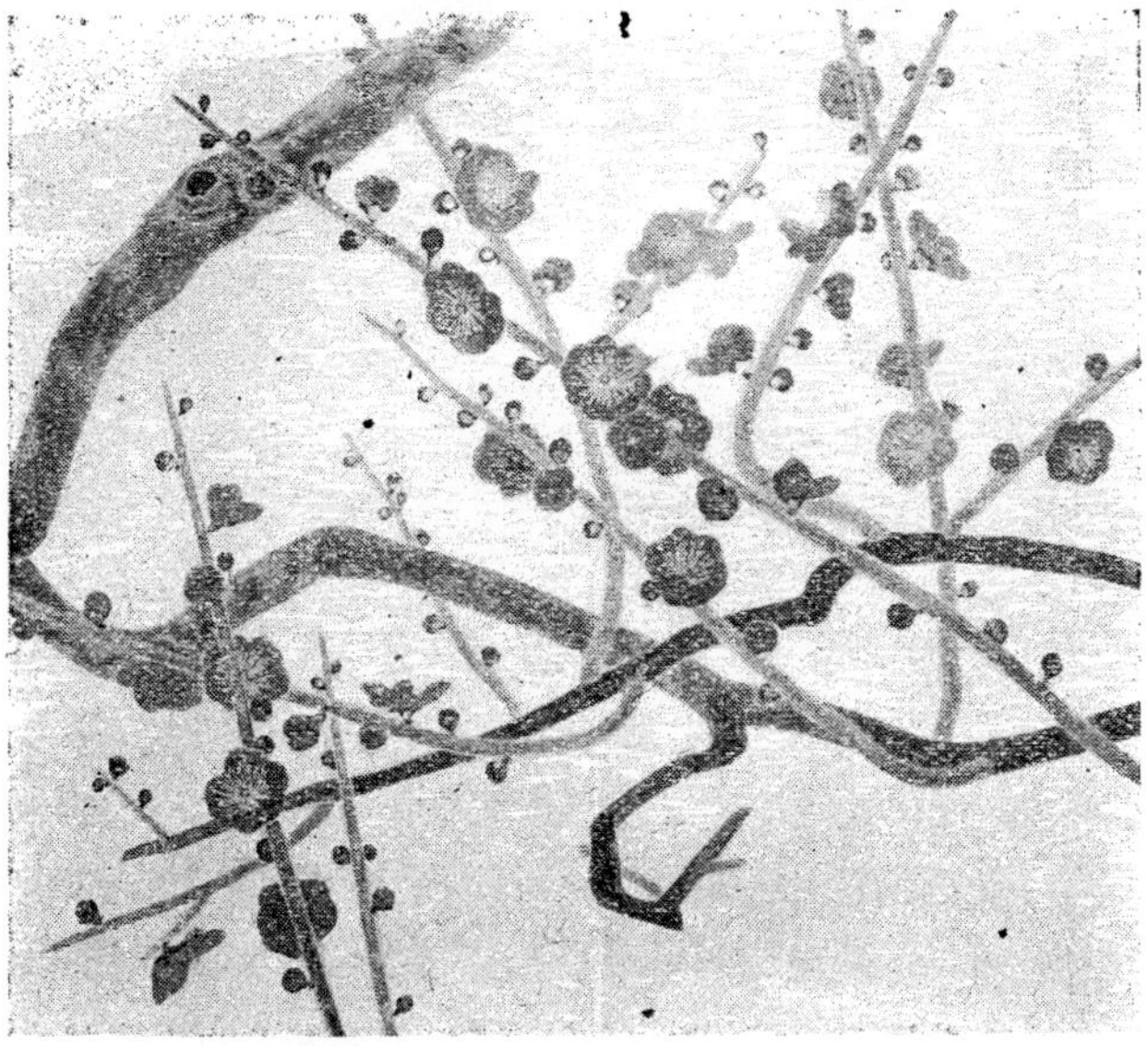

兒玉畫塾展

木村重夫

第六回兒玉畫塾展が華やかに開催せられた。この頃どこの展覽會を見ても、若干、品物の出廻りうすい店頭を見るやうなさびれた感じにうたれがちだが、流石に新鋭ぞろひのこの塾展は尨大な會場を領して甚だ潑剌たる感がある。尤も、忌憚なくいへば潑剌ではあるが、作品の品質については何しろ大いに檢討すべきもの多く、特に目立つのは題材の選擇に現れた各作家のイージーさは十分批判されてよいやうである。勿論、この題材の選擇といふ點についても、これを如何に積極化するかといふことについては、われ／＼がはたから傍觀的に論義するほど容易でないことは察しられるが、一方、いはゆる鑑賞の畫が床の間といふ目的をもつてゐるやうに、今日、やゝ無目的で大作が行はれてゐるこれら會場の畫に何かの目的性を與へることが可能なら、同じ花鳥、風景畫的題材を扱ふにしても、もう一つ違つたものが生れて來るのではないかと考へられる。何れにしても、これらの問題は、何もこの塾展についてのみ云々される性質のものではないが、兎に角、一般的にいつて、從來、會場藝術といはれて來たものに、今や一つの目的的改造が行はれてよいのではないかといふ意味から作家も批評家も共に十分考慮してよいのではないかと思ふ。

ところで、今年の兒玉畫塾展は、いはゆる塾生本位の作品展といふよりも、指導者（兒玉希望）自身がはりきつた贊助出品三作をならべた點、甚だわれわれの關心を深くさせた、特に、三作各々圖題をちがへ、花鳥、人物、風景といつた取材は若干店をひろげたといふ感じだが、しかも、三作共に相當の出來ばえをみせたのは何よりである。希望の美人畫も健康になつた。線ものび／＼として來たし、賦彩の調子も品位があつてよい。何しろ、作者は人物畫に對するこゝまでの進境をみせて、はじめて從來の得意といはれる風景花鳥畫とならべてみたい氣持になつたことであらうが、三作では、私は先づ「日午」（花鳥）をとり「春の水」（人物）をとり、「伊吹山」を最後にしたい。「日午」にも難はある。添えた草花のちよこ描きは、若干、作品を輕くしてゐるが、「伊吹山」になると、汽車から見えた山に、例の手なれた樹林を添えたといふだけの妙味でしかない。奥田元宋の「菊」はよくはなかつた何かいはれのある物語から得た人物畫であらうが、情韻とか、内的意味は乏しく、福田元子の「磯・椎茸」は達者である。筆にまかせた奔放な仕事に生きたものを見出されるが一體にまとめる力よはく、やゝ散慢に終つてゐるは惜しい。村松乙彥の「晴日」は少しきれいすぎる。二人

綵尚會第四回展

馬　西村卓三

桃　磯田又一郎

寫眞說明――（**右上圖**）工藝美術作家協會では昨年會長を辭任した東京美術學校長澤田源一氏の後任に藤山愛一郞氏を迎へたので五月三十一日午前十一時から帝國ホテルで會長推戴式を擧行した。會員高村豊周氏、山崎覺太郞氏ら東京側を代表する會員そのほか京都の山脇淸華、淸水正太郞兩氏及び各地方からの會員合はせて約八十氏出席、國民儀禮後司會者高村豊周氏の挨拶新會長藤山愛一郞氏から就任の挨拶あり午餐を共にして午後一時閉會した。（寫眞は會長推戴式） **右下圖**東京府美術館建設功勞者たる故佐藤慶太郞氏傳記が完成して上梓されたので、六月八日午後五時半から神田駿河臺大日本生活協會で出版記念會が開かれた。 **下圖**佐藤重雄第二回戰爭畫展（渡河戰）

の娘の顔なども平凡で、大衆文學的情感である。表現の姿と作品の心との關係を今少し追求して作畫すべきではないか。森正元の「沼のはつなつ」は沼に投影する樹林と波紋が描き出すいら／＼しさをとらへようとするものだが、印象的に散慢である遠藤金坪の「春興」は稚氣があり素朴な興趣があつて「長瀧賞」に値する佳作であつた。しかし乍ら、全體として色感が甘く、胡粉を多く使つたせいか粉つぽく浮いてゐて、すつきりしたものが乏しい。要するに、稚拙な味はひが買はれたわけであらうが、作者はこの調子で上手になつてはいけない。陳永森の「炫煌」は畫面を支へる構圖的基線にかけてゐる。樹木の幹を今少し強い表現するとよかつたのではないか。又、「子供と山羊」は子供の目の表現が重い。すつきりと感じられぬのは線の仕事が利いてないためである。中村雅彥の「錦風庵」は努力した仕事だが、寫生にとらはれてもう一つ樣式性にかけ、徒らに庵の屋根裏とか庭石とか若楓等、個々の表現に力を傾けた感じである。佐藤太情の「漁村」は、これも寫生から畫への仕事が臆病になつてゐる。素直な作品で好感はもてるが、中景に見える山など、これ以上こはくて塗れなかつたといふびく／＼の感じである。木暮成起の「新綠の山」はこまかいところまで描いた特徴ある作品だが、それだけに少しせせこましくごちや／＼してゐる藤原茂富の「花影」は菖蒲池の緋鯉を描いたものだが、樣式的な成功を示す仕事であらう。たゞ、さういふ風には一應出來てゐるが、畫面に重量感が乏しく、たつぷりとした仕事とはいひ難い。海野旭世の「合唱」は、昨年文展に出た小磯の「齋唱」を鄙びさせた感じだが、子供の顔に個別性なく、未だ十分歌ふ子供らの聲まできこえるといふところまで行かない。この外、太田樺江の「薫風」片岡京二の「牛」堀越東の「山村の春」西山正子の「錦秋」北村明道の「祐覺」など、それ／＼注目をひいた作品だが、大して批評的興味を與へぬものと覺えた。（於三越）

長谷川利行展

百田　宗治

長谷川利行氏の水墨を主とした作品を拜見し、近頃感銘を覺えました。何より同氏の雲に打たれました。水峽の何とも云へない沈んだ暗さも忘れがたいものです。放水路附近の子供を描いたものも眼に殘つてゐます日本のゴッホと云ふのはイヤな言葉ですが、同氏のものは一幅欲しい氣もします。—墨畫研究所主催—（銀座・紀伊國屋畫廊）

赤城泰舒水彩展

南畫的手法を巧みに攝取した水彩で、技法的に新鮮な魅力がある。最近の水彩が、水彩本來の持ち味を棄て、油彩の効果を覗つて、返つて陳腐に墜してゐることに比較して、赤城氏の行方は、日本水彩の行くべき本道を示唆するものと云へる。

朝鮮に取材せるもの多く「朝鮮金剛山毘盧峯の一部」「朝鮮比漢山淸濟里にて」「朝鮮昌德宮內庭」「金剛山集仙峯」の如き佳作あり、その他「九州由布高原」「信洲松原湖」をはじめ、版畫版が的な澁さのある賦彩の美しさに惹かれた。（資生堂）

研究會展

草木采雨の「乞食月僊」「端午」など精緻な筆力は相當のもので、聽雨そつくりである。船田玉樹の「伏羲」の構想やゝ奇警だが、才氣は大いに認めるべであらう。その他、丸木位里の「鹿」谷口仙花「楊貴妃」芝野川「俊寬」野原茂生「閑庭」村山三魁「童去る」高坂者彩「鮒」高津善本「雨後山水」樋笠數慶「猫」渡邊菊子「梅花未醒」等の力作があり、新鮮なよき展觀であつた。（紀伊國屋）

野村守夫個展

冴えた感覺的な仕事では二科會隨一と云へる氏の第一回個展は、北支に取材して充實した成果を示した。「綠」の作家として、みどり色の美しいアラベスクで、やゝ裝飾的な、しやれた感覺と、抽象化の一歩手前で綺麗なお化粧に身をやつす氏の從來の制作態度は、こゝでは或程度まで揚棄されてゐる。そして正確な寫實的要素が漸次、根底にきたへられ詩人的禀資は、みづ／＼と畫面にあふれ、新しい造型化への焦燥が、畫面の平板化を救つてゐる。

作品十四點。「北戴河」「城」「白塔」「山村」「冬」「紫禁城」「北海」「樹間」の如き注目すべき佳作である。「租界」に於ける褪赭と青の美しさは、氏の色彩系統としてはやゝ新しい試みであるが、リリカルな愛すべき作品である。（資生堂ギャラリー）

銅製饕餮虺龍文尊
（重要美術品）

根津美術館

第二回展觀

赤坂區青山根津美術館では、其所藏品の第二回展觀を、五月二十七日下見で二十九日から六月一日まで開館した。

土佐光起筆　源氏朝顔圖（絹本竪三尺一寸二分）

落款に「土佐法眼常昭筆」とあり最晩年期に屬する緻密巧麗な代表作。

聖觀音像（絹本竪二尺一分）

曼荼羅から獨立したものと思はれる鎌倉時代中期

愛染明王畫像（國寶）（絹本竪四尺五分）

鎌倉期の愛染明王畫像中の大作で、畫技樣式共に優秀である、御宸筆と拜される御讃があつて一層の光彩を放つてゐる。

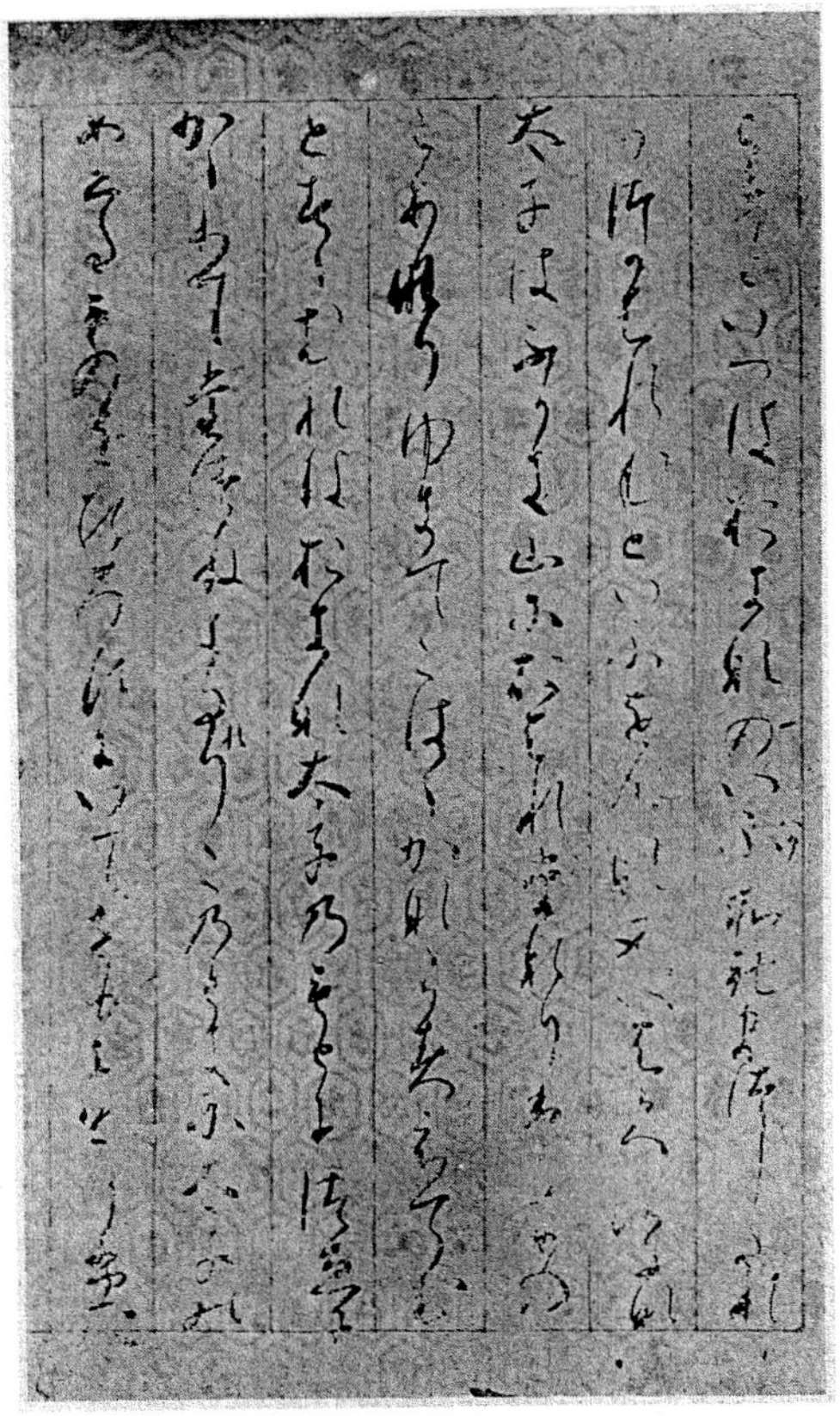

東大寺切（紙本竪七寸八分）

これは手鑑文彩帖（重要美術品）の内の一葉で、三寶繪卷上の斷簡。

根津美術館第二回展觀

牧溪筆「濡れ雀圖」

（重要美術品）

紙本墨畫竪二尺七寸九分

南宋時代水墨の妙諦を示した名品、右上角外に二つの鑑藏印がある。

山水圖（國寶）祥啓筆

（紙本竪一尺七寸、横一尺一寸）

筆者は鎌倉建長寺の書記、所謂啓書記で、これは室町時代中期を代表する山水畫の一つである。

同　部分圖（原寸）

畫中の崖の下道路の部分で其右に「賢江」「祥啓」の二印がある。

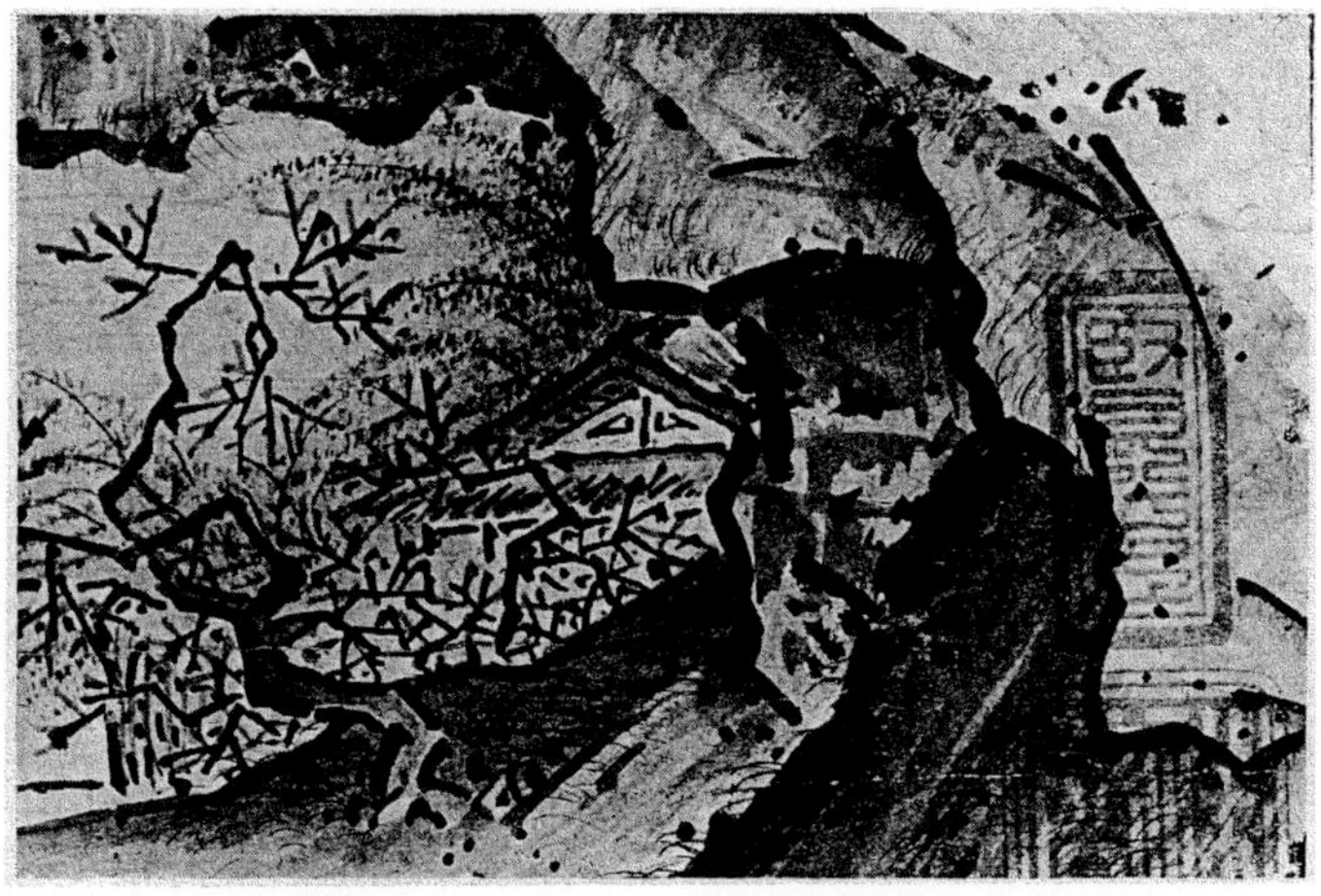

根津美術館第二回展觀

名物瀨戸獅子香爐（高五寸六分）
阿吽對の內の「阿」で、瀨戸狛犬の秀作、
利休所持の遠州箱がある。

染付兜巾茄子香合（高一寸五分）

兜布といふのは形容からの稱で茄子の繪染付、
明末淸初の作である。

信樂茶碗（銘水の子）（高三寸六厘、口徑三寸二分、高台二寸）

信樂茶碗の首座に置かるるもので表千家四代覺々齋の命銘で、宗及所持、江月、不昧公傳來の由緒がある。

石山寺蒔繪源氏物語簞笥
（高八寸三分、巾 一尺三寸四分）

江戸時代蒔繪の精熟期寛永頃の名作で、石山寺と瀨田川の圖をあらはしてある、これは瀨田川の寫景で三葉葵の紋所を散した同簞笥の裏面である。

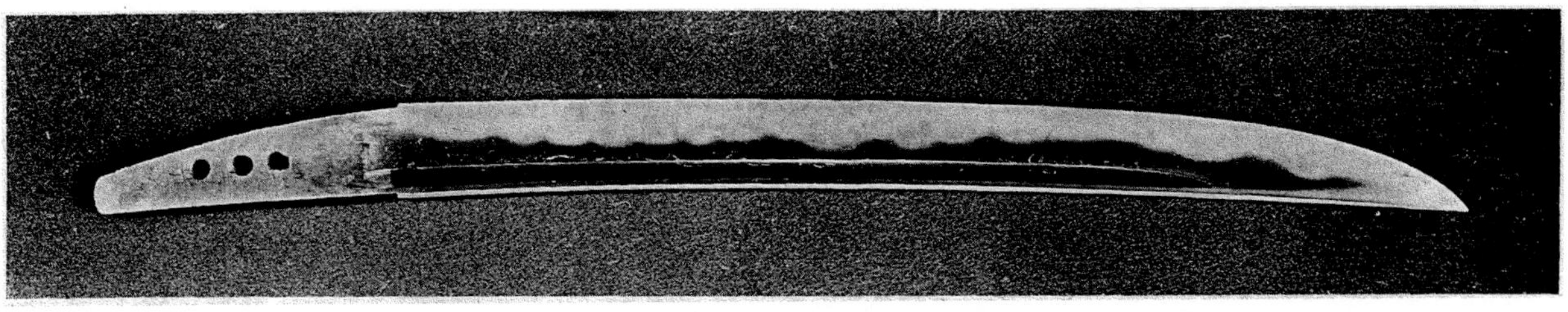

短刀銘廣光（重要美術品）

長一尺一寸八分、反り二分、幅九分五厘、吉野時代鎌倉に住んでゐた廣光の作で正宗貞宗に亞ぐ相州物の特色を示してゐる。

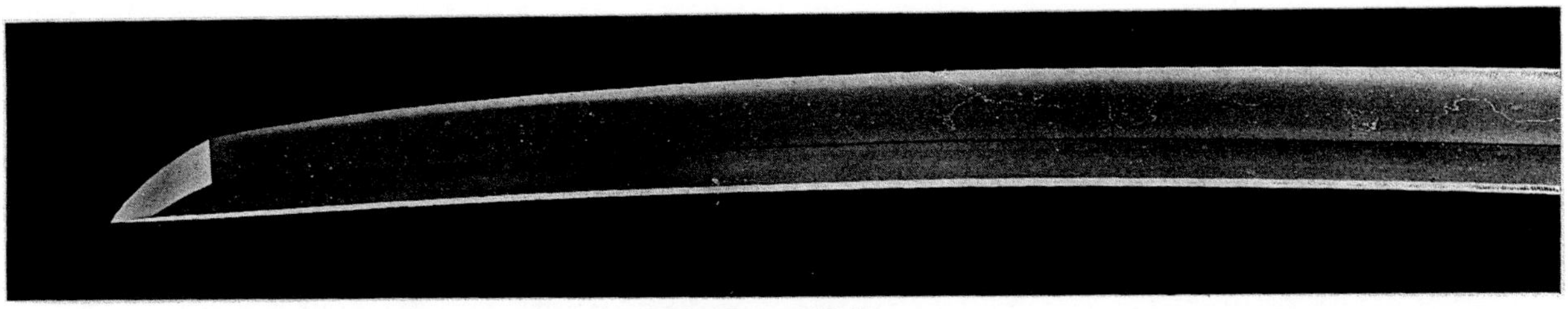

太刀銘來國俊（重要美術品）

鎌倉時代に京師に繁榮を誇つた來派の名作、その初代の作であらう、長一尺三寸三分、反り七分、圖は鋒先の部分である。

第六回兒玉塾展

伊吹山　　兒玉希望

祐覺(塾賞)　　北村明道

菊　　奥田元宋

磯　　穐田元子

晴日　　村松乙彦

沼のはつなつ　　森正元

1

2

3

4

5

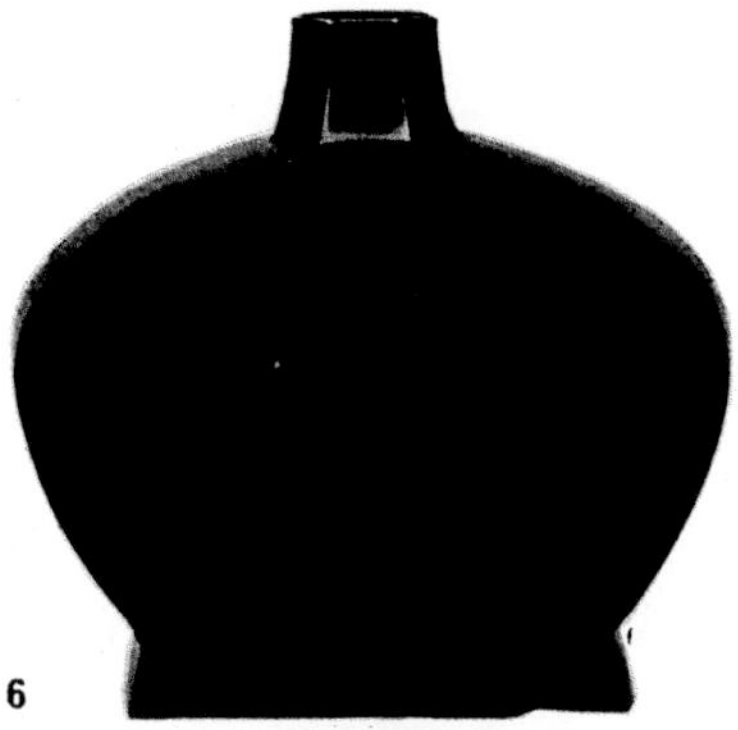
6

7

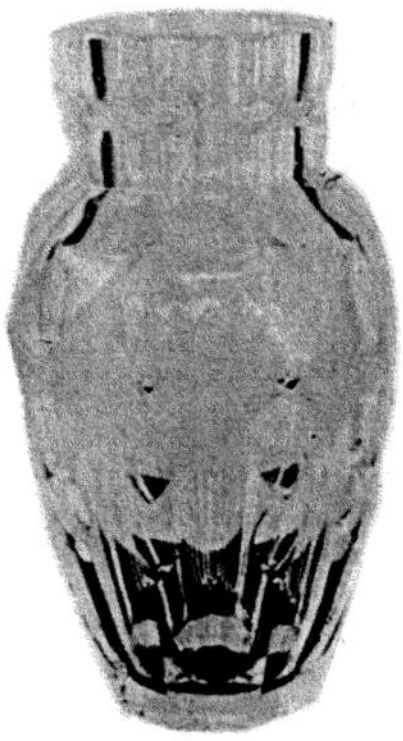
8

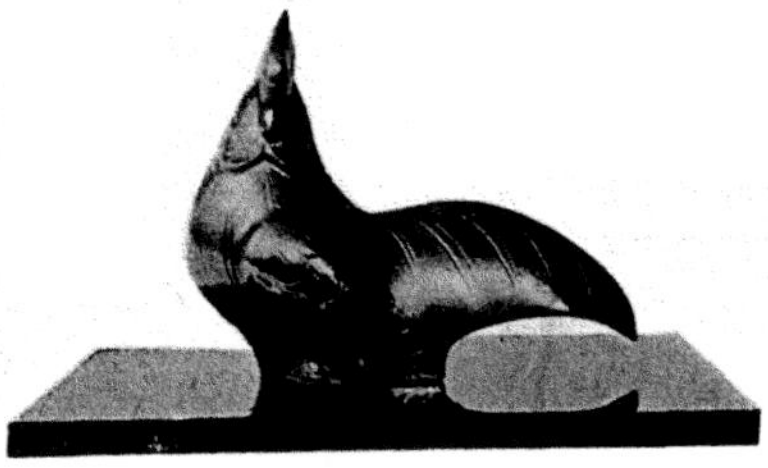
9

10

11

12

13

14

15

全日本工藝美術展

工藝美術家協會主催

A

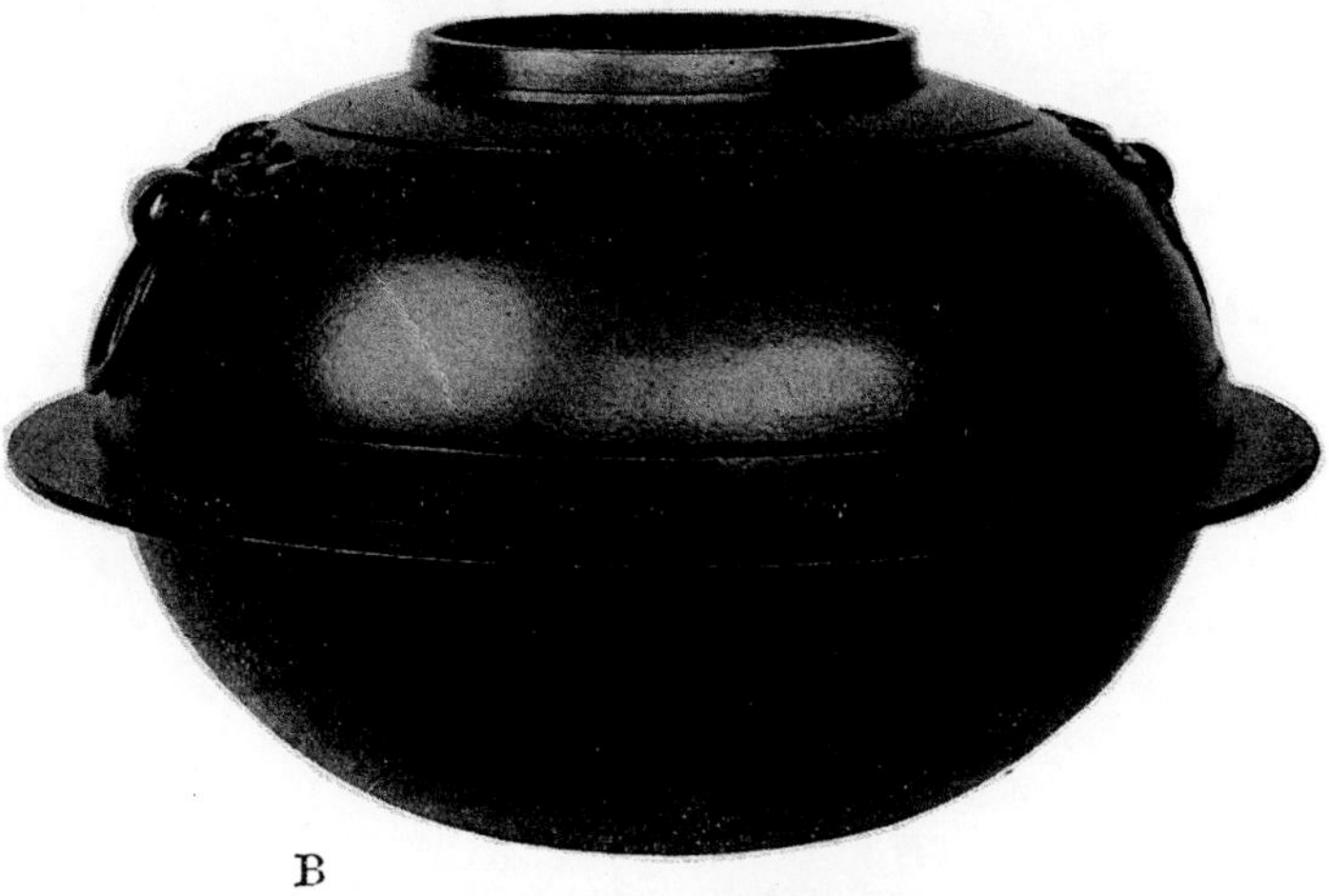

B

C

E

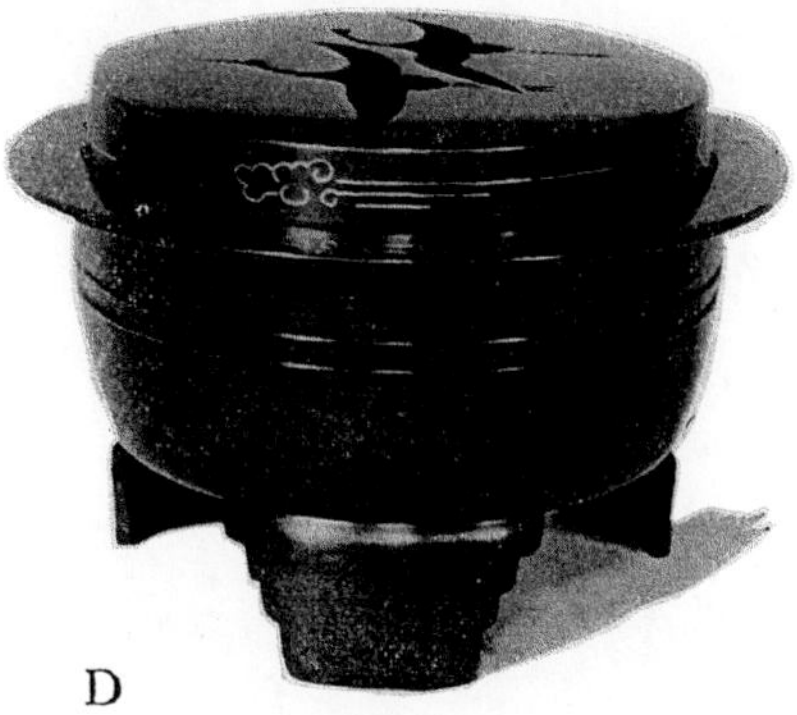

D

寫眞說明——(A 衝立　山崎覺太郎(B)鍑　高村豐周(C)荒鷲　津田信夫(D)香爐　香取正彥(E)銀象嵌銅香爐　北原千鹿……(1)鑄銅花瓶　木村庄太郎(2)藍彩華和染　金綱和子(3)花瓶　小原覺三(4)衝立　中田滿雄(5)釉嵌花瓶　宮之原　謙(6)蝶文鑄銅扁壺　原　直樹(7)乘馬置物香爐　香取秀眞(8)硝子花瓶　各務鑛三(9)銀金鷄置物　八田龍昭(10)雛子(鑄銅)　佐々木象堂(11)花瓶　八方形塗付淸果圖　河村蜻山(12)ボカシ塗乾染花瓶　森　三樹(13)彫漆筍之圖筥　高橋靜堂(14)花と埴輪壁掛　般若侑弘(15)爽風　野口光彥(16)花と小禽の香爐　中野三郎(17)鑄銅水盤　中島豐次(18)芍藥文手筥(染章張込)　大坪重周

18

17

16

小室翠雲個展

初夏

春睡醒

美術文化第五回展

海　福澤一郎

山（秋）　柿手春三

登攀　土井俊夫

第二回正統木彫家協會展

瞭爛　澤田晴廣

大葉子　三木宗策

木蘭　本田德義

鷹　橋本高昇

はなたば　圓鍔勝二

鷲　潮田晧哉

觀音(光照寺藏)
故西村雅之

無二
阿井瑞岑

赤城泰舒個展

聖ヂアコモの殉難　　マンテニア

ルネツサンス初頭の伊太利繪畫に北方の畫派としてのパドヷは大きい位置を占める。中でもスケルチオーネを生み、巨匠マンテニアを生んだことは、こゝにこそ復興期の根づよい寫實精神の基礎たる古代美術の研究が熾んであつた地であることが重大原因をなしてゐる。マンテニアはスケルチオーネに學び十五歳にして鋒鋩を既に表はし師を驚かした。「聖ヂアコモの殉難」はその逞しい構想力とその精細な寫實力に於て當時としては實に驚嘆すべき作でこれがアンテュアの名を一躍偉大なものにしたのであつた。今もパドヷのエルミタン寺の內陣の壁面に燿かな古代の色をとゞめてゐる。

新制作派協會

9月22日-10月4日

東京府美術館表口

第7回 繪畫 彫刻

公募

搬入受付 9月17日.18日

猪熊弦一郎	伊勢正義
伊藤継郎	今村俊夫
早川巍一郎	本郷新
荻須高徳	脇田和
吉田芳夫	中西利雄
内田巖	内田武夫
山内壮夫	柳原義達
船越保武	小磯良平
小松益喜	明田川孝
三田康	佐藤敬
佐藤忠良	阪井範一
菊地一雄	三岸節子
鈴木誠	

事務所　東京市大森區久ヶ原828

出品規定は三銭切手封入御請求下さい

東京展
會期　六月二十日――三十日
會場　上野公園・府美術館

大阪展
會期　七月十一日――二十日
會場　天王寺公園・市美術館

大日美術院第五回展

審査員
結城素明　川崎小虎
青木大乘　常岡文龜

大日美術院
東京　本郷區西片町一〇（結城素明方）
電話小石川　一五七三番
大阪　天王寺區勝山通一ノ五四（青木大乘方）
電話天王寺　八一九番

作品公募

日本精神ノ昂揚ヲ表現セルモノ
日本畫・油繪・彫刻

第三回
忠愛美術院展

會場 東京市上野公園・日本美術協會
會期 八月一日ヨリ八月十四日マデ
搬入 七月三十日（規則書ハ事務所へ）
事務所 東京市豊島區椎名町六ノ四〇四三（花岡方）

總裁 陸軍中將 中島今朝吾 院長 花岡萬舟

同人（イロハ順）

岩田彌光 長谷川八十 西川宗舟
穗坂光希 本多桃多郎 吉田廣洋
高澤圭一 龍沼青 土田實
內藤外次 山田順治 增田英一
益田柳外 松宮光村 前原豐三郎
藤田峰英 淵上巍 小林亮三
木寺轍 島津純一 森田秀一

第九回 明朗美術展覽會作品公募

〇本展覽會は純粹在野團體として新しき時代の認識に依る美術至上主義精神を把握し能動的に美術の高貴性を發揚せんとするものであります。從つて作品は明朗美術聯盟の標的とする純眞明朗熱誠を示すものにして併も傳統を尊重せる新日本繪畫なる事。

〇明朗美術展は新人の良き溫床として開放されてゐます。弘く異色ある作家の進出を待望致します。

〇時局の急變に伴ひ各派團體の時局便乘的表態の百出する時吾明朗美術聯盟は創立當初よりの正しき合目的性を堅持して、古今東西藝術の粹を把り日本的統合の信念の下に明朗純眞熱誠の行動を把り來つたのであります。

出品規定拔萃

一、會場 東京上野府美術館
一、會期 昭和十七年自九月八日―至十七日
一、出品受付 日時 九月五日六日兩日午前九時ヨリ午後五時マデ
一、同 場所 府美術館北玄關（帝室博物館側）
一、內容 日本畫
一、作品寸法及點數 制限ナシ
一、出品手數料 點數に拘らず壹名金貳圓
一、入選發表 九月七日夕午後五時
一、推賞 入選作品中特に優秀なる作品に對し左の賞を授與す
1 明朗賞 2 調花賞 3 研究賞 4 朗光賞
一、推擧 優秀なる作品を數回發表せる作家は本聯盟の決議により逐次盟員盟友同人に推擧す
一、地方出品者は九月四日迄に東京下谷區谷中初音町四の一六 谷中田運送店宛「明朗展出品」と明記の上送附の事
一、出品方法 本聯盟所定の出品申込書に手數料を添へ當日搬入の事
〇地方出品者は九月五日迄に前記出品申込書に手數料を添へ事務所宛に送附の事
一、出品規定は事務所宛郵券封入申込の事

明朗美術聯盟
東京市板橋區練馬南町一ノ三四八五

第一回

大矢黄鶴日本畫展

會期　六月廿四日―廿八日

會場　日本橋・白木屋（五階）

第一回

鈴木日出兒（夢名子）日本畫展

會期　七月一日―四日

會場　日本橋・白木屋（五階）

石井鶴三繪畫彫刻作品展

會期　六月二十七日―卅日

會場　銀座・資生堂ギャラリー

主催　精藝社

相模金三郎洋畫展

會期　六月廿五日―廿八日

會場　日本橋・三越（西館五階）

濱田庄司近作陶器展

會期　六月廿四日―廿七日

會場　双鳩ビル（東京鳩居堂階上）

京橋區銀座五丁目貳

電話銀座（57）四五五九

美術時評

日本畫の舊性格を刷新せよ

佐波甫

軍の南方派遣作家の選定にしても、情報局の日本畫家報國會結成斡旋にしても、作家側の繪絹や畫紙の配給統制會の設立にしても、つまりは文展の制度が基礎をなしてゐる。翼贊會の働きかけにしても同樣のことがいへる。さうしてみると行詰つた文展といふものは聖戰下に於て非常な重要な役割をなしてゐることを想ひ、今秋公募の新しい發表をみるにつけても文展は大東亞戰の洗禮をうけてますます反省する必要がある。

現實を處理するといふことは何れの領域でも難かしいことで、文展の格づけが惡いとした所で、應急の取捨は何を基準としてやるか、藝術院あたりでもの判りのいゝ革新的な文化人でも加へて冴えた美術行政の手並みでも見せない以上翼贊美術の新體制は容易にできるものでない。あれこれの分野に作家を揃へるといふこと、急速の整理をやるといふことが常に不滿を伴うてゐるとしても、暫定的には今日の處置に諾ふ外はない。けれどもいま常の不滿といつた如くに翼贊美術は一應の整理だけに甘んじてをられぬ。

何としても擧國一致の體制である。文展並びにこれに準ずるものの資格をみとめ、各々が職域奉公にいそしむからには、擧國一致に重點が注がれてゐる以上、現在の搖ぎなき布陣を如何ともなし得ぬではないか。そのためにこそ新運動がうわついてみえ、唯一の發展の抜け途が戰爭藝術といふことになるのだ。

しかるに戰爭藝術を凝視せよ、それあるからにこの大なる攪拌作用がいゝみがあり、その畫壇に及ぼす效用は測り知れぬものがあるのだ。

建設のための攪拌、破壞、戰爭は擧國一致を要求しながら、常に畫壇內部淨化の作用をそれ自身の中に胎んでゐる。そのためにこそ一應の擧國一致はありながら不斷に革新の芽が畫壇の現狀維持を許さぬのである。大東亞戰爭は記錄畫を求めつゝ急激に戰爭畫といふ幅ひろい領域に涉つて新しい畫樣式の擡頭を促がしてゐる。また、病院、軍艦、司令部、官廳、工場、農村、その他公館など、日本畫の分布先は新しく非常な範圍に及ばねばならなくなつた。一部の鑑賞層のみに迎へられたやうな從來の需給關係ではなくなり、その鑑賞は廣汎な社會の全域に及ぼうとしてゐる。いはゞこゝで危急存亡の日本畫を何とかせねばならぬ內外左右あらゆる面からの刷新を、作家に、作品に、加へられなくてはならぬことになつたのである。

いはゆる鑑賞畫の外に、生活畫、生活美術といふものがあるわけでない。われわれの生活から發し、生活の中に育まれ、生活を反映したものが新しき鑑賞の對象にならなければならない。われわれの生活藝術とは何ぞ、大東亞建設を理想とし、上代以降わが民族が示せる藝術の傳統を今日に於て復活せしめることでなくてはならない。古典の精神に生き高らかに民族の理想を謳ふものでなくてはならない。殊に德川期以來藝術の理想は低下の途を辿つた、明治中期以後の日本畫の復興も閃々たる火花を發するかに見えたがいくばくもなくして西歐の寫實主義に誘はれた。古典の示す理想なくして何の日本的ぞ、何を以て日本精神に貫かれたるものといふぞ。途は近きにあり、却つてさまざまな思想、文化の流入が畫の途を複雜多岐ならしめたといへる。

かやうに現代に於ける日本畫のあり方を性格づけることによつて、報國會も戰爭記錄畫も獻納畫も、あるひはまた繪絹、畫紙の配給問題も、ひいては文展の無鑑査の格づけも、共榮圈內外の展示會も、そしてまた、美術教育の問題も、帝國藝術院のありかたも、それらの一切が始めて意味づけられてくるのだ。

いはゆる近代性を脫皮する所に日本藝術の眞の近代的性格が生れる。皮相な寫實であつてはならんが、日本的な寫實であつてほしい。そこに古典にみる理想あるが如き寫實だ、そこに日本藝術の本質がうるはしき性格が流れる。職域奉公といふことは自己反省を忘れ、今までのもちもので精一杯にやるといふことではない筈だが、事實はその邊の步み方しかやつてゐない現狀を如何せんやだ。

大東亞戰に平行して營まねばならぬ日本文化の擁護、その新建設は焦眉の急を要することは政府當局も認めてゐるし、われわれもこれを願つてゐるのだ。その貴重な寶として武器として媒材として日本畫が俄かに光つて來た。低調であつた現代作品に、文展にとつて、それはあまりにも過重な負擔である。われわれは文展に匙を投げてゐた。現代日本畫に愛想づかしをやつてゐた。しかも、今日その日本畫に對して求むるもの急なるものがある。政治部面に於ける國民組織の如きものが畫壇にも新しき體制として生れ出ねばならぬ。擧國一致であるけれども、あくまでも本來の日本畫のあり方に立還つて、それを中核としての新しき理念に基づく擧國一致でなくてはならぬ。

曾て日本畫は幇間的存在といはれ、その桎梏を打破るために若い人々はさまざまな努力をして來た。そのためにしかし、傳統の色も香も失ふ所かその本質まで打忘れてしまつた。いま國の理想を想ふとき、さまざまな試みは却つてその本來の據り所を缺くために卑俗に陷り低調の度を增した。徒らに時代の新しき衣を彩とりどりに纏はんとしたことが今日のマンネリズムの外に本質を缺くはかなき裝飾品と化せしめたのである。眞に今日の新しき生活になくてはならぬ藝術としてそのひとりよがりの新幇間的存在を霧散せしめよ。日本畫をして高遠なる理想に生き雜多を捨てて國の御役に立つ醇乎たる本來の姿に立還らしめよ。いはゞ大東亞文化建設の一本立たらしめよ。日本畫に要求する政府當局各面各層の熾烈な指彈にこたへるものは全般的に見て畫壇がかやうな過去的性格をもつ故に他ならない。いはゞ畫壇は畫壇に殆んど缺いてゐたもので、曾ての日本畫の傳統には峻嚴乎として存在してゐるものを要求されてゐるといへる。それゆゑに生みの惱み、創造へのあがきがこの放置せられてゐた畫壇各派各流の坩堝の中で營まれ、眞の擧國一致が現狀維持でなされず、日本藝術發展の中核に基づく創造過程に於て營まれねばならぬことが明らかに看取せらるゝのである。畫壇の搖ぎなき布陣がゆり動かされ、攪拌せられ、文展を否としたことが俄かに文展を是とせんとする新しき動きにまで高まつて來てゐることを想ひ、今日の尊き機會に於て爲政者も評家も作家も日本畫再建設に協力することに於てはげしく勇敢であらねばならぬ。

工藝の分立を排す

山崎覺太郎

工藝の分類が主として技術部門別にされるやうになつた德川時代以後の風習は最近のやうにあらゆる面が一文化の方向に辿るやうになつた時に非常に阻碍を來すことが多い。

早い話が今年度の文展審査員の割り振りを見ても工藝の何類に何人といふ具合にその配置が數的に劃一される。これは勢力の均衡とか或はつとめて苦情の種を生ぜしめないといふ安易な妥協からは一應尤もと肯かれるが工藝の本質的發展と時代觀念から言へば舊體制的方法であつて所謂群雄割據の弊風を益々助長せしめるものである。

工藝界が一見表面的纒りの上では逸早くその組織を完成したかに見え乍らその實を擧ぐる點に於て以何にも遲に見ゆるが如き批評を聞く點も實はその構成してゐる分子の實體が未だ舊體依然たる既存團體意識や材料別觀念の上に立つてゐるからである。その根元をなすものは工藝の各種の行動が依然として既存の團體を主として行はれてゐるからである。即ち今日得たる舊人の地位といふものは眞にその人の腕や頭でなされたるものもあるが大部分は或一つの技術的分類團體によつて育成され又獲得したものでありそれが總合的行動の場合に物を言つてゐるのである。如何なる人でも既存の團體の背景や足場を持たないでは工藝界に進出出來なかつた過去の影像が今日新しい理念に立つて總合的行動となさうとする場合に非常に障碍になつてゐることをつくづく感ずるのである。

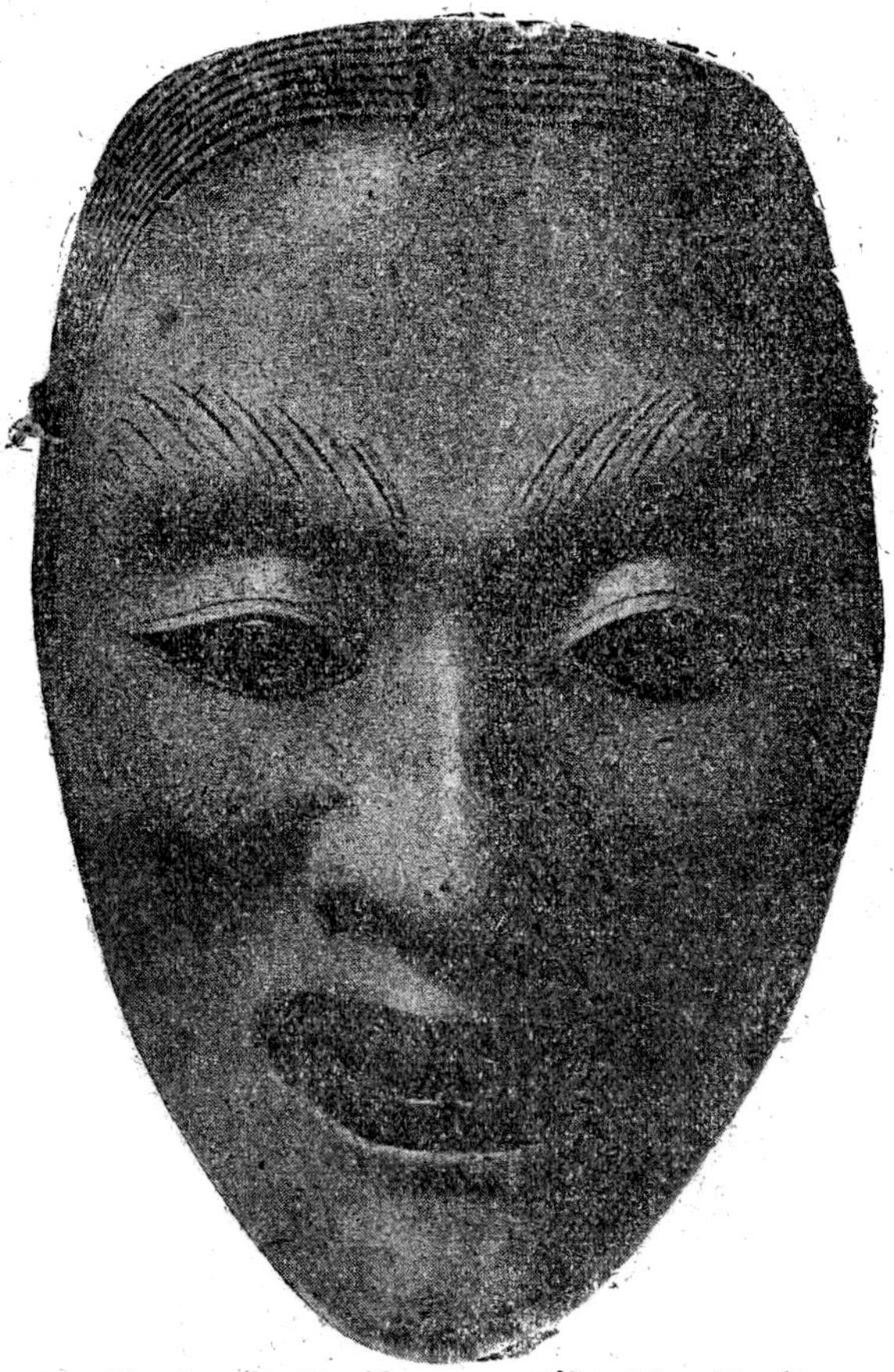

能面（山姥）　根津美術館

過去の政黨の沒落が如何にもよい例證であり早晩此の弊風は拂拭されるに違ひないと思ふが工藝が面目を改めて立上るには此際是非此の觀念を取り去るべきである。申すまでもなく工藝が工藝としての正しい發展をなす場合に材質的差異といふやうなものは全く一部分的な理由にしかならないで、もつと綜合的な一元化された力を必要とすることは言ふを待たない。特に今日の時代に於ては尙更のことである。

工藝家を呼ぶ時に殆んど同時にその所屬の既存團體名をつけ加へる今日の呼び方は依然として工藝界に內藏してゐる舊觀念の曝露を意味してゐる。先づ之れを取り去らねばならぬ。

次は地域的分類である。東京が中心となるのは止むを得ない理由が多くあるとしても地方を輕く見又東京を重く見る必要が何處にあるかといふことである。個々の作品の優劣はお互ひの自業自得であるにしても地方に住むものと中央に住むものと工藝界に於ける扱ひ方の差別は許されないことである。これは中央が地方を輕視し過ぎた弊害と同時に地方が中央を重視し過ぎた過去の考へ方そのものに缺點があるのである。中央を重視して夜陰ひそかにその門を叩いて自分一個人の榮達を得んとした地方の自ら歪曲した態度の淸算を此際なすべきであると同時に中央がそれをされることが如何にも優位の如く誤信した處に是又工藝界の混濁を生じてゐるのである。已れの足らざる處を學ぶは萬人の以て許さるべき所ながら、それは藝術的精進の線に於てのみなさるべき所であつて、一つの勢力の獲得に便せんとするは言語同斷も甚しいのである。かうした觀念は已れの定規を以て人を律せんとする傾向を生ずる。虛心以て他の足らざる所を指導せんとするものを以て勢力の扶養のためと誤解しこれに種々の尾鰭をつけて害せんとするのである。全く今の工藝界に足らざるは何より先に工藝家の精神そのものの錬成にあるのである。心の置き所の是正にあるのである。

工藝家の本分は言はずと知れた作品の發表である。その作品が物を言ふのである。然しそれは工藝作品が物を言ふまでに成つた人々のみにあてはまることであつて未だ成らざるもの、これから成さんとするもの、成しても未だ足らざるものに就ては、そこに充分の指導と錬成とが必要なのである。唯戒心すべきは與へんとするものと受けんとするものに私心があつてはならないのである。私心のために工藝の正道が歪曲されないやうにすることである。

工藝界は正に一つの行動に集中されんとする傾向にあることは事實である。むしろ今述べた缺陥がありとすれば、それはむしろ新しい行動の發生のために陣痛と解すべきである。物が百八十度の回轉をなさんとする場合、今まで永く住み慣れた環境に未練を持つものの常として、一種の名殘りを感ずるのは止むを得まいと思ふ。然しこれを涙を以て斷ち切る所に新しい世界の曙光が見初めるのである。

工藝美術と民藝との問題も最近色々と話題に上つてゐる。工藝美術と生活工藝との問題も產業工藝との關聯も色々と論議されてゐる。これ等も今迄各々の垣を設けて他のものを省みざる獨善的態度がそうさせたのである。

一體工藝家といはず、一般藝術家は、物の考へ方は主として主觀的傾向が强い。これは藝術そのものの性質として當然のことだがそうかといつて客觀的な見方を全然無視することは許されないと思ふ。特に今日のやうにあらゆる部門を擧げて國家目的に捧げようとする場合に從來のやうな見方は非常に是正されねばならんと思ふ。藝術の仕事にしても、何でも主觀の强い物程貴ばれた時代はすぎ去つて、もつと社會的事態に眼をむけてそれと藝術との連關性といふことに新しい藝術の仕事が澤山あることに氣がつかねばならない。むしろかうした時代にはそこに重點を置くべきであると思ふ。前に述べた他の工藝の分野と工藝美術との接觸もかうした所に大きい意義を見出すべきである。さうしてもつと日本全工藝といふ立場で工藝の進むべき方向と之れに參加すべき工藝人の心構へといふことを確立すべきである。これにはどうしても工藝家の從來の觀念では仕事が進まないのである。所謂滅私奉公の觀念をもつと深く工藝界に浸潤さすべきである。

私は之等を實行すべき前提として先づ工藝界家の一元的統制を劃すべき根本的方策を樹立すべきである。それには從來根深く喰込んで居る既成團體を即時解散して、もつと大局的な立場に於てあらゆる工藝部門を網羅した機關を組織すべきであると思ふ。これが出來れば技術分類の惡弊も中央地方の差別も下手物上手物の問題もあらゆることが、各々その分野に於てなすべき事が決定すると思ふ。

作品をどういふ心構へで作るべきかの時局的認識も個人〳〵の心に任せて置いては良い方向に向ふものもあらうが又間違つた方向にも行き勝ちである。かういふ時代には强い大きな力を以つて敢へて之を成す所に時代の意義がある。これは爲政者や又は他の人にも參加して貰はねば出來ない仕事であるが、同時に工藝家自身がそれこそ大きな心を以て喜んで參加する態勢を整へねばならんと思ふ。工藝家は品物さへ作つてをればよいのだといふ風に考へて、かうした問題を言ふことを寧ろ作家の道にはづれた事として、言ふ者を排する氣分が多い工藝界の立て直しは、作家自身でやる以外に、外の道はないと思ふ。敢へて一考を望んで止まない次第である。

「美術新報」献納運動謹告

美術文化部面に必死活躍、大興亞國策に翼賛怠らぬ本誌「美術新報」は聖戰第一線に勞苦さるる勇士の方々や、再起出征の熱意に燃え傷痍病牀にある勇士の方々に御寄贈又は御購讀願ひ居ります處、多大の感謝と好評を博し、絕えず該方面より賜る感謝狀も山積する次第であります。

戰果益々擴大、前線及び病床には一層慰問の重大時期に相成りましたので、茲に本誌献納による慰問運動を强化いたします爲め、左記の如く縱覽に、保存に、持送りに便利なる合本を新調いたし、大方の御協力を願ふことといたしました。

美術新報合本　第壹輯

△半ヶ年（特大號共十六册分）△洋裝クロース製美本

定價金七圓也（送料本社負擔）

第貳輯以下續刊

右慰問强化に御協力を賜ふ方は、金七圓を本社宛御送附下されば、直ちに御住所御氏名を明記いたし、陸海軍恤兵部を通じて、前線及び病院に寄贈願ふ事に致します。紙量統制のため合本には制限があります。先着順に取扱ひますから御早く御申込を願ひます。

〔注意〕

一、献納費一口金七圓（一人にて何口にてもよろし）は必ず書留又は振替に願ひます。
一、受入の上は直ちに領收書をお送り致します。
一、献納先の御希望があれば御明記下さい。
一、献納者御氏名は誌上に掲載致します。（但し誌上匿名は差支へありません。）

右謹告致します

昭和十七年六月二十日

日本美術新報社

全日本工藝展の作品

森田龜之助

◈

美術新報社から全日本工藝展の批評を依賴されたので、閉會間際の六、七兩日午後一と通り瞥見したが、四百數十點の出品を精はしく觀たとは言へない。けれども全般的印象は冴え〴〵したものではない。古典的な藝術の薫り高きものも少ければ、新鮮な感覺で人の眼を牽きつけるといふ程のものも見當らなかつた。先づ平凡な手工業的產物が多數を占めて居つたといふのが私の正直な感想である。

無鑑査の人々は精一杯のものを出さなかつたといふやうなこともあらうが、鑑査を經た作品にも特に注意すべきものも無かつたのみならず、隨分劣惡なのがまぎれ込んで居たのは遺憾である。序に授賞のことであるが、新に對する授賞は勿論奬勵の意味があるので、必ずしも當進該作物の價値にのみ重點を置く必要もないが、さりとて、餘りに拙劣で、少くとも近き將來に於て大した發展を暗示せぬ如き作品に賞を與へるのは理解できぬことである。そのやうに考へらるゝ入賞作品もあつたので、一寸附言した次第である。

作家に對して每回傑作を出して吳れといふやうな無理な注文はしない。又、それで生活して居る人々であつて見れば、賣り物本位で出すことも無理とは思はないが、いづれの場合でも、藝術品として或る標準に達する格だけは保持する義務があると私は信ずる。此の或る標準とは何んなもので、何んな程度のものであるかは抽象的な言葉で明瞭に爲し難いが、眞個の藝術家なら說明されずとも判つてゐることゝ思ふ。只、今日では此標準は相當高められなければならぬと私は考へてゐる。

それは、現時局下に在つて、窮屈ではあつても兎に角貴重な資材の配給を得、其他、工藝美術家としての特權を與へられて居る人々は餘程水準の高いものを作らなければ特權に申譯けがない。單に技術のみならず、藝術的感覺に於て、一般の工業人を遙かに引離すだけの資格がなくてはならぬことゝ思ふ。只品目だけが、實用的な衣類、本箱、火鉢、椀、其他食器類等でなくして、比較的不急なる風呂先屛風であり、文庫であり、花瓶であり、置物であり、文鎭であるだけでは、工藝美術家と、工業技術家との區別とはならない。

假令、辨當箱、土瓶、茶碗、洋服箪笥、椅子、テーブルを作つても、技術一點張りの市井の工人は及びもつかぬといふところに眞の現代工藝家が活きて來るのではなからうか。

ついはづみで理窟が出て來て、前置きが長くなつた。では、これから作品を拜見することにしよう。

花瓶の數は純粹の壺の如く、飾り物としてそれ自體だけで鑑賞さるゝ場合もあるが、大抵は實際に花を生けて用ゐらるゝから、其時の效果を幻想すると、賑かな色彩を伴つた寫生的模様などは餘程其調子が六圖箇敷と思ふ。で、私は大體無地か、さもなければ簡素なものを好む。然し色彩模様があつても、それが花器としての實用にも佳き調和を見せる樣なものなれば、勿論惡くはない。無地若しくは無地に近いものでは、先づ富本憲吉氏の白磁があるが、肌合の光澤が、いつもの樣に行つてないやうに思へるが、作者の感じは如何か。

萬代正一氏の天目釉梅模樣花瓶、村上嘉松氏の錦茶釉面取花瓶、共に模樣や形に働きがあつて宜しいが、尙一層氣品が高くなれば結構。八田蘇谷氏の瀑翠釉花瓶、加藤千一氏の葉文花瓶、形の方から面白いが、釉藥に就て一工夫あり度し。其他單色地の花瓶では、楠部彌弌氏の黑釉、中後茂守氏の結晶釉、など擧ぐべきであらう。染附のものでは河村蜻山氏のものなど無難といふべきか。

多彩の花瓶では大根草路氏の草花紋花瓶。これは花瓶に對する前述の卑見に拘らず、不思議に私が好きな作品で、形は取立てゝ云ふこともないが、色の調和、模樣の描法、全體から來る品位といふ點で、此の會場にある陶器花瓶中の優れたものではないかと感じた次第である。藤村正男氏の「山海の幸」花瓶も私の眼を牽いたが、まだ少し騷しい氣持ちがする。陶水盤では堀岡道仙氏花文水盤、桶谷定一氏黃釉丸紋水盤が先づ無難。それから、水盤と花瓶の中間に位する如きもので、銘題には口落陶花壺とある內田邦夫氏作。これは大きな心持ちのある、面白いものである。實用的效果は中々宜敷からうと想像する。尙、花器以外では、松本佩山氏の牡丹文錦額は佳いと感じた。

陶器を言つた序に硝子に及ぶと、岩田藤七氏、各務鑛三氏の如く斯道先覺の外に、追々新進の數が增して來るのは心强いが、切り子趣味のみでなく、岩田氏の様な軟かい硝子器の作者がもつと出來るとよい。降旗正男氏の硝子鉢、生きた面白味は足りないが、意匠計劃は面白い。

鑄銅花器では、堀如眞氏の耳付花器、わざとらしい裝飾は無いが、地肌、厚み等すべて造形意匠に落着きがある。丸山不忘氏の花瓶、無難、渦紋を不規則に散點させた點に働きが見られる。原直樹氏の蝶文扁壺、蝶の紋様に更に工夫があつたら良かつたと思ふ。須賀精一氏の花器は意匠斬新なる點宜しい。其他、中島豐次氏の水盤、細谷好衛氏の線文花瓶も私の記憶に留つたものである。

香爐では、香取氏父子のもの、高橋勇氏、北村一朗氏、林萬壽人氏のものが眼を牽いた。

香取秀眞氏の乘馬人物のものは、傳統的な意匠に據つて流石大家の貫祿を示して居るといふ以外、何も言ふ必要は無い。高橋氏の埴輪馬香爐は佳作である。此上作者の息吹きが感ぜらるゝやうになれば更に結構。香取正彥氏のもの、大きな感じがあつて、其點は[illegible]が、私にはどうも銀象篏の模樣が、少くともあの儘では邪魔になる。北村氏及び林氏のものは大體惡くないが、稍、重みが足りない。釜類では、高村豐周氏の鍑が、素朴で鷹揚なうちに氣の利いたところもあり、佳作である。

非實用的な置物類のうち鑄金のものは、彫刻家の小品と同一範疇に屬するものが多い。さうなると、餅屋は餅屋で、彫刻家に及ばないものが自然多くなる。矢張り金工美術家は非彫刻家的境地を打開せねばいけない。其點杉田禾堂氏の水唐草之置物など大いに面白い。内藤春治氏は珍しく置物として象龜を出してゐる。甲羅に龜甲紋を或る程度施すか、或は首、肢をも少し精しく作るとかしたら一層宜敷かつたらうと思ふ。要するに、どこかも少し强い締り——アクセントが欲しい。

鍜金の置物、殊に、近頃よく見る板金を屈曲させて種々な動物の姿を作る細工は、自然彫刻家の作とは違つた趣きが胚胎され、意圖としては贊成であるが、多くの場合、ブリキ細工の玩具と化して、感服する程の作は、滅多に出遇はないのは誠に殘念である。此の展觀中、此種のものでは、平松宏春氏の蛙置物など先づ結構な方と思つた。昨年の文展に、山脇洋二氏が、大體、之と同じ手法で、稍、大き目な蛙置物を出品、私はそれを其種ののゝ中の佳作とした。理由は今度も同一であるが、他人は、私が「蛙」ばかり賞めると思ふかも知れない。呵々。

漆藝には、工業的精緻にのみ走つて、藝術的閃きのない平凡なものゝ多數なのは心淋しい。尤もこれは漆藝のみでなく、陶工、金工等にも言へることであるが。

箱類では、高井白陽氏手筥蘭、音丸耕堂氏の彫漆箱、歌川黎明氏の蘭色紙筥、山野井勝風氏の合歡花文樣筥、磯矢阿伎良氏の躑躅文庫、小松芳光氏のあけび手箱など佳作として擧げられる。それは、皆、意匠或は手法に於て、單なる工人の仕事でなく、多少とも作者が生きて居るからである。

衝立では山崎覺太郎氏のもの、色は赤と黄で騷しい様だが、相當落ち着きがある。稻塚芳郎氏の魚紋衝立、色計劃宜し、構想はモダーン過ぎる。木下絹子氏の野牡丹と飄衝立も模樣計劃無難である。

卓では、高村表惠氏の飾卓、色も形も品位ありて佳。

盆類では、平山樂水氏、彩漆菓子盆。奥澤鮎練氏の乾漆香爐盆は雅趣あり、張間麻佐緒氏の桐花丸盆、重厚の味宜し、前大峰氏の漆丸香爐臺、意匠は斬新ならざるも品格ありて結構、

それから漆藝出品中に、松岡正雄氏の如意輪觀音漆繪額がある。之は珍しい出品であるのみならず、作者の畫技と經驗から立派な效果を擧げて居る。然し私の意見では、矢張りものがものだから、餘り自然的描寫に傾かず、古佛畫風に扱つて、像全體が稍小さく圓内に納まるやうにしたら一層良かつたらうと思ふ。

木竹作品では、梶田惠氏の野薔薇紋筥、相變らず手堅き作品で、敦厚の雅趣掬すべきである。吉原良雄氏の草花文印箱、思ひ付宜しく、意匠も大體結構。竹製品では伊藤仁齋氏の竹編花藍、飯塚薫石氏の花藍など面白いと見た。

先日矢張此の高島屋で在つた染織の展覽會は出品に可なり變化もあり興味多かつたが、今度の染織出品は、品目に於ても、意匠に於ても單調で、大抵在り來たりの範圍を出ない。新人として入賞した巽勇氏のものでも、圖案が多少舊套を破つたといふ程度の價値が買はれたのだと思ふ。其他には、磯部陽氏の花小屛風、村田與一氏の春光二曲屛風など多少新味がある。山形駒太郎氏の順風、寫生風模樣の額としては相當效果を收めて居る。其他新味は無くとも相當佳く出來たものもあるが、餘白が無いから割愛する。尙、刺繡四曲屛風で、岸本景春氏の動と靜、右半隻が佳い。

人形では、高濱かの子氏の出の前二題。艶にして氣品高く、佳作と稱すべきである。

終りに附言するが、山脇道子氏のクッション。成功した作品とは云へないが、工藝展には此の種の出品がもつと多くなつてもよいのではないか、と考へる。染織でもいつも屛風やテーブル・センタアでは藝が無さ過ぎる。

（寫眞右端より左へ）――内田巖――岡鹿之助――高田力藏――柳亮――（一人措いて後向）本社猪木主幹 川路柳虹 於日比谷松本樓

油繪と國民性 1（座談會）

出席者
柳亮　内田巖　岡鹿之助
高田力藏　――　川路柳虹

本社　本日はお忙がしい處御出席を戴きまして、誠に有難うございます。本日の司會は川路さんにお願ひ致してありますから、どうぞ宜敷くお願ひ致します。

川路　今日お集りを願ひました座談會のテーマは、油繪の諸問題といつたやうなザッとした問題にしてをきました。そのテーマの結論から申上げた方がハッキリすると思ひますが、それは要するに「日本の油繪は今後如何にあるべきか」といふやうなところへ話を持込んで戴けば大變結構に思ひます。しかしそれは大問題ですから、到底一時間や二時間でそういふ大問題は論じ切れないと思ひます。しかし兎に角現在の世界が變りつゝある時代でありまして、日本の國力といふものも大變動を受けて、十二月八日以前の日本とその後の日本とでは、我々の世界が全然異つてきて居ります。從つて今後、日本の一切の文化の發展に對して、非常に大きい關係を持つてくることゝなるのは、これは當然だと思ひます。

その中に於て油繪といふものは、日本で發達してからまだ極く短い歴史しかありませんけれども、兎に角現在あるごとき一定の水準には發達して來た譯であります。しかしそれが今まで西洋依存といつた風な形で發達して來た――これは已むを得ない當然のことであると思ひますが、昔日本の繪が支那の影響を受けて發達したやうに、その時代の支那依存を今は西洋依存に變へてゐるといふ工合ですから、已むを得ない。そんな觀點から現代の日本の油繪といふものを考へてみますと、いろ〳〵な問題があつて、例へば油繪の技術一つの問題でも、非常に我々が考へなければならぬことがあるんじやないかと思ひます。大きく言へば日本油繪と國民性の關係にもなります。そんな點が今日お話を承りたい點なのです。どうぞ忌憚ないところを一つお願ひ致します。

當面の問題として、どういふことが一番始終お感じになつてゐる重要な問題か、そんな點から一つ柳君から先きに口火を切つて戴きたいと思ひます。

柳　先づ作家の方の立場からお話を願つたらいゝんじやないですか。

日本の油繪畫家は繪具を虐待してゐる

川路　岡さんなんかよくお書きになつてゐたやうですが、例へばマチエールの問題、そんな點で今の畫家が非常に根本の問題を粗末にしてゐやしないかといふことが、我々は始終作品を見る度びに感ずることなのですが、そんな點は如何がでせうか。

岡　私の考へでは、先づ日本の油繪畫家が油繪を朝に夕に畫いてゐないのじやないかと思ふのです。

川路　まだ勉强が足りないといふ意味ですね。

岡　油繪の繪具自身が一つの迫力もあるし、反撥力も持つてゐる。ところがたゞいゝ加減に畫きなぐるといふよりは、寧ろ繪畫によつてゞすけれども、油繪々具を虐待してゐる。それでは油繪の繪具は、畫家の方に馴染んで來ないじやないか。ひどいのになると、まるで油繪々具を强姦してゐるんじやないかといふ氣がするのです。

柳　藤島武二氏もそんなことを言つてゐるさうだ。今の畫家は繪具を虐め過ぎる。だから効果が擧らぬ。かういふ意味でせう。

高田　僕なんかも、そういふ感じがします。日本畫家が非常に筆墨といふものを大切にする、あゝいふ氣持が矢張り油繪畫家にもなければならぬと思ふのです。これは狹い經驗ですが、確かに油繪々具といふものが生きてゐるやうな感じがしますね。そしてパレットといふものは丁度爼だと思ふのです。そこにいろ〳〵な材料がある。野菜もあれば、魚もある、それは繪具である。それをうまく爼たるパレットで料理して、お客にそれを繪にして見せるといふのだから、矢張り生きてゐなければならぬ。そこで繪具は生きものだといふ實感がするのです。そういふ氣がするやうになつたのはこゝ二、三年來ですがね。

川路　美術學校なんかでも、今まで繪具といふものに對する扱ひ方をさう敎へてゐなかつたのぢやないですか。

岡　私達は何にも習ひませんでしたね。

高田　そこのところが所謂技術とマチエトルとの觀念が非常に機械的じやないかと思ふのです。最近マチエールといふことに對する關心が非常に持たれて來たですが、やゝ遊離してゐると思ふのです。

日本畫と油繪の關係

柳　今の日本畫がそうじやないですか。今度は料理になり過ぎてしまつて、料理の味がなくなつて、生かして使ふといふよりは、料理といふ一つの型になつて來てゐる。かうなるとまた墮落ですね。洋畫で今までマチエールの問題とか、所謂端的な意味でいふ技術といふことに重要性を置かなかつたことの理由の中に、矢張り日本での洋畫といふものが發生史的に負はされてゐる思想的な部面とか、そういふものが相當有力に動いてゐたんじやないかと思ふのです。だから繪は出來が惡くとも、つまり精神的なものを表現するか、つまり從來の日本畫の方でやらなかつた面を洋畫として分擔しなければならなかつたがために、マチエールの問題が第二義的に扱はれて來たといふ點がある。だから美術學校の敎授方針をいきなりやつゝけるのは、少し酷だと思ふのです。矢張り明治以後ずつと洋畫といふものゝ分擔して來た役割といふものが、寧ろそこにあつたんじやないでせうか。但し現在の段階は、そこを一つ乘越えて、それだけ大人になつたとも云へるでせうし、發展したとも云へるでせう。これは洋畫ばかりでなく、學問の方でも、今までの古い日本的な方法論だけではいけないので、中味は西洋のものを取入れてゐるですけれども、矢張り一つの惡い影響も一面あつて、學問なら學問といふものを組織し、確立する方に行き過ぎる。その代り精神的な高さには達してゐるけれども、今度は本質的なものを忘れたり、技法とか感覺とかいつたやうなもつと人間生活に密接な面を忘れてしまつて、遊離した觀念的な形式だけが押し出されて來る。これは學問でも美術でも皆同じなのですが、これは明治の性格だと僕は見るのだ。

川路　兎に角我々は忙がしく物を取入れて、忙がしくどうにかかうにか料理して來た。大部分の缺陷といふものはその結果でせう。

柳　つまり明治以後の洋畫といふものゝ持つてをつた役割は、思想表現の一つの方式だつた。本當は日本畫といふものが傳統的にそういふ部面を持つてをつたのですが、それが段々單なる樣式だけの仕事になつて、思想表現の役割を日本畫といふものは持たなくなつたでせう。そこで洋畫といふものがそれに代つて思想表現の役割を分擔するといふことになつたためにそつちの方へ行き過ぎたんじやないですか。

油繪移入の當初は

川路　初めて日本でホンタネージーが工部美術學校で油繪を敎へた時の筆記を讀んでみますと、その時分の技術はたゞ西洋畫といふものはかういふ理窟から出發して、物體を描くにはかういふ風に明暗とか距離とかいふものがある。そんなところから說き起して、その次に今度繪具の使ひ方をいろ〳〵敎へてゐる。その時分は思想的なものは殆んど何にもない、ないから單に今まで日本畫をやつた畫家が矢張りそこに入つて、今までの日本畫を畫いてゐるやうな氣持で、油繪はたゞかういふ風に繪具を使ふものだといふことだけ敎へられてをつた。西洋美術史などでも系統立つては敎へずたゞ「イタリヤに昔チシアンといふ名匠あり」といつたやうな說き方で後は何にも言はない。たゞそれだけ敎へて、かういふ風に畫くと非常に雅趣がある。雅味があるといふやうなことで、今まで日本繪でやつてゐたと同じ調子で、たゞ繪具の使ひ方はかうだ、光と陰の工合はかういふものだ、物體の遠近といふものはかういふものだといふことだけを敎へて、それでやつてゐた。ですからあの時分の方が却つてマチエールへの關心は深かつたかも知れませんね。尤もごく僅かな年限だつたからそこ迄は行かなかつたかもしれないが……。

印象派の移入問題

柳　その時分の洋畫といふものゝ受入れ方と今とは隨分違ふ。矢張り思想的なものを洋畫といふものが分擔し出した時代は、何と云つても印象派以後でせう。黑田淸輝さんが印象派を持つて來て以來、そういふ繪畫の思想的部面は皆洋畫の方が分擔してしまつて、洋畫に對する日本畫といふものゝ役割は、それ以來一個の古典として存在するやうになつて來た。だからあのやうな思想的な役割を持つてをつた印象派を日本の畫壇が何故取入れたかといふところに問題がある。成る程今日から見れば印象派を取入れて來たがために、隨分非難や間違ひも多いですけれども、しかしあの時には印象派を取入れることが歷史的必然性じやなかつたかと思ふのです。

川路　黑田さんといふ人が、あゝいふ樣式を學んで來たといふことは、日本の畫壇を相當に發達させましたけれども、或る期間非常に不透明なものにしてゐやしないですか。黑田さんの學んだコランといふ畫家は、うまい畫家だつたけれども、純粋の印象派ではなく、一種の折衷派です。色の使ひ方は多少印象派ですけれども、極くアカデミックの人です。たゞ印象派風の調色を試みたといふ程度だつた。それを黒田さんがそのまゝ眞似て來たので、兎角印象派の敎養よりも、寧ろ趣味的な敎育が黒田さんにあつた。これは黒田さんが、マネやモネを直接學ばず、折衷された印象派のみを見て來たからだと思ひます。そんな點で、多少なりとも正系の印象派といふものが意識されたといふのは、寧ろ黒田さん以後ですね。つまり二科會などが起らざるをえなかつたのは正系の印象派が文展で排斥され出した時分、あの時分が草分けでせう。丁度第二回の文展に山脇信德氏が「停車場の朝」といふ上野の驛を畫いた。それは印象派風のボアンを使つて光と空氣のアトモスフエアを畫いた。それが非常に審査員の問題になつてかういふものを入れるか、入れないかといふことで問題になつた。その時丁度高村光太郎氏が外國から歸つて來た時であつたので、あのリーチといふ英國の畫家と二人でそれを議論し合つたことがある。そしてリーチはモネのサンラザールの停車場かを描いた繪に似てゐると言つてそれを激賞した。あの頃から純粋の印象派的手法が、一部の人に享け入れられて來たのでそれまで黒田さんのやうなものを印象派だと思つてをつたところが、事實は文展で黒田さん達がそういふものを排斥しようといふ態度になつてゐた。そういふのですから、黒田さんといふものを忠實な印象派だと云ふことは出來ないし、それから印象派の解釋といふものが、果して黒田さんが正しい解釋をしてゐたかどうかといふことが、どうも我々から見て、ハツキリしないと思ふのです。例へば繪具のパレツトから黒い色を除くといふやうなことだけは學校でやつた。生徒の繪具箱にノアールのチューヴがあるとそれは不要だといつて除かしたといふ話がある。どうもその位の程度の受入れ方で黒田さんといふ人は印象派じやない、折衷派のコランを學んで來た人です。しかも黒田さんは非常に傳統的な日本趣味が深かつた人だけに一寸芒だとか芙蓉だとかいつた日本畫情趣をかく。庭なんかを畫いても、それから「小督」などのエスキースでも非常に日本的でせう。そういふ點で黒田さんといふのは、あれは小さく一つ纒まつた形じやないと思ふのです。それで西洋のレアリズムの本當のものにぶつつからないで、あれが學校の畫風でずつと來たのですが、本當に印象派的なものを感じ出したのは藤嶋さんがお歸りになつた時分からじやないですか。單なる短かい歴史的なことですけれども、そういふ風に私は感じますね。

内田　しかしその時代として、黒田さんの畫風といふものが脂色の繪ばかり見つゞけて來たその時代の人々にとつては、非常に魅力だつたに違ひない。また丁度あれが搖籃から爛熟期に向つて行く平和の時代に於て、あの優雅な黒田さんの趣味性といふものが日本的なテーマや何かと結びついて來て、當時の人々に魅力を感ぜしめたゞらうといふ感じが致します。そこに矢張り黒田さんの存在價値があつた譯でせう。

印象派は當時のアヴン、キヤルド（前衞）だ

柳　日本の印象派の解釋は、今川路君の言はれたやうなことが正當なのだが、本質的にいふと、あれがあの時代のフォービズムだつたのです。あの時代のアヴンキヤルドです。古い傳統的なものから脫却してそしてあゝいふ分野の繪を畫くといふ新しい世界を創つた一つのエポツクです。結局フランスで印象派が起つた時に、ボオドレールが現在は美術上の無政府主義が起つて慘憺たるものだといふことを言つて慨いてをりますが、それをソツクリそのまゝ持つて來た譯です。その後「獨立」あたりでフオービズムを取上げて、それが大分意識的になつて來てゐる。その以前の黒田さん時代のものといふものは、これは本質的なものじやない。しかし今内田君が言はれたやうに、その時代の人々があゝいふものに非常に魅力を感じたといふことは、そこで新しい繪畫の解釋といふものを意識したことは事實です。

川路　誰だつたか、名は忘れましたが、若し日本がフランスの繪を學ばないでドイツの繪も學んでゐたら、現在日本の油繪はどうなつただらうか、兎に角ドイツの繪をとり入れなかつたことが非常な大きい作用をしてゐるんじやないか、フランスを學んだといふことが非常によかつたんじやないかといふことを言つた人があります。

日本風景の性格と印象派

柳　日本の文化性といふか歴史性といふか、そういふものは非常にアクテイヴな感動性の國民性ですからね。

内田　近頃僕が非常に感心しましたことは僕自身印象派といふ風な仕事に興味を持つてきてゐるといふことです。それは僕は今風景をやり出してゐるのですが、春の景色なんかを畫いて見ますと、日本の自然の景色といふものは、何とも言へないハツキリしないものがあつて、何か雰圍氣で味ふ、そういふ部面がある。つまり日本の自然の中には、非常にハツキリと美しく、見出されないものがある。そうするとそれをどういふ風に表現すると一番いゝか、そういふ筋道を辿つて行くと、どうしてもそれが印象派のやうな形態の表現の方法を使つた方がいゝといふ面が、日本の風景そのものゝ性格の中に現はれてゐる。それが日本人に印象派をこゝまではびこらせてしまつた大きな理由の一つじやないかと僕は考へるのです。

南畫と印象派

高田　ブルノー・タウトが言つたことですが、日本人で印象派を最も確實に示したのは鐵齋だといふのです。印象派の精神といつた風なものを日本的に解釋したとすれば面白いですが……。

柳　江戸の文人畫などにしても、大分印象派的です。南畫といふものが印象派的で且つどつちかといふとフォーヴだね。

川路　南畫は本來印象派なんです。西洋風の「光り」といつたやうなものを重視する科學的な印象派ではないが寫實派でなく印象派なのです。

柳　同じ南畫にしても、支那の南畫と日本の南畫と較べると、全く違ふ。支那のは矢張り南畫といふ一つの確然たるコンバンションを持つて、約束の中で生活をしてゐる。それが日本に來ると、もう一種の遊びになつてしまつて、遊ぶ、道樂といふ考へ方になつたものが多い。

高田　所謂民衆的になる譯でせう。

柳　そうです、だから熊公でも八公でも一寸一筆やれるといふところに行く。これは繪を普及させる方には非常に役に立つけれども、その代り半面に於て繪の良質を荒す、美術の本質を荒すといふ點に弊害を持つてをつて、一長一短の現象じやないかと思ふのです。

しかし矢張りそれだけに日本人は、藝術的才能は持つてをつて、國民全體が好きですね。繪のこんなに好きな國民といふものは一寸珍らしいでせう。

内田　そこで面白いのは、この間或る美術家と話をしてゐたのですが、その時、牧溪の話が出たのです。そしてその當時としても恐らく牧溪の畫風以上のものがあつたであらうのに、どうしてあの牧溪に日本人が喰ひついたのだらうか、かういふ話になつたのです。

柳　それは矢張り民族性だよ。

内田　だから印象派に喰ひついたといふことも矢張り同じ流れを汲んでゐるんじやないか。そういふ風に考へると、これは非常に興味があることじやないかと思ふのです。

エコールは觀念として受入れた

高田　ところで印象派の本當の立派な繪といふものは日本人が畫いてゐるでせうか。

川路　今までにですか。

高田　例へばフランスで見ることが出來たやうなものですね。

柳　だからそれはエフエクトの問題じやない。繪畫する態度の問題として入つてゐるのだ。

高田　つまり方策としてゞすね。

川路　エコールがすべて觀念として入つてそれで終るから、作爲として代表的なものが殘らないのだ。

柳　さうだ、觀念としてだけ入つたのだ。早く言へばそうです。だから印象派によつて一つの歴史を作るといふ段階まで行かないのだ。

川路　少しも歴史的に殘つてゐないですね。

高田　我々がじつと考へてみても、これが印象派の日本人の代表的な作品だと思はれるのは、一寸探すに困難しますね。

思想的背景あつて作品なし

柳　それは獨り印象派ばかりでなく、思想的なエコールを背景に持ちながら外國から入つて來たものは、何時でもそうなのです。印象派もこれが印象派だといふものが殘らなかつたし、キユビズムでもフオーヴでもみなさうなのだ。何かそういふ新しいものが入つて來て、初めは丁度苦鹽の水を通して行くやうに、動きだけの上に成立する。だからそういふ現象がずつとあつて、それが一度靜まるとか、或ひは落つくとかすると、そこに初めて何時でも本格的なものが生れて來る。これは日本の美術史では、天平以來の性格だと思ふのです。

川路　まだ靜まる暇がない譯だ。

柳　それがどうして靜まるかといふと、或る樣式が入つて來る。それが或る透過の期間を通つて、そして日本的なものが押し出されて來た時に、そこに何時でもいゝものが出來る。ところが暫く經つと、今度日本化され過ぎるか、或ひはそのまゝの形で外國文化として殘るか、この二つになつてしまふ。そうすると日本化され過ぎて大陸文化の持つてをつた本質がなくなつて來ると、また次の新しいものを引張つて來る。そういふ風なのですから、日本の文化性の持つてゐる非常なアクテイヴイテといふか、感動力といふものから考へて行かなければ、そういふ現象は摑めないじやないですか。

文化交流の底止が日本化の契機

高田　つまり文化が交流して、影響を蒙つてゐる間は、動いて行く。ところが何かの機會に交流が止まつた場合に、こちらにあるものに向ふのものを加へて新しい日本的なものが出來て行く譯でせう。

柳　それは止まる、止まらないは別問題ですけれども、そういふ交流が止まることが一つの切掛けになる場合はありませう。それが止まるとそうすると已むを得ないから、自分自身の足で歩かなければならぬといふことになつて來る。そこに新しい日本的なものが發生して來るといふ事になる。

内田　ところが淺井忠だとか中澤弘光だとか、あゝいふ人は非常に日本的なところがあつて、しかも日本の印象派を改善させた人じやないかといふ氣がするのです。

川路　あれは印象派じやないでせう。

内田　しかし印象主義から入つてゐることは事實でせう。

柳　あゝいふのがあの時分の傾向だつたのだ。

内田　淺井忠といふ人は、自然主義のやうなところもあつたですけれども……。

或る史觀としての對立

柳　だから石井柏亭さんが隨筆の中で面白いことが書いてあるのです。それは小山正太郎が向ふから日本に歸つて來た。その時、マネーの繪で問題になつた例の「草上の晝飯」といふやつを見て來た時の話です。あれは一八七三年の展覧會に來たやつですが、プチ・パレーで展覧會があつた時にそれが陳んでゐた。それを小山正太郎が觀て歸つて來て、或る處で非常に落ちつきの足らないつまらぬものだと言つて貶した。それを石井柏亭さんが横で聽いてゐて、その落ちつきの足らないところが面白いんじやないかと僕は思つたといふことを石井さんが書いてゐるのですが、これは非常に面白いと思ふのです。つまり小山正太郎といふ人は、その意味で矢張りルネツサンス以來の古典的な美術をすつかり知つてゐたといふことになる。そういふ意味で小山正太郎といふ人もなか〳〵偉い人であり、同時に石井さんが新しいグウとしての立場からマネーのモドレーの足りないところに新味があると見たことも、なか〳〵面白いと思ふのだ。結局系統どいふものは、一塊りになつて來るものじやなくて、いろ〳〵な經路を通つて來るから、多數の殘りがある譯でせうし、その殘りは日本に入つて發達して行く場合もあるし、或る殘りはそのまゝ單なる樣式になつて亡びて行くものもある。一概には言へないでせうけれども、そういふことがある譯です。

日本人のパレツトは印象派だ

内田　かういふ話があるのです。これは一番最初に言つた岡君なんかの繪具の議論にまた歸るやうだけれども、この間美術團體聯盟で、銘々の使用する繪具のいろ〳〵の名前を畫家に書かせて調べ上げてリストを拵へ、それによつて文房堂で繪具の賣上高を調べたのです。例へばホワイトはどの位從來賣れてゐるか、ビリヂヤンはどの位、コバルトはどの位といふ風に分けて調べて見ると、その結果はどうしても印象派のパレツトを思ひ出させるやうな繪具が一番澤山使はれてゐるのだ。だから印象派以後に於て日本には後期印象派も入つたし、所謂フオービズムも入つたし、樣々な樣式のものが入つて、それを吸收しながら繪具だけは依然としてそういふ傾向の繪具が多く賣れてゐる。これは一寸面白いことだと思ふのです。

（以下次號）

旬報

愈々秘藏品を披瀝し 根津美術館第二次開く
大興亞文化の教訓を含んで

赤坂區青山の根津美術館では去月二十七日を下見、二十九日から本月一日に亘つて第二回目の所藏品展觀を開催した。まづ玄關には二領の能衣裳を陳列したが白紅淺縹段花鳥縫箔の衣裳は豪華絢爛な桃山を承ついだ江戸初期の作と、同中期の白茶地孔雀唐草唐織で目ざむるばかりこれにつゞいて第一室に入ると濃厚な氣分は夏なほ寒しといふ氷の双に清拂され、廣光、來國俊の重要美術品に聖戰勇士をも心に偲ばせ勇躍の氣の漲ると思へば、

太刀に連續して鐔の面白さに溺る。山城伏見住金家、信家安親、月、光興、天光堂秀國より夏雄作「牡丹蝶圖」に至るまで八枚の鐔に室町から明治中期に至るまでの系統をつくぐ＼眺昧する。

この室に、室町の「嵯峨山蒔繪硯箱」と、江戸の「石山寺蒔繪源氏物語箪笥」の二つがある。蒔繪の名作として根津嘉一郎氏遺愛品中に有名なこの二つを併せ同時に見かへり見かへす處に室町時代に興つた新技法が江戸に傳承し變轉した經路を思はせられて、美術館陳列品の選擇委員の努力の容易ならざるを思はせ、愈々陳列上の活躍を期待してやまぬものがある。斯くの如くあらば根津美術館の開館は待ち憧れられ、短期日はいよ／＼尊くなるわけである。

瀬戸の獅子陶は國寶として有名だ。この姿を描いて各種の作陶が成されたが、「獅子香爐」一對作は就中すぐれて「名物」である。「名物」の陶にはもう一つ「この世香爐」がある。和泉式部後拾遺集にある「あらざらむこの世の外の思ひ出に今ひと度の逢ふこともがな」の歌の意によつたものでこの銘がある。

この二香爐は利休所持で傳來由緒の豐かなもので、古三島、祥瑞、古備前のいろ／＼の形容な水指など今回の陶作で敎へらるゝものである。

江戸時代の漆藝中、印籠は殊に時代的の特色と性質を藏して一種の世界を創造してゐるが、梶川作から古満休伯を經、明治の是眞に至る十六作が同架展列された。

第三、四、五室の殷代王家の古銅器。四面佛龕像。

第六室の中興名物正木茶入、古薩摩茶入、御所丸、安南、信樂の茶碗や明の兜布茄子香合、泰のスワンカローク窯宋胡錄柿香合は 大興亞先人文化將來への教訓を多分に含んで考へさせられる。

第七室の愛染明王と觀音像や曼茶羅、啓書記の國寶「山水圖」紹仙の重要美術「山水圖」と牧溪といふ重要美術品「濡れ雀」光起の「源氏朝顏圖」などいづれも天下の一品で、「手鑑文彩帳」のいろ／＼、墨蹟等であつた。（口繪寫眞參照）

狩野晃行氏とその展觀會場（白木屋）

日本文化美術家協會 新たに結成さる

今回左記諸氏に依つて日本文化美術協會が結成された。これは、繪畫、工藝、彫刻に携る者を以て組織し、その研究と發表とを目的とし、毎年一回及び隨時隨所に於て展覽會を開き、其他文化一般の研究會講習會などをも催す。會員及び會友を各若干名置き、會員、會友は、他の公募展に出品する事は出來ない事に規定されてある。年一回總會を開き、展覽會及其他の件に就て決議し、會員は總會の決議を經て會務を分擔し、會員からは會費として年額一百圓、會友からは年額五十圓を徴收する。同會事務所は世田谷區祖師谷町二ノ四六〇（電話砧四七七番）に設置された。

（會員）今西洋、彌吉明、濱中勝、小林かねよ、原のぶ子、澤田美喜子、片山健吉、岸田麗子、高橋貞一郎、齋田喬

現代美術四回展 府美術館で好況

第四回現代美術展は、公募作品を嚴選の結果、入選は第一部（東洋畫）五十一點、第二部（西洋畫）五十二點ときまり、六月八日から十八日迄上野の府美術館で陳列公開、會期中好況であつた。

▽▽▽ 輝く第一回鮮展初特選 △△△

第一回鮮展入選作は五月廿八日その發表を見た。その初特選を拾つて見ると、第一部の東洋畫では京城の松岡重顯氏の「鷲」これは縱五尺、横一間の大畫布に五羽の猛禽が周圍を睥睨してゐる姿態を描いた力作である。第二部の洋畫では初特選四點、その中の京城の高橋武氏の「五月の午後」は、大空に舞ふ鯉幟を農家に配し、聖戰に示す銃後の豐かさを象徴してゐる。第三部彫塑では京城李國銓氏の「首揚」一點、第四部工藝では、初入選四點で、京城の濱口良光氏の「華角張文庫」と題するものは、手ぎはの美事な彩色を牛の

豫報

閃人社四回展

閃人社の第四回展が六月廿六日から廿九日迄銀座の菊屋ギャラリーで開催される。同人はいづれも伊東深水氏の薫陶を享けた遠藤燦可氏他十一名。出陳作品はそれ／＼六尺内外の大作各一點宛、倘深水氏の贊助出品が二三點展示される筈。

石井鶴三繪畫彫刻展

石井鶴三氏の繪畫彫刻作品展が精藝社の主催で六月廿七日から卅日迄銀座資生堂で開催される。展示作品は氏の理想たる繪畫、彫刻一如の精神を主催者精藝社が普く紹介すべく努力の結果木彫と水墨十數點の出品を得たもので、其主なる作品は「獅子舞屏風」「不動明王」「南支風物」「木彫獅子舞」其他で、大いに期待されてゐる。

相模金三郎個展

相模金三郎氏の近作洋畫展が六月廿五日から廿八日迄日本橋の三越本店で開催される。氏は官展に入選する事六回、其後畫壇から隱退の姿であつたが、今回久し振りの個展で、出陳作品は、葡萄、水蜜桃、林檎、薔薇其他靜物ばかり約三十點の豫定。

大矢黄鶴日本畫展

大矢黄鶴氏の日本畫展が六月廿四日から廿八日迄日本橋の白

角張りで表面に浮かせた搦蓋式の精緻な手文庫である。

大禮記念京都美術館

常設陳列再開す

大禮記念京都美術館の常設陳列は、第七回市展開催の爲め一時中止の處六月一日より再開した。日本畫は同館所藏の東西諸名家の力作約三十點を始め、故幸野楳嶺畫伯の草稿數點、又、彫塑、工藝は同樣同館所藏品を夫々陳列した。洋畫部では六月一日より二十九日まで特に泰西諸名家の傑作三十點を陳列する。今回展は同館初めての催で其の蒐集に努力を拂つた逸品であるから一般鑑賞家の興味を唆るに充分である。其内主なものは既に定評ある重要美術品コロー作「ヴイル、ダブレー」、クールベー作「花」の外文藝復興期の諸作を通じ近世初期のドラクロワ、クールベー、ドガ、ペックリン等の諸作は特に逸品である。又、菊池契月氏秘藏のヴァン・ダイク作外二點は門外不出の名作である。尙最近同館へ左記諸作品が寄贈された。

（日本畫）北澤映月作「明裳」（內貴淸兵衞氏より）、森守明作「爽晨」（作者より）幸野楳嶺作「皇居皇后宮御常御殿御杉戸下圖」（四幅）（遺族幸野西湖氏より）、「東本願寺大師堂並御影堂壁畫草稿」（一卷）（同氏より）、（洋畫）淺井忠作水彩畫「コロンボ港」（遺族淺井安氏より）、同作「樹蔭山羊」（右同人）、（工藝）故神坂雪佳作「漆畫人物祭禮の圖飾箱」（遺族神坂吉明氏より）

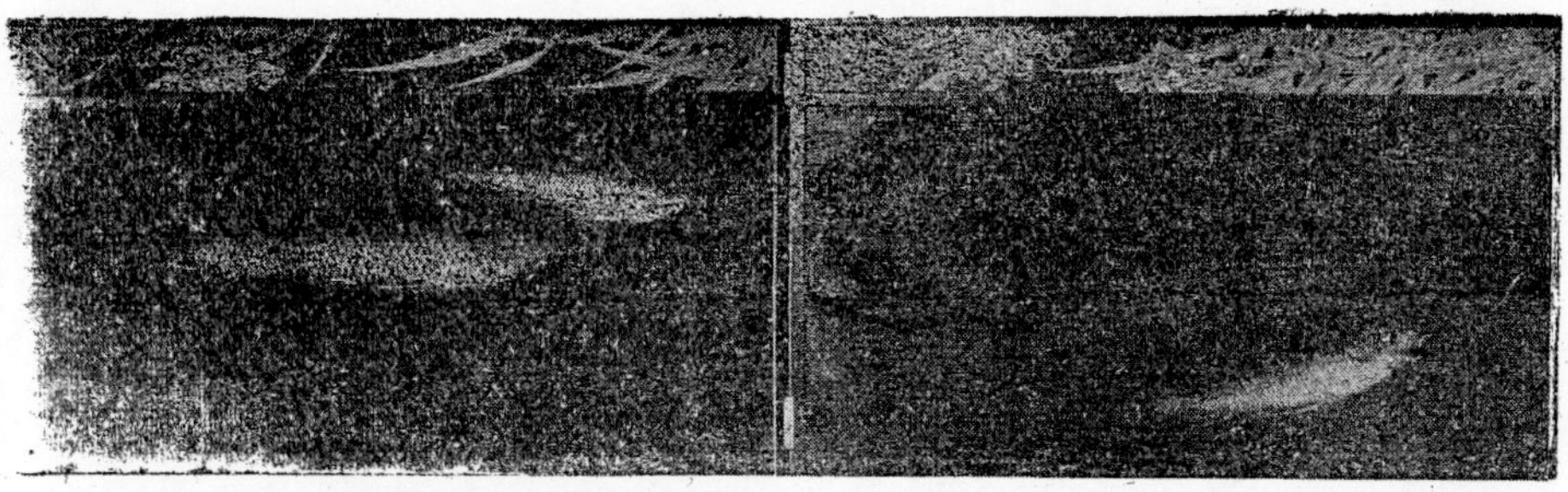

二曲屛風（日本漆藝院展） 室瀨春二

全日本工藝美術第一回展

高島屋で盛大に開催・新人賞七氏

工藝美術作家協會の第一回全日本工藝美術展は、文部省及び商工省の後援で、六月三日から七日迄日本橋高島屋八階で盛大に開催された。出品點數は四三〇點、特別陳列は南方共榮圈工藝美術品一〇〇點、外に陸海軍傷兵慰問工藝品見本を陳列した。新人賞は、新人作八七點の內七點、左記の通りである。

天目釉梅模樣花瓶 一（京都）萬代正一（草山）、漆二曲屛風一（東京）巽勇、漆魚紋衝立一（東京）稻塚芳郎、染二曲屛風（春光）一（石川）村田與一、乾漆香爐盆 一（石川）奥澤鮎練、黃銅花鳥文飾盆 一（東京）杉野一彥、紋樣爐屛風一（大阪）山本立軒

展覽會の暦

▽中谷ミユキ洋畫展 六月廿三日から廿六日迄銀座資生堂ギヤラリー

▽現代美術巨匠作品展 六月廿三日から廿八日迄上野松坂屋

▽公定價に依る優秀工藝品展 六月廿三日から廿八日迄上野松坂屋

▽大矢黃鶴第一回日本畫展 六月廿四日から廿八日迄日本橋白木屋五階

▽日本山岳協會油繪展 六月廿四日から廿八日迄日本橋高島屋

▽濱田庄司近作陶器展 六月廿四日から廿七日迄銀座鳩居堂

▽相模金三郎洋畫展 六月廿五日から廿八日迄日本橋三越

▽童林社第十回展 六月廿六日迄上野府美術館

▽閃人社第四回日本畫展 六月廿六日から廿九日迄銀座菊屋ギヤラリー

▽丹蛙會展 六月廿六日から卅日迄銀座青樹社

▽石井鶴三繪畫彫刻作品展 六月廿七日から卅日迄銀座資生堂ギヤラリー

▽構造社第十五回展 六月廿七日迄上野府美術館

▽日本女子美術院展 六月廿七日迄上野府美術館

▽大日美術院第五回展 六月卅日迄上野府美術館

▽鈴木日出兒第一回日本畫展 七月一日から五日迄日本橋白木屋五階

戰時下衣料應用圖案展

全日本染織圖案聯盟

全日本染織圖案聯盟では商工省並に京都府、市、商工會議所後援のもとに六月十一日午前十時から午後四時まで京都市美術館において「戰時下衣料應用圖案展覽會」を開催、織物帶地、着尺友禪、輸出向圖案等約二千點が出品された。これらは全國に散在する會員八百餘名が大戰下の服飾文化に思ひを馳せ、殊に南方の天に構想の因を求めてこれを雄渾なる思索のうちに收め、以て簡明素朴な日本的近代美の創造に貢献せんとの氣魄に滿ち溢れた力作のみによつて占められてゐた。

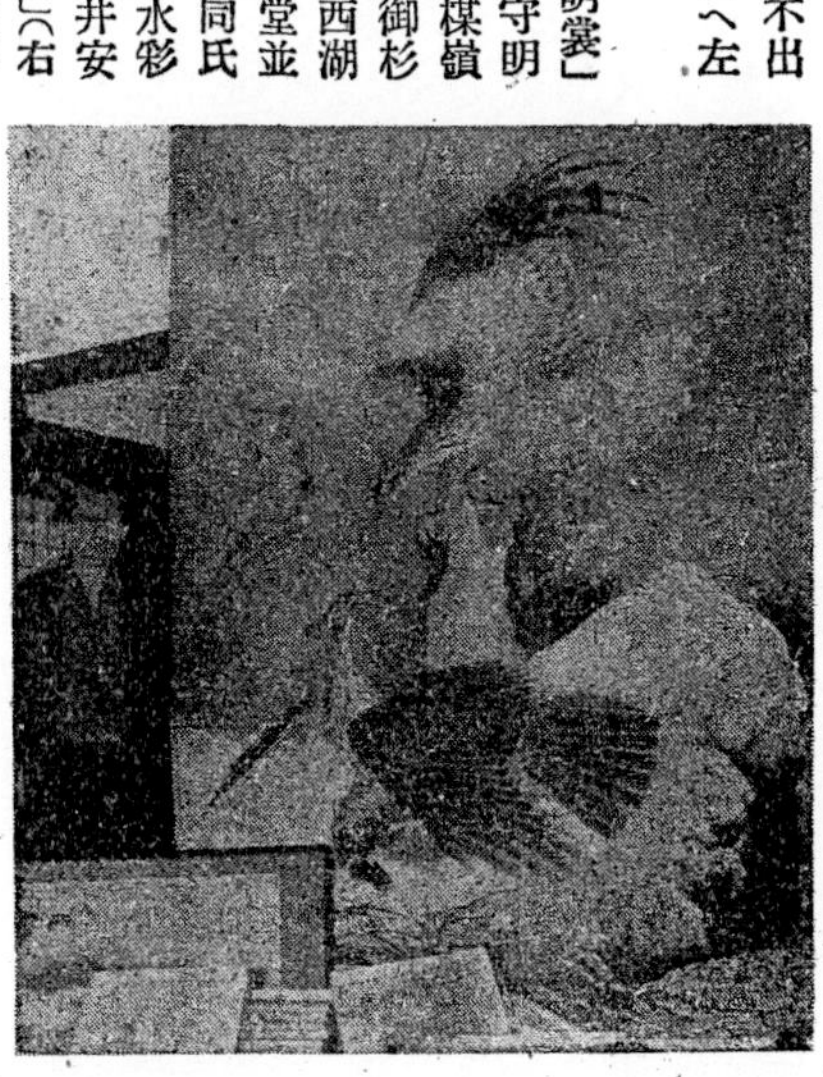

福田翠光氏とその獻納畫（記事參照）

福田翠光氏 海軍へ獻納畫

京都畫壇西山翠嶂畫塾靑甲社元老福田翠光氏（京都市左京區岡崎法勝寺町）は、帝國海軍の米英擊滅の大戰果に感激し、畫人として感謝の至情を捧げるた

木屋五階で開催される。氏の作品發表は文展以外今回が初めてゞ、出陳の主なものは、二曲一双の大作「扇面ちらし」、二尺橫物の「芥子」、尺五の「初秋」「錦秋」其他氏の得意とする山水花鳥十八點。

京都工藝美術展

京都工藝美術協會では第十二回京都工藝美術展を今秋十月廿五日から廿九日までの五日間岡崎公園京都美術館、十一月十日から十四日までの五日間東京市日本橋の高島屋で開催する。出品物は、染織、刺繡、陶磁器、金工、木竹製品等の工藝美術作品。

七星會員等展觀

七星會員、美術新協同人、鈴木日出兒氏の日本畫展は愈々七月一日から四日まで（既報四日迄は誤り）日本橋白木屋で開催される。第一回展とあつて期待されてゐる。

め、舊文展第十回に出品して好評を博した「擊搏」の大作及び尺五の大横額と廿點との額面畫とを舞鶴鎭守府へ五月廿七日の海軍記念日に献納した。

「擊搏」の大作は、二羽の大鷹を描いたもので構想雄大、九尺に八尺の力作である。海軍への献納畫として誠に相應しいものなので、同鎭守府では、この「擊搏」を今秋竣工する海軍の記念館に揭げ永久に保存することになつた。又尺五の大横額は松に鷹を描いたもので、これは舞鶴海軍病院の貴賓室に揭げられる。更に廿點の額面畫は四季の花鳥畫を描いたもので、同病院の各病院に揭げられる。尙尺五、の大横額と廿點の額面畫とは同氏が去月上旬舞鶴海軍病院を慰問した時壁間に飾額がないので、もの寂しく感じ、歸宅後想を練つてこれを制作したものである。

府美術館建設功勞者

佐藤慶太郎傳

出版記念會賑ふ

眞實の國士として崇敬され、その晩年には生活刷新の大運動に全身を打ち込み國家社會に夥しい貢献をした故佐藤慶太郎翁の三回忌に際し、その傳記が完成上梓されたので、これが出版記念會が六月八日午後五時半から神田區駿河臺一ノ一大日本生活協會食堂で開催された。當日が大詔渙發第六回記念日であつたことは、この催しに光彩を加へるものであつた。

出席者二十四氏いづれも帝都に於ける各社會事業團體の代表者又はその代理であり、その生前社會事業に盡瘁した故佐藤翁の德風を偲ぶに足りる會合であつたが、唯、東京府美術館建設の功勞者であり、その建設資金百萬圓を寄附した故翁の恩義に酬ゆるものとして、わが美術界から僅かに朝倉文夫氏のみが出席したことは慊らなかつた。

會は、故翁の養嗣子佐藤與助氏（明治專門學校敎授）の挨拶に始まり、故翁が提唱してゐた「食生活合理化」に相應しい極めて簡素な食事の饗應があり、丸本理事司會の下に、故翁がその晩年に社會事業の爲全資力と生命とを傾注した前後を通じ、最も善き又最初の相談對手であつた故二木謙三博士の追憶、故人の遺德回想など有益な談話が交され、和氣藹々裡に同一時過ぎ散會した。

尙、上梓された故翁の傳記には、故翁が東京府美術館建設資金として百萬圓を提供したばかりでなく、大阪の市美術館建設にも功勞を遺し、生活改善の爲全資財を傾けた經緯、その敬仰すべき生涯の全貌が收められて餘蘊がない。

正統木彫展評

大藏雄夫

大いなる轉換の日に生れ合せて彫刻する喜びを感じ澤田、三木、阿井三氏が青春を呼戻しての闘志に伴奏して、會內の意氣旺んに、何物にも去勢されず、定型にはまらず、色々の傾向の作品が列んでゐるので面白く見た。その中には、まだ人形と彫刻の境の分らないやうな困りものも多少あるが、一方、時代人文化人として、青春の精神に充ち、彫刻の本質に基いて、謂はゆる傳承傳習（傳統ではない）の殼を破らなければ、もう浮かばれないと云ふ時代を自覺する四五の新人が活躍してゐるので、意を强うした。どんなに文化の花が咲いても、青年の精神が枯れてゐては、國家は衰微する。それと同樣、若い作家が無氣力で、いつまでも封建的腰抜けであつたなら、この國の彫刻は滅亡する。私が常に青年作家に至大の關心を寄する所以も玆にある。

先づ、故西村雅之氏遺作の前に佇つ。『倭建尊』は巢鴨新田時代の作で、常識的な眞面目なものだが、中野の道玄に移つて以來、すなはち『道成寺』から、『技藝天』、『神功皇后』、『觀音』など典雅優美な大和繪風の彩色をもつて、その特長を發揮してゐるが、量感を重んずる彫刻において、あまりに輪廓の流麗さのために本質を損はれ易く、立體的迫力に乏しい憾みがある。併しこの技風は故氏の修業年代の然らしむるところで、已むを得ないことであらう。帝展第十三回出品の『女院』と、近年作の『鷲』は、淸澄な配色の諧調ある力作で、殊に鷲は上品で一番いゝ。それから、故氏が半生を傾注して、美的情操の上に少なからざる貢獻をなした能面が三十面ある。『近江女』、『增』、『泥眼』、『翁』、『牙飛出』など、制約された樣式のうちに、表情の變化を示し、隅から隅まで細心な注意が行屆いて狂ひなく、非常に凝り性であつたことが分る。

澤田晴廣君の『繚爛』は、高一丈に近い大作である。意志的創造性を昂揚して、大膽な荒削りによる素材の豐かな量感を生かし、モチーブを成功せしめ、それを藝術化したが、前方の女體の肩、さげた右手の部分など透視的に見たゝめか、可惜、量を逃がして了つた。顏は豐滿で美しい。

佐藤靜司君の『頭部』は彫刻に對するよき理解と、エスプリーがひらめき、正面は靜かに美しく燃えてゐるが、側面の耳の部分、頸筋への繋がり、おさげ髮の襟あしに、不可缺のアクセントが流れず、意志を截斷したのは惜しい。兎に角、この協會の珍であり、上り坂の苦惱がある。

三木宗策君の『大葉子』は、から國の城の上にたちて大葉子はひれふらすも大和に向ひて——の萬葉から取材した勇敢な大作で、婦女の面貌に悲壯感が與へられ、姿勢も落ちついて騷しくないが、技術の達者に委せて衣褶のこなし方、面の考慮をゆるがせにした傾きあり、裳裾のもの柔かな動きを見ない。

圓鍔勝二君の『はなたば』は、構想に時代を被ひかぶさりながら、思ひつき藝術に終らなかつたのは幸ひである。併し、人體のデテイルに捉はれ、且ついくぶん雜念も交つてゐる。もつと自然觀照を極めて、直截にノミを打ち下すと、南方の素朴な美しさ—實感—が表現されるであらう。

阿井瑞岑君の『無二』は興福寺の十大弟子を想起する作品で、訓練ある彫技によつて自己を主張してゐるが、古典的傾向の作家の通弊をなす面の觀察が不充分で、足部の衣褶は肉體の中に喰ひこんでゐる。自重を要望する。

和田金剛君の『南風』は、氣力あり、モデレーを通じて、目標に進んでゐるが、認識感上昇せず、母體のまるくふくよかな乳房をいたいけな幼兒の口に與へんとする、彫刻的モメントを缺く。

今城國忠君の『母と子』は、顏は少しぎごちなく、上半身のヴオリユームが、下半身のヴオリユームに對して負けてゐるので、下半身が弱められた。併し彫刻の意味を知り、彫刻のもつ全體のものに觸れようとする好ましい努力作で、往年帝展特選の裸體木彫の失語症の如きに較べて格段の進步である。

橋本高昇君の『鷹』は、克明な仕事に感心するが、もつと鷹としての威嚴をたもち鋭さが欲しい。

この他、本田德義、先崎榮伸田籠之朗、佐藤勝輔諸君の作品に注意した。

藤田氏等渡滿
七月上旬國展審査の爲

來る八月十日から開催を豫定されてゐる盟邦滿洲國の國展審査員に選ばれた須田國太郎、福田平八郎（以上京都）及び藤田嗣治（東京）三氏は七月上旬相携へて渡滿することとなつた。

日本最古の銅版畫「聖母子像」犯人判る
哈爾濱市へ高飛潜伏中を逮捕

長崎市大浦天主堂の「聖母子像」が紛失した事件はその後長崎縣警察部の取調べの結果同天主堂に關係あつた同市城山町北五條二二岩永正巳（四〇）が同版畫を寫眞と入れかへたこと判明、岩永のハルピンへ高飛び潜伏中を逮捕した。右「聖母子像」は竪七寸、幅四寸六分の紙本墨刷で耶蘇教傳來と共に日本で銅版として製版され印刷された最初のものであり、わが文化の上からも重要な資料で、世に「有家版畫」と謂はれてゐるものである。猶同版畫が金三千三百圓で神戸の南蠻蒐集家池長孟氏に藏されてゐることなど、本誌六月上旬號詳報の如くである。

―消息―

▼三輪鄰氏　この程大政翼贊會を辭し商業報國會中央本部主事に就任。
▼三輪晁勢氏　京都市上京區上賀茂北山町六に轉居。
▼今西洋氏　今回一身の都合に依り片山健吉、高橋貞一郎兩氏と共に新古典美術協會を脱退日本文化美術家協會に入會
▼岸浪百艸居氏　「百艸居個展圖錄」を刊行した。
▼笠松紫浪氏　海洋美術展名譽の授賞に選まれた。
▼栗原信氏　その戰線に於ける實際知識を以て朝日新聞の連載小說「熱風」に挿繪を執筆中
▼吉田映二氏　決定版「鈴木春信畫集」を編著中、春信研究の比類なき權威に待望さる。
▼沼田一郎氏　去る十日滿洲へ向け出發、六十日の豫定。
▼佐波甫氏　豐島區椎名町八丁目四〇〇一へ移轉した。
▼水上泰生氏　豫てよくなつた咽喉の徹底的治療のため福岡市中島町松島旅館に滯在中、もう一度切開する模樣。
▼水澤澄夫氏　觀光局から此程國際文化振興會に榮轉した。
▼田中壽坪氏　去月新潟縣赤倉へ旅行親しく岡倉天心舊邸を

漆◇と◇陶◇彫
辻工房二回展　日本漆藝院六回展
日本陶磁彫刻二回展

渡邊素舟

○

若い作者のすくすくと芽生えて來るのを見護つてゐるのは樂しい一つの歡びである。辻工房二回展を資生堂に觀たが誠に解放された淸新なものに觸れたといふ感じである。然もこれが茶道から生れた一つの全く新しいものだと感じさせたところに興味多い義があるやうでもある。作品はすべて乾漆だがざくつとした膚觸りのよさには氣樂に親しめるといふ氣持もするが、どこやらに下手物ならぬ民藝の觸手も感ぜられて漆としては一つの獨自の世界らしくもある。

見たところ壺と水盤と額と鉢と位なものであるが、面と形とから成つてゐるといふ點からいへば一つの彫塑であり、塊と膚の味とで押し切つてゐるところに新しさがある。ボデーがそのまゝに鉢となり、圓い塊に小さく締め括つたやうな口をつけたのが壺であり、一輪生であるところに面白さがある。無論この形は多面的にして自由な角度から切られてゐるところに知性も見えるが素朴さを失はないところに性格がある。殊に大きい角皿形の水盤は水も共に鑑賞の一役を果たしてゐるところに一つの絢しさを加へてゐるし、漆の額には枯花のモチーフを扱つてゐるなどなかなかの味である。一輪生の花もみな自分の庭の草花をのみ選んでゐるやうであるが親しめる態度である。名を光典と呼ぶピチピチとした若者である。

○

かうした若い潑剌たる作品を見てから日本漆藝院を見たのであるが、全く前者の雰圍氣とは違つて傳統技術の粋を行くものの精華といへやう。特に渡洋を象つた福澤健一氏の卓の甲板に蒔繪された千鳥に銀波は麗しい手法と雰圍氣を見せたものとして推賞してよいものといへる。あのしぶきに塑つた波文を縫つて大きいカーヴを畫きながら勢ひ込んで往く千鳥の編隊は海の荒鷲を象つたものらしいが、この形は直覺的に室町の手箱を起させるものなだけに一いきの工夫が欲しかつたとは思ふけれども、銀波を縫ふ金鳥に和した手法のよさは誠に氣韻の高い麗しさではある。東洋無二の蒔繪の手法は大東亞の指導技術の一つとして誇るに足る文化であらう。守屋松亭氏の卓も技術の確かな麗しさが示されてゐるし、高井白陽氏の卓も確かなものであることが窺はれる。傳統を超えて、而も傳統を築かうとするものゝ努力がいかにひたむきなものであるかゞ察せられる。梅澤隆眞氏の木地蒔繪もこの意味に於ける一つの息吹きの新しさである。

○

大村素峰氏の富士の額もちかごろなかなかの努力であるが、尚多く、藍に染色のやうな感じを見せてゐるのは特色のやうに見える缺點であらう。勿論雲の寫實感をあれまでの自由さに使ひこなした技の調べには相當な努力が拂はれたことであらうが一いきの單純化に成功するならば氣品の高さは一段と潔きものになる筈である。石井出口氏の額は總じて畫き過ぎてゐるやうであるが、一本の草本を寫したものがよいやうである。

小品ではあるが三田村自芳氏の角形の香爐には力强い重厚なものゝ動きがあり、吉田醇一郎氏の象嵌には貝の特色の一つが見えて興味がある。

入選作品では木村天紅氏の夾紵盛器の潑剌たる圖案がよく、島田春光氏のけいとうの額皿には冴えた一つの鋭さがあり、吉谷嘉寛氏の盆には蟹の出來榮えが一つ飛び離れてゐるといふ感じである。共にそれぞれの特長があつて推選されたやうであるから今後の發展が期待されやう。尚、入山白翁氏の小屛風も惡くはない。

○

陶磁彫刻が獨立したことは結構であり歡ばしいことである。それだけにまた努力一しほのものが待たれるといふことにもなる。沼田一雅氏の昨年の龜は非常に力强く好ましいものであつたが今年のものは感銘が淡い。健剛童子は技巧も精しいし愛すべきものでもあるが便化に過ぎた形なせいか印象が淡い。エビの額面も潤達ではあるが、味ひに乏しい。小川雄平氏の仔犬の群像は强く愛すべく好ましいものであり、筆觸も大きく太く然も溫い感じに包まれてゐる。龜は寫實的には面白いが稍々弱い感じがあり灰皿のかぶとは愛すべき小品だが釉藥の色に性格味が淡い。泉二勝麿氏の狩三對のレリーフは石膏ではあるが寫實も便化も確かであり構成も緻いから陶磁の彫刻にして建築にでも用ひたら面白いものだかも知れない。とまれ來年からは一いきの嚴選を希望したいものではある。

◇　◇

訪ねた。同邸には天心臨終の室を完全に保存、目下庭園修覆中。

訃

▼小泉勝爾氏令息　長男勝也氏は病氣のところ本月六日逝く

▼三尾呉石氏令息　長男正學氏は病氣療養中、本月十一日浦和市本太前地の自宅に逝く。

▼與謝野晶子氏　去月二十九日荻窪の自邸で逝去した。文壇的地位の外に巴里に滯在中油繪を畫いたので歸朝後女子洋畫壇の一メンバーとして擧げられてゐた。一昨年腦溢血症で倒れる迄、駿河臺文化學院の學監と女學部長をし幾多の俊英を育成した。六月一日青山齋場で告別式。

▼近藤市太郎氏嚴父　來月は過般逝去した近藤氏嚴父、琴曲の家元近藤萃芳氏の新盆法會を營むが、故人は今から三十四年前の四月十日に新婚生活に入り、去る四月九日に逝去したのであるから、正に滿三十四年目を數へたといふ奇縁である。親戚の通夜に行つた明け方、急に萎縮腎に依る動脈硬化症で其儘倒れたので酒も煙草ものまず、五十五歳といふ若さであつた。門弟は全國に多く名取のみでも四五十人を數へ、目黒區の三曲隣組長をして三月には箏曲「征戰の曲」を作り演奏會の収入を擧げて陸海軍に献金したが同曲譜は非常な苦心のもので、しかも最後の絶曲となつた。翁近藤氏は今般下目黒四ノ八七二（電話大崎四三九八）に移轉した。

美術經濟

順調に行ってゐるか 繪絹の配給（1）

日本畫製作資材統制協會を覗く

繪絹の配給に備へて出來た日本畫製作資材統制協會は、二月十九日その發會式を擧げたが、爾來の經過はどうであらう――かと牛込區矢來の同協會事務所を訪うて見る。

日曜祭日を除く毎日、午前九時から午後四時まで、幾人かの事務員が机をならべて毎日平均十三四人に當る入會者の受付や手續に忙殺されてゐる。七八月頃は秋の美術期を目の前に控えることとて、特に多忙であらうから、暑休は出來まいとの事だ。聖戰いよ／＼熾烈の時であるから、暑休などといふ歐米風な舊體制は現在の日本ではないことだ。血みどろ必死の美術奉公のため折角の精勵を望んで置く。

神樂坂上を電車道路を突切つて、まつ直ぐに突當つた處に矢來の巡査派出所がある。そこで、「矢來五十九番地は」と尋ねたら、「日本畫製作資材統制會へ行くのですか」と、巡査が反動的に聽いたのを見ても、如何に事務所への訪客が多いかが知られるのである。現在でこそ毎日十三四人平均の受付けであるが、二月十九日發表の直後は入會者群が潮の如くで大變であつたさうだ。勿論その潮を受付けるのには、現在のやうな小さな事務所では扱ひ得ないので、協會でも豫め上野公園の梅川を二十七、二十八、二十九の三日間借りて事務を執つた處、四百人近くを受付けた。

六月初旬現在では東京二千三百人、京都千二百人、大阪千人名古屋五百人といふ大體の入會數が、各支部の臺帳にあらはれた數字で全國で五千人の日本畫作家を收容してゐる譯である。

普通刊行されてゐる日本畫家明鑑の類では日本畫作家は約二千人位である。隱れたる若い人を見越して三倍に見つもり六千人位の入會者があり、凡そそれに準じる配給が豫想されてゐたらしいが、壹萬人突破も遠いことでない模樣である。日本畫作家の數といふものは、職業屆も不完全でありハツキリしない生活者もゐて嘗つて統計は困難視されてゐたのであるが、今度大體の數が、現れて來たわけである。

東京での毎日の受付は、十三四人と書いたが、これは使用申込で、これ等の人々が繪絹切符の請求や交換切符は毎月三四十件に及び郵便局や銀行と同じく土曜月曜は更により多數が殺到する。

「交換切符」といふのは、從來切符を受けてゐた人が繼續して受けることで、舊切符と新切符の切替の意味である。（つゞく）

―業界消息―

▼高山開治郎氏　銀座一丁目の新書商の老舗、東京美術館經營者で蠣殼町の商機新報社社長を兼ねた氏は永らく病氣のところ五月二十五日逝去した。氏は仁侠を以て知られ、洋服の下には倶利伽羅紋々を藏し豪快な氣性であつた。嘗て小室翠雲氏の盛時、氏に痛棒を加へて其正義觀を示したことは有名な話である。「開雪」といふ號で南畫風の繪や陶畫の餘技遺作がある。

訂正　前號經濟面記事中、本山氏は春峰庵事件に關係なき由に付訂正します。

「旬刊」美術新報
昭和十七年六月十八日印刷
昭和十七年六月二十日發行
發行日 毎月三回（一日十日廿日）
購讀料
一册金五十錢（郵税一錢）
一ヶ月三册金壹圓五十錢（送料共）
麹町區九段一ノ一四 資文堂
編輯發行兼印刷人 猪木卓爾
東京市麹町區九段一ノ一四
發行事務所 日本美術新報社
電話九段二七一五
振替東京一六二五〇
日本出版文化協會會員
配給元 日本出版配給株式會社 一一二三五番
通信は一切發行事務所へ
發行所 東京市本郷區東片町八二 日本美術新報社

昭和十年一月十二日第三種郵便物認可第二十八號
昭和十七年六月廿日發行（毎月三回十日廿日發行）

（金壹圓五十錢 一ケ月三册）

定價金五拾錢

（郵税一錢）

七月上旬號

旬刊 美術新報

昭和十七年七月一日（毎月三回十日發行）

特輯 白鳳の彫刻・油繪の技法

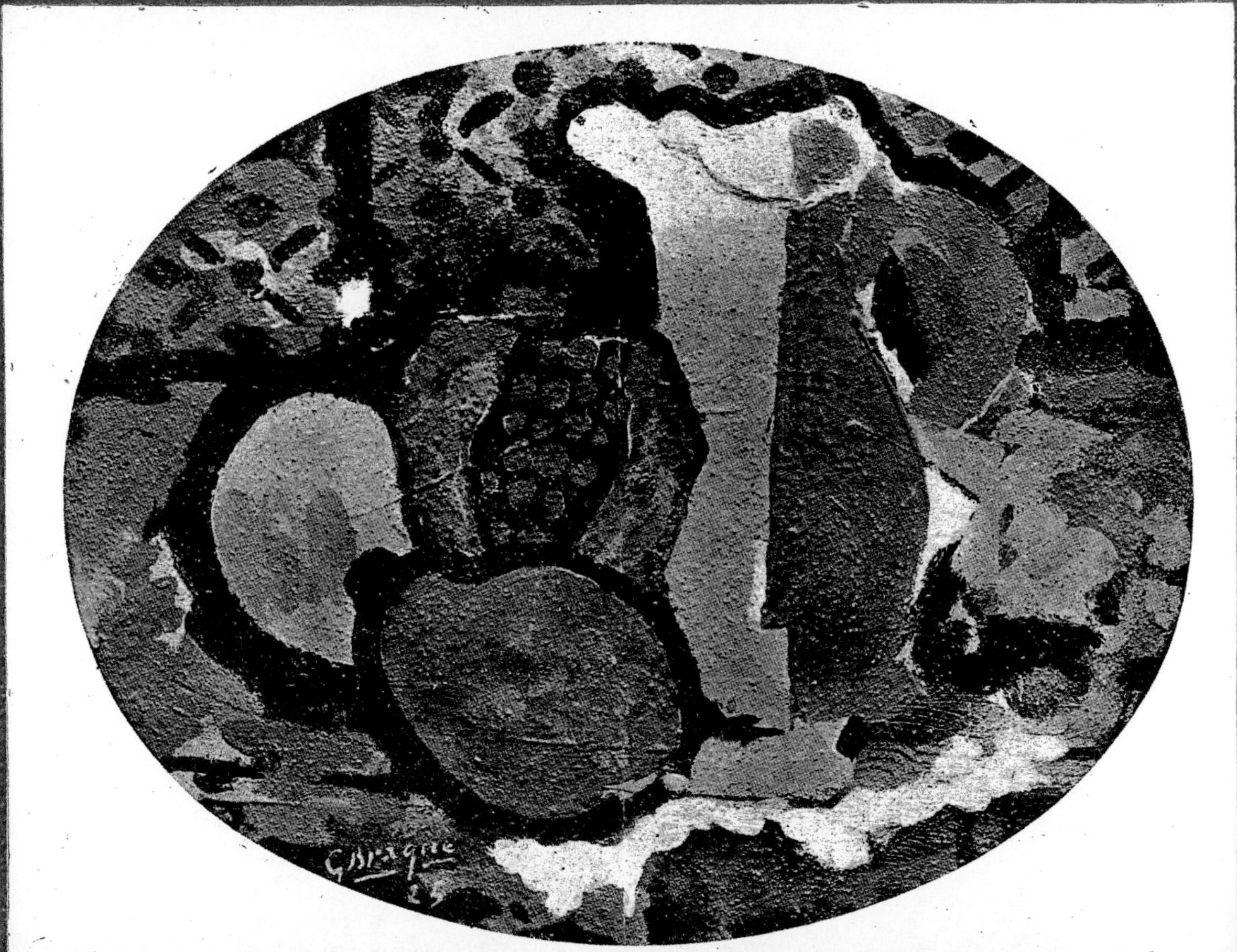

靜物 ブラツク

29

街頭展に拾ふ新人の作

新生彫刻家協會は彫刻界の最新人の小集團であるが、その中で輝いてゐるのは建畠覺造氏の作品である。氏は彫刻の大家故建畠大夢氏の遺嗣であることは夙に知られてゐようが、その峻敏な感覺と直截な面の表現とは彫刻本來の造形的意識をよく把握した本格技でしかも新鮮美をもつ處に氏の大きい將來があるであらう。東山魁夷氏は日本畫壇の新鋭であることも周知であらうが最近の大日展に出た作品は日本畫の舊格を潔く脱ぎすて乍ら本來の線的知覺と色彩の大きいマッスを摑へた點新時代の日本畫としての逞しさをよく示してゐる。

新人紹介

（１）　A夫人　建畠覺造（新生彫刻家協會第二回展出品）

（２）　スエズ紀行（オアシス）　東山魁夷（大日美術院第五回展出品）

旬刊 **美術新報** 第二十九號要目

□文展彫塑部審査員の人選　大藏　雄夫
白鳳の原型性　金原　省吾
◆日本油繪はいかにあるべきか
（座談會）
出席者
柳亮　內田巖　岡鹿之助
高田力藏　――　川路柳虹
翠雲個展・翔鳥會展　豊田　豊
現代工藝巨匠展　大島　隆一
口繪
白鳳の佛像彫刻
大日展の作品・現代海外作家
旬報　展覽會グラフ　美術經濟

天心の偉業を思ふ

岡倉天心逝いで本年は三十年になるといふ。美術院同人諸氏より今周忌を記念してかねて終焉の地赤倉の妙高山莊の改修保存の竣工式が本月上旬行はれるとの事であり、且つ今秋は五浦の地に記念碑も建ち碑面には肖像と共に「アジアは一なり」の名句が刻まれるといふ。この世界轉換の時代に豫言者天心を記念する日の到來したことも何らかの因緣でもあつたであらうか近世日本の文化に天心の偉業を偲ぶことこそ何にも增して歡ばしく且つ最も意義あることであらう。政治や軍事の方面に於ける偉勳ある人はすでに種々公けの表彰もうけて居る。天心は藝術上の偉人たるのみならず日本文化史上の巨人なることを今新しく天下の認識に訴へたいものである。況んや天心をたゞ日本美術院關係者のみにて獨占的に表彰するだけでは決して表彰に當をえたものとは言へないであらう。

水郷過雨三題の内　須藤悟雲

群鶏　田中蘭谷

第五回白閃社展

征馬　江川武村

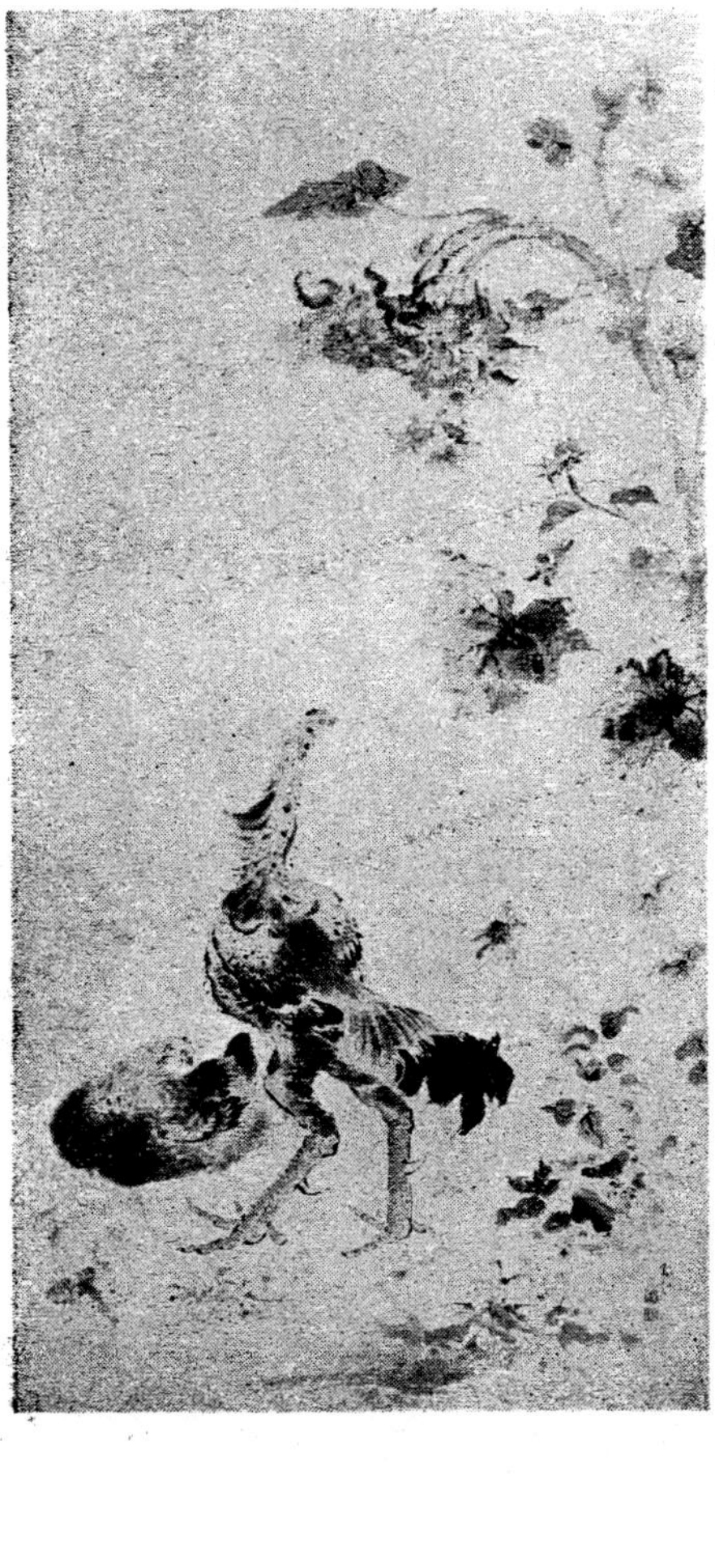

荒叢　石原紫雲

神苑　高士幽篁

第十四回福陽美術展

雛の群れ　勝田蕉琴

女　太田秋民

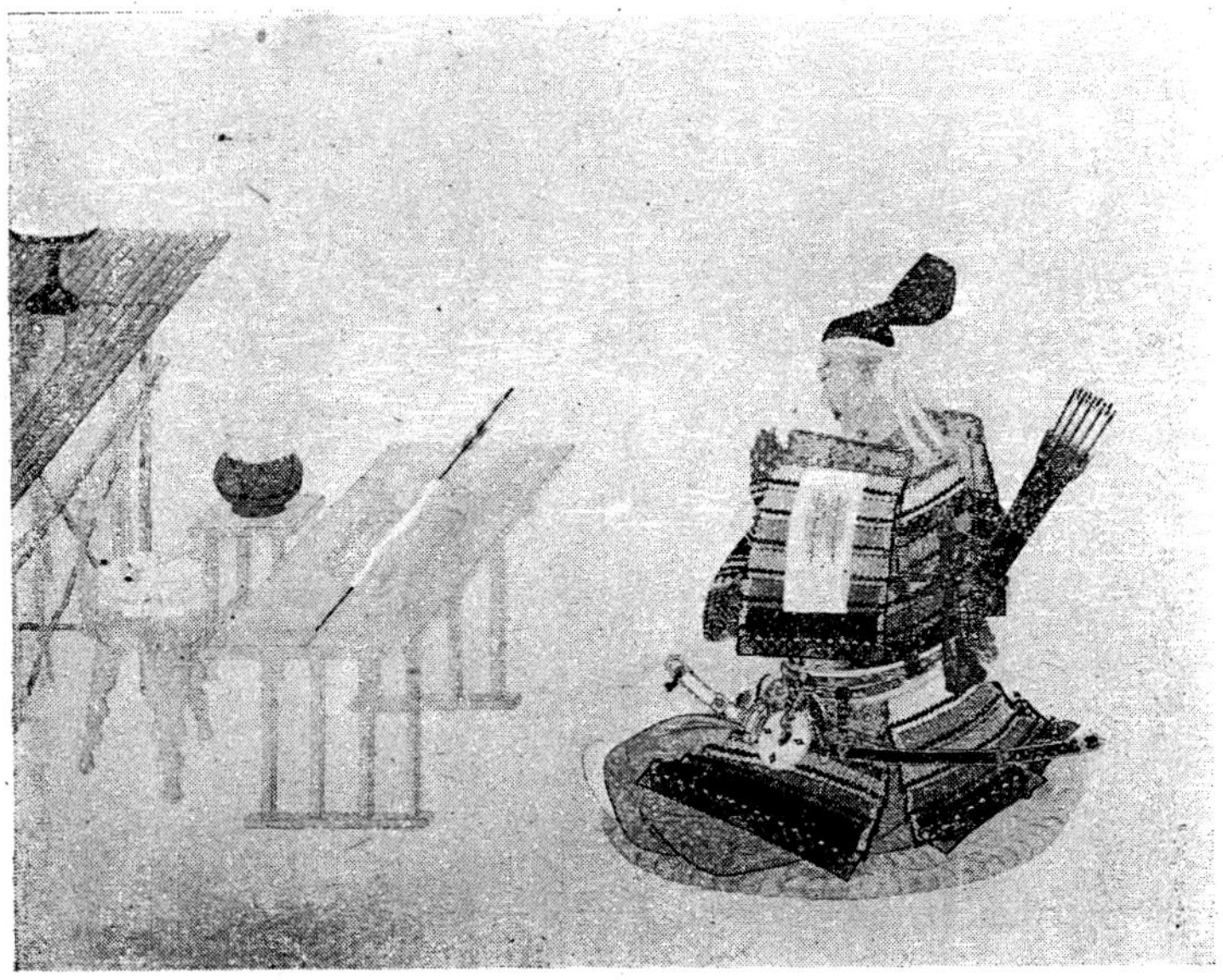

菊地武時　荻生天泉

爽朝　角田磐谷

第五回晨鳥會展

五月晴　狩野光雅

新樹の山　遠藤教三

郡山三郎個展（雪の朝）

菊屋ギヤラリーにて

今村寅士第二回個展

（着　　　馬）

岸浪百艸居個展

第三回の百艸居個展を見て、今回はその馬力のかけ方に先づ驚かされた。百艸居の繪は元來がさうアンビシアスでない處に特徴があつたのだが今度は六曲屛風二双、二曲屛風六双といふ屛風展である。そのほかに衝立とスケッチまでである。凡そ一年間をこの製作のみに沒頭したといふから大したものである。がその勉強と量との問題は相關的ではあるが、百艸居の本來ののが少しフン張る力で曲げられてゐないかを惜む。この點「山翁」のやうな人物畫にはまだ贅意がもてない。アレはスケッチの方がよほどよい。劍道圖ものグリ〳〵した描寫がまだ不消化だ。屛風では「紅白椿詩」「晴風白露」などをとる。魚圖も手に入つてるが少し煩はしすぎはしまいか。一番の傑作は衝立である。「春素心」「多至風」の二面である。前者では寫生としての力が岩や蘭の鉢の强い色感に出て後者ではその鋭く纎細な感覺が洗練された描線に出てゐる。作者の健鬪を歡ぶと共に持前の良質を失はざらんことを望む。（三越本店）

林鶴雄個展

子供の動態を描いて他の追隨を許さぬ獨步の才能を示すこの作家は、今回の個展でも、「砂場」「折り紙」「繪を描く子供」「草原にて」「砂場の構圖」など、子供を主としたものに大きな成功を收めてゐる。その他風景を描いたものもあるが「保揖川」「台山」「藪と倉」などは、まづ無難と云へるが、未だ子供に取材したほどの、渾然としたウマ味なく「漁港」の如き明らかに失敗である。（日動畫廊）

壁畫會展

特陳「南方圈に取材して」が興味あり充實したものであつた安田豐の「南方植物」布施信太郞「南方の氣象」島村三七雄「南方果實」伊藤淸永「南方鳥類」など、それ〴〵精緻な調査と重厚な寫實力で優れ注目された。（青樹社）

島田忠夫個展

茶掛風の小品。歌人である作者が、娛しんで筆を取つた俳畫風の作品である。畫壇の外にあつて悠々と好きな道をたのしむ作者は幸福者である。別に新鮮な工夫があると云ふわけではないが素朴な詩感が、どの作にも溫かい濕ひをみせてゐる。「うるめ」「新栄」「梨畠」などがよく、「寒山拾得」その他の人物をあつかつたものは、題材に負けた形である。（鳩居堂）

今村寅土水彩展

ヂュフイ風の輕い流れるやうな筆觸である餘りにヂュフイ風なと云へば云へるが、健達な筆力は充分見應へがある。「競馬場」と「港」の二つに取材を限り、風俗畫的にも注目すべき効果を擧げてゐる。「塗裝」「驟雨來る」「着馬」「正門の見え

第三回白鳳會展（青樹社にて）

銀座の散步　北岡文雄

第三回西本白鳥個展（初　冬）

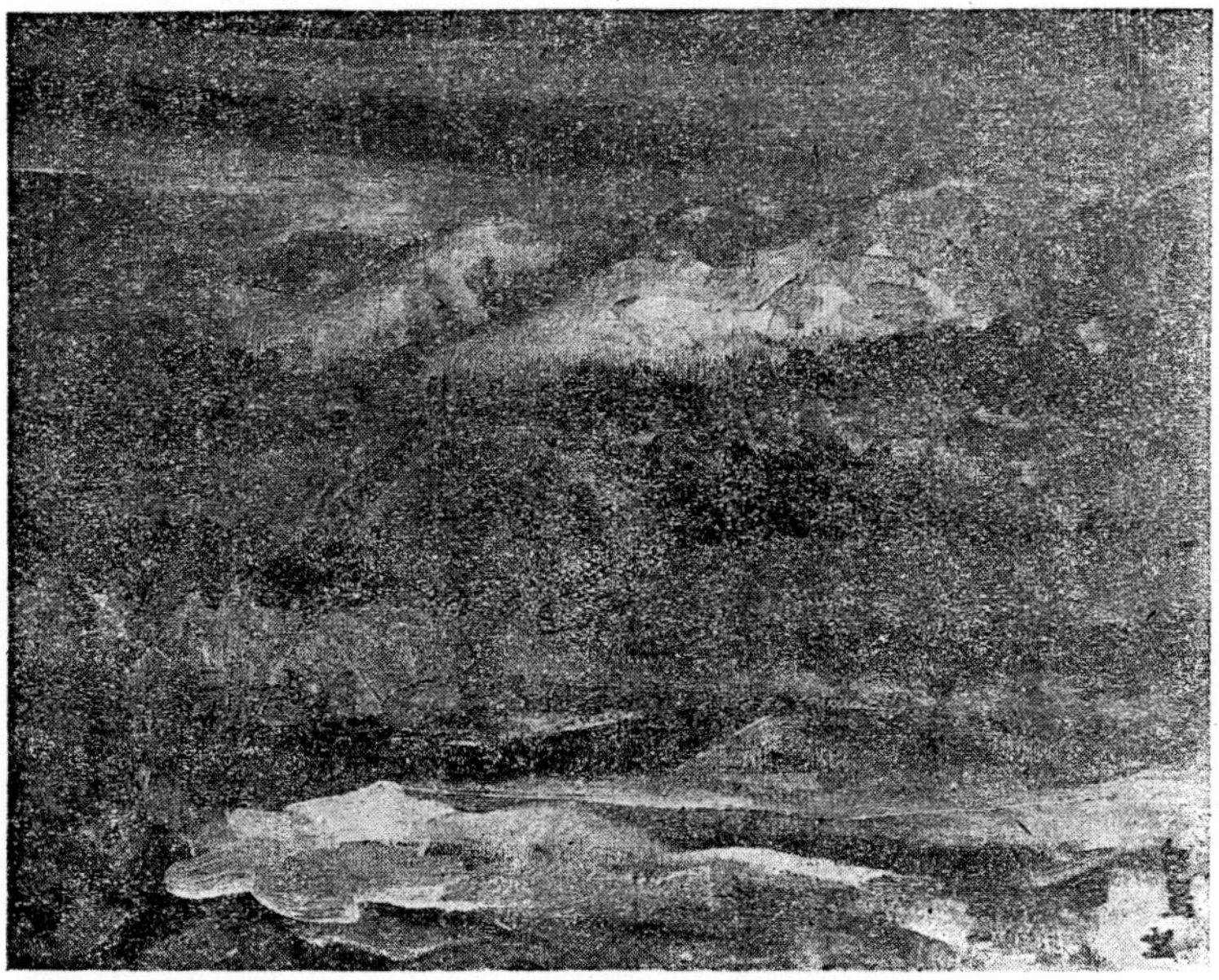

玉村方久斗個展

（牡丹花瓶）　上野松坂屋にて

（女人像）

中村正典個展

紀伊國屋畫廊にて

る構內」など佳作としてあげることが出來る。（菊屋ギャラリー）

土橋醇一個展

昨年十月官命によつて佛印各地を旅行した折の懷古的作品である。重厚な筆觸と南方の感覺を反映した原色的な明るい色彩も美しく多くの佳作をみせてゐた。アンコールワツトやアンコールトムの廢墟に取材したもの多く「深眠」の深い靜寂など印象的であり、「赤土」や「夕日」の赤の深い美しさも記憶に殘り總數二十四點の力作を集めてゐた。（菊屋ギャラリー）

端館九皐個展

日光山を中心に取材した山水と花鳥十九點の展示であつた。東照宮や華嚴の瀧は扱はず、山中の秘境奧深く分け入つて山川の奇景や珍奇な草木の研究に依る收獲の一端を發表したことが特に注目された。山湖の花の「水芭蕉と兜草」は描寫の巧妙さよりも自然さに優れた佳作、「紅山櫻」は櫻の研究家として知られた氏が一片の花瓣をも忽にせず纖細な筆致で紅山櫻の特質を表現した詩情豊な作品である。「含滿の流」は水墨で筆勢頗る雄渾出色の出來榮えであつた。（鳩居堂）

六葫會展

鳥羽守雄「赤城山」角浩「ブルターニュの岩」上田久之「老人像」小林三郎「小學生」小林剛「タイ國の女兒」中村新次郎「グラジオラス」をはじめ同人いづれも眞摯な努力を見せ、今後を期待される。（青樹社）

西本白鳥個展

妙義風景、溪谷、山間の春其他十六點、いづれも風景ばかりである。氏は陸軍の傷病兵に油繪の指導をしてゐた關係からか陸軍省に買上げられた「初冬」など單純な技法に依つて相當效果を收め「山間の春」は詩情豊かで色感もよく佳作といへる、「一夜明け」は未完成であつたが線の運びに未だしの點がある。（銀座ギャラリー）

四行會展

富樫寅平「馬車宿にて」は獨立出品作の縮圖であるが、落着きのある佳作、中尾彰も新鮮な造型的努力を注目すべく「圓明園廢墟」「橋」の二點、佐藤英男の「椅子の上の兒」「女兒」などの歪型はやゝグロテスクに過ぎる。「アッジジ」「花」などがよい。（資生堂）

佐藤重雄二回展

廿九點全部が戰爭畫で「偵察隊」「敵前に迫る」「市街戰」など小品ながら出色の出來でいづれも戰場の實感がまざ〳〵と逞しく表現されて居りその迫力には敬服する、然し「夜襲」「匍匐前進」など色感に多少難色があり技術的に洗練されてゐない恨みがあり一層の精進を期待せざるを得ない。（銀座ギャラリー）

北上聖牛個展

三尺幅、二五幅、尺八竪の三種で十二點、お値段も二千圓から二千五百圓とは大家以上の高値である。公定價格がないからと云つても時局柄、多少の自省はあるべきであらう。作品は「白鷹」「水勢」「牡丹」等々いづれも練達ではあるが、結局綺麗仕事以上を出ず、個性なく、新しき發見もなく、綺麗なだけで事足るものなら、繪描きの仕事ほど樂なものはあるまい。（銀座三越）

中谷ミユキ展

「菜の花」のやうな淡い感じのものが優れてゐて、この人の作らしいよさを感じさせる。「紫陽花」は努力を買ふだけだ。「人形」や「風景」など輕いものが多かつたのは淋しかつた、もつと眞劍さに觸れたい物足りなさである。（資生堂）

麻生豊魚拓展

魚拓に配費した表裝掛物展で大きな鯛、小さな鮒、はぜ、あいなめ等、魚拓の面白さが盡くされてゐる、配畫は不忠實で、表裝はとかくすると色彩の取合せで下品に陷つてゐた。全體に魚拓以外の扱方が、粗雜なのは遺憾である。（銀座三越）

藥師寺東院堂聖觀音像

白鳳の彫刻

本文金原省吾氏『白鳳の原型性』參照

薬師寺東院堂聖観音像（顔）

藥師寺東院堂聖観音像（腹部）

藥師寺金堂如來像（側面）

藥師寺東院堂聖觀音像（臺座）

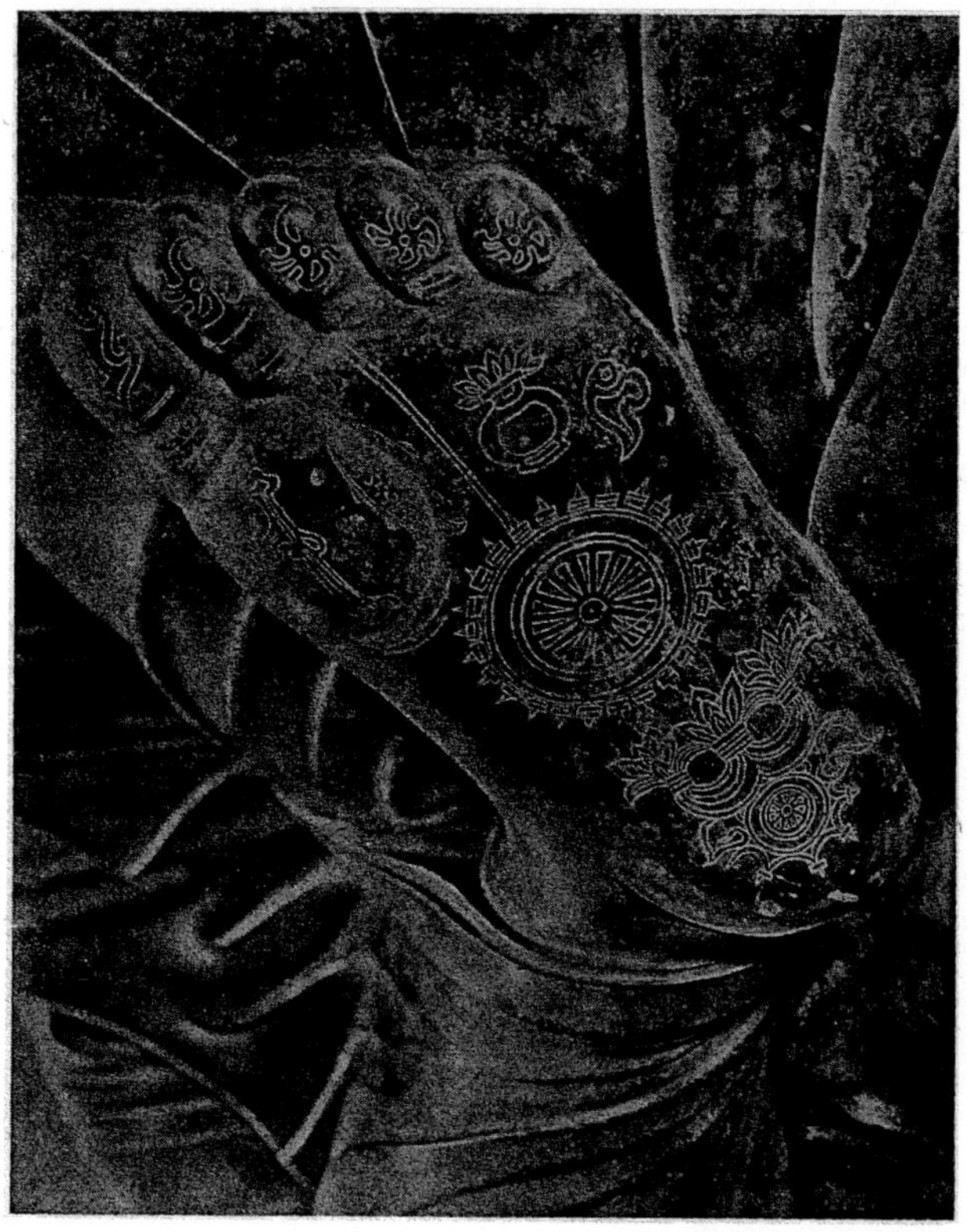

藥師寺金堂如來像（足）

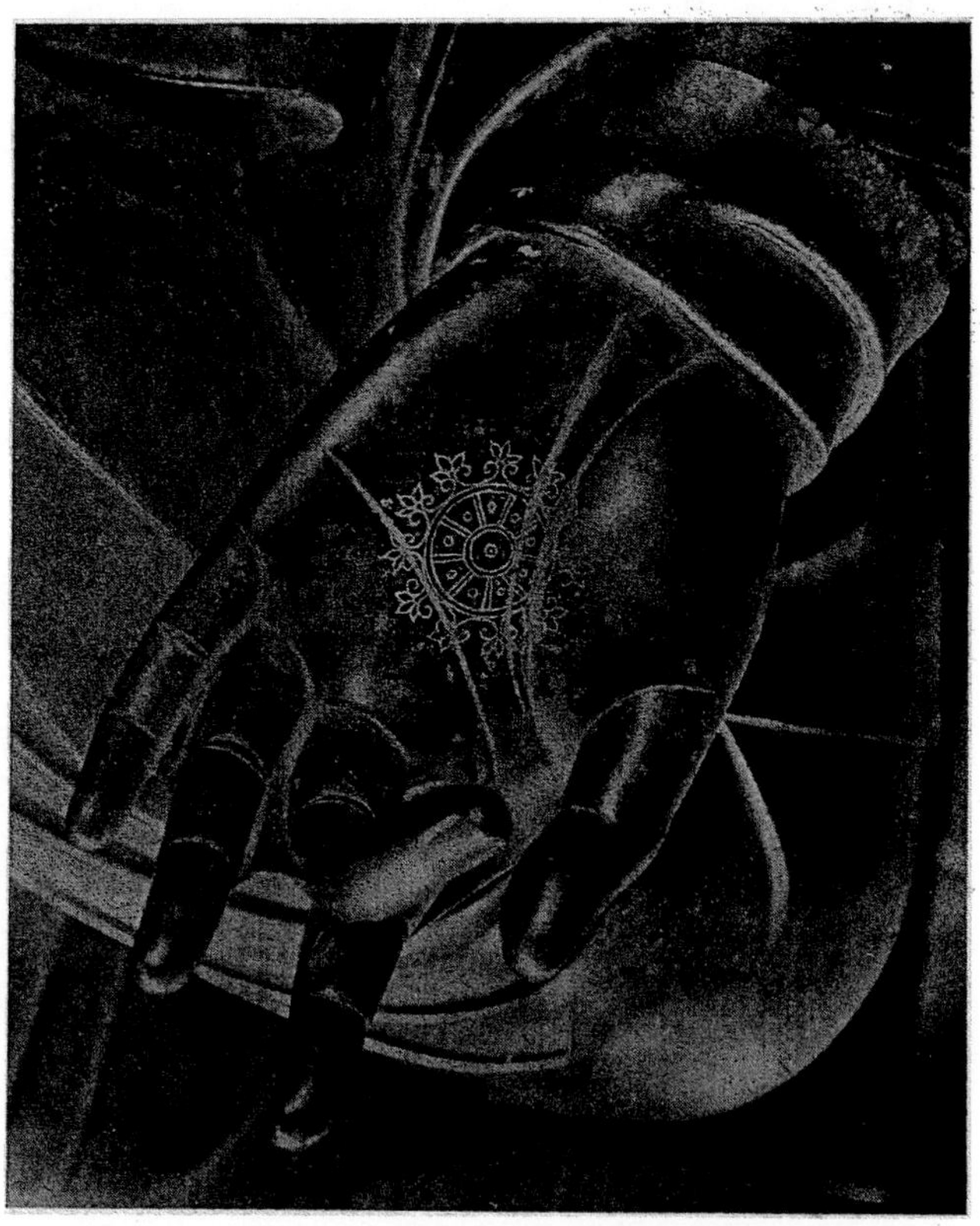

藥師寺金堂如來像（左手）

薬師寺金堂薬師如来像（顔）

三越日本畫小品展

平旦　小杉放庵

溪山孤猿　橋本關雪

東山清水　池田遙邨

雨後　森白甫

菖蒲　富取風堂

妖氣　西山翠嶂

P 夫人肖像 （1929）　　アンドレ・ドラン

第三回山南會展

土田麥僊遺作特別陳列

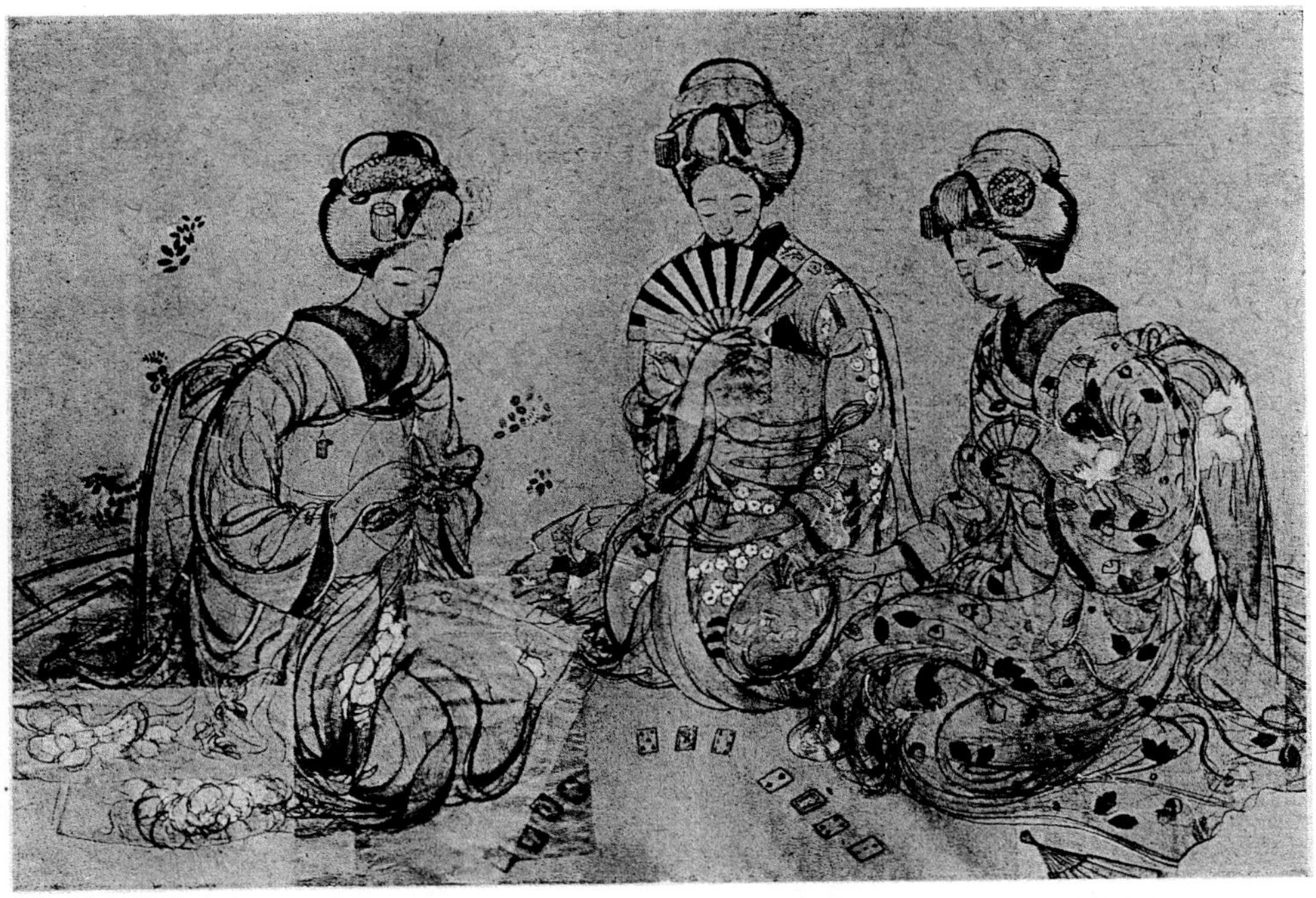

三人の舞妓畫稿

林泉舞妓圖

幗（竹杖會研究會出品）

林泉舞妓圖下繪

鶉（聖德太子奉讃會出品）

水　　山口華楊

寄網　　田口ノ青晁

晨鳥社展

群雛　　鯱田辨次

芽松　　井上五朗

若葉　　奥村厚一

西歐名作鑑賞

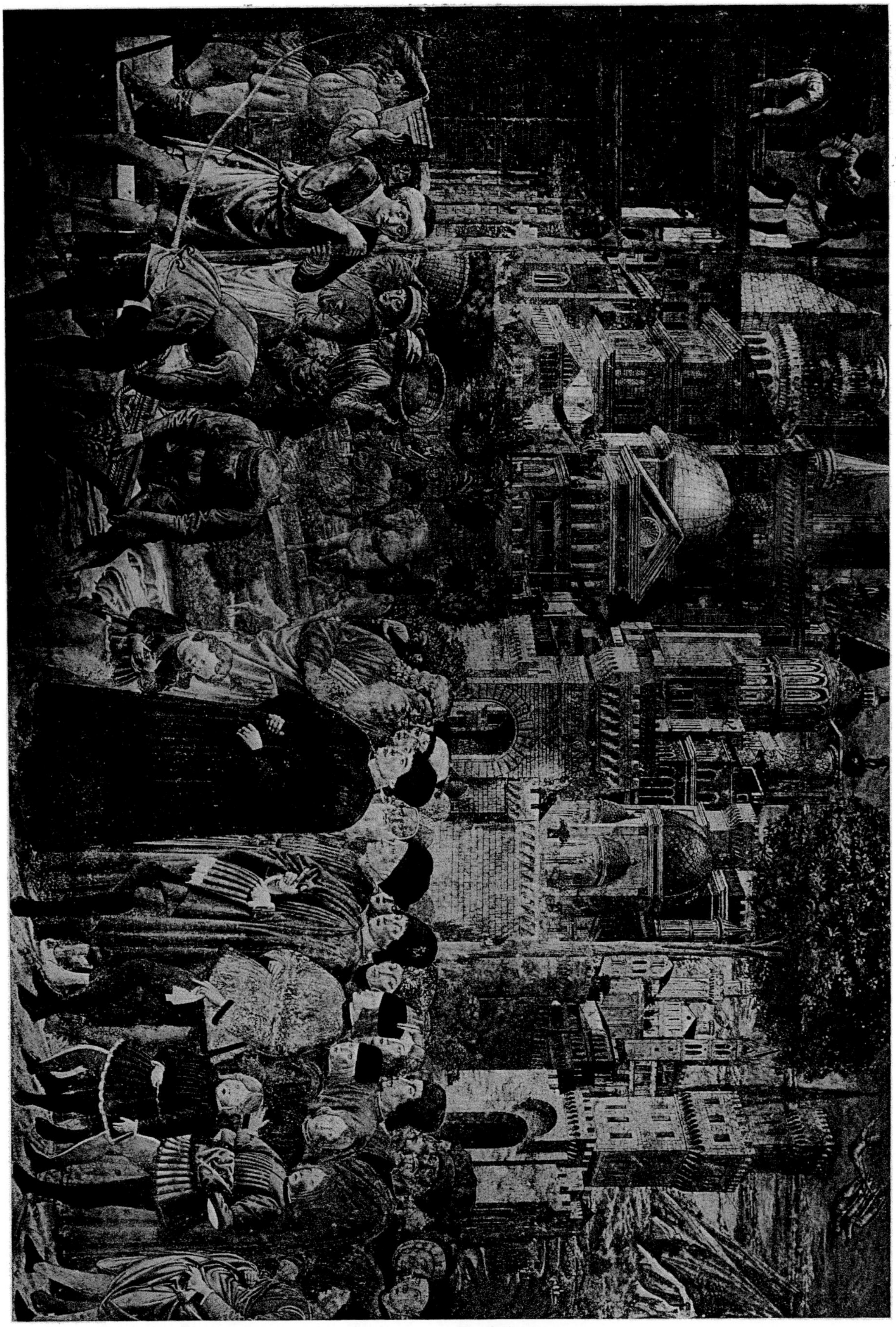

バベルの塔壁畫（部分）

ベンツォ・ゴッツォリ

ピサのカンポサントの壁畫の中で、あの緑色にけぶる美しい畫面を見つめてゐると身は數世紀以前に歸る思ひがする。ベンツッオ・ゴッツオリの天才に描かれた「バベルの塔」の圖面はその逞しい寫實力のなかに舊約の傳說がはつきりと如實の姿で示されてゐる。ことにその建築の描寫は歷史的考證は別として羅馬建築の樣式のはつきりうかゞはれる點なども興味ふかい。この澱んだ緑色の諧調は他に類がない。（川路柳虹）

美術時評

文展彫塑部審査員の人選

大藏雄夫

往年、高村豐周氏が某誌に『論語讀み論語をしらず審査員審査をしらず年老いにけり』の審査讃頌一首を送つた。歌の巧い拙いは別問題として、まことに這般の消息を穿ち得て妙、さだめし審査員諸公には好ましからざる示唆を與へたであらうが、いたく私の共感をそゝり、これをそつくり其の儘、彫塑方面に頂戴する光榮を有つものとして、爾來、毎年彫塑部の審査員がきまると、憑かれたやうにこの歌が頭の中を往來して、いつも心ひそかに苦笑を洩らして來た。ところが、今年の發表を見、この大いなる轉機において、いまなほ過去帳の草稿を繰り返してゐる愚劣さに、驚き呆れるより、むしろ憤りをさへ感じたのである。

そこで一寸反射鏡をのぞく。

昨年の審査には、會員は一人も出なかつたが、評判はあまり香ばしくないので、今年は取つてかはつて會員總動員となつたと云ひ、あるひは審査員ハンターの群れに對する對策として、御老體も苦労にも出馬するのだと解し、あるひはクーデターの起らない以上、破天荒なことも出來ますまいと嘯くなど、人さまざまの觀測を下してゐるが、何と云つても、かゝる様相は、恐るべき時代の逆行、時代背馳の組立で、僅か御希望の亡靈を喰ひとめだに過ぎない。

そもそも今年の審査員銓衡は、會員の投票によつて投票どほりに決定したと聞く。はたして左様であるか、投票を形式化して、雁首一つぐらゐすゑ替へられなかつたとは、誰れが保證し得るや、疑問符を投げる。――と云ふのは、その顔觸れがあまりにも一方に偏依し、古色蒼然たる試驗ずみばかりで、優位の團體を肯定する理念やモラルを抛棄し、眼中の梁を除いて、全體を方便に、心を手段とする、明治末期のスタイルに就き、殆んど易々として會員の影法師に甘んずる弛緩性の作家を擧げてゐるからである。

會議で、いざ投票となれば、ほしいまゝに自分の胸中山に投票し、合議であれば一に妥協、二に妥協、そして毎年爲すことが萍のやうで、各會員の感じ方、考へ方が相異して、アカデミーならアカデミーとして一定の指導方針など、少しも考究されないのが彫塑部なのである。油畫の方は明朗で一人の會員も參加せず、第四部は新人を迎へ入れていさゝか新味を賦與してゐるにも關らず、彫塑部は松田改組以來の半身不隨のまゝ凋落の一途を辿る安眠の態。それで恬として愧ぢずと云ふならば、時代に目醒めて、次代を擔ふ若い作家にとつて、此の上もない不幸であり、彫塑に愛情をそゝぐ吾々にとつて秋風の嘆である。

昨年増産時代にゼスチュアーして、極めて低調な意識で、職工までも交へ、一時に七十名と云ふ大量無鑑査を製造した。その上、在野の若い作家もだいぶ數あるので、今年の一般出品は百五十にも足りないだらう。この狹い灣内において、一割に達する審査員は過剰であり、過剰は爭議を醸し易い。しかも今年は霧ふかくして一昨秋の奉祝展のそれと同様、會員の誰彼が巨腕を揮つての物凄い一騎打が演出されるであらう危機を孕み、時としてはその度が強くなるかも知れない惧れがある。そこに互ひの矛盾がひそみ、醜いムダな事であるより、有害な泥沼の瘴氣を發散するものである。そしてこのトロッチングを熟知する平櫛田中翁は、貪婪多彩の審査をエスケープして、閑雲野鶴に處ることだらう。

それにしても、正義感をもつて一番頑張つた故建畠大夢氏を想ひ出すが、若い作家の意欲、精神、努力が埋沒され、袋路の惡氣流にうたれて屛息するやうなことがあつては大變だ。

最後に一言する。

文部當局は審査員銓衡に際し、何も彼も會員に一任せず、先づ批評家なり、學究なりの良識ある意見を參酌して、積極的にきびしい原案を作成しなければならない。そして會員はその原案を尊重し諮問に應ずることによつて、比較的賢明な時代人を推擧することが可能であらう。嘗て一會員が主任となり、審査員を銓衡したこと二三回あるが、いろいろ暗躍などのうたてき噂が立つた。また、心臟甕の如しで著聞する或る主任は、自分の股肱や息吹きのかゝつた前時代の殘滓を芋蔓式に拾ひ、文部當局が最初目論んだ各團體綜合の意企は、まつたく裏切られ蹂躪されたこともある。それで會員が審査に出るのなら、二人の方が無難に近い。總動員は彫塑部の場合、豪華版でなくして、おそらく劫火版であらう。

要するに、審査員はこれまでの頭を一變してかゝらねばならない。自由主義、個人主義の匂ひが殘つてゐるやうであつたら、潔よくそれをクリーニングして、謙虚な心で、鑑審査に臨むことは、何よりも肝腎だ。若い作家の魂と行動は、次代彫刻の成長をなす基礎である。

春素心（個展）　岸浪百艸居

白鳳の原型性

金原省吾

一

「萬葉集」の中で、柿本人麿と山邊赤人とが、特に卓越した歌人であることには、誰も異議のない處であるが、この二人の作風を比較してみると、兩者の相違が明かであり、その相違が同時に時代の相違を示してゐることに氣づくのである。

人麿は莊重な態度で、事の起源から說き出し、堂々と表現をすすめて、最後の一二句に全體を結晶せしめるといふ風な、正確な秩序を持つてゐ、隨つて長歌にその特色の著しいものがある。人麿が石見國に妻を置いて別かれては、「石見の海、角の浦回を、浦無しと、人こそ見らめ」と言ひおこし、句三十幾つを重ねて、さて「妹が門みん、靡けこの山」と非常な重壓で、この長歌を結んでゐる。ここには細かい隅隅の表現があるのではなし、廣い面で壓してゐる沈着な切實なものがある。そしてその反歌二首

石見のや高角山の木の間ゆもわが振る袖を妹見るらんか

ささの葉はみやまもさやにさやげども吾は妹思ふ別れ來ぬれば

となつてゐる。高角山の木の間に振る袖、ささの葉の騷ぐ山を越えゆきつつ妻を思ふ心、さういふ心がそこに細かく出てゐるが、吾等の感受やそこに止らず、その背後の大きい別離に結びついてゐる。細かい存在の一つ一つが、さういふ別離の心を持つてゐるのであるが、しかしそこに止らず、その細かい一つ一つは、別離といふ一般的な大きい心の態度の一部分をなしてゐる。大きい全體があつて、その部分をなしてゐるのが、人麿の歌の姿である。最後に殘るものは、別離の全體の形である。

それに比べると赤人には長歌があつても、短かく、堂堂と叙述を運ぶといふ程の莊重さはない。どこかに細かい味があらはれてゐる。例へば

吾が背子に見せんともひし梅の花それとも見えず雪の降れれば

明日よりは若菜つまんと標し野に昨日も今日も雪はふりつつ

百濟野のはぎの古枝に春待つとすみし鶯鳴きにけんかも

戀しけば形見にせんとわがやどに植ゑし藤浪いま咲きにけり

といふ歌をみれば、勿論今日の如き細かさは無いが、それでも潤つた細かい味があり、梅の花、若菜、鶯、藤さういふものが、全體の部分としてでなくて、全體として成立してゐる。若菜が雪の中にある姿が、全體を支持し、或る全體の部分として成立するのではない。若菜がそのまま全體として成立し、全體を覆ふ感情はこの梅や若菜に結合してゐる。全體を覆ふ感情があつて、その感情の一隅一局部に存在するのではない。全體を覆ふ感が、この梅や若菜や鶯に結合してゐる。そこに赤人の細かさがあり、人麿の世界と異るものがある。

人麿は大體天智天皇の御代に生れ、和銅に逝き、全く白鳳に生きてゐる。その盛期は白鳳の盛期である。赤人は人麿に三四十年遲れ「專ら奈良朝を歷られ」(橘守部、檜杣)たのである。白鳳の歌人と奈良の歌人とには、これだけの相違がある。即ち白鳳は、全體を全體感情が示し、奈良は全體を部分形體が示してゐる。この相違は單に文學表現の相違ばかりではなくて、そのままが美術表現の相違である。

二

白鳳の表現の、全體感情が大きい把握力を持してゐて、全體を統合する形は、上代表現の著しい特色である。そしてこれを樣式性といふことが出來る。

然らば樣式性とは如何。

一、ここでいふ樣式性とは、常に形成を成立せしむる性質である。

二、樣式性には二種がある。第一は常に形成として反覆されて、少しも疲勞の色の見えぬものである。第二はその形成は疲勞によつて反覆されるものである。

疲勞はともすると、形成を阻害するものとして見られる傾があるが、必ずしもさうではない。激しい形成は疲勞の後にあらはれることが多い。競技の如き激しい表現では、その表現の前にある程度疲勞のあることが必要であり、その疲勞によりて自分を超えることが出來る。疲勞の深さ、その深さに耐えることによつて、表現の深さがある。表現の深さは、疲勞の深さに相應じてゐる。深刻なる表現形成は、疲勞を基底としてゐる。しかしこの疲勞は、囘復することの出來る疲勞であつて、生涯消えないやうな疲勞ではない。生涯消えない疲勞は頽廢的であり、病的である。やがて消え囘復する

ことある疲勞にして、はじめて形成の樣式となることが出來る。

しかし疲勞があるだけでは形成にはならぬ。その疲勞は表現に費された疲勞でなくてはならぬ。また他方には疲勞のない表現が、直接に表現にはじまるものがある。これは新鮮で潑剌としてゐる。しかもかかる表現は、一般に若かつたと言へる。

かくて白鳳の樣式性は、

一、疲勞のない形成作用。常に反覆されてゐて疲勞しない。

二、大なる形成作用。中に大さをふくんだ形成作用。

この大さをふくむ形成作用は奈良期にもあり、東大寺三月堂の諸佛にもあるがしかしその諸佛のあるものは、部分が全體になる美しさで、全體が部分をおさへてゐる美しさではない。奈良のものは、部分に部分として全體に通ずる美しさがある。

三、全體が先づ成立し、部分を押へてゐるから、各の形成の間に著しい共通性がある。しかもその共通性は、共通性としてあらはに表現の表面に現れてゐる。部分が全體になる形では、共通性はむしろ部分の下にかくれてゐ、明かでない傾がある。

といふ特色を持してゐる。

かくて白鳳の特色は、疲勞のない形成、大さをふくむ形成、共通性の露出した形成、即ち原型性の大さである。原型性とは表現の滯ることなき形成の共通性である。

三

かかる性質を見てくれば、これは全く柿本人麿の形成形である。人麿は白鳳の盛期の作家として代表的である。そして赤人は明かに奈良期の作家である。大さの中に部分の細かさを持ち、この細かさが全體になつて行く形が赤人の形である。ここに表現の性質の對立がある。美術史家の中には、白鳳を奈良前期として、奈良期の前行期とみる人もあるが、しかしこれを前期とみるには、前期の性質が後期に先行し、且その展開が完全に後期にあらはれなくてはならぬ。しかるに奈良と白鳳ではその全體と部分との關係が反對である。故に白鳳から奈良を導くことは出來ない。白鳳を獨立した一美術期とみるべきである。

疲勞は表現を重ねて來て、表現の打解が困難になつて來た時の性質である。故に疲勞はその形成の長期を通じて到れる一つの境地であり、この境地を超ゆる苦痛によつて深刻なる表現が成立する。ここには表現の歪みがある。この歪みは、これ迄の表現の歴史に接し、これ迄の表現の傾向に立つてゐる。故に歪みは、歴史を持つてゐる。疲勞は歴史を持つてゐる。德川期の浮世繪の美しさには、かかる美の姿がある。

表現が表現者と密接するのは、疲勞のない時ではない。疲勞の中である。深く激しい疲勞の中で、表現は表現者の性格に密着する。この著しい密着によつて、歪みが生ずるのであるから、歪みこそは表現の深さである。この歪みが、奈良の表現に見えはじめてゐる。そこに奈良の苦惱がある。

然るに白鳳はむしろ曙の樂しさである。この時代の愛には漸く深く激しいものがあり、例へば大津皇子は事ありて、澤語田舍にて死を賜ふ時、御年廿四、詩賦がある。

「泉路無賓主、此夕誰家向」とある。

妃山邊皇女、髪を被《みだ》し、徒跣《はだし》にて奔りゆきて殉ぬ。

と、「日本書記」は記してゐる。大津皇子は文武天皇第三の皇子であるが、詩賦の興は大津皇子にはじまると稱せられてゐた。妃山邊皇女の愛の深さは、そこに情愛の曙の深さと鮮さとを示してゐる。白鳳の美術はこの情感の中に成立してゐるのである。

四

奈良の藥師寺の東院堂に「聖觀音像」がある。この像は、例へば胸を見ると、胸が大きく張つて、張つた大さがありありと見えてゐる。しかし部分の特別の美しさはない。この美しさは全體を滿し、全體に通ずる美しさである。そしてこの滿ちた美しさが、その全體の形としてそのままありありと美しく、何の隱るる處もなく、あからさまである。胸飾の垂れた、球の美しさは、雨滴ののび切つて、落ちようとしてゐる前の張りであり、その張りも胸の張りと同じ張力である。胸飾の曲率は、瓔珞のあるのも、球をつらねたのも同じ曲率で、それが同樣の曲率の頸の三道に向ひ、それから又同じ曲率の顔の輪郭に向つてゐる。かくの如く同一の曲率を重ねて、增加してゆく形は、そこにまた原型性のあらはな共通性表現がある。然るにその共通性表現の中に、それとは全く性質を異にした、動きのある髪の毛が垂れて來て、動いてゐる。かういふ端正な力の重りの中に、その重りを無視した頭髮のあらはれてくるのは、そこから動きがはじまつて來るやうで、力の發生の誠を感ずる。

同樣に、眼をみると、下瞼の線は、眼頭でつづいて居ない。下瞼の線は眼頭から離れてはじまつてゐ、そしてはつきりした線になつてゐる。これは口にも同樣で、口唇の中央がはつきりしてゐて、口角でその線がぼんやり消えてゐる。この明白なる口が顏の全體の中に消えて行くのを見れば、全體性の優位と、全體から部分がはじまつて來る若さ、その生命の一種のあけぼのを感ずる。形をなさない混沌の中から芽のやうにもえ出でてくる命の形をそこに感ずる。

しかしそれは眼や口であつて、胸から腹にかけて、腹から脚にかけての線は明確である。それはすべてが成立を今まさに終つた姿であつて、その張りがその成立の全體を押へてゐる。したがつて衣文は衣を示すよりも、一層衣の下の體を示し、體が全體としての張力で定立する。しかもその定立は、充足せる張りを持つてゐるにも係らず、それは面或は塊として成立せず、線として成立してゐる。この張りきる胸や腹の張りも、それは線の張りとして、線の意向の表現として成立する。そのことは顏面に一層明白であつて、口も鼻も眼も眉も、共に、ある速さと重さとを持つた鐵線描として成立してゐる。これは森嚴にして決して一點の曖昧をも許さない、展開そのものとして若か若かしく充ちてゐる。しかもこの線は彫刻としては一つの角である。豊かな張りが、この角の線で成立する。ここに形の成立の眞實もあり、眞實の嚴かさもある。この形の中には、今新らしく成立した潑剌たるものを見るが、疲勞の姿はない。歪みのない、公正な、共通せる美しさがある。

かういふことは臺座にもある。臺座はその重さで、反り蓮瓣の中にはまり込んでゐる。もし疲勞があるならば、この蓮片の中から立ち上れないのに、蓮瓣は蓮瓣で泉が中からあふれ出るやうにもり上つてゐる。佛體が上からおさへてゐるから、その重さで一層その湧出が强められて居るのである。重さをうけて立つ力の强さがある。そしてそれが線になつてゐる。

五

次に同藥師寺金堂の本尊「藥師如來像」をみる。この線もその成立は、完全なる線である。白鳳の衣文の特色としてあげらるる所謂茶杓式衣文は、衣文が衣に擴がる形を、茶杓風に表現したものであるが、この形は面をも線形であらはす摸式的な形である。眼も鼻も口も、何れもそれが線によつて、彫像としての角によつて成立し、特に鼻から口、口から顎と連つて行く起伏は、線の伸縮する美しさであつて、この線形の美しさの背後に、螺髮がうづ高かく盛り上つた塊の盛んなる集團がある。この集團もしかし塊として安定するのでなくて、顏面の線の正しさ、端然とした線の正しさによつて、安定する。もしこの頭髮だけがあつて、顏面のこの端正なる線形體がなかつたら、この頭部は疲勞して崩壞し終るに相違ない。表現の盛んなるものが、その盛んなるが故に成立するのでなくて、表現の沈靜なるものによつて成立する。この表現の大はかへつて表現の小によつて定位するところに、この彫像の眞實がある。

手も亦線で成立してゐる。この手は一つの共通せる手の曲率からなつてゐる。手の甲も手の平も、指も、指の節節も、何れも一樣に張りのある曲面である。細部細部による變形はない。まづ全體が成立し、その後それが線で定位され、それで手は出來てしまつてゐる。しかもその全體といふものが、はじめから線としての成立を持つてゐるのであるから、線を豫想してゐ、その豫想によつて成立し完成してゐる。線の曲率は面の曲率である。ここにも全體があつて、細部がない。全體の意向が露はに表出されてゐる。

かくの如く全體をもつておして行つて、はしからはしまで形體を形成して行くのは、壯大なる組織である。細巧を求めない、論理的な端然たる形である。ここに白鳳の樣式性がある。一般にいつて公式的な像には、端正が求められ、隨つてかかる樣式性が求められるのであるから、日本のすべての彫像の中で、この金堂の「藥師如來像」は、最も公式的な像である。しかも本尊を挾んで兩脇侍があり、その三尊の間に、十分なる三尊としての、群像としての組織がとられてゐる。かかる明白なる組織は白鳳の組織力の大を示すもので、これを示したものは柿本人麿の表現であつた。白鳳の歌の表現と、佛像の表現とには、かかる共通の表現がある。時代の形成力は同じ意向線をなしてゐる。この「藥師像」の持つ大きい正しさは、人麿の長歌の持つ大きい正しさと一致せるものである。

かくて吾等は日本の文化の初期におけるこの大なる樣式性に、白鳳の形成の原型を感ずる。これは奈良につづき、奈良において多少の細部を得、平安前期において再び全體性を回復し、平安後期において再び細部を發見せしめた。この細部は甚しく細やかで豊であつて、それを木寄法による定型で統一してゐる。されば全體性は後になつては露出されず、細部の中に埋れ、或はかくれてゐるが、その初期では全體こそ表現の表面にあるものであつた。このことは殆ど製作の時代を同じくすると思はるる法隆寺金堂の壁畫にも言ふことが出來る。そこには細部といふべき程の細部なく、全體が線形成としてあらはれ、完全なる張りを以つて、全く疲勞のない大さの中で成立してゐる。端正なる美しさがある。藝術がだんだんに、國家の機關の形成から、離れて行くにしたがつて、公式的な美しさを喪失するのであるが、當時の如く佛教が全く國家のものであり、造寺造佛亦國家の形成である時に、直に全體をなす端正なる美しさが、形成の原型としてその基底にあるのは、當然であると言はなくてはならぬ。

日本油繪はいかにあるべきか（座談會2）

出席者　柳亮　內田巖　岡鹿之助　高田力藏　川路柳虹

—日比谷松本樓にて—（五月二十六日）

色彩と國民性——强い色がこなせない

岡　それはあなたが先程言はれたやうに、印象派を受入れたといふこともあるでせうが、それにプラスしてそういふ色が矢張り日本の風景なり、或ひは我々の氣質に合つてゐるといふところが矢張り關係してゐるんじやないでせうか。

內田　色の好みといふことになる。

岡　印象派の色は、色の强さの方から云つて、弱いですね。ところが僕なんかも、强い色がどうしても使へない、一生懸命使はふとするのだけれども、氣質に合はない。そういふところは矢張り理窟でなく、日本人全體がそうじやないかと思ふのです。向ふじやカドミウムの色を使つてゐるけれども、あれなんか恐らく日本人には使へこなせないのじやないかと思ふのです。そんな點からして矢張り强いやつは日本人に適してゐないんじやないかと思ふのですが、どうでせうか。

高田　それでカドミウムの强い方、あれが日本人は使へない。從つて反對の綠が矢張り使へない。だから日本人は、綠が下手で、綠の色がよく出せないといふのは、カドミウムが出せないから、綠が出で來ない。非常に色の幅が狹いですね。

川路　カドミウムといふと、クラシックの色になるでせう。大體テール系統の色はクラシックだし、オークルジョンでもそうですし、脂色は調色の土臺ですから、脂色の系統の色といふものは、どうしても向ふの古典傳統になります。だから、外國では印象派の系統が新しくて、そういふカドミウムの系統の方が元になつてゐるといふ感じがありませんか。日本と對照して考へた場合にですね。それはカドミウムの色感といふものが大體古くから日本になかつたでせう。日本の好みの色といふものは、寧ろ凡て原色に近い色で、古い大和繪の色彩にしても原色に近い印象的な色ばかり使つて、中間色といふものが非常に少ない。中間色があつても、明るい色ばかしで暗い方の半調色といふものをよく出してゐるのは、日本では「墨」でせう。墨でドミトンをやつてゐて、色は墨の上に、たゞかけてをつて、どうも形を色で拵へ上げるといふやうな外國流のデッサンといふものは出て來ない。そんなことで我々が油繪で色を使ふと、矢張り印象派的な色になつてしまふんじやないかといふ氣がするのですが、そんな點はどんなものでせうか。

高田　僕は西洋の方はあの灰色か、矢張り黃金色か、基調になつてるのを感ずるのです。カドミウムを中心に日本と比較すればですね。

西洋の色と日本の色

柳　突拍子もないことを言ふやうだけれども、この日本人の持つてゐる髮の毛や顏色これが可成りすべての色感を決定してゐるんじやないかと思ふのです。向ふではその流儀でゆくと或る繪畫の效果をブロンドと肌色のモチーヴに求めることになると中間色が基本になるんじやないですか。ところがどうしても日本はノアールとブランが基本になる、これは民族的宿命でせう。支那でもそうです。中間色といふものがない。矢張りブラックエンドホワイトを基本にして、その間で仕事をしてゐる。これは簡單な要素だけれども、僕は相當深い因緣を持つものじやないかと思ひますね。

高田　そういふ意味で西洋ではカドミウムとオークルジョンがそういふ實際にあるんじやないでせうか。

柳　日本では工藝美術などはカドミウムに對するグウがある。例へば一番重要な處は、何時でも金を使ふでせう。あれは矢張りカドミウムに對する、一つの役割をする。それで工藝美術の方では、金でさつとやつてしまひますから、繪具としてはオークルの色が絕對オポジットだ。

內田　それに關聯したことで、これは森田恒友先生の話になるけれども、私が美術學校に入つた時分に、初めて森田先生に繪を見て貰つたのです。そうすると先生の言ふのには、日本にはこんな强い色はないね、といふことなのです。僕は誰でも彼でもやる普通の寫生畫を畫いてをるつもりだつたのですが、森田先生は日本の風景といふものはかういふ强い色はないと言ふ。それからそれじや先生はどういふ色をお使ひですかと言つて訊いたのだ、そうしたところが先生は、オークルジョン、ビリヂヤン、ウルトラメール、ライトレッド、ホワイト、この五つか、六つですが、日本にはこれ以上に色がない、これでいゝのだといふことです。成る程そのわけで、評判だつた春の郵便配達夫の並んでゐる繪を見て、日本の風景は結局水彩畫だといふ結論に達したのだ。そしてそれが灰色だ、それが全部綜合されてそこに現はれてゐるのは灰色です。その後僕は割合にそれを基調色にして、それでずつと來てゐた。ところが前田寛治さんが向ふから歸つて來て、僕のパレットを見て、あれは使はないのかと言つてそこに新しくつけ加へて呉れたのはジョンブリアン、これだけです。(ジョンブリアンは新古典派の人が一時大に使つた色です僕はその影響を受けて、今でもその式です。この頃はいろ〳〵なものを使ひますが、しかしそれは標準として使つてゐるのでなくて、或る特殊な色のものに使ふだけです。

川路　しかし日本の繪は水彩畫になると

いふ一種の運命論（それは同時に日本畫になるといふこと）みたやうなことに結着してしまふと、どうも油繪の發達といふものはなくなつてしまふから我々としては如何かと思ふし、そこに新しく發展する何か道を尋ねるのが今の作家の努力だと思ふのです。

色彩・文化と國民性

柳　僕はそういふ點で何時でも强く主張したいと思ふのは、日本の風景が水彩畫に見えるとすれば、そこに水彩畫に見ないといふ意識を持つ必要がある。そうしないと英國のターナーみたやうになつて、パッとなつてぼやけてしまふ。そこで日本人の天平以來の外國文化の攝取の仕方は、大陸文化の攝取が停滯して、それが日本化されると、必ずまた新しい要求が起つて、新しい大陸文化を攝取するといふことになる。大陸の生活を取つて見て本質的なものに結びつかうとする要求を以て、日本の風土なり、自然なりの持つてゐる一つの特殊性に對して、今度は一般性を導入して行かうとする意識が何時でも働いてゐる。だから外國文化を日本本土の中に導入して來て見て、本格的なものを意識しようとする、これが非常に日本の文化を高めて來た國民性の非常に立派なところじやないかと思ふのです。

內田　色のグウといふことによつて、一つの水彩畫的運命を持つといふことばかりでなくて、色のグウそのものよりも、僕の考へるのは、岡君の言ふマチエールの持ち方が問題じやないか。油繪繪具のマチエールといふものが自然の中に棲息し、體質として何時でも出て來るやうに把握して行きさへすれば、餘程違つて來るんじやないかと思ふのだ。これは藤島先生の議論なんだけれども、油繪繪具といふものは厚く塗るものだ、薄く水彩畫の色のやうに塗るものじやない。所謂水彩畫といふものはさつと塗るものであり、油繪繪具はコッテリ塗るものだといふことを常に言はれてをる。それが僕の展覽會にお出でになつた時に、その批評を訊いたのですけれども、外の批評は何にも言はないで、これは繪具がついてゐるといふことだけです。外のことは一向問題にされないで、たゞこれは繪具がようついてゐる、これはついてないといふだけだ。

柳氏

高田氏

岡氏

內田氏

繪具がついてゐる、ゐないの問題

柳　それは繪具はつけるために生れて來たのだ、そういふやうな要求のために發達したのだから、矢張りあれを水彩畫みたやうに使つたのでは、油繪々具の本質を疎そかにすることになるから、藤島さんのお考へは正しいでせう。

川路　岡さんなんか、長いこと巴里にゐらつしやつたのですが、日本に歸つて一番先きにお氣づきになつたことは何ですか。僕なんかほんの僅かですが西洋の繪を見た眼で歸つてから日本の展覽會の繪をみると、どの繪もみんな畫面が浮いてゐて繪具がトアールにしつかりついてゐないといふ感じが時にしましたが、繪具がついてないといふやうなことはお感じになりませんでしたか。

岡　それなんですよ。初めて僕がサロンに繪を持つて行きました時に、私は殘念ながら初めから自分のものが上手いとは思へなかつたのですが、しかし自分のものをサロンの皆の繪の中で見た時に實に冷汗をかいてしまつたのです。それといふのは、まるで油繪といふものになつてない、今の言葉をお借りして言へば、繪具がついてないのです。てんでまだ油繪になつてないといふことでした。私のものが陳んだ部屋は、一番數が多く陳んでゐたのですが皆上手い繪とは言へないものでも右に陳んでゐるものも、左に陳んでゐるものも、皆油繪繪具がコッテリとトアールについてをつて、非常に迫力を持つてゐる。ところが私のは畫面を押すとペコ〳〵とするやうな感じなんです。それを見て私は、これは大變なことだと思ひましたね。それ以來サロン・ドートンヌに出てゐる日本人の繪といふものは、サインを見ないでもすぐ判かるやうになつたのです。つまり繪具のついてないペコ〳〵の繪はみんな日本人の作だからです。これはどうしても一つの缺點であつて、結局は油繪繪具といふものは、どうも日本人の體質に合はないんじやないかとも思つたことがありました。

藤島武二氏の作品

岡　ところが歸つて來て、博物館へ行きましたら、博物館の中に西洋の畫家が畫いたやうな立派な繪がある。私はビックリしてよく見ると、それが藤島さんの繪なんです。その時に私は、本當の油繪の性格といふものはかういふものだなと思つて、深く頭を低げると同時に、若し日本にもつと澤山、藤島さんのやうな方が輩出されてをつたら、日本にも立派な思想が入つて來、立派な油繪といふものが出來たんじやないかと思ひました。それと同時に先程のお話に返りますけれども、ホンタネジーの系統がずつと日本のアカデミーとして殘つてゐて、黑田さんが歸つて來て在野にゐたならば、これは面白いことになつたんじやないかと思つてゐます。

川路　ホンタネジーから黑田さん迄の間はいはゞ畫史がない、發展の歷史がないのです。そこのところは日本の油繪の發達のために一番不幸な時代でせう。

岡　勿體ないやうな氣もしますね。

川路　たゞ黑田さんの新派が脂色に對して反對したとしても、そこに突つ込み方が非常に足りなかつたですね。

岡　日本には新鋭振は生れるけれども、ほんとのアカデミックといふものはないですよ。

川路　アカデミックらしいものは全くないでせう。

日本に於けるアカデミックの役目は日本畫だ

柳　それはいつも日本畫といふものがアカデミックの役割をしてゐたからだ。洋畫といふものは何時でも日本畫に對しての存在として在つたのだから、これは自然洋畫といふものゝ獨立した立場を失ふことになる。しかしこれはたゞ過去の比較ばかりでなく、當面の要求とか、いろ〳〵な問題が結びついてそこに行つてゐる。だから小學校の子供に對して、日本畫を習はせないで洋畫をやらせるといふやうなこと、あれも一つの立場だと思ふのです。

川路　前の話へまた戻りますが、そういふ風に繪具がついてないといふことは、根本的な缺點ですけれども、その缺點といふものが必ずしも運命的なものじやなくて、矢張りその練磨の仕方さへよければ、繪具にもつと馴れて來て、よいものになつて行けると思ふのです。しかし行けると思つて、急いでやつても駄目でせうが、そこのところをもう少し反省されない限りはよくならないと思ひます。今の展覽會に陳んでゐるのなんか見ますと、實際繪具の塗り方一つが出來てゐない。たゞ上面の形だけを器用に纏めてゐるといふやうな繪が多くて、どうも根本のそういふ教養が非常に缺けてゐると思ひますね。

岡 矢張り日本の油繪が世界史的になるには、そういふ方面は非常に注意しなければならぬ。そうでないと世界の市場に出て太刀打ちが出來ない。

川路 向ふの繪は、下手いのもあるし、趣味なんかも下等だけれども、兎に角マチエールだけはしつかりしてゐますね。

高田 殊に最近の若い人の驚き振りを見てゐると、フォルムの方にばかり氣を取られてゐて、一寸上手いと直ぐ色やトンをまるで玩具にしてゐる。この點は大いに反省しなければいけませんね。だから日本の油繪くらゐサンチマンのない繪は少ない。この邊から技術も變つて行くと思ふのです。何か作家の心の寄りどころが非常に薄弱じやないですか。

油繪の理解とマチエール

内田 タウトが隨筆集の中に書いてゐるのですが、日本 油繪といふものを見ると、不思議なことには日本の油繪畫家は、一番油繪といふものが解つてをらぬ。（笑聲）それで恐らくセザンヌなんかは理解し得ないだらう。たゞ人理解してゐる人間がゐる。それはデッサンだけであるが鐵齋だといふことを隨筆に書いてをります。これは隨筆だから何だけれども、面白い言葉じやないかと思ふのです。

柳 マチエールの問題なんか、どうしても實感から入つて行くもので、論理形式からは入り得ないものです。ところがテーマの問題とか、或ひは思想の問題とかといふものは、これは論理形式から或る程度まで入れるのですから、だから或る程度まで摑むことが出來る。論理性といふものは、日本の論理も、ドイツの論理も、論理形式そのものには變りはない。ところがマチエールの問題は、矢張り體得するといふことが一番の早道ですから、そうなつて來ると日本の現在の社會の中に、油繪の本格的な仕事がもつと手近かにあつて、畫家が絶えずそれを見たり感じたりする機會があれば、段々そういふマチエールの問題なんかも解決出來ると思ふのです。

川路 その點になると所謂施設の問題になるので、ルーヴルのやうなものが東京に一つあれば問題は大分解決します。

柳 繪 議論は口でも出來ますけれども手觸りとか、繪具の持つてゐる一つの質がついてゐる、ついてをらぬといふやうなことは、說明のしやうがないのだから、作家が自らそれを感じ取るより仕方がない。そうすると外國に行つて來た人はよく解かるけれども、日本だけにゐる人には實感的に來ない。

内田 感覺の問題の中で、線と色の關係とか、線と量の關係とか、そういふ油繪繪具の感覺度の一番土臺になる物の把握の考へ方それがどうも日本人に充分出來てゐないのじやないかと思ふのです。だから表面の上面の或る一つの形態が變つても、たゞそこで停滯してしまつて、結局はあゝいふ染色と同じやうなことを、油繪繪具で彩色してゐるといふ感じになる。たゞ陰影は脇へ陰影を入れさへすれば、それでボリユームが出ると思つたり、それから續けるとコンストラクションが出來ると思つてゐるけれども、それよりももつと大切な物と物との關係とか、或ひはそういふ線の構成によつて支持されてゐる空間といふものは、これは大きい生きた自然の空間だといふ、それに對するはつきりした意識がない。

基本的な勉强が不足

川路 つまりごく野暮なことだけれども、さういふエレメンタルなことが一番大切なことだ。油繪はそこから出發しなくてはほんとのものは出來ない。そういふことに勉强が足りない。

内田 當り前のことなんだけれども、それが一番大切なことです。

柳 それで僕の學校では、必須科目としてこの布の皺を畫かせてゐます。たとへば天鵞絨と木棉を組合せてその質や調子の差を畫かせたりしてをりますけれども、學生はこの訓練を一番厭がつて、皆逃げてしまふ。二週間もやるとヘトヘトになつて繪畫そのものに疑ひを持つ（笑聲）やうになつて、しまひには學校に出て來なくなるのです。

高田 つまり「繪畫」以前にやるべきことをやつてゐないのですね。

岡 さつき御話のあつたやうなごく野暮なことが大切なのです。それは繪畫以前であり、技術以前の問題です。

川路 今の上野の學校は、一年は繪具を持たせないでデッサンばかりをやらせてをりますか。

岡 私の時分はそうでした。

川路 繪具を持たせると、直ぐ展覽會へ出すやうな繪を書きたがりますね。

柳 僕等の方（日大藝術科）は一年は色を持たせないのです。繪具は持たせますけれども、單純な色で裝飾をやるとか、デッサンを木炭で畫いて、同じものを直ぐ油繪で畫くとか、そういふ基本的な技術訓練を一年間やつてゐます。内田先生なんかにも、そういふ問題は隨分指導の方法など硏究して貰つてゐるのです。それで指導の問題では、この間大分内田先生から叱られたけれども、あれ以來皆が出て來なくなつて、實は弱つてゐます。（笑聲）

川路 僕らが美術學校に入る少し前時分に豫科で最初に彫塑をやらせたのです。これは日本畫科の連中も皆やつたのです。が、一寸いゝ方法だと思ひました。僅かそれも半年ですから、やつてもたかが知れてゐますけれども。

岡 洋畫科もやればいゝですね。

川路 その時分は洋畫でも、日本畫でもやるのですが、そいつが一番みんなに苦手だつたらしいです。しかしそいつをやつて置くことが、繪に一つのプラスチックな感覺を與へるために非常に役に立つのですね。

立體の知覺

柳 立體といふものは手で實感するより方法がない。ところが日本人といふものは、眼で物を見るくせがついてゐるので、手を觸れてみる硏究が足らない。矢張り彫刻をやらせると、餘程違つて、素描がしつかりして來ますね。それが素描を輪廓ばかり畫いてしまつて、どうもボリユームといふ意識がない。あれが外國の子供なんかは、初めから物の質量を見て畫いてゐる。自由畫を見てもそうです。

川路 昔、齋藤與里氏もそういふことを書いてゐた。向ふの硏究所に行つてみるとドングリの實の陰日向を、一生懸命畫いてゐる男がゐる。それを見て、馬鹿な奴も居るものだと思つたといふことですが、その馬鹿なことを一生懸命やつてゐるその野暮な忠實さ、これがどうも日本人にない。繪を畫くと初めから大家になるやうなつもりですぐタブロォを畫くといふ式です。

岡　今のお話のやうに眼から生れるのと手から生れるのとがある。そして手から生れた油繪の中にはじめて一つのサンサシオンが現はれるといふことになる。マチエールの問題も根本はそこにあります。

高田　だから或る人がマチスを訪問したら、マチスが玉子を寫生してゐたといつて驚いた話がありますね。

柳　玉子の寫生、アレは僕達の學校でもやらせてゐるけれどもしかしかういふものは結局當人の自發的な興味でやらなければ本當の意味はない。ところがそれに興味を持つのはどつちかといふと、學校を卒業してからのことで、漸く先生が玉子を寫生しろと仰言つたことが今少し解つて來ました、と學生が卒業後言つて來るけれども、その時は學校の束縛がないから、そんなことを言つてみるだけの話で、一向やりやしない。

基本教育の問題

川路　美術學校でやるよりは、寧ろ小學校や中學校にゐる時にもう少し物の見方とか感じ方とかいふものを敎へるといゝのです。これは物理や數學と何ら變りないのですから、さういふ觀察に少し入つてゐると、繪といふものに對する認識が少し變つて來ると思ふのです。ところがいけないのは、日本の小學校の敎へ方は、自由畫とか何とか言つて、いきなりクレヨンを持たして色をたゞ塗らすあれでせう。あればかしをやるから、美術學校に入る時に形の認識がサッパリ出來ない。中學校の水彩畫にしたところで、この頃は寫生を基礎にやつてゐますけれども、これも根本の觀察力を養成しないから大した役に立たない。

柳　觀察力が出來てないですね。

川路　それを養つてないのだからない筈です。かうなると結局敎育問題になるけれども、さういふ根本からやり直して來なければいけない。

柳　現狀に於ては敎育問題は相當關聯します。

内田　だから畫面の上だけでつくつて、結局形式的な思想は、繪の過程から生れても、本質的な繪畫の思想發展といふものはない。本當にぶつつかつて畫かうといふ意志がないからね。

いつも初歩を說かねばならぬ不幸

川路　觀念的になつてしまふ譯だ。

柳　そして抽象的です。

川路　そしてお前の方が舊いとか、新しいとか、さういふ新舊の議論ばかしやるようになる。

柳　批評家なんかに幾ら言つて貰つても實際作家に何の役にもならない。本人の自分自身はさういふことは觀念的に解かるけれども、體驗的に多くの人には解かつてゐまいと思ふのです。そこまで言はなければならぬことは、これは一つの不幸ですね。

川路　我々が昔から何時でも言つてをりますが、結局今の美術批評は啓蒙論になる。自分勝手なことを書かうと思ふと、こんなことを言つて一種のセンチメンタリズムと思はれやせんかと思つて、自分自身の考へといふものは引込めてしまふ。そして啓蒙的な今のやうなスタイルだけ取つて觀念論をやると、それが一番受けるのです。

柳　同じやうな内容を持つたものがある場合、一方は質がいゝ、一方は質が落ちる。つまり形態が非常に似てゐるやうな場合に、こつちは質がいゝと主張しても、それを證明する方法がない。それだから皆たゞ理論で判斷してしまつて、そこに標準を置いて見るから、美術批評の場合は困るのですね。標準になる物さへあればすぐ會得出來るのだが。

川路　その役目は今のところ美術雜誌しかない。さういふ點に於て日本の美術雜誌といふものは、これは非常な役割をすることになる譯ですね。

内田　或るレベル以上の作品ならば、どつちがいゝといふことが言へるのだけれども、レベル以下の作品に對しては、どつちがいゝといふことは非常に難かしい。

川路　つまり敎室の指導批評になつて美術批評までゆけない。

柳　吾々は作品を見る以上はアイデイアも非常に問題としますが、メチエーの方で甲乙をつけた場合は、メチエの本體といふものは解つてないから、證明する方法がない。兩方ともアイデイアはいゝ、内容的には同じ高さ、同じレベルに行つてゐる。ところがメチエーの高下があるためにテクニックの差といふものも、二つの作篇のある場合、こつちの方が効果が擧つてゐるといふことは證明する方法がない。我々は實感的に證明する方法はあるけれども、それを辨證的に證明する方法はない。これは非常に殘念だと思ひます。だから外國に行つて來た人はテクニックをいふと直ぐ解かるやうなことが、外國に行つて來ない連中は直ぐ問題にする。そしてこつちの方が考へが面白いといふことになつて、矢張り考へが中心になつて、頭が先きで手が及ばぬといふやうな仕事が多い。ですからつまりメチエーといふものが、現代の洋畫油繪といふものに非常に缺けてゐるといふことです。結論から言へばさうなる。だから、メチエーをどうつくつて行くといふ問題に結びついて來ないと、矢張り結論が出ないと思ふのです。

美術館の問題

岡　それにはやはり美術館がなければ駄目でせう。

柳　そして作家ばかりの自覺ではいけない、註文主の好みといふものがありますから、繪を買ふ階級も高くなつて來なければいけない。一般のレベルが高くなつて來ないと

どうしてもそうなる。

川路　そういふ美術館といふ問題になつて來ますと、西洋の繪を大分持つてゐる人が相當ゐますけれども、それはほとんど皆近代畫です。クラシックといふものは殆んどないでせう。大原のコレクションにはグレコが一枚ありますけれども、そういふものにだけ求めるといふこともこれは無理な話です。そういふクラシックが一つもないのですから、せめて印象派以後でもいゝから何か系統だつて陳べる。同じ博物館の中でもいゝから、どこか一室に系統だつて陳べて、かういふ風に變遷して來たといふことを見せるやうな一つの施設が出來ると、非常にいゝと思ふのです。結論は何時もそこに行つてしまふ。

岡　私も大原コレクションを見ましたが丁度寒い日でしたので、寒いせいかしらぬけれども、震へてしまひました。と共に自分自身もこのコレクションのある間は日本も心强いなと思ひましたね。それと同時に、これはこんな處に置くのは勿體ない、こんな處に置くべきものじやないと思つた。大原さんには申譯けないけれども、これはこんな處に置くのが許されるべきものじやない。ぜひ中央の東京へ持つて來たいなと思ひました。

川路　あの人なんか、資力があるのですから、幾らでも作品は買へるのですが、あれをどうして買つたかといふと、僕は妙なことでそういふことを知つたのですが、實は大原さんといふ人は、ほんとは油繪といふものは解からない。西洋畫はよく解からぬけれどもたゞあの人のパトロンとなつてゐた兒島虎次郎氏が、かういふものはいゝから是非買ひなさいと言ふので、兒島氏を贔屓してゐたために、あれだけのものを買つた。だからあの繪を買ふ時に立會つたのは、兒島氏が立會つたのです。ところが兒島氏が死んだら、もう一枚の繪と雖も買つてないさうです。それですから御覽になるやうに下の方は兒島虎次郎氏の、くだらぬと言つては失禮だけれども、二階の西洋の大家に比べればつまらぬ繪が陳んでゐますね。それからあの西洋畫にしても妙な白耳義の作家があつたり、變な時代離れのした繪があつたりするから、そういふのは取除いて系統だつた印象派以後の繪だけでも見せると、あそこだけでもいゝものがある。また松方さんのコレクションにしても、實は巴里に素敵なのが殘してあつたのですが惜しいことにそれをロンドンに移したため空襲ですつかりやられてなくなつたさうです。これは實に惜しいと思ひますが、現在日本で纒まつたものと言へば今の大原コレクションなど筆頭でせうから、それから福島コレクションも大きい存在です、大原の中のいゝのだけでも東京で見せるやうにしたらいゝですね。

岡　これは國家が命令を出して取上げてどこかもつと便利な處に置くやうにする、その方が日本の油繪の發達のために非常にいゝと思ふのです。態々あそこまで見に行く方が隨分ありますけれども、もつと便利な處へ持つて來たいですね。

高田　私も去年の八月に見ましたけれども、大分繪が傷んでゐます。カビが入つてゐるのもあります。

川路　兒島氏が生きてゐる間は、繪に對するそういふ注意なんかは相當行屆いてゐたと思ひますが、今はそれを管理してゐるのは恐らくあそこの管理人だけでせう。それが繪は何とも解からぬ――と言つては語弊があるかもしらんけれども、そういふ人らしいですね。

日本油繪の陳列がほしい

柳　外國の名畫を集めて見せることも重要なことですけれども、それと同時に日本人の畫いたものも、ずつと系統だつて集めて置くべきだと思ふのです。

川路　浅井忠、小山正太郎あたりからでもずつと集めれば、相當面白いものがあるだらうし、また今後の參考にもなりますね。

柳　既に外國へ行つて三年なり五年なり勉强して來た人は理解もあるし、謂はゞ敎養としては一應完了した連中ですから、これから自分の作品を作つて行くだけのことですけれども、これから出る人は、實際何かそういふ機會がなければ可哀さうですよ。

高田　話が變に飛びますけれども、例の日佛展覽會です。あれはそういふ意味で非常に意味があつたと思ひます。私共が一年中で一番樂しみにして期待してゐたのは、あの日佛展覽會でしたね。あれが何年間續きましたかね。

川路　兎に角他に何にもない時だつたですから、何でも持つて來たどいふことは有難かつたでせう。

高田　あれは何年でしたかね、震災の頃じやなかつたですか。

川路　その時分です。大正十一年でせう

高田　私はフランスに行つて見てあのデルスニスといふ男の豪膽さといふか、その仕事の相當な大きさに驚きました。兎に角相當のものを持つて來てゐたですよ。勿論中には單に日本の金持を喜ばせるところの趣味の悪い繪もありましたけれども、しかしそういふ方面よりも、日本の畫壇に與へた功績の方が遙かに大きいと思ひます。

川路　兎に角何にも物がない時代でしたから、何しろ物を持つて來たといふことは、非常な憧れを持つたし、また影響も大きかつたと言へるでせう。そういふものゝ一番始まりは、「白樺」といふ雜誌があつたでせう。あそこの人がロダンに浮世繪を三枚か四枚送つた。そうしたらその返禮に一寸した彫刻を寄越した。それは小さなものですが、丁度昔支那から佛像が來た時のやうなもので、それを確か赤坂の三會堂だつたと思ひますが、そこへ我々も拜みに行つた形でした。それからゴッホが一枚來た時にも飛んで行きルノアルが一枚來た時にも飛んで行つたものですが、それであの「白樺」は非常に印象派以後の西歐美術紹介には盡したといふ譯です。それはデルスニスなんかが、澤山な繪を持つて來ない前の話ですから、我々も非常に珍らしく思つてゐました。今度の大戰でこゝ當分そういふ向ふの新しい作品を見る事も出來ないのですから。せめて今まであるものでも陳べて見せるやうにしたいですね。まだまだ向ふのものをよく見る必要が一般にあり、そこから堅實强固に新しい日本の油繪を創成してゆかねばならぬと思ひます。今日は一番はじめの「日本油繪はいかにあるべきか」の概論的結論は或は得られなかつたかも知れません。具體的に技法問題や本質問題に觸れて頂けたのでこの座談會記事を讀む人には或る見透しがつけられたと思ひます。

本社　どうも種々有難うございました。

新刊紹介

◇◇川口軌外畫集◇◇　この畫集は二六〇一年の作品集を目的としたものである。都合で前年のものが二點加へられてゐる。原色版に、「女と薔薇」、「牡丹」「桃」、「牡丹エチュード」の四作があり、「ダリヤ」、「漁父」など三十一點の作品が蒐られてゐる。裝幀瀟洒、印刷鮮麗であるのみでなく、その内容に後進の者が學び取るべき苦心作をかれこれと指摘し得るのは、この集を高く價値づけるものである（定價四圓　發行所神田區美土代町廿六番地一美術工藝會）

展覽會の暦

▽鈴木日出兒第一回日本畫展　七月一日から四日迄日本橋白木屋

▽一采社第二回日本畫展　七月一日から四日迄銀座資生堂ギャラリー

▽御盾會日本畫展　七月一日から三日迄銀座菊屋ギャラリー

▽東日、大每主催日本產業美術展　七月一日から五日迄銀座三越七階

▽靑巒會第一回展　七月一日から五日迄上野松坂屋

▽傷痍軍八、軍人遺家族製作品展　七月三日から十日迄日本橋三越

▽瀛光會日本畫展　七月五日から七日迄銀座菊屋ギャラリー

▽素合會俳風漫畫展　七月六日から十日迄銀座、銀座ギャラリー

▽大工園秀夫新作個展　七月七日から十二日迄上野松坂屋

▽平林淸輝佛畫展　七月八日から十二日迄日本橋白木屋

▽淸光會展　七月八日から十一日迄銀座資生堂ギャラリ

▽坂田虎一近作油繪展　七月九日から十三日迄銀座靑樹社

▽新浪漫派第四回展　七月十一日から十四日迄銀座菊屋ギャラリー

▽聖戰美術展　七月廿日迄東京府美術館

旬報

南方戰線の感激を

山口蓬春　藤田嗣治　兩氏の消息に聽く

無敵日本の偉大さを繪畫に傳承すべく、各方面に美術家は派遣され、つぶさに皇軍の作戰の雄圖を窺ひ、戰線將兵の勞苦の跡を辿り、親しくその實狀を視、大東亞確立の大理想に參與せんと必死彩管報國の任務に精勵してゐるが、最近の彼地報告に聽く……と藤田嗣治氏は、

昭南島にゐて、戰史に不滅の戰果を打ちたてたブキテマの攻略戰を描いたが幸ひに同攻略戰に參加した部隊長や將兵が澤山ゐてくれたので、こまかい武勇談などまできくことが出來た。その當時のまゝの血に濡れた服裝で辛いポーズも厭はずモデルになつてくれた。そしてどうかいゝ繪をお畫き下さいと熱心に云はれたので、僕もすつかり感激して連日ぶつ通して休まず描きまくつた。僕はこれまで中南北支で今迄たび〳〵戰爭畫を描いたが、本當に凄慘な場面にぶつかつたのは今度が一番切實だつた。ゴム林の中などに入ると半紙大の大きな蝶が、フワリ〳〵と無數の英兵の骸骨のあたりから飛んで來るといつた不氣味なことが多かつた。しかし支那戰線と違つて、敗殘兵やテロなどの危險なく住民も安心して仕事に復歸し、日本の兵隊さんに感謝、尊敬してをり繪を描くにも非常に樂であつた。しかも南の空のぢり〳〵と灼けつくやうな太陽の下、陽に燒けた兵隊さんの半袖半ズボンの凜々しい姿など、南方戰線としての特色は他の戰線には見られないものだつた。

と語り、更に山口蓬春氏は、香港攻略における總攻擊の繪を描くのだが、英が多年東亞侵略の據點としてゐた土地だけに道路は素晴しく、あらゆる近代的な陣地が整備してゐて、これまでの支那事變と違つた近代感といふものを痛感した。その反面香港には支那人が多勢入り込んでゐたので、戰爭の背景にやはり支那色が多分にあつたことを見逃せないものであり、兵隊さんに對する感激はいよ〳〵胸を打つのであつた。

との感激を洩したとの事である。

翠雲個展と翔鳥會展

豐田　豐

小室翠雲個展

第三回小室翠雲個展は、氏の近年に見ない巧緻なものであり、全南畫壇の仕事としても、花鳥を以つてこれほど巧緻華麗な仕事はその類尠しとしなければならないであらう。これを近世に例を求むれば、沈南蘋、岡本秋暉に共通するが遠く支那に例を求むれば、明初の呂紀、唐末の徐凞、黃筌にまで遡るべきであるが、翠雲氏のこの十點の作畫は沈南蘋ほどに不健全でなく、秋暉ほどに生眞面目でない。しかしながらその雄渾性、壯嚴性に於いては呂紀、徐凞、黃筌の古代畫人特有の偉大さとは自らその質を異にする。

近年日本の鑑賞界は斯くの如き巧緻纖麗な表現を求めて止まない。その結果小杉放庵、近藤浩一路氏のやうな達筆系の畫人すら特異なる粒點描のあゝした畫風を創始した。しかし翠雲氏はさすがに放庵、浩一路ほどに粒盛り式工藝表現のものではない。飽迄に謝赫の隨類賦彩を基本とし、筆線の妙をそのうちに藏してゐるやうであるが、『自然文』の孔雀牡丹描の如きは、呂紀の壯嚴、雄渾に通じ、その近代的感覺に於いてはより細緻纖麗である。この種孔雀描を得意とした荒木寛畝に比較しても時代は確かに一進歩をしてゐる。『東風吹』の紫陽花、金鷄鳥は華麗絢爛にまで達してゐるが、山樂的豪壯の氣魄を失なつてゐない。これに反し『家園夏』の木鉢の撫子に鷄の雛三羽を配したものは、その種華麗なものゝ柔かに和やかな風情に於いて觀者を魅するものがあり、この二作は剛柔相對する今期個展での妙作である。『競姸』の竹編の花籠に美しい花々を盛込んだ靜物描はその精緻さに於いては前二作に優り、唯美的情緒も又豐潤であるが、いさゝか放庵などの趣好に競ふかの觀がある。

その餘の作も同巧異曲、全四作から稍々力を拔いたものである。

第五回翔鳥會展

舊新興大和繪系三異才の結束になる翔鳥會第五回展に於ける成果は、狩野光雅の『淺春』六曲一双、長谷川路可の『椰子樹』六曲半双、遠藤教三の『新樹の山』二曲一双のそれ〴〵の代表的大作に專らその中心が置かれてゐる。光雅の『淺春』の水墨淡彩の幽邃なる山景描は、少量の大和繪的筆格を以つてして殆んど南畫的細韻に近いものであり、田中訥言、宇喜多一蕙の古格を想はしながらも、兩者のやうな奔放の氣はなく何やらん、消えがてに果敢なく、畫心の捕捉に苦しむ。路可の『椰子樹』は近來の快作だ。時局柄な南方の取材は、累々たる實を黃金色で壯嚴化し、樹幹樹葉の灰黑、黑綠色も幽玄に豪壯であり、配された猿一匹、路可らしい朗かさの中に快適な新東洋美を創建する。その他彼は諸種南洋風物を日本畫化してゐるが、いづれも異國情緒を、快適な夢幻美を以つて惹きつけ就中『ミンダナオの朝』、『更紗描き』は賦彩力に於いても卓拔だ。教三の『新樹の山』は靑綠の諧調、濃淡譜に微細な神經を働かし、藤原初期佛畫の背景に見るやうな神秘幽暗の情に濃やかだ。唯その餘りに單調な靑綠のみの構成は感銘稀薄迫るところ乏しい。教三光雅も亦他に小品數點を試み、間々佳作と認むべきものもあるか、就中光雅の『木曾五題』は

構造社展の授賞者と會友推薦

六月十七日から廿五日迄東京府美術館で開催された第十五回構造社展の授賞者と會友推薦は左記の通りである。

授賞「構造賞」(女立つ) 瀨戸園治、(若者) 星野健一、(觀自在) 淸田淸也「研究賞」(習作) 佐野信雄、(女の首) 齋藤吉郞

會友推薦、堤達男、佐野信男、瀧川美一

白耀社再興展

北野恒富氏門下の白耀社塾は長らく中絕の姿になつてゐたが今度舊門下の有志によつて白耀社を再興することになり其の小品展が六月九日より十四日まで大阪松坂屋美術畫廊に於て開催、日本畫の最高水準は床の間藝術にありとの主張の下に、橫物尺八、竪幅尺五位の小品ではあるが何れも詩趣と餘韻とを持つた作品揃ひで、恒富氏の『蓮』を始め、生田花朝女『住吉』大森富平『時雨』岡茂以「鶴」河本松之「螢」西夷星乃『人物』砂澤朗象『兎』等注目されるものであつた。

新興岐阜美術院
第二回展授賞

新興岐阜美術院第二回展授賞式は六月十八日午前十時から軍人會舘で擧行され、左記の如く授賞された。

岐阜市長賞、(岐阜)石榑岳艸。新興岐阜美術院賞、(同) 高木春堂、(同)竹腰柳東。岐阜商工會議所會頭賞、(同)長細丈夫。尙、岐阜の福田柏齡、大垣の高木美石兩氏は同院友に推薦。

華畝會展好評

新井完、赤松麟作、角野判治郞、坪井一男、森脇忠、吉田苞、太田喜二郞氏等關西洋畫家によつて組織されてゐる華畝會では、その第三回展を六月十八日から二十二日までの五日間京都美術館に開催、白衣の勇士の力作をも併せ出品、好評を博した。

第五回大日展榮えの授賞者
大日賞二、大毎東日賞一、奬勵賞六

六月二十日から同三十日まで東京府美術舘で華々しく開催して好評を博した第五回大日美術展の授賞者は左の通りである。

大日賞、第一席「黃昏」池田尙之、第二席「八ヶ岳」山田皓齋

大毎東日賞、「山西省古縣鎭附近」、荒木茂雄

奬勵賞、「穗高新雪」五十嵐撥一、「丹頂」望月定夫、「翠溪」服部幸太郞、「海」志賀且山、「春日」淸水保二、「きこり」田所量司

奇特、入選畫献納

京都市上京區紫野宮東町奥山藤一、同市淳明國民學校訓導芦田泰淳の兩氏は大東亞戰に於ける海軍の赫々たる武勳に感激、さきの京都市展に入選した洋畫を今回舞鶴海軍鎭守府に献納方申し出た。

雄麗、滿洲國へ献畫三十點
◇…同國國寶展に現れる珍稀な品々

滿洲國の建國十周年を記念する同國國寶展は建國式典が執行される今秋九月十五日を中心に前後廿日間ぐらゐ開催される。會場は、帝室博物館である。出陳國寶は北宋時代(約八百年前)から傳はる刻糸(つゞれ織)、刺繡類約百點、熱河の喇嘛寺に保存されてゐた滿、蒙、西藏三語に飜譯された一切經の一部、奉天博物館に保存の四庫全書の一部などが陳列され、特に熱河の北方赤峰から發掘された遼、金時代の陶磁器約七十點は此展覽會で始めて一般に公開される珍稀な品である。一方、これと同

遠近的構圖と、その中に織込まれた細々とした抒情歌譜に聞くべきものがあつた。數三の四作は今年は新意に乏しいが、『淸雪』の紅梅と積雪の紅白譜に明暗効果と新造型の稍々見るべきものがあつた。

現代工藝巨匠展

大島隆一

この巨匠展も、ことしで第二回目である。とにかく、工藝美術界におけるグラン・メトルの作品を、一堂に展示するといふことは、みるものにとつては興味がある。

限られた紙數において、いちいちの作品について書く餘裕がないが、少しく短評を記すことにしよう。

板谷波山の作品のうちでは、「彩磁呉州繪花瓶」をあげる。いかにもこの作者らしい美しいもので、昨年の文展における「窯變磁花瓶」よりも、はるかにすぐれてゐる。

香取秀眞は、老來、ますます作品に磨きがかゝり、いゝ境地を獲得しつゝあることは注目すべきであらう。「鳳鈕鳳耳爐」は、技・心、ぴたりとあつたものでまことに氣品ある優作といへる。

淸水龜藏の「波に龍文毛彫硯屛」。技術的にはすぐれたものだが、たゞ、それだけの作品である。

津田信夫は「借水献花」の一作に、新鮮な感を充分にもりこんでゐた。この老大家の强味は、けつして安住することなく、つねに新しい境地の開拓につきすゝんでゐることであらう。この指導者的氣魄にたいしては、多大の敬意を表するものであり、また、後進作家にとつては、學ぶべき多くのものがあると考へる。

六角紫水の「線の行通ひ銘々盆」は、作者近來の佳作としてあげる。

淸水六兵衞、三點のうちでは、「釉裏紅一輪生」をあげるよりほかはない。この作家に希求するところは、自重と深い內省である。

富本憲吉の「色繪蘭香陶板」は、愛すべき小品であるが、このへんでい、氣になつてゐては、こまつたものである。他の作家にたいしても、力一杯の作品を示すべきであらう。

白閃社展

新しい南畫の開拓と云ふことが、如何に困難なものであるかを、痛感させられる。技術的には相當苦心され、各會員共何點かの力作を出しいろ／＼の勉强を見せてゐる。大根田雄國の「奧利根」が筆致輕快で詩韻もあり佳作である。須藤悟雲の「水鄕過雨三題」は睡蓮、網、水鳥の三聯構成で水墨の練熟味に新鮮さを併せてよく、江川武村の「戰捷祈願三題」は大作でもあり、努力だけの効果も上り佳作と云へる。鈴木石鷗の「淸風」は百花園風景で、墨色を全然使はず、點描風の色線で、一寸面白い。濱部香堂は大々作を出してゐる。

時に奉天博物館で展覽に供された上、滿洲國へ獻納される繪畫は、帝國藝術院全會員（日本畫家十六名、洋畫家十四名）に委囑したもので、作品は美術學校に搬入され、表裝をした上國寶展に先立つて東京で展覽會を開催する事になつた。

大阪・中京特信

▽…美友會第十九回工藝品展は六月十六日から二十一日迄大阪三越七階中央催場で開催、京都、大阪、奈良、東京、輪島等各地の一流工藝家からなる會員が新たに特製した陶、銅、漆、木竹の工藝品と日本畫壇諸氏の新作を表裝した軸物、屛風、衝立等を陳列し、賞讃を博した。

▽…日本人形美術院主催人形作品展は六月十八日から二十三日迄名古屋松坂屋六階で開催され、岡本玉水氏は「道風」ほか十一點、平田郷陽氏は「點前」ほか九點、其他十氏の作品を陳列し、好評を得た。

――消息――

▲**伊藤快彥氏逝く** 京都市左京區若王子神社社掌、洋畫家伊藤快彥氏は豫て病氣靜養中六月十六日午前零時急性肺炎を併發し逝去した、享年七十六、氏は慶應三年七月熊野若王子神社社家に生れ十三歲で祠掌となりその後神職會諸役員を歷任して去る昭和十二年五十年以上奉仕の故を以て神職大會に於いて表彰された。氏は田村宗之、小山正太郎氏等について洋畫を學び關西美術院教授等關西洋畫壇の重鎭として活躍し幾多の後輩を世に送つてゐる。關西ばかりでなく我國洋畫壇の雄、として觀られてゐた人だけに、その訃を聞くのは淋しい。

新京土產話

齋藤素巖氏

滿洲新京市廳公館玄關ホールの正面を飾る彫刻を依囑された齋藤素巖氏は日滿支の子供に擬した三人の子供が噴水上で戯れてゐるブロンズ（約八貫目）を製作し、昨年末同市廳公館に送つて置いたので、其取付け振りを見んとて去る五月末出發この程歸京した。其の土產話に聽くと――

旅行中 一番困つたのは宿舍の點でどの旅館も皆超滿員で漸く或る旅館を世話されたがとても我慢が出來ず、一晩で逃げ出し其後は友人の家で厄介になつてゐたやうな始末、それから所々でうける身分調査で職業は彫塑家だと答へても容易には諒解されず、印判屋かな……それにしては一等に乘つてゐるなど變だなといつた具合で說明に隨分苦しんだ。感心した事は滿洲は新興國だけにまだ若い人達が相當重要な地位に就てゐる事で、或日金三圓を投じて遊覽バスに乘つた所、行く先々の名所々々でバスガールが此所は某中尉が戰死なされた何々の戰場でありますと、其當時の奮戰の様をとても

雄辯に 說明し、思はず自分なども感涙に咽んだ。又此所は武部六藏閣下の官邸ですといふ、武部六藏氏といへば府立四中時代の同窓で自分より四五年後輩の人だけに一層興味を惹き閣下といつてゐるからには相當の地位だらうと考へながら能く聞くと、日本の總理大臣格だとの事に益々驚いた。兎に角滿洲は

若い人 達が相當重要な地位に就き新興の意氣の旺盛な事は誠に結構だが若い課長あたりの中には出入商人等の誘惑に陷り瀆職行爲さへ犯しかねないやうな危惧をさへ感ぜさせられる氣持に置かれたのは、聊か遺憾であつたが、何しろその興隆ぶりは素晴らしいものであり、大興亞の一役を持つて非常な發展ぶりである。

彙報

火曜會旗擧展 二科出品の新進廿氏

火曜會第一回油繪展が七月廿二日から廿六日迄銀座の菊屋ギヤラリーで開催される。同會は二科出品の新進黑川健二、佐

「東海の春」もいゝが、「觀風」がすぐれてゐる。構想と取材の用意を腹に藏して、技巧も樂々と畫面を完成したあたり、觀者をしてよく作者の畫域に引入れる。田中蘭谷の「朝」五位鷺のゐるのは小品ながら、この作者を代表するものだ。「群鷄」其他大作もあるが、「首夏」を擧げる。高士幽篁は「秋光」に今回展の意義を高揚し、「靜日」の一石に思想的のよきものを窺はせ、小品の「溪」などに樂しめる味ひを見せた。（府美術館）

玉村方久斗展

花卉、樹木、靜物、風景等々約二十點、潤達無類の健筆であり、新味もあり、努力も充分で申し分のない堂々たる畫家である。下手な文展審査員や無鑑査級のヘナチョコなど足許にもよれない才智と健腕を持ち乍ら、畫壇的に兎角異端視されるのは他人事乍ら心外千萬と云はねばなるまい。

花卉では「牡丹花瓶」「牡丹」など、樹木では二枚折の「銀木犀」や「松」など、古典に對する深い造詣も窺はれ新味もあり立派である。たゞ煥發する才氣を抑へきれず絕えず奇警な新工夫に走り、新時代の尖端的な感覺を採り入れようとする努力が、この作家を絕えず落ち着かせない原因である。それはこの作家の新鮮な魅力であると共に、固陋な邦畫壇から異端視される理由でもあらう。「硝子器のある」「虫標本のある」「都市小景」などさうした傾向を代表し、やゝ輕すぎる嫌ひがある。風景の「黃昏れむとする向ひ山」「碧潭」「反射爐と櫻」など新鮮な造型もあり堂々としてゐる。（上野、松坂屋）

安田畫塾小品展

出品作家十五氏、各人一點の小品を展列して、閉會後、この作品は全部陸軍省恤兵部に獻納するものだといふ。斯ういふ意義ある企てに對して、あれこれと作品の出來榮えを云々するのは、大して好ましいことではないが、ついでにこれも短評せよとのことである。槪觀して先づ感じることは、どの畫をみても親切に描かれ、甚だ純粹である。勿論、とりわけ面白いといふ畫のないのは、各自畫境が若いからであらう。津田時子の「村の橋」は童味に富んでほゝゑましかつた。構圖も悪くないし、仕事もしつかりとしてゐる。かういふ小品にこれだけの題材を扱つて盛り澤山を感じさせないのは手ぎはといつてよいだらう。加藤淘綾の「藤」、倉光和光の「バラ」、柏原萬里子の「花」吉川朝衣の「豌豆」水口青峽の「花桃」等、一體これらやさしい畫の多かつたのも、この展覽會の特徵である。雅號によつて作者の性

々木宗一郎、鈴木國威、小林森次、伊勢雄次郎、杉本孝一氏等廿名に依つて最近結成され、研究と親睦を兼ねた團體で、今回は其旗揚げ展。各自一點乃至二點の力作を展示する。

二回展の出品に——

大童の和風會

明治中葉の洋畫壇に飛躍してゐた玉置照信、出口淸三郎兩氏と兩氏よりも數年早く東美を卒業し畫道の外に禪の修業三十餘年に及び老師の稱號さへ持つ鈴木雪哉氏と其愛婿で玉堂門下の逸材鈴木有哉氏の四氏に依り昨年結成された和風會では、近く第二回展を開催すべく、雪哉氏は「夏多山水」の六曲屛風一双と尺五四五點を、佛畫を得意とする有哉氏は奈良を題材にした風物五六點、照信氏は氏獨得の油彩併用の日本畫(花鳥)數點を、淸三郎氏は全家族をモデルに五十號の群像と海濱風景三四點を出品すべく昨今いづれも懸命に彩管を揮つてゐる。それぞれ畫風の異つた人々の發表する作品とて今から期待されてゐる。

御盾會第一回展

御盾會第一回日本畫展が七月一日から三日迄銀座の菊屋ギヤラリーで開催される。同會は今秋東美の日本畫科を卒業する岡榮吉、大智經之、武田良三、山中雪人、藤茂勇、近藤啓太郎

の六氏に依り結成されたもので、大智氏は既に文展入選一回、月岡氏は日本畫院、大日美術院の入賞者、出品は各二點乃至三點の豫定でいづれも開催を前にして張切つてゐる。

俳畫風日本畫展

漫畫家河盛久夫、國分暢夫、原信夫、內田一光、松下一宇、中村圭助の六氏に依り結成された素合會では、七月六日から十日迄銀座の銀座ギヤラリーで俳畫風の日本畫小品展を開催する。作品は軸、色紙、額など三四十點、盛夏の際輕い氣持ちの鑑賞を期待してゐる。

一采社第二回展

一采社の日本畫展が七月一日から四日迄銀座の資生堂ギヤラリーで開催される。同社は畫道に志を同じうせる浦田正夫、高山辰雄、岡田昇、野島青茲の四氏に依つて結成されたもので昨年の旗擧展は好評であつた。今年は第二回展とあつていづれも非常な意氣込みで、各三點內外の力作を展示する筈。

瀛光會第一回展

瀛光會第一回日本畫展が七月五日から七日迄銀座の菊屋ギヤラリーで開催される。同會は流派を別にして懇親の間柄にある左記の人々が畫道に樂しむべく輕い氣持ちで結成し、今回は結成後初めての展覽會である。發

表作品は各一點乃至二點の豫定 茨木衫風(新院展系)荻原達義(文展系)松久休光(同)池澤青峰(同)小坂勝人(同)森村宜永(同)藤田隆治(同)小島一谿(院展系)中島清之(同)上田甠草(同)

坂田虎一個展

旺玄社の中堅坂田虎一氏の近作油繪展が六月九日から十三日迄銀座の青樹社で開催される。東京に於ける氏の個展は今回が初めて發表作品は五十號乃至三十號の花卉と風景約十五六點、處女展とあつて大いに注目される。

新浪漫派四回展

東美系の若い作家に依つて結成され、獨自な步みと其都度、新たな造型意識の問題を江湖に提出して來た新浪漫派協會第四回展は、七月十日——十五日の間、銀座菊屋畫廊に開催される此度は繪畫、彫刻ともに多數の新同人が參加し活潑な仕事をみせてゐる。出品同人左の通り。

小川原修、大塚睦、佐田勝、遠藤健郎、永田鐵佐、藤沼朝保、堀內規次、村山小呂、鎌田正藏、金河建、加藤太郎、杉全直、山元惠一、伊藤文雄、園角太郎、(以上繪畫)稻田健四、井手則雄、國光與、野田惟惠、堤達男、早川峻(以上彫刻)

別を判斷することは不可能だが何しろ婦人の出品者が多かつたのではないか。それに、もともと安田先生の作風が甚だ女性的である。或は、この展覽會に婦人の出品者を多く感じたのも、さういふ師風の影響が、多かつたためかも知れぬ。瀨戶水明の「紅梅」も甚だ叙彥的で、今少し洗練されたら師風の品位を生かせるだらう。島村亮の「春閑」は點描派といつた筆致の幾らか叙彥的ではない仕事ぶりである。少しぼやけた感じだが、慰問の作品としてはのどかでよからう。鈴木麻古等の「犢」鈴木鳥心の「文鰩魚」中庭綏華の「雀」牛田鶴一の「竹」等、やゝ生彩にかけるのはをしい。

美術文化展

百八十度の急轉回を試み課題作品の特陳その他で國策順應の態勢を整へて來た。しかし、表面的に派手な宣傳的なものより、地味な何でもない小品の方に味もありコクもあるのは興味深いことである。

福澤一郎の二大作「狂亂のエクゼター」「歸雁」にしても、單なる記錄的ポスターに終らぬ造型的な新鮮な迫力と寫實の深さに於て、他の比儔を許さぬ大きなものを持つてゐる。しかし、結局海洋景觀の美しさを捉へた彼の小品「島」「海」「海」の三作の渾然としたうまみに及ばないのである。

同人作品では、吉井忠、藪內正直、濱松小源太、寺田政明が努力もしてゐるし、成果も注目される。

吉井忠は、おそらく美術文化陣の「日本科學の建設者」の苦心も買はれていゝし、やゝブリユルゲル風の「山村」「市日」の如き重厚な寫實力もあり、やゝ暗いが詩情もあつて、佳作と云へる。「女」は古典的なものへの憧憬が見える。

濱松小源太の「山峽」「菊・少女」「戰勝雲」など仲々努力してゐるが、ブリユルゲルの影響がやゝ露骨なのは氣になる。藪內正直は色彩的にもやゝ甘いが淸明で詩人的素質の好作品を見せた。「夏至」「若葉」その他嫌味なく娛しい。寺田政明の持ち味である執拗なアクの强さは「南方の石彈」となつて成功し「朝陽」「花園」「花」など強い個性がものを云ふ。

杉全直の「四季」は構想がよく「沈丁花」は、甘く美しい。麻布三郎「靜物」は寫實力あつて強く、佐田勝「霧」は日本畫的な工夫と試みがあるが成功とは云へない。米倉壽仁「春の丘」「春の祭」その他は、古澤岩美の大作「圖南の翼」と共に效果を竊ふに忙しく俗流に墮した嫌ひがある。その他の同人では靉光「蝶」柿手春三「山」鷹山宇一「飛ぶ花」北脇昇「周易象義圖」森堯之「ハルピン風景」三崎孝雄「靜物」丸木位里「龍虎」等佳作として注目された。

課題作品中、高橋迪章「氣球圖」土井俊夫「架橋」その他、土屋幸夫「飛行機」など注目された。一般出品では臼井千秋「南進」「ビルマへ」住井ミエ「ポタン」「菊」原田隆「水邊」佐藤義美「風景」谷口克巳「石」堀內規次「石窟」「流氷」金河鍵「綠の交響樂」その他が注目される。(府美術館)

現代名匠竹藝展

飯塚小玕齋の花籠が一點ある巾廣の竹と細かい竹との抱合せた構成が、地味で、つゝましやかにいゝ仕事をしてゐる。田邊竹雲齋の古矢竹鎧胴花籠の胴の味は就中いゝ。此作家は全體に危くげてものに隣組である。阪口宗雲齋の天然竹筊花籠のひねり手の妙味、翁花入、蒼風籠と全作を通じて統制のある特徵に一々親しまれる。殊に紫竹花籃の時雨は詩情を呼んだ。琅玕齋の「壽」その他完作だが大花籃の大竹は構成に聊か破綻を見せたのは惜しいことである。(高島屋サロン)

美術經濟

順調に行つてゐるか 繪絹の配給（2）

日本畫製作資材統制協會を覗く

繪絹配給の元締である日本畫製作資材統制協會は最大急行で組織されたため、取あえず、「日本畫家報國會」のメンバー百九十氏の會員を利用して、その成立の基礎とした。即ち報國會は三越で航空機献納の日本畫奉公運動であつたが、この會員を直ちにそのまゝ、配給協會の會員に移した所にいろ／＼の感情的批難があり、誤解があり、反感を呼んだ點もある。一例を擧げると、「新協」によつて美術運動をし續けてゐる玉村方久斗氏は、

「文展無鑑査級といふのが中心で協會員百九十名を限つて出來上つた日本畫家報國會といふのをそれだけが派閥を超えた全日本畫家だと稱してその砌結成したので、多年相當日本畫家として努力したつもりであつた私は、美術人でも畫壇人でもない資材の一利用者に過ぎない者であつたことを俄然發見いたしました」

と云つて、當時開催の同氏の個展では「百九十一番店」といふ落欵を用ゐて、その昂奮の情を現はした。獨專會員が百九十人である所から、かういふ皮肉落欵を製造したことであつたが、これは單に玉村方久斗氏一人だけのことではなく、他の多くの畫家もこれと同じ感情を持つてゐたに違ひないのであるから、この興奮は確に公憤である。

そう思はれる程、配給協會は大急行に、まつしぐらに、非常な、懸命な努力で造られたのである。繪絹はある、しかし統制のために購買不可能に陷つた、ストックなき若い畫家にとつては、一大事件であり、生活の大問題である、それを一日も早く購買出來ることにしたのは、確に日本畫製作資材統制協會の功績であつた。

「新協」の若い畫家は、同協會に申込をしてゐるが、玉村氏は「使用は致しません」と明示した如く、まだ協會には申込まぬ模樣であるが、即ち氏のやうなストックが、他に使用をもつ人は差當り困らぬが若い畫家は實にこの困窮から救はれた筈である。新興、大輪、明朗などといふ諸團體にも一々交渉してゐる暇はなかつたであらうし、交渉してゐたら配給の段取は相當遲れたに違ひない、急場の救出事情には如何なる場合でも無理がある、しかし既に緒についた以上、その無理も着々順當に整理善行すべきである。百九十人は兎も角目立つ堰である。同協會では、知らなかつた畫家の申込の多い豫想外さには大分びつくりさせられたらしい、畫家であるか、他の利用者であるかの判斷に苦しまされた處から、査定委員會が、これを判斷の役割を取つた。當初は三日目に一回づゝ査定會を開き、後には一週一回にし、今では整理も大分ついたので月二回にしてゐるが、特別急の場合は何とかして呉れる筈である。査定會の判斷はどうしてしてゐるかといふと、畫家たることを證すべき材料の提出によるもので、展覽會に出品したことがあれば其目錄、個展をしたことがあれば其目錄、公表した作品のエハガキの類、履歴書、印刷に記名されたもの等が最も便利である。勿論、師、塾、團體に關係あるものとか、明鑑類にも記帳されてゐる畫家はこんな必要はなく濟むであらう。

六月からは繪絹の公定價格も全部が決定されたので、いよいよ配給は明朗になつて來た。配給は順調に進んでゐる模樣である。

統制會は何しろ新しいことであるから、社會的に種々問題を捲起してゐて、統制制度の根本さへ建直さうなどの論議も起つてゐる程であり、われ／＼に關係の直接な、日本出版文化協會でも最近（六月十三日）の第二回總會では會場を騒然たらしめた事實がある程である。しかし一度成立した以上、協力助成すべきが現下の急務である。大興亞日本の急忙な場合、過渡期的缺陷の改善に努めつつ促進することが、統制の道である。繪絹の配給は特に將來に赴いて伸展しようとする日本畫家のために、こゝに少しでも阻止するやうな形に置いてはならないのである。

繪絹は進んでゆく。次に繪畫資材の紙はどうであるか。

東京賣立は開かず

仲間取引きに專ら依存

芝の東京美術會館では今春以來、入札賣立の準備があり目錄も既に出來してゐるのに兎角開催を逡巡して居る。某業者は次の如く語つた。

何しろ税金や目錄雜費を含むと賣上げの半分は控除される現在にあつては所藏者も入札に出さうといふものはなく、また開いても買ふ方の客筋も大負擔で買はうといふもの難しく、結局業者同志の取引に依存してゐる現狀です。

―業界消息―

▲美交堂名古屋支店　大阪淀屋橋御堂筋の美交堂は此程名古屋區西區御幸本町通九丁目に三階建の支店を開設した。一階は展觀場で廣さ三十坪、壁面二十間といふので會員展又は個展には理想的である、名古屋中心廣小路本町電停とバス停の前で繁榮街である。

▲大阪三越係長異動　過般逝去した美術部清水眞輔氏の後任として左記兩氏の就任を見た

大阪支店次長兼美術工藝品係長　三輪邦太郎

美術工藝品副係長　綾部謙晉

印協會員番號一三五五

「旬刊」美術新報
昭和十七年六月二十九日印刷
昭和十七年七月一日發行
發行日　毎月三回（一日十日廿日）
購讀料
一册金五十錢（郵税一錢）
一ヶ月三册金壹圓五十錢（送料共）
麹町區九段一ノ一四　資文堂
編輯發行兼印刷人　猪木卓爾
東京市麹町區九段一ノ一四
發行事務所　日本美術新報社
電話九段二七一五
振替東京一六二五〇
日本出版文化協會會員　一二一二三五番
配給元　日本出版配給株式會社

通信は一切發行事務所へ

發行所　東京市本鄕區東片町八二　日本美術新報社

昭和十年一月十二日第三種郵便物認可第二十九號
昭和十七年七月一日（毎月三回十日目發行）

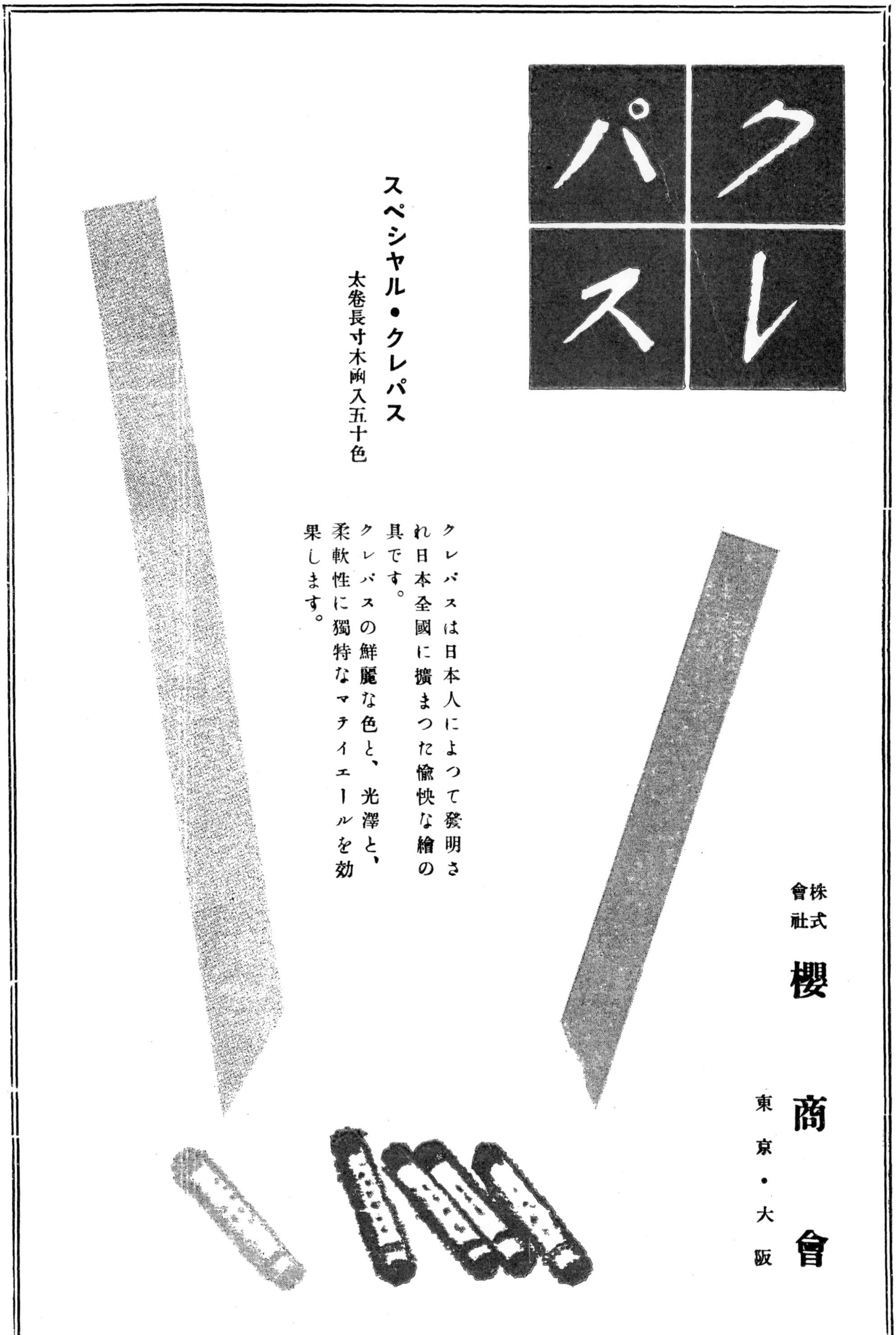
クレパス
スペシャル・クレパス
太巻長寸木函入五十色
クレパスは日本人によつて發明され日本全國に擴まつた愉快な繪の具です。
クレパスの鮮麗な色と、光澤と、柔軟性に獨特なマチイエールを效果します。
株式會社
櫻商會
東京・大阪

（金壹圓五十錢 一ケ月三冊）
定價金五拾錢
（郵稅一錢）

旬刊

美術新報

七月中旬號

特輯

モネと印象派

30

服をきる少女　ルノアール (1873)

薫林社第十回展特別陳列

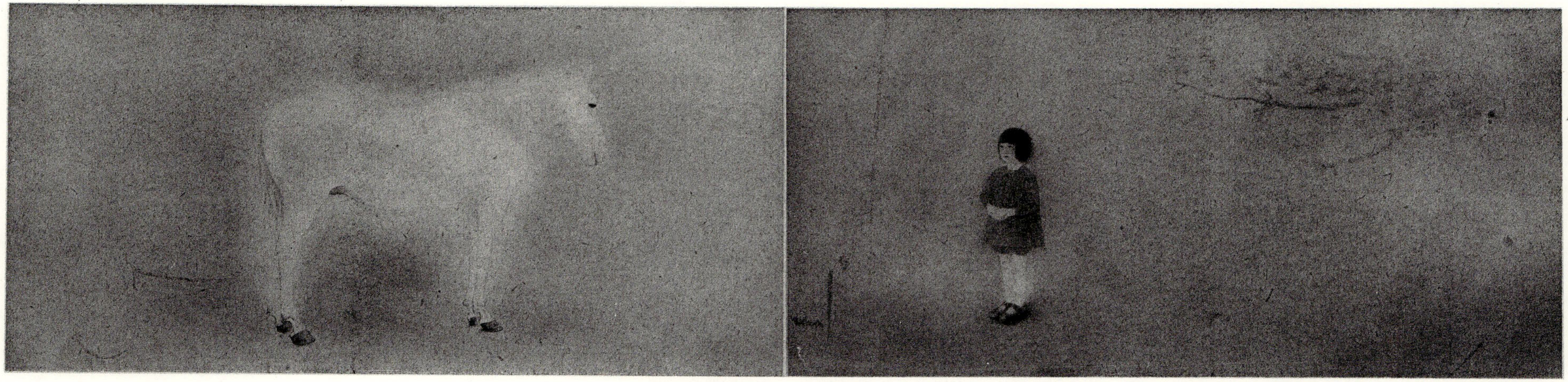

白馬と童女 （第五回大日美術院展出品　　青木大乗筆

旬刊 **美術新報** 第三十號要目

多産神の思想　太田三郎
モネと印象派再檢討
モネの制作に就て　山下新太郎
モネの歴史的意義　川路柳虹
クロオド・モネと印象主義　モオクレール
岡倉天心先生を憶ふ　横山大觀
傷兵生活と美術　池上恒
晨鳥社展評　神崎憲一
展覽會批評・大日展その他・旬報

繪口
クロオド・モネ作品集（五頁）　多産神の傳説
大日展の作品　ジャンドボットン（名作鑑賞）
展覽會グラフ（四頁）

日本人と印象派

日本の洋畫は初期草創の時代はイタリア人に啓發されたがそれはまだ史的發展をもたぬ間に中絶した。黒田淸輝氏の歸朝と東京美術學校洋畫科の創設は日本の油繪の新しき意義ある第一頁であつたが、その齎された畫風こそ佛蘭西印象派の畫系であつた。爾來「學校風」と稱へられ、それがやがて日本の官學派と見做されるやうになつたが、それは眞正なアカデミックではなく印象派系の畫風であつた。日本洋畫家のパレットを點檢すると、それが印象派のパレットだと言はれる。これほど現實に影響ふかい印象派が果してその眞意をよく諒解されてゐるだらうかといふ疑問が今日生じるのもわが洋畫當面の一課題であらう。觸にボナールを檢討した本誌は玆にモネを再檢討せんとする意もその課題への新しいメスの一つである。

大日美術展

3 季節の客　金子孝信
2 きこり　田所景司
1 麥秋　山田申吾

1

3

2

日本油繪第二回展

(1) 女人　福田新生

(2) 紅葉狩り　矢崎重信

(1)

(2)

二千六百年展

會名の如く二千六百年卒上野美校の同期生の展覽會である。アカデミーの溫床のぬけ切らない作品が大部分ではあるが仲々眞面目な學究的態度を失つてゐず好感がもてた。中で出色なのは本居典親氏のたまねぎの靜物である。態度感性色彩共に立派又本城正氏の自畫像は眞面目で好感がわく。たゞ色感がどうであらうか？　又宮河久氏の婦人像、藤本東一良、金子德衞、益永端、山尾平、元田乾行、淺井堅治、臼田輝四郎諸氏の作品は仲々よく注目された。（府美術館）

日本油繪會展

その第二回である。一體分らないのは林鶴雄の「雪國の子供」の様に數人の子供を相當努力して描いて居り、こんな小會場の作品とも覺えぬ相當な大きな作であり乍ら感銘を受入れられないのは、たゞ描いただけだからである。その上、子供がいづれも、故意に形づくつた姿態をしてゐるのが不快のためである。矢崎重信の「紅葉」にも此いやな姿態が多分に盛られてゐる。同「なわとび」の方は、どうやら嫌味から逃れてゐるものゝ、それでいゝといふ作ではない。石川眞五郎の誕生五十年特別出品二十七點は、斯う通じて見せられて、永年の努力が尊敬される。高橋廣男「K孃」「花」「春」や福田新生の風景畫「北滿の街」は會場を通じていゝ作である。（銀座三越）

細谷達三個展

十數點、絹、紙いろ〳〵にいろ〳〵の作を見せて、全く同一人の作品とは思へぬ程の違ひ方のものが雜然としてゐる。この作家のよさを此中から求めると「梅雨明け」「海潮音」の(二)の海岸と松樹林双幅である。共に太線の淡水墨である。雨後の筍を畫いて、濃い多彩を學んだものなど大俗、「新綠」や「双鷄」などの幼稚さ、銀座には珍らしい地方臭の作である。（鳩居堂）

童林社展

昭和十一年美校卒の油繪、彫刻のクラス展である。親睦をかねた研究展として師の小林萬吾氏をかこんでの和やかな麗はしい風景が觀取出來る。夫れだけに活氣に乏しいのも止むを得ない。今年の出品者中最も優れてゐるのは星見明正である。畫面に力を求め純粹な態度は立派だ又杉山一正の活躍もすばらしく日本人らしい自然觀照は美しい橋本正躬の自然美をとらへようとした努力も買へる。其他藤岡俊一郎、齋藤齊、永田精二、山中滿一郎、根守悅夫等美しく注目された。彫刻は柳原義達の舊作佐藤邦輔の眞面目な習作、水船六洲、古池恒雄の「猫」等面白く見ることが出來た。ルノアールの精巧な特陳はこの會に限らず畫壇一般勉强すべきだ。（府美術館）

山南會展

1　雨後　小松均

2　端午　松本晃光

3　稚松　吹田草牧

1

2

3

那珂川の朝（日本油繪會展）　鈴木良三

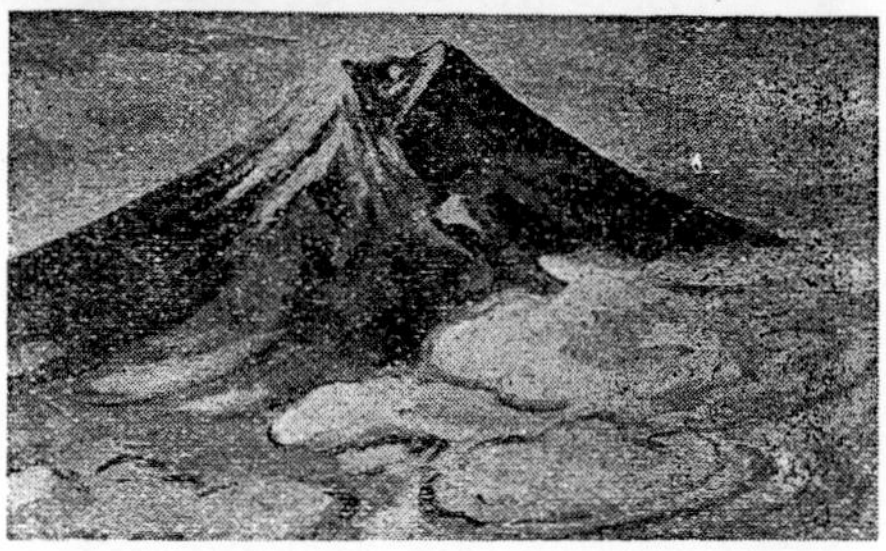

黎明（明紘會展）　岩隈精一

遣羅馬使節（第八回歴程展）　村山東昊

鳥の娘（清流會展）　門井掬水

明紘會第二回展

細合秀穀氏では「高原の富士」が力作で、あれだけの大富嶽と高原の放牧を一面の日本畫に收めたことの手腕を窺ふべきだけれど、此作家のいとも至情を見せたのは「西爪畑」で、技と構成もこれに伴ひ場中の佳作であつた。佐々木京林氏「花園屏風」に全練達を縱横にし、洋畫では坪内節太郎氏「笛吹き」がすぐれてゐた。（伊勢丹）

相模金三郎展

相模金三郎の果物、花等靜物三十點の展觀は六月二十五日より二十八日迄日本橋三越に於て開催された。叮嚀に描込んだ作品が多く、ぶどう、柿、バラ等を扱つた作品は仲々の評ばんを呼び盛會であつた。（日本橋三越）

清流會第三回展

新加入の西田靑坡が、明治期娘風俗の「ランプ」は新顏の意義がある。榎本千花俊は「花」が努力作だ、門井掬水は「花かげ」が本格であらう。同人が「落人」で勘平に羽左衞門の配景、おかるに梅幸の綵句を添えた双幅は樂しまされる。斯うした作を同會に展示した大膽さが快い趣味調のかゝる大膽は逃避の時代だ。敢て出したのに賛成する時々は面白い筈である。櫻井霞洞は「朝顏」の作に自分染の裝幀したのが殊にいゝ。作と飾の綜合的な妙味は十割方力強いものを構成してゐる。寺嶋紫明の「夕星」は何の斯うした補助要素なしに相當際立つて觀賞出來る作だつた。（銀座松坂屋）

清溪會鑑賞會

十數氏の時代を目指す若い作家が、鑑賞家と相結んで、交詢社で新作展を開くこと既に六回に及んでゐる。その七回目で、東山魁夷、藤森靑藝、山田申吾松久休光、米田堯爾などの花鳥の狙ひは現代鑑賞好みがまざまざと露出される。森村宜永の「父母恩重經」江澤靑峰「江川太郎左衞門」林雲風「時宗」等の人物畫にも同じものが言へる。さうした意味で樂しまれると云へば言へるものの、日本畫意識が兎角に「從」になる處に面白くない。（交詢社）

綵尚會展

綵尚會四回展が開催せられた東西の新銳作家十五氏、共にいづれも期待されるメンバーだが今年は若干中たるみといつた感じの低調さを覺えたのは、大方時世の不活潑を反映するわけであらう。未だ畫境の安定しないこれらの作家に、必ずしも、い

馬齡社第三回展

[illegible]ゼンの秋　藤森德星

鎧袖　日下八光

大日美術展

老漁婦と帆　吉田欽之助

つも力作秀作をもとめるわけではないが、われ〳〵の期待からすれば今少し若い情熱をもつて、各自の仕事の將來への方向を暗示するといつた態度の研究的成果を見せてほしかつたやうに思ふ。橋本明治の「翠陰雙鶴」は縱幅に双鶴を描いて、一應まとまつた構圖である。奧田元宋の「花」についても同じことがいへる。少し畫になれすぎたといふ感じである。奧村厚一の「雨」二題では、「若草」の方が眼にさわやかだが、單に二階の窓から眺めたといつた構圖は安易である。村田泥牛の「麥」はやゝよかつた。山本丘人の「雪月花」はいつも乍らのおだやかな調子だが、欲をいへば塗り込みが不足してゐる。加籐榮三の「鯉」は、寫生もしつかりとしヴォリームも感じるが、何しろ鯉一匹といふ感じである。

夏みかんの丘　是永仲一

雨　阿江定夫

伸芽　菊澤榮一

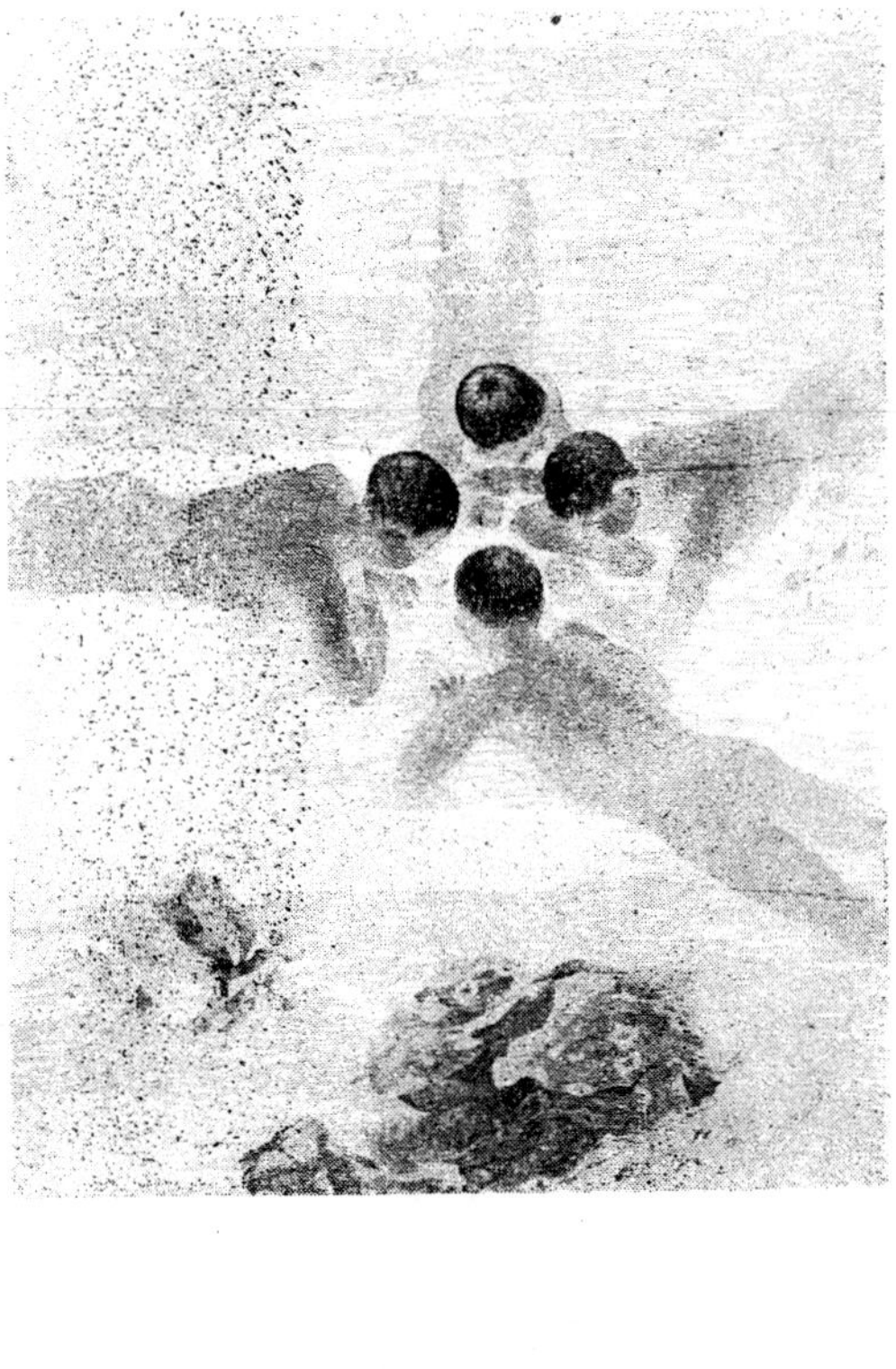
砂地　寺門彦壽

菊　花

クロード・モネ

作品集(I)

モネ作品集 II

遊艇

海濱

引き揚げられた船

セーヌ河畔

印象派は太陽光線の探求によつて劃期的な繪畫の革命を行つた。その最もラヂカルな理論家であり作家であつたものがクロード・モネである。モネあつて印象派運動は近代繪畫史に不動の位置を占め後期印象派やセザンヌの繪畫の源泉をなしたものである。本號に特輯としたモネの作品はその初期から晩年迄の中から代表的なもの、未だ日本に紹介されざるものを蒐めた。

靜物

モネ作品集 Ⅲ

港（オンフラール）

ポプラ

ルーアン大寺院

ヱトルタ岬

テームス河の朝霧

水蓮の池

晩年のモネ作品

巴里モネ美術館の壁面に描かれた一面の蓮池のパンノ・デコラチーフは晩年のモネの代表作である。その煙る如き繊細な光と影の戯れる水面の美しさは印象派の新しい装飾畫と言へよう。

比律賓イコロト族の食叉

鬼子母神（國寶藤原期廚子後板繪）　東京美術學校藏

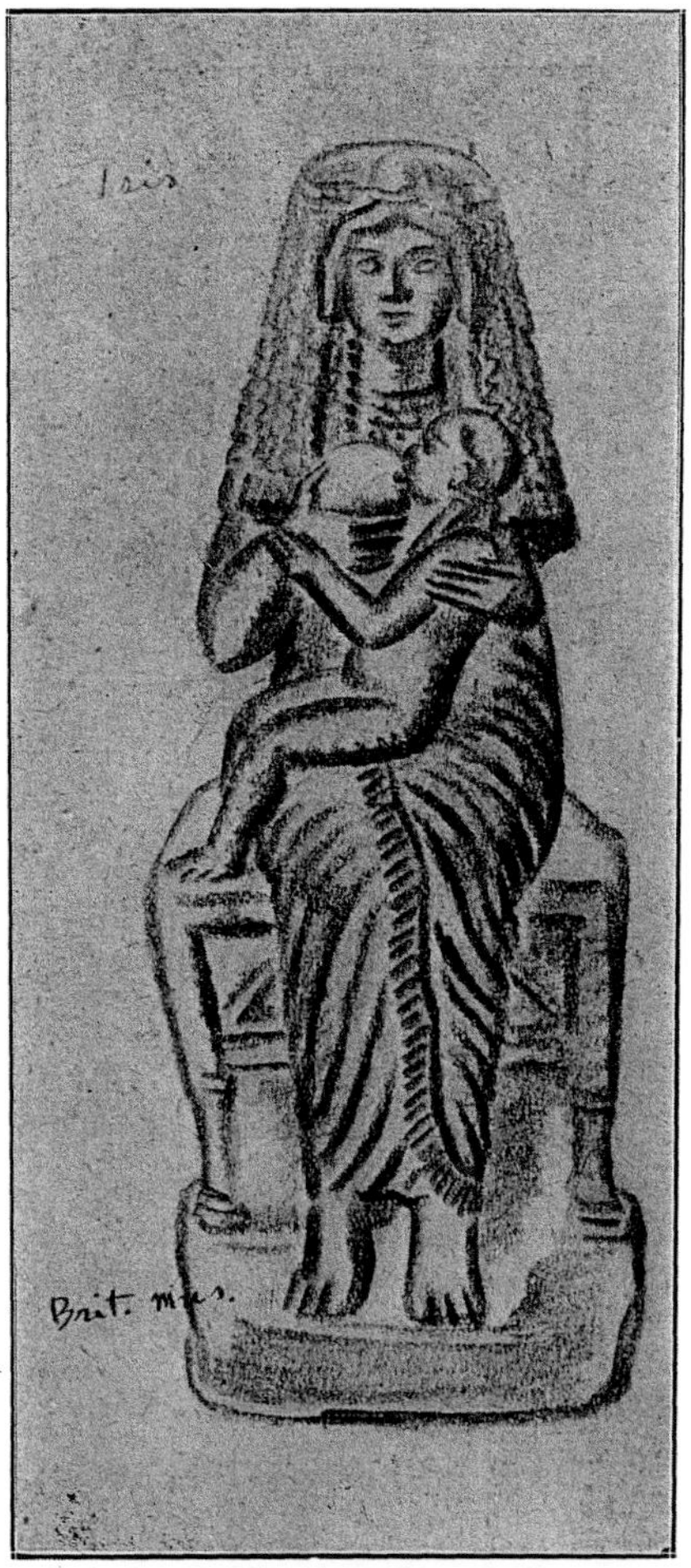

ホリュースに授乳するイシス女神（埃及）
ブリチシュ博物館藏

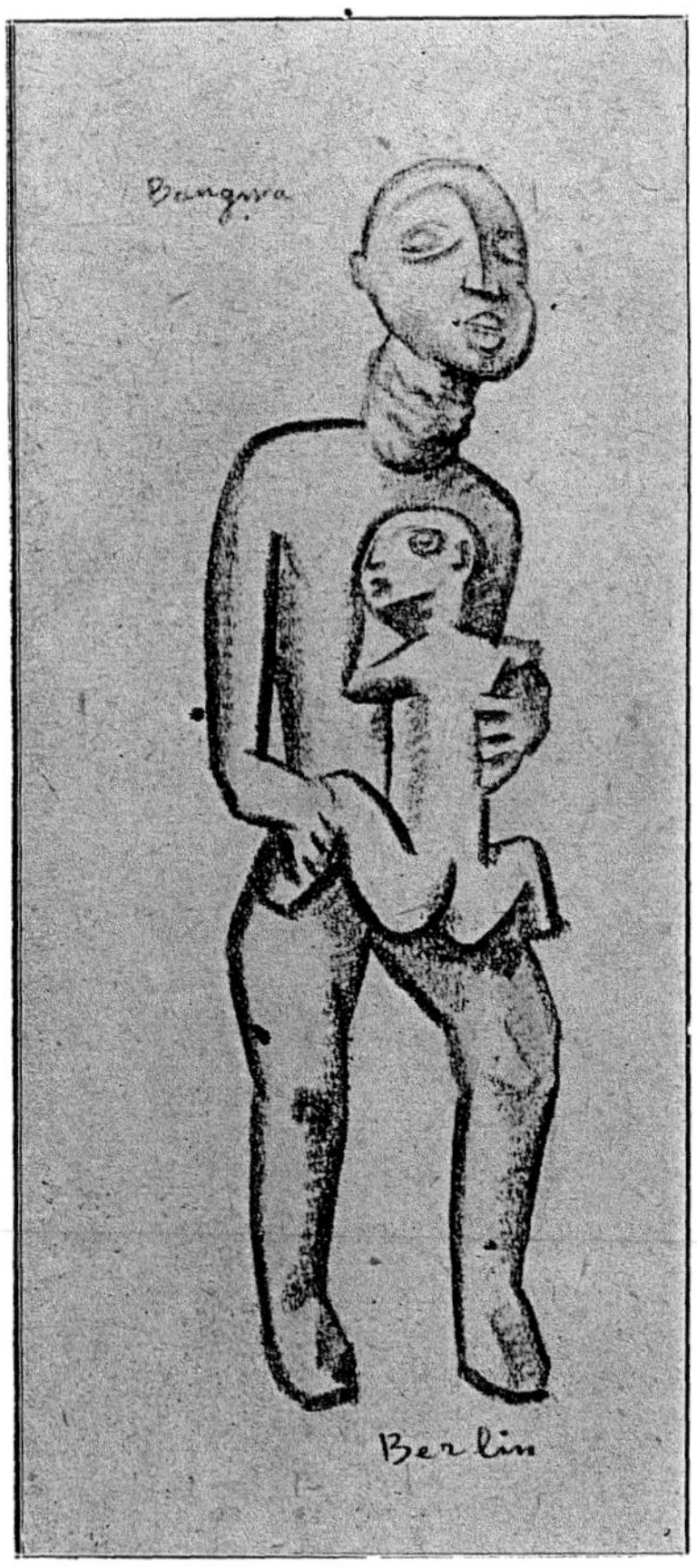

ロレに哺乳するデメテール（希臘）
ルーヴル美術館藏

「文法」の擬人伊太利ピズ市
シヴイツク美術館藏

亞弗利加土人祖先像
（カメルン草地バングワ族）

陸前宮城野乳銀杏

聖母像（露西亞民藝）

多産神の傳說

本文太田三郎氏稿參照

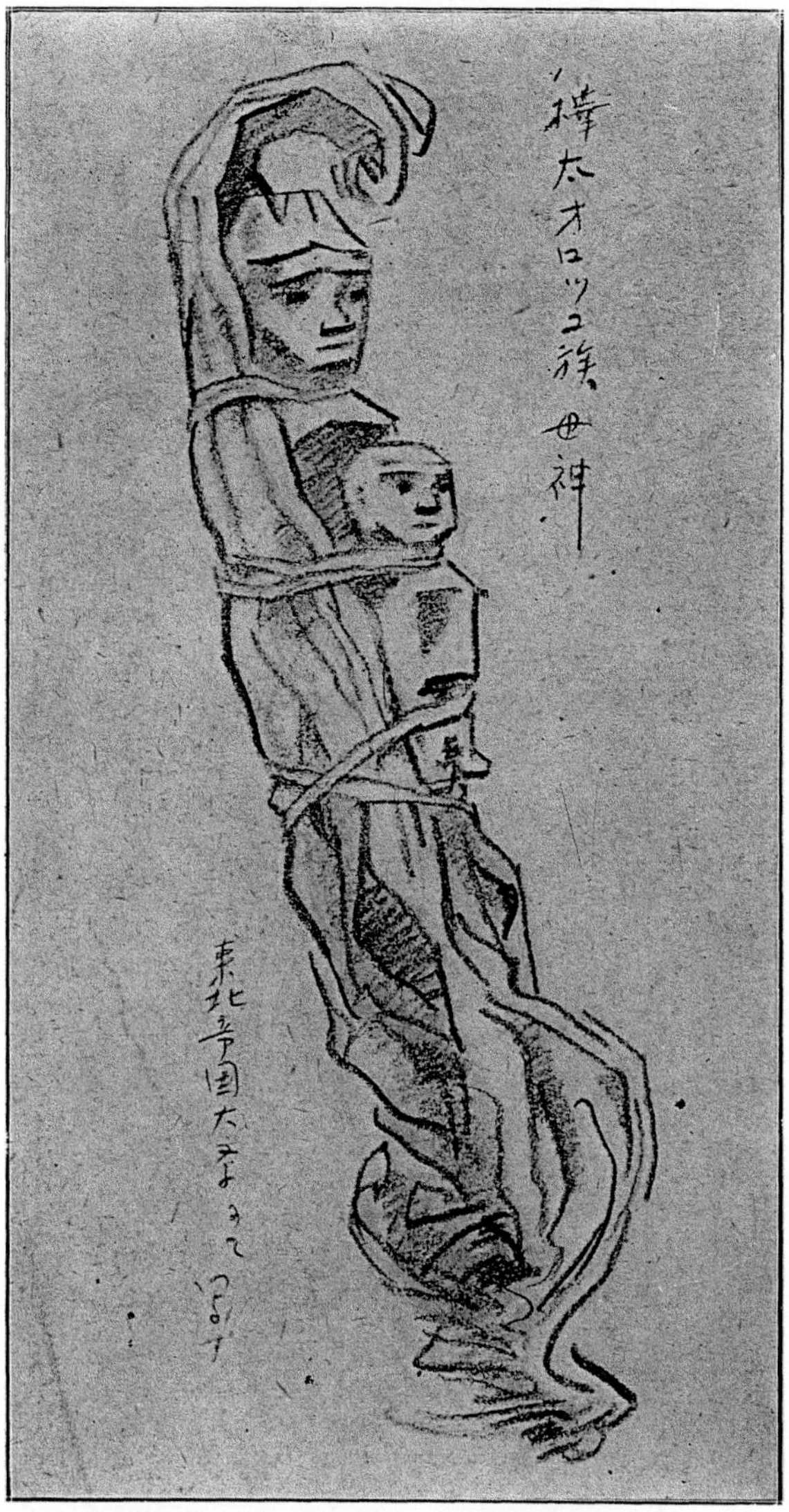

樺太オロッコ族母神　東北帝國大學藏

マリア觀音　山形龍泉寺藏

子育地藏（江戸時代）

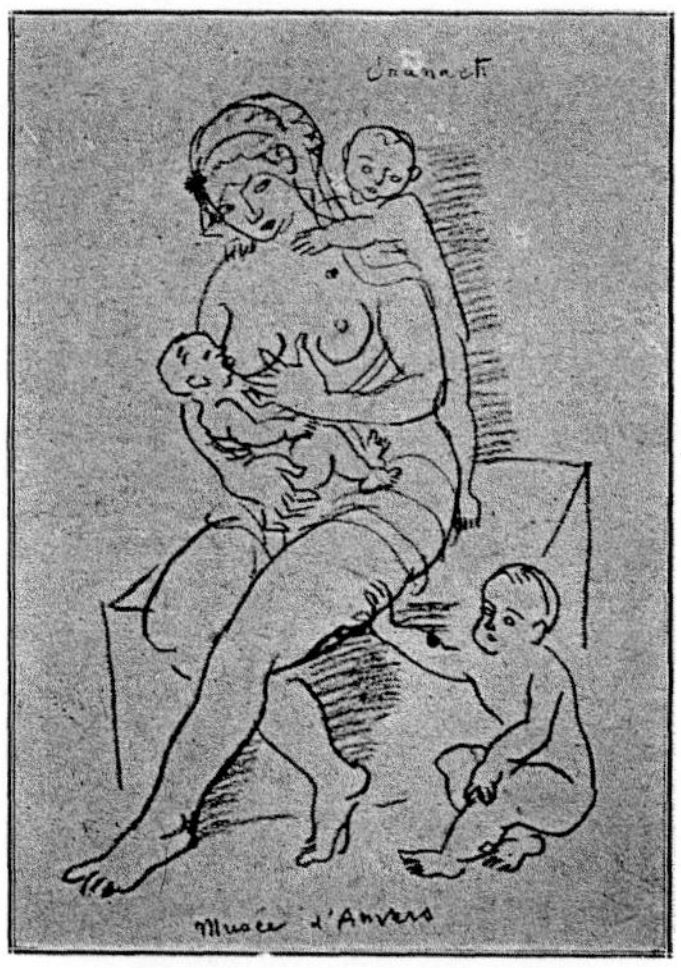

シヤリテ像　クラナツハ筆
（アンヴエルス美術館藏）

娘々廟子孫司神
（滿洲民俗版畫より）

訶梨底母　印度ペシヤワル博物館藏

埃及王朝以前母神像
ブリチシユ博物館藏

シープル島乳哺母神
ルーヴル美術館藏

子育玩具（九州）

第五回大日美術院展

富貴花　常岡文龜

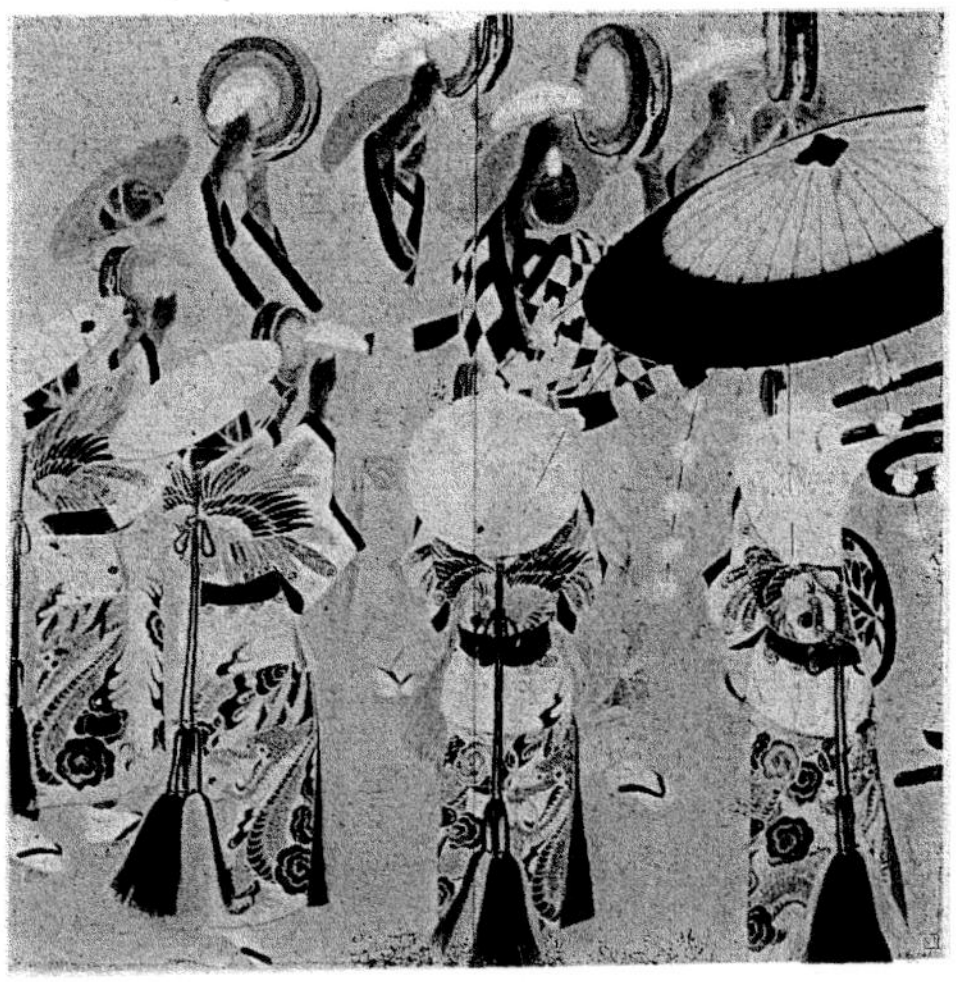

圖雛樂　藤森青藝

春日　清水保二

八ヶ丘　山田皓齋

海　志賀且山

仔鹿　川崎小虎

大　東　亞　　結城素明

爽　沼　　平口勝雄

紅　木　蓮　　菖蒲大悦

ち　い　や　　月岡榮吉

夏　の　花　　加藤榮三

——泰國首相へ贈る——

「榮えゆく泰」（蘭花）

川嶋理一郎

大東亞共榮圏の盟邦泰の赫耀たる前途を祝福すべく川嶋理一郎氏は此程ピブン首相に贈呈すべき献畫「榮えゆく泰」を完成の上携へて窮ら日泰文化使節の使命を果すべく、陸軍省囑託日本航空會社派遣使節として泰國に赴いた。上圖はその製作で百二十號の大畫面に南方共榮圏の花卉、主として蘭花十二種を選み半歳の努力を傾けて成つたもので絢爛な色彩の中に東洋的雅趣の溢れたものである。

多産女神考

太田三郎

＋
＋＋

鬼子母神といふ女神が、授胎育兒の司神として、かなりに熾烈な信仰を、また相當に廣い分布領域を、わが國に有つてをることは、普く人の知るところであらう。彼女は訶梨底母《カリテイモ》の謂ひであり、印度の傳說はそれを、夫の半支迦との間に五百人の子を設けた極めて健康な精力的な女性として傳へてをる。おのづからその影象は、たとへば印度ペシャワル博物館藏のガンダラ期彫像や、わが國東京美術學校藏の藤原期厨子後板繪（國寶）や、近江園城寺藏の鎌倉期彫像（國寶）などのやうに、數多の幼兒に繞らされながら、その一兒に哺乳してをる美女として現はされる場合が多い。

が、このやうな圖像は、實はたゞに印度にあつてのみ創始せられたものでなく、またその國やわが國にあつてのみ奉齋せられてをるものでもない。――

＋
＋＋

およそ、種の存續について有つ人間本來の希求は、どの民族にあつても絕對的である。――人は、今なほ飛驒の高山に殘る「嫁祝い棒」を知つてゐやうか。この種のもので新婦を打つて多產を祝福する習俗は、遠く「狹衣物語」や「枕草子」が語る粥杖の行事をはじめとして、つい最近まで各地に涉つて夥しく存在したところのものであり、（一例、安房銚子地方、紀伊牟婁地方、信濃南佐久地方、播磨地方）外邦においてもまた、希臘に、繁殖の象徵である胡麻の菓子を新婦に供する慣習があつたり、羅馬に、生殖力に富む牡山羊の革の紐で婦女を鞭つて、懷姙を所期する祭事があつたりしたやうに、それに類する厭勝は、國を超え時を超えてほとんどすべてに涉つてゐた。――たとへばその一事がそれを旁證するやうに、種の存續についての悲願は、どの民族にあつてもまつたく絕對的であつたのである。

ことにたえず爭鬪を事として集群の量をそこなひがちであつた原始民族にあつては、それについての償ひがより切實に要求せられ、ひいて繁殖にかける願求の念にいつそう深甚なものがあつたのは云ふまでもない。おのづから、この種の女神型に屬する哺育樣相の女性形態は、教義によつておの〳〵その名稱と傳說とを違へつゝも、なほすべての民族の間につねに創られ祀られしてきたところのものであつたのだ。

デビュウとしては、まづ埃及の王朝以前や、メソポタミイ文化、多島海文化における諸種の小偶像類が擧げられやう。

もつとも、これより先、遙かに遡つた二萬餘年以前の舊石器時代アゥリギァシエンヌ期において、すでに藝術の起原と期を同じうして、乳房を二個の巨大な球狀隆起として誇示した女性裸形像があつた。維納自然科學博物館藏の墺太利ヴィランドルフ發見滿狀石灰石像や、佛國サン・ジエルマン古代博物館藏の同國マントォーヌ發見滑石像などが例へばそれだ。して、これ等についても、人は或は其處に、その哺乳器官の性能に畏慴と敬虔とを惹起させせられた馴鹿狩獵民族の、原始宗教觀念を肯定させられたりもしやう。しかし私はむしろ、この期にあつてのさうした乳房誇張を以つて、特殊雌性形態にそゝられた異性の純一な素朴な衝動の上に、主たるモチーフを認めるものであるが故に、しばらくそれを省く。（拙著「裸體の習俗とその藝術」參照）

しよせん、こゝに云ふ多產の女神が、それとしてはつきりと哺育のジェストを與へられたのは、それは、曩きにも云つたとほりメソポタミイ文化前後の交以來であつた。ブリチシュ博物館が藏する埃及王朝以前の一象牙像が、女神に負はせた幼兒に左手をのべさせて豐滿な乳房を弄せさせたり、ルーヴル美術館が藏するシープル島出土の二三の素燒像《テル・キュイート》が、頭部に牡山羊の角を有つた女神に嬰兒を抱かさせたり哺乳させたりしてをるのなど、それについてその當初のものであつたであらう。しかも後者がその角を有たせられた牡山羊は、前述のやうに、後日羅馬ではその革の紐で女性を鞭つ祭事があつたほどに、當時、繁殖力の最も强い壯健な畜類として目せられてゐたのである。以つて端的に件の女神の職能を窺ふことが出來やうか。（繁殖力に富む畜類を選んで多産の厭勝とする風習は、かなりに普遍的である。日本においても犬を同じ意味で遇して、初夜の儀に犬の形態の器具を用ひ、犬の土偶を妊娠の呪符とし姙婦を犬の日に祝福し、産衣を嬰兒に着せるに際してまづ犬張子を被つたりする風俗があることは、人の知るところであらう。）

＋
＋＋

たゞし、かゝる哺乳母神像が、その形態で表現し、祈願せられたところのものは、あながちに狹義な分娩の多量さばかりではなかつた。もと、このこん〳〵として盡きない生命の靈液に塡充された摩訶不思議な器官は、それが太古の民の純一な頭腦が信奉したアニミズム（身體部分崇拜思想、肉體の一部をその肉體から分離させて、獨立した生命として崇拜する思想）に迎へられない筈はなかつた。ひいてやうやくその意義を廣くして、やがて普く萬有を育する神格として、遇せられるにいたつたのは、きはめての當然さである。イオニイのエフェーズ地方に祀られた一乳房像など、明かにその意圖を露示するものであつて、その像では、胴部のすべてを、夥しい數の乳房の累積から成りたゝせることによつて、限りなく旺んな多様の精力が示唆せられ、下部を鞘狀のものに包ませて木乃伊のやうにし、それに數多の畜類の相を表はすことによつてそれ〳〵の功德が象徴されてをる。（羅馬パレイ・デ・コンセルヴァトゥール美術館藏の類）

しぜん其處に、各種の民の生活狀態に應じて、或は生業の耕牧についての育成豐穰が祈願せられたり、或は像が死者とともに埋葬せられることによつて、生命をはらむ母乳の能力に後世の再生がすがられたりするにいたつたであらうことは、たゞちに想到されるところである。（多産の精力を移入して收獲の豐穰を所期するさうした原始觀念については、今なほ日本の田植などで、その勞務を緣起的に主として女性に當らせる地方が多く、中には肥前天草島のやうに、特に姙婦を歡び用ひたり、土佐安藝郡吉良川村のやうに、田植の神事に分娩の狀を擬する俗があつたり、また志摩の國崎村などで、大漁の兕物に多産の海女の腰卷を充てる行事があつたりするのによつても、それが肯かれやう。）

埃及の民族が守護神アヌウケー女神をして帝王に授乳させたり（一例　ニュビイ一神廟壁畫）聖牛ハトールをして乳房をやはり帝王に哺ませたり（一例　フロランス考古博物館藏）した影像をつくつたのも、同じくこの觀念によるものであること云ふまでもない。

他に、基督教が、聖書と福音書との表象である二老人をして、教會の人格化である若い女性の乳房を吸はさせたり、（伊太利ゼーヌ市サン・ロレンゾ寺）都市の象徴として力と勇氣とに充ちた高貴な婦人に、やはり幼兒を哺乳せしめたり（同國ピズ市シヴィック美術館藏）大地を象らせた女人をして二人の兒を哺育せしめたり（巴里國立圖書館藏寫經殘缺）海洋の意を寓した女の双の乳首へ、二尾の魚を取り縋らせたり（伊太利ヴェローヌ市サン・ゼノ・マジオレ寺青銅扉浮彫）したのもまたその因を同じくしやう。

＋
＋＋

哺乳母神像は、しかしさらにまた、民族性のおの〳〵によつて、それ〳〵の性格が賦與せられ、その生活に副つて便宜な傳統が附加せられたりもした。

埃及の主神であつたオジリスの妃イシス女神が、愛兒ホリュースに旺盛な乳房をふくませてをる姿態は、伯林國立美術館やブリチシュ博物館のをはじめ、しば〳〵見るところであり、毎年春の彼岸すぎに行はれたそのホリュース分娩を祝ふ祭の日には、夥しい數の女性の參列によつて、繪のやうに潤つた匂はしい情景か浮出したと、西曆二世紀のラテン文人アピュレは記してをる。

希臘神話のうちに誘入せられたものとしては、神々の男主ゼウスの母であるイベール女神に愛兒哺乳像があり、（伊太利カプウ）他にも大地の女神デメテールとその子ユレ（ルーヴル美術館）だの、ゼウスの妃エラ女神とエルキュール（維納美術館）だの、その例に乏しくない。

もとセミチック地方の繁殖母神のアスタルテの移入であつたアフロディット女神に哺乳型がないのは、放縱なこの女神の屬性が、やゝそれに相應しくないからでもあらうか。でもその典型像の一つには、ジェネトリックス（産む人）といふのがあつて、ずり下つたシトンの端から、繁殖の源泉である乳房を露示して、（一例　ルーヴル美術館藏）遙かの昔バビロニエンヌ期（前二十世紀）やエラミート期（前十一世紀）などでしば〳〵遭遇した一女神型の、彈ちきれるやうな豐かな双の乳房を兩手で支へた原始樣相を想はせてをる。（一例　羅馬國立美術館藏）

さらには、この範疇に屬さすべきものに、基督教における聖母子像およびシャリテ

（慈愛）像がある。

由來、聰明なこの宗教は、多年人心に浸潤した舊慣に迎合し、その親昵性を利して布教に資するのにすこぶる巧みであつた。膓たけた乳房を幼い基督に哺ませる聖母や、數多の幼兒に圍繞せられながら、その中の一人もしくは二人に授乳するシャリテの姿態（あまりにしば〳〵慣用せられたこれ等の影像については、特に一二の例を擧げる必要もあるまい。）など、しよせんまたさうした常套手段によつて、人間本來の希求に依存した産出物に他ならない。フロランス市ウフィッチ畫廊にあるボチチェリイの聖母子像や、同市ピッチ畫廊にあるリッピの聖母子像では、幼い基督が柘榴を手にして圖されてをるが、もとこの果實は饒多なその種子が繁殖を象徴するものとして、鬼子母神像にあつてもアスタルテ像にあつても、等しく添付せられたところのものである。おのづから聖母のお里を知ることが出來やう。

＋＋＋

その他、亞弗利加の蠻人間に見る祖先像は、たとへばコンゴー盆地バヤンジ族のそれや、同じくルアラバ・カッサイ地方のそれや、カメルン草地バングワ族のそれのやうに、いづれも乳汁で緊張しきつた乳房を愛兒に哺ませる女性像である。もつて連綿とした同族の血統と繁榮とについて、彼等が持する母性崇拜、乳房崇拜の片影を窺ふべきであらうか。メキシコのジャリスコにもまたこれに類する素燒像があり、（例　巴里トロカデロ土俗學博物館藏）比律賓パギォ州のイコロト族などは、會食用のフォークの裝飾にも哺乳母性形態を用ゐてゐたりする。

冒頭に擧げた鬼子母神の外に、日本にあつてもなほ、市井に流布する慈母觀音や子育地藏の類のやうに、毎に多くの哺乳母性型を見るのは人の知るところであり、育兒の護符を兼ねた玩具にも、東奥から九州朝鮮に至るまで、またその形態をとるものがすくなくない。（一例　岩手花卷、東京今戸等）さらに、樺太オロッコ族や臺灣の土人が作る偶像の中でも、人はしば〳〵同一の樣相に逢着するし、滿洲に、娘々廟五女神の中、子孫を司るものとして、嬰兒を抱いた姿態があるのも、またこの範疇に屬さすべきである。（例　南滿大石橋娘々廟）序ながら、件の子孫司神が抱くのは、みな裸形の幼い男兒であるが、その形體の或る一部分が、姙娠悲願の女性によつて、毎に拉し去られるといふことである。ファリシスムの素朴な清純な感情を窺ふべきであらう。

なほ、直接に哺育の樣相は示さないが、それについて最も主要な原動力である乳房の主護神として一般の信仰を聚めてをるもの丶類、例へば琵琶湖畔島村長命寺の一佛像がその一つとして、布で製した乳房形のものを夥しく身邊に奉献せられてをるといつたやうなのや、（かうした習俗はたゞに日本ばかりではない。伊太利シシール島カターヌ市のセント・アガート寺院の本尊は、同じ祈願から納められる銀や大理石や蠟などの大小さま〴〵な乳房形で體を被はれつくしてをる。）また木石類が、そく〴〵の傳說を有たせられることによつて、それに類した祈願對象となつてをるもの、例へば北海道根室郡落合の聚落にある乳房石が、アイヌのある青年と契つて一兒をなした山の女神が愛兒のためにその岩へ殘していつた乳房として傳へられたり、夥しい數に上る垂乳の銀杏が、それ〴〵に神格を有たせられるといつたやうなの（一例　陸前宮城野の天然記念物乳銀杏、この樹は聖武天皇の乳母紅白尼の遺言によつて、その塚に植ゑられたものとして傳へられる。）に至つては、その分布がかなりに廣い。

――時局下として、近時特に多産讚仰の聲が高いが、しよせん、さうした叫びは、及びそれに伴ふ前述の影像は、人間が自己の存續延長についての關心を稀薄にしないかぎり、いづれの時にあつても著しく次から次へとその傳統を民族と世紀とに飭づけてゆくことであらう。

モネの制作に就いて

クロオド・モネと印象派再検討

山下新太郎

印象派といふ名稱の起源は、クロード・モネが落日の光景を描いて、「印象・落日」といふ畫題を附したことに在る。當時の佛蘭西畫壇で、その題の附け方が突飛だといふので評判になつた。そして、その描法も在來のものと違つてゐたため、モネや、そのグループの畫家を總稱して、印象派といふやうになつたものである。

印象派として目される畫家は、五六人といふところであるが、繪畫の技術、といふ點では、各々違つてゐるものを持つてゐた。だから、印象派といふ名稱で律せられることは、彼らグループの內に於てすら、不服の人もあつた。私が、嘗てルノアール翁に會つた時、翁は、

「自分は印象派の畫家と云はれてゐるけれど、それは當つてゐない。自分は、十八世紀以來のフランスの最も正しい傳統を承け繼いだ畫家として生活してゐるものである。即ちフラゴナール、ワトーの傳統を繼承して、更に一歩進まんとしてゐるものである。」

と語つたことがある。

その印象派の仲間の他の一人であるドガも亦、印象派主義を以て律せらるゝことを潔しとしなかつた。しかし、モネを中心としての新しい世紀の運動は、兎に角目覺ましい勢を以て好むと好まざるとに拘らず、全世界の畫家の上に、少からぬ影響を與へたことを見逃すことは出來ない。それは、どういふ點を指すかと云へば、主として色彩の分解に對する科學的知識を應用したことである。即ちプリズムの分光に依つて得たる七彩を繪畫の技術に應用したことである。そして、最初は、印象派主義を蛇蝎のやうに嫌つてゐたフランスの畫家も、意には知らず識らず、印象派畫家の設色上の技術に感化され、その色彩上の著しい變化が一般に認め得られるやうになつた。しかしながら、もと〳〵顏料を基礎とする色彩そのものには、自ら制限がある。故に、いかにプリズムの原理を應用しても、顏料そのものの現し得る範圍といふものは、極めて小なるものである。從つて印象派の特徴として一般に見做さるゝ色彩上の技術はあとから眺めると大したことではない。むしろ、色彩の技術以外、自然を見たまゝの印象を、何ら誇張することも、變形することもなく、傳へんとしたのがモネの意圖であつたと思はれる。

その意圖のためには、勿論從來の繪畫技術上の約束を無視したこともあつたらう。それで、私をして云はしむれば、印象派なる名稱は寧ろクロード・モネ一個人に與ふべきことが、最も適當なことではないか、と思つてゐる。

印象派の畫家とは――

モネ、シスレー、ピサロ、ルノアール、ドガその他を指すのだが、人に依つては、エドワール・マネーをも加へてゐる。遲れ馳せにギヨオマンも入れられてゐる。しかしながら、各自の連絡は餘り無い。團體として一つの繪畫運動はしたのであるが――。兎に角、その代表者は、やはりモネである。云ひ換へれば、印象派としての當の責任者は、やはりモネである、と言つてよい。

晩年のモネは、ヂベルニーの田舍に引込んで、自分の庭園の中の大きな池に移植した睡蓮の繪を主として描いて、靜かに暮してゐた。――もうその時は八十幾歲になつて、あまり旅行も出來なくなつてゐた時である。

彼の睡蓮の連作は隨分ある。又、柳や牡丹を、わざ〳〵日本から取り寄せて栽培し、これを描いて樂しんでゐた。

一體モネは、日本のものに憧れを抱いてゐる人であつた。どうしてかと云へば、次に述べる事情に依つて、日本の偉大さを感じたからである。

抑も日本が歐羅巴諸國に對して、少くとも蠻國でないことを知られたのは、日本の美術に職由するものである。古來何處でも、美術の傑れてゐる國に蠻國はない。それは、最も解り易い文明の程度を計るものの標準である。モネは、日本の維新前後に、フランス人が日本から母國へ持つて歸つた錦繪などに依つて、日本の特殊な美術文化を認識するやうになつた。

面白いことは、この印象派畫家に限つたことではないが、フランスで一番先に日本に目をつけたのはこの印象派畫家である。そして彼らは、間接に日本美術の影響を受けるやうになつた。即ち、繪畫の構圖や設色上の約束などは、少からず日本の錦繪などの影響を受けたことが看取される。かういふ因緣で、印象派畫家と日本美術とは、我々日本人に多少の繫りを持つ。それで、我々の眼から見ても、彼らの作品は、普通のフランス人以上に、我々日本人に取つて容易に理解出來るものである。

前に述べた通り、晩年の彼は、ヂベルニーの田舍に住んでゐた。その庭園は二、三千坪もあつた。大きな池を見渡す家も宏壯であつた。

彼の若い時分には隨分貧乏したものである。私の處へ寄越した手紙の中にも、貧乏した當時のことを書いたものがある。しかし、その晩年は裕福に暮した。日本人の友達もあつた。西曆千九百二十四年、その家でこの世を去つた。八十四歲であつた。

彼の代表的作品と云へば、晩年に描いた睡蓮の連作であらう。これは、巴里の、フランス政府が特に建設したモネの美術館に飾りつけてある。

モネの歴史的意義

川路柳虹

一

西歐の繪畫はルネツサンスの昔から、更に遡つて言へば希臘の傳統から、合理主義と科學によつて養はれてきた。しかし近代科學の發達が繪畫の技術乃至理論を取り入れたことは極めて新しいと言つてよい。ルネネサンスの初期にパオロ・ウツチエロと數學者マネツチとが遠近法を發明したことは先づかゝる科學が繪畫の理法に食ひ入つた最初であらう。同時に人體解剖學が人體内部の構造と外形、及びその運動と筋肉との關係を合理的に考察する路を拓いたこともその表はれであらう。しかし以後十九世紀末まで特殊な科學が繪畫理法を裏付けたといふ例證は乏しい。彫版の技術に於ける化學的藥品の進歩といふこと位は擧げられても、繪畫を根本から搖り動かすやうな革命はなかつた。これを十九世紀の印象主義が光學と色彩學に享けた影響に比べればものゝ數でもないであらう。この點印象主義はその根抵に近代科學の理論を認め、それを技法に應用すると同時に、繪畫そのものゝ革命を企てた最初の繪畫運動として美術史に特筆されてよいことである。

今、印象派を顧みることは現代繪畫の一代前の祖父を考へることに等しい。それは七十餘年の過去である昔語でさへある。あの記念すべきモネの作「印象《インプレッション》・日出《ソレイユルヴァン》」が出陳されたサロン落選《ドルフユーゼ》畫展覽會が開かれた一八七四年はわが明治六年である。「印象派」といふ名稱がモネのこの作品から嘲笑的に呼ばれた名であつたといふことも旣に世間周知の事であるが、印象派の繪畫運動としての基礎は過去二十年間に發生した無數の氣紛れなイズムスなどゝは比べものにならない眞劍な努力と研究と自信の結果であり、これを境にアカデミズムとアンチ・アカデミズムは畫史上に明確な一線を劃すべき爭鬪が開始されたのも回顧すればすでに半世紀を二十年も越えてゐるのである。

印象派の運動が近代科學によつて導かれた劃期的なものであることは前にのべたが、ヘルムホルツやシュブルイユの光學説から影響されて光線の理論を繪畫技法にとり入れた最も熱心な實驗家は誰よりもモネであつた。印象派を以て分光《ディヴィジヨニスム》派とも呼び做した所以もそこにある。然し彼らは當時の官學風に反抗した理由はその科學説を楯にとつてのことのみでなく、繪畫そのものに對する認識に於て旣にアカデミズムに反抗せざるを得ない運命にあつたのである。

彼らも同時代の畫家としてサロンに入選することを目的にしてゐた。しかしサロン作家と彼らとの間に生ずる溝渠を埋める他の何ものもなかつたが故に彼らは反抗の戰ひを續けねばならなかつたのである。奈翁三世の好意は一片の好奇か、或は自由主義的な道德的判斷であつたか、いづれにしろ、この落選展覽會の一室が美術史上に空前の意義を生み出すものであつたことは恐らく豫期し得なかつたところであらう。

マネ、ドガ、モネ、シスレー、ギヨーマン、ファンタン・ラツール、ピサロ、ホイスラー、ブラツクモン、ルノワル等――それらの靑年作家が次の時代を形成すべき因子であると誰も豫想しえなかつた時代に彼らはアカデミスムの凡ゆる要素に對し絶對に相容れぬ繪畫認識をもつてゐたのである。その主領はマネであり、彼と共に新しい理論を建てたのがモネであつた。と共に彼らの時代は繪畫のみならず文學に於て時に於て新氣運の鬱勃と興りつゝあつた時代で文學者との交流も又彼ら新進畫家と密接な關聯をもつてゐた。小說家のゾラ、ゴンクール兄弟、詩人のゴオチヱ、ボオドレール、マラルメ――それらは文學に於ける寫實主義、詩に於ける高踏派象徵派の錚々たる闘將であつたと共に又この印象派畫家の良き友であり支持者であつた。つまり藝術に於ける一つの時代の轉換期に當つてゐたのである。

而して彼らマネを主領とする新進作家が繪畫に對する共通の認識は繪畫をして他の藝術から完全に獨立さすといふことに於ける意見の一致であつた。簡單に言へば彼らは繪畫の主題を完全に舊套の意識から脫却せしめたのである。それは繪畫から先づ今迄の文學を追ひ出したことである。アカデミズムの主題はグレコローマの傳奇文學であり、浪曼派の繪畫も等しく主題に物語を求めた。マネは勇敢に挑戰して言つた。「繪畫の主題は光線である」と。――繪畫の大きい革命意識は先づこゝに存してゐたとも言へる。

勿論繪畫に文學（或は物語）を求めなかつた作家も彼らの先蹤として存する。クウルベー然り、バルビゾン作家然り、更にシヤルダン然り、十七世紀和蘭風景畫家然り、更にブウダン然り、英國風景畫派然りである。そして夫れらは多少とも印象派に影響してゐると共に近世西班牙畫派が、日本の浮世繪が、教訓を與へ示唆を與へてゐるが、彼らの眼は等しく自然の「眞實」に向つたことに於て寫實主義の教條は勿論根抵に存する。けれどもその寫實の意識を光線の新しい理論に求め、モチーフを平凡な自然そのものに據り、吾らの目睹する外界を新な人間の眼で見ることを教へたものは何より印象派の作家であつたことが否めない。つまり言へば光學理論の應用といふ主張のアプリオリとして彼らがかゝる新な意識をもつて立ち上つたといふことが印象派の劃期的な歴史的意義である。

この歴史の背景の中にモネを考へ、更にその歴史の推移が今日四分の三世紀を超えて印象派畫家さへ夢想もしなかつたであらう到達點に來つたことを考へ、そこにモネを置いて考へる場合、更に興味ある問題を提供するものがあると思ふのである。

二

現代繪畫の父をセザンヌに求めるといふ意味を敷衍すればモネはその祖父に當ると言へる。なぜなら印象派なくしてセザンヌの出現もあり得ないからである。セザンヌはモネの繪畫が終つたところから出發してゐる。印象派を通じて古典への道を求めた彼は、光の教條を繪畫の根抵としてその古典的な綜合、つまり大きい「史」の中へその脈絡をつけたのである。印象派に對するアンチテーゼは立體派であらう。それは「光」のアンチテーゼとして「立體知覺」を求めたからだ。立體派はセザンヌの實現《レアリザツレヨン》――自然の存在そのもの丶實體知覺の表現――を彼らの分析方法で導いた。しかしそれは抽象的觀念的方法でもあつた。その理論の源泉としてのセザンヌはやはり大きい。そしてそのセザンヌを生み出した印象派の業積は尠くとも劃期的であつた。この意味に於て現代繪畫の祖父としてのモネを考へることが最も妥當である。

モネの努力は新しい世界の發見であつた。自然そのものは永遠不動である。しかし自然を對象とする畫家の態度はともすれば一つの殼に落ち込んで眞に自然を觀る眼力を失つて終ふのである。モネはその忘られんとする、失はれんとする自然の時々刻々潑剌たる生命に充ちてゐる存在なることを「光」によつて始めて教へられたのである。モネの努力は單なる光學說の應用ではなく、實に熱意をもち、生きた時感を以て「光」の眞理の中に生きた自然を發見したのである。これは人間の力であり、生きた眼の力であつて冷い學理のわざではない。印象派の作家たちは當時徒らに奇嬌を玩ぶ狂者の如く官學派の畫家達から攻擊され反對された。だが不思議なことに今日吾々が巴里郊外の風光に接する場合、それはまるでモネやピサロの描いた風景畫そつくりに感じられるのである。それはむしろ忠實な寫實以外の何ものでもないと感じさすことである。吾々の現在の眼はこのやうな自然を決してクウルベーのやうにもコローのやうにも感じない。それらの暗い陰影や灰色の煙る樹木よりも、もつと光り燦く風光を眞實として眺める。それは印象派の畫家がそれ迄の作家に一番缺けてゐた雰圍氣《アトモスフエール》の描寫を試みたためである。雰圍氣こそ光によつて知覺される。モネはそれを最も雄辯に表現した作家であつた。吾々はモネの發見した眼の教養をえて今日それを當然な寫實と思ふのであるが、この當然の眞理を始めて發見した作家にこそ吾々は無限の恩惠をうけてゐるのだといふことを考へねばならない。

繪畫の技法上の革命として印象派が主張した補色の原理、色調《トン》の分解、それから生じる點體《ターシユ》描法、太陽七原色による色の並置法――それらは先づ勇敢なモネの態度で繪《マチ》具《エール》の問題として畫面に實行された。が本來三稜鏡による分光の七原色そのものが鑛物性の油繪具の示す七色ではありえない。太陽の七原色を混和すれば「白」に環元する。併し繪具の七色を混和すると「黑」もしくは「灰色」になる。自然の光そのものは繪具の色と異るからである。モネはそれを繪具によつて表現しようとしたのであるが、それは人間の眼がもつ錯覺を利用したに過ぎない。自然そのもの丶存在が光なくしては知覺されえず、物體自身は吾々のイリユージョンとして在るといふモネの理論は正しい。しかしその繪具の色彩の並置的反映によつて吾々はの視覺のもつイリユージョンを示したといふことは繪畫が吾々の知覺の對象そのものであり、自然の視覺的說明模寫でない意義を既に把握してゐたことを證する。こゝに印象派がセザンヌ以前に於て彼のいふ「實現《レアリザツシヨン》」の方法を開始してゐた先驅的努力を見るべきであり、それが誰よりもモネに負ふてゐることに於てモネの史的意義を一層明らかに爲しうると思ふのである。

モネは幾多の輝かしい作品を印象派の時代に殘したと共にその晩年は今日巴里のモネ美術館に見らるゝ大きなパンノオデコラチーヴの仕事に沒頭してゐた。それらの作は自己の庭園の蓮池をモチーヴにしたもの丶聯作であるが、水と光、水草と空の反映等に往年の印象派の強いインパストや光の眩惑のポアンが失はれて、もの和かな大きいデコラチーヴな調子に綜合せられてゐる。この繪を見て一代の巨匠もすでにその歴史的意義はこの制作以前に終末を告げてゐるのだと思つた。しかしこゝにもその雰圍氣の表現、光りが匂ひの如く高貴な色の漂ひの中に流れてゐる丹念な仕事に對してその夢幻の美しさが色を以てする自然の象徵の如く詩的に感ぜられる或るものを見出した。

が時代はモネの前をすでに遠く走りすぎた。モネ翁の仕事の歴史的使命は終つて彼をパンテオンに祭つてもいゝ勝利の榮冠を殘して去つた。がその時代――それは到達點の最終に達して混沌から癈頽に陷つてゐるのではないか。印象派からフォーヴの時代を現代のルネツサンスとすればシユールレアリストの時代はバロツクだ。そして現代は正に西歐繪畫のデカダンスである。その中に生きてゐる巨匠の仕事に明日の新しい世界がどれだけ約束されてゐるか。そこに考へさせる問題が多いと共にモネへの回顧に一層の史的意義を強く感じるものである。

クロード・モネと印象主義

カミーユ・モオクレール

クロード・モネは、クロード・ローラン、ターナア及びモンチセリらの技術上の子孫として光線の法則の研究から科學的主張を享け入れることによつて風景畫の新たな路を開發すべき要素と個性を持て居つた。彼の制作はヘルムホルツやシユブリユイユによつて成就された光學上の發見を實證した偉大な存在である。それは藝術家の幻覺《ヴイジヨン》から自然に生れ來つたものであり、且つ今まで畫家が一向にかゝる知識に對して注意しなかつた法則についての嚴肅なデモンストレーションでもあつたのである。即ち彼の能力を以てこそ手の技術と科學とが結びついたのである。彼の制作はたゞに印象派の運動の基礎を鞏固にしたのみならず、それから續生すべき、また續生せねばならぬ所謂色彩法則なるものを鞏固にしたのである。併もそれは今まで多くの美術家が何の屈托もなく考へてゐた繪畫上の發見に對して、數學的な必然性をもつべきこと、その過程として裝飾的繪畫や壁畫に對する一つの寄與ならびに他の多くのそれらの應用的範圍への貢獻を擧げるなら實に廣汎に渉るものであると言ふべきであらう。

私は前にモネの繪畫から發生する種々な觀念はマネーの夫れよりも更に一層顯著なものであることを擧げてをいた。地色《ぢいろ》の無視、補色の手段による調子の分割と、純粹な色を並べるツーシユの方法に依つて生ずる反射《ルフレクシヨン》の研究等――これらは色彩法(この語はアンプレツシヨニズム(印象主義)といふ漠然とした名稱の代りに用ゐられねばならぬ)の基本的な主張なのである。クロード・モネはそれらを風景畫に於て特に組織的に應用したのであつた。

彼には僅かばかりではあるが肖像畫もある。そして、もし彼が風景畫に全然惹き入れられなかつたとしたら、それらの人物畫をもつてしても立派な人物畫家となつたであらうことを思はす程のものである。これらの肖像畫の或る一つに、毛の緣をもつジヤケツをきて、綠暗色の布のついた縁子のドレスをした婦人の全身像があるが、この作一つをもつてしても、その作者を全然忘卻せしめることは出來ない程のものである。だが人體に對する光線の研究に於てはマネや、ルノアル、ピサロまたは印象派以後に出た畫家ではあるが偉大なる抒情畫家アルベール、ベスナール――それは象徵美術の個的な概念に印象派の要素を加へた作家――の先見に據つたところが多い。モネは人物を先づ描寫することから彼の道を發見せんと試みた。而して後風景畫、特に海景、港に於ける船舶等を描き出した。それらは暗く強い、且つ大きいガツチリした運筆で描かれてゐる。彼の明るい光線の研究は一八八五年時代以後である。ドガと同じやうな考へから彼はそれらの制作をサロンへ持ち込むことをやめて、個人的なギヤレリーでのみ好んで陳べた。それはデユラン・ルユヱルの希望によつて彼にのみ渡されてゐたものであるが、デユラン・ルユヱルは當時世間から狂人か香具師扱ひにされてゐた。これら印象派の作家の作品を購入しそれに先鞭をつけた最初の男であつた。彼は實に印象派によつて偉大をなし、印象派作家の間に信頼を博したことによつて彼らをも亦彼自身をも幸運になしたので恐らくそれ以上の幸運は彼にとつてなかつたらうと考へられる。今日一千ポンドを以て賣買せられるモネやドガの作品も三十年前は何人が買つたであらうかを考へてみるがよい。(譯者いふ今日モネやドガはその十倍の價格でも手に入らないだらう。こゝで卅年前といふのは今より約七十年以前である)この一事は公衆の說に對する印象派の革命を物語るにふさはしい記錄の一つであるであらう。

モネは彼の凡ゆる繪畫に於てその唯一の主題が光りであるといふことを示すべき光線の種々な分析を企てた制作は無數にある。そして一日の中の凡ゆる時間に涉つて自然を直接描いて、その異る或は同一の畫面を以て一つのシリーズとすべき彼の企圖を明確ならしむる制作をなした。これが所謂「太陽光線變化の研究」と稱せられる彼の主張を反映すべき作畫である。これらのシリーズの中で最も有名なものは「藁塚」「ポプラ」「エトルタ岬」「ジヤン海峽」「河口」「カテドラール」「水蓮」等の作である。そしてその最後に「テームズ」を描いたシリーズがある。これらの制作は恰も偉大なる詩の如く、又撰まれたテーマの光彩陸離たる姿の如く、光りの顫動による管絃樂の如く、又色彩個々の奏ずる交響樂の如く、刻々に變化する現實の觀照がそれらの實相を示し、イデアリズムと抒情的夢幻《ダツプレナチユール》に近づかんとしてゐるのである。

モネはこれら一聯の制作を直接自然から描いた。彼は毎朝二十枚ほどのカンヴスを車にのせて、時々刻々に變る自然の姿を描いてはまた次の日も同様になしたと云はれる。たとへば彼は一つの藁塚を描くに當つて先づ午前九時から十時までの太陽光線の微妙なエフエクトを記錄する。而して次のカンヴスには十時から十一時迄の研究を試みる。さういふ態度で彼は一歩一歩薄暮に到る迄の大氣の變化を個々に描き並存的にそれらの勞作を完成して行つたのである。彼は一つの藁塚を描くに少くとも二十枚以上を描いてゐるがその一つ一つは皆異つてゐるのである。彼はそれらを並べて見せる。人々はそれを見る時、それが異る同一の對象に於ける光線の歴史を、彼の筆技の魔術によつて示されるのである。それは光の微分子の眩惑的な表現であり、その汎神的な喚起でさへある。光は實に對象の外廓に浸透する本質的な主人公であり、吾々の視覺と事物との間にかけられた透明なエールに似たものである。吾人はそこで無限ら微妙さを以て七色分光のアラベスク的階調の色點を以て描かれた太陽光線のスペクトルの波動を見るのである。そしてこの波動は熱と大氣の生命であることを知る。即ち輪廓は空中に溶けて終ふ。陰影は青、紫、綠、橙の諧調《トン》を以て形成される光線なのである。即ち光學の吾らに實證するが如く。光線と吾らが稱するものから吾らの眼が陰影を識別するのはたゞ光の比例的な量の相違にすぎないのである。クロード・モネが描いた日中の風景があるが、そこには個々の物象の輪廓——樹木、藁塚、岩——は全く抹殺されてをり、日光の强烈な震動の中に飛散して終つてゐる。それは恰も吾々が太陽をヂカに眺める時、眼が眩惑され何も見えなくなると同じである。或る場合そこにはたゞの陰影さへも全く無く、色彩の對比も色價《ヴアール》に奉仕すべき何物も見出しえないことさへある。たゞ一切は「光」である。そして畫家はたゞ光から光を追ひ視覺の不思議な微妙さを與へらるゝことを感謝しつゝそれらの恐るべき困難を容易に制御してゐる如く見える。

一般にモネはごく單純な畫因《モチーフ》を以て滿足してゐる。藁塚、空の方へひよろ〳〵とさし出た木の幹、灌木の叢と言つた風なものである。しかし彼はいかなる複雜なものに對しても突擊しその强大な筆技をもつて征服して終ふのである。何人も彼が打ち寄せる波頭のたゞ中に在る岩峭をいかにして描くか、畫面一ぱいに擴がるやうな大きな艸の描寫を何と理解するか、颶に押し曲げられた松の林の感じをどんなにして現はしたか、河に架せられた橋、夏の日に照りかゞやく土、それらをいかに表現したとかいふことを知らない。凡そこれらの仕事は光の微粒分子の微妙な且つ强烈な下に於て寬容な心と、眞實と努力とによつて構成されるのである。殆んど豫知されない調子《トン》が木の葉の群の描寫に用ゐられてゐる。それを近づいてよく視ると、それが橙黃、赤、青、黃のタツチで形成されてゐるのに驚く。併し、それを或る距離を置いて見ると爽々しい綠の木の葉のむれがほんもののやうに現はされてゐるのである。眼はその筆技が分解したものを再び組み立てるのである。そして人は科學と、猛烈なシャワーで落される如く見える無數の點體《ポアン》の集合で支配されてゐる不思議な祕法で混亂されて終ふ自己を見出すであらう。それは眞實の管絃樂曲であり、その各色が各々異るパアトをもつ樂器である。それらの異る諧調をもつ時間が繼續してゆくテーマを表現してゐるのである。

モネは古今の偉大な風景畫家と等しく各地の特殊性の理解に缺けてはゐなかつたのである。かゝる制作は彼の作品の中で最も秀れた要素を示してゐる。たとへ彼は日光の研究に沒頭したとは言へ、わざわざモロツコやアルヂエリアへ行かうとはしなかつた。彼はブルターニユに、和蘭に、イール・ド・フランスに、南佛海岸《コートダチユール》に、そして英國等にゆくことで彼の色彩交響の靈感を充分滿足さしてゐたのである。それらで彼は彼の知覺する色彩の尺度を端から端まで探究したのである。たとへば、彼が地中海の甘やかな摸糊たる和らかさを描かんとする時、キヤンヌやアンチーブの公園の華やかな植物を描き、この魅惑に充ちた地方の人々にも特に感じらるべき陸地や水のこゝろもちを眞實を以て表現してゐるのである。と共にこの反面、彼はまた素野な荒々しい對象に對してもまた何人よりも引けを取らない描寫をしてゐる。たとへば「海中の美しき鳴」といふ繪に於けるが如く不動な花崗岩の巖に碎ける怒濤の咆哮、水沫、疾風を眞實に感じさすべき表現をしてゐるのである。

彼の現在描いてゐる「水蓮」の聯作は靜かな水盤の憂愁で且つ新鮮な魅惑を表現してゐる。その甘やかな漣は花の莖や莖を洗つてゐる。彼はかつて秋の森蔭を描き靑銅色と金色とを陰に用いた。また菊、雉、薄暮の屋根、輝く向日葵、花園、和蘭のチユリツプ畑、霧とうづまく霧の縹渺たる風景、日をうけて走る船等をも描いた。また彼は幾多のセーヌ河畔の風景を描いてゐるが、これらの制作はその風光を髣髴とせしめるやうな全く驚嘆すべき力に充ちた作であつて、これは彼の偉大な赫々たる色彩家としての素晴しい幻想《ヴイジヨン》を示すところのものである。伽藍《カテドラーン》を描いたものは彼の天分の「力倆《ツールド》一ぱい《フオルス》」を示したものとも言へよう。それらはルーアンの伽藍《カテドラーン》を描いた十七枚のエチユードから形成されてゐる。その塔は畫面全體を蓋ひ、たゞわづかな空間と小さなスクエアの片隅とがそのまゝ殘されてをるばかりで繪の上部から下までは巨大な石の柱が貫いてゐる。こゝには光の反映を示すべき主たる意味もなく、また變化を示すべき水や木の葉の群もない。たゞ永年月をへて黑ずんだ灰色の石が十七世紀間畫家のヴイジヨンを試すにふさはしいモノクロームとしての存在である。しかし、モネはこの石に對して最も輝かしい雰圍氣の調和の閃きを見出したのである。朝には靑い薔薇色に、晝には紫に日沒の光りをうけつゝ、夕暮になるに從つて中にぼうと見えつゝ紅と金色の中に聳え立ち夫れ自身に豪莊な大建築として眼に映ずる。それは華麗な形として細部を一切示さずに描かれ乍らそこには大建築の彫刻のさまざまな細部が再現してくる。そしてこれらの繪畫は恰も大膽で豐かな色調で構成される東洋の壁掛のやうに見える。

私をして敢て言はしめるならば、モネは光りの素描を暗示することに於て巧みであつたと言へる。即ち彼は光熱の震動を吾らに理解せしめると共に、强風の運動をいかに描くべきかを理解せしめる。モリソー夫人（ベルト・モリソ）がかつて言つた。「モネの繪の或るものゝ前に立つと、私の日傘をどつちへ傾ければよいかゞわかります」

またモネは類稀な水の畫家でもある。池、川、或は海――それら各の水の色の差違を彼は知つてゐる。その成分を、流れの方向をよく知つてゐる。そして彼はその水の生命を畫面に描出するのである。彼はあらゆる事物、水、土、石、空氣等にも親しみぶかいコンポヂションを以てその特殊な相違を示すに直觀的である。而してこの直觀は彼の藝術の知的な部面に於て彼に奉仕してゐるのである。彼はまことに「特殊な」畫家であり、繪畫のために生れてきた人間である。そしてこの事物の秘奧に徹する力と光の探究とは彼をして不知不識の間に偉大な抒情詩を完成さすべき道を與へたのである。彼は吾々の視覺の直接享受する眞理を捉へて畫面に移し、それを裝飾的な（譯者いふ「非寫實的な」といふ意）大きさに迄高めたのである。もしマネーを以て印象派中の寫實的浪漫派となし、ドガを以て印象派の心理派となすなら、クロード・モネは正に印象派中の抒情詩的汎神論者《パンチイストリリツク》となすことが出來よう。

モネの制作は夥しい數に上る。彼は驚嘆すべき速筆家であるほか、いかなる事物をも描破しうる大畫家としての他の特質をもつてゐる。彼の最近のテームス河研究の諸作は十七年前の薬塚研究にも增して精力的勞作であり且つきはめて自然で美に富む作である。それらは薔薇色の水蒸氣のなかに金と銀の雨滴の閃く、妖はしい霧の迫眞的な光景である。この時代のモネはあの寶石を鏤ばめたやなモンチセリの畫風とタアナーの夢のやうな風景畫の特質を融合してゐたのである。かゝる綜合の强い才能によつて彼は自然を把握し、その雄大な線によつて細局を單純化し且つ觀照して一つの生きた夢幻を形成したのである。

かの藁塚の制作以來モネの作品が著名になつたのは事實であるが、彼の名聲の眞に偉大となつたのは、モネがロダンと共同で一つの展覽會をひらいて近代美術の年代に於て劃期的な時以來、一般の觀衆の拍手は彼を氣高いものにし出したのであつた。しかし彼が十九世紀に於ける偉大な畫家の一人であるといふ承認はまだ公的には享け入れられなかつたのである。モネの影響は歐米を通じて甚大なものであつた。その點描《プロセデドラ》法《タツシユ》（既に一つの思潮となつたこの名稱を銘記せしめよ）はあらゆる畫家によつて採用された。私はこの書の前後に於てこれについて尙ほ數言を費してをかう。しかしその事は印象派の最も大きいこの抒情作家が他の一面印象派の理論家として玆に卓越してゐた作家であつたといふことを說明すべく餘りに限られた頁しかもたないことである。彼の製作は寫生畫と壁畫とを結びつけた。フランス美術省は彼の手法が壁畫製作にも誠に適切であることを知つてゐても政府の御用畫家の反對を押し切つてまでモネに壁畫のコンポヂシヨンを委任しようとはしなかつたが、ずつと後になつてピユビス・ドシヤヴンヌの夫れの如く、ベナールによつてかゝる最も近代的な美しい作品が巴里市に齎されたのであつた。しかしそのベナールの製作はモネの調色の直接の影響から來てゐるのである。色調《トン》の分析說や補色の研究やは充分示唆に富んでをり、且つ理論としても適確なものである。それは恐らく今後の繪畫の創造に對して最も明確な指導をもつものであらう。かゝる發見をなしたものこそ永遠不滅の榮譽をうくべきである。そして人々はもはや寫實主義と理想主義の相剋といふ如き問題を取り上げることなく、一つの法則を發見し、その力を發揮した一畫家を、繪畫理論の創造者、最高の知識者として語ることゝなるであらう。

彼が描いたいかなる主題に於ても彼は常に調和のとれた美的感情を作り出してゐる。でなくば最も複合的な象徵《サンボリスム》によつて夫れを生起せしめてゐると言へよう。その自然に對する熱愛こそ實にモネの偉大を語るものだ。彼は明確な事象を把握することに依つて自然の秘密を暗示したのである。それこそあらゆる藝術に通ずる一般的法則でなければならぬ。（「佛蘭西印象派」より高槻健次譯）

天心先生

岡倉天心先生を偲ぶ

天心三十周忌に際して

横山大観（談）

私が春草、紫水と共に天心先生に隨つてアメリカへ發つたのは明治卅七年二月十日、わが國が國運を賭してロシヤに宣戰した日だつた。日本、支那美術の蒐集で有名なボストンの美術館顧問として働くことになつた天心先生は、やがて戰ひ勝つて全世界をアツといはせた日本に好戰民族の聲が起ると共に英文で「日本の覺醒」を出版して毋國への誹謗に報いた。これはまた日本の勝利を單に米英の援助のお蔭だとする一部同胞の米英依存的な考へ方に對する反駁でもあつた。この一事でも先生の愛國者的風丰が彷彿とするではないか。つゞいて出版された「茶の本」は茶道の淵源から說いて簡潔さを尊ぶ茶の道が日本藝術のさび、澁味を尊ぶ精神に影響を及ぼしてゐることを說いて外國人の認識を深めた。その前にイーヴニング・ポスト紙に筆をとつて武士道について書いたが外國人に日本を理解させることにどれほど役立つたことか。「日本の覺醒」は後にアメリカの中學校の敎科書にさへなつた。

天心先生の美術に對する深い造詣は明治十三年東大敎授として迎へられたフェノロサがその日本美術研究の協力者として當時文學部在學中だつた天心先生を選んだことに負ふところが大きいといはれてゐる。十九歲といふ記錄的な若さで大學を終へた先生は後に東京音樂學校になつた文部省音樂取調係になり、こゝでも日本音樂の復興に貢獻したが、間もなく圖書敎育調査會に入つた。明治十九年九月師フェノロサと共に歐洲美術調査に旅立ち歸つてから東京美術學校を上野に創設した。はじめ幹事の職にあつた先生は間もなく二代目の校長になつたが、その時は廿九歲だつた。美術の校庭にある先生の像は法服、法冠に似た服裝だがあれは自ら考案して學校の制服としたもので、他校の學生をビツタリさせたものだ。

もと〳〵先生は洋服を持たず外遊の時も和服で押通したが、私がアメリカへお供する頃は和服に考案を加へて羽織の乳のところにポケツトをつけ、着物は腰下までにし袴をズボン風に緊め加減にしたモンペといつた感じで、なか〳〵面白い改良和服だつた。校長時代に行つた支那大陸への古美術調査旅行はいよ〳〵先生の東洋藝術への造詣を深めた。この旅行で先生は日本美術の獨自性をハツキリ確めたといはれる。

日本の美術は支那の模倣でなく、傳承されたものをより發展させて民族的特色を放つてゐるといふのであつた。明治卅一年に職を辭した先生は更にインドへも漫遊し、若つた詩聖タゴールと東洋主義の情熱を吐露し合つたが、インド美術を研究してペルシヤ、インド支那の美術の系統はいはば巴の形をなしてゐて互に影響し合つてゐることを述べてをられた。その時書かれた『東洋の理想』は有名な『アジヤは一なり』といふ言葉に始まり、東洋主義を强調した著作でロンドンで出版され反響を呼び起した。當時支那は混沌としてをりインドは既に英國の屬領になつてゐたので先生の大理想が實を結ぶと考へた人はゐなかつたかも知れないが日本を盟主とする大東亞が建設されつゝある現在、先生の偉大さをつく〴〵感じる。歐化萬能の明治に日本藝術の維持開發に卓見をもつて指導された先生あつたればこそ日本畵は今日あるを得たといへよう。

「アジアは一なり」

『アジヤは一なり』と東洋の大理想を世界に呼びかけた明治の先覺者天心岡倉覺三氏が大正二年九月二日新潟縣赤倉で逝いて今年は卅周年、日本、支那インドの全藝術と魂を通じて流れてゐる大きな理想が大東亞戰下、今こそ本然の姿に立ち還つて院見專西歐文化の絆を斷ち切るのだ。東京美術學校、日本美術院の創設その他近代日本文化史に大きな足跡を遺した故人を追慕愛弟子だつた横山大觀畫伯を理事長に緣故の深い人々で組織した岡倉天心顯彰會では終焉の地赤倉の山莊を復興して記念館とし七月二日その竣工式をあげた。而して更に天心が日本美術院創成時代に立籠つた茨城縣五浦の寓居に今秋までに記念碑を建立し碑面に天心の像と『アジヤは一なり』の文字を最も藝術的に彫刻し、米國を睥睨する心をこめて太平洋に面して天心の威容を現す豫定である。

妙高山莊（天心先生終焉の間）

美術と傷兵生活

——感激隨想斷片——

臨時東京第一陸軍病院
美術部教授　池上　恒

戰爭

支那事變以來、皇軍干戈の赴く處遮る者なく、勇猛果敢な戰果は中南北支は固より、廣く大陸の征野に皇威至らざるなく吾が皇軍將兵の樹立した幾多不滅の勳功は戰史を飾るに餘りある。

更に今次大東亞戰煥發せらるゝや其の緒戰に於て既に海に、陸に、空に、世界を壓する赫々の戰果を揚げ敵味方驚歎の中に神兵皇軍の名を燦として輝かせた。

皇國一億臣民たる者の感激は勿論吾等美術人としての感激と覺悟の今日より大なるはない。

皇軍傷兵

此の神兵皇軍が御稜威下敢然奮戰力鬪遂に名譽の戰傷を負うて白衣の勇士となつた傷病將兵である。この尊き傷兵に美術教育を施して藝術を通して人格修養に、軍陣醫學的治療に、更に將來への職業能力培養と、智德育成の源泉として凡ゆる角度より、これが傷病勇士再起奉公の糧となる、未曾有の戰時下美術が斯くも直接御國の役に立ち、そして、希望に滿てる輝かしい傷兵の姿を見るにつけ微力乍ら挺身本教育を開講し、史上未だ曾つてなき皇軍傷病兵美術教育の端緒を開きたる努力と感激は眞に筆舌に盡せぬものがある。

隻眼を或は片手片足を　大君に捧げまつれる白衣勇士に、美術家として美術を通じて軍の教壇に立ち、正しき藝術を論じ技能を教育して、崇高なる軍教育精神を雄喚びつゞけて來た私の感激は、それは既に私一個人の感激ではない。

全美術界の感激でなくて何んであらう。

去る二月の寒い日教室に〇〇方面の激戰で兩腕を失つた傷兵が訪れ先生私にも繪を習はして下さいと漲ぎる氣魄を面に表して入學を申込んで來た。今迄にも色々の重症兵や不自由の傷兵を多く教育して來た私も、兩腕が無い傷兵の入學申込は初めてゞ深く心をうたれた。

全く倒れてやまぬ不屈の信念である、この精神こそ軍教育の根本であり、即ち皇軍精神である。

一、もろ腕を御盾《ミタテ》と捧げ兵のなほ勵まむ氣魄に吾れはうたるゝ。

二、双腕はなくも學ばん傷兵の彩管採る姿神々しくみゆ。

其の夜私は自室で感激の餘り寢むれぬまゝにこの樣な出來もしない不拙い和歌を殘片に書きつらねて見た。

聖戰が生んだ美術と傷兵の感激圖繪である。

傷兵と美術界へ感謝

三、皇軍傷病將士美術教育に多大の贊辭と理解ある聲援が美術界各方面より寄せられて私の感謝感激は日と共に大きい、更に又これ等傷病勇士に對する藝術家的感謝報國の赤誠は美術界空前の記錄となつて戰時下に於ける美術人の烈々たる意氣を顯現し陸海軍獻納畫は勿論傷兵の美術展覽會招待に、或は慰問接待に奉公せられる各美術團體は年々增加し、大家小家の別なく會員總出で種々心ろ盡しの至誠を披歷され斯くして既に聖戰五年も續いて來たのである、決して一時的輕擧にあらずして盡國の精神の迸りである、この偉い奉公の精神は傷兵に深い々々感銘を與へてくれた。

今常にこれ迄盡された各有力の主流美術團體並に會員諸賢の赤心に對し傷兵と共に眞摯の感謝を捧げるものである。この感激は軈て再び戰線に奮い立ち、或は銃後に再起奉公する強い信念となつて現れてくるを思へば銃後の力の偉大さと國民的熱情の如何に大切なるかを常に憶ひ衷心感謝の外はない。戰時に於ける藝術家の燃ゆる報國精神を正しく皇軍傷兵に傳へ、以つて諸氏はかならずこの恩澤に報ひ明日の更生の上に敢然奮い起てと、感激の訓示を喚び續けて來た私である傷兵も泣いた私も泣いた、常に教育は峻嚴そのものである。洵に大切なるは精神の教育だ。

戰ひぬく美術雜誌

四、大東亞戰を戰ひぬく爲めには政治經濟、文化と精神的にも物資的にも凡ゆる面に於て國家總力戰體制を認識強調し國民の一人々々が既に戰士である覺悟を持つ、これが近代戰の要素である、故に經濟的にも物資的にも種々統制せられ、互ひに不自由を偲び合ふは當然の事乍ら、わけても新聞雜誌の統制に各社共も、紙其他に惱んでゐる昨今美術新聞、雜誌關係の各社の努力は多とするものがある。此の時更に斯界にあつて敢然これを克服し堂々たる內容を以つて寫眞に、記事に、美術文化の指針尖兵ならんとして目醒しい活躍をなすものに吾が美術新報のある事を認める。　當然推さるべき努力であらう。

殊に今春の元旦號「大東亞戰と美術を語る」座談會以來次々に美術文化の昂揚に、或は美術界の啓蒙覺醒に、共榮圏南方美術の紹介に、南進日本の工藝喚起に、連續巨彈を放つて、職域奉公の至誠をかたむけつゝある吾ら傷兵の美術指導に當るものにとつて眞に感激そのものである。

私は弘仁期の彫刻で思ひ出すものは、あの室生寺の釋迦である、引き締だ口唇、切れ長い眼、鋭どい彫刻的な線と端直優美な線とがシッタリ融合して弘仁彫刻の釋迦佛は千年の慈顏を今に讃へてゐる。推古期のあの長身のスツキリした美くしい線を持つ法隆寺觀世音菩薩（木心乾漆）と共に私の好きな彫刻の一つである。

病床の感激

五、この輝く戰時下日夜傷兵教育に獻身的努力をつゞけた私は無病頑健の誇も遂ひに破れ突然三月初めに病を得て急性肺炎となり、早速軍の厚遇で東一第二將校病室に入院の身となつてしまつた。一時は重態だつたが、軍醫殿各位の手厚い診療の下に、日一日と快方に向ひ約一ヶ月昨今起きて歩ける樣になつた、命をひろつた感激である、この間、十九日に滿洲國謝恩特使、張景惠氏以下一行の陸軍病院慰問來訪あり美術部傷兵作品を展觀する事になり、私は親しく御說明する筈の處病中の爲め殘念乍ら作品のみ陳列する。

だが私は苦しい病氣の床から兵隊を督して陳列に心を配り當日御覽の光榮を得た。聞く處ろ張特使は、大變悅びあられ、無敵皇軍の半面、この傷兵の麗しい心ろ意氣と美事な美術作品に厚い賞讚の辭を賜た相である。日滿友好親善に寄與し且つ吾が猛き將士の麗しき意氣を誇示し、得た欣びを病床に聞き感激に咽んだ。

翌二十日夕食時、病床に運ばれた夕餉の膳に別の小皿に何か貴重の感を漂よはせた小さい玉子燒が添へられてあつた。看護婦は靜かに、これは御下賜の玉子燒である事を傳へてくれた。

私は言葉が出なかつた。あゝ何んたる光榮ぞ。皇恩宏大無邊吾等戰傷勇士にあらざるに、今將兵と等しく御厚遇を賜り畏くも御下賜の玉子燒を拜す病中雖か感激の嗚咽なきを得んや。

こみ上げ來る敬虔な感激を白衣に包んで、病床靜かに正座して、東方遙か皇居を伏し拜む。體中を急流の濡渓ともなつた血しほが走つていつた。

今ぞ軍美術教官としての光榮と重責に、微力を痛感しつゝ愈々挺身盡國の至誠あるのみと、感激の誓ひを病床にしたのである（於箱根轉地療養所）

旬報

自由畫壇解散

文展廢止以來二十三年の歷史　七月五日南禪寺で法要

京都の日本自由畫壇は七月五日、南禪寺天授庵で、同畫壇創立已來物故したところの同人其他關係者の追善法要を營んだが、これを機會として敢然解散した。日本自由畫壇は大正八年十一月、即ち文展が廢止となり帝國美術院新設を機として、組織結社されたので、當時

井口華秋（故）、庄田鶴友、池田桂仙（故）、松村梅叟（故）、猪飼嘯谷（故）、西井敬岳（故）、林文塘、高山春凌、渡邊公觀（故）、上田萬秋、植中直齋、玉舍春輝、廣田百豐

の十三氏によつて創立され、これに故大谷尊由師、榊亮三郎博士、八馬兼介、鈴鹿彌惣吉、野村得七、下鄕傳平などの諸氏列席で華々しく發會し、官展から獨立、在野自由の畫境を標榜して翌九年には第一回旗上展、以來東京、京都、名古屋に開催をつゞけて今年で二十三年に及んだ。「時代の大變に鑑み」敢然解散することとなつたもので、同人の多くは中途脫退して、官展側に戻つたが、戻つたものは從前の文展成績により直ちに無鑑査に推薦されるといふ有樣であつた、如何に同畫壇が京都の畫軸作家であつたことを察せられる。この間に飽く迄、孤忠を守つて同畫壇に終始物故した作家も多く、昭和十三年の渡邊公觀逝去ののちは、廣田百豐（栖鳳系）、玉舍春輝（春擧系）、上田萬秋（同）の三氏となつて現在に到つてゐた。玉舍氏は既に一昨年名古屋市で第一回個展を大々的に發表しこれからも個展擴大であるべく、各氏自己藝術精進にいよ〳〵赴く筈である。

戸島光阿彌個展

戸島光阿彌氏の第二回彩漆畫展が七月一日から五日まで大阪三越七階中央催場で開催、「菖蒲勇鯉」ほか二十點、海軍省に献納する「群鯉勇躍」其他參考陳列「極樂鳥蒔繪」ほか四點、會期中好評を博した。

傷病將士 慰問染額展

模樣聯盟で出品全部を陸海軍に献納

帝都の染色工藝團體たる東京模樣聯盟では、現時局下に於ける文化方面擔當者としての職域奉公を祈念し、東京市後援の下に第四回傷病將士慰問染額展を、六月十九日から二十八日迄新宿伊勢丹百貨店で開催、連日觀衆で賑つた。尙、右の染額全部を同聯盟では、陸海軍兩省に献納した。

日本美術協會有志　海軍傷病將士へ献畫

日本美術協會の日本畫家中最近五ヶ年に亘る銅牌以上銀牌受領者中の有志及び會員幹部を併せた三十六氏三十五點の力作を今回海軍傷病將士慰問のため献畫することとなつたので、七月一日だけ同協會列品館で內示した。

出品中、五藤耕畝「けし」久保田金僊「防人」大坪正義「大和舞」棚田曉山「空蟬」（源氏物語の內）兒玉輝彥「蒙古襲來」伊藤龍涯「姉弟」（室町時代）狩野探道「千魚」菅井雲樵「雪の松」野村雪江「仔猫」山本文英「春溪」佐々木永秀「岳陽樓」西丸小園「春光」稻川光風「朝靄」岩田鼎鷹「精進湖」金杉晴香「平和」南部春邦「飛魚」藤井靖峰「鯉」石川美鳳「風雪」など優秀作であつた、いづれもその他日本畫報國の熱誠溢るるばかりのものであつた。猶三日海軍省に出頭それ〴〵手續きを了した。

豫報

情報局後援・待望の　第一回日本劇畫院展

吾々の生活に最も親みを持つ演劇に正しい理解と愛の情とを有する美術作家によつて結成された日本劇畫院は、一般作家と異る處なき制作態度をもつて藝術作品の制作に精進することは言ふまでもなく、更に根本的理念に於て、深甚なる認識を大東亞戰爭の上に致し、こゝに彩管報國の誠を盡す事を第一義に祈願し、劇畫によつて啓蒙宣傳の實を擧げ、國民文化の向上に關して啓蒙的役割を果し、更に進んで前線に銃後に直接その使命の一部を果し得る積極性を痛感し、その使命と自覺とに依り、展覽會の企畫を案出し、要綱を定め、發足第一歩の形として來る七月廿二日より三十日まで上野松坂屋に於て情報局後援のもとに第一回日本劇畫院展覽會を開催する運びとなつた。その特

大日美術展評

黑鳥子

現代畫風の一部面を特徴として結城、靑木兩氏の連關こまやかに今回第五回展を開いた。年一年と成績をあげて來たがさすがに今年は第五回展だけあつて相當實質のある域に達し仲々見ごたへのある充實振りを示したのは同人諸氏の努力の賜である。特に感激した事はこの會の如く五年を經ない間に數人の戰歿勇士を生んだ事は非常時日本畫壇が如何に國家に對し御奉公を盡してゐるかをもの語り又この會が斯くの如く特に若い戰歿作家に一室を提供し故人の作品展觀に力をそゝいでゐる事はこの上もなくうれしい。いづれも前途洋々たる才能を示した遺作は觀覽者の足を止めてゐる。

又結城氏は最近長男が戰死されその悲報に淚未だかはかぬうちの作品との事でその作品も小品ではあるが藝術家のみがなし得る悲愴にして麗しい心境であらう。少くとも敬意を表さねばならぬ。同人諸氏の作品はさすがに立派なものであるが、特に靑木大乘氏今年の作はすぐれたものである。例年の海山其他風景に取材した豪放な作品を一變し崇高なロマンチックをねらい畫面に氣高い輝きを與へてゐる。智あり情ありの成功した優作である。右の童女を扱つた大作は淸澄な愛が出て美しい。左方の馬の大作と比べたしかに一新した世界を示してゐる。馬の方は柔かい銀白色の畫面を神經の張りつめたするどい細い線によりしめくゝり崇高な精神を一ぱいにたゝへ、たしかにロマンチックな作品として成功したものである。川崎小虎氏の作品は太い大まかなタッチで意欲的な智をねらいさすがに指導者としての貫祿を果してゐる。海芋の花の靜物等平凡には見えるが前記の意欲がある。俘虜の圖に於ける構成等非凡さすがである。常岡文龜氏紅白二點の富貴花は仲々デリカな感性を示し色彩も

術企劃として「日本精神の對外宣傳』『日本精神の鼓吹對內指導教化」「產業面の作興」の三項目を選び『國家目的の前に捧ぐ』啓蒙宣傳に資する作品として、同人分擔による作品を普通作品と併せて六十餘點の展觀を行ふものである。

中村靜思個展

矢澤弦月氏門下

中村靜思氏の「城と古戰場風景を中心の日本畫展」が七月十四日から十六日迄銀座の松坂屋で開催される、氏は矢澤弦月氏の高弟で官展に入選六回に及んでゐるが個展は今回が初てで作品の主なるものは大阪城（尺八）赤穗城址（二尺）名古屋城（尺八）川中島所見、桶挾間、白鷺城（二曲）等々約廿四五點の熱作が出陳される筈で大に期待されてゐる。

松子社旗擧展

松子社の第一回日本畫展が七月十五日から十九日迄日本橋の白木屋で開催される、同社は桂月氏の嚴格な薰陶の下に畫道に精進しつゝ自然に意氣投合した左記八氏が四月上旬潮來への寫生旅行が機緣となつて結成され補導として恩師松林氏と先輩吉田登穀師氏を煩す和やかな研究團體で今回の發表作品は白井烟嵐氏は「潮來所見」六點橫尾抽兒氏は「雨三題」河野華崖氏は「潮來所見」四點小山氏は後園二曲松浦滿氏は「魚類」四點根本霞外氏は二曲一双の「七面鳥」荒川晃雲氏は「鯉と花鳥」の二曲西野新川氏は「皐月と軍鷄」の二曲に潮來所見など。

展覽會の曆

▽清籟社第二回日本畫展　七月十四日から十八日迄上野松坂屋

▽中村靜思第一回日本畫展　七月十四日から十六日迄銀座松坂屋

▽松子社第一回日本畫展　七月十五日から十九日迄日本橋白木屋

▽現代工藝美術名作鑑賞展　七月十五日から十九日迄日本橋高島屋

▽堀忠義油繪展　七月十五日から十九日迄銀座青樹社

▽クータム線第四回水彩展　七月十六日から十九日迄銀座菊屋ギャラリー

▽末苑會展　七月十五日から十七日迄銀座紀伊國屋ギャラリ

▽番坂茂吉第一回油繪展　七月十七日から廿一日迄銀座資生堂ギャラリ

▽日本木彫家第十一回展　七月廿一日から廿七日迄上野東京府美術館

▽日本エッチング作家協會第三回展　七月廿一日から廿六日迄上野松坂屋

▽吉崎、大木二人展　七月廿一日から廿三日迄銀座鳩居堂

▽木啄會版畫展　七月廿一日から廿五日迄銀座青樹社

▽松木滿史油繪展　七月廿二日から廿五日迄銀座資生堂ギャラリ

▽日本劇畫院第一回展　七月廿二日―卅日迄上野松坂屋

▽火曜會第一回展　七月廿二日から廿六日迄銀座菊屋ギャラリ

▽古城江觀個人展　七月廿三日から廿八日迄銀座三越

二科廿九回展公募發表

一人三點以內・一點百號以下に制限

二科會第廿九回展の作品公募が愈々發表された、昨年と格別相違はないが唯應募作品は一人三點以內而して一點の大さ百號以內に限定された、尙時局下輸送機關の關係上例年よりも早目に發送し、審査に間に合はぬ樣な事態の出來せぬ樣にと同會では希望してゐる。

エッチング展

日本エッチング作家協會の第三回展が七月廿一日から廿六日迄上野の松坂屋（畫廊）で開催される同人は會長川邊亟氏の下に十二名會友八名其大部分は文展系に屬し各二點乃至三點の出陳で五十點內外の作品が展示される。

日本木彫十一回展

內藤伸氏を盟主とせる日本木彫會の第十一回展が七月廿一日から廿七日迄上野の東京府美術館で開催される、同展は豫て藝術至上主義の下に唯默々として研究と製作に精進し來つた一年間の結晶的收穫の作品を發表するもので刮目に値する作品が相當展示される事であらう。

美しく若い醫學生の注目を浴びてゐる。家庭に於ける病人つゞきの故とはいへ出品がおくれた事は殘念。それ故か力も稍弱い。加藤榮三氏の夏の花は感覺的で美しい又菖蒲大悦氏の紅木蓮は技巧色彩共によい。

大日賞の池田倚之氏の黄昏は構圖色感共によくやはらかい感情がよく出てゐる。山田皓斎氏の八ヶ岳は色彩的にすぐれ模樣化されて美しい。大每東日賞の荒木茂雄氏の山西省古縣鎭附近は感覺的に勝れ色彩も深く黄色の調子も美しい。前景調子に破たんが見へ全體の力を弱めてゐるのは殘念である。其他奬勵賞として田所量司氏のきこりは細部にとらはれず仲々美しくデッサンもよい。同じく老人を扱つた月岡榮吉氏のぢいやは題材意圖共に勝れ描寫よく純粹な態度に熱がある。望月定夫氏の丹頂の鶴は技巧的に勝れ仲々はつきり描けてゐる。志賀旦山氏の海はず太く重さがある色感の鈍いのは惜しい。五十嵐揆一氏の穗高新雪、服部幸太郎氏の翠溪は共に眞劍でよい將來を期待す。其他平口勝雄氏の爽沼はテクニックもよく色も美しい。沖中陽明氏の芭蕉は律動的構成が目立ち山本瑛幾氏の氷原はシュール的頭腦のよさを示してゐる。奈良裕功氏の鹿は大まかな構成描寫に於て成功し宮部沙久彌氏の多信はデリカな繪だ。碑山一穗氏の眞面目さも目立ち菊澤榮一氏の伸芽は構成的に勝れテクニックもしつかりしてゐる色も美しい。菅澤幸司氏の竹はテクニックもよく落付があつてよい。其の他加藤英純、是永伸一、長嶺雅男、淵上晃成、滿田榮樹、清水保二、寺田六華、吉田欽之助、吉永叢生、川田世紀、伊藤文乙、高橋光輝、眞島北光、鈴木英明、村上武三郎、小澤春子、北村泰山、川合淸、湯田眞砂緒、釣船欧一等諸氏の活躍が目にとまつた。

最後にこの會に於ける二、三の異色ある若手の作家には特に注目したい。それは東山魁夷のスエズ紀行數點之は近代感覺の新鮮さが美しくその技法も油彩的で面白い。藤森青藝氏の作品は會隨一のよい感覺が目立ち美しい色彩と共に注目させられた。又小關きみ子氏の幼女は岸田劉生氏の才能を思はせ將來性を示し福本春子氏の珊瑚礁と共に氣をはいたもの。福本氏の作品は色彩も近代的であり力もあつてよき才能を見せて呉れた。（府美術館）

第八回歷程展評

豐田豐

新美術人協會から分裂して、新美術人以上の急進調を誇つて

美術經濟

油繪具の配給

美術家聯盟が猛運動

七月三日最後的基礎案協議終る

油彩の日本的大變革期

洋畫作家の統合集團である美術家聯盟では、七月三日午後五時から、豫て討議研究をつゞけて來てゐた油繪具の配給についての實査及び協議會を開催した。大體これが基礎成案の最後的會談と見られ、秋のシーズンを控えて愈々實施の活動に入る模樣である。當夜は東京の文房堂、大阪のレートン瀨本を始め東西油繪具製造業者を招致し、聯盟側からは、木村莊八、石井柏亭、太田三郎、其他同研究委員出席した。

日本畫方面では既に統制資材團體が成立し、繪絹の配給につゞいて、新に紙の配給といふ二段階に猛進して居り、彫塑側は資材及びモデルアトリヱ用の石炭の配給等實績を擧げてゐるのに洋畫界は作家集團が存在しながら、研究及び準備はつゞけられてゐたのに其實施を見なかつたので、玆に猛進の期に入つたのである。

油繪具等の配給は、美術家聯盟が取り行ふものでなく、同聯盟を基礎にする配給機關が出來るものと見られ、同時に差當つて必要なアトリヱ用石炭の問題も併行して配給手續が出來る筈である。

某業者談　油繪具で第一に必要に迫られてゐるのは、ホワイトですが、これは鉛が主材なのでその製造數量に少からぬ困難があり、次に必要なコバルトは獨得のコバルト鑛から取るので、これはまた困難であり、他の代用品といふわけに行かぬのです、油繪具の不足から、油彩の上にも日本的一大變革機が來るのではないかと思ひます云云。

作家側談　日本畫資材は繪絹が纖維料として統制されたのに動機があつて配給機關が出來たのですが、油繪具は公定價格が既にきまつてゐて、品不足だから質は低下するばかりで、供給も頗る不滿で、畢竟出廻りに圓滑を缺き若い作家の困難に陷る現狀は夥しい有樣です、これが供給を順調にするには然るべき機構がなければならぬのです云云。

七月中に出荷し始める
日本畫の紙の配給

日本畫製作資材統制協會第二次運動

繪絹は配給が進んで行く、次に來るべき製作資材の紙は、頗る重大且つ困難な位置に置かれてゐるのである。さらでだに絹本の困難は、日本畫本來の表現によしとせられた紙に傾き移らうとしつゝある。幸にも紙は猶自由製產であつて制限はされて居ない、しかし、時局下職人不足、その他の理由で量に於てはひどく減少されて居り、昭和十六年度は平年の三割位しか製產されず、十七年度は殆ど製產がない樣なもので、手持品だけで、使用者に賄はれてゐる次第だから、如何に無理算用をしても、今秋には手持も空になる現狀であつた。

繪絹に成功し、その配給が緒につきかけた日本畫製作資材統制協會では、矢繼ぎ早に紙の重大性を觀過してはゐなかつた。その第二次運動として紙の獲得を開始、その猛活躍、肉薄擊、取らずば止まぬ此一戰的必至努力は、遂に當局を動かして「日本性繪畫と紙」を解決した。

紙の許可は日本畫家が一ヶ年の使用實績量を同協會へ附與されることとなつた。そして既に福井縣岩野製造所をはじめ其他の製產地で着々製產に忙しく、七月中には順次出荷し始める段取で、紙の種類は秋の美術期を控えた出品用の麻巾ものゝ麻紙も、鳥の子も、十何種かの在來の實績量千二百貫に及ぶものである。

繪絹は統制機構を經て配給されつつあるのだが、紙は單なる日本畫製作資材統制協會へ其原料が附與され、同協會から製產方面へ依囑註文したわけなのであるから、統制機構を堂々めぐりしないで、同協會が認めた使用者は直ちに材料組合から購買する筈である。

紙は、日本畫家以外でも盛んに使用されること勿論であるが同協會に附與された分の製產量は、同協會指定の日本畫家のみの資材以外には使用を許されないわけである。「紙の切符」は、斯うした事情のものであるから、出來てゐない。一般の社會生活の配給で、米の通帳を持參

ゐた歷程も、時代の轉換期に處して、段々工藝集團的な裝飾畫派化して行くやうだ。それは彼等の超急進的傾向がまだ純繪畫として時代の需用を喚ばず、彼等が生活のために裝飾美術家化して行つたための結果からでもある。

從つて今度陳列された普通出品は、純繪畫としては多分に怪奇な樣相を呈し、山岡良文の『想雲想春』の百獸屛風は原始時代の洞窟壁畫の色塗りしたやうな新構想であり、山崎隆の『立田』丹羽きみをの『秋の流れ』は一は光悅の繡案の如く、一は嚴島納經を杉板戶にもぢつたやうな感じである。佐々木勝鷹の『韋提希夫人の觀佛』も六朝時代の寺院壁畫をどうかやらであり、いづれも皆餘りに純寫實から隔離し過ぎてゐる。從つてどれにも繪畫としての健康性を見出すことが出來ない。しかし超現實派のダリやミロが希臘古典や東洋古典を追慕した如く、彼等の急激的古典憧憬も今時代の波に處しての賢明な動向であるかも知れぬ。一面又山崎隆の『續戰地の印象』蒔田皓成の『空中ページェント』、大平四郎の『空軍基地』、紺野基の『曠野進攻』の如く、大東亞戰爭下の尖銳取材に、彼等の現實意慾を高揚したものには、古典憧憬の反動が見られ、彼等の若い作家としての嗜好の自然なものを持つ。しかしそれも隆の『續戰地の印象』が寫實的探求に於いて優れてゐる以外、皆異樣に裝飾化傾向に著しく、それはそれで基の『曠野進攻』の青い戰車の繫がりなど、一つの構成的効果を奏してゐる。

さうして彼等の古典憧憬への動向は、『日本民族海外發展史』の協作となり、戰時尖銳取材への嗜慾は『大空への關心』協作となつて、今年歷程の呼物となつてゐる。だがこれは比較的繪畫的によく纏めてゐる。就中村山東與は兩協作共に、繪畫技能に優秀な手並を見せて、その才を推賞させるものがあつた。

佐藤武造漆繪展

何よりも欣快を感じたことは例の外國依存の趣味が全く影を消したことである、そして頗る日本的の描寫が手際よく成されて來たことである、その描出は現在の日本畫のよきものに似て、しかも遙かに漆の特徵がよく活用されてゐることである。非常な日本漆的の進展を意味した。赤い「金魚」「ゑんどう」は黑地磨ぎ出しの中ですぐれ、「うつぎ」の白い花と陰影の味ひ、琵琶一個を配したる「梅の實」の靜物もいゝ。特にすぐれてゐたのは白黑地漆を地塗にした「雪の鴨」で、白地を雪、黑地を空間に見立てた中に、鴨の羽毛の彩りに漆の面白さを發揮し――たのと「やまめ」であつた。服部時計店階上）

して油や酒を購買する如く、繪絹の切符を見せて紙の配給に共通せしむるやうな方法を取る模樣である。

二日に亘り重要審議

會費負擔・繪絹價格の規整及紙の配給機構確立に就て

日本畫製作資材統制協會では七月十日午後二時から四谷見附四谷倶樂部で運行委員會を開催同協會各理事、各査定委員其他役員諸氏參集し、會費の負擔に就て審議する。現在の規定では藝術院會員は最も負擔が重く、其他の畫家はこれに準じてゐる。今後は、その負擔に就て、藝術院會員、其他の畫家に、販賣業者（繪絹屋）も加へ、更に數量に基く負擔をも考慮し今後の經費支辨の圓滑を期すべく熟議されるはずである。尚、翌十一日午後二時から、繪絹價格の規整及び紙の配給機構確立に關し、各理事並に全國各材料商組合代表（大阪、名古屋、神戸、岐阜各市）が前記場所に會合して議定する。

岸本靜風堂の揮毫用白扇等

四谷區新宿三丁目伊勢丹横文化ニユース裏の岸本靜風堂では向暑の砌揮毫用の白扇と團扇の新入荷を賣出した、男持細骨（四十八錢）から二十五本骨（四十九錢）、金潜紙斑竹三十本骨（一圓十錢）、うちわは五本箱入（九十五錢）位で好評を博してゐる。

—消　息—

▲宮本三郎氏　マレー、泰、昭南島方面三ヶ月の聖戰路から一日空路臺北に歸着。

▲川端龍子氏　同じく臺北に歸着。

▲中村直人氏　朝日の連載小說海軍のさしゑを畫く。彫刻家院展同人のさしゑ新出發である。

印協會員番號一三五五
「旬刊」美術新報
昭和十七年七月　八日印刷
昭和十七年七月　十日發行
發行日毎月三回（一日十日廿日）
購讀料
一册金五十錢（郵税一錢）
一ヶ月三册金壹圓五十錢（送料共）
編輯發行兼印刷人　麹町區九段一ノ一四　資文堂　猪木卓爾
發行事務所　東京市麹町區九段一ノ一四　日本美術新報社　電話九段二七一五　振替東京一六二五〇
日本出版文化協會會員　一一二一三五番
配給元　日本出版配給株式會社
通信は一切發行事務所へ
發行所　東京市本郷區東片町八二　日本美術新報社

美術新報　各號要目

◇◇第二十八號◇◇
圖日本畫の舊性格を淸算せよ　佐波甫
（美術時評）
工藝の分立を排す　山崎覺太郎
全日本工藝展作品　森田龜之助
油繪と國民性（座談會）
（出席者）柳亮　內田巖　岡鹿之助　高田力藏　—　川路柳虹
漆と陶彫の三展　渡邊素舟
長谷川利行展　百田宗治
兒玉塾展　木村重夫
正統木彫派展　大藏雄夫
口繪　春の水（コロタイプ）兒玉希望・聖ナアコモの殉難（マンテニア）堀津美術館展觀　圖全日本工藝展
◇◇第二十九號◇◇
多產神の思想　太田三郎
クロード・モネと印象派再檢討
モネの制作について　山下新太郎
モネの史的意義　川路柳虹
クロード・モネと印象主義　モオクレール
岡倉天心先生を憶ふ　橫山大觀
傷兵生活と美術　池上恒
農鳥社展評　神崎憲一
歴程展評　豐田豐
口繪　モネ作品集（五頁）　多產神の傳說「大日展」　蘭花（川嶋理一郎）デッサン（ルノアル）

第廿九回

搬入 八月廿一、廿二、兩日

東京府美術館

二科展作品公募

『規則書は四錢切手封入事務所へ』

二科會

東京市四谷區愛住町七八

電話四谷(35)四九七八番

第十一回

會期 七月廿一日——廿七日

日本木彫會展

會場 上野公園・東京府美術館

會期 七月廿二日——卅日

會場 上野・松坂屋(七階)

第一回 日本劇畫院展覧會

特殊企畫『國家目的の前に捧ぐ』

＝啓發宣傳に資する作品＝

後援 情報局

主催 日本劇畫院

事務所 東京市淀橋區諏訪町一〇四上野忠雅方

電話牛込七二七〇番

關西支部 西宮市上甲子園甲子園ホテル前名取春仙方

會期 七月十五日——十九日

會場 日本橋・白木屋(五階)

松子社第一回日本畫展

同人

西野新川
横尾拙兒
松浦滿
荒川晃雲

河野華崖
根本霞外
小山晴雲
白井烟嵓

(いろは順)

昭和十年一月十二日（第三種郵便物認可第三十號）
昭和十七年七月十日發行（毎月三回 十日目 發行）
（金壹圓五十錢 一ケ月三冊）
定價金五拾錢
（郵税一錢）

47號

森田竹阿彌先生作
宗全形裾透組花籠

河合磊三先生作
手付燒〆盛花器兼水盤

宮永東山先生作
うづら香炉

44號
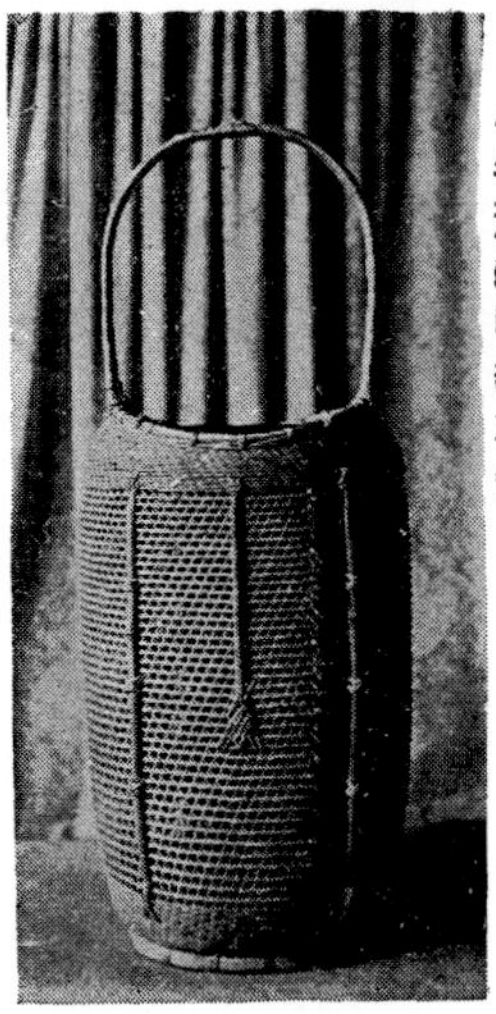
竹陽齊先生作
小判形龜甲編花籠

森田竹阿彌先生作
御所車花籠
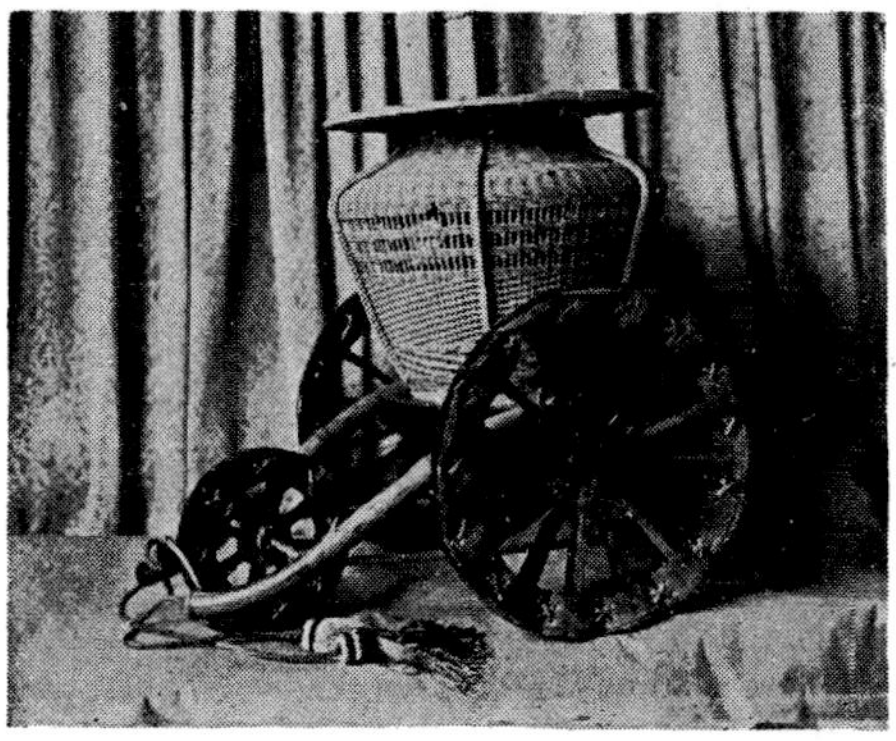
45號

旬刊 美術新報

七月下旬號

日本新風景美

黒部峽谷猿飛の奇石　近藤白廉氏撮影

31

佛蘭西新進作家の一人アンデバンダン展の勇將ジャン・ド・ボツトンは生粋の巴里ツ子であるが好んで航海者船員の生活を主題にして快活潑剌な畫面を提供する。船の祭、船員の休憩等にも必ず裸女を配してバツカス祭の現代的幻を描くのを特徴としてゐる。本圖はかつてアンデバンダン展に出陳された日本の巴里東京新興美術展にも齎された作品である。

旬刊 美術新報 第三十一號要目

日本新風景美特輯

日本の新風景美　黒田鵬心
風土的に見た日本風景美　中西悟堂
日本風景畫論　木村重夫
日本風景の特質と油繪　川嶋理一郎
新版圖南方の風光　川端龍子
わが好む風景　東山魁夷
九元社評　大藏雄夫
旬報　最近の展覧會　グラフ

口繪

日本新風景地（畫材になる風景）寫眞（日本風景協會々員撮影）
名家の描きし風光

資材配給の問題

美術制作資材の配給機構は各部それぞれの機關を通じてともかく圓滑に行つてゐるようである。だが或る部に於てはそれが何か特定の資格がないとその折角の配給にも與りえないといふやうな考へをもつてゐる人がある。元來資材配給は作家の地位の高下とか、有名無名の差別とかで待遇が異るといふ如きものでは勿論あるべきでない。それは單に職能としての美術家であることが標準であつて、文展何回入選などいふことを以て一定の標準となすといふが如きは職能の意義を減却するものである。たゞ資材が乏しい折柄だから何人にも或る數量以上は配布しかねることゝ、又作家で無いものが惡い商行爲に利用するを防ぐ爲めの手段にすぎないのである。過日某作家が繪絹の配給について統制會員でなくば配給せぬといふ制度に對する公憤を洩らしてゐた、此邊の誤解なき事こそ望みたい。

實（第四回現代美術展）　長谷川優策

石井鶴三作品展

石鐘山微雨　石井鶴三

軒端ノ風　窒本一洋

臥牛（第四回現代美術展）　和高節二

尚美堂展

瓜　　果　　田中　咄哉州

朝　　顔　　奥村　土牛

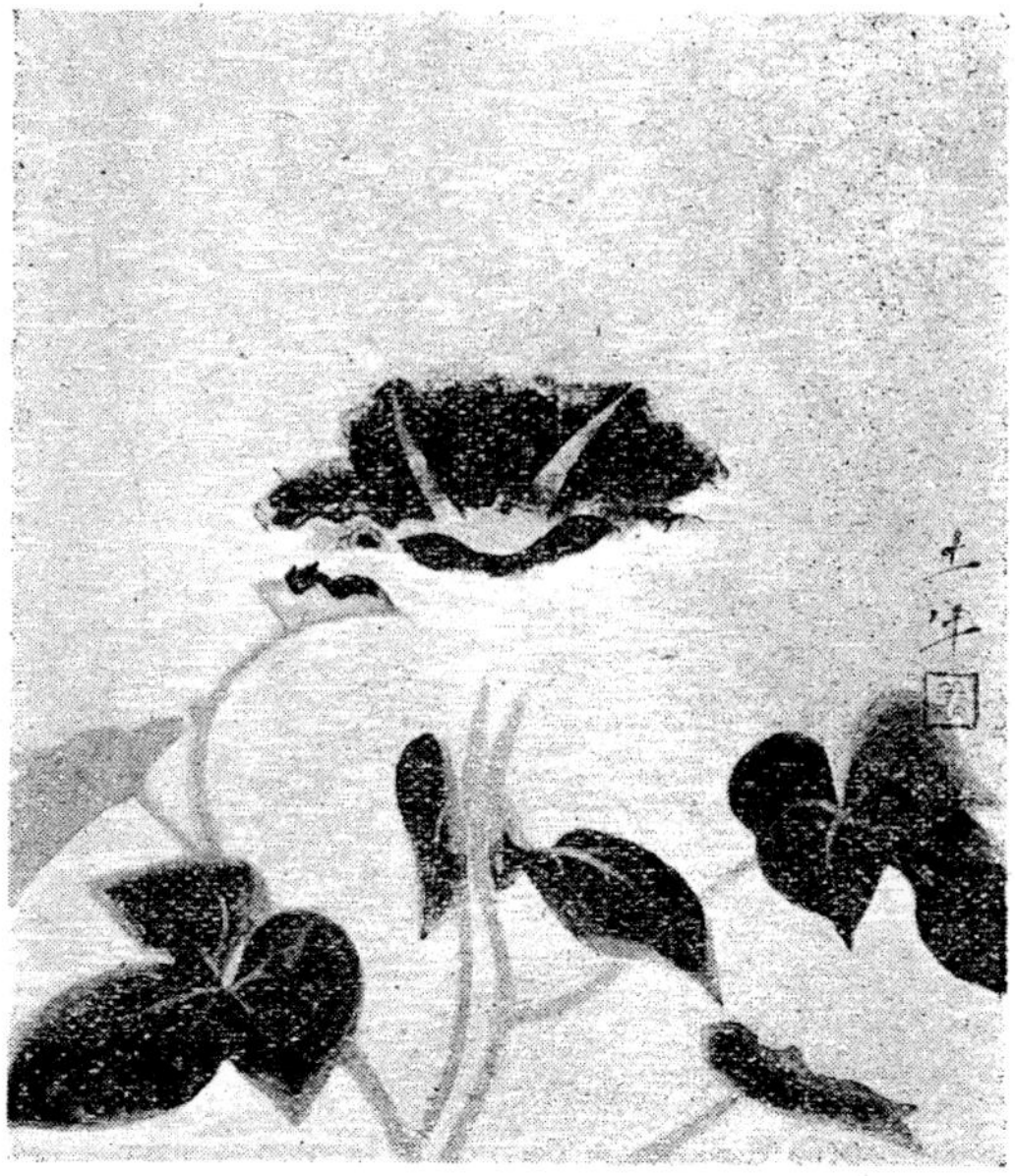

おかめ笹　山本　丘人

一茶　酒井　三良

傘（第二回一采社）　岡田　昇

麗日　大矢　黄鶴

綠　　陰（第九回創造美術協會展）　河野　通紀

第二回女子美術院展

1

2

睡蓮

1. はつなつ　宮内　英子

2. 今　戸　尾形　奈美

現代美術展

中山貞夫君經營の第五回現代美術展の第一部では長谷川優策が又賞を貰つてゐる。確かに彼の出現はこゝでは和高節二以來の堀出しであつて、天才見的性格であると言へる。その作「麥」三部作は朝鮮の農婦を兩脇に「土」の土壤描を眞ん中に、兩脇は豪壯にして部分の尖鋭刺すが如く、眞ん中の土の解剖は第六官的な鋭敏さを以つて摘抉してゐる。同特選關口正男の「紅花」は紅衣の支那少女はなだらかに的確に造型され、椿一輪それを吸ひ締めるやうに要領を銜いてゐる。優策の文學的構想とは違つた厭味のない佳作として特選に異議はないが、もう一つの特選米倉喜代志の「朝汀叩き」はザラにある花鳥—水禽描であつて、その種のものとして多少餘韻のある程度の月並作だ。それより今年は加藤春峰の「村童三作」の力作振りを買つてやるべきであつた。その着想や構成が優策に似てゐるので審査員は避けたのかも知れないが、彼の郷土描、童女描も本格の力調を帶びて來て、農業作業勤勞姿態の變形の俊鋭と、農具、稾の潑辣たる涌躍感はそれこれに關はらず場中で逸出してゐる。

和高節二は今年は「臥牛」の比較的小品で納まつてゐる。しかし得意の取材だけにしんみりと引入れるやうな名品調のものだが、會場的には靜か過ぎるやうだ。ほかに三木凱歌の「罌粟」太田大仙子の「爽秋」を如上の作に亞ぐ佳作として推すべきであらう。

第二部では川嶋理一郎の讚助出品「瀑布」が儲け物だつた。素朴な筆觸で青と白の諧調を自然になだらかに構圖し、深々とした自然を繪の奥に感じさせる。

特選の坂田虎一は賞のついてゐる「睡蓮」よりも「浮葉の頃」の蓮の幻像的色彩韻致が如何にも水の中の詩を感じさせて優れてゐる。しかし「睡蓮」も今一つの「庭」もその細かい點在法や色彩の撒布に作家の獨特な技能を認識させ、特選は畢竟三作ひつくるめて與へられたのであらう。「懷古の室」で特選を得てゐる櫻田精一は他の一作「菩薩試作」とともに洋畫の新人に珍らしい東洋趣味の作家でありその陰暗漂渺たる描法は一箇の才能には違ひないが、日本畫の方へ行けば恁いふなのは幾らでも好いのがある。（豐田　豐）

第一回瀛光會展

いづれも一寸した奇才に富み構成、色調その外仲々氣の氣いた作品が多い。小味それを意識しての展觀であらうが力が足りない。實力は相當に感じられた。藤田隆治氏の「錦鱗窓」は小味だが感覺的で美しい。松久休光氏の「鹿」「綠」はよい。構成もよい。小坂勝人氏の「池畔」はルッツォを想像さすがそれにしても面白い。

習作　赤羽都紫子

朝顔　春日井細香

第二回女子美術院展

夏の庭　菅井　晶子

雪の山村　大智　經之

第一回御盾會

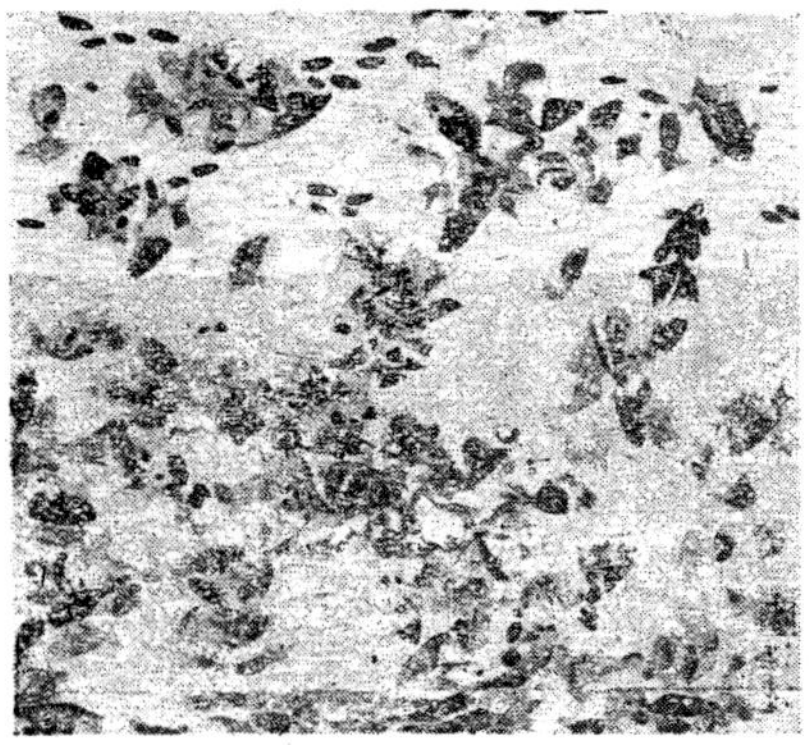

瀛光會展

錦鱗窓　藤田隆治

鹿　松久休光

第四回閃人社

1　暮れゆく山湖　池田輝治
2　登　校　渡邊阿以湖
3　虹　遠藤燦可

1

2

3

荻原達義氏の「桔梗野」はまとまつた美しさがある。スガ〲しい。中島清氏の「夏の朝」はつつこみが足りない構成が足りない色が美しい。（菊屋畫廊）

第四回閃人社展

伊藤深水氏門下の日本畫發表展である。

仲々眞面目に勉强をしてゐる色彩がいづれも美しいが今一段の個性がほしい。池田輝治氏の「暮れゆく山湖」は色彩も相當にしぶくテクニックも美しいが奥行が足りない。

渡邊阿以湖氏の「登校」は平面的だがすなほな清純な作品。津村新太郎氏の「寸暇」は仲々よいが今一段調子を高めてほしい。遠藤燦可氏の「虹」は色感線共に美しい。手に持つた花はよく描けてゐる。澤井一三郎氏の「船つくる濱」は色彩も美しく神經もよく、よい才能が見受けられるが山に今一段の重みが足りない。

おくれて出陳した大矢道夫氏の「凉」は意圖よく態度も立派だが奥行が足りない。色は美しい。（銀座・菊屋ギャラリー）

御盾會第一回展

美校日本畫四年生のグループ展である。いづれも眞面目に努力はしてゐるが生活意欲に乏しい。藤茂勇氏の「妹」は態度神經共によいが調子に柔味が足りない。「埴輪圓筒」はテクニック色彩が美しい。山中雪人氏の四點では「母」がよい。眞面目である。月岡榮吉氏の「小女と數物」は眞面目なデッサンをねらい相當成功してゐるが生活が足りない。「花」は小品で美しい。力が足りない。大智經之氏の「爽秋」はふんい氣が出てゐる。武田良三氏の「八ッ手」は平面的だが感覺がよい。近藤啓太郎氏の繪はシャレタ繪であるが物の實在性に對する勉强が足りない。全般的に眞の藝術に對する情熱か足りない。（銀座・菊屋ギャラリー）

石井鶴三繪畫彫刻作品展

精藝社主催の石井鶴三の作品展である。この作家の水墨十點と彫刻三點はいづれも小品ではあるが觀覽者に或る感銘を與へる。之はこの作家の高邁な作家精神と精進の成果であらう。特に量感に對する作者の鋭敏性と不斷の努力の結實である。この作家の良心に對し少々氣になるのはそのくせである。特に彫刻に於てそのぐり〲したものが目立つ。彫刻では「相撲」は得意のモテイフである。靜的な量がよく出てゐる。「浴女」は努力作。眞劍である。「獅子舞」は木彫彩色で好ましい。

繪畫に於ては彫刻程の感銘を見る事は出來ないが、日本畫の用墨によつて自然の實在感を示し、水墨の暈染の中に彫刻的な安定感が見られる點に他の作家の餘技などゝ異るものがある。「石鎚山微雨」「雲霧來去」等それである。「家兎」「野兎」は何ものか力があつて生々しさが出てゐる。（六月二十七日—三十日　銀座・資生堂）

國學院大學繪畫部第二十三回展

國學院大學々生のグループ展である。

學業の餘暇を最大に利用し學徒らしい眞面目さで作畫してゐる態度が見え非常に好ましく感じた。小岩井長秋氏の建築物を扱つた風景畫は近代的感性もあり仲々手なれてゐて下手な作家よりはるかに美しい。靜物は手堅く將來性を示す。甕上高氏の風景は小品だが元氣があつてよい。加藤春彦氏の版畫二點よき神經が見え畫面が明るくて美しい。佐藤吉彌氏の素描は眞面目さと才能が感じられた奥行があれば堂々たるもの。高階廣道氏の風景は眞面目、油は手なれてはゐないが面白い。比江島重俊氏の「つり橋」はよい神經が見え塔のある風景も面白い。（銀座・紀伊國屋）

海光燦々　　近藤嗣雄撮影　　佐渡外海府

畫材となる新風景美

寫眞作品集（I—III）

外界の美はすべて根本に於て視角が決定する而してそれは主觀的な人間の眼より客觀的な「レンズの眼」が正確に示すものである。筆觸の誇張もなく色彩の歪曲もない自然の姿である。畫家はこれらの中に新な畫材としての感興をえることであらう。こゝに日本風景協會の著名なカメラマンの手になる新しい風景地を撰んでかゝげることにした。ことに爽やかな涼風一陣の贈物であらう。

畫材となる新風景地

風景　視る眼も昔と今では大に違つてゐる。かつては日本三景が近江八景が人口に膾炙した。しかし現代人はもつと多角な視點から風光の美を

房州御宿砂丘　　阪井政治郎氏撮影

上州大谷石石切場附近　　阪井政治郎氏撮影

求める。同時に風景美に對する地域も異つてくる。吾らは都心から粁ロメーターも距らぬ處に稀有な風景美の所在を知ることが出來た。

大和大臺原　　　岡田紅陽氏撮影

白樺（三峯山）　　　清水武甲氏撮影

畫材となる新風景地

奥秩父（將監峠ノ朝）　　淸水武甲氏撮影

信州物見山牧場　（神津牧場）　　山藤白鹿氏撮影

信州霧ケ峰　　阪井政治郎氏撮影

箱根仙石原　　阪井政治郎氏撮影

千代田城　竹内栖鳳

晩歸　川合玉堂

溪流　松林桂月

名家の描きし風光美

ものを視る眼が同時にものを視る心であるといふことは畫家が最も鋭く提示する。畫材はいづこにもある。あえて人口に膾炙する風景地が名勝でないと共に又名勝地として名だたる地域もその視角の如何で異つた美を提示する。吾らの名匠が過去に描いた風景作品のいくつかを茲に點綴してその描かれたる風景美を改めて娯むことゝしよう。山の趣、水の風情、夏日炎暑の中に一味の凉を味ふのも名匠の作品である。

中禪寺湖　石井柏亭

風景　牧野虎雄

瀑布　川島理一郎

海　中澤弘光

第九回　清光會展

1

2

3

4

1　古赤繪鉢　梅原龍三郎
2　櫛名田比賣　安田靫彦
3　讀書　安井曾太郎
4　鷄卵　坂本繁二郎

1

2

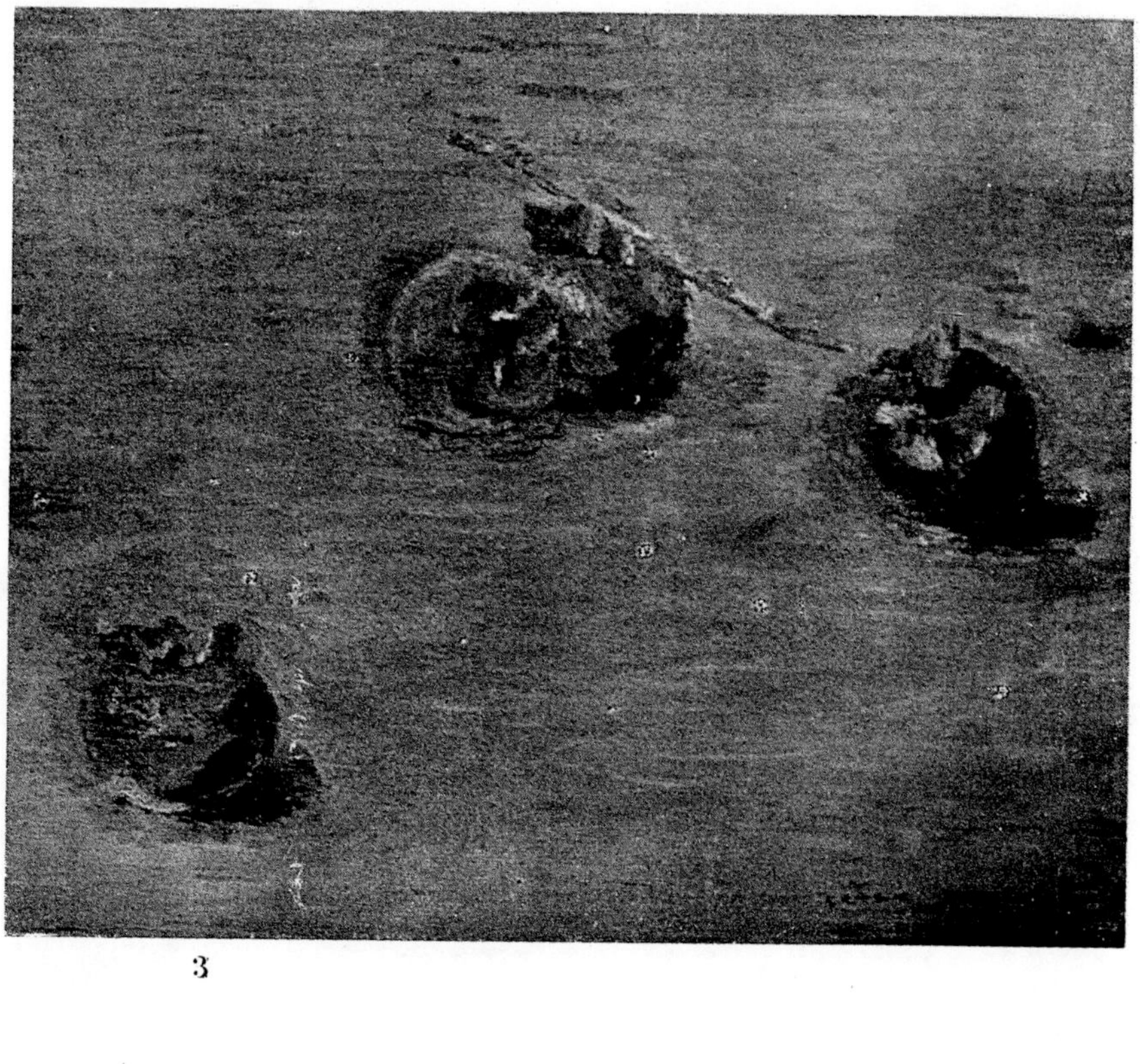

3

1 百合 小林古徑

2 楊貴妃 梅原龍三郎

3 柿 坂本繁二郎

若松（九元）　森大造

著若（構造）　星野健一

三人の子供（構造）　齋藤素巖

構造社と九元社

雪なげ（構造）　安永良徳

人馬浮彫習作（構造）　野村公雄

少女（九元）　中野四郎

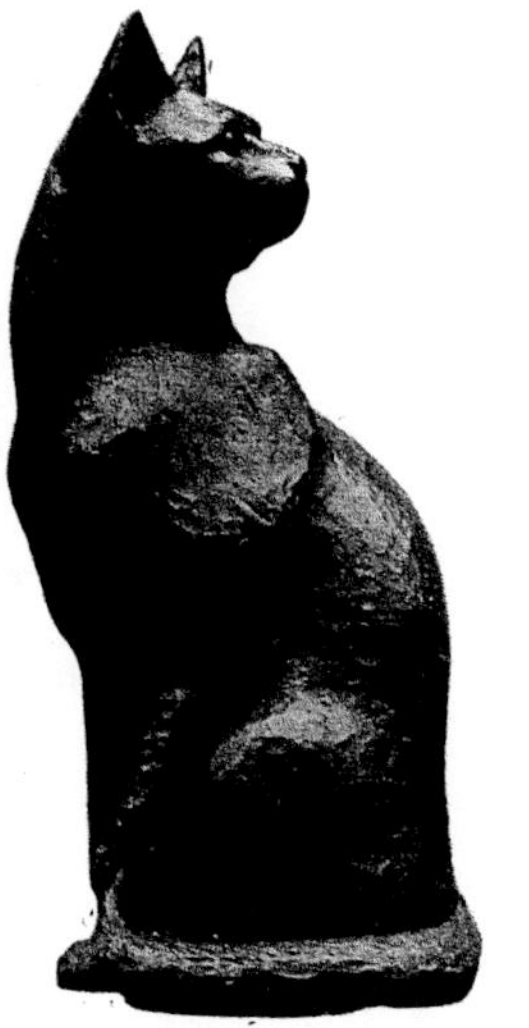

猫（九元）　高橋泰蔵

鵜戸の産殿（九元）　村井辰夫

獨立美術協會

夏期講習會

會場

東　京—青山日本青年會館
大　阪—天王寺公園內市立美術館
京　都—左京區百万邊京都アパート6階獨立研究所
仙　台—常盤木女學院
北海道—札幌市(井)記念館

會期

東　京—自8月4日至10日
大　阪—自8月8日至14日
京　都—自8月15日至24日
仙　台—自8月1日至7日
北海道—自8月2日至8日
（豫定）

會費

東　京—拾五圓
大　阪—拾五圓
京　都—拾　圓
仙　台—拾　圓
北海道—拾　圓

講師

東　京—兒島善三郎・藤岡一
大　阪—小島善太郎・海老原喜之助・熊谷登久平
京　都—須田國太郎
仙　台—松島一郎・熊谷登久平
北海道—菊地精二・齋藤長三

申込所

東　京—市外國分寺多喜窪2386兒島善三郎方
大　阪—南區南炭屋町49池島勘治郎方
京　都—左京區百万邊京都アパート6階獨立美術研究所
仙　台—常盤木女學院內同會事務所
北海道—札幌市南一條西三丁目富貴堂方

全國美育家の活舞台

第七回

文部省後援

大潮會繪畫展覽會

—公募—

會期　昭和七年十一月二十三日—十二月七日
會場　上野公園　東京府美術館
搬入受付　十一月十五日、十六日會場北口

出品資格者
全國小學校中等學校教職員
（但滿洲モ含ム）

出品目錄ノ請求ハ
下記事務所宛申込マレタシ
郵券參錢封入ノコト

本年度審査員

（日本畫）
伊東深水　吉村忠夫　永田春水
奥村土牛　松本姿水　福田豐四郎
小泉勝爾　兒玉希望　森白甫
森守明

（洋畫）
石川寅治　伊原宇三郎　田邊至
大久保作次郎　熊岡美彥　寺內萬治郎
阿以田治修　佐竹德次郎　齋藤與里
木下孝則

事務所

大潮會　東京市豐島區駒込三丁目四〇三番地
（會期中——上野公園東京府美術館內）

葡萄の下　東山魁夷

我が好む風景

東山魁夷

我が好む風景と云ふ出題に對して、制作の對象としての風景と云ふ立場を離れて、もつと肩のこらぬお話をします。

私の好む風景は子供達のゐる風景です。山へ行つても村へ行つても、海でも町でも、子供達のゐない風景は殆んど稀です。多くの場合寫生をしてゐる前へ立ちはだかつたり後から押したり、邪魔でうるさい事が多いので、中には子供の大勢ゐる場所では寫生が出來ないと云ふ人もあります。實際、時には頭を一つ、こつんとやつてやりたくなる場合もありますが、概して子供は可愛いゝものだと思ひます。私は山村や田圃のへりで子供達にとり圍まれて描く事に無上の幸福をさへ感じます。何時も私はその子供達をつかまへて寫生をします。これは日本だけでなく歐洲の町や村を廻つた時も同樣でありました。

「やあ、ヱカキが來た！　ヱカキが來た！」

とどなつてばた〳〵馳けて來るのには閉口しますが、さて腰を下して寫生を始めると先づ三脚や折疊み椅子を不思議さうに眺めます。大勢寄つて來ると、

「こら！　前へ立つたら見えんぞ、後へよれ」

と私の前に立ちはだかつて見てゐる小さい子を年長の子供が叱つたりします。鼻をたらした四つ五つ位の子が、

「おつちやん」と云つて私の顔をしげ〳〵と眺めながら、

「おつちやんの齒、穴があいてるね。」と云ふので、

「坊や、坊やの齒もずいぶん穴があいてるね」と云つてやると、「うん！」とさも嬉しそうに笑ひます。

「やあ、でけえ圖畫紙だなあ！」と感心する子も、パレットの汚いのには失望する樣ですが描き始めると中々熱心に見てゐます。

「うめえなあ、おらの先生とどつちがうめえかな。」

「あたりまへさ。おらの先生の方がうめえぞ」

「おらの先生よりこのおつちやんの方がうめえぞ。」と喧嘩になりさうな場合もあります。

「おつちやん、どこから來たんけ？」

「東京からだよ。」

「へえ！　東京け？」とまるで私がベルリンかローマからでも來た樣な顔をします。

　描き終つて立ち上ると、交る〳〵三脚に腰をかけてみて一騒ぎです。

「さあ、もう少し向ふで描くよ。」と歩き出すと、

「おらも行くべ。」とついて來ます。繪の具箱や三脚を持たしてやると大得意で持つてぞろ〳〵ついて來ます。母親なんかに逢ふと、私を先生とでも思ふのか叮嚀におじぎなんかされます。そうかと思ふと、家の中から首を出して、

「何だ？」

「父ちやん、ヱカキだよ。」

「そうけ、早く歸れ！」とどなる父親もあります。

　子供達を寫生をしようとすると女の子は逃げてしまふのが多いのですが、男の子はすなほに描かせてくれます。私の旅の寫生帳には子供の繪が必ず三、四枚入つてゐるのが常です。いざ別れとなるとよく坂の上や、橋のたもと迄ついて來て、名殘惜しさうに手を振つてゐます。

「おつちやん、又來るね。」

「あゝ、又來るよ」

「何時來るけ？」と丸い瞳で眞正面から見つめられると、

「さあ、いつ來るかな。」と返事に困ります。

「さやうなら！」

「さやうなら！」立ち並んで手を振つてゐる彼等の小さな姿を私は何度も振り返ります。

私は子供を制作の對象とした事は殆ど稀であります。彼等を嚴しい眼で見る前に甘さに溺れる心配があります。然し、子供のゐる風景は私の最も好む風景であります。

日本の新風景美

黒田鵬心

一

上高地が畫家によつて紹介されたのは明治の末年頃だつたと思ふ。中川八郎や山本森之助等であつたらう。又尾瀬ケ原と尾瀬沼とを紹介したのは大下藤次郎や丸山晩霞等で矢張明治の末年である。之等の畫家の中、大下、中川、山本の三君は早く歿し、丸山氏も今春逝去した。

上高地と尾瀬とは新發見の風景地の双璧と云つてよい。しかもその何れも我が洋畫家によつて發見されたのは、畫家と新風景との因緣淺からざるものがある。上高地と聯繫する日本アルプスは外國人によつて發見せられ、雲仙なども最初に着眼したのは外國人である。

さて之等の新風景地の性質を考へるのに、所謂絶佳なる風景とは大分違ふものがある。昔から有名な日本三景——松島・宮島・橋立——は誰れが選んだものか知らないが、松島は芭蕉の絶讃する所であつた。又耶馬溪が賴山陽の名筆によつて天下に紹介された事は餘りにも有名であるが、それら徳川時代に賞讃せられた風景の性質と新風景地のそれとは大に違ふのである。極く近年になつて喧傳せられてゐる高原風景——例へば信州だけで云へば志賀高原、蓼科高原、淺間高原、物見山など——は、古い風景とは全く性質を異にするものである。

新風景も古い風景との性質の相違はどこにあるかと云ふのに、古い風景は概して規模小さく、しかも奇拔な點があり、箱根式のやうであるのに反して、新風景は規模大きく、概して平凡で、雄大なものである。勿論一概に云ふ事は出來ないが、古風景は纒りがあつて一幅の畫となり、又カメラに收めて繪葉書となるやうなものが多い。然るに新風景は漠然として掴みどころがなく、平凡のやうであつて、一幅の繪とするには纒りがなく、カメラに收めるには廣すぎて困るといふやうなのが多いのである。以下少しく私の見た新風景美の實例を擧げてみよう。

二

上高地へ私が行つたのは大正十年頃であつた。當時は帝國ホテルなどは勿論なく、自動車も通はず、松本から島々まで電車で、それからは歩いて徳本峠《トクゴウ》を越えて行つたのである。徳本峠は高さ七千尺で、ヂグザグの登り道が中々えらく、アルプスの足馴らしと云はれてゐるが、それにしてはきつ過ぎる位である。しかし登りきると、穗高が眼前に現はれ、其の絶景には、疲れも一時に癒えてしまひ、云ひ合はせたやうにシヤツターを切る。それから二千尺下つて上高地に出るのである。淸水屋に一泊して翌日は大正池を舟で渡り、又カッパ橋附近を流れに沿うて歩いたが、或は穗高、或は燒岳などを眺め、又池畔や河畔など、足もとの細かい風景は全く讃嘆の限りであつた。要するに上高地は雄大と纖細と兩極端の美しさを兼ね、全く自然の公園である。その頃はまだキヤンプをする人もなく、所謂汚されない自然として山も水も野も純な美しさを保ち、全く大きな自然の母の懷に抱かれたやうな思ひがした。その後不幸にして再遊の機會に惠まれないが、上高地まで自動車で乘りつけたのでは自然の有り難さは味へないと思ふ。古いお寺などにも斯う云つたことが多い。近頃はまた自動車が通じないと云ふ事であるが、上高地の自然の尊さを味ふにはよい事だと信ずる。

尾瀬の方はまだ行つた事はないが、そのよさは繪に文に映畫にしばしば接してゐるので是非一度行つてみたいと思つてゐる。此の方はまだ自動車が通じた歴史もなく、必ず歩かねばならぬので、自然の尊さが保たれてゐる。たゞ心配なのは發電計劃があり、今調査を終へて實際的に研究中だと云ふ事であるから、見るならば今の中のことである。

發電所と云へば、黑部峽谷は既に第三期計劃まで實施されて、第四期計劃を殘してゐるだけである。相當壞されてはゐるやうであるが、第三期計劃の實施に際しては當事者も相當の注意を拂つたらしい。私はこゝもまだ知らないのを遺憾としてゐる。

三

近いところで箱根の仙石原なども新しい味がある。從來箱根と云へば蘆の湖で富士山を見、湖水に映る逆さ富士などを絶景としたものであるが、高原の氣分を味ふには仙石原がよい。たゞそこにオモチヤの家みたいな貸別莊が澤山建てられ、少しも雜木を伴はず露出してゐるのは感心しない。

秩父も長瀞附近はあまり感心しないが、奥秩父に入り三峯山あたりになると、近い割には純な自然に接する事が出來る。

伊豆の東海岸、眞鶴から伊豆山、熱海あたりは「日本のリビエラ」などと云はれてよい風景であり、溫泉に惠まれてゐるのと交通が便利のために、週末休養などに利用されてゐるが、平凡でもあり新し味はない。それよりも南端石廊崎から西海岸に廻り、松崎あたりの方がずつとよいが、石廊岬の展望を除いてはこれも景色は小さい方である。

房州も東京に近い風景地に富んでゐる。由良海岸など相當雄大であり、白濱の燈臺附近もよいが、仁右衞門島あたりの漁村風景にも新しい味がないでもない。また御宿あたりの砂丘の美しさはたしかに新しい。何の奇もない平凡な砂丘に美を見出すのは、確かに風景の新しい見方である。昔は海岸と云へば白砂青松が代表的の好風景とされてゐた。それも確かに美しいには違ひない。――殊にその上に白雪を戴いた富士山でも現はれると御誂の風景となるのだが、新し味はない。それよりも却つて何もない砂丘で、漁夫の小屋が一軒あると云つたやうな風景に新味があるのである。

東京附近の最後に附加へて置きたいのは、宇都宮に近い大谷石の石切場附近の風景である。大谷石と云へばフランク・ライト氏設計の帝國ホテルに使はれてから有名となつた粗い石で、近頃もセメントの不足から垣などにも盛んに使はれてゐるが、それの出る所である。全村の山と云はず畠と云はず、すべて大谷石からなり、地下數百尺までも堀り下げる光景は物凄いやうな感じがする。それは自然と人工との交錯した一種の風景であるが、寫眞にある樣に山の上には松が生へ、南畫的風景を呈してゐる。これは風景としては新しいと云ふよりも寧ろ古い範疇に入るべきものであるが、從來あまり知られてゐなかつたので紹介の意味でこゝに加へたのである。因にライト氏はこゝで一つの山を買ひ、その山から特殊の形で切り出し、之れを美術的に加工してあの帝國ホテルに使つたのである。帝國ホテルの建築はライト氏の代表作で、その獨創的意匠を發揮し、たしかに傑出したものである。その材料の主なものとして、從來下等なものと考へられてゐた大谷石を使つた所にライト氏の卓見があると思ふ。

四

信州には新風景が多いが、次に記す神津牧場と物見山も矢張信州である。高崎から電車で下仁田に行き、そこからバスで市野萱で下車、歩いて神津牧場に行つたが、輕井澤の方から登る道もあり、初谷鑛泉の方から登る道もある。神津牧場は現在明治製菓會社の經營になり、主として乳牛を飼つてゐるが緬羊もゐる。近年大きな山小屋式の宿舍が出來てゐるが、その裏から登つた物見山(一、三七五米)の風景がすばらしいのである。私が登つた時は小雨で始めは周圍は見えなかつたが、物見山にかゝると急に雨が上り、眼界が開らけた。それは宛も山の展覽會の如く多くの山々が重疊し、その間に雲烟が飛來して何とも云へない風景であつた。物見山といふのは高原風なところで、山そのものは平凡であるが、展望地點としてすばらしいのである。そこに乳牛が放牧されて居り、特殊の風景が展開されてゐる。

私はそこから初谷鑛泉で晝食をとり一浴を試み、内山峽を經て中込町から御代田へ出で、沓掛で一泊し、翌日は淺間高原をドライヴして鬼押出の岩窟ホールへ行つた。内山峽といふのは餘り知られてゐないが、妙義山を小さくしたやうな風景である。淺間高原は淺間山麓で、淺間山を背景とした高原風景である。鬼押出は淺間山から流出した熔岩流が冷却して固まつだ所で、グロテスクな風景であるが、岩窟ホテルのところは淺間山を仰ぎ、又遠く白根山などを眺める展望地點としてよい。

霧ケ峰は上諏訪、今の諏訪市からバスで、譯なく行けるところで、スキーの好適地として有名であり、又グライダーの練習地としても知られてゐる。緩傾斜をした高原で、霧ケ峰そのものゝ風景觀は平凡であるが、四方の展望がすばらしいのである。

霧ケ峰に近いところでは和田峠なども聞えてゐるが、所謂高原線と云はれる小淵澤から信越線の小諸へぬける沿線、その最高所の野邊山驛は省線中の最高所に位し一千米ある。八ケ岳の眺望によく、又躑躅の頃は汽車からも頗る美しい。關谷へ飛ぶが大和の大臺ケ原なども高原風景として新しく登場して來た所である。私は寫眞だけでまだ知らない。

島の風景として小豆島には寒霞溪の外に海岸にもよい所はあるが、新味はない。佐渡は昔から知られてゐるが、仙閣灣から外海府の海岸風景は、近年著名になつて來た。日本海の荒海に面した雄大なものであるが、私の見たときは珍らしい隱やかな海で、特色が十分發揮されなかつた憾みがあつた。

佐渡よりも隱岐の風景は、島としてすばらしいと云ふ事であるが、私はまだ見る機會がない。

五

最後に美術界に緣故の深い風景として越後の赤倉と常陸の五浦とを擧げて本稿を終らうと思ふ。

五浦は明治卅九年日本美術院が東京の谷中から移つたところで、海岸線關本驛から一里弱、太平洋に臨んだ崖の上に在り、そこに美術院の研究所が設けられ、院の創立者たる岡倉天心先生を始め、橫山大觀、下村觀山、木村武山、菱田春草等の住居があつた。現に天心先生の舊居と六角堂とが存して居り、大觀氏の別莊も近年新築されてゐる。

赤倉は明治卅九年天心先生が山莊敷地として購入されたもので、妙高山麓に位し、信越線田口驛から一里强、田口驛が海拔五百米で、山莊のあるところは九百米の高所に在る。妙高山が二四四六米であるから海面から計れば既に三分の一上つた所で、スロープとしては最高所と云ふべくスキーの出立點として知られてゐる。後ろに妙高山を負ひ、黑姬山(二〇五三米)これにつゞき、野尻湖は低く指顧の間に在り、田口驛を距てゝ彼方には班尾山(一、三八二米)が高まり、更らに白根連峯が眺められ、西方は日本海が見え、晴れた日には佐渡島までも見得るのである。誠に雄大開豁、我が國有數の展望地點で、しかも溫泉が豐富に湧出し、山莊の浴室からは妙高山を眺めつゝ浴槽に浸る事が出來る。

今から三十五年前まだスキーは勿論なく、赤倉溫泉としてもあまり知られてゐない時に、天心先生が廣大な土地を求め、しかも赤倉別莊地帶の最高所(その上には近年久邇宮別邸が建てられた外、人家なし)に、又當時田口から赤倉迄は人力車の外乘物もない時に百坪に餘る山莊の建築を建てられた事は、萬事に獨創的の天心先生の偉らさをよく現はしてゐると思ふ。而して先生は大正二年九月二日五十二歲を一期として此の山莊に永眠せられたのである。

さて山莊は最後に殘つた敷地一千五百坪と共に井本翁の所有に歸してゐたが一昨年保存の儀起り、先づ資生堂主福原信三氏と土地の廣島、次井兩君から話が起り、私が介在して大觀氏の奮起となり、細川侯爵の贊成を得、つひに日本美術院を中心として、腐朽甚しき舊莊を毀ち多少の古材を用ひて新築し、造園成つて七月二日竣工式を行つた。而して岡倉天心偉績顯彰會は本年一月七日財團法人として設立を許可せられ今秋は五浦の舊居も先生の女婿米山辰夫氏から寄贈せられし事となつてゐるので、玆に天心先生の遺蹟保存事業も基礎成り、山と海との兩風景と共に永く美術界の恩人を記念する事となつたのである。(一七・八・九)

風土的角度から観た

日本風景美

中西悟堂

日本人の生活を圍繞する自然現象のうち、吾々を脅威し、少くとも困らせてゐる二つの國土的現象がある。その一つは言ふまでもなく「地震」で、これは世界無比の火山國々民としては不可避のものだ。關東大震災の如き大災禍は言ふも更なりだが、頻度の多い輕微の地震にもわれ〳〵の神經は脅かされる。もう一つは「多濕」で、このために能率的にはよい服裝である洋服も、不適當な位であり、殊に多汗の人には厄介なものだ。汗をかいても濕度が少ければべと〳〵して困ることはないのである。吾々の衣服も住居もこの濕度を條件として發達し來り、長い期間の民族的消長の末に一つの美を構成するものとなつたので、東西の交流により突如として歐米式の服裝、建築が移入されたが、これは日本人らしき者にかへるか、或は濕度を基準としてよほど日本人的に改良されぬ限り跛行的模倣現象たるを免れない。

ともかく地震と濕度とはかなり吾々を惱ませてゐるものである。が、この厄介なものが、日本の風景美を構成する著大な要素となつてゐるのであるから、奇妙なものだと思ふ。一般的に火山と言へば現在活動したゐる山のことであるが、火山作用は地表にのみ起る現象でなく、地殼の内部に行はれてゐる噴入作用も火成活動であり、かゝる火山現象は四國と樺太以外は至るところに見られる。また活火山、休火山、死火山といふも、嚴密にはきめてしまへるものでない。有史時代に活動した休火山や、活動したことのまるで知られて居らぬ死火山が、いつどこでどういふ型式の爆發をするかわからぬ。現今は登山が大衆化して、多くの人々が山をあるき、新たな審美としての山に觸れるやうになつたが、概ね火山を歩いて火山の美しさと恩惠に浴してゐるのであつて、このことによつて始めて吾々は「日本國土の骨組」を理解し、その「骨格と肉附けの美」を知るやうになつたのである。即ち昔の日本三景の如き表面の風景美でなく、一層彫刻的に國土の美を知解することとなつたわけで、廣義には、地質學と膝つき合せて語らひ、地質學を通じてその悠久と相貌とを會得するやうになつたのである。もつとも斯かる知解のもとに風景を鑑賞してゐる人は案外に少いらしいが、たとへ通俗的にも日本の風景の土性骨に接觸し、山頂から「國見」しつゝ大和ぶりの大觀を味つてゐることは喜ばしい。彫刻に於ける心棒が、たゞ粘土を支へるためのものでなくて、塑造の動勢を決位するものであるやうに、山の骨格を察してその動勢を見、更にその肉附けを見て、始めて山岳風景の空間的時間的の觀念が得られるのである。但し私は地質學については畑違ひの素人である。素讀程度の半可通を振廻されて迷惑するのは讀者ばかりでなく、あとで筆者當人にも迷惑がかゝつて來ても困るから、この方は差控へることにして、今まで仕事柄あちこちを歩いたうち、深く印象に殘つてゐる二三の風景や山村を語るに止めたい。

コニーデ型火山は頂上部ほど傾斜度が強く、端正な圓錐狀斜面を曳きつゝ長い裾野を有する優美なものである。これは一回の爆發によつて形成されたものでなく、幾千年の間に累次層を成したものなので成層火山とも言はれてゐるが、山容の端麗と共に、花競ふ裾野の美の切離せぬものである。富士の裾野は云ふまでもなく、八ケ嶽をめぐる諸高原、淺間山を取巻く六里ケ原や追分ケ原、岩手山下の好摩ノ原、蓼科山にちらばる多くの牧場風景等、どれを机上で回想しても、殆んど鄕愁の氣持の湧くものである。この型のやや複雜な集合體には赤城山や榛名山や北海道の大雪山があつて、かうした山々も何回でも行つて滯在したいもの、つまり滯在して今日はあの山、あすはあの山と毎日歩いてゐたい山地である。私の言葉でいふと滯在型の山地なのである。この型の山は單に眺めるだけでもよいもので、蝦夷富士にしても、木曾御嶽にしても、八ケ嶽にしても、乘鞍嶽にしても、殊に雪を冠つて秋天を劃してゐる典雅な山容は、殆ど私の全神經を吸收するほどである。富士の秀麗さに至つては既に常識で、常識であるがためにこれを侮る異見もあるが、幾十百の山々を歩き、又眺めたあとで、やつぱりしみ〴〵その均整の美に改めて感心する山である。どこから眺めても端然として殆んど變らぬ山容を、前景の變化と季時の變化によつて變へて描いた廣重の藝術家的追究の熱情にも感服するが、最近は又岡田紅陽氏の如き富士專門の寫眞家が現れて、富士に對する一般的關心と觀點を高めてくれた。寫眞に表現出來ぬ富士として私の經驗したものには、月明の夜の淡紅の富士がある。月明の冲天に薄紅の扇がほのかに浮ぶのは少からず神秘なものだ。また或る年の一月元旦に、年頭廻禮のうるささを避けて、景信山頂にゐたことがある。日沒時の天の一方には丹澤の雪の垣をふまへた富士があつたが、折柄、八合目あたりに盛んな雪嵐が起つてゐて、羊毛狀の雪煙が虛空に逆卷き、この雪煙の渦に夕日が映つて、さながら雪の富士の肩にマッチで火をつけたやうな景觀を呈してゐた。やゝ異景ではあつたが美しいと思つて眺めた。殊に山には人影なく、唯一人、孤獨でこれを見てゐたせいか、深く印象に殘つてゐる。富士には見どころがあつて、俗に三富士などゝ言ひ、御坂峠の富士、乙女峠の富士などを擧げてゐるが、岡田紅陽氏の如きは、どれだけよい見どころを見附けてゐることかと思ふ。が、概してこちらが高い山へ登れば登るほど、よくなるのが富士で、たとへば北アルプスの西岳小屋などに泊つた朝、漠々たる雲海に頭だけ出す八ケ嶽と甲斐駒の間に、秀でて立つ富士が、夜あけの薄い白色から、雲海と共に薔薇色に輝きそめる目ざましさなどは、まるで壯麗な大交響樂のやうである。

木曾御嶽の眺望では、私の少い經驗では、木曾藪原の奥の風吹峠から見た御嶽に如くものはない。ここはあまり登山家仲間に知られてゐないところのやうで、ついぞ風吹峠に關する紀文を見たことはないが、一栗の木柵がうねる頂上部から眼下の幸澤牧場へと茅戸がなだれ込み、この底盆地を隔てゝ見る御嶽の複雑なコニーデが、三笠山から劍ケ峯、摩利支天、繼子嶽、と波瀾を刻み、八合目あたりに鮮やかな水平の一線を劃してそれから上の雪白が秋の桔梗いろの空をぬいてゐる中世紀的な典雅さは、息をのむほどの感銘であつた、而も空の反對側には火山作用の造作でなく、ふかい斷層によつて地壘山脈となつた。裾野のない木曾駒が、ミケランジエロ的な雄渾な磊塊をつらねてゐるので、これと對照して振分けに見る御嶽が愈々優美に見えた。冬の八ケ嶽の眺めも亦こよなく美しいものと思ふ。接近して霧ケ峯や蓼科高原から眺めてもよいが、神津牧場や荒船山から見るこの山の姿は白い龍が空に躍つてゐるやうに凄く、何ともすぐれた青空の浮彫で、殆どマンテニヤか、時にはフラ・アンゼリコの高潔さだ。

北海道の大雪山も深く印象されたものゝ一つである。その山彙の一峰黒嶽の鈍頂に立つと、雲の平の乾性大ツンドラのお花畑を取巻いて遠く、左から右へ烏帽子、白雲、北海、後旭、熊ケ岳、旭、北鎮、凌雲の諸頭顱、それから愛別のギザ〳〵、桂月岳が半圓に君臨し、到るところに雪溪、雪田を鏤める一方には、噴煙を吐く舊噴火口が二キロ四方に及ぶ火口底をくわッとひらいて、靡爛した灰赭と黄褐の怪景を見せ、この中に銀色の火口瀬を迂曲させてゐるのが、花のツンドラと對照して、朽ちかけた地獄のやうな非人情な景觀であつた。而かもこのツンドラはもとより、足もとの石塊の中までが、駒草、チングルマ、ツガザクラ、雌阿寒キンバイ、岩袋、岩桔梗、黄花石楠などの高山植物のふすまであつて、かういふところで偃松を渡りながら、スカンデイナヴイヤやカナダやシベリヤなどの北極圈を棲家とする鳥、日本ではこの大雪山頂を南限とするギンザンマシコを追跡した思ひ出は、つよく今でも私を支配してゐる。

かうやつて一つ一つ擧げてゐてはきりがないから、もう一つ赤城山を擧げさせて頂きたいが、關東附近ではこれ位うつくしい抒情的な山は少いと思ふ。火口原湖をかこむ外輪山の起伏のなだらかさ、天の庭を散歩してゐるやうな地藏のあたま、極めて規模は小さいが覺滿平濕原の魅力、ゆくにつけて出逢ふ牧柵や馬、新坂平の蓮華躑躅、黒檜山頂からの小沼の眺め、總じてあのおほどかな明るさが、絶えてはつゞく風貌のヴアラエテイーを見せてくれて、數日ぶつ通しの散歩にも飽きるといふことがない。

以上私は錐狀《コニーデ》火山のよさで枚數を使ひ過ぎた。まだ鐘狀《トロイデ》火山の荒怪のおもしろさも、世界に冠絶するカルデラの由である北海道屈斜路湖の風物も書きたいが、枚數が足りぬらしい。幾多の愛すべき扇狀地や河岸段丘も語りたいが割愛して、楯狀《アスピーデ》火山の代表者たる霧ケ蜂熔岩臺地を少し書く。

霧ケ峰に長尾君がヒュッテを建設したのは一昔まへとなつたが、その建設地點を調査選定のため、長尾君と共に登つたのがやみつきで、以後年毎に、私は冬も夏もこゝを訪れた。今ではむなしいヒュッテの燒跡を訪うて、あるじの部室にあつたロダンの「少女の首」やホールできいた數々のレコードやあすこから眺めた月夜の山々の群像の思ひ出がいくらか悲しいばかりだが、あの花の大廣袤に面喰つて、「こんな景色が日本にもあるのか」とびつくりした某教授の素朴な驚きを忘れたくない。見る限りのギバウシや、シモツケサウの淡紅やニツクワウキスゲの黄や、クガイサウの紫、足もとの鹽釜菊や梅鉢草など七、八十種。花もかう多いと、もう酩酊で、却つて少いシユロサウのセピヤ色などを探してあるくのであつた。空の大テーブルをかこむ甲斐、木曾、北アルプス、八ケ嶽の展望。――八島平濕原の夕ぐれも大好きであつた。

中仙道一つを隔てて霧ケ峰と對立する美ケ原臺地も、あまり美しいのでこの名がついたといふが、こゝも全くいゝ。霧ケ峰ほど大規模ではないが、頂上のテーブルに放れ駒を散らして、槍穗高から白馬の方面を背景に膨れ上つてゐる大草原に、牧柵がのび〳〵とうねりつゞいてゐる牧歌的景觀もよすぎる位いい。

最後に一寸「濕度」のことに觸れたいが、それは日本が雨量が多くて多濕なために、植物景觀がどれだけ惠まれてゐるか知れぬといふことである。辻村太郎氏は、植物が生育せぬ乾燥山地の一例として、アデンの岩山を書いてゐる。即ち歐洲航路の船上から望むシナイ連峰の壯大な景觀がそれで、三千メートルに近い花崗岩の山が、赤褐色の肌に紫ばんだ影を斑布し、沙漠の大氣を通して漂渺と霞むさまは一種神々しい眺めだとのことである。しかし同時に、我國が多雨多濕のために樹木の生育がよく、このために山地の景を美しくしてゐることも書いて居られる。我國の濶葉樹林に比して歐洲アルプスの谷間のブナ林は單純の由であるし、霧島山、淺間山、赤城山等の蓮華躑躅の美しさも歐洲にはないもので、ヒマーラヤから印度支那の系統の由である。又多濕の國の特長として纏繞植物があり、花あるものでは藤などがある。また紅葉の美は日本獨特のもので、針葉樹林中に紅葉する濶葉樹があり、滿山紅葉の中に松柏類の綠の交る美も指摘してをられる。以上は辻村氏が書いてをられることであるから受賣であるが、私としては日本人の好まぬ濕度が植物景觀に及ぼしてゐる影響を言ひたいのである。過日、法師溫泉の谷々を歩いて、立派な花を着けた七葉樹《とち》と藤の大樹老木の多いのに、ふかい詩興をもよほしたが、紅葉のゴブランの美も、信州和田盆地や、木曾路や奥日光で常々滿喫して居り、それと共に落葉松などの新芽どきの淡々とした優しい美しさも輕井澤あたりで年々味つてゐる。そして日本の山地は美しいなと、心から思つてゐる。また乾燥山地といふものが人の生活に適せぬに反して、我國の山地は相當深くまで人の生活が入つて居り、特殊な山村風景を點綴してゐる。河岸段丘に見る村々もまた十分に景觀をなしてゐるが、これは恰も武藏野の村々が薪炭用として植林した雜木林と共に、調和ある村落風景を見せてゐるのと同巧異曲である。かうした山村や武藏野についても書けば書けるのであるが、あまり長くなるので擱筆する。

日本の風景畫

木村重夫

一

日本美術の傳統の中から、いはゆる風景畫的なものゝ流れをくみとり、そこで日本風景畫の民族的特殊性について吟味してみたいのが、この小論の目的である。が、勿論、斷はるまでもなく、今日われ〳〵が抱いてゐる「風景畫」の概念が、かつてこの國に傳統する風景畫的なものゝ流れとは、全然、その意味內容を異にしてゐることはいふまでもない。すなはち、今日、われ〳〵が抱いてゐる「風景畫」とは大體、明治以後、この國に移植せられた泰西の美術思潮によるものであらう。そこでは風景畫の對象たるべき自然が、單に、人間の加工すべき素材的意味しかもたず、從つて、風景畫とは、畢竟、人間たちの意志的精神的加工による自然の變形そのものに外ならなかつた。いひかへれば、それは外でもなく「物質への支配」を信ずるものゝ藝術であり、同時に、それこそ「物質の中には、物質的幸福の源泉のみならず、世界認識の源泉もふくまれてゐるとの見方をもつた世界觀を把握」することによつて、はじめて自己の創造的對象たり得た藝術でもあつた。第十七世紀のオランダにおいて、はじめて獨立した風景畫の發達を見た後、第十九世紀の歐羅巴諸國に培養せられた風景畫の存在がそれである。これが明治以來この國に移植せられた、泰西的風景畫の思潮であり、又、それが今日われ〳〵の抱きつゝある新しい風景畫の理念でもあつた。かくて、遽に、當來の日本風景畫——それはいはゆる山水圖、景勝圖、名所圖繪等々の呼び名で傳へられたところの風景畫的傳統に、一大變革が加へられたといふよりも、久しい間、それらはいはゆる日本畫、西洋畫の關係における隔絶狀態において併び行はれ乍ら、その間徐々に兩者の概念混淆を生じ、今日、しば〳〵美術展覧會などで目擊する如き、和洋變態の中性的風景畫を展開するにいたつたことは、すでに人々の知る通りである。けだし、今、それらの事情は何れにしても、以下しばらく日本風景畫の具體的な展開とその日本的特質について、簡單に考察してみよう。

二

はじめに、日本風景畫の成立過程と、その成立にいたる過程で示された諸徵候について理解しておくことが大切である。一體、誰もがいふやうに、日本の風土が四邊海に圍まれ、地勢上、且つ、氣候、氣象上からも極めて複雜な變化を示し乍ら、總體的に甚だ溫和な特色をそなえてゐることは知られてゐる。すなはち、見るからの自然は、山嶽も、村落も、森林も、すべて變化と風情にとみ、しかも穩やかな外觀を呈してゐる。春の花は概して色がけばけばしくなく梅、桃、櫻、梨等いづれもやはらぎを帶びてこまやかである。又秋は空高く青く澄み、山間溪谿のほとりにみる梢の紅葉は、目ざむるばかり美しく爽かである。こんな環境に育てられた日本人が、自然に親しみ、その變容に對して感じ易く、且つ甚だ穩やかな性格を培養されて來たことはいふまでもないが、しかも斯ういふ日本人が自然に對してこれを現實的に理解する態度の缺けてゐるのは、甚だ興味深く留意されるやうである。こゝに有名な萬葉歌人山部赤人の詠んだ「不盡山を望める歌」がある。

天地の　分れし時ゆ　神さびて　高く貴き
駿河なる　布士の高嶺を　天の原　ふり放
け見れば　渡る日の　影も隱ろひ　照る月
の　光も見えず　白雲も　い行き憚り　時
じくぞ　雪は降りける　語り繼ぎ　言ひ繼
ぎ行かむ　不盡の高嶺は

反歌

田兒の浦ゆうち出でゝ見れば眞白にぞ不盡
の高嶺に雪は零りける

知らるゝ通り、赤人の歌は總じて健康且つ清潔である。特にこの歌の如きはその規模雄大「他の歌人の企て及ばぬ」ところの、日本抒情歌の絶唱として、古來人口に膾炙したものだが、その作歌に認められる表現態度は、實は「自然描寫でも何でもなく、たゞ概念的に古來語られてゐる富士を語つて『語り繼ぎ云ひ繼ぎ行かむ』といつてゐるのに過ぎない。」すなはち、「歌人居ながらにして名所を知る」といつた表現態度に、この歌の性格が生じるといふよりも、日本人の自然に對する表現態度の特殊性を示しつゝあるものといふことが出來るであらう。このことは日本風景畫の形成過程をみて行く場合にも、非常に重要である。すなはち、先づ法隆寺壁畫の背景に描かれた自然の描寫は、日本の早い風景畫的傳統の一漂流を物語るものといはれる。これについて植田博士は「人間の自然を見た畫家が、山水の自然を見出すことも最も自然ではないか。西側の大きい壁の後景、その他の壁などになだらかな裾を擴げる低い山は、恰度法隆寺附近の山のやうに流麗な線をもつて、大和繪風の石とともに日本山水畫の重要な漂流である」と、その描寫における日本的態度を「大和繪風なもの」の中に見出されてゐる。然るに、その流麗な線をもつて、なだらかな裾をひろげた低山が、概念的には大和の山々の自然をうつし、その形容を傳へることは感じられても、必ずしも、それがさうだと斷定し得る何ら現實的具體的な姿をみとめ得ないところに、日本の自然描寫の不十分な特色を認め得るものである。高野山聖衆來迎圖（阿彌陀廿五菩薩來迎圖）にも、圖中、向つて左下、さゞ波ゆるやかに、紅葉綠樹の茂つたなだらかな山があり、蘆荻の風にそよぐところが描かれてゐる。この自然描寫は、それが「琵琶湖畔を思はせる情景」として、多分そこを描いたものだらうといはれるが、しかもやつぱり、そこには何ら具體性がなく、流麗且素朴の表現乍ら、自然に對する作者の態度は甚だ概念的たるをまぬがれぬやうである。又、數々の物語繪卷物には、春秋夏冬の變化にとんだ自然的背景が描かれてゐる。それらの繪卷物に於ては、繪畫の主題に登場した人物が主役を演じてゐる場合にでも、いづれも人間と自然との關係には分離された支配的感情がみとめられず、或る圖に於ては花によせて人間たちの抒情的感懷が語られるとか、又、他の圖においては月にことよせた日本人の心內情感が描かれてゐる。斯ういふ自然への態度が、自然や現實を愛する日本人の生活の端的な表現であり、特に、自然に對する日本人の感じ易さを物語つてゐることはいふまでもない。然るに、これら繪卷物に於ては、勿論、中には自然描寫の卓越したものがないことはないけれども、概して自然をその現實に卽して描寫してゐるとはいへず、例へば「北野天神緣起繪卷物」のある場面(御衣捧持段)に見られる如き自然的環境の豐かに描かれた作品についてみてもこの作者は取材する自然物(草木土坡等)の部分的寫實にしか努めず、むしろ、全體としては描かれた自然物が單に作者の心情を述べるための補助的題材としてのみ用をなしてゐるのは、甚だ興味深いわけである。尤も、これらの諸作品にみられる自然的取材が、未だ獨立した風景畫の域に達してゐないことは、いふまでもない。然るに、われ〳〵はやがて間もなく二つの有名な風景畫乃至風景人物畫を見出すであらう。一つは「那智瀧圖」他は高山寺「明惠上人坐禪像」がこれである。前者はいはゆる垂跡畫で、平安朝後期から漸次盛になつた熊野三山への信仰を那智瀧の神格化によつて表現したものである。「山端の日輪は飛瀧權現を象徵し、下方、社殿の傍に二本の卒塔婆は弘安四年　龜山天皇御參詣の時に樹てられたものであるといはれてゐる。」又、知らるゝやうに、この畫の作者は巨勢金岡だと傳へられるが、「その技法樣式は鎌倉時代大和繪の特質を示してをり、大畫面に於ける濃厚な色彩配合の調和と整齊な構圖とは相俟つて雄嚴な自然景描寫に成功したもの」といふことが出來るだらう。特に、この畫がもと〳〵宗敎畫を意味する作品にもかゝはらず、畫面的には雄大な自然の景觀を描畫して、日本風景畫の原本的な一つに數へられるのは、甚だ留意されるところである。然るに、この畫に於ても明らかなことは、その風景畫的性質が、必ずしも自然的現實的描寫に忠實とはいひ難い點である。なる程、その飛瀑も、木立も、岩壁も、見るからに一應のリアリテイをもつて描かれてゐる。すべては非常に寫實的な面白い態度である。しかもそれは決してわれ〳〵が現實に知つてゐる那智瀧ではないし、必ずしもその面影をうつしたものとも考へられぬ。結局、これはこの畫の作者の胸中の那智瀧であり、概念的にその姿を傳へるところの、しかし、本源的には畫家が「居ながらにして名所を知る」といつた態度の創作に外ならないことは、今更、これを說明するまでもないことである。同じことは、後者、「明惠上人坐禪像」の背景に描かれた自然描寫の態度についてもいひ得る。すなはち、この畫が繪畫上の種別からは、當代に發達した人物肖像畫の一種たることは、こゝに斷はるまでもない。圖は栂尾高山寺の開山、明惠上人が寺の裏山楞伽山に草庵を結び、常住そこに坐禪した姿をうつすもので、「松林の生ひしげる山中の光景である。見渡す限り木々に取り圍まれた中央の土坡の上に、根元から幹が二つに分れた松樹がある。その分れ目の平らな幹の上に、靑味がかつた淡墨の衣をつけた上人が瞑目して禪坐してゐる。畫面を充たすものは高々と聳える木々と、綠の代りに淡い代赭で畫かれた一面の松葉である。山肌も同樣な代赭である。その中に上人の墨染の衣がくつきりと浮び出てゐる。樹木、土坡の線は側筆を巧みに使ひこなした草々たる筆致で、その輕快な松樹、柔かな濶葉樹の葉なみ、前景に群がる一叢の雜草など、大和繪の世界に見出される物の姿である。こゝにはたしかに、優れた風景畫が見出されるのである。云々」といはれる通りである。かくて、繰返すやうに、この畫が當代の寫實的傾向を如實に示した代表的な日本肖像畫の一つであることはいふまでもないが、同時に、又、その背景をなす自然描寫が日本風景畫の代表的性格を物語るものとして十分價値ある遺品たることも、一般に認められてゐる點であらう。然るに、われ〳〵はこの畫の自然描寫から何を敎へられるであらうか。第一には、この畫像の筆者が、畫像の上人と共にまことに深く自然を愛し、心ゆくばかり自然の抱擁に滿足したに違ひなからうと推察し得るほど自然の描寫に忠實な面白さを感じさゝれ乍ら、又、やつぱり第二には、この作者の自然觀照が、多少に拘らず「木を見て森を見ない」といつた感じの個々の草樹の局部的リアリテイを描畫して、全體の概念性に陷ることをまぬがれない點、これである。

　これが日本風景畫の草創期に見られる諸特質であつた。すなはち、それはすでに明らかになされた通り、自然が人間との對立關係をもたず、どの畫においても、作者や、畫面に登場する人物の心情が自然の風景と全き融合を示してゐるところに、何よりも特徵的な性格をもつものといふべきであらう。じつさいこれこそ自然や現實を深く愛し、それを尊重する日本人の文化的性格の反映でなくして何んであらう。しかし乍ら、斯ういふ日本人も不思議に、その自然に對する愛し方、いひかへれば表現鑑賞の態度には不完全さをもつてゐて、殆んど自然に對してこれを抒情的に感受する以外、卓越した現實的描寫をもつてゐない。從つて「たま〳〵自然に對する現實的な觀照が示された場合にでも、その描寫の態度は局部的リアリテイを描く以外、大抵は概念的に「習ひつぎ、描きつぎ」といつた態度である。何れにしても斯ういふ自然描寫が不十分なことはいふまでもないが、又、普通、日本の自然觀照が精神的乃至象徵的だといはれるのも、畢竟、このやうな態度を指すものに外ならないのではないだらうか。

三

　それにしても、禪の渡來と、その思想的影響下に改造せられた日本風景畫がどのやうな樣相を展開したかについて考察しておくことは甚だ大切である。けだし、一體、禪とは何かといふ問題については、こゝで多くを語る必要もなからう。禪と繪畫との關係は本質的には甚だ否定的である。禪にとつては宗敎もなければ繪畫もない。又、生もなければ死もなく、釋迦も木片も同じである。尤も、禪におけるこのやうな否定感は、直にそれの全的肯定感をも意味してをつた。すなはち、禪における一切の受容は「禪の機緣」の對象として、これを鑑賞するのに外ならない。森羅萬象こと〴〵くそれである。勿論繪畫においても、彼らはこれを描いて禪の機緣となし、又、この禪機の對象としてその鑑賞をうけ入れた。定家の歌に「見渡せば花も紅葉もなかりけり浦のとまやの秋の夕暮」といふのがある。移り變りゆく物の形や、物の色の華やかなものとて何一つない淋しい情景である。この歌の訴へて來る意味は「孤絕」とか「孤獨」とかの感じであらう。この歌には禪の機緣がある。又、如拙の有名な「瓢鯰圖」は足利義滿が自己座右の小屛に描かしめたもので、圖は湖海らしく、遠山あり、一兩竹竿の邊、流れにのぞんで飄逸な禪坊主が瓢を手にし、流れを泳ぐ鯰を捕へようとしてゐる。その有名なほどには大した畫でないが、この畫の意味は瓢の虛心に寓意して、鯰をとらへようとする坊主がそのことだけに沒頭し、心をすつかり「無」にしてゐる點、及び、とらはれる命にも「無關心」で水を泳ぐ鯰、そこに禪機があるといふわけであらう。梁楷の「六祖圖」詳啓の「達磨圖」等、いづれもそれである。けだし、このやうな禪畫の發達によつて、繪畫が當來の宗敎性から離脫することの出來たのは知られてゐる。

ところで禪と風景畫との關係は、もと〳〵禪僧と僧院生活の現實から發祥するといはれる。すなはち「禪院は通例山林の間に在るので、そこに住むものは『自然』と密接な接觸をする。そしておのづから親しさと同情を以て『自然』に學ぶことになる。彼らは鳥や動物や岩や川や其他市井の人々が氣付かぬまゝにある自然物を觀察する。彼らの觀察に特殊なところは、それが彼らの哲學、寧ろ彼らの直觀を深く反映することである。それは單なる博物學者の觀察ではなくて、禪僧達は其觀察する對象の生命そのものゝ中まで入りこまねばやまぬ。だから、如何なるものを描いても、必ず彼らの直觀を表現することになつて『山や雲の精神』が其作品の中に穩かに息づいてゐるのを感じることが出來るのである。云々」又別の論者は「禪にとつては人物もまた山水とひとしく自然の一景である。禪は衆生濟度ではない。自己の人格完成——即ち禪への大悟徹底である。だから、彼らは自然を自然として、そのみづ〳〵しさ、情趣、やはらかさ、おもむき、感傷、ローマンス等々では自然をも人間をも受け容れようしとない。むしろ有情を非情とし、非情を一種の有情として、何れもこれを抽象化、非實在化して表現對象とする。そこに如拙の「瓢鮎圖」を出發とする一種のひねくれた禪宗美術が山水方面へ發展する。そしてこの禪宗美術が基調となつて、周文、雪舟、更に正信、元信等々の狩野派が發展する。云々」と述べられてゐる。何れも、それ〴〵の意味で禪と山水畫の關係が結ばれる根據を指摘するものといふべきであらう。と同時に、われ〳〵はこのやうな禪と山水畫とを結びつけたものが、更に當時の社會情勢の推移によることも、この際忘れてはならないやうである。すなはち知らるゝ通り、わが國の農業は平安朝の中期以後、主として馬による有蓄農業への轉化と、農具の發達によつて未曾有の飛躍的な發展を遂げた。又、この農業發展の機運は地方武士勢力の勃興を促し、鎌倉幕府の開設にもとづく諸多の政治的經濟的機構を改革した。飛鳥朝以來、久しく藤原貴族たちによつて忘却し去られてゐた農本日本への意識が當時の民族的自覺を促したことはいふまでもない。土へ、自然への意識が高まつた。すでに西行の遊行生活にはじまる諸國行脚の風潮が促進された。しきりに禪僧たちの遊行が全國的な足跡をとゞめることゝなつた。彼らは野に伏し、山に憩ひ宇宙や大自然の全的肯定のための苦行に沒入した。名もない一莖の雜草から芽が出、蕾を結へ、やがて美しい花をひらくかと見ると、又、忽ち一夜の風雨にたゝかれ、しほれ、うら枯れて行く現實相も、これがいはゆる宇宙的存在の嚴しい實相だと肯定すれば、自ら執着の心は去り、激しい愛念へ、大悲の心持にかはつて行くのであつた。こゝに、自然は彼らにとつて偉大なる魅惑の對象となり、且つ、不思議な意味を形成した。特に、彼らの中には雪舟をはじめとする多くの優れたる藝術家がをつた。從つて、彼らによつて、自然が、その描かるべき對象としてとりあげられたといふよりも、自然に假託する精神的大悟の記述が、いはゆる禪的山水畫の名によつて多數に生み出され、他方、これが武士的勢力の支持をうけつゝ勃然たる新風を築いて行つたことはいふまでもない。すなはち、これが日本風景畫に獨自的な形成を促した禪の機縁であり、同時に、これが當來の日本風景畫の素質づけられて來たやゝ纖弱な女性的性格を改造して、新たに彈力性にみちた男性的、武士的性格を築かしめた所以であつた。

そこには數々の有名な作家と作品がみられる。如拙、周文、三阿彌、宗丹らの山水畫及び特に雪舟の「山水畫長卷」「夏多山水圖」「破墨山水圖」雪村の「瀟湘八景」「山水畫卷」「風濤圖」等は、いづれもわれ〳〵に親しみ深い代表的名作といふことが出來るであらう。これらの山水畫が如何に描かれ、且つ何が述べられてゐるかは明らかである。その畫面にくり展げられた天地は、全く畫禪一機の端的を示すものといふことが出來るであらう。どの畫においても、その一筆一線は強い意味をもち、そこには超然たる死と生への契機が語られてゐる。描いてゐる自然は必ずしも高貴なものでもなければ、高いものでも低いものでもない。又その描畫の根本義は物の形象をよくその形似の實相に於て把握するといふよりも、素朴な減筆を用ひて自然の一角を形成してゐる。かつて岡倉天心は斯ういふ雪舟や雪村の畫について「自然の描寫ではなく、自然についてのエッセイだ」と說明してゐるが、まことにうなづける言葉である。例へば雪舟の畫に何といふ畫題だつたか忘れたが、一介の孤舟が寒々と流れに浮んでゐるやうな畫がある。これを見る人の心は洋々たる水面のひろがりに對して、如何にも「孤絕」の感を深くした水舟のたよりなさを味ふだらう。しかもその賴りなさが日本人の心に深々とくひ入り、いひ知れぬ深い愛情をさそふのである。雪村の「風濤圖」を見たものも同じやうな感じをうけとるだらう。特に、この畫は當時三阿彌などによつてしきりに描かれた「盆山」のサンプルといふべきかも知れぬが、その自然描寫の減筆體と局部的なリアリテイは、さきにわれ〳〵が見て來た發生期日本風景畫の諸特質を如實に傳へるものといへよう。しかも、大切なことは、この局部的リアリテイへの態度こそ、當時、禪とならび行はれた日本茶道の「わび、さび」意識と結合し、そこにいはゆる日本花鳥畫の未曾有の發達を促す契機を約束してゐる點、われ〳〵には甚だ興味深く留意されるのである。（未完）

聖戰勇士と「美術新報」

本誌は既に發表した如く「美術新報」献納運動を起しました。從來寄贈又は購讀によつて、前線及び傷痍白衣の勇士の方々に、本誌は頗る喜ばれてゐる實績に鑑み、これが献納運動により、一層その喜びに應へんとするもので新裝の合本を特製しました。半年分綴りの美本で金七圓で送料は本社が負擔します。

前號規則御一覽の上何分にもこの献納運動に御協力御强化願上げます。猶、これら勇士の方々からの澤山の書狀中、最近の二三を御紹介いたします。

最近消息抄

昨夜「美術新報」受取りました、明けても暮れても毎日を來るべき時に備えて、百事皆戰闘を基準としてやつてゐますので、動作等すべてはつきりやり過ぎる中に美術雜誌を見てゐますと、一日の疲れも忘れて又明日の準備も出來る樣な氣が致します、御發展を祈ります。（五月二十六日夕）

滿洲〇〇部隊川上太一

冠省首夏綠風の好期貴社愈々御淸祥賀上候、陳者當院に每々美術新報誌御寄贈相成誠に難有謝上候、陸軍傷兵美術敎育に益する處又極めて大なるものあるを信じ、玆に御奉公の赤心に對し深厚なる謝意を表す可く如斯に御座候。（六月一日）

臨時東京〇〇病院

前略私達の樣に戰場生活途中とう〳〵武運拙なく白衣の姿となり殘念にも內地に歸されたことが濟まない氣持で一杯となり何と云つてお詫びの意を表現すべきか文才の無い私には判りません、南國の戰線に殘してきた幾多戰友を想ふ時何故か口惜しくたへられない氣持になつて來ます、さて每日樂しみに待つてましたが未だ落手致しませんきつと此書面投函後到着すると思ひます（六月三日）臨時名古屋〇〇〇病院鈴木定夫

日本風景美の特質と油繪

川嶋理一郎

美術家は絶えず自然を對象として、自然から物を學んでゐるのであるが、自然といふものがどんなに深く人間に影響してゐるかといふことは、一般の人があまり重大に考へないことであるが、吾々美術家はその事をいつもはつきりと意識させられてゐるのである。

日本人は昔から自然を愛することに於て世界のどの國人よりも深い愛をもつてゐる國民であると思ふが、また日本の自然ぐらゐ微妙で、その風景美に至つては眞に世界に類のないものをもつてゐるといつも考へてゐる。私は相當廣く世界の各地を旅行もし、永い間滯在して歐米もアフリカもアジアもその各々の風景の特徴を知つてゐるだけに日本の風景といふものが他の國土の夫れと全く違つた美しいものであるといふことを一層强く感じてゐるわけである。

そしてこの類稀な美をもつ日本の風景の特質といふものが永い間に吾々の國民性を養つてきたので、日本人の性格と日本の自然とは全く截り離せないものであることを感じてゐる。今次の戰爭に世界を驚倒さしてゐる日本人の性格そのものも、だんだん突きつめれば日本の風土、日本の自然そのものが、作り上げた性格だとも言へようと思ふ。

日本風景美の特質の根本は日本の地勢に胚胎してゐると思ふ。それは現在の如く南の版圖までを加へない以前に於てさへ北緯五十度から夏至線を越えて二十度までも南にのびてゐるといふこと、即ち寒帶から熱帶へ連つてゐるといふ長さがおのづから自然に多様な變化を與へ、それが吾々の氣質に多様な存在を意識せしめる原因なのである。多様であり變化に富むといふことは、吾々の感覺を複雜にさすと同時に知覺それ自身認識それ自身をも單一でないものにさせる。日本人が歴史の上で外國に犯されたことは一度もないが、日本人が外國の文化を受け容れる寛容さはこの單一でない氣質に基いてゐる。即ち採長補短といふ性格は事物を寛容な態度で享け入れるだけの複雜な思考なり認識なりをもつからで、これが單一な氣質しかない國民には出來ないのである。支那があれだけの廣い國土をもちあれだけの古い文化をもち乍ら自ら中華と誇つて他を容易に容れない氣質をもつのもやはり支那の風土自然が單一で、支那人の氣質が日本人ほど複雜な知覺をもたないから、從つて文化が固定して日本のやうな速な進歩がないのである。こんな點を考へても自然が人間に與へる力ほど恐ろしいものはないと思ふ。

日本風景の美は一言にしていへば複雜で細かい點にその特質がある。日本の風景美は決して雄大とか壯美とかいふものではない。富士山が美しい形をもつてゐるとしても、それは雄大の美ではヒマラヤの足もとへも及ばないだらうし、日本アルプスが雄渾な風景をもつと言つたところが歐洲アルプスに比べればまるでその雛型にさへならない。コロラドの溪谷とか、ミシシッピーの流れとか、ナイヤガラの瀑布とか、アメリカの風景にしても、さういふ雄大の美はあつても、それはまことに單調で、たゞ大きいといふ以外に感動を喚び起す美はほとんどないのである。色も單調、形も單調、從つてこれらから養はれるアメリカ人の感覺もまことに單一たるを免れない。

そこへゆくと日本の風景はまるで違ふ。日本の風景美は限りない變化があつて凡て細かいニユアンスがある。從つてそれは大まかにみれば木の色は緑であり、水の色は青いと思ふもしれぬが、その緑の中に幾百と言つていゝ濃淡の差の緑があり、青の中には同じく限りない差別の青の調子がある。吾々が自然を描き乍ら惱むのはいつもその點で、それをどう純一な色として表現していゝかに苦心するのである。今の日本の油繪に不滿をもつ人は多いが、日本の油繪畫家が漫然とチユーヴの繪具そのまゝの色で描いてゐるとしたら日本の自然は決して表現されるものでない。日本の自然美の複雜さをよく味つてその調子を摑むといふことは實はナマ容易しいことではないのである。

これは日本人の衣服の上にも現はれてゐる特質である。日本の衣服の色や柄くらゐ千差萬別の種類に富むものはないだらう。これも日本の自然の敎へる複雜さがそこに表はれたのだと言ひたい。

吾々はよく日本の風景は日本畫には適するが油繪には適せないといふ聲をきく。然しそれも誤りである。さういふ人は以上に私が指摘した如く日本の自然の複雜さをまだよく見てゐないからで、日本畫は墨を基調にし墨でニユアンスの調子をとり、色は從の位置になつてその墨へ色をかけてゆくから、細かい調子は色自身が作るのでないから墨繪の調子で日本の風景は充分だと思ふのだが、油繪では色で描くのだからいつもその色の工夫が大切なので、そのためには日本の色を自然からよく研究してそれを表さなくてはならないのにその研究が足りないのである。も一つはさういふ忠實な仕事をする吾々の作品を一概に新しくないとか言つてケナス批評家が惡い。そして形式上何でもない日本畫風の線でも使つたり澁い墨の調子でも出すとそれをやけに褒める。そんなことは形式の何でもないことなのだが、批評家が日本の自然をよく研究してゐない證據なのである。澁味とか禪的な味とかいふものも間違つて狹いものに解釋されると飛んだことになる。吾々はさういふ概念的な外からの批判に迷はされずヂカに日本の自然にぶつかつて、日本の自然美の深さと複雜さを色で示してゆく仕事がまだ〳〵重い責任として殘されてゐることを感じてゐる。

新刊紹介

畫聖セザンヌ （ギヤスケ著）

成田重郎譯

セザンヌ傳は著名なものだけでも數册あるコキオ、ボラール、ベルナール等は既に邦譯もありまた成田氏の名譯が其の主なるものであるが、こゝに新しくセザンヌ生涯の友詩人ジョアキム・ギヤスケの著が譯された事は邦語のセザンヌ文獻をまた更に豐富にするものであらう。この著の特質はコキオのやうな描寫でもなくベルナールのやうな囘想記でもなく、眞實のセザンヌへ喰ひ入つた友情からかゝれてゐるといふ點でどのセザンヌ傳よりも優れてゐる。ボラールのセザンヌ傳も名著であるがやゝ客觀的だ。こゝにはセザンヌの生きねばならなかつた道のかず〳〵が詳しく記されてゐる。この書を讀むと天才巨匠ほど執實に書生の如く生涯勉强するものだといふことがわかる。セザンヌはアングルが六十歳を越してなほルーヴルへデッサンを習ひにゆくと言つた言葉を銘記してゐたといふ。畫學生の膽に銘じてよい言葉である。本書は色刷挿畫も豐富で裝幀全美の書であり繪畫を語る人の座右に必ず置くべき一册であらう。譯は既に定評ある成田氏である。（定價四圓東京堂）

アンコール・ワット石彫を前にしての　川端龍子氏

新版圖 南方の風光

川端龍子

南方へ來て見ても格別遠い外國へ來たと云ふ感じはなく、唯日本の松のかはりに椰子、バナ、があると云つた調子であつた。

特にジャバの場合は日本の延長である。田園は極度に開かれてゐて山のてつぺん迄、田が開墾されてゐると云ふ調子でちようど更科の田毎の月がジャバでは到る所に展開されてゐるといふ工合だ。色は仲々美しく緑が日本の夏よりも今少しやはらかに深くて明るい。

畫材はいたる所にある。その景色の中で椰子とバナ、が異ふだけである。椰子を描くのは中々むづかしいと思ふ。これをうまくこなすのは特に修練が要るだらう。

南洋は仲々ひらけてゐる。南洋と云へば一般の人はすぐ原始的なものを想像するが今回の從軍先に於ては見られなかつた。原始的な點では日本の委任統治のヤップの方がはるかに原始的である。がこちらではボルネオ、ニユーギニヤがさうだ。ジャバは一番ひらけてゐて原始氣分は殆んどない、ジャバの人口は東京の本州以上の稠密さでむかうの町の本通りを歩くとちようど日本のお祭りみたいな感じがする。

マレーは一般に地勢が低く之を縱斷しても山によつて風景が美化されると云ふ事はない。たゞコーランポ（クアラルンプール）、之は政治的中心の町であるがこの町の附近だけが山岳重々として高原の感じがする。それ以外は道路が平坦な沿道が殆んどゴム、椰子林に沿うて明けても暮れてもつゞいて走つてゐる。風景としては單調である。

いはゆるジャングルは大體ゴム林、椰子林の奥に沿うて擴がり中には道路ぞひにジャングルが顏を出してゐる所もある。

ジャングルの形相はおよそ日本の深林とはかけはなれ、それこそ大木がすきまなく密生し、その間にとげのあるつたかづらが蜘蛛の巣のやうにからみつき考へも及ばないことは大森林の根本は濕地帶である。この水の中によく木が生へた事かと思ふ程である。

その中を四五日突破進撃した兵隊の勞苦には全く頭が下る。夜通過した場合は綱で體をむすび合つて通つたのだ相である。

ジャバも南に一部ジャングルがある相だが行かなつた。大體に於て開けすぎる程開けてゐる。南方住民は怠惰と云はれるが假りに怠惰としても限られた面積（日本本洲の八割）を四千萬もの住民が耕すのであるから餘地のない迄開墾されてゐる。したがつて田園風景は米產地としてのジャバ、砂糖產地としてのジャバ、コプラ產地としてのジャバであつて全く變化のない田園風景である。

水田の多い關係から比較的日本の情景と似てゐる。異なるのは椰子林があるきりだ。

總ての木がよく繁茂し緑の色が深く濃く明るい。この地はマレーと異り火山地帶で今日も火をふいてゐる山もある。至るところ、富士山形の山がそびえてゐる。あまり遠方へ來たと云ふ感じはしなかつた。

これはこれ椰子ある富士をすめらと云ふ、こんな情景である。

ボロブドウルはジャバの中央のジョクラカルタ市から自動車で二時間のところにある。

大佛跡である。佛印カンボジヤのアンコルワットと比肩する。大石造建造物である。

アンコールと對照する場合規模の雄大構想の變化さう云つた意味合では前者に一籌を輸するものだが、ジャバの過去に於てこれだけの偉大な藝術が殘されゐる事は驚嘆に値する。小さな丘の上に、またもり上つた七十の段々をつくつて、それが全部釋伽の一代期を彫んでゐるのである。

日本の佛教藝術と比べた場合水準が落ちる。然し、そこに日本のと材料の相違があつて一がいには云へない。しかしよくあれだけ彫りうづめたものであると驚く。全く藝術的工程には敬服させられる。

バリ島はオランダ政府が觀光地として世界に宣傳した關係上世界にえらく有名になつてゐるが單に島の女が乳房を出してゐる點が原始的なきりである。原始的興味の上では寧ろ日本のヤップ島等の方が數段原始的である。こゝでも最近は乳をかくす習慣がついて娘は乳をかくし原始的興味はなく目算はづれになる。

バリーが今日猶興味あるのは音樂舞踊、建築がその日〳〵にとけ込んで、水準はひくいけれども一つの美しい生活にひたつてゐる事はたしかに吾々の興味を惹く大きな原因ではないかと思ふ。土民はよく樂器をもてあそび誰も彼もおどりの筋をよくのみこみ、暇があればおどりたい衝動に驅られてゐる

（談）

最近の展覧會

清光會展

一種の名物ともなつてゐる畫商展でもなく小集團展といふわけでもない展覧會であるが、すでに九回を重ねてをり安井、梅原の洋畫陣に靫彦古徑が加はるといふのが呼物でこの會の重味を加へる原因ともなつてゐる。日本畫では古徑より靫彦を推す。「櫛名田比賣」は前の猿田彦と等しく古事記取材だが、そんな題材は問題でなく、古雅な線描に或る種のセンスをもつ日本畫としてはモダン調色が弱い乍らこの作家でないと出來ない藝當を示してゐる。これを奔放に油繪で試みると梅原龍三郎の「楊貴妃」になる。これは油繪と言つてもエスキースである。梅原の「古赤繪鉢」は例の萬曆赤繪鉢のデフォルマッションでそのヒン曲つた鉢に質感も量感も色感もあると言つた先づ至藝である。これに比して優るとも劣らぬのは安井曾太郎の「讀書」である。仕事としてはこの作が場中第一である。これは眞劍な繪畫としての仕事である。少女の左肩が少し平板になつたと思ふが、顔の量に對する肩や胸の大きは綜合表現がドッシリとして併も隙ない手際である。かういふ大きい仕事に比して、古徑の「百合」などはまるで問題にならない。日本畫として院體風へ一寸した新味を加へたと言つた處でそれは趣味の問題で繪畫の本質の問題とはならない。現代の日本畫が安井の仕事位力あるものになるには仲々だと思ふ。坂本の作品は眼疾の爲めのネガチーヴな効果が調和的である點に多としよう。（資生堂）

清々會三回展

總體的に眞摯な自然觀照の態度でそれ〲個性的な表現への努力が窺はれる。池田朋昭の「五月の赤富士」旭日に映じた富士の雄大な姿をあそこ迄強く表現した手腕は流石だ。大竹牧英の「梅日和」のび〲した筆致に清楚な色彩で詩情豐な作品。岡本哲史の「女の顔」稍迫力に乏しく鎌田喜夫の「靜物」色調に難がある。並木哲男の「薔薇」柔かなタッチに魅力があり内田龍男の「戰友」色彩の點に一考を要す。熊本高工の「新緑」清新な感じが溢れてゐた。江淵晃夫の「畠」は全體の調子が暗く廣本季與丸の「山」線の運びに潑剌さを缺くが寫實力の正確さが注目された。（銀座ギャラリー）

一采社展

この會の人々は國畫院系の若い作家達の集團である。眞面目で色彩も明るく才能のよさがうかゞはれる。中にはまだ表面的な形式色にとらはれたものもあるが今後大いに期待出來る。浦田正夫氏の「少女」三題は田舍の子供達の健康さを素直な寫生から表現しようとした努力の習作。其他「綏遠街」「雲崗佛」は北支旅行の印象であらう佛像の彩色には一つの美しい雰圍氣が見える。岡田昇氏の「明粧」二題は近代女性のあつかひに新しい美人畫の研究の跡が見えスガ〲しいものである。高山辰雄氏の子供を扱つた「はだか」「夕べ」「きもの」には子供の世界の美しさがよくとらへられ眞面目な研究の跡が見える。野島青茲氏の「人形」は美しい美人人形とそれを製作する老人との對象に苦心が見えデッサンもしつかりしてゐる。「翠苔」はテクニックが美しい。清新さがあり色も美しい。（銀座資生堂）

伊藤悌三個展

最も親しまれる顔の老人が矢張りいゝ。小さい方の「煙草を吸ふ」が最も優れてゐる。點景人物の「湖畔」「窓ぎは」風景、「エスキーム」などそれ〲にいゝものであつた。（青樹社）

粂本一洋個展

粂本一洋氏の作品展が、七月中旬大阪の高島屋であつた。風景、有職故實の二面態は、東京の個展の時も見出され、『花背村』その他風景の特技は殊に識者の認識するところであつたが、こゝでも一層その感は切である。さうして一洋氏は今度のこれ等の風景に於いては、現實の觸目に取材し極致に磨き拔いた大和繪の技法を以つて、奈良朝、平安朝和歌の特色體の一つである『浦さびし』の雅境を、冴えに冴え、薄めに薄めて表現する。『海月』、『春おぼろ』『朝陽』の三點は他の有職故實物と比較しても全場佳作に屬してゐるが、それ等が長幅の綜合的發展態となつて觀者を惹きつけるのは、わけても『潮騒』の力作である。千切れ〲の雲間に薄光る銀月は、分析的寫實に於いても新趣でもあり、効果に於いては寶玉の如く氣高い。白清淨の日本固有美は奔騰する白波の純雅な潑剌さに見られ、古蒼幽玄の氣は波間の岩に著しい。

有職故實物は更に美しい。平安朝大宮人の戀し果敢なみ、嘆き病み、歌ひ喜ぶ人の世の憂き浮き心はさすがに手慣れた取材だけに約十五點に手廣く畫き奏でられ、こゝでは紅色の凄艶美と白色の清淨美は二つの特色體となつて相融合し、相反撥する。『かぐや姫』の紅衣、『嵯峨野』の白馬にもその著しい例が見られるが、より以上それの名品美を感じさせるのは『想夫戀』の夜半に琴彈く佳人の妙えに紅な有心の境と『小松内侍』の座像の白描風に崇貴嚴正な境地である。こゝにこそ昭和の新大和繪畫人粂本一洋の本領はあるであらう。（大阪高島屋—豐田豐）

三橋武顯個展

この作者のもつてゐる感情は非常に豐かで神經も淸らかだが稍迫力に乏しい。作者のやさしい詩情がもられた「春光」「春信」「畦」はたのしい。又「川口」は畫面の構成が大膽で、海には力が出てゐる。「鯉」は技巧も確かりした作。「靜浦」は富士を自然に扱つた佳作である。「畷」はどつしりとした量感が出て出來がよい。其他日盛等面白い。（銀座交詢社）

渡邊春宵個展

帝國海軍潜水艦部隊への獻納畫「富士二十題」を中心とした作者最近作の展觀である。

溫厚な畫風で忠實なる自然描寫の作品が多い。「入り海」「盤梯山山腹」「雲雀野」「閑境春雨」等詩情があつて面白い。其他版畫の「筍」外二點も注目された。（青樹社）

第一回丹蛙會展

この會の人は既に官展其他の展覧會で活躍してゐる人達が多い。いづれも大作でないせいか最大の力量が出てゐない。藤本東一郎氏の作品は色が美しい。玉置弘二氏の靜物はその稚拙味をとる。飯島一次氏の作品は感覺的だが今一段明るい輝いた畫面が望ましい。然しこの作家はがんばつてゐる。渡邊武夫氏の人物は眞面目でよいが大きさが足りない。圓城寺昇氏の手馴れた風景二點はさすがだが感激が足りない。岡田又三郎氏の風景二點及び人物は眞面目でマチエルに油繪らしいものを感じられたが大きさがない。榎戸庄衞氏の人物は感激もあり色彩感覺も仲々よいがつゝこみに缺げるところがある。（青樹社）

第一回素合會展

變つた漫畫家の集團の第一回發表會である。漫畫家らしいのび〲した何物にも恐れない面白い境地がある。秋田一宇氏の「不通笑山」「山路」、内田一光氏共に日本畫のテクニックも相當ある。内田氏の「つり竿」「にはか雨」は仲々よい。（銀座畫廊）

旬報

日本畫家に一大福音
繪絹の絶對確保
日本畫製作資材統制協會理事者努力の結集

日本畫製作資材統制協會は創立以來理事者不斷の努力に依り、內部機構の整備と配給の圓滑化に漸次その成果を見せつゝあつたが、更に協會機構の强化を計りこれに要する豫算編成と重要諸問題につき協議すべく其の委員會が、去る七月十日午後二時から四谷倶樂部に開かれた。京阪名古屋の各支部主事の出席、京阪の幹部では常務理事金島桂華氏のほか福田平八郎、宇田荻邨、小野竹喬、池田遙邨、森守明、三宅凰白、矢野橋村氏等の八氏出席、東京側では會長野田九浦、常務理事兒玉希望、山口蓬春兩氏のほか川崎小虎、大智勝觀、伊東深水、望月春江、西澤笛畝氏等約卅餘名が出席、野田會長の開會の挨拶に次ぎ兒玉理事より支出經費の承認及び今後經費徵收につき提案があり、途中京都側の意見を代表して金島桂華氏より作家として斯かる統制事業に關係することの危險性について注目すべき意見の提示があり一時緊張を見せたが、巧みなる兒玉理事の議事進行により事なく進んで結局一ヶ年の豫算約三萬五千圓を計上し、これが負擔は作家側と材料業者に二分して均等に負擔せしめることに決定し、これを明くる十一日の全國材料商各地代表者との會議に諮ることにして異議なく承認された。ついで

繪絹の指定生産

の問題に入り商工當局との交渉の結果による計畫生產案が提示された、統制會今日までの經過を見るとその配給ルートに關し不正とまでは行かなくとも多少不明朗な件も醸し出されそうな情勢が見えて來たので、過般切符使用について嚴重な注意が利用者に發せられた次第である。又指定製產に依らねば畫用絹地の安全なる供給が見られない情勢も現れて來た。生產地の樣子では現在の公定價によつては廣巾物とか三丁樋とかの生產は非常に不利な立場に置かれるので、これらの織場は羽二重其の他の有利なる方面に轉業の色さへ見せ、この儘放置せば本年末乃至來春早々には或種繪絹は大拂底を見ん形勢なので、茲に商工當局に申請して愈々その指定生產にいつでも入れることゝなつた。斯くて適當な且つ必要な資材は纖維統制會から生產業者に配給され協會員及び施設利用者は永久に繪絹の最低限は確保せられることになつた。その結果織元側に多少の犧牲者を出すかも知れないが、此の對策は萬全を期して綴密に講究せらるゝこととなつた。ここで問題になるのは色紙、扇面、短册等の製造業者に對する配給であるが、これら業者の包含は一應打切られることゝなつたので業者今後の動きは注目に値する。兎に角作家にとり繪絹の絶對確保が期せられたことは、協會理事者異常の努力に依るもので相當感謝してもよさそうだ。

畫用和紙と膠
更に夫々配給獲得

同協會では繪絹の計劃生產を進めると共に、理事者の懸命な努力と活動とに依り、楮、三椏、麻等の資材に付、これらが既に市上から全然姿を消してゐる折柄、青龍社・院展等の會期は間近かに迫り、之等の登龍門めざしての若き出品者はその製作時期に入るので、此際用紙の拂底は作家に取つて甚大な

脅威

となるので、商工當局に申請の結果、協會側の希望數量には達しなかつたが、楮千五百貫、三椏と麻各百五十貫宛の配給を受くるに成功した。これらの原料は周知の如く、國內は云ふに及ばず東亜共榮圏內の紙幣、證券等の一切が之等の原料で賄はれるので、假令へ少量でも之れを他に割く事は國家として容易でないこと無論であるが、特に作家の苦衷が考慮され、前記の如き配給を獲得するに至つた事は、心竟同協會理事者大努力の成果であつて若き作家に取つては一大福音と云はねばならぬ。

協會では、即刻越前の抄紙元に對し之れが製造を依頼し、抄紙元に於ても晝夜兼行之れが製造を急いだ結果、この程その一部成品が入荷したので、いよいよ

配給

實施の段取となつた。

協會の紙は、畫用麻紙、楮紙、雁皮紙其他に分けられ、總べて是れらは舊來の名稱を全然廢棄して新體制らしい明朗な名稱を附し、十一種の種別とし抄紙することになつてゐる。即ち同協會生產紙は次の如くである。（括弧內の數字は協會員外の利用者一回分の配給枚數）

新抄和紙の名稱と協會員外の利用者一回分の枚數

一、畫用麻紙

清霜紙（舊白麻紙にて下繪の

展覽會の暦

▽日本エッチング作家協會展　七月廿一日から廿六日迄上野松坂屋
▽現代彫塑家力作展　七月廿一日から卅日迄銀座紀伊國屋畫廊
▽日本木彫會第十一回展　七月廿一日から廿七日迄上野府美術館
▽大橋了介夫妻亜歐一週油繪展　七月廿二日から廿六日迄日本橋高島屋
▽古城江觀大東亜共榮圏風物畫展並に中支海南島從軍畫展　七月廿三日から廿八日迄銀座三越
▽池田朋昭富士油繪展　廿四日から廿八日迄新宿東陽畫廊
▽日滿小國民書方、圖畫展　廿五日から八月二日迄日本橋三越
▽芽生會第一回日本畫小品展　七月廿五日から卅一日迄銀座松坂屋
▽永井久晴日本畫展　七月廿七日から廿九日迄銀座資生堂
▽服部木爾個展　七月廿七日から卅一日迄銀座青樹社
▽JAN第十四回油繪展　七月廿八日から卅一日迄銀座菊屋ギャラリー
▽忠愛美術院第二回展　八月一日から十四日迄上野日本美術協會

うつる位の極く薄きもの）
二尺二寸×四尺五寸（十枚）
三尺二寸×六尺二寸（十枚）
二尺二寸×四尺五寸（十枚）

白雪紙（舊白麻紙）
三尺二寸×六尺二寸（十枚）
六尺五寸角（二枚）
七尺×九尺（一枚）

彩雲紙（舊自然麻紙、少し色があり、且つ僅に皮の繊維が殘れる味のあるもの）
二尺二寸×四尺五寸（十枚）
三尺二寸×六尺二寸（十枚）

一、畫用楮紙

山明紙（純楮紙、月明紙とも云はれしもの）
二尺二寸×四尺五寸（十枚）
三尺二寸×六尺二寸（十枚）

天涼紙（舊大德紙、裏打のあるもの）
二尺二寸×四尺五寸（十枚）
三尺二寸×六尺二寸（十枚）

水光紙（舊栖鳳紙）
二尺二寸×四尺五寸（十枚）
三尺二寸×六尺二寸（十枚）

一、畫用雁皮紙（舊鳥ノ子紙）

薄口
三尺二寸×六尺二寸（六枚）
六尺五寸角（二枚）

厚口
三尺二寸×六尺二寸（六枚）
六尺五寸角（二枚）

一、扶桑紙（代用支那紙）
二尺二寸×四尺五寸（廿枚）
三尺二寸×六尺五寸（廿枚）
五尺×七尺（廿枚）

一、興亞紙（舊雲肌麻紙、出品用）
六尺五寸角（二枚）
七尺×九尺（一枚）

一、共榮紙（舊神鄉紙、出品用）
六尺五寸角（二枚）
七尺×九尺（一枚）

而して一般利用者には配給切符が交附され、和紙手數料は切符一枚に付十錢で、各名柄の下に記入された枚數が、切符一枚に就て配給される。紙は全國材料商組合員に配布され、將來何處でも最少限ではあるが自由に購入出來る。こゝで最も**注意**を要するのは、此の紙の配給は、絹の場合のやうに一般利用者が協會に權利として要望されるものでなく、唯同協會理事者の努力に依つて本年度に得られた資材であるから、利用皆が特別に多くの數を必要としても之れを要求することが出來ないことである。しかし特に實際的に必要と認められるものは協會會員を通じて請求すれば、或る程度の取計ひを得られる事に決定した。そして會員中、藝術院會員のやうに多額の經費を負擔する者や、協會員中全然絹を使用しないで紙のみを需要する者に對しては特に厚く配給されることは言ふを俟たない。

膠の配給

尙、膠も現在良質のものは市上で姿を潛め、魚脂に依る最惡質のものしか**入手**出來ない狀態であるがこれも理事者の努力で本年度分として、一噸即ち二百六十五貫の原料——ゼラチ下級品三千本の上等品——を獲得するに至つた。そこで第一回分として、百キロ程が入手出來たので、絹の切符を用ひ十匁入十七錢の膠一袋宛を、全國材料商組合員に配給して店頭へ出すやうになつた。但し第一回が僅に百キロなので今回は東京府下のみに限定し、京阪方面及其他の地方は八月に配給割當てが行はれる事になつた。

九元社を觀る

大藏雄夫

九元社は、良きドン栗の協調團體と云はれるが、それはこの團體の向上進步の一要素でもあり、また、ちよつと、大雜把のやうに感じられもするが、それだけ積極的に時代精神に生き、自由に伸び上る餘裕がある。そしてこの會は社會的關心が濃厚で、今年は造園家と握手して、新しい造型を研究し創造して行かんとする志向のもとに、『大東亞聖戰記念綠地試案』を提出し、また、今春作成せる『强羅ホテル浴室裝飾彫刻』のコンポジシヨン出品など、對照が極めて鮮明なることにより、その存在意義を示すと同時に、モニユーマンに要するメチエーと工學的知性において、今後の課題はなか〱大きい。

村井辰夫君の『陶工和助』は、鄕土藝術がもつ特異の味ひが流れ、素朴な祖先の心を心とし、親しみなつかしみをもつて、作家の感情を宿してゐる。これに彫刻性が强調されると、凱歌は約束される。

中野四郎君の『芯』は、或る思索——悶えとも云ふべきか、それが未醱酵のまゝに、一種の情熱のヴエールを透して、靜かに何物かを訴へてゐるが、觀念的、抽象的で、モデルンに乏しく、胸の截り部から直ちにぢ山になつてゐる關係上、垂下れる兩手は肘を曲げてゐるかに見える。ぢ山も彫刻の一部分であり自然と製作の調和美を忘れてはいけない。

森大造君の『若松』は洋裝少女で、大層若返り、いつも仕事に逃げをうたない態度は好いが、ムーヴアンを缺き、ノミの傳承の殼を破らんとする意圖は、觀照の常識化のために裏切られた。そして胸部は鎧を着てゐるやうで硬く、松の表現にブルデルが顏を出す。

長沼孝三君の『とゞ』は、彫刻エスプリひらめき、量感を重んずる彫刻の强さをもつてアツピールし、顏、胸部など殊に美しく、資材セメントを生かした力作。たゞ足部のやゝ說明的におはつたのは惜しい。陳列臺から足部の一端がはみ出して、大變な損をした。

この他、髙橋泰藏君の『猫』、石塚貞男君の子供『長三郞』、橫山喜一君の『望洋』など取上げる。

◇

統制協會と全國材料商組合との會議

繪絹の指定製産と日本畫資材統制協會々費分擔に關する全國材料商組合幹部と協會理事者との會議は七月十一日午後二時から上野公園梅川亭で開かれた。

當日協會側からは野田會長、兒玉、山口兩常務理事、伊東、大智兩委員及び京都側の金島外八氏全員出席、業者側は東京、京都（石田、大畑）大阪（堀、三野）神戶（三角堂）名古屋（森莊）岐阜（小島 伊藤）福井（岩野）の各地代表者出席野田會長挨拶、兒玉理事長の協會事業經過について詳細述べられ、絹の指定製産について業者側の意見を求めたに對し、大阪の堀丹青堂氏業者を代表して數種の點を擧げて反對意見を開陳、次いで名古屋の森莊氏も協會の織元が羽二重其の他に轉業する云々は新公定價の發表でそれは杞憂に過ぎないと之れ又數種の點を擧げて反對意見を述べたので、協會側としても大に研究の上實施することとして、繪絹の指定製産は暫らく延期することに落着した。

次いで前日協會委員會で決定を見た協會費負擔として繪絹價格の二分徵收の件が附議されて種々討議されたが、業者側としてはこの負擔は實に致命的なものとして强硬なる反對と低減の要求が提出せられたが、結局協會側の强硬なる意見により如何ともする能はず幾分かの事情が汲まれて前後五時間に亘る討議も、協會の意見に近い一分五厘納付消費者（卽ち畫家）約一分負擔と云つける事ふ事で午後七時半漸く妥結を見るに至つた。

銀鵬社旗擧展
銀座ギャラリーで

銀鵬社第一回水彩畫展は七月十四日から十九日まで五日間銀座ギャラリーで開催、赤城泰舒、小山良修、和田直彦、齋藤大、荒谷直之介、望月省、荻野康兒、春日部たすく、小堀進各會員諸氏の力作を展示し好評を得た。

京都工藝品南方へ初進出
第三回展出品作、文化指導に先鞭

七月十五日から十九日まで東京市で開催された第三回京都輸出工藝品展の出品作品中、入賞者は左の如くで

△國際文化振興會賞黑釉水盤桶谷定一△京都府知事賞、天目釉花壺八木一艸△京都市長賞、茄子釉線描文陶筥、道林俊正△京都商工會議所會頭賞、芦雁圖花生、菊池伊造△高島屋賞（一席）豌豆花圖錦皿、勝尾青龍洞、（二席）人形鬘、桂爲右衞門△協會賞（一席）ナンバ和染卓被、今西良夫（二席）花壺、宮下善壽

出品作品は、國際文化振興會の斡旋で南方への初進出を試み、泰、佛印等に於いて南方共榮圏の人々に京都工藝の美しさを認識させると同時に、工藝に依る文化指導の先鞭をつけるになつた。

香坂茂吉處女展
資生堂畫廊で連日盛況

香坂茂吉氏の油繪展が七月十七日から銀座の資生堂で開催されてゐる。氏は明大出身で、幼少から繪畫を愛好し、佛蘭西で眞摯な研究を續ける事四年、數年前歸朝した。まだ一回も作品を發表した事がなく自重してゐたが、友人に勸められ漸く今回の發表となつたもので、滯歐作品を中心に、風景、靜物、人物等約十點を陳列してゐる。「フォントネ・オ・ローズの春」「モレーの門」「裸の子供」「食卓に倚る幼女」等が特に注目され、連日會場は賑つてゐる。會期は明廿一日までである。

堀忠義個展好評

双臺社の中堅作家堀忠義氏の個展が七月十五日から十九日迄銀座の青樹社で華々しく開催された。氏は文化學院の美術部出身で其後佛蘭西に遊び風景畫を得意とする一水會の出品者であり現に双台社の中堅作家として將來を特に囑目されてゐる。今回發表の作品は「多摩山莊より」「皀莢坂」「芦の湖の富士」等約三十點の力作で、會期中頗る好評を博した。

東美文庫特別展

東京美術學校文庫では七月一日から十五日迄同校陳列館階上で特別展を開催し、精巧な印刷に依る泰西巨匠素描複製約三百點を展示し好評を得た。

國畫會新同人

今回、林重義、伊藤廉兩氏、國畫會同人として同會に參加した。

鳩居堂展觀場讓渡

今回株式會社双鳩ビルディングが設立されたので、從來鳩居堂東京支店で開設されてゐた展觀場の營業一切は同支店から同社に讓渡された。

豫報

忠愛美術院第二回展
八月一日から日本美術協會

陸軍中將中島今朝吉氏を總裁に戴き日本精神の昂揚を表現せる日本畫、油繪、版畫、水彩、彫刻の各作品を公募中であつた忠愛美術院の第二回展は、愈々八月一日から十四日迄上野公園櫻ヶ丘の日本美術協會に於て華々しく開催される。尙應募作品は總て鑑査の上陳列の可否を決定し、陳列された作品の作家は、直ちに院友に推擧し、優秀なものには同院賞が贈呈される筈。

池田朋昭富士展

東京美術振興會主催の下に今秋泰國に於て開催される日泰文化交換繪畫展に「富士三十景」を出品且つ渡泰する池田朋昭氏は、來る七月廿四日から五日間新宿の東陽畫廊に於て「富士展」を開催し大方の批判を仰ぐ事となつた。發表作品は十點、卽ち吉田口よりの「冬の富士」同「五月の赤富士」同「春の富士」「富士川河口よりの富士」「御殿場よりの富士」「函南附近よりの富士」其他である。

古城江觀個展
南方風物畫從軍畫

古城江觀氏の大東亞共榮圏風物畫と中支海南島從軍畫の併合展が、來る七月廿三日から廿八日迄海軍省當局後援の下に銀座の三越で開催される。展示される作品は、氏が事變前數年に亘り様々な不便不利を克服しつゝ今日の大東亞共榮圏たる印度、ジャバ、ビルマ、マレー、布哇等に寫生旅行を試みたる苦心の畫嚢を發表するもの。現在に於ける南方は藤田嗣治氏や山口蓬春氏等の彩管に依つて紹介されてゐるが大東亞戰前のそれ等南方の風物を紹介する事は氏の責任であり又義務でもあるといふ見地と事變五周年を記念する心懷とから、當時從軍した中支海南島等の從軍畫をも展觀するに至つたものである。

帝國美術彫塑普及會創立五周年記念
豪華、現代彫塑展

日本畫や洋畫に比し甚しく普及の遲れてゐるのを遺憾として創立された帝國美術彫塑普及會では、創立五周年を記念に北村西望、藤井浩祐、山崎朝雲、小倉右一郎、關野聖雲、後藤良其他文展無鑑査の一流彫塑家約三十名の力作約六十五點を「現代彫塑家力作展」として、來る七月廿一日から銀座の紀伊國屋畫廊に於て十日間開催する。斯かる大家揃ひの街頭展は稀有の事で、近頃の豪華彫塑展である。

芽生會誕生展

芽生會第一回日本畫小品展が七月廿五日から卅一日迄銀座の松坂屋で開催される。同會は川崎小虎門下の石田重子、尾形奈美兩閨秀畫家が小品物の研究的作品發表の機關として誕生したもので、今回は其誕生記念展とあつて力作各十點內外が展示される豫定である。

JAN油繪展

JAN第十四回油繪展が七月廿八日から卅一日迄銀座の菊屋ギャラリーで開催される。同會は大部分帝美出身の人々に依つて結成されて居る眞摯な研究團體で、其のメンバーは、荒木剛、藤井令太郎、濱谷次郎、加藤文生、村瀬靜孝、武藤忠、中山次郎藏、筒井丘（出征中）渡部光雄、横地康國の諸氏一人二點乃至三點の力作が發表される筈。

通信は一切發行事務所へ

印協會員番號一三五五
「旬刊」美術新報
昭和十七年七月十八日印刷
昭和十七年七月二十日發行
發行日 每月三回（一日十日廿日）
購讀料
一册金五十錢（郵税一錢）
一ヶ月三册金壹圓五十錢（送料共）
麹町區九段一ノ一四 資文堂
編輯發行兼印刷人 猪木卓爾
東京市麹町區九段一ノ一四
發行事務所 日本美術新報社
電話九段二七一五
振替東京一六二五〇
日本出版文化協會會員 一一二一三五番
配給元 日本出版配給株式會社
發行所 東京市本郷區東片町八二 日本美術新報社

海軍省當局御後援

古城江観大東亞共榮圏風物畫展

「並に中支・海南島從軍畫展」

會期　七月廿三日—廿八日（廿七日定休）

會場　銀座・三越（七階）

帝國美術彫塑普及會

創立五周年記念

現代彫塑家力作展

會期　七月廿一日—三十日

會場　銀座。紀伊國屋畫廊

池田朋昭富士油繪展

會期　七月廿四日—廿八日

會場　新宿・東陽畫廊（新宿・朝日ニウス劇場前）

第一回

芽生會日本畫小品展

會期　七月廿五日—卅一日

會場　銀座・松坂屋（六階畫廊）

石田重子

尾形奈美

第十四回ＪＡＮ油繪展

會期　七月廿八日—卅一日

會場　銀座・菊屋ギャラリー

昭和十年一月十二日第三種郵便物認可第二十七號
昭和十七年七月二十日（毎月三回十日發行）

（金壹圓五十錢 一ケ月三册）
定價金五拾錢
（郵税一錢）

皇紀二千六百一年度

水彩畫推奬記錄

作品集

現代一流展覽會（文展、二科會、一水會、新制作派、**日本水彩畫會　白日會**）諸展出品中より銓衡せられたる水彩畫優秀作十四點を集錄し、然も**現代我國印刷技術の粋**を盡して完成せしめた事は原畫を髣髴せしめると同時に二千六百一年度の水彩畫推奬作品を記念せしむる物である。

此の企ては今後毎年繼續さる可き推奬記錄賞をめぐつて刊行され刻下未曾有の大戰下難事中の難たる文化事業を飽迄完遂し東亞の盟主たる使命と誇りとを以つて**日本藝能文化の傑作**を普く江湖に頒ち得る事は洵に本會の光榮とする處である。

大版である爲め一枚々々額に納めて掲げ得るやうにした事も大いなる**特色**と自負する次第である が更に別綴の記事内容も現代水彩畫を知らんとする者には必讀の**好參考書**たる可きを信じて疑はない。

（內　容）

一、精巧なる**原色印刷八枚單色六枚**
一、一枚毎に作者解說有り
一、一枚毎に台紙付にて**額面用**に最適
一、美術表裝箱入一尺二寸×八寸
一、表紙輕快なる銀色にて　**銓衡諸大家署名**入り
一、別册記事
「**日本の水彩**」　**荒城季夫**
作品評………銓衡委員六氏
推奬記錄賞受賞感想　山本不二夫
不破章
五百部限定版
定價　**五圓**（內容見本要郵劵三〇錢）

發行所　**藝能文化協會**
東京市豐島區堀之內町三〇
振替東京一六四一三六番

長谷川利行畫集

施療病院に孤獨なる生涯の幕を閉ぢし病天才！
飽くまでも藝術に生き藝術に死ぬものゝ純粋さを堅守、聖なる乞食の境涯に在りてなほ醇乎たる藝術家の操守を捨てざりし悲痛なる世紀の天才畫家。孤高なる詩魂に徹しつねに貧しき人々の中にあり神の如く無智なるアンダーマンの魂に共感し遂に彼等の中に死せしわが長谷川利行の輝やける藝術こそ永く紀念されるであらう。

＊　　＊

三十號カンバス一面に塗りつぶして、嵐のやうに私を描いた彼
拾つた板きれに野獸派のどす黑く描いた工場地帶など――
ボイラー赤く巨大にあらはし、背景黑黑と塗りつぶした風景畫の粗面
あさみどりの草原――火藥庫ひとつ遠景に描いた妖しげな美しさ
ぬらぬらした手であつた、街上で私の前にさし出した彼の掌《てのひら》
前田夕暮

長谷川利行畫集ありがたう。
利行の歌、利行の繪、利行の生涯、みな異常なり。吾うらやみつゝ讀む。
津田青楓

B五判原色版單色版・百二十頁
鮮麗極上印刷函入豪華本・壹千部限定版
定價　八圓
送料　二十錢

發兌　**明治美術研究所**
東京市京橋木挽町二ノ四・竹田ビル
振替東京一七六九一五番

八月上旬號

旬刊 美術新報

レオナルド・ダ・ヴィンチ特輯

32

旬刊 美術新報 第三十二號 要目

レオナルド・ダ・ヴインチ特輯

圖版

モナ・リザ・ジョコンダ（表紙）
レオナルド・ダ・ヴインチ畫像（表紙裏面）
最後の晩餐（原色版）
聖母の顔面（「岩窟の聖母」部分）
天使の顔（「岩窟の聖母」部分
◇子供（同部分）◇「岩窟の聖母」全圖
犬をもつ女
聖アンの首（「聖アンと聖母子」部分）◇聖母子◇基督受洗（ヴェロッキョ合作）
聖家族
モナ・リザ圖の製作（ルーヴル藏・シヤルパンチエ氏藏・マドリッド美術館藏・ツール美術館藏）
バツカス◇洗禮者ヨハネ
レオナルドの科學的發明摸型（ダヴインチ展出品）◇分銅時計◇元塡砲◇飛行機
城砦◇水車鋸◇貨幣製造機
レオナルドの科學的考案圖草稿手記
デッサン◇ダ・ヴインチ自畫像◇欄木◇手記草稿◇科學的發明考案手記

本文

レオナルド・ダ・ヴインチの藝術　森田龜之助（5）
レオナルドの興味　矢代幸雄（8）
未來文化の創造者　柳亮（10）
文藝復興とレオナルド　ウオタア・ペータア（12）
レオナルドと「モナ・リザ」考　川路柳虹（14）
レオナルドは何故孤獨であつたか　泉四郎（17）
旬報……（20）

レオナルド畫像

フローレンス　ウフィツチ畫堂（筆者不詳）

レオナルドの肖像

綜合的天才レオナルド・ダ・ヴインチ

「人類の文化、人類そのものの進歩は全く天才の力に依る」とはかつてロンブロゾオの喝破した處である。しかもその天才と呼ばるゝものは眇たる一個人にすぎない。

由來藝術は凡て天才のなす所とせられてゐる。しかし藝術的能力とは單に技術を指すものではない。藝術家は各々の技能分野に於て藝術の力を發揮するものであるが、その藝術上の體驗と直觀は凡てに通ずる人間的眞理の洞察にある。一人の藝術家は已れの技能の一分野に於てかゝる眞理を洞察提示したのであるが、同樣の眞理を他の技能をもつて成し得るものあらば、それは豈藝術分野のみに跼蹐するの要あらんやである。レオナルドが畫家であり、彫刻家であり、建築家であり、同時に生物學者、物理學者、化學者、地質學者、兵器學者等をかね、更に音樂にも堪能であつたといふが如き一大綜合的能力を發揮した眞に稀世の天才であつたといふ事は彼が科學と藝術とに通ずる確乎たる眞理の發見者創造者であつたが故である。

現代は世界の大轉換期である。伊太利の文藝復興期は近代藝文の發祥、近代科學の搖籃であつたが、それにもまして現代は向後數千年の人類文化に新しき礎石を置くべき一大ルネッサンスたらんとする時代に屬する。ヒットラーの如き軍、政、文化の全面に渉る天才の出現を見たと同時に、またレオナルドの如き一大綜合天才の出現を向後に吾ら等しく待望さる處である。伊太利の文藝復興期には戰亂も相繼ぎ決して安逸の時代ではなかつたから綜合的天才の多くが輩出したとも考へられるが、科學の發達によつて專門分化を煩しくしたのは全く近代の弊である。この世界的變動期に所望さるゝ天才は更に大きい綜合的天才でなければならぬ。レオナルド・ダヴインチを回顧することは藝術の意義がその眞理の發見に於て文化全般に寄與する偉大な力を顯彰することにある。しかも我が皇國日本の使命がこの新しき世界の指導的任務に就かざる可らざる運命を思ふ時、藝術の力の偉大をたゞにその一技術の面にのみ見る如き狹量を揚棄せねばならない。

最後の晩餐　レオナルド・ダ・ヴインチ　　――ミラノ　サンタ・マリア・グラチア寺院壁畫

使徒十三人が基督を中心の最後の晩餐の席上『吾を賣渡すものが汝らの中に一人ある』と基督の言つた言葉は使徒だちを騷然とさした。その劇的場面を主題とした千古の傑作として今もミラノのサンタ・マリア・グラチア寺の壁面を飾つてゐるが畫面の剝落損傷も相當ある。すでにダ・ヴインチ執筆中濕氣のため繪具に粉がふいてゐたといふ。これはフレスコによらず油繪をもつてした爲め濕氣の發散する處なかつたに依ると言はれる。ヴサリの記述によれば食卓の布の如き眼のさめるやうな美しさであつたと當時の畫面のさまが語られてゐる。

岩窟の聖母（部分）　　レオナルド・ダ・ヴィンチ

岩窟の聖母(ルーヴル美術館) ダ・ヴィンチ

天使の顔（岩窟の聖母部分）

子　供（部分）

「岩窟の聖母」はルーヴルの所藏の他に英京倫敦のナショナルギャラリーに藏するものが一枚ある。それは聖母及び天使に光背をもち子供(左)に十字の金杖をもたせてある。後人の補正だともいふが構圖は同じもので背景などに多少の差がある。ルーヴルのものが恐らく完成した作であらう。聖母の一族を岩窟にもたらした點はダ・ヴィンチの獨創であり、聖母も天使も美しき表情に於てはボチチエリを思はせ、又その自然さに於ては後のラフアエルを思はせる。ラフアエルはダヴインチに學んだのであらうし、レオナルドはかつてボチチエリに影響されたのは事實である。子供二人はヨハネ(右)とキリスト(左)である。

犬をもつ婦人　レオナルド・ダ・ヴィンチ

ダ・ヴィンチの畫家としての卓越はその逞しい寫實力に先づ懸倒させられる。十五世紀の自然復歸の精神を最も正しく享けたものが彼であり、その表現が彼の天才力によつて果された。その最もよき例證は彼の描いた肖像畫である。モナ・リザ・ジョコンダも一つの肖像畫ではあるがそこには心理的且つ神祕的な表現がある他の肖像にはその性格表現と形に對する正しい感覺が示されてゐる。

聖アンの顔（聖アンと聖母子部分）

「聖アンと聖母子」もレオナルドの作中完成に近い作として著名であるが中でもアンの顔の憂愁の美にはうたれるものがある。

ダ・ヴィンチがベロツキヨについて學んでゐた少年の時ベロツキヨの作畫に協力して描いた最初の作である。構圖は恐らくベロツキヨのなしたものであらうし、ベロツキヨ作として傳へられてゐるが、ダ・ヴィンチの努力も亦甚だ多いと云はれる。

基督洗禮（ベロツキヨとの合作）

聖家族　（レーニングラード　エルミタージュ美術館藏）

この聖母子の圖はレオナルドの宗教畫中特殊のものである。レオナルドの作なるや否やに可成考證の費されたものであるが、彼の作品として略決定されてゐる。彼の寫實的な自然精神がそこに見出され、後年の聖アンに見る如き神秘性はなく現實としての人間として聖母が描かれてゐる。

モナリザ・ジヨコンダの制作

同一作品か？　僞作か？　摸寫か？

ジヤン・シヤルパンチヱ氏所藏のモナ・リザ

ルーヴルのモナ・リザ

世界の視聽をあつめたモナ・リザの盜難事件當時モナ・リザの眞作品いづれにありやに多くの疑問が集まつた。歐羅巴各地の美術館にも蒐藏家の作中にもルーヴルの夫れと等しいジヨコンダがある。これに巴里のシヤルパンチヱ氏の所藏作はルーヴルのそれと同じであり、板に描かれてあると布との相違をもつだけで或者はこの作を眞のモナ・リザ——フランソワー世所有品の——とするものさへある。摸寫に到つては限りなくある。これについては本文川路氏の稿を參照されたい。

（佛國ツール美術館藏）

（西班牙マドリツド美術館藏）

バッカス（ルーヴル美術館）

聖ヨハネは晩年の作であることに於てモナ・リザ・ジョコンダと同じであるが、バッカス圖もまた同様である。これと聖アンらに見る表情は一聯の神祕性があり、また希臘思想表現のあとを見うるものである。ヨハネは女性美をもち、バッカスはアポロの如く美貌である。

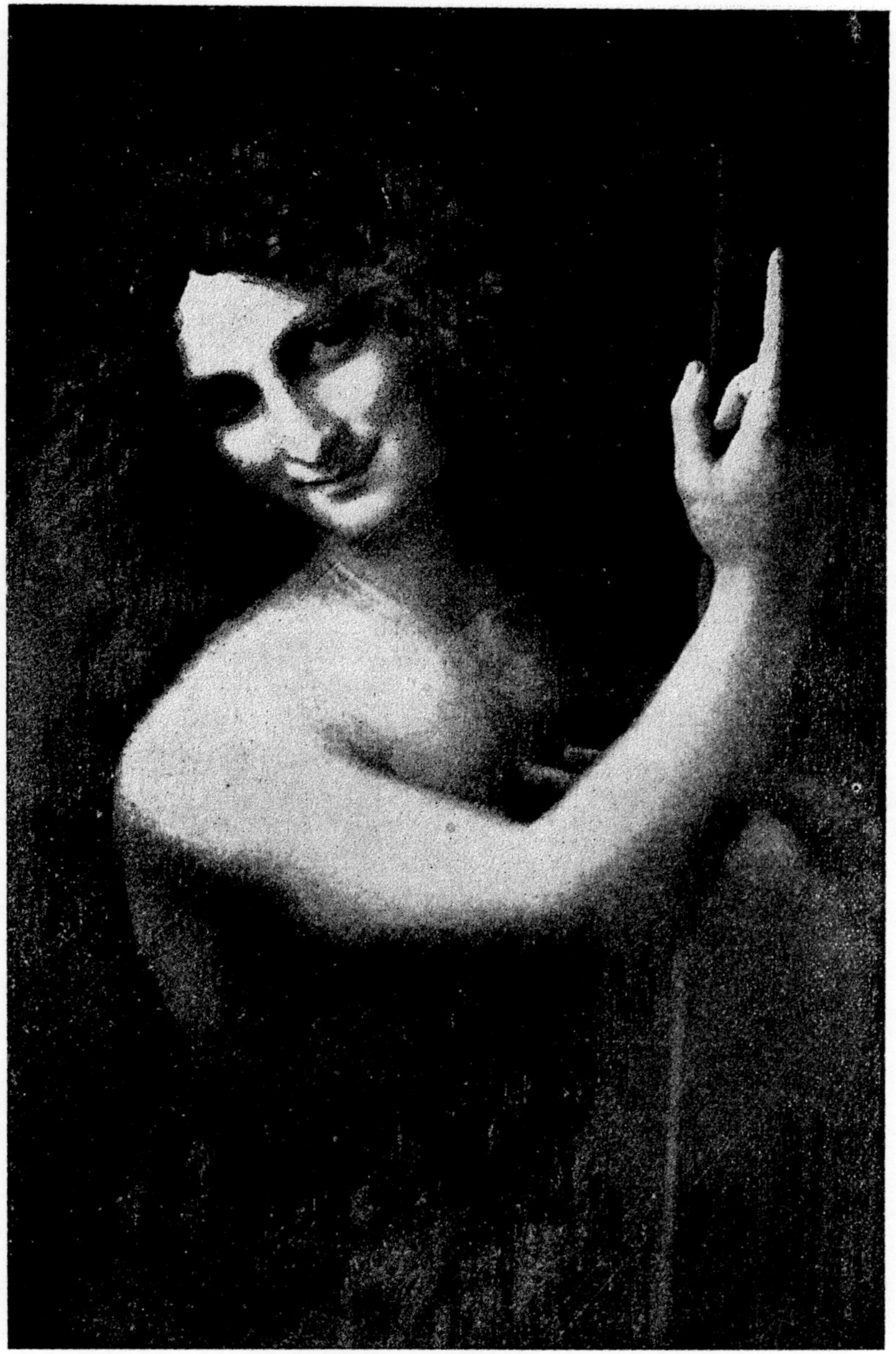

聖ヨハネ（ルーヴル美術館）

科學者としてのダ・ヴィンチの製作

今次上野に開かれてゐるダ・ヴィンチ展の凡ての科學的發明作品はかつてダ・ヴィンチが生存中考案をなし乍ら、その實地應用の成果を見なかつたものを、伊太利政府が彼の考案を再現し、その素晴らしい科學精神を始めて四百年後の今日に公表したものである。科學原理の發見者であり　その應用の技術家であつたレオナルドの天才は古今その比を見ない卓越さであり、人類文化の至寶であると言へよう。

分銅時計

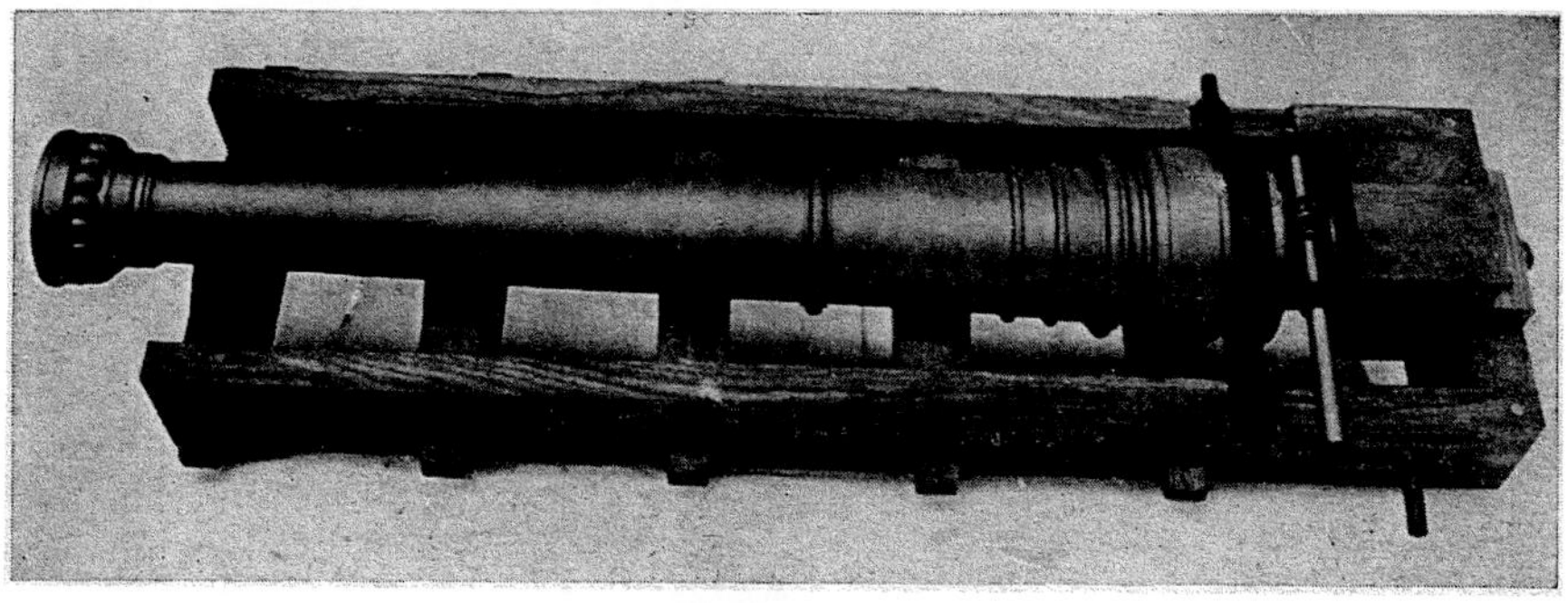

元填砲

飛行機

城砦

弩

科學者としてのダ・ヴインチはその科學原理を應用して幾多の實際的發明をなした。それは運河の開鑿機の如きものから水力應用の諸機械、兵器に迄及んでゐると共に科學的才能と藝術的才能とを併せ有した彼は建築にも卓越し要塞の建造、防禦砲壘等の新案を齎した。この熱心なる考案の草稿に見よ。

水車鋸

貨幣製造機

レオナルドの發明考案草稿及デツサン

自畫像　レオナルド・ダ・ヴインチ

素描　樹木

レオナルドはその繪畫に於て一木一草たりとも疎かにせず、常に丹念緻密な研究を綜合した。これは植物研究の下圖の一つ。

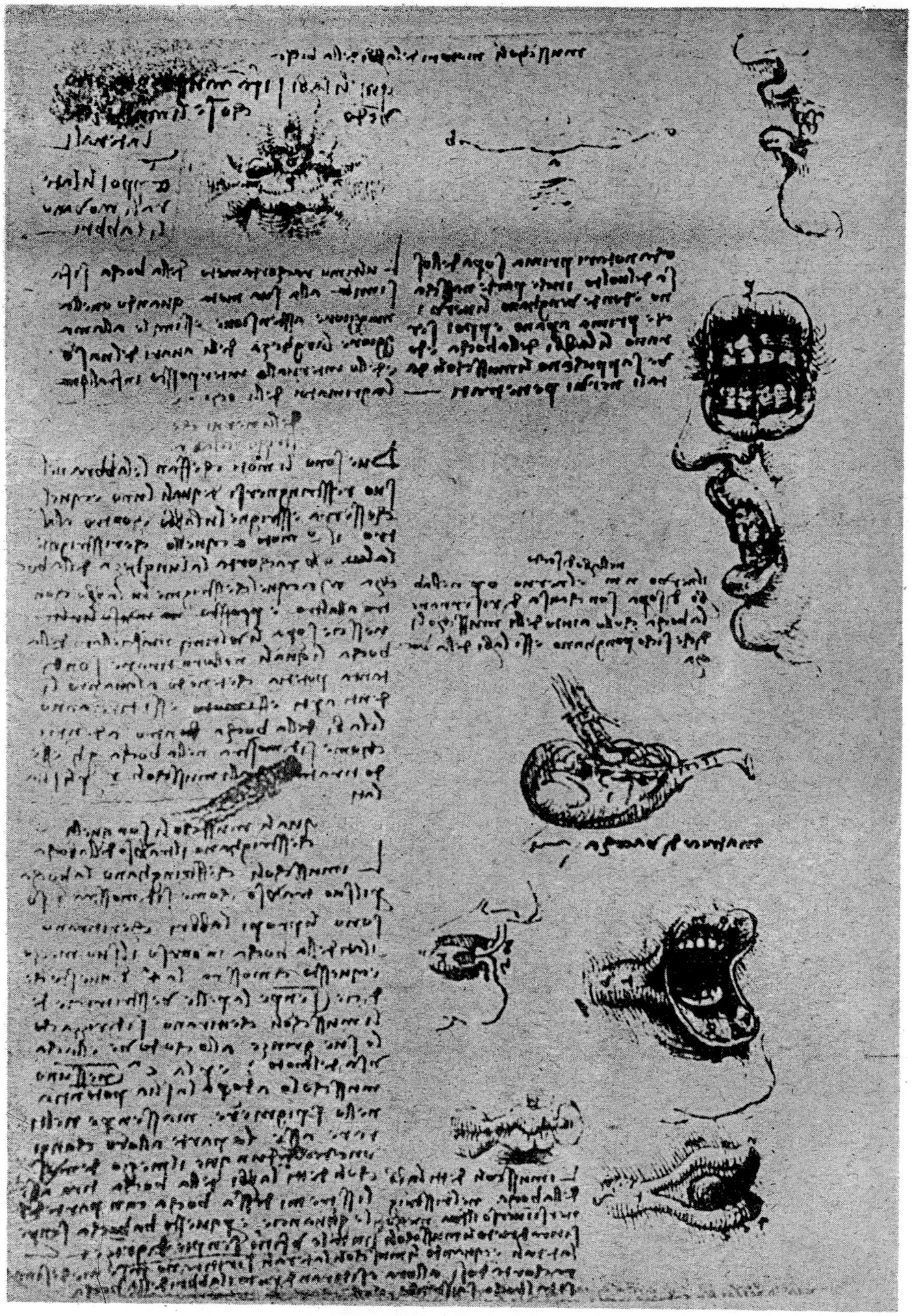

研究手記
口腔に關する解剖學的研究及び覺書

城壁防禦装置

城壁に梯子をかけて登攀しようとする敵に備へ、その梯子を拂ひ落す考案

運河開鑿機

車の中に手を入れて歩ませ、その廻轉を動力として土砂を左右に積み棄てる。

スフオルツオ記念像下圖

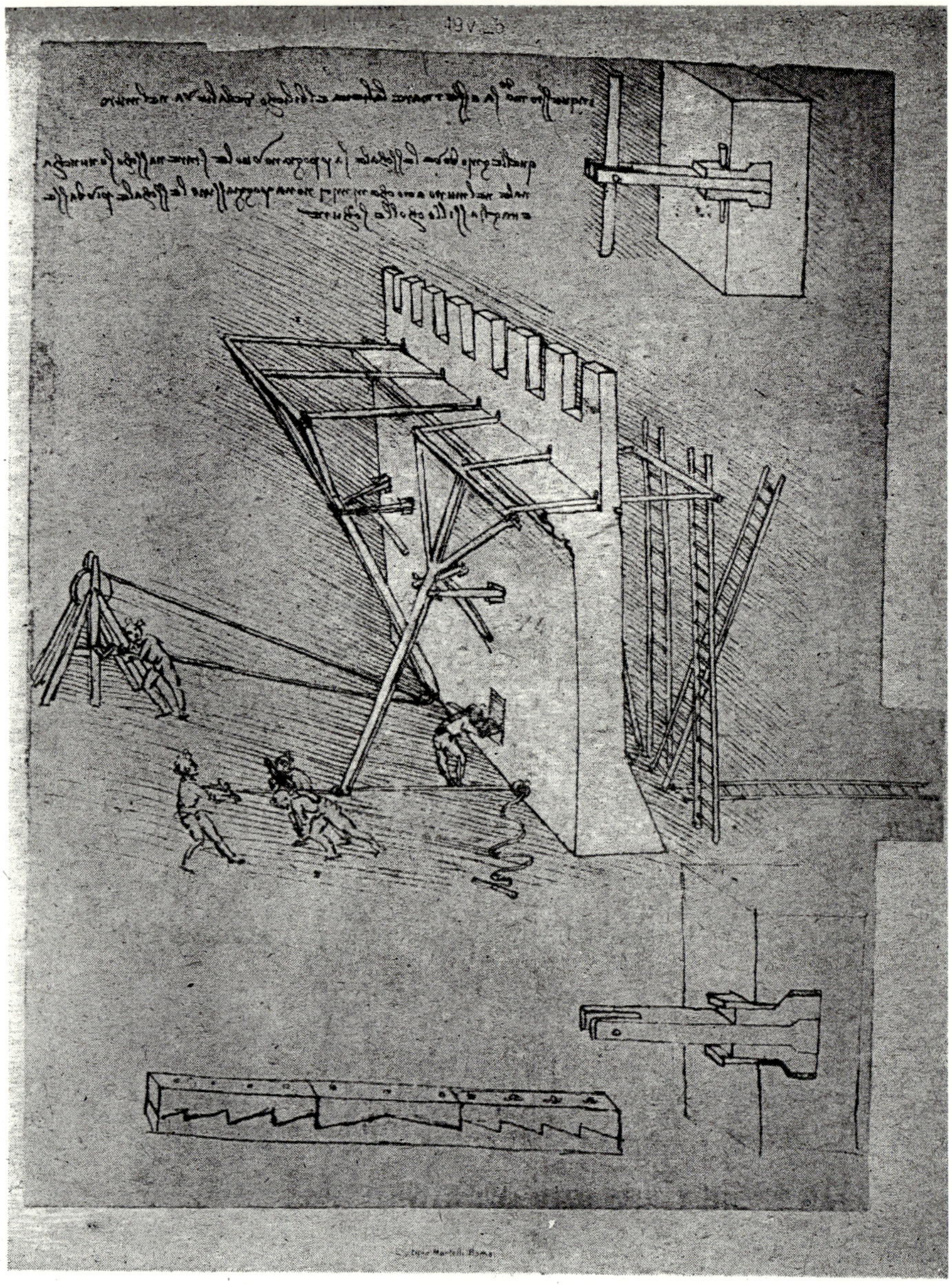

城壁防衛

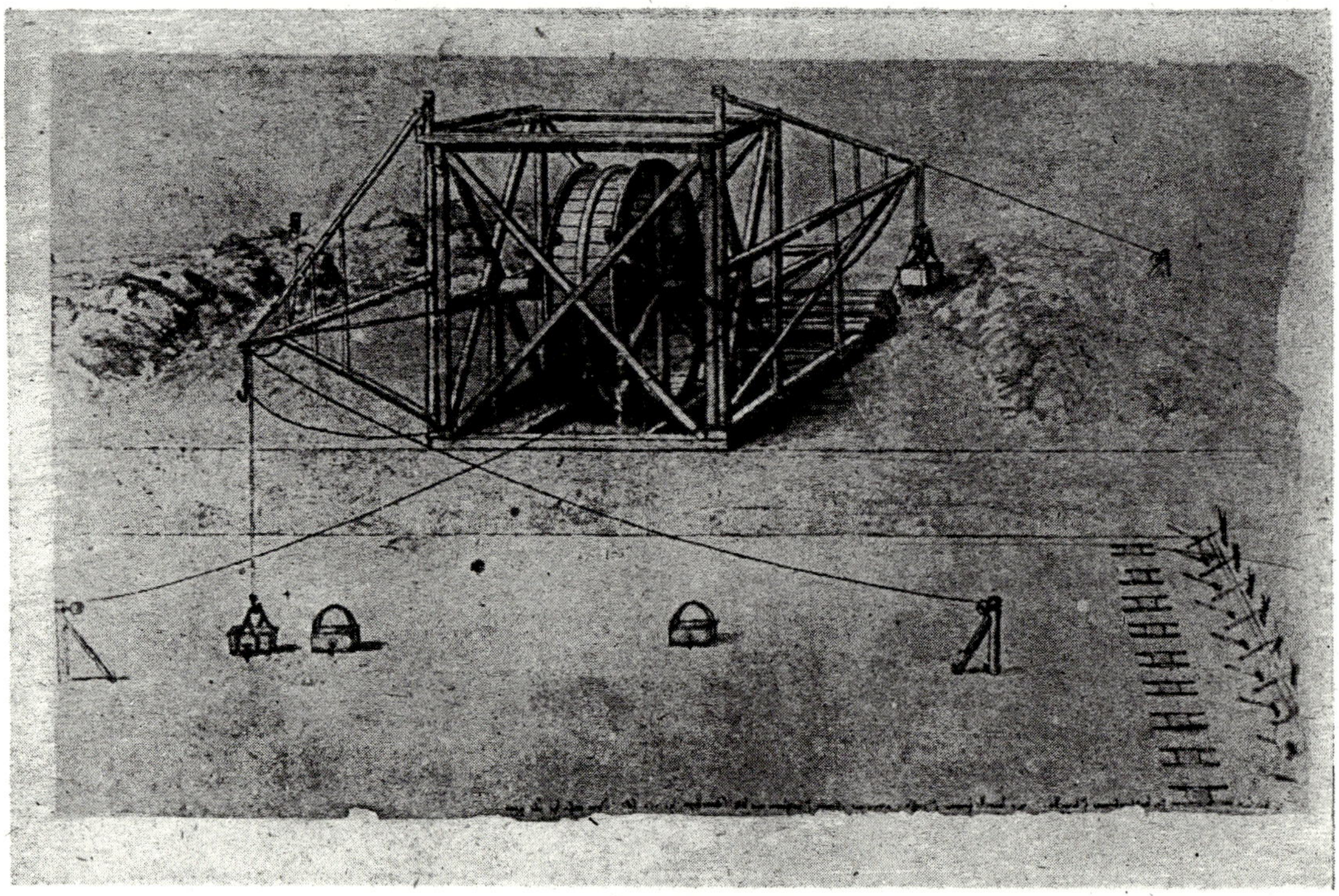

運河開鑿

第二回

日本美術の革正

忠愛美術院展開催

會期・八月一日……八月十四日

會場・上野公園「日本美術協會」

（日本畫・油繪・彫刻）

レオナルド・ダ・ヴインチとその藝術

森田龜之助

*大抵の知識階級は、レオナルドが藝術の巨匠であることは既に知つてをるだらう。然しその以外にも如何に優れた才能の持ち主であつたかを知つてゐる人は比較的少ない。

レオナルドが伊太利亞復興盛期の藝術家として――特に畫家として代表的な一人であることは申す迄もないが、それは彼れの全貌のうちで、後世の人に最も多く、最も明らかに認められた一側面に過ぎない。

レオナルドは單なる藝術家ではない。自然の偉大なる研究者であり、又、其の研究成果の熱心な利用者である。

*謂はゆる復興期は人間の精神が中世の桎梏から開放され、人々は甦生の力と熱とを以て天賦の才能を全面的に發揮させた時代であるから、此時代の人は人間として全體的に發達する傾向が強く、自然、其の研究や業績も範圍が廣い。現代によく見る如き、小さな分業的專門の埒内に跼蹐して、他の方面では低能に等しい畸形的人物は少ない。

藝術家でも、此時代の人は、一つの技術しかできぬといふやうな人は稀れで、大抵、繪畫、彫刻、建築、鑄金、彫金等の大部分に通曉し、又、それに聯關する學問、解剖學、遠近法等の熱心な研究者であるのみならず、或は更に詩人であり、音樂家であり、又更に數學者であり、哲學者であるといふやうなことは珍らしくない。レオナルド・ダ・ヴインチやレオン・バツチスタ・アルベルチなどは正に其の典型的實例であるが、そのうちでも、レオナルドは拔群の巨人である。

*『天は屢、人類に最も充實せる贈物を下す。で、當然といへば當然だが、然し往々、唯、一個の人間に措し氣もなく豐富に、美と、氣品と、萬能とを賦與することがある。それで、其の人物の爲すことは、どの行爲でも、すべて他の人を超越する程高貴であることになる。かくして天は、其の人の天才が全く神の賜物であり、人間の細工に依て獲たものでないことを明らかにする。人は正に此事實をレオナルド・ダ・ヴインチに於て見た。彼れの風采美は過褒の餘地なく、その一々の行動は高雅そのものであり、その才能は、如何なる困難でも忽ち解決し得る程非凡であつた。彼れは器用さと共に優れた膂力を持ち、又、いつも變らず鷹揚で宏量な氣魄と勇氣とを持つて居た。而して彼れの名聲は、只、其の生存時に尊重されたのみならず、その死後愈增大する程、廣く喧傳された。』

以上は、有名な藝術家列傳の著者ヴアサリが、レオナルド傳の冒頭に書いた讃辭である。全く此人の偉いところは、一面的な不具的な天才でなくして、精神的能力に於ても、肉體的精力に於ても、遙かに餘人を凌駕してゐる點である。謂はゞ全面的に優れた巨人である。その腕力でも、蹄鐵を鉛の如くに曲げ得たと言はれて居る。

*勿論レオナルドも畫家であると同時に、彫刻もやり、建築家であると共に、土木、工學の技師であり、科學者でもあつた。音樂家としてもリユートの彈奏に秀で、又、詩人といへぬ迄も詩人的資質豐かに、哲學的思索に於ても一家の見識を備へてゐた。然し只之だけのことならば、復興期には左程特異な例ではない。レオナルドの特殊性と偉らさは、科學者として其時代に嶄然一頭地を抽んでると共に、繪畫に於ても時代の先覺であつたといふ點にある。藝術家が科學を研究することも、彼れの時代には決して珍らしいことではない。彼れの師匠であつたヴエロツキヨでも、ピエロ・デラ・フランチエスカでも幾何學の熱心な研究者であつたし、解剖學、遠近法は勿論、天文、地質の研究者まで幾らもあつた。然しレオナルドは、研究の範圍といひ、其研究の態度といひ、それ等の人と異なり、眞の科學者であつた。彼れにとりては、藝術さへ科學である。

これに就ては又後に述べようと思ふが、要するに、レオナルドの場合では、藝術と科學が高き程度に於て調和し提携してゐるのである。

*レオナルドが藝術と科學に對する傾向は既に幼少の時に現はれてゐる。十四歲、父に伴はれてヴエロツキヨの許に入門する以前、夙に非凡な畫才を示してゐたのみならず、算術にも優秀な素質を發揮し、敎師はその提出する難かしい疑問や問題に惱ませられたといふ。

現今の敎育家や親達の中には往々、畫の巧い子供を見ると、數學は下手だらうとか、物理、化學はできないだらうとか定めてゐる人がある。で、生徒が繪の巧いのを喜ばない、奬勵しないといふ中等學校長に出遇ふことなども時にはある。又、美術家の中にも、私は數學や語學は全く駄目でしたと得意然といふ人物があるかと思ふと、他の專門家で、どうも中學時代繪は苦手でしたなど、自慢氣に放言する人もある。之れは現在汎濫してゐる畸形的藝術家なぞを始終見てゐるせいもあらうが、醫者が本業であるのに、繪や文學で名を成すと、それでは本職の方は藪だらうと獨斷するのと同樣、根據なき迷信である。正常、健全な人間に在つても、科學と藝術は反撥するものではない。調和し得るものである。

*レオナルドは何をやるにも獨立不羈で、他人の糟粕を嘗めることを大に嫌つた。例へば、畫道でも、直接自然を研究せずして、徒らに他の畫風を摸するのは、自然の子となる代りに孫となるものであるとか、或ひは、眞の發明者と、他人の仕事の提灯持とを比較すると、前者は一つの物であつて、何等か意義があるが、後者は鏡に映つた姿の如きもので、何物でもないといふやうなことを言つてゐる。で、科學的研究でも、彼れは全然古人の研究に無關心でもなく、又、それが眞理なれば採り入れるのに吝でもないが、大體、數學の如き純推理の學問は別として、自然科學では直接經驗を第一とした。

科學に就ての彼れの熱心は、勿論先づ客觀界の神秘に對する天賦の好奇心から生れたと思ふ。此意味に於ては、それが科學の如何なる分野に屬さうとも、興味を牽くものでさへあれば何時でも研究對象になる譯である。而かも、更に彼れは、科學研究の所得を實際生活に利用せんとする意圖も强かつたから、一つの工夫、一つの發明のために、全然性質の異なつた研究實驗を前後してなす必要もある筈だ。從つて、彼れの研究は、今日のもの丶如く、一種の學問を秩序立て丶研究し續けるといふやうな窮屈なやり方ではない。其手記を見ても、天文の原則、音響の法則、顏料の記事など雜然と同一紙面に誌されてゐるといふ風である。

之を約言すれば、彼れの研究對象は、すべての眞理、すべての學問を抱含する全體としての自然であり、その範圍は百科辭典的である。これを現今の科學領域で說明すれば、彼れの研究は、力學、光學、天文學、地質學、氣象學、地理學、植物學、生理學、解剖學、化學、工業等々、殆んど科學の全領域に渉つて居る。

*かく廣汎に渉る研究の成果は、現在、歐洲各地に保存されて居る約五千枚の彼れの手記中のあちらこちらに混然雜然と而かも左文字で誌されてある。で、之を整理するのは容易でない。若しこれ等が、彼れの晩年か死の直後にでも系統的に編纂され、公けにされてゐたなら、彼れ以後に出た幾多の大眞理發見者は、少くともレオナルドを先覺者として、彼れに其榮譽の一部を讓らなければならなかつたらう。遺憾ながら、彼れの手記の內容、價値が公にさる丶に至つたのは、僅に十九世紀の末年になつてゞあつた。

彼れが科學上の創見や價値を、一と通りでも敍述することは、科學者でない筆者の能くするところでないし、又、できても本稿の分量がそれを許さぬだらう。然し、科學者としてのレオナルドの慧眼と洞察力とを實證するため、一二の例を擧ぐるならば、彼れは、液體に就て、パルカルの原理を夙に知つて居り、又、コペルニカスやガリレオ以前に地動說を認め、シエヴルール以前に補色の關係を察知して居つた。其の他、地質學、解剖學、植物學など廣い範圍に渉つて創見が多い。

*次に科學の應用方面、即ち、發明家、技師としてのレオナルドを觀ると、こ丶でも其の關係する範圍は實に廣いのである。彼れは物の考案、工夫に特別な興味を持ち、又、學的研究でも工學を「科學の極樂園」と呼んでゐたといふ位である。彼れの考案、設計になるものは矢張り手記のうちに圖示されて居るものなど多いのであるが、之を悉く列擧するなどは勿論不可能である。唯漫然とその三四を拾へば、種々な揚水機、金屬壓延機、穿孔機、螺子切り機、天鵞絨剪毛機、撚綱機、攻城野戰の大小各種兵器、軍用急架橋、攻城櫓橋、研磨機、自然內燒機、潜水具等々から、各種機械の部分的考案等に及び、更に、時としては、友人を驚かす惡戲用材料や、複雜で困難な模樣の工夫までやつて、其考案慾を滿たした。彼れが飛行機、落下傘の工夫に寢食を忘れたことは著名な話である。その爲、彼れは鳥の飛翔を熱心に研究し、或る手記の二十頁許りは其の記錄で埋められてゐる。

技師としては、寺院建築の研究、都市計劃、運河開鑿、貯水池計劃、河川改修、閘門やダムの研究、城塞設計等が知られてゐる。

ヴアサリはレオナルド傳の末尾に、『彼れは現實に其の仕事を仕揚げたよりも、寧ろ言葉で語つたゞけの方が多い……』と書いてをる。即ち、之は計劃や研究だけに終つて、實際製作として遺されたものが少ないことを意味すると思ふが、正に之は、彼れの仕事の全般に渉つて、遺憾ながら事實である。然し、それは藝術製作の場合では彼れ自らの責任に歸せられ得るが、考案した機械や工事が計劃だけで、實際化されないのは大抵止むを得ないのである。

ルドヴイコ・スフオルツアに自薦した彼れの手紙でみると、軍事技師として可なり强い自信を持つて居たやうだが、彼れの考案が實用に供せられたことを聞かない。彼れが新案の兵器中には殆んど空想的で實用價値の無いやうなのもあるが、中には元込砲や掃射聯裝機銃の如く現代火器の先驅をなすものもあり、當時用ひられた此種銃砲で現存のものもある由である。水の利用に就ては若い頃から興味を持ち、從つて、水力學などに造詣深く、大に之を發達さした彼れではあるが、それ等の實際工事にどの位の範圍迄關係したか明確でない。けれども此方面では實地に其の才能を働かしたことは確かで、例へば、ミラノ邊の人々はその邊の運河をレオナルドの遺業として、感謝して居る。

レオナルドは日常生活又は家庭工業程度の器具、機械も可なり澤山考案して居るが、斯樣な簡單なものは實際に利用され易いので、この種のものでは、十七世紀の始め頃迄、ミラノの人が實用に供してゐたものが幾つもあつたさうである。

*先きに、レオナルドにとりては、藝術も科學であるといつた。其の意は、藝術も彼れには自然研究の一部門であり、又、其の應用であるといふことなのである。

レオナルドの藝術は先づ第一に、視覺の對象としての自然研究である。秤を以て物を量つた時に重さが判ると同じ意味で、視覺を以て自然を研究した時、如何なる結果が出るか、そこに如何なる法則が存在するかを見るのである。故に畫家は對象に向つて鏡のやうな態度で、其の眞の姿を描寫しなければならぬ。で、遠近法や光學は繪畫と密接に提携する研究科目である。

自然の映象である繪畫を輕んずるものは、即ち自然を輕んずると同時に自然が有する種々な性質の研究や、自然が暗示する哲學迄も輕視することになるといふ意味の言葉を彼れは遺して居るが、之を逆に云へば、繪畫の爲に自然を觀察することは、其れ自體一つの自然研究であるが、尙、自然が含む可視的現象以上の眞實を研究する前提ともなるのである。

科學にも、眞理追求と其の應用とがあるやうに、藝術にも同じ兩面がある。肖像などのやうに對象が實在してゐる場合は別だが、例へば『最後の晩餐』の如く、現實では看られぬ場合を描く場分には、自然研究の成果を基として全く創作せねばならない。此の應用の場合でも、レオナルドは、研究の場合に嚴格であると同程度に嚴格で、決してよい加減な空想を許さない。研究から得た理論的根據がなくては滿足しないのである。尤も是は彼れの仕事に對する一般的態度で、『理論は士官で、實行は兵士』であるとか、『學理を知らずして實地練習にのみ汲々たるものは舵機も羅針盤も無き船の操縦者の如し、その行く手は決してさだかならず。實地練習は常に正しき理論の上にこそ樹つべけれ』などいふ彼れの言はそれを示してゐる。研究の時でも科學を前提とするのである。

＊レオナルド程仕事をした人も少ないが、又、彼れ程纏まつた仕事を遺さぬ人も少ない、とよく云はれる。事實其の通りで、多數の素描類は別として、彼れの確實な作としては、伊太利ミラノ市サンタ・マリア・デルレ・グラアツイエ寺院の壁畫『最後の晩餐』、佛國パリ市ルウヴル美術館の有名な『モナ・リザ』と『聖母子と聖アンナ』、尙、フイレンツエ市ウフヒチ美術館に『博士達の參拜』、ローマ市ヴアチカン美術館に『聖ジエローム』等、共に未完成の作がある。其他、世間に顯著な作では、ルウヴルとロンドン國民畫廊とにある『岩窟の聖母』、矢張りルウヴルとウフヒチとに在る『降胎宣告』などであるが、是等には相當議論がある。卑見では、『岩窟の聖母』ではルウヴルのもの、『降胎宣告』ではウフイチのもの丶方が良さゝうに思ふ。彫刻遺作に至つては、確實なものは殆んどない。

遺作の少ないのは、フランチエスコ・スフオルツア紀念像の馬の原型の如く、戰禍で壞されたり、又、不明な徑路で亡失したりした爲でもあるが、然し、それ等が現存したとしても、矢張り全體として寡作である。それは、彼れが大變凝り性であると共に、その興味が餘り多方面であつたからである。仕事や研究は非常な熱を以てやるが、幾らやつても自から滿足できない。流石精悍な彼れも疲勞して倦むで來る。そのうち他に新らたな興味を牽くものができて、前の仕事はそれなりになつて了ふといふ譯である。例へば、スフオルツア紀念像でも十六年間も苦心し、漸く馬の原型ができたが、一四九九年、佛國軍隊の射手にそれを破壞されて以來、それなりけりになつてしまつたのである。

＊レオナルドを描寫せんと企てた此の拙劣な私の素描も、まだ加筆すべき部分が澤山ある。此巨匠の仕事同樣、私の素描も未完成に終らせるのは殘念ではあるが、早や餘白が無い。それに、兎も角、大體の輪廓だけは現はし得たと思ふので、二三、傳記事項を附加して此稿を終ることにする。

（レオナルドは一四五二年伊太利亞の田舍ヴインチ村に生る。父はセル・ピエーロ・ダ・ヴインチといふ公證人である。青年期は故鄕に近き大都會フイレンツエで過し、三十歲頃、ミラノ市に行き、そこの支配者ルドビイコ・スフオルツアに仕へ、一五〇〇年ルドビコ沒落後は再ぶフイレンツエ、又は羅馬に滯在、一五一七年佛國王フランソア一世に招聘され、佛國に赴く。遂に一五一九年その地に歿す。享年六十八歲であつた。）

レオナルド・ダ・ヴインチと余の興味

矢代幸雄

その昔、私がレオナルド・ダ・ヴインチに就て熱心に研究してゐたときの事を回想すれば眞に感慨無量である。私は今こゝでダ・ヴインチに對する私の興味と云つたもの、感想と云つたものを、ごく砕けて氣樂に語らうと思ふ。勿論これは、學術的に整理してゐないものであるが、レオナルド研究のサジエスションにはならうと信じてゐる。

さて、レオナルドに關する私の感想を述べる前に、特に留意して貰ひたいことがある。それは二つの點に就てだ。

その一つ――。レオナルドに就ては、實に驚くべきほど種々雜多な著述があり、いろ〳〵な物語がある。世界の美術家の中で、かう云つた例を他に看出すことは出來ないと思ふ。これはレオナルドの人格やアートが、他の美術家の人格やアートと違つた點があるからである。レオナルドと云ふ人は、何か興味を起さないでは措かない力强いものを持つてゐた。物理學者としても、數學者としても、一口に何と云つてよいか判らないほどの魅力を持つてゐた。かう云つた型の人物は、また藝術家は、ほかに見當らないと思ふ。

私は、これまで、諸方の圖書館に行つて、レオナルドに關する著書だの、感想記だの、さうしたものを渉獵して、いろ〳〵調べてみた。ところが、さうした著述が實に夥しいので全く閉口してしまつた。と云ふのは、それらの分量が多いと云ふばかりではなく、大概なことは、わざ〳〵讀んでみても何にもならない感想に過ぎなかつたからである。

例へば、レオナルドの傑作「モナ・リザ」に就ても、さま〴〵な著述がある。これらを繙讀してみると、實にいろんな事が記述してあるので、うんざりしてしまふのだ。中には、レオナルドとは、凡そ縁の無い事柄まで書きたてゝある。私は、その都度、肚から往生してしまつた。

フイレンツエに居られるベレンソン先生が、レオナルドに就て餘りに多く著書があるので参つた、と私に云はれたことがある。「モナ・リザ」がルーヴルで盗難に罹つた時、先生は、「これで、まあ、よかつた。」とその随筆に書かれたほどである。要するに、「モナ・リザ」に就て、餘りいろ〳〵なことが書かれたり、傳へられたりしてゐるので、レオナルドのアートそのものが阻害されてゐる、と云ふ見地から、先生は、「まあよかつた。」と、こんな變つたことまで書かれたのである。

レオナルドの繪は、實に澤山あるから、果してどれが傑れてゐるか、と云ふことの判別はむづかしい。だからレオナルドに關る著述の見別けをすることが肝腎である。このことを先づ注意して置きたいと思ふ。

レオナルドを、はつきり認識するために記憶して置かなければならないのは、英吉利のナショナル・ギヤラリーに居られるサー・テニスン・クラーク先生のことである。クラーク先生は、レオナルド研究では、世界一流の人士である。

その二つ――。私の觀るところ、レオナルドは、多角的な長所のほかに、それに劣らない短所も持つてゐた。しかし彼のタレントは驚嘆すべきもので、科學者としては兵器を發明したり、機械を創成したりした。數學者としても、彼はその天禀の才を發揮した。かういふ方面にも私たちは彼に學ばなければならないのである。けれども、彼の一番偉いところは、何と云つても藝術である。畫家としてでない方面に亘り、後世にまで示唆するものを多く遺したのであるが、レオナルド自身、その全力を傾注したのは實に藝術であつた。

偖て、私の感想を述べると、私がレオナルドに興味を持ち始めたのは、帝大に在學してゐた時である。メレヂコフスキイの、レオナルドの傳記を扱つた小説「先驅者」この英譯本を先づ讀了した。これは、谷崎精二氏も譯著してゐられる。「先驅者」は歴史小説であるから、勝手がましい想像も加へられ、センチなところもあり、今讀めば遣り切れないと思はれるところもあらう。しかし、レオナルドを認識するためには、大いに役立つ著述であると思ふ。

當時、レオナルド研究でひたむきになつてゐた私は、「モナ・リザ」の寫眞を買ひ入れて、私の室に飾つた。次に、北歐のレムブラントの描いた「サスキヤ」の寫眞を手に入れて、これを並べて掲げた。後者はレムブラントが深く愛してゐた美しい妻サスキヤの肖像畫である。私は、この二つの繪を、毎日眺めて悦んでゐたものである。

「サスキヤ」の方は、いつ見ても單純な快き笑ひを感じる。ところが、「モナ・リザ」の方は、とてもいゝと思はれる時と、何だか意地惡く思はれる時と、感じ方が二樣に別れる。これは、原畫を見た折も、大體さういふ風であつた。何か反感を持たせられながら、結局惹きつけられてゆく、と云ふのが私の僞らない感想である。兎に角さういふ譯で、その當時、私は、時々、「モナ・リザ」の方を裏向けにしたものであつた。私がこゝに、レオナルドの藝術性と、レムブラントのそれとの相違を見るのである。歐洲に行つて双方の原畫を見較べた時も、この感想に異るものがなかつた。

私は歐洲に留學しようとする時、本當のところ、レオナルドの研究を專念にやらうと思つた。倫敦に到着したその日、未知の往還を歩きまはつて、ナショナル・ギャラリーに這入り、レオナルド作の「岩窟のマドンナ」を見て本當に感心した。まるで深海の底を見るやうな氣がした。しかしその後の研究では、これを、レオナルドの作品と思はない。兎に角、その時は非常に感心して眺めた。海の底のやうに見えたのは、私が眺めてゐるうちに日射しが窓から洩れ落ちてきて、その繪に降りかゝり、自然にさうした氣持を起させたからであらう。これは、レオナルドの弟子であるアンブレヂオ・プレデイスの作品であるとも云はれてゐるが、私はさうとも思はない。いづれにしても、他の人の手に成つたものと思つてゐる。

倫敦にもう一つ、これはレオナルドの大傑作、世界一のデッサンが、ローヤル・アカデミーに飾られてある。即ち、「サンタ・アンナ」である。聖母マリアの母であるアンナ、そしてマリヤと基督、この三者が描いてある。これは、ルーヴルにあるものの最初の構圖である。ミケランヂエロのものを入れ、ラフアエロのものを入れ、レオナルドの作を加へ、全部のデッサンの中で、私は、これが一番好きであるし、又一番傑作だと思ふ。

次に私は、フローレンスに行つて長く滯在した。そして、レオナルド作の「アドレーション」を見た。これは出來かけの繪である。しかし偉大な未完成の繪である。この繪は、基督が生れた時、東方の聖者たちが拜禮に集つてきた有樣を描いてある。水墨畫のやうな調子で描かれてゐる。セピヤと綠色とが使つてあるので、はつきり見定めにくい。しかし熟視すると、ちやんとしたものが瞳に映じてくる。この繪を眺めてゐると、出來かけの宇宙を見てゐるやうな氣がする。底の知れないものを感ずる。實際、これは、レオナルドの繪の中の最傑作なのだ。

私がボチチエリの研究をやつたのも、實はレオナルドを研究するためであつた。兩者とも、その藝術性を異にしてゐる。しかし、レオナルドはボチチエリの藝術を認めてゐたと思ふ。その證據には、レオナルドが著述したものの中に、毫も他の畫家のことが出てゐないのであるが、唯、ボチチエリの事柄は出てくる。それも惡口である。曰く――

「藝術家は自然の子である。しかし、今の藝術家は自然を研究しない。その例證として、ボチチエリがある。」

レオナルドは、非難の例としてボチチエリを擧げたのだ。非難であらうと、惡口であらうと、彼は兎もあれ、ボチチエリの事を問題にしてゐた。事實、レオナルドは他の繪描きのことは問題にしなかつたのだ。

フローレンスの市役所の二階、その大廣室の兩側に、ミケランヂエロとレオナルド、この兩人の繪が出てゐる。この兩雄が渾身の力を籠めて描いたものであるが、双方とも未完成である。そのデッサンを見ると、ミケランヂエロは「ピザの戰」を描き、レオナルドは「アンギアリの戰」を描いてゐる。後者では、馬と馬とが嚙み合ひ、人と人とが斬り結び、軍旗を奪ひ合つてゐる構圖だ。双方を見較べると、私はどうもレオナルドの繪の方が贏ちを占めてゐるやうに思ふ。そして、その二つの壁面を見、兩雄が競ひ立つて腕を揮つた當時の有樣を想像し、私は眞に身顫ひしたものであつた。

先程述べた「モナ・リザ」は、いろ〱批評されてゐるのだが、それは、美しくて淑かなヂョコンダと云ふ中年の婦人を描いたものである。あの微笑、それには、ほかの意味を持つてゐない。だのに、ヴアンプ型の婦人に見られるのは、レオナルドに取つて迷惑であらう。

ぼうつ、としたあの繪の色調、場所はアルノ河附近、かはたれ時である。フイレンツエの秋の夕ぐれは、人を美しく見せる。レオナルドは、柔かな光が漂ひ、綺麗な靄がおりてゐるさまを描き現したのである。

リザは謎なきスフインクスである。意味ある微笑を洩してゐるのではない。ヂョコンダの微笑をあれだけに描けば、何人にも一種の謎を感じさせるのではなからうか。

レオナルド作の「最後の晚餐」、これは世界の名畫とされてゐるのであるが、私は好きでない。これは、基督が十二使徒を集めた席上、この中で誰が自分を裏切る者がある、と云つたので、十二使徒が動搖する、さういふ構圖である。

この繪を見ると、私はアルプスを感ずる。この感じは、レオナルドの他のデッサンの中でも、よく持たせられるものである。私は、ある時、あるホテルの窓から、雷鳴の物凄いなか、マッタアホーンを中心に、アルプスの山々がそれ〱生動し、ある山は呼び、ある山は應へてゐるやうな景觀を目にした。「最後の晚餐」では、ある使徒は悲しみ、ある使徒は憤り、或は瞠り、或は指差し、丁度それが、アルプスの山々が呼應してゐたあの時のさまを想はせるのだ。使徒が動搖してゐるなかで、基督は、恰もあの時のマッタアホーンのやうに落ち着いてゐる。――私はさういふやうに感ずるのである。

レオナルドの繪は澤山殘つてゐる。そして悉く自然の感化を受けてゐる。レオナルドは、見たもの、興味を持つたもの總べてをスケッチしたのであつた。

英吉利皇帝が所藏してゐる夥しいレオナルドのデッサンをキンザアで見たことがある。私は二ケ月ばかり、毎日そこへ通つた。一體レオナルドを研究するには、そのデッサンを見なければならぬ。そして、レオナルドは、ギッチョであるから、字が左卷きにしてある。左手で描いたかどうか、翳がどう附けてあるか、これらの點で、レオナルドのデッサンの眞僞を判定することが出來る。

レオナルドのデッサンを見ると、いろんな感慨が湧いて出る。しかも、彼の心の中を覗きこめるやうな氣がする。いろんなデッサンのうち、自然を研究したものに、私は一番興味を持つた。例へば木の生え方を描いても、立派に物理學的構成を爲し、そこに一絲紊れざる法則があることを摑み現さうとしてゐる。その法則を摑み得たものは、「水の流れ」である。この繪はミラノの溝川を描寫したもので、明晰を極めてゐる。

レオナルドは、美男子が好きであつた。だから、彼の弟子は皆綺麗であつた。そして又髮の毛が好きであつた。

「髮の流れも、水流的構成を取る。」

と、彼はその著述の一つに書きつけてゐる。

レオナルドは、例へば、火藥が爆發して崖が崩れる光景を描く。その繪を見ると、まるで現今の高速度寫眞機で撮影したもののやうに精緻である。彼はさういふ境域まで觀察が行きとゞかなければ、決して繪を描かなかつた。これが、レオナルドに未完成の繪が多い理由である。

彼の藝術は、東洋的氣分を持ち、近東の要素を含んでゐる。波斯のミニアチュアの影響は受けたことと思ふ。尚、彼は、東西古今を通じて、人間としての偉さを持つてゐたことを特に附加しおきたい。

レオナルドは、その晩年、フランス國王に招かれ、ロアールの岸に近いところに棲み、國王の寵を得てはゐたが、母國を去つたのでさだめし淋しかつたに違ひはない。彼がフランスで鬼籍に入つたことは周知の通りである。

（六月三十日伊太利文化會館にての講演に據る――文責在記者）

未來文化の創造者 レオナルド

――レオナルドへの回顧――

柳 亮

レオナルドについて最近我國で大分問題にされてゐるが、レオナルドの世界的な天才であることは誰でもよく知つてゐる。

今日迄の所レオナルドはあまりにもわかり過ぎてゐて今更問題にすることはないと考へられてゐた。それが最近新に見直されようとする時代となつてから、いくらか今迄のレオナルドに對する考へ方とは變つて來たのである。どんな點が變つてゐるかと云ふと、現代と云ふ時代がレオナルド型の人間を時代的に要求してゐるといふことである。別の言葉で云へば現代との關聯に於てレオナルドを考へ、そこに一つの共感の立場を作つてゐるといふことである。今度のレオナルドの展覽會でも、やはりそんな觀點から計劃されてゐると思はれる。この展覽會は一九三九年イタリーのミラノで行はれたものと同じ計畫であるらしい。その時の企劃を見てもレオナルド的性格と云ふものを明らかにしようとする所に展覽會の主眼點があつたやうである。

レオナルドの性格の最も著しい點は、彼が凡てに通じてゐて何をやらせても一流の仕事をし萬能の天才であつたといふことである。且つ又、どの部面に對してもいつも時代に先んじて、創造的能力を發揮したことである。

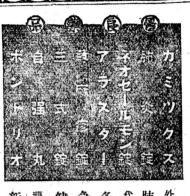

一言にして言へば偉大なる先驅者としてのレオナルドの示した足跡と云ふものが必然的に現代のやうな時代には何にも增して要求されるわけである。

何にでも通じてゐたといふことは必ずしもレオナルドだけではなく、ルネツサンス時代には他にも多くの例が見られたが、この時代は職業的に專門化されてゐず、當時の優れた人々は、大なり小なりレオナルド型の人が多かつたのである。美術家で云へば、畫家は彫刻もやり建築も出來たし、彫刻家はまた繪も描けば建築も出來た。同じやうに建築家は繪も彫刻も作れると云つた人が多かつたと同時にその時代は內外、戰爭の絶え間ない時代であつたから藝術家も戰略其他に參劃しなければならなかつたわけでもある。即ち萬能的天才なるものはルネツサンス時代全體の性格と言へやうと思ふ。而してそれが時代を下るに従つて段々專門的になり色々な分野にわかれ、今日では或る部門では非常に優れた人でも他の部門に於ては一凡兒にすぎぬやうな結果を來してゐるのである。その結果として現代は各部門が別れ〳〵となり、知識水準の平衡を失つて終つたのである。

就中、藝術と科學は全く相容れない正反對の本質を持ち正反對の立場で發達して來たものだから、藝術界と科學界の距離の如きは同じ人間のつくる文化と云ふ上でも緣の遠い或は最も正反對なものとなつたのである。

この最も正反對としてゐる科學と藝術を同じ高さで同時に把握して決して矛盾しない、一個の方法論として把握することの出來たのがレオナルドである。かう云ふ性格が現代から最も回顧憧憬されてゐるのである。

例へば近世の歴史を見ても、ものゝ考へ方が科學的なものを重んじ、科學的合理性の支配する世界が極端に重んぜられた結果として唯物主觀的な考へ方が支配的になつてゐた。而して、現代の思想の動きは近世の科學的合理性に出發點をもつた在來の思想を修正しようとする所に來てゐる。その修正とはかゝる意味で精神主義の時代と云へやう。一言にして云へば物質主義から精神主義へ轉換して來てゐるのである。しかしこの新しい精神主義の勃興は科學的合理性以前へ戻ることは意味してはならない。むしろ科學的合理性の立場に立つた精神主義でなければならないのである。

かう云ふ時代の性格から、レオナルドを回顧して見るとレオナルドの一生を貫いた生きる態度にしても、その仕事にしても、いつも科學的合理性を基礎にしてをり、しかもレオナルドの藝術作品が示してゐる様に一段と高い精神主義の立場から把握してゐたと云ふことがよくわかる。例へば神と云ふ考へ方にしても、從來の基督教會の説く單純な非合理的な意味での神を考へないで、宇宙の萬象を背後から支配してゐる自然の攝理の中より神を見出してゐる。レオナルドはいろんな科學的な研究を通して自然の攝理のあまりにも合理的なのに一驚しこれこそ神の意志であると考へた。さう云ふ態度が彼の藝術の上にもはつきりと表れてゐると思ふ。

レオナルドは彼れ以前迄の意味で言はれてゐた宗教畫は描いてゐない。然しその殆んど大部分が宗教的主題に基いた作品ばかりで代表的なミラノの「最後の晩餐」等も全く以前の「最後の晩餐」圖の様式を根本から破壞した表現をしてゐる。畫面全體に貫かれてゐる繪畫の氣韻を見るとなんとも云へない崇高な超人間的な高い品格が表れてゐる。レオナルド以前の「最後の晩餐」圖は凡て宗教教義上の型を出ることを恐れてゐたかに見える。しかも、多分に裝飾的で精神的な内容を伴はないものが多かつたのである。

例へば基督の表現にしても、聖者にしても、それ等の宗教的威嚴を與へる爲め、頭に金の光輪を描いてゐる。かゝる説明的な要素はレオナルドにとつて不合理なものとして斥けられた。實際の自然現象の中で把握される狀態に於て對象を取り上げながら内容的に神格を表すと云ふことが一層合理的であるとレオナルドは考へたのであつた。それで彼の「最後の晩餐圖」の中には眼に見えない極めて自然な狀態、眼で見た自然を――しかも眼に見えない内容を描かんとする努力があの名作を生んだのである。

その他、「岩窟の聖母」にしても「アンナ」の繪にしても、何か畫面の奥に一沫の神祕性――その神祕性は説明的要素にはなつてゐないけれども内容的な力となつてゐる神祕性である。

その一番簡單な例が「謎の微笑」で知られてゐる「モナ・リザ」の作である。これは藝術上の話だが彼の科學上の事蹟を見てもその科學的な發明が單に「知り得る世界の説明」と云ふ態度にとゞまらないで、知られざる世界の探求と云ふ態度を示してゐる。ルネッサンス以後現代に於ける近世史上に表れた科學の歩みの一般的表れ方は、知りうる世界の説明に墮してゐた。それを、一歩進んで知られざる世界の究明をとつたことはやはりレオナルドの思想の中にある精神主義の表れに外ならないものであつた。その結果は彼をして創造へ創造へと導いて來た。

今日の進歩した技術から見るとレオナルドの考へた機械或ひは發明品は多分に幼稚なものもあるが、又多くは未完成なものである。それ等の總べては現代文明の基礎をなしてゐるものであつて、現代の勝れた科學と雖も曾つてレオナルドが考へ既にレオナルドが礎石を下さなかつたものはないのである。

つまり、レオナルドの考へ且つ意識したことを今日迄の歴史が完成させて來ただけに過ぎないのである。その意味でレオナルドの創造者としての、先驅者としての性格が今日以後の人類の動く方向に重要な教訓を與へるものと云はねばならぬ。

一言にして言へば過去の偉大なる完成者としてのレオナルドよりも、今日以後を示唆する偉大なる未來への未完成者としてのレオナルドに大きい意味があると思ふのである。（文責在記者）

文藝復興と　レオナルド・ダ・ヴインチ

ウオタア・ペーター

　十五世紀の運動《ムウブメント》は、二つの方面を包藏してゐた。その一つは、ルネッサンスであり、他の一つは「近代精神」と呼ばるゝもの、即ちそのリアリズムと、經驗への適應を隨伴する精神の到來であつた。乃ち、それは古代への復歸と自然への復歸を意味した。かくてラファエルは古代への復歸を代表し、レオナルドは自然への復歸を代表する。この自然への復歸といふことに於て、彼は、自然のもつ永遠の驚異に對する限りない好奇心を滿足さすべく、或はベーコンの指示した「自然の至妙《シュブチリタスナツレ》」といふが如き機能の複雜微妙な「美《フイネス》」によつて完成される顯微鏡的センスを滿足さすべく探求してゐたのであつた。そこで、吾々はしば〱彼が科學方面の人々と親密な關係を有してゐたことを發見する。――たとへば、數學者のフラ・ルカ・パチオリーや、解剖學者マルク・アントニオ・デラ・トルレなどがそれである。彼の觀察と實驗とは、稿本で十三册をみたして居る。そして批判し得る人々は、彼を目して、その迅速なる直觀によつて、後に來るべき科學の諸觀念を、ずつと以前に先見して居た人だと云つて居る。彼は月の照らない部分の薄暗い光の説明をなし、今貝殼のある山岳は、往時海に蔽はれて居たところであることを知り、又赤道の海水が極地の水の上に集まることを知つて居た。

　斯くの如く、自然の最も秘密な部分を洞察した彼は、常により遠いものをより近いものよりも選び取つた。又例外と見えるけれども、實は一層精妙な法則の一例證であるやうなものを選擇し、特殊の雰圍氣と混合せる光線の中における事物の構造を探求した。彼は又非常に驚くべき巧妙さを以て、花卉を描いたので、いろ〱の著述家は、彼が特殊の花に對する好愛の念を有するものと考へた。例へば、クレマンはシクラメンを、リオは菫を、レオナルドの得意の花だとした如きが即ちそれである。然し、ヴエニスには、菫と野生の薔薇との習作で一面に滿されて居る一枚の紙が殘つて居る。これは彼の紙挾の中から脫けたものである。――風景における奇異なもの、珍奇なものに對する趣味は、レオナルドに於て初めて現はれる。瀝青色の岩の綠の蔭に充ちた凹地や、水と光の奇態な幾つかの面に切る峨々たる玄武石の層、――此ものゝ正反對な典型は、英國の西方の海にある――凡ては流動する水の嚴かな働きである。觀者は「バランスのコドンナ」の荒地の岩石の間に在る遙けき泉から迸り出て、湖のマドンナ」のそこはかとなき靜けさの中に、小さい瀧となつて入り、次には「巖のマドンナ」の崖の下で、可成の河となつて遠くの村々の白い壁を洗ひ、「ラ・ジオマンダ」では、その水が「聖アン」の海岸を指して、いくつもの流れに分れ、恰も水流の網細工をなして忍び行くのを、かくの如くその源頭から跡つけることが出來る。「聖アン」に描かれたこの美しい場所に於ては、風は精巧な蝕鏤師の手の如く、水面を撫で、碎かれざる貝は、厚く砂上に横はり、波浪の屆かざる岩の頂は、頭髮の如く濃密に生じたる草でもつて綠色を示して居る。この風景は、夢でもなく空想の風景でもなくて、遠く人里を離れた場所の景色であり、幾千の時間のうちから、奇蹟の如き敏腕をもつて選び出された或時間の光景である。レオナルドの事物の見方には、奇妙なヴエールがかかつてゐるので、事物はこのヴエールを通過して、さうした姿に彼の眼に映じたのであつた。通常の夜でもなければ、あたり前の晝でもない。それは丁度、日蝕時のおぼろな光の中に見るか、曙にしばし降る雨のうちに眺めるか、或はまた深い水を通して觀るやうな趣である。

　而して自然に對してばかりではなく、彼はまた人間の個性のうちにも潛入した。そして何よりもまづ、肖像畫家となつた。これまであつたものよりも、また彼以後にあつたものよりも、ずつと熟練な肉附けの顏が、暗い空氣の中に描かれて、ほとんど幻覺を起さしむる實性を以てあらはされて居る。或性格をそれがあるがまゝに取り、そしてその鍵《ストツプ》を微妙にひゞかせる事は彼の如く、觀察の點では好奇的であり、創意の點でも好奇的な人物に適して居た。彼はかくしてルドヴイーコの二人の愛人ルクレチア・クリベルリとチエチリア・ガレラーニ、及びルドヴイーコ自身ならびに公爵夫人ベアトリーチエの肖像を描いた。チエチリア・ガレラーニの肖像は粉失して仕舞つたが、ルクレチア・クリベルリのそれは、ルーヴルの「美しい頭部飾帶」と稱するものがそれだとされて居る。そしてルドヴイーコの蒼ざめた、心配げな顏は、今もなほアムブロシアス圖書館、一六〇九年カチアナル・フェルヂナンド・ボロメオによつて、ミランに建てられた圖書館で聖アムブロシアスに殘留して居る。この肖像畫と向ひ合つて、ベアトリーチエ・デスデの肖像が懸つて居る。この人に於て、レオナルドは天折の或豫兆を見出したやうに思はれる。彼は彼女に、青白い寶石のちりばめられた、悲しげな土色の衣服を着せ死人の美化された趣を充分にあらはし、正確に且莊重にこれを描き出したのであつた。

　この好奇心は、或時には美の願望と衝突する。此好奇心は、藝術が眞にそこで初まり、また終るところの事物の外皮以下に向つて、あまりに深く行かしめた。一方では理性とその觀念、他方では美の願望とその官能、この二つのものの間の衝突は、ミランに於けるレオナルドの生活――その落着きのないこと、その限りなき修正、色彩に闘するその奇異なる實驗などの理由を闡明すべき鍵鑰である。いかばかり多くのものを彼は未完成の儘で放棄しなければならなかつたであらうか！　彼の問題は、觀念を形像に變へることであつた。彼がこれまで獲得したものは、素樸味と狹い範圍の官能性とを有する早期のフロレンスのスタイルで、彼は、このスタルイを左右し得るやうになつた。今や彼はこの範圍の限定された媒介物のうちに、この媒介物にとつては餘りに廣大なる人生の豫言や、沙翁の偉大にして不規則な藝術に丁度よく適合せる、新に開け行く世界のより大なる觀方などを、取り入れようとしたのであつた。そして彼の手に成れる作に於ては、到るところ、この努力があり〱と見える。この激動、この永久の逡巡は、彼に疲勞と倦怠との色を與へる。他の人々には、レオナルドは不可能な効果を、其藝術即ち繪畫の決してなすことを得ざる或ものを、狙ひつゝあるものだと思はれた。往々にして、肉體美の表現が、ところどころで上述の努力のために自然なものにされ、傷けられて見えるのである。それは丁度あの重苦しい獨逸風の額に於て見出されるやうな趣のもので、完全なる美を現はすものとしては、あまりに重々しく、あまりに獨逸的であつた。

　それは、ゲエテが云つた通り、「疲《ジツピ》れる《ゲダクト》ほどに思考した」此天才には、獨逸風の色彩があつたからである。

例へば彫刻と繪畫とは、いづれがより高貴な藝術であるかと云ふ問題についての彼の、論議のうちには、近代獨逸の豫想があるではないか。
(註)「一個の藝術が肉體の疲れを齎らすこと多ければ多いほど、それは下等なものである」と云つた彼の解答は、いかばかり氣高く、またいかばかりレオナルドの特色をあらはして居るであらうか!
——原著者

然し獨逸人との間の區別は、獨逸人がいろいろ綿密な科學を持つて居て、それ以外のものは必要なしと考へる所にある。そしてゲエテの名は、人をして藝術家にとつては、餘りに多過ぎる科學が、いかばかり危險であるかを思ひ起させるのである「親和力」(ゲエテの小説)に於て、及び「フアウスト」の第一部に於て、觀念を形像に變じたゲエテは、——又かゝる變形を澤山に行つたゲエテは、いつも變らずに、變形に用ひる呪文を見つけ出すわけには行かなかつた。而してフアウストの第二部に於ては、ほとんど全くいかなる藝術家の特質も持たない、夥しい分量の科學を、われらに示した。然しレオナルドは、工合の良い瞬間の來るまでは、決して勞作しやうと欲しない、——想像力の豐富なる人物には、創意の一瞬間なる快適の時が來るまで、彼は決して制作しなかつたのである。彼は完全なる忍耐をもつて、これを待つて居た。彼の時間は、それの準備か又は餘韻に過ぎないのである。僅少の人々しか、彼と同じ程度で、深き注意を以て、この間の區別をつけない。夫故に最も選り抜きの作品に於てすら、多くの缺點があることとなる。然しレオナルドにとつては、この區別は絶對的であつた。そしてかゝる「好適」の瞬間に於ては、鍊金術は完全である。觀念は色彩と形とで表現され、ぼんやりした神秘は、おだやかな、而して優美な神秘に精化せられ、畫は眼をよろこばしつゝまた魂を滿足させる。

この珍奇な美は、何よりもまづ、彼の素畫に於て見られる。そしてこれらの素畫に於ても、此美は主として、輪廓線の抽象的に優美な事の裡に在る。われらはこれらの素畫の或ものを取つて、暫らくの間、それを考究して見よう。まづ最初に、フロレンスにある一つの素畫を取つて見る。それは一人の婦人と一人の小さい子供の頭部で、これらは相並んで描かれて居るが、然し各々分離せる枠のうちに入れられてある。まづ第一に、この再現のうちには、多くの動感《ペーソス》がある。即ち疲れた、老いたる顏のより鋭い、より精練された輪廓が、小供の顏面のより豐滿な曲線のうちに、再びあらはされてゐるところに、多くの動感があるのである。そしてこの疲れたる老いたる顏は、この二個の頭部が、小さい子供とその母のそれであるといふ事に對して、何等の疑をも殘さない。實際女性といふものに對する感情は、いつもレオナルドの特色になつて居る。そしてこの感情は、この場合子供の矮小な、圓い双肩のあらはす半ばユウモア的の感動によつてより多く示されて居る。觀者はこれと同じやうな動感的の力を、一人の青年を描いた素畫に於て、　屈んだ態度で坐つて居て、悲しめるが如く、その顏を手のうちにかくして居る青年を描いた素畫に於て、——認めることが出來る。更にまた、短い休息の合ひ間に、不安な、斜めな姿勢をして坐つて居る奴隷に於て、或はレオナルドの所謂創意に係るものゝうちで最精巧なものゝ一つたる蝙蝠の如き翼を有せる大きな兀鷹が、一匹の大きい野獸のそのあたりに徘徊するのを見て、これをつかんで昇らうとして、空中から突然に舞ひ下つて來る時、半ば牧まれる恐怖の情をもつて、側からこれを窺ひ見つゝある小さいマドンナと基督に於て、同じやうにこの力を認めることが出來る。しかしこれらのもののうちで、特に藝術に屬するものとして注目すべきものは、青年の頭髮の輪廓、奴隷の頭上におけるその腕の位置、子供の頭部の曲線などで、後者の如きは、海風に弄ばれて磨損した貝殼の如く、薄く、上品な、内部にある小さい頭蓋骨の形をあらはして居る。

これと異なれる種類の感情に、なほ多く充ち滿ちた頭部に注目しよう。それは、ルウヴルに在る古大家たちの素畫を、少しでも注意深く研究した人は、だれでも忘れ難い赤亜軍の小さい素描であつて、自分自身の頭髮のかげに隱れた男女不明の顏面である。その頰の線は、ハイライトを受けて、髮のかげと相對峙して居る。また瞼と唇とには、肉感的で豐滿な或ものがある。今一つの素畫は、同じ顏の子供時代を描いたものと認めてよからう。乾いた、熱したる唇を持つて居るが、しかしそのゆるやかな、腰部の短い小兒服には、多くの優し味がある。そしてこの小兒は、頸飾と衿飾と、美しく束ねられた毛髮とを持つて居る。かく二つの素畫を相ならべて考へるときに、われらはそれらの提示する暗示の糸を手に取つて、フロレンス、ヴエニス及びミランに於ける彼の素畫を通して、この糸をあとづけて行きつゝ、レオナルドの作に於ける婦人の美の典型を、何物よりもよりよく説明する一種の系列を組み立てる事が出來やう。顏の美しい印形を、さまたげられることなく十分に現はすために、その不思議な形の頭彼を、奇妙な形に結び合せ疊み合せたヘロデイアスの娘達は、基督教の家族ではなくて、ラファエルの藝術にあらはれて來る家族に屬する。彼等は透視者である。織巧な器械を通して知る如く、これらの人々を通じて、人は自然のより幽妙なる力に氣づき、またこれらの力の働きの方式を悟り、また自然のうちに於て磁力的なるすべてのものを知り、且物質的なものが、精神的のものになさるる幽妙な作用の起る點まで、それが進み行く、より隱微な狀態を知るやうになる。——かゝるところへはたゞ、鋭敏なる神經と鋭い觸覺とだけが達し得るのである。——この經驗は丁度、或顯著な繪畫に於ては、それらの力が實際われらの肉體に働きかけるのを見るやうな氣がすると同じである。これらの人物は神經過敏で、熱性的で、しかも常に或説明しがたい倦怠におそはれぐつたりして居るので、彼等は兎角異常的な狀態に屬し易く、他の人々には感ぜられざる——普通の雰圍氣のうちで働ける——力を感悟し、云はばこれらの力の容器となり、秘密なる影響の連續によつて、これらの力をわれらの上に傳へるやうに思はれる。

然し比較的に若い人たちの頭部を描いたもののうちには、愛がそれ自らのために選擇した一個の頭像があつて、それはフロレンスで出來たものである。これはその渦巻き、波立てる頭髮のためにレオナルドの愛するところとなつたアンドレア・サライーノの頭像と思はれても、無理はない位の青年の頭部である。彼は後にレオナルドの氣に入りの門弟兼從僕となつた。ミランにおける彼の生活を滿したと思はれる生ける男女に對するすべての興味のうちで、この愛着だけが記録されて居るのである。そして今度はサライーノの方でも、レオナルドに全く似寄つて來たためにルウヴルに存する「聖アン」の作畫は、サライーノの筆に成つたものだと云はれて來た。かくの如きは、レオナルドが門弟を選ぶ普通の方法を説明するもので、即ち此選に上るものはサライーノの如く、人物それ自らに於て、或は交際上に於て、或は自然的の魅力を有するものか、またはフランチエスコ・メルツイの如く門地の高い生れで、尊貴な生活の習慣を持てる人かであつた。(田村しげ子譯)

▽——△　▽——△

レオナルドと「モナ・リザ」考

川路柳虹

一

ルーヴル美術館の「モナ・リザ・ジョコンダ」ほど世界に周知の名畫もない。名畫中の名畫である。わづか二十號ほどの女の肖像畫にすぎないあの畫面の前では、いつも黑山の人がたかつて眺めてゐる。その傍には逞しくも美しいクリベリといふ女を描いた肖像畫があるが、その方を人々は殆んど見向きもしない。名畫といふ名に引き込まれての迷信であるか、果た傑作中の傑作であるが故か？

何にしても名畫といふ刻印ある作品が公衆を引きつけるのは事實である。と共にその名畫たる稱呼の要素を吟味するとこの作に關する種々なイストワールが重大原因をなしてゐるのも見逃せない。ジョコンダとダヴインチの關係とか、その制作に四年を費したとか、終生それを持廻つて放浪し、フランソワ一世の所望にも容易に應じなかつたとか、――そして最も世間を騷かしたあの盜難事件が愈が上にもこの作品に好奇の心を寄せるやうにし向けた事實――そんなことだけでも公衆に多大な關心をもたせる名畫となつたことは誠に故あることである。

だが私は正直に告白するが、この「モナ・リザ・ジョコンダ」なる作品をはじめて見て、實は不愉快な感じをうけた。それは一種の反感に似たものであつたかも知れない。勿論名畫としての尊敬はある。だがこの繪につき纏ふ一切のイストワールを取り去り、一枚の繪畫としての本質と技術を吟味する時、それが「岩窟の聖母」よりも、「聖アン」よりも、はた傍にかゝげられてゐる「ルクレチア・クリヴエリ」の肖像よりも格段に傑作となしえられようか。それが「ヨハネ」や「バツシュウス」に比して大傑作であると言へるかもしれい。私の最も嫌ひなのはあの「ヨハネ」である。――それは私個人の主觀を通じる好尚であると言つて終へばそれなりであるが、私のジョコンダを必ずしも世界一の名畫と感じない理由はそれが繪畫の本質を闡明した作といふより、繪畫以外の觀念の低迷――それが所謂「永遠の女性」乃至「謎の微笑」といふやうな――要素に歸してゐることの實は大きい不滿なのである。伊太利には「ボチチエリを好むものはレオナルドを嫌ふ」といふ定諺があるさうだ。いかにもその通り、私はこのジョコンダ一つに限つてさへ、レオナルドをあの「アフロヂツトの誕生」や「春《プリマベラ》」「聖母戴冠」の作者と比較するを好まぬ。私はこの意味でいつもボチチエリの禮讃者である。私は何ら自らの感情を僞らず「モナ・リザ」を好かぬと言ひ切れるのである。

がそれ故に畫家としてのダ・ヴインチ、ましてあの世紀を絶する綜合的天才のレオナルド自身を嫌ひだとも、否定しようなどゝも思はぬ。レオナルドのやうな天才は眞に神が地上に下した運命の賜である。「知ること深ければ愛すること愈々深し」と語つたレオナルドの知性と眞理への愛の深さはたゞただ尊敬するばかりである。が彼はもし、ヴエロツキヨに就くことなかつたら或は畫家たらずとも生涯を過せたかもしれない彼の畫技は勿論卓越してゐる。しかしその畫技と彼の科學者としての、技術家としての精神、技術と比する時むしろ後者の方が人類の近代文化に取つて大きい重要性をもつものではないかと思ふ。私はボチチエリ、ミケランゼロを復興期に見出し得なかつたら、復興期の美術的意義は大に減殺されると感じるが、レオナルドを畫家としてもたずとも近代精神の發露には一向差支へなかつたらうとさへ思ふ。――レンブラントはなるほどレオナルドの明暗法に學んでそれを大成したかしれない。しかもレンブラントこそ自ら「近代的」精神に生きた雄々しい現實の作家であつた。アフロヂートの歡びを歌つたボチチエリにはレオナルドも多く影響をうけてゐる。あの「岩窟の聖母」の美しさはボチチエリの「聖母戴冠」の美しさである。その顏面の清麗と明朗とは「永遠の女性」の奇妙な微笑よりもはるかに美しい。レオナルドのジョコンダに示したものは彼自身の心的投影であるとして、その「謎の微笑」が何で繪畫の本質を動かすほどの力があつたらうか。「永遠の女性」は「繪畫」以外の觀念であり、「謎の微笑」は「繪畫」以外のアネクドートにすぎない。私のジョコンダ像につき纏ふものを厭ふ理由は簡單に言へばこゝにある。だが、こゝではその問題について論じようとするのではない。私はこの名畫に對する來歷について現在までに存する疑問の一二三を擧げてジョコンダ圖考の一端を記さうと思ふのである。

二

「モナ・リザ」についての來歷や記述は云ふまでもなく復興期の美術史家、傳記家としての權威ジョルジオ・ヴザリの記述に殆んどすべて基いてゐる。「神々の復活」の大冊に於て近代思想の先驅者としてレオナルド・ダ・ヴインチを描いた文豪メレジコフスキーも、その史實の典據はヴザリの夫れであり、それにレオナルドの日記の斷片、當時の傳說ならびに夫れらをつなぎ合はす彼の小說家的想像に於てレオナルドの一生を一つの歷史小說として描出したのであるが、その「モナ・リザ」についての記述もヴザリの夫れに據つてゐることは明らかである。

「モナ・リザ」――「わがジョコンダ夫人リザ女」を意味する畫題通り、この圖はフイレンチヱの一市民フランチヱスコ・デル・ジョコンドの第三度目の妻である。

リザの家柄はナポリの名家アントニオ・ゲラルヂニの娘といふことになつてゐる。ジョコンド氏は事務家でありフイレチヱの參事會員の一人であつた。前夫人二人はみな死別して、三人目の妻としてリザを娶つた。前夫人には當時十二歳になる女兒があつた。この女兒もリザの嫁いで間もなく亡くなつた。あのモナ・リザの肖像はその兒の忌に服してゐる喪服であり頭に面紗をつけてゐる。

リザは何故にレオナルドのモデルとなつたか。いつからこの肖像を描きはじめたか？　勿論正確なことは不明であるが、ヴサリの記述によるとそれはレオナルドの少時ヹロツキヨの下にあつた時分描いた種々の畫稿の中に（それはヴサリの所有してゐたものであるといふ）彼の好む型らしい女の顔がいくつか描かれてゐた。その中の一人に似てゐた女だといふ。然しそれはヴサリの主觀的想像にすぎない。この圖が描かれたのは千五百四、五年前後といふことに推定されてゐる。彼が戰亂の羅馬からフイレンチヱへきたのは千五百三年である。彼は羅馬では戰亂をよそに「聖アン」の制作をしてゐたといふことはリザ制作と關聯して注意される。あの「聖アン」の顔に見る同質的《ホモヂエニー》の微笑と憂愁な心理的表現とには一すぢの關聯があるからである。

このジョコンダを描き出す以前に、フイレンチヱ共和國大統領ピエロ・ソデリニからシニオリヤ宮の會議室の壁面を飾る大畫面を賴まれてゐた。それは紀念すべき戰爭畫で、ロンバルヂヤ軍をフイレンチヱ軍が破つたアンギヤリの戰役を主題としたものであつた。がこの「アンギヤリの戰」圖は遂に未完成に終つた。

「モナ・リザ」が描かれ出したのはこの頃からであるらしいが、リザがレオナルドの畫室にくる時は單獨ではなく、尼僧のカミラといふ女が附き添つてくる。それからその畫室にはレオナルド一人でなく弟子のソライノだの、ジオバニだの、アタランテだのがゐて執筆中にヴイオラだのルートだのを彈く。「リザの表情に退屈や悲み の影が宿らないやうに」といふレオナルドの心使ひからだといふのである。メレジコフスキーの小説ではそのジョコンダのくる畫室にはサンドロ・ボツチチヱリ老人やポラユオロやフイリツポ・リツピやの大家まで居合せてゐたことになつてゐる。眞疑はともかく友人先輩の畫家が永い三年の間には畫室にきたことでもあらう。

が最後に一度ジョコンダ夫人はたつた一人でレオナルドを訪れた。それは彼がフイレンチヱにも別れ、このリザにも別れなければならない「最後の日」であつた。そしてリザとレオナルドは二人きりでその畫室で逢つた。例の通りのモデルとして。……だがその肖像は仕上らなかつた。

フイレンチヱとピザの戰ひはなほ續いてゐた。權謀の政治家マキヤベリはレオナルドと計つて、アルノ河の改修によつて大運河を起しピザを海上からと陸からと包圍しようといふ計畫を樹てた。而して、大統領ニツコロは大に贊成したが、千五百五年の雷雨に伴ふ大洪水はこの計畫を畫餠にさしたのであるが、兎もかくこの大計畫のため彼はレイレンチヱを去つて旅に出たのである。そしてジョコンダ夫人との最後の別れに夫人も彼女の夫と共に近く旅に出るといふ話をきいた。

レオナルドとジョコンダ夫人との關係は所謂プラトニツクラブであつたのか、所謂「永遠の女性」としての姿として、あの肉につけるものを厭ふレオナルドの心の中に生きる女へ對しての友情であつたのか。それは樣々な想像の働く餘地のある點である。が彼が事業に失敗してフイレンチヱに歸つてきた時に旅中でリザが病死したといふことを路傍できいたのである。「永遠の女性」となつてレオナルドの胸にリザが生きることゝなつたのはそれからである。リザは三十餘歳、レオナルドは五十三歳であつた。

三

レオナルドの晩年はミラノからアンボアーズに移つて終つてゐるが、アンボアーズの郊外クルウの古城が彼の居所に與へられたのは佛王フランソワ一世の寵に依るものであつた。そしてあの「モナ・リザ」は彼の永い放浪の旅を共にし乍らアンボアーズに迄齎され、レオナルドの生前賣約を契約され、死後王の所有となつたといふのが、今ルーヴル美術館にある「モナ・リザ、ジョコンダ」の由來である。

「モナリザ」は無署名である。その製作期間は三年とも云はれ四年ともいはれる。彼がフイレンチヱ滯在の年數から推しても夫れは眞實に近い。そして未完成の作と云はれる。だが「モナ・リザ」は今のルーヴル美術館に存する作一枚であつたらうか。――そこには他にモナ・リザと同樣の圖が相當現存する。勿論模寫と明記せるものもあるが、さうでない無署名の作が他に存する。ことにあの盜難事件のあつた當時は色々に噂される作品も輩出した。が再びあの「モナ・リザ」はルーヴルに還つた。

私は滯巴中サンミツシエルの某書店で「レオナルド・ヴインチと數多のジョコンド」(et Les Jocondes) といふ本を購つた。この書の著者はエル・ローヂエ・ミレエス (L. Roger Milès) としてある。一九二三年の出版である。この書中には「レ・ジョコンド」たる他の多くのモナリザ圖が揭げられ、その說明も記されてゐるが、この著者は「モナ・リザ」圖について先づ二つの疑問を提出してゐる。

それは、「モナ・リザ圖は、フランソワ一世の所有してゐたといふルーヴルに在るジョコンド夫人の肖像畫であるか」といふことと、もう一つは「モナ・リザ圖はそれがフランチヱスカ・デル・ジョコンドの第三番目の夫人リザの肖像畫と認めねばならないのか」といふ二點である。

第一の疑問はフランソワ一世がレオナルドから受取つたといふモナ・リザ圖は實は當時他人が見たといふ證蹟のないといふことである。即ちヴサリの記述で注意すべき點は彼はたゞ後年の記述としてそれを說いてゐるだけであるから、アンボアーズでフランソワ一世が受取つたといふ「モナ・リザ」をヴサリはしかと見たのではなく、かつてフイレンチエで描いてゐたそのモナ・リザであると想定したに過ぎないといふことである。

レオナルドがミラノからアンボアーズへきたのは一五一六年の十月十日であるが、その少し以前ミラノからショーモンの大守であるアンボアーズのシャル、宛に記した手紙の文句のなかに、

「小生近日、某婦人を描ける大サ不同の肖像畫二點を持參、拜趨仕可く、右は閣下の王殿下に献納致すべきものに候」

と記してある。そして十月十日彼はアンボアーズでアラゴン大司教と祕書のアントニオの訪問をうけた。そのアントニオが語つたといふ記錄によるとレオナルドはその時三枚の制作をその訪問者に示したといふのである。而してそれは「かつてメヂチ大公の依賴によつて描きし若い婦人の寫生像一點と、『洗禮者ヨハネ』と『アンナと聖母子』圖と」の三點であるとのことである。或る史家はその「婦人像一點」がモナリザであると語つたとかいふが、他二つの聖畫と共に携へた作品としては釣合はぬこと、メヂチ大公がそんな婦人像を依賴したわけもないであらうといふのがこの手紙に關する一般の說である。がともかくレオナルドがアンボアーズに何らかの婦人像を齎したこと、アラゴンの司教に示したのは「ヨハネ」と「アン」とその他一點の婦人像であつたが、前のシャル、への手紙に「大サ不同の婦人肖像畫二點」とある點に於ても、未だ示さなかつた他の一枚があつたのではないかといふことが想定されるのである。

この書の著者ミレヱスはこの想定を採つてゐる。即ち大司教に三點の作品を示した當時はまだそれがフランソワ一世の知る處ではなかつたこと、またこの三點を示した時にその一點が控へとして齎されたのではないかと考へることも正しい。而してアントニオの記述によるメヂチ大公の依囑によつて描いた「楚々たる婦人の寫生像」（Uno di certa donna fiorentina facta di naturale）といふ文句である。“facta di naturale”（ダツプレナチユール（寫生）の意）と特に記してあること、また「楚々たる」直譯して「花のごとき」（fiorentina）と形容してある點に或る關心がもたれなければならぬ。この「花のごとき」は勿論形容辭句ではあるが、尠くとも「若々しい」感情の表現を示してゐる語に解される。もしこの繪が「モナ・リザ」――今ルーヴルにある――とするとこの文句は差支があるやうに感じられる。がミレヱスは考證を更に進めてゐる。

フランソワ一世が「モナ・リザ」に仕拂つた金額は四千金デュカであると云はれる。（佛貨に換算して二十萬フラン、邦貨二萬圓）この證文はフォンテンブロオ王宮の筴底に存してゐるといふ。そしてそれに附した紙片には「面紗をもつ一妓女」“Une courtisane avec un voile de gaze” とこの作についての題名が記されてある。がこれについては夙く異說が記されてゐる。それはヴサリを精讀してゐたカシアノ・ダル・ポッツオが千六百二十五年の日附けで記されてゐる古文書に、この作品を以て一般に「ジヨコンダ」と呼んでゐること、そして『それは妓女《クゥルチザン》ではなくて、フローレンスの一市民フランソワ・ジヨコンドに嫁いた正式の妻」の肖像である。』と書かれてゐることである。このポッツオはフォンテンブロォに於てフランソワ一世所有の「モナ・リザ」を伊太利から見に來て記した記述であるから間違ひはない。しかし彼は續けて記してゐる。『この作には眉毛に缺點がある。他の一作はこれより遙かに美しい』“Qua cette dame, d'ailleurs fort belle, il manquait les sourcils” こゝで他の一作とは何を意味するのであらうか？

ヴサリのモナリザ像についての禮讃は美辭を極めてゐる。そしてその感動を一々その肉體描寫について細かに記してゐるが、眉毛については『その眉毛は肉にしつかりとつき、厚くもなく薄くもなく眼窩に添ふて曲り、甚だ自然な表現を以て……云々』と書かれてゐる。が今ルーヴルに存するあのモナリザの眉毛は殆んど薄つらとしか描かれてゐない。それからヴサリの見た作は顏が若々しく、口元の微笑が自然で、頰は紅味のさしてゐることも記されてゐるが、それもルーヴルの夫れには見られない。そこで、ミレヱスはかう斷定する。ヴサリの記してゐる「モナ・リザ・ジヨコンダ」はフランソワ一世の所有の夫れではない。レオナルドが王に賣却したものは今日ルーヴルに存するもの（フォテンブロオ王宮にありしもの）であるが、他にもう一枚の「モナ・リザ」がある。それは終生レオナルドが手放さなかつたもので伊太利に殘された「モナ・リザ」である。「モナ・リザ」は二つ畫かれたのだ。――といふのである。

そのモナ・リザ、他の一枚のモナ・リザはどこにあるであらうか？ミレヱスは巴里の蒐集家ジャン・シャルパンチヱ氏の所藏が夫れではないかと想定してゐる。それはヴサリの記述に最も近い作だからである。

だがその考證には甚だ科學的な根據を缺いてゐる。今それを輕々しく信ずるわけにもゆかない。またそれに就いてのミレヱスの想定も甚だ根據の淺いものであるから私はそれを玆に記さうとも思はぬ。が、ともかくレオナルドが「モナ・リザ」を二枚描いたであらうといふことは信ぜられる。彼の作品で二枚あるものは「岩窟の聖母」然り、傳稱としての「受胎告知」然りである。しかもあの一小畫幅に三年餘の日子が費されてゐるとすれば二枚の「モナ・リザ」があつたとて少しも怪むに足りない。

繪畫の鑑定には今日科學的方法が用ゐられてゐる。單なる文獻記述のみで判斷することは許されない。しかし「モナ・リザ」の模寫は昔から可成り多く存する。佛蘭西に於ても、ツール美術館、カンペヱル美術館等のものは當時の模寫であるらしいと言はれる。マドリツドには背景のない「モナ・リザ」がある。その他伊太利にも獨逸にもある。

「モナ・リザ」は竪七七センチ、橫五三センチといふ小幅であるが、模寫の作品もほゞ同樣であり、又布でなく板にかいたものも多い。ミレヱスあ提出したシャルパンチヱ氏の作品も板に畫かれてゐる。

そこでミレヱスのいふ如く、モナ・リザは單なる肖像畫と認めねばならぬか？といふ疑問の答へである。それはアンの場合の如く作者レオナルドの心理を投げ込んだどこの女でもない一つの「永遠の女性」の象徵としての繪畫であると言ふのである。

レオナルドはなぜ孤獨であつたか

——レオナルド・ダ・ヴィンチ忠靈顯彰のために——

泉　四郎

「消失して跡形も止めない金錢的富の虚僞性に比べ、德こそ眞實の富である。その所有者に報ゆる眞實の報酬は永遠に消失する事なく生命のあらん限り、更に逝いて後までもその名を不朽ならしめる！——金錢的富は人を益々不安に陷れ、廉恥心を奪ひ、併も泡沫の如く消え去つては、人々を底知れぬ失望と悲歎の淵に突き落す！」

夢の如く取り止めもない幻想の中に、太陽の如き不滅の力を湛えたサラセン！——物質的に何處迄も精密なる具體性の中に、土偶の如く毀れ易く果敢ないヨーロッパ！——ギリシヤも亦ローマも、徒らなるその豪華さを物語る石の廢墟の外に何を殘し得たであらうか？

噫！——自然そのものの如く悠久なる東洋の品位に比して、ヨーロッパの齷齪とした短命さは何うした事か？——虎視眈々たる盜賊的眼光は、恒にアジアの豐かさの上に注がれ掠奪の齒牙は、アジアの虐殺に向つて研ぎ澄まされる！——そして掠奪者共の殘虐によつて切り裂かれたるアジアの肉體からは、更に清冽な生命の血潮が湧き出で、それが更に高度の歴史を創造してゆくに反し——物質的富をアジアから奪ふ事によつて、自らをアジアの上位に立ち得ると、淺薄にも信ずるその物質的單純さのヨーロッパ！——彼等の盜賊的手段を以てアジアを奪ひ取らんと欲するも、その事は却つて自らの歴史に物質的限界性を運命附け、愈々高く純粹化されるアジアの德性からは、遂に望見する事をも許されぬ穢濁の谷に置き去られて仕舞ふのだ！

そして今また、レオナルドの前に、その運命的な歴史が繰り展げられようとしてゐる！

法王が、今やゲルマンの純眞さに偉大なる共感を呼び起こさんとする、イスラムの高き精神に嫉妬と憎惡を押へ得ず、自らの手に負へぬその猛々しきゲルマンのエネルギーと、遙かなる雲表に崇高なその姿を現はして、ゲルマンの純眞な憧憬の瞳を集めてゐる、その法王にとつて、正に憎むべきサラセンとを、同時に否定し去らんとして、恐るべき謀略を繞らすとき——一方、擡頭し來れるセルヂユク・トルコに東方との貿易路を遮られたイタリア新興資本主義が、法王のその恐るべき計畫に軍資金を提供して、十字軍を懇請する！

二世紀に亙る十回の遠征は、軍事行動としては全く失敗に歸し乍ら、ローマの教權は絕對の力を全ヨーロッパの上に振ひ、東方よりの掠奪品は段々と、興隆するカトリック的資本主義のために拔くべからざる初期蓄積の地盤を築いてゆく！——

やがて數次に亘る蒙古軍の北歐席卷によつて目醒まされたバルト海北海の沿岸には、偉大なる蒙古の廣大な地域の上に敷かれた中央集權的な部族會議《クリーータイ》政治が、ヨーロッパ的都市の矮小さの中に、自由主義的合議制として歪曲飜譯せられ、西サラセンのイベリア半島の聯關の上に、ハンザ同盟の諸都市が發展し來り、ユダヤ的北方自由主義はノルマンの海賊的性格の中から、愈々その相貌を明かにして來る！——

そして英佛間の百年戰爭こそは、正に、このカトリック的資本主義と北方的資本主義との間の、世界獨占のための長期戰ではなかつたか！——この無解決の儘の終息が、後に、フランスの支援によるアメリカ十三州のイギリスへの離反となる。そして、これに對するイギリスの復讐——フランス大革命が、フリーメーソンの地下活動を介して畫策され、フランスの絕對王制は覆へされる。今や全ヨーロッパが大混亂に陷らんとする時、ピラミッドの壓倒的威容に接した大ナポレオンは東方的な歴史の傳統に復歸して、この兩者の否定の上にヨーロッパ統一を行はんとして成らず茲に北方的イギリスのユダヤ的覇權は確立したのである！——

一四五二年に於けるレオナルドの生誕は、恰もこの英佛間の百年戰爭が有耶無耶の終息（一四五三年）を見た前年に當ると同時に、一般にイタリア・ルネッサンスの原因と呼ばれてゐる、ビザンチン陷落（一四五三年）の前年にも該當するのであつた。

この滔々と渦卷くユダヤ的な嵐の中で、父方のゲルマン的正純な血と、母方のサラセン的な東方の血を受けた、運命の子レオナルドの、孤獨にして永遠なる天才の戰ひが開始された。

オスマントルコの英邁なる皇帝マホメット二世は、今やコンスタンチノープル一都城に收縮したビザンチン——その意志さへあれば鎧袖一觸の下にこれを葬り去る事も出來た、そのビザンチン——これ迄のトルコ皇帝がアジア的なる寬容さを以て寧ろ自らの懷の中で保護を加へて來た、そのビザンチンを、遂に否定すべく決意しなければならなかつた。

何故か？——

この事に就てユダヤ的なヨーロッパ史家達は、トルコ皇帝マホメット二世が、當時すでに沒落の直前に於て腐敗し切つた、ビザンツ帝室の中に渦卷く謀略を、その帝室と共に一掃し、ビザンチンの古き文化と、東方貿易の中心としての金融力とを、自らの手に收めんとしてこれを攻略せるも、事實はマホメット二世の意圖に反し、學者は文化を、商人は金融力を持つて西方に逃れ、トルコ皇帝の手に殘されたものは、腐敗せるビザンチンの謀略のみであつた——とトルコ皇帝の失敗を嗤ふのであるが、この記述こそ、正にユダヤ的歴史家達の意圖的歴史歪曲の一例に過ぎぬ！

歴史が沒落の過程を辿る時、何時の時代にも、學者と稱する文化の職業的專門的擔當者が蠅の如く湧き起つて、世界は收拾すべからざる腐敗と混亂の度を深めてゆく。そしてその背後にはユダヤ的謀略が分割支配の網目を張り繞らして、學者達はそのユダヤ的謀略の合理化の爲に第五列的役割を勤める！

新しい歴史形成の運動は、このユダヤ的網目を斷ち切らんとして起つ時、これ等第五列的專門家群の、蝿の如く湧き起る反對と、彼等の意味を成さぬ笑殺の騷音のために、必ず妨害される事を覺悟しなければならぬ！

文化は創造の能力を有つて甫めて文化と呼ばれ得る！——併も破壞の外何事をも爲し得ざる彼等專門家！——誰が何の意圖あつて、彼等を文化擔當者と呼び成さんとするのか？——

吾が英邁なるマホメット二世は、實にこの頽敗性をこそ否定し去るべく、敵としては餘りにも貧弱なる、そのちつぽけなビザンチンの上に、武力を揮ふべく余儀なくされたのであり——併もその目的を完全に遂行し得たればこそ、これを轉機としたトルコの隆盛が齎されたのであつた！

そしてこの事件が、西方イタリアに學者とユダヤ的金融力を齎したとすれば、それは絶對にイタリア・ルネッサンスへの祝福ではあり得ず、寧ろこれを呪咀せんとする惡魔の使徒であつたのだ！

さればこそ、レオナルドの太陽の如き絶大なる愛情の光も、湧き起り渦卷く蝿群のユダヤ的暗雲に遮られて、終にヨーロッパの土を溫める事は出來なかつたのだ！

レオナルドは、ヨーロッパのために永遠なる歴史の出發點を築かんとして、彼の全生命力を傾倒したが、彼の成し遂げた仕事は、常識的な所謂天才の概念を以てしては、絶對に蔽ひ盡し得ない分量を有つてをる。そしてその渉獵する範圍の廣さと深さとに、後代の專門家共を唯々唖然たらしむるのみである。——併も彼の努力の意味を全然理解する事の出來なかつた當時は勿論の事、後代に於ても亦、彼の個々の業績を分類羅列するのみにて、その個々の仕事の一つ〱が、後代の夫々の追隨者よりも二世紀早かつたり、また三世紀早かつたりする事や、或はその分量の尨大さに相應じて、彼の天才的價値を量的に評價せんとする時最早それ等凡ての辨證法的統一者としての活けるレオナルドの精神は何處にも見出されないのだ！——

或るアメリカのレオナルド研究家が批評するやうに——吾々は彼を、畫家、彫刻家、作家、音樂家、工學者、土木並に軍事工學者、建築家、哲學者、地質學者、古生物學者、植物學者、解剖學者、天文學者、眼鏡師、純粹科學者として觀察する。この各方面に於て彼は道樂半分にやつたのではない。彼には當時代の夫々の專門の大家と匹敵する丈けの腕前がある。併も純粹科學と關聯した活動とその應用方面に關する活動に於ては、正に彼の同時代や先輩達を二三百年も遙かに凌駕してゐた——と云つたとて、玆に列べられた專門の學者達は、最早レオナルドの夫々の活動とは緣の無い存在であり、そのやうな學者を幾人集めたとて、そのお互に矛盾せる體系無き專門家共の烏合の衆の上に、レオナルドの世界史的天才の價値が築かれ得るなどとは絶對に考へられない事だ！

そしてレオナルドは、斯かる反動的な專門家群を擊滅するためにこそ、彼の全生涯を懸けて戰つた事を忘れてはならぬ！

「多くの者は、その未經驗な判斷から、彼等の偶像である權勢者達の說に、私の說が反對であるとの理由で、私を正當に批難し得た積りでゐる！」

「彼等は私を發明家として嘲笑するだらう。併も、その彼等こそは、發明の才能も無いくせに、他人の仕事の上に嘘八百の誹謗を並べ立てゝ非難するものであつて、その誤れる行爲は遙かに責めらるべきだ！」

「他人の努力の結果で我が身を飾る以外に一つとして能力を有たない君達に、如何して俺の堂々たる仕事を非難し得る資格があるのか！」

このやうに、當時の專門家や權威達は、レオナルドの仕事を價値附けるどころか、寧ろ逆に、擧つてレオナルドを誹謗し、その價値を抹殺するためにこそ相協力するのであつた。

レオナルドのこの苦鬪を共感するためには、人々は自らの周圍を振り返へつてみればよい。——

譬へば、一人の專門的な教育を受けてゐない發明家があつて、大きな劃時代的な發明を成就したとして、その天才の意見が、それを受理すべき當局から圓滑に受理せられる事は寧ろ特別の場合を除いて一般には考へ得られない事である。——その仕事は必ず當局お抱への專門的權威によつて價値を否定されねばならないのだ！——何故ならその發明は、それ等の權威者を愚弄するものだ！と權威者のひねた心は邪推するからである。

發明の價値が偉大であればある丈け、反對の聲もまた高められてゆく。

當局から研究の設備も費用も充分に支給せられ乍ら、その家蓄的權威達が、自らの無能の責任を、徒らに當局の施設の不備に轉嫁しつゝ荏苒たる時——誰からの援助も期待し得ず、また期待しようとも欲しない、白面の一發明家が、恰も彼等の愚劣さを嗤ふかの如く、その偉大なる着想を、彼等の前に突き附けた場合を想像してみるがよい！

若し彼等がその發明家の努力の意義を理解し、その發明の價値を認識し得たならば、その時こそ彼等はその發明家と共に偉大であり、斯くてこそ彼等の權威は眞の權威として、人々から後々までも謳はれるに相應しいのだ！

併も、歴史は定まつて、彼等を家蓄としてしか育てない！

現代航空にとつて忘るべからざる功勞者——ツェッペリン伯やライト兄弟達が、如何なる迫害のもとに、その峻嶮なる道を切り拓いたかを考へてみるがよい！——そしてまたこれに類した例は、單に機械學的部門に限らず一般的な問題に亘つて、讀者諸子の親戚知人の間に幾らでも見出し得る筈だ！

レオナルドの悲痛なる戰ひも亦、斯かる家蓄群——舊秩序擁護の第五列的家蓄群の眞正中で、六十七年間のその孤獨なる全生涯を通じ、全ヨーロッパの運命を一點に擔つて戰はれたのであつた。

東ローマ——ビザンチンから糞蠅の如く叩き出された學者群——專門的權威共は、ユダヤ的資本主義に擁せられて、レオナルドの周圍に第五列の渦を卷く！

併も、レオナルドの敵はそれ一つではなかつた。——北方ハンザ同盟の諸都市も、南方の法王圈から獨立し、南方に對抗し乍ら、新しく自由主義を振り翳して、その蔭にユダヤ的資本主義の謀略を張り續らしつゝあるではないか！

レオナルドは、單身、全ヨーロッパの敵と戰ひ乍ら、歴史の正統——アジア的傳統への復歸を理想として、その偉大なるエネルギーを、今や邪道に踏み込まんとするヨーロッパの救出に向つて集中するのであつた！

自らの斯かる誠意の發露が權威と呼ばれずして、彼の誠意を誹謗し彼の價値を否定せんとする糞蠅共が權威と呼ばれる事——その事は、彼に取つて何等問題とするに足りなかつた。——蓋し、彼に在つては名を得る事が目的には非ず、立派な理想の實現その事のみに目的を置いてゐたのであつたからである——

と雖も、彼の理想への道を、執拗に妨害せんとして策動する、糞蠅の群には我慢がならなかつたのである。

そればかりではない——彼の價値はそれ等の無能なる家畜共によつて否定されるには餘りに偉大過ぎた。——純眞なる民衆には、そのやうな謀略が永く馬脚を現はさずにゐる事は出來ないのだ！——そこで彼等は、レオナルドを妖術使ひの惡魔として民衆に誣ふるのであつた！——これは當時のキリスト敎徒達には大きな効果を現はしたのである。

ユダヤ王達の個人的慾望の犧牲となり、悲慘にもローマの手に賣り付されんとするキリストの憤激の姿を假りて——今やユダヤ的謀略の渦中に陷沒せんとする全ヨーロッパのために、覺醒を促すべく、レオナルドが「最後の晩餐」の繪筆を取つた事を忘れてはならない！

レオナルドの戰ひは、徹頭徹尾一貫した精神に貫かれてゐた！

ヨーロッパがそのギリシヤ的黎明以來運命附けられ來つた事——即ち、アジアの壓服の上に自らの歷史を築かんとして絕えず本末轉倒の自已矛盾に陷り、徒らなる物質的繁榮の後、必然的な內部分裂とユダヤ的謀略の渦卷く混亂の中に見苦しい沒落の道を辿つた——その誤れる歷史を、彼は玆に於て中斷し、アジアの一半島としてのヨーロッパの性格を明瞭ならしむる事によつて、アジアへの復歸——アジアの歷史としてのヨーロッパ史の新しき出發を欲したのであつた。

古來幾多の天才達は、そのためにこそ戰ひ續けて來たのではなかつたか！

聰明にして純眞なるアレキサンドロス大王の中に、世界史創造の英雄を求めたアリストテレース！——消えなんとする三千年の歷史を飾つて咲き出でた女王クレオパトラの、絢爛として放つ精彩の中に、ヨーロッパの正しき運命の如何なるものかを感じ得たケーザル！——そして今またサラセンを通じて東方の光に接し得たレオナルド！

噫！——そのレオナルドの戰ひも亦、先輩と共に悲劇的な道を辿らねばならないのか！

ナポレオンも亦、彼等の足跡を辿つたのではなかつたか！

そして、今やヨーロッパに於て、吾が大東亞戰爭の一環としての戰線を、アジア世界復興のために展開しつゝある、盟邦の天才——ヒツトラーとムツソリーニ！

彼等は、自らの先輩達がアジアに永遠なる憧憬の眼を注ぎ乍らも、却つてアジアとの對立的な立場に立たされた、その悲劇的運命に對して、如何に天才的共感の涙を注ぐ事か！

さればこそ、彼等はアジアとの契りを堅からしめんため、アジアの中のアジア——世界史の根源——日本との結合を欲するものなる事を忘れてはならないのだ！

若し彼等にして個人的權勢の野心によつて動かさるゝのが事實ならば、その廿幾年に亘る過去の鬪爭に打ち寄せた數々の試練の波濤——就中、彼等の憧るゝアジアさへもが、彼等を裏切れるかの如き態度を示した——その譬へやうも無く遣る瀨無き瞬間に於て、何故彼等はその虛僞の假面を脫ぎ捨てようとしなかつたのか！

謀略の海を泳ぎ廻る事以外に、人生の眞實さを理解し得ざる憐れむべき不具者共には、人間が人間として最も正しい道を步む事の眞實性を認識し得ないのは、如何とも仕難い！

然れども、彼等不具者共が、正義のために戰ふ英雄を、彼等の穢れたる水準に引き摺り卸して土足に掛けんと欲する誤りは、絕對に許し得べからざる事である！

彼等が默々としてその苦しい試練に堪え得たのは、彼等が僞りの名人だつたからではない！——事實、そのやうな暗黑の中で、自らの方向を一分も誤らないと云ふ藝當が、所謂要領丈けで彼等に可能であつたとすれば、それこそ正に信じ得べからざる奇績とも云ふべく、彼等を最早人間として信ずる事は出來ない！——唯々、彼等を正しく導く一點の光明が、漆黑の暗の中に瞬いて、彼等に東方への道を示してゐて吳れたからだ！——それは、或は彼等の心の中の幻影ではないかと思はるゝ位に、その光は弱々しいものであつた！——併も、彼等はそれを信じたのだ！——東方の光として！

そして、吾がレオナルドがそのためにこそ戰ひ、またそのためにこそ數千枚の遺言を書き殘して死んだ——そのヨーロッパのアジアへの復歸の、神話創世の戰ひが、今や盟邦の二大天才によつて承け繼がれたのである！

新刊紹介

□昭和日本畫大鑑□

今福武雄著

本書は東亞美術院が四年に亘る歲月と十餘萬圓の巨費を投じて漸く完成したと云ふ近頃の豪華版である。原畫は全部各畫家が特に本大鑑の爲め揮毫したもの。栖鳳、大觀、玉堂其他現代の代表的畫家百二氏の傳記は和漢洋の三文體で綴られ、更に過去、現在、未來の見透しを附して觀賞家の參考に資してゐる。尙、寫眞製版に依る原寸の印譜落款の添付は新畫の鑑定上にも至便である。定價上下二卷金五十圓（限定本）。（牛込區西五軒町十四　東亞美術院發行）

□京都古美術入門□

京都市文化課では、さきに「京都史蹟古美術提要」なる册子を發行、各方面から、豫想以上の好評を受けたのに力を得、更にその方面への知識の普及と理解の徹底を期する建前から、今度京都に於ける古美術の極めて初歩的なる入門書として「京都古美術入門」を上梓、全國主要圖書館、學校、新聞社その他の文化團體宛に發送した。この書は、京都博物館をはじめ、廣隆寺、神護寺、醍醐寺、平等院、三千院、東寺、法界寺などの建築、彫刻繪畫などを寫眞版となし、これに龍大敎授禿祐祥氏の解説が附されてをり、美術の都市として、また宗敎の都市としての特異性を持つ京都紹介に好箇の册子として豫ねて期待されてゐたものである。

美術新報前號要目

日本新風景美特輯

日本の新風景美　黑田　鵬心
風土的に見た日本風景美　中西　悟堂
日本風景畫論　木村　重夫
日本風景の特質と油繪　川嶋理一郎
新版圖南方の風光　川端　龍子
わが好む風景　東山　魁夷
九元社評　大藏　雄夫
旬報　最近の展覽會　グラフ

口繪

日本新風景地（畫材になる風景）　寫眞（日本風景協會々員撮影）
名家の描きし風光

旬報

新國寶

増上寺開山堂等合計三十七件指定

本年度第一回國寶保存會は去月十五日文部省會議室で開催、調査審議の結果、新たに國寶指定を受けた件數は建造物十一件、繪畫一件、彫刻二十一件、工藝四件、合計三十七件で近く手續きを經て正式指定を見る事になつた。新たに指定された國寶中の異色あるものを列擧すれば

建造物　江戸で建造された建物としては最古のものと見られる増上寺開山堂を初め法隆寺關係のものが六件中には室町中期と推定される大湯屋、同表門に、西園院上土門があるが、これは足利末期から室町のものと見られる。從來上代の物語の中にはその名だけが散見されて實際にその現物は見られなかつたもので、非常に珍しい。土で門の屋根を葺き法隆寺中でも唯一つあるだけである。

繪畫　今回は京都南禪寺障壁畫だけで、百二十面に及んでゐる。作者は桃山時代の狩野永德である。由來、南禪寺は宮中より下賜あらせられた女院御殿でその方丈の四圍の襖に廿四孝、宮嬪、花鳥の圖を雄渾な筆致で描き出したもの、桃山精神を如實に傳へる氣魄に充ち滿ちてゐる。

彫刻　鎌倉特有の土紋を現した『地藏菩薩坐像』の外、京都の一小寺院たる雨室院の一隅に見出された『千手觀音立像』がある。これは天平時代のものとされ七尺有餘の素晴しい立像である、この外二尺五寸の立像の中に經文、願文等を入れた『阿彌陀如來立像』や名勝天の橋立の附近にある籠神社の『石造狛犬』があるが、これは日本式石造狛犬としては鎌倉時代唯一のものでよく當時の時代精神を傳へた雄健なものである。

工藝　この部で特筆すべきものは近江神宮所藏にかゝる『崇福寺塔趾出土品』で、昭和十四年の發掘にかゝるもの出土品は全部で鏡、玉、容器等三十餘點に上つてゐる。この出土品は從來の國寶指定中でも有數なもので國寶中の國寶ともいはるべきものである。

展覽會の暦

▽忠愛美術院第二回展　八月一日から十四日迄上野公園日本美術協會

▽大東亞戰從軍報告畫展　八月一日から五日迄日本橋高島屋

▽及川曉明日本畫個展　八月五日から九日迄日本橋白木屋

▽五采會第二回展　八月十二日から十六日迄銀座松坂屋

▽納涼書畫骨董蚤の市　八月十四日から三十日迄日本橋白木屋

▽川柳久良技作品展　八月十四日から十九日迄銀座三越

豫報

夏季講習會

双台社は一週間

双台社では明二日から八日まで一週間（毎日午前九時から午後四時迄）、荒川區日暮里町九丁目の双台社工房で夏期講習會を開く。

課目　（イ）講話（毎朝一時間乃至二時間）、戰時下ノ美術、東西ノ繪畫、材料ト技法、素描、靜物畫、風景畫、人物畫、エッチング、木版畫、石版畫、繪畫ノ應用、（ロ）實技　素描（石膏摸型、人體、風景）、水彩（靜物、風景、人物）、油繪（靜物、風景、人體）

講師　石井柏亭、荒谷直之介岡田行一、須山計一、田坂乾、瀧川太朗、鍋谷傳一郎西田武雄、納富進、萩原實平塚運一、堀□義、松田晃八、留川省三、山中仁太郎

會費は金拾圓、會員は男女を問はず中學校程度以上、定員五十名、申込順に據り、用具は晝食と共に各自持參のこと。

獨立美術各地で

獨立美術協會の夏期講習會は左記要項で東京、大阪、京都、仙台、北海道各地で開催される

「會場」東京・青山日本青年會館大阪・天王寺公園市立美術館、京都・左京區百万邊京都アパート六階獨立研究所、仙臺・常盤木女學院、北海道・札幌市 井 記念館

「會期」東京・自八月四日至十日大阪・自八月八日至十四日京都・自八月十五日至廿四日、仙臺・自八月一日至七日、北海道・自八月二日至八日。

「會費」東京・十五圓、大阪・十五圓、京都・十圓、仙臺・十圓、北海道・十圓

「講師」東京・兒島善三郎・藤岡一、大阪・小島善太郎海老原喜之助、熊谷登久平、京都・須田國太郎、仙臺・松島一郎、熊谷登久平、北海道・菊地精二、齋藤長三

「申込所」東京・市外國分寺多喜窪二三八六兒島方、大阪・南區南炭屋町四九池島勘治郎方、京都・左京區百萬邊京都アパート六階獨立美術研究所、仙臺・常盤木女學院內同會事務所、北海道・札幌市南一條西三丁目富貴堂方

熊岡繪畫道場でも

淀橋區戸塚町二ノ一一二の熊岡繪畫道場では明二日から、同十一日まで十日間東光會後援の下に第六回夏季講習會を開く。

科目は

石膏、人體（モデル）、靜物、風景、油繪、水彩、木炭、美術講話等

講師は、熊岡美彥、渡邊浩三佐藤一章、岩下三四、森田茂諸氏である。石膏、人物、靜物は研究者の隨意とし、油繪、木炭水彩等の使用も各自隨意。會費は金十二圓。初心者を歡迎し、會期中成績優秀者には道場賞を贈呈。全科目修了者には修業證書を授與。尙、地方講習員の爲道場西隣に實費低廉なる指定宿泊所の設備がある。

五采會二回展

挿繪畫家の純正繪畫

新聞雜誌を通じて大衆に馴染の多い挿繪畫家岩田專太郎、林唯一、吉田貫三郎、田代光志村立美の五氏は現狀に甘んぜず更に純正繪畫の方面にも進出し年一二回は其の作品を發表すべく「五彩會」を結成、昨秋銀座松坂屋に於て第一回試作展を催し大に注目されたが來る八月十二日から十六日迄同じ銀座の松坂屋で第二回展を開催する事となつた。然し林唯一氏は最近海軍から南方面に從軍の爲發表作品は二點位他の四氏はいづれも五點內外の力作を展示する筈である。

及川曉明個展

及川曉明氏の日本畫個展が八月五日から九日迄日本橋の白木屋で開催される。氏は豫ねて日本畫の洋畫化に拗からず不滿を抱き、氏獨自の新日本畫完成に多年精進しつゝあつたもので、今回半折、橫物等約六十點の作品を發表し、日本精神昂揚の强調されつゝある昨今特に識者の批判を乞はんとするものである由。

印刷會員番號一三九五五

「旬刊」美術新報
昭和十七年七月三十日印刷
昭和十七年八月一日發行
發行日　毎月三回（一日十日廿日）
購讀料
一册金五十錢（郵稅一錢）
一ヶ月三册金壹圓五十錢（送料共）
麴町區九段一ノ一四　資文堂
編輯發行兼印刷人　猪木卓爾
東京市麴町區九段一ノ一四
發行事務所　日本美術新報社
電話九段二七一五
振替東京一六二五〇
日本出版文化協會會員　一一二一三五番
配給元　日本出版配給株式會社
通信は一切發行事務所へ

發行所　東京市本郷區東片町八二　日本美術新報社

昭和十年一月十二日第三種郵便物認可　第二十五號
昭和十七年八月一日發行（毎月三回十日發行）

（金壹圓五十錢　一ケ月三冊）

定價金五拾錢　（郵税一錢）

八月中旬號

旬刊 美術新報

昭和十七年八月十日發行 每月三回十日目發行

特輯 墨水・茶室・庭園

(淸)石濤　柘榴

33

街頭展に拾ふ――

新鋭・新人紹介

銀座街頭の畫廊は酷暑といへども人で賑はつてゐる。戰時下の精神的慰安になくてならぬ糧の一つは街頭展であらう。

新人を探す目的の觀畫子もこれならと許せる新人がさうごろごろころがつてゐるわけでもない。

そこへゆくと或る程度技術のしつかりした一人前の作家で、しかも内に潑剌たる精神をもつ新鋭作家を推さねばならなくなる。そんな意味でこゝに二科會の野口彌太郎氏と昨年文展特選となつた舊日本南畫院の橋田永芳氏とを拉し來つた。いづれも個展であるが、野口氏の今回の作は上海をテーマにしたものでその自由なタッチと色彩の豐富はその最大な特色である。橋田永芳氏の南畫はその筆力の冴えを第一に採る。日本畫の新進はエテ油くさい繪をかくがこれは本格の畫技である。而もこれは賣り繪でなく所藏家の作品を借りて展示した個展である。

コザックの服（上海の藝人）　野口彌太郎

青山綠水　橋田永芳

旬刊 美術新報 第三十三號 要目

□美について　荒城季夫
庭園・茶室・水墨　特輯
室町時代庭園の性格　田村剛
水墨の味　金原省吾
現代と茶室建築　吉田五十八
東京の公園と名園　井下清
忠愛美術院の立場　中嶋今朝吾
日本風景畫論　木村重夫
日本女子美術展評　金井紫雲
繪畫の保存價値について　玉置照信
造型彫塑人協會の結成
忠愛美術院展（M）　現代彫塑展（北村）
口繪
桂離宮庭園□修學院離宮庭園□京洛の名園□名園と茶室□茶室建築□最近の展覽會
展覽會グラフ□旬報

閑寂の藝術

東西思想の相違は如何ともし難いが、これ迄西歐の藝術觀に於ては缺乏とか、孤獨とか、非動とかいふ要素は非美として多く感ぜられてゐた。これは今日の物質文明を築き上げた西歐人としては無理からぬ心理であつたかもしれない。從つてこの面よりする東洋美、日本美は彼等の諒解を屢々欽ぎ、徒らにフジヤマ、ゲイシヤガール、繪日傘と鳥居の如き卑近な錦繪的色彩美を「日本」と誤認してゐたから浮世繪以外に水墨溟淡の妙を知るよしもなく、茶道の眞理自然美の庭園を味ふ感覺すらなかつた。然し近來に至つて歐米人もやつと日本美のかゝる一面を認識し出したがまだ〳〵至らぬ。一言にして言へば日本の閑寂の藝術の尊さがわからぬのである。吾らは日本美の極致をこの傳統の中にもちそれを以て今後の世界美學を變更さすべき義務をさへ有すると信ずるものである。

松子社日本畫展

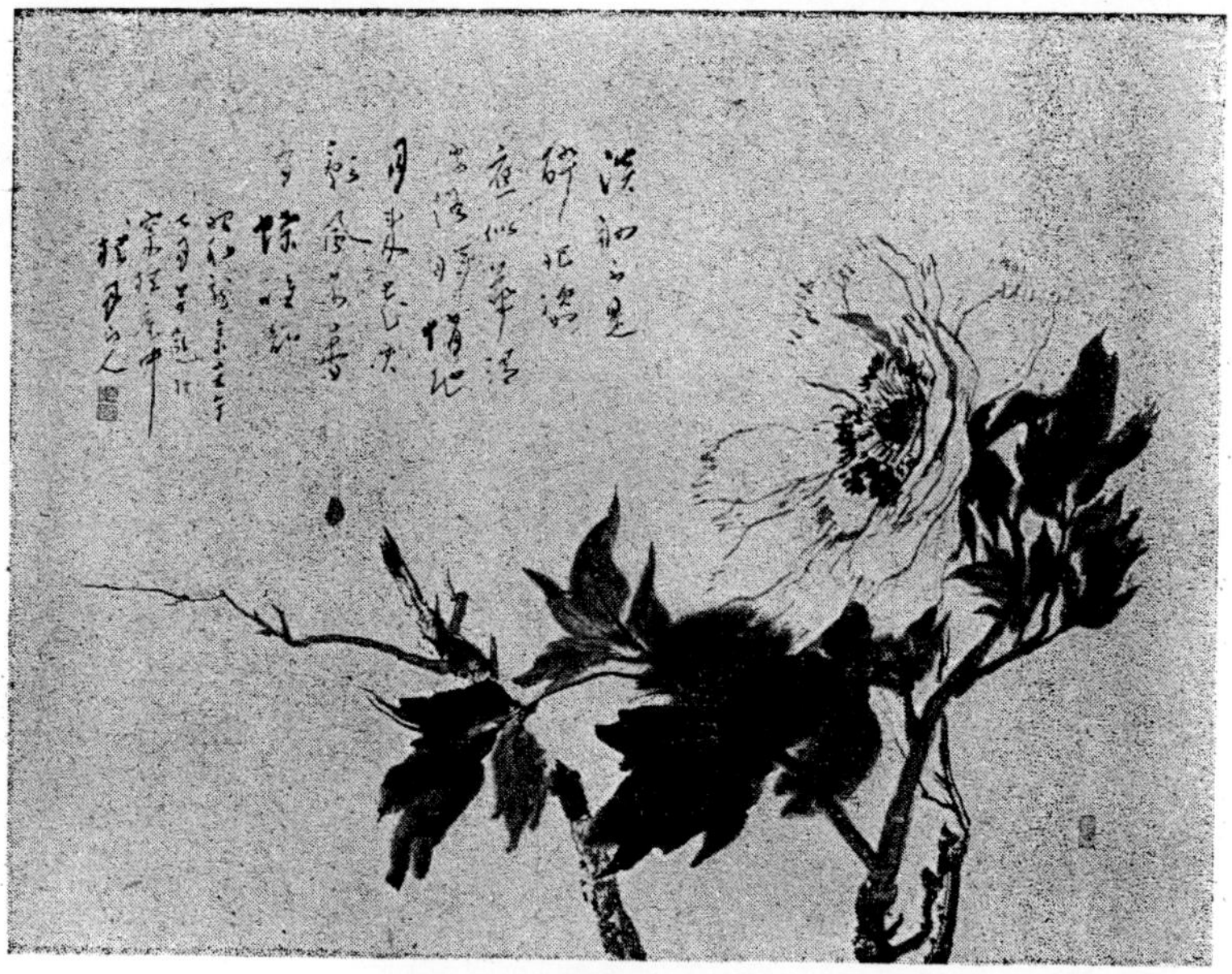
白龍香　松林桂月

潮來所見（鯰）　松浦満

しじま　荒川晃雲

薄暮　白井煙嵓

爽秋　河野華崖

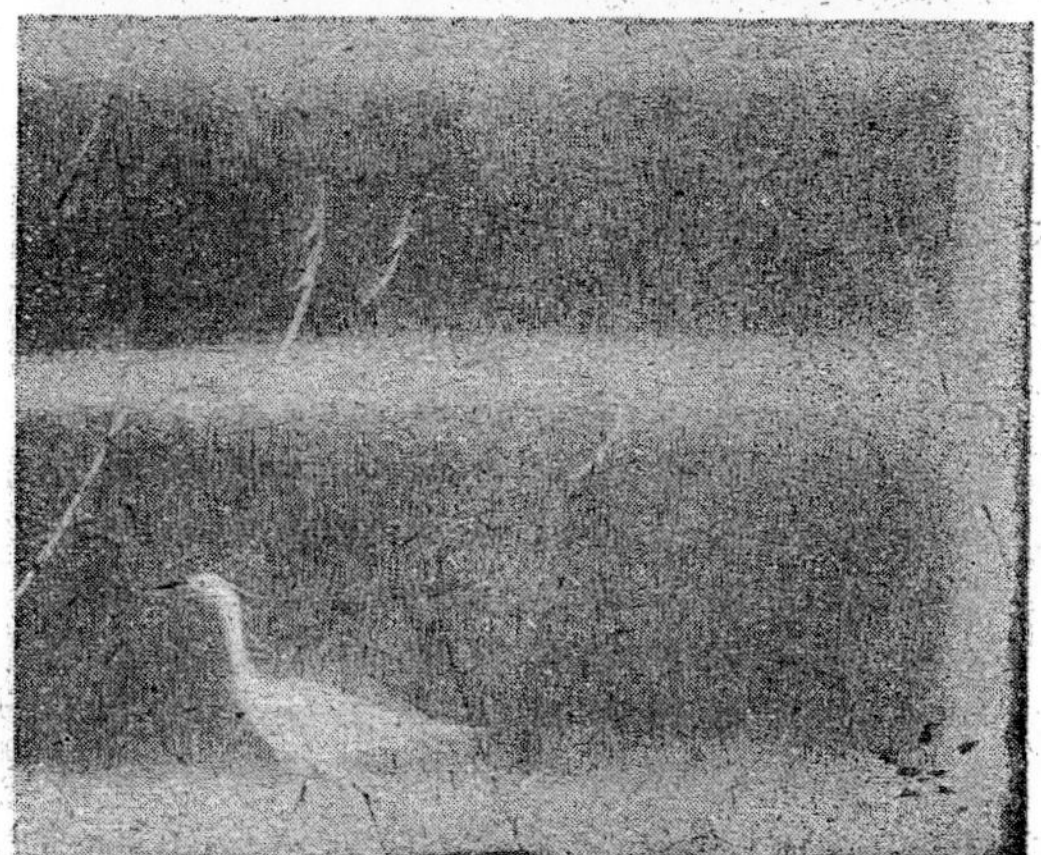
朝　西野新川

現代彫塑家作品展

強敏　北村西望

會場の一部

胡瓜　永井久晴

行雲　三橋武顯

中村静思個展

彦根懐古

ゆうべ（川中島所見）

きつつき會展

八ヶ岳　前田政雄

熊野灘　岩島勉

赤繪　鈴木日出兒

白樺の道　堀　忠義（個展）

日本木彫展

時局便乘といつた場當的の作品が一點もなかつた事はいゝ。主宰内藤伸氏の「狛犬」高さ二尺程度の作品だが規格の高い傑出した出事榮えだ。今一つの「良寛」小品ながら良寛和尚と子供とが無邪氣に嬉々と戯れてゐる姿が如何にも巧みに表現された佳品。中野桂樹氏の「慈祥」は古典的な香りの高い作品。佐々木大樹氏の「無題」片膝を立てた女人像、氏の作品としては聊か物足りない。三國慶一氏の「先驅」人馬共に迫力逞しき力作。寺村精十郎氏の「粧ひ」典雅優美の佳作。工藤敬三氏の「默禱」實感に乏しいのは遺憾、佐伯量良氏の「武人」森野圓象氏の「益良男」井口喜夫氏の「乳牛」などそれ〴〵個性の表現に努力せる點が窺はれた（東京府美術館）

古城江觀個展

大東亞戰前普く寫生旅行を試みたといふ南方都邑の風物畫數十點を銀座三越の六階全部を使用しての豪華展而して大東亞戰と同時に有名になつた「眞珠灣」を始め「眞珠灣裏ヌマヌパレー」の全景や「ヒマラヤ連峰」並に「ヒマラヤの朝」の二大作品は壯大な景觀が雄渾な筆致で如實に描寫され又瓜哇ボロブドールの佛趾も非常な力作、實感横溢海軍館へ献納の「海南島攻略の圖」横須鎭守府へ献納の「海南島海口攻略の圖」など大に注目された。尚中支、海南島一帶の從軍スケッチ數十點が出陳され賑な個展であつた。（銀座三越）

ＪＡＮ展

この會の人々は一應相當に努力したあとが見受けられるが結果としてその努力に報いられてゐない。

武藤忠氏の如きは相當努力をしてゐるにかゝはらず「風景」三點「綠陰」の如くそれ程の感銘を受けない。暗澁になつてゐるのは惜しい。今一段の素描力養成が必要である。

横地康國氏の「人物」は才能のよさが見受けられる。風景二點は奥行が足りない。

この作家はアカデミーを除去すればすばらしい。筒井丘氏の「少女像」にはひらめきがある

中山次郎藏氏の諸作には智的なよさが感じられるが畫面に渾然とした調子がないのは惜しい「雪國」一及び二にはよい才能が見える。飜譯的なにほいがして奥行が足りない。

これはこの作家に限らず全部の作家に言へる。生活能度に今一段の情熱が望ましい。

加藤文生氏の諸作は線が細すぎる。努力はしてゐるのだが畫面の調子が低すぎる。表面的な形式を捨てゝ自然、實在に對して嚴しい寫實がのぞましい。

濱谷次郎氏も同じくである。大變努力はしてゐるのだが色感が惡い。調子もない。やはり自然の勉强が足りない。

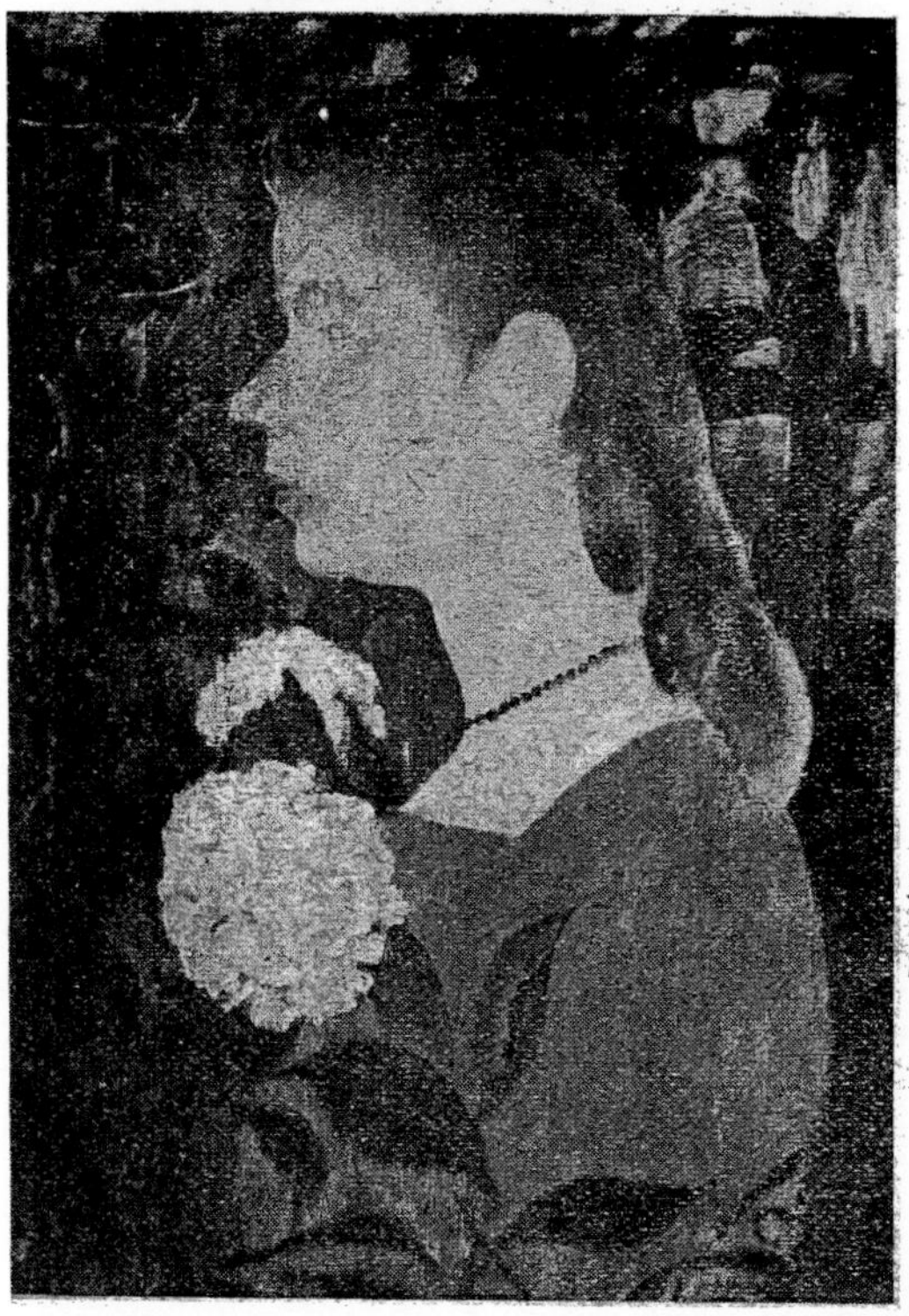
婦人像　小川原　脩

田園の夕（朱苑會展）　葛西　康

新浪漫派第四回展

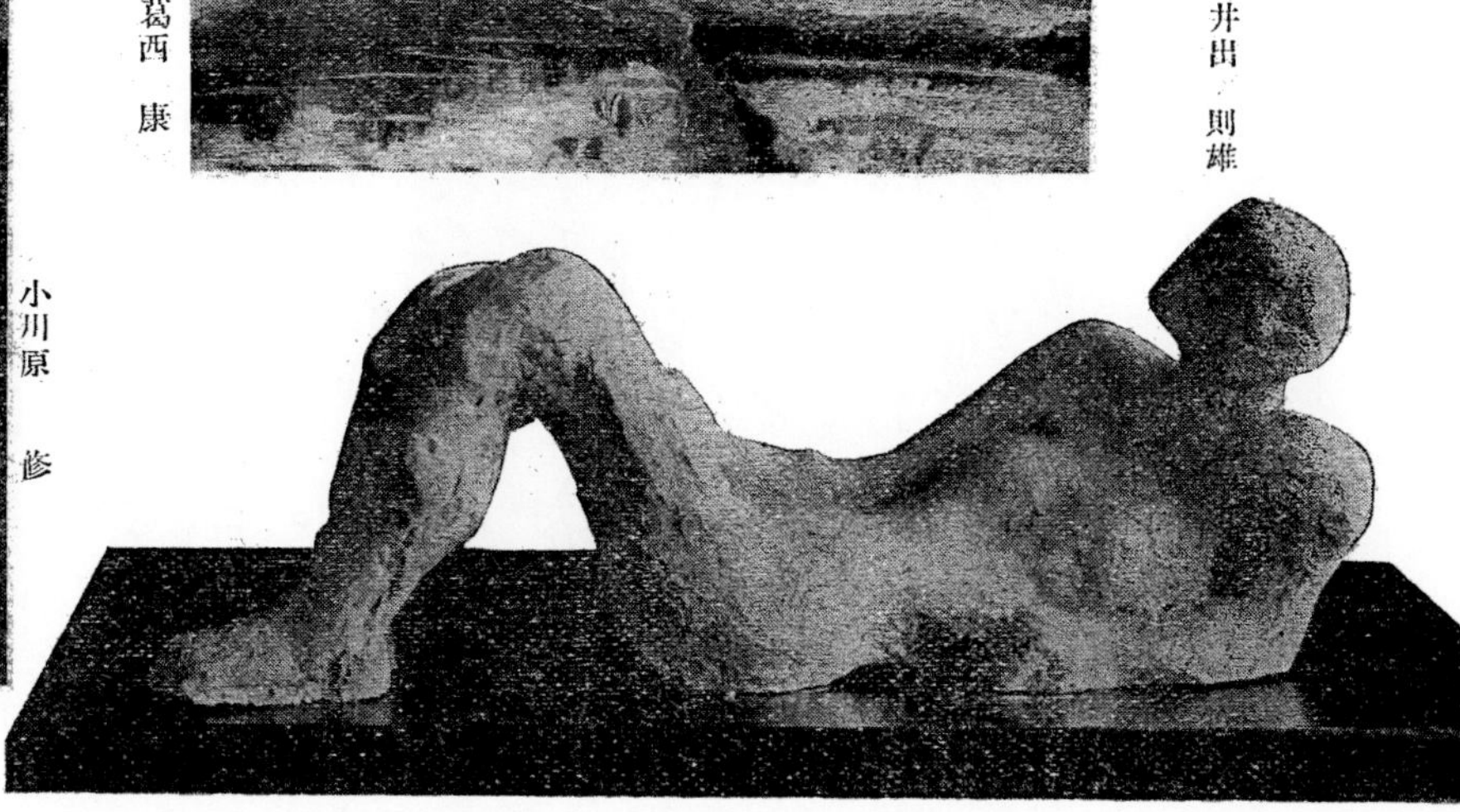
臥婦　井出則雄

忠愛美術院第二回展

情虜に及ぶ　増田英一

双子山遠望　池上　恒

鎮守　本多桃太郎

いはほ　岩田　彌光

警防團の人　前原豊三郎

花と白衣　瀧沼　青

奉待日の山村　森田　秀一

一藤井命太郎氏の「圓舞」は才能のよさは見受けられるがもつとく描き込まなければならない。

荒木剛氏の「初夏」はキビキビしたものは感じられた。つゝこみが足りない。

總じてこの會の人々は努力してゐる。

（銀座菊屋ギヤラリー）

香坂茂吉個展

風景四點、靜物、人物各三點いづれも個性が遺憾なく發揮された作品。殊に注目されたのは「裸の子供」筆觸の逞しさ肉體への追求も充分で却々の力作。滯歐作品の「フオントネ・オ・ローズの春」は重厚な畫面の裏に詩趣横溢した佳作、「棚の上の果物」は構圖に稍々難色があつた。（銀座資生堂）

坂田虎一個展

坂田虎一氏の東京に於けるはじめての個人展觀である。出品作はいづれも二十號以上の大作をそろへたもので努力が感じられた。この作家は自然の淸淨な美しい雰圍氣にひたり一生懸命に努力した跡は見受けられるが樂しみの境地をいでず、自然の中にひそむ本然の美卽ち力に缺げたうらみがあつた。花を扱つた諸作はいづれも花に對する愛情もあり仲々手なれたものである。「菜花」は色彩が美しい。「梅花」は力が感じられた。其他「春の海」は仲々の力作であつた。（青樹社）

第七回青陽展

昭和十一年度女子美術油彩科卒業生の集團である。碇井優子氏の「アネモネ」「三寳柑」は感覺的でタッチも大きくのびのびと重厚美がある。色も深い。木村孝氏の「きんぎよ草」「靜物」は眞面目で藝術がある。美しい。圖齊靜江氏の「人形」は元氣がある。好感がもてる。本田不二子氏の諸作は線は細いが感性に富み何かある。山本八千代氏の「アイロンをかける人」は生活がある。「顔習作」は眞面目である。其他鈴木みす子氏渡邊富士子氏の作品も美しい。この會の人々は女性の作としては相當元氣があつてうれしい。

（銀座紀伊國屋）

永井久晴個展

久し振りの展觀であるが筆力も構想も大に進歩の跡が見える墨畫十點洗練されたその筆抜と獨創的な構圖に成功、最も注目されたのは「伸びる力」と題した胡爪の蔓の生育振りを描いた二尺横物、穩健な畫風の裡に淸新な感が溢れ又「凝視」と題した猫はその筆力の逞しさ「慈顔」は構想に面白さがあつた。（銀座資生堂）

池田朋昭富士展

季節と寫生の場所とを異にした富士十二景の展示「麗日」は雄大な富士の全貌を遥に路傍に憩へる農家の娘を配した詩趣豐な作品である。（新宿東陽畫廊）

修學院離宮

—京洛の名園—

桂離宮は豐太閤在世中に金と時と勞力を惜むことなくして造營せよとの命の下に造られし天下の名園であり、その建築はブルノ・タウトをしてこゝに眞の日本の美を見ると驚嘆せしめしも故ある庭である。その宏壯な中に

美のエッセンスを把握し、日本的「靜」の藝術を今日の造型的知性より見るも完璧の境に迄至らしめたものである。徳川氏の世となり、こゝに伏見奉行たりし小堀遠州に命じ太閤の遺志を更に精緻に造營せしめしもので洛西桂川の清流を園内に導き嵐山の翠微を望み林泉樹石のたたずまひも起伏變化に富む地形と相俟つて見るものを恍惚とせしめる。園内の面積一萬三千餘坪と云はれる。明治初年離宮となる。

修學院離宮は徳川家光が後水尾天皇のために造營せしものであつたが光格天皇の時代に火災にかゝり、現今の夫れはその時代に新造されしものであるが、桂離宮と等しくその古典的雅趣を以て造營せられしもので、上中下の茶屋を中心にその庭園は八四四三五坪と云はれる宏大な廣さをもつてゐる。洛北修學院町に在る。

桂離宮（松琴亭より古書院をのぞむ

龍安寺石庭

天下に名だゝる奇庭として龍安寺石庭はよく人の知る處であり、現代畫家によつて幾度か畫材ともなつた。洛西衣笠山麓に今も在る。細川勝元が別邸たりし地にその死後建てられた寺內にしつらへられたる庭である。相阿彌の作と傳へられてをり、その奇想は足利期の水墨畫の趣を感ぜしめる。點在する奇石を島に見立て、しきつめた白砂を海と見做したもの、一草一木を配せずして石と砂とを以て示した庭は天下龍安寺の夫れ以外には見ざる所である。

―名園と茶室―

日本の庭園は支那の夫れとも異り獨特な風景園として日本藝術の粹をつくせるものと言へよう。日本の造庭術こそは世界が擧げて學ばんとしてゐる日本そのものゝ特質の一つである。而してこの庭園は東山時代に於て偉大な創造をとげ、以後その傳統は桃山德川時代とうけつがれたのであるが、この庭園美と不離な關係にあるものこそ茶室であり、又茶室様式の建築である。それは日本美學の表象でもある禪の哲學によつて養はれた閑寂の藝術は茶の精神の中に一つの永久的な美として傳へられたのである。

英彥山龜石坊庭園石組

銀閣寺庭園

桂離宮苑內
四阿

鹿苑寺庭園（池中に嶋をつくる）

金閣寺庭園

大仙院石庭

紫野大徳寺内大仙院の庭園は大徳寺方丈に屬してゐるものであるがその石組の豊かな構想は樹木の緑と對照を得て龍安寺の場合の如く白砂を以て水に代へた趣好を示してゐる。そこには石橋、石舫があり造庭の妙を極めてゐる。

名園と茶室

（上）赤坂離宮庭園
市内の騒音をよそに宏大な庭園の奥緑樹鬱蒼としげり池水鏡の如く湛へてゐる。

（中）故益田男爵太郎庵庭園
茶人であつた故孝男の好みによつて成りし庭園、茶室へ通ずる門である。（品川區御殿山）

（下）六　義　園
東京市の名園の一つで公開されてゐると清澄公園と同様である。苑内池中の風光。

椿山荘茶室

故山縣公の遺園で現在藤田男の邸園である。その茶室は特に清灑な美に富んでゐる。

無隣庵

故山縣公の別邸で京都東山南禪寺畔に在る名園

根津邸庭園の門

園男邸庭園

椿山荘庭園
石燈籠

高臺寺傘亭内部西北面（西面出入口及上段の間）

玉林院蓑庵内部（床の間前より）

茶室建築

吉田五十八氏稿參照

玉林院蓑庵内露地（腰掛附近）

忠愛美術第二回展作品

赤心報國の意圖をもつて畫壇に乘り出してきた忠愛美術の第二回展は上野美術協會々場に於て開かれ意氣軒昂を示した。

闘ふ鷲の誡

ジヤンク警備隊

花岡萬舟

神劍征に降る

ビルマ肉迫攻略隊

上杉愼吉先生　土田實

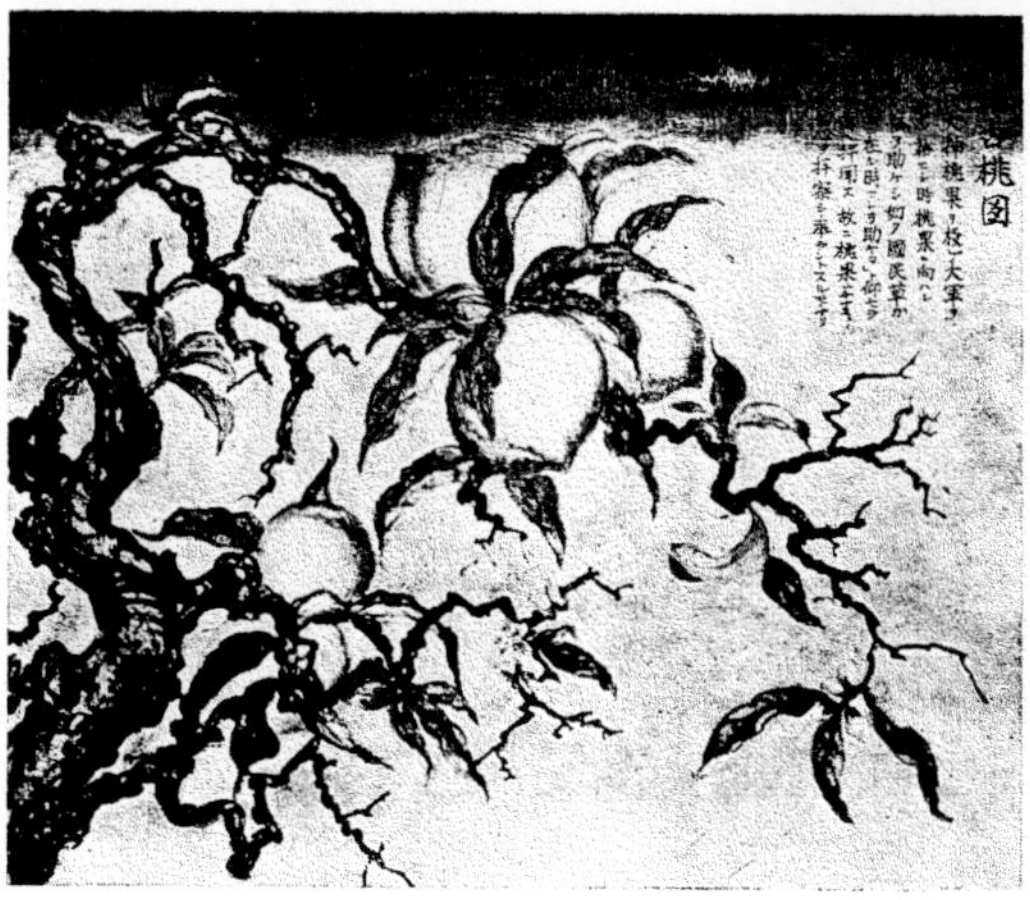

神話古桃園　藤田峯英

御東征　西川宗舟

空翔ける神馬　木寺轍

つはもの　吉田廣洋

日本畫展

首夏　麻田辨次

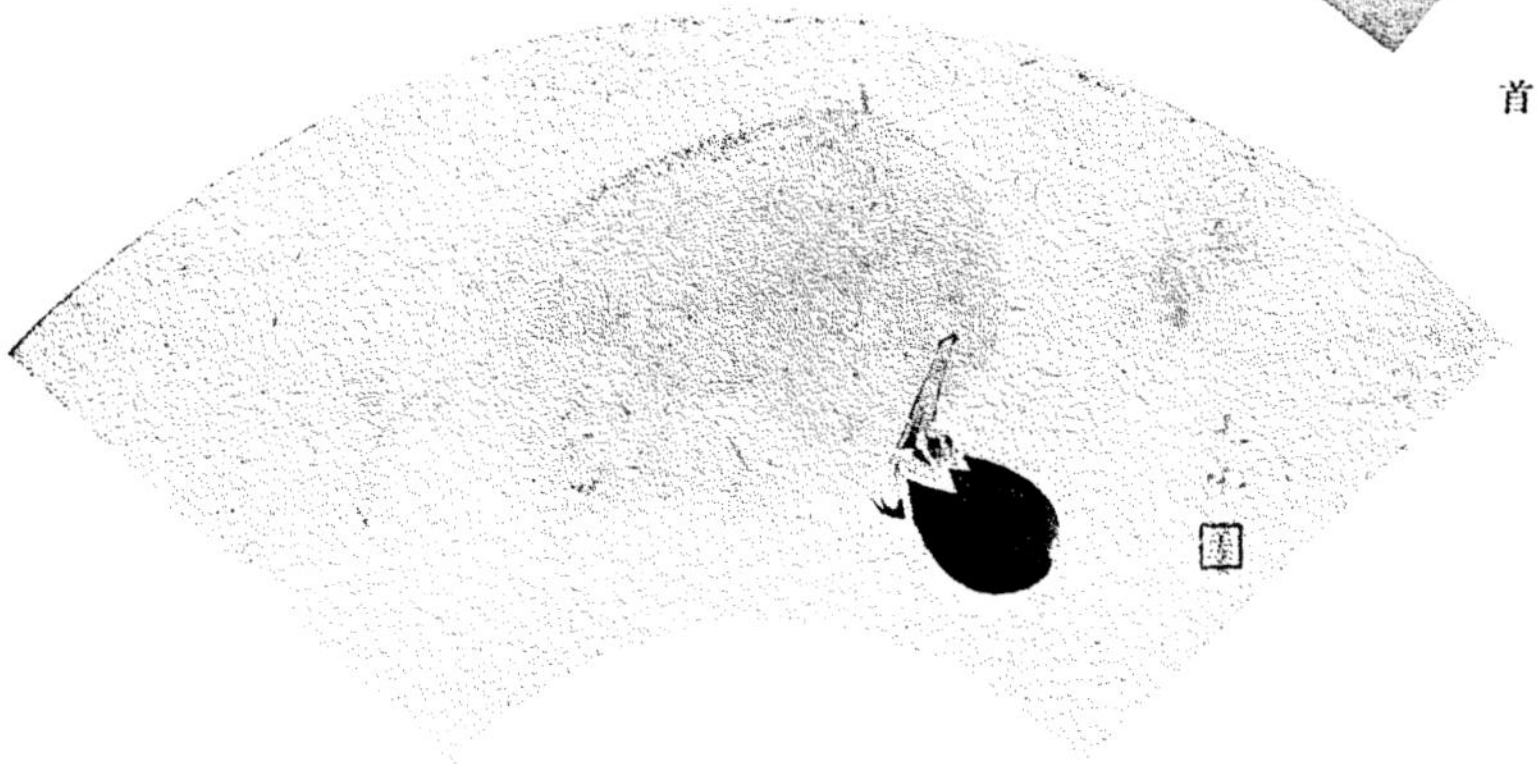

瓜と茄子　奥村土牛

東西名家扇面展と多聞堂展

一時氾濫をきはめた街頭の畫商展も七・七禁令以後鳴りをひそめてしまつたが、最近少しく擡頭の傾向を示してきた。坂本氏主催の扇面展（朝日ビル）と橋本多聞堂主催の日本畫展（資生堂）もその表はれの一つであらう。

月明　郷倉千靱

初夏　酒井三良

車爭圖　狩野山樂

清秋　森白甫

最近の

甘草　山本丘人

鬮尚美堂展

多年日本畫鑑賞界に良心的畫商として活躍してゐる鬮尚美堂は不況の中にもひとり展觀をもつてよびかけてゐる。小品乍ら相當の作を蒐めたものと云へよう。

麗人　太田聽雨

紅蜀葵　加藤榮三

曾我兄弟仇討屏風

婦　寺島紫明

青桐　山口華楊

廣瀬氏の古畫印象展

批評家廣瀬熹六氏の得意の古畫印象摸寫展も回を重ねて益々面白くなつてきた。かういふ企ては專門の畫家によつて示されるよりも、氏の如き學的素養をもつ人によつて端的に把握される處に興味津々たるものがある。（資生堂）

現代工藝名作鑑賞展

日本橋高島屋に開かれた現代巨匠の工藝名作展はさすが巨匠の名に恥ぢぬ優作逸品を蒐めたものと推賞出來る。

月下歸農(掛額)　清水六兵衛

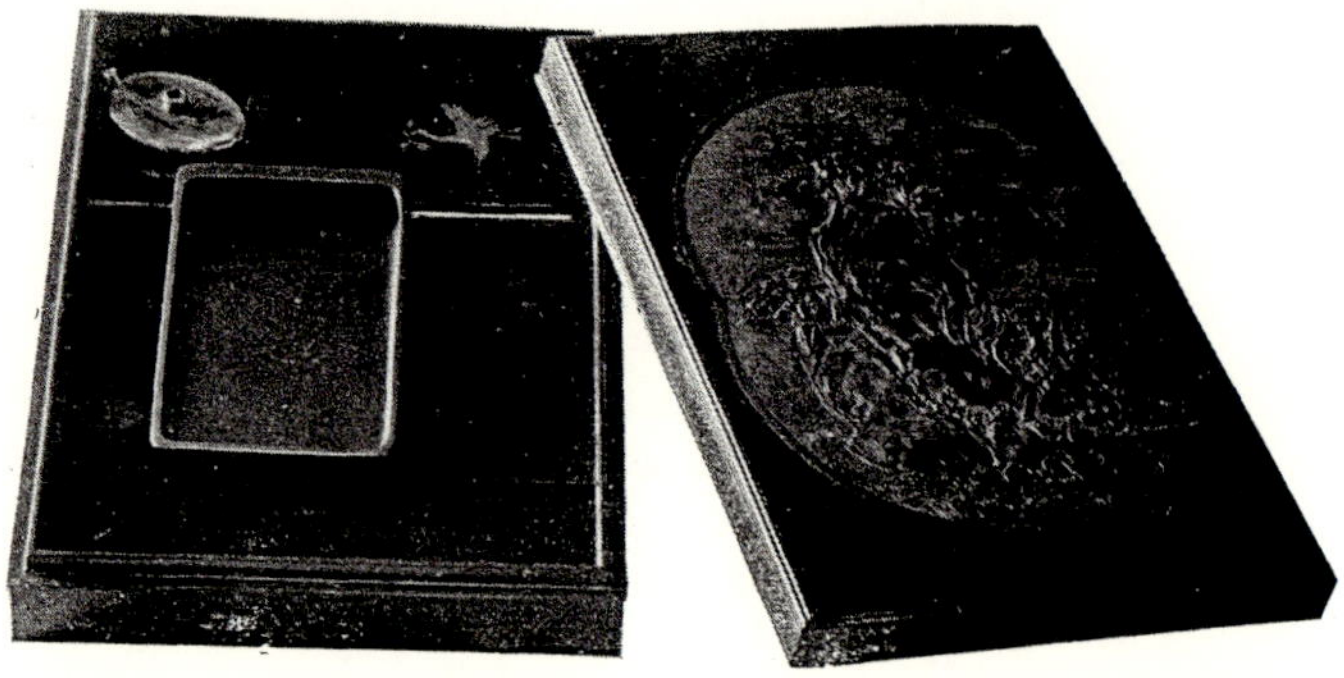

アルマイト平文蓬萊山硯筥　六角紫水

借水献花　津田信夫

九角銀襴手大皿　富本憲吉

鳳凰文鋳銅扁壺　香取秀眞

青磁花瓶　清水六兵衛

蕃酋出勤(南方風情其一)　津田信夫

撚耳付青磁香爐　板谷波山

美術時論

美について

荒城季夫

美は本來强いものである。今日のやうな、强さの要求される時代には、なほさらそれが追求されなければならぬ。この超非常時局に、美だとか美術だとかいふ問題について考へることが贅澤だと思ふ人があれば、それは大變な間違ひである。

贅澤といふ觀念は、無用の觀念と結びついてゐる。なるほど、現代の日本畫や油繪のうちには、この際不必要だと思はれるやうなものが少からずある。さういふ作品は、もちろん斥けらるべきであらう。しかし、ほんたうの美や美術は、かういふ時であればこそ、平和な時よりも、一層つよく要求されなければならないのである。

美は本來强いものである。戰時でも美が要請されるのは、たゞ單に、戰時下の生活に餘裕を有たせるといふやうな、消極面だけの問題ではない。いかなる場合でも美といふものが求められるのは、その積極面においてゞある。美は娛樂や慰安の如く消費的なものではなくして、絕えず創造する强い力、强い精神である。こゝに美術の高い文化性と積極性があり、美の永遠的な若さがある。

だから、美は不急不要どころか、たとへいかなる時でも、人間が强く正しく生きるためには、絕對に缺くことのできないものなのである。若しも美に贅澤な感じのするものがあるとすれば、それは美に對する考へ方や認識に誤謬があるためであり、その誤つた美の認識によつてつくられた作品が贅澤な印象を與へるからである。しかし、いふまでもなく、眞の美や美術は決してそんなものではない。

美は本來强いものである。美が不急の贅澤でないことはすでに述べた通りだが、美はまた脆弱なものでもないのである。

近代の美學と作品には、感覺や神經の異常性、廢頽性を特によろこぶ傾向が顯著である。或はまた、知性の過剩を以て近代藝術家の特徵でもあるかのやうに考へる風が少くない。それは慥かに事實であるし、それだから、この時世には、そんな不健全な美は要らないといふことにもなる。

美のこの廢頽性と脆弱性が、こゝ數年來、わが國の知識人や藝術家を誘引する興味の對象となつてゐたことは否めない。謂はゆる西歐的な敎養を身につけたインテリ層が、銳い感覺だとか、纖細な神經だとかいひながら、美が强い創造力であるといふことを忘れて、いつか知らず、その思想や生活を廢頽化し脆弱化してゐたことは、これまた誰も疑へないところであらう。

美は本來强いものである。にも關はらず、それがこのやうに弱いものとして味はれるに至つたのは、主として、爛熟した近代フランス文化の影響によるのであるが、とりわけそれは文學や美術や、謂はゆる文藝の士の間において多くみられる現象であつた。今では、さうした現象も餘程少くなつたやうであるけれども、なほ一部には、脆弱な美をたのしむ傾向がないとはいへないやうである。

脆弱なものは、しよせん、亡びるより他ない。現在世界の國々は相鬪つてゐるが、脆い美や思想をよろこぶやうな國民は、强い美や思想を貴ぶ國民に敗北を喫してゐる。フランスはすでに、あんな結末になつて了つたし、米英も亦同じやうな經路を辿りつゝあるのではないか。若しもこれらの國が、もつと夙く、美が强いものでなければならないといふことを氣付いてゐたならば、あのやうな失敗はしないですんだであらう。

美は本來强いものである。從つて、それは豐かでなければならぬ。强さといふことは、決して粗笨といふ意味ではない。ましてや、貧寒とは凡そ反對の意味を有つてゐる。强い美、豐かな美は、國を强くし、民族を豐かにする。たとへば戰爭畫を描いたとしても、それが粗惡であつたり貧困であつたりしては何にもならない。要するに、問題は形式にあるのではなく、內容にあるのである。

今、わが國の代表的詩歌である萬葉集を例にとつて考へてみる。こゝには戀歌もあるし、自然に對する詠嘆もあるが、これは決して脆弱の美の讃歌ではない。濃かな感情と寂しい想ひのうちに、大らかで豐かな詩情の溢れるばかりに强く迸り出てゐるのを何人も見遁すわけにはゆかない。美に對するこの旺んなる愛情と意慾が、われわれの祖先が遺した心の遺産であり、それが國と民族の精神を强く豐かにしてゐる素因である。こゝに西歐の、末梢的な神經性の美や、廢頽的な官能の美と本質的に異る、はるかに高い、日本美の特質があることを知らねばならぬ。

× × ×

美は本來强いものである。逆にいへば、强いものは美だともいひ得る。この場合、强いといふことがたゞ腕力だけの强さでないことは勿論である。

人間の感情のうちで、母の子に對する情愛ほど强いものは他にない。そこには理屈や利害を絕した本能的な强さと美がある。その强さと美を分析すると、それは敢えて死も辭せない。殉ずる者の、心の美しさである。こんな崇高な、强い美がまたとあるであらうか。

美の仕事にたづさはる者も亦、この母性愛のやうに美に殉ずるの志があつて欲しい。現在の藝術家達は、餘りに甘やかされ過ぎてゐる。美を餘りに輕く弄び過ぎてゐる。美を創造することが何んなに難かしい仕事であるかといふことに思ひいたれば、到底のんびりとはしてゐられない筈であらう。强い美を信じ、强い美を創らうとする者は、これに殉ずるだけの悲壯な決心と覺悟が必要である。その心境は、あだかも、祖國に殉ずる將兵の志に似たものでなければなるまい。

美は本來强いものである。さうだとすれば、美を創る者の態度も亦、當然强くなければならないであらう。

室町時代名園の性格

田村剛

一

日本庭園は上代より現代に亘つて、各時代を代表する幾多の名園を殘してゐて、世界に誇る巨匠の技術を一々研究することが出來るのは、洵に多幸といはねばならぬ。歐洲では、イタリの文藝復興期やフランスのルイ十四世時代の華やかな名園が保存せられて、世界の建築園の代表として、珍重せられてゐるが、日本ではイタリの名園よりも更に古く、室町時代の風景園の傑作が完全に保存せられて、而もそれに優るとも劣らぬ藝術上の地位を占めてゐるし、フランス庭園の全盛時代に匹敵する江戸初期の名作も多數全國に分布してゐて、よく舊態を止めて、日本庭園のために氣を吐いてゐるのである。例へばローマの名園たるバチカン宮苑に比肩すべきものに、大德寺大仙院の庭園があり、フイレンツエのチボリ園に匹敵するものに金閣寺庭園がある。又フランスのベルサイユ苑やヴオー莊に該當するものは、さしづめ桂離宮や岡山の後樂園や高松の栗林園等である。そして日本庭園を鑑賞するのに、その時代を背景とする樣式手法等の特徵を吟味するならば、風景園と建築園と全く異つた二つの型式でありながら、そこには自ら歐洲の同じ時代の名園と共通するもののあるのも興味ある事實である。結局室町時代の庭園はイタリのルネサンス式であり、江戸時代の庭園はフランスのルイ十四世式であるといふことが言はれる。因に風景園の發祥地たる支那では、既に明時代の庭園は殆んど廢滅に歸してゐるので、現在ある名園としては、承德の熱河離宮の庭園にしても、北京の萬壽山庭園にしても、江戸中期以後の淸時代のものが漸く保存せられてゐるに過ぎないのである。

二

室町時代の名園は、京都を中心として發達し、その流派に屬するものが、地方に散在してゐる程度で、未だよく地方色豐かな地方の樣式は發展してゐないのである。從つて室町時代の庭園は京都の庭園を研究すれば、足りるのである。そして室町時代の庭園は、二つの樣式に區別して考へることが出來る。その一つは金閣寺や銀閣寺の庭園で代表せられる築山林泉であり、他は大德寺大仙院や龍安寺の庭園で代表せられる平庭である。前者は勿論平安時代の寢殿造の庭園の流れを汲むもので、築山や瀑布や池泉や植込等があつて、その池には中島が設けられ、庭中には金閣や銀閣のやうな庭園建築までも設けられなどして、嬌奢な貴族の邸宅に附屬する大面積の庭園である。そして時代は更に溯るが、苔寺の名で知られてゐる西芳寺の庭園や天龍寺の庭園なども其の先驅を爲してゐる。かうした室町の林泉は、龍安寺や大仙院のやうに方丈や書院に附屬する數十坪の壺ともいふべき平庭と共に、やはり明瞭に時代の藝術に共通する性格をもつてゐる。當時の作庭法は、特に繪畫の影響をうけて、水墨山水と共通な特徵をもつてゐる。それは寧ろ北宗畫の手法に敎へられたもののやうで、頗る勁硬な線描に似た趣きのものがある。それよりも、更に根本的な性格は禪宗の感化によるのである。精神的には、自然觀の上に於て著るしく主觀的となり閑寂を尙ぶの風が起り、平安時代の龍頭鷁首の舟を浮べて詩歌管絃の宴遊に耽つた華やかなものとは、似ても似つかぬものとなつたのである。材料にしても花紅葉の植物本位のものとは違つて、庭石本位のものとなつた。生活上の特徵からすれば、平安時代の社交的なものに代つて、座生活に即した靜觀的なものにとまつたのである。この時代の作庭家が禪僧であつたり、畫家であつたりするのも、かうした結果を一層助長したであらうし、又庭園を所有する階級も同じく禪僧であつたり、禪宗を奉ずる武家であつたりすることも同樣に、この傾向に油をさしたことになる。

三

室町時代の作庭家として、後世もてはやされてゐるのは、義政の同朋相阿彌であるが、相阿彌が果して作庭したかどうかは、今日まだ判明しない。しかし、南北朝から室町にかけて著名な禪僧夢窓國師の天龍寺や西芳寺の作庭の事實は、疑ふべくもなく、畫聖雪舟の二三の遺作も信じてよいやうである。奇代の數寄者義政の庭園癖も尋常ではなかつた。然しかうした著名な人々の下で、實地に庭園工事に從事した所謂河原者のうちにも、相當にその技倆を買つてやつてよいものが輩出してゐたのも、事實であらう。加ふるに京都の地が作庭上有利な諸條件を備へてゐたことをも見逃してはならない。山河襟帶の京都の地形が、作庭に好都合であつたのは勿論であり、殊に京都四隣の地や、舟運の便により簡單に運搬することの出來た紀州方面等が本邦で最も優良な庭石の產地であることをも見逃してはならない。庭石を生命とする室町の庭園は、實にかうした材料を自由に驅使することが出來たといふ自然的環境に依存する所が頗る大きいからである。

四

金閣寺の庭園は、庭園建築たる金閣を中心として作庭せられたもので、寢殿造の庭園に比べるとその平面圖は頗る自由になつてをり、舟遊等のために、池島の地割は工夫せられてゐるが、然し池中の無數の中島の布置は頗る繪畫的となり、衣笠山などを背景として利用するなど、いかにも一幅の繪である。けれどもその繪たるやまだ大和繪風の趣きが多分に殘されてをり、庭石の數も割合に少く、優雅な手法を止めてゐて、平安から室町の過渡期の作品たることが立證せられる。然るに銀閣寺の庭園となると、舟遊の設備は尙ほ保存せられてはゐるが、もはや完全に靜觀的な山水畫となつてゐる。石組が繁くなり、用石の上にも、立派に室町風の手法が目立つて來てゐる。由來銀閣寺の作庭に當つては、西芳寺の庭園を紛本としたといはれてゐるが、その西芳寺と比べても、時代の前後が用石の點から分明に指摘せられるのである。山口市の郊外常榮寺にも雪舟作の林泉があつて、庭園に面する建物は廢れてゐるけれども、庭園はかなりよく保存せられてゐて、西芳寺や銀閣寺などの庭園に似た趣きがあり、地割上の特徴から殊に勁硬な石組等に共通點が見出される。

福岡縣の英彥山に殘されてゐる傳雪舟作の龜石坊の庭園も同工異曲であつて、特に石組の手法に於て、全く同一作者の手に係るものであらうと推定せられるものがある。

五

さて次は平庭であるが、これこそ室町時代の創意に係る新樣式であつて、最もよく時代庭園の性格を證明するものといつてよい。平庭は禪寺の方丈や武家の書院に直面して造られる、數十坪程度の壺乃至は中庭である。從つて四方建物や塀に圍まれ、全然獨立した狹い空間で、畫紙に均しい平坦な單純なる地所である。この狹い空間に、どんな繪畫的な構想を運らすかは、時代の作庭の最も得意とする所であつて、極めて禪味の横溢した主觀的なものとなつたのは當然の歸結である。何分狹い地積のことであるから、山を築き池を穿つ餘裕は見出されなかつた。勢ひ山水を表出するためには、種々の象徵的な手法を創意するよりほかはなかつた。山を表出するには、庭木を寄せて刈込んだりした。瀧を表現するには、簡單に二個の立石を並べるので十分であつた。白砂を以つて流れや池沼を描き、配石の工夫で、岸や中洲や島や淵や瀨や橋や舟までも自由に描き出された。かくて大海を象ることも、決して難事ではなかつたので、平庭に於てはあらゆる題材が選ぶがまゝに表現せられたのである。大德寺大仙院は實にかうした庭園の代表である。又龍安寺の庭園は全庭に白砂を敷き、その上に十五箇の配石を五つに分けて配石したもので、庭中には一木をも植ゑなかつた。世に虎の見渡しの庭として知られてゐる。

六

かうした室町の平庭では何を表出してゐるかといふよりも、盆石のやうに、いかに庭園空間を構成するかといふ構成上の興味が中心となつてゐるやうである。個々の生命ある庭石の靜と動との役割と、相互の關係、脈絡、庭面全體に對する配置、殊に餘白の含蓄といつたやうな點から、庭面とこれを圍む建物との釣合といふやうな點に至るまで、道具建てが簡素であればあるほど、空間構成は愈々微妙なものとなつたのである。一物も無駄なものを介入することを許さないし、一物の布置もゆるがせは出來ない。殊に庭石の選擇には、多大の苦心が拂はれねばならなかつた。庭石は土から生えぬいた生物である。その大さ輪廓表面の襞皺といつたやうなものが、庭石の動靜を規定する條件であつて、これを呑み込み、庭石の個々の性格を理解した上でなくては、石組といふものは出來ない。

室町の石組に用ひられてゐる材料は、主として京都附近より產出する地質學上の古生層に屬する最も理想的な庭石で、水成岩特有の直線的な輪廓と襞皺とを備へてゐて、いかにも勁硬な線畫の趣味に似た趣きを出すのに適してゐる。又紀州あたりから產する靑石の如きも、全く同樣な特徵のある庭石である。常榮寺や龜石坊の庭石も、種類は異るけれどもこれに似た趣きの庭石を選んでゐる。一石をも忽にしないだけに、選石については想像以上の苦心が拂はれたものと思はれる。室町時代の庭園では、林泉に於ても全く同樣であつた。この點に就いては江戶時代の茶庭や南宗畫風の林泉などに用ひられた丸味のある柔らかな庭石と、その配石の手法とを比較すれば、全く異つたものであることが、一層よく了解せられるのである。要するに室町の庭園は繪畫的であつて、特に簡素で比例とか釣合とかに注意が拂はれてゐて、それは恰度イタリのルネサンス初期の庭園に似た趣きがある。

水墨の味

金原省吾

一

水墨の味は、つまり細かい味である。随つて水墨の大幅は持ちが弱い感である。それを持たせようとすれば、どうしても覇氣が必要になる。二條城の障壁畫などに墨があるが、無暗に餘白が多くて持てあましたり、骨だつて烈しかつたりして、水墨の味に遠いものがある。かういふことになると、水墨を使つて猶色に伍せんとする感である。つまり墨の量にはある限定があるのであらう。

墨の量に限定があるから、墨でかけば餘白が出てくる。墨と紙の地の餘白とはうつりがよい。墨は黑と白との系統であるから、餘白の白もその黑と白との系統の中に入り、うちくつろいで渾然たるものになる。それが小品だと、特に無理がある。墨の量に限定のあるやうに、餘白の量にも限定がある。餘白が持ちをよくすることは中々むづかしく、ことに大きい餘白は困難である。随つて智積院の桃山畫などは、なるべく餘白で表現部を圍むやうな構圖をさけてゐる。即ち餘白は表現形體でくだかれ、表現形の細部に入りこみ、餘白と表現形とが、細かに交錯してゐる。さうすると、色を盛に使つてゐるから、どんなに大きいものを描いてもよく、餘白は碎けてその中に入つて來、枝と枝との間、葉と葉との間、花瓣と花瓣との間に入つて來て、氣のつかぬ形になり、畫面はために肅然としてゐる。

色の量に限定のないのは、色には變化があるからである。墨は黑と白との段階でさう程度がなく、はつきりするのは焦墨と淡墨との二種である。雪舟は焦、中、淡の三墨を使つてゐるが、これは特例で、多くは探幽の如く焦、淡の二墨になつてゐる。その間の變化も變化は漸變的で、明白ではない。淡墨と焦墨とで、因陀羅のやうにこの相違を明白にして、とにかく淡墨でかいて、要點だけをまぎれることなく、焦墨でかく。しかも焦墨は要點だからの部分である。かうして畫面に墨の段階を明白にすれば、墨の變化で畫面が成立する。雪舟のやうに焦、中、淡の三墨を使ふと、よほどその墨を形に結合させるでなければ、畫面が變化の一つのだらだらした傾になつてしまつて、平板、無力になる。雪舟だからそれで持つたのである。そこで擦といふやうな手法を工夫してくる。色は變化が無難であり、赤の系統の中の濃淡の變化が、墨の濃度の變化にあたり、しかも赤にも丹、朱、紅、緋、桃と何通りもある。そこへ黃、靑、綠その他、それぞれ任意の無數の系統がある。そして色は一つの表現形體と結合してゐるから、如何に變化があつても、畫面がにぎやかで、畫面をにぎやかにすれば、如何なる大畫面でも困難なく成立してゆく。それに色には壓がない。色はのびやかにひろがるものであるから、擦の如き手法は不適當であるし、そんな無理をしないでも、困難なしに持つ。質に變化の出ない墨であるから、擦で形體に結合してゆきたくなるのも無理ではない。この頃の水墨の大畫面に、得て擦の多い所以である。擦が支那に出て來たのは後期であるが、支那は擦が出て來た頃は、水墨の不足を感じて、いらいらした様子にみえる。

二

さういふ譯であるから、水墨畫のよいものは、墨の量に無理のない小幅で、しかも墨の量と餘白の量との才量がよいやうに見える。墨の量と餘白の量とが才量ならば、どうしても畫面は減筆畫といふことになる。随つて無理のない水墨畫の性質は自然に、小畫面の減筆といふことになる。

支那といふ國は、中中表現にきびしいところのある國である。日本人はあんなにはきびしくはなれない。その表現のきびしさが、ついうつかりすると苛酷になる。元畫明畫にそれがある。あの元、明の畫のつきささるやうなはげしさは、私達にはどうしても我慢が出來ない。我邦の初期には元、明の苛酷な畫風を學んだものがあるが、それでは日本人はつかれてしまひ、それを寛やかにしたくなり、探幽までくると、すつかり緩和されて、それでやつと日本人の肌にあふやうになる。

そこで支那の元、明の苛酷であるが、それが成立するのは、色でなくて墨と線とである。屈曲の角の多く、走りの早く、同時に壓の多い線は、きつい墨をふくんで、畫面をきいきい言はせるやうで、見てゐても苦痛である。ああいふ畫にたへられるところを見ると、どうも支那人はにぶいのか、強いのか見當がつかなくなる。つまり殘酷なのであらう。さういふ點になると、日本人はまける。

その中にあつて、牧溪の畫は實に溫藉である。かういふ畫は支那では畫面が弱くて持たないのか、格のひくいもののやうに見てゐ、日本ではじめて認められ、日本の牧溪畫の數は、昔から眞僞とりまぜて、大變な數である。ことに牧溪では大德寺の「白衣觀音像」の如き堂堂たる作よりも、「柿圖」、「栗圖」等の如き小品で、餘白と墨とが等量で持つてゐる度のものがよく、つまり小量の絕品とはこの邊のことを言ふのであらう。

元の四大字の作を、南畫の方では大變にほめてゐるが、私はそれ程とは思はない。底が見えてゐる氣持である。筆一本に託して、孜孜として描き進んでゐる處は流石であるが、それにしてももつと省略の餘地があり、これ程にしなくてもよいと思はれる。元、明の此畫風の苛酷とはちがふが、やはり支那人らしい苛酷なところがあつて、私達はもう一歩も二歩も手前でやめてもらつた方が、かへつて樂でもあり、そこから私達は自分ですすめる。そんなに細かいのは、細かいことに一一世話をやくおばあんの前に居るやうな氣がして氣づまりである。その上に細部をみると、例の黃子久の「富春山居圖卷」の如きでも、樹木は普通の省略法によつた常法の形で、それを處せまく描き入れて、それでも猶足りないと思つてゐる樣子がある。かういふ定型的なものを組み合せてゆく處は、どこか盆景の趣味に近いものがある。墨が形に碎かれて、美しくもあり、にぎやかでもあるが、小味であることは爭はれない。餘白と才量の墨の味といふ程のものはない。餘白は山や木の片隅に押しつけられて、窮屈さうにひかへてゐるといふ感である。墨の仕事のむづかしさが感じられる。

南畫は大體この元の四大字の傳統をついでゐるので、後後迄細碎であり、墨の味を必ずとも豐かにしては居ない。そこで餘技派の畫が出てくる。畫は餘技であつてはじめて高い畫境に達するといふ議論は、南畫のはじめからの主論であるが、それを一層濃やかにしたものが、清朝に入つてあらはれて、石濤その他の畫作が出て來る。石濤の畫は筆の毛先をぴんときかせたもので、ここにやはり支那傳來の一種苛酷なる味を相承してゐるものがあり、たしかに日本人の仕事ではない。日本人が石濤をまねるとひねくれて、ただ我儘になり、ひとり自ら高しとする風に陥ち、かへつて厭ふべき匠氣を免れない。これは日本人にない性質だから、もともとそんな眞似はしない方がよいのである。石濤は中中よく物を見て居、用意が周到であり、墨氣に多潤なるものがある。それはどうにも日本人と異つた執拗な物の見方が根柢にあるので、感心しながら矢張りつかれる。

清の末になると元明の苛酷な風を、線の上にむき出しにした畫風が出て來て、何ともうるさいことであるが、呉昌碩などもこの系統で、これはもう水墨の味のない、頑固な作風である。それはいらいらして騷しい、今日の支那を感じさせるものである。

さういふ點から見ると、宗達の畫は、色があつても、かへつて水墨の作と通ふものがあり、墨氣の高いところがある。日本の水墨は支那のやうに色を否定して出て來たものでないところに、水墨のゆるやかさがある。これに比べれば支那の水墨にはやや固陋なるものがあり、支那は既に古い國だと思はれる。（七月三十日）

現代と茶室建築

吉田五十八

生活と住宅と云ふものを考へて見ると、その關係に三色あります。

第一は住宅が生活のほんの一部に過ぎない場合。第二は建築の中に生活がある場合。

第三は生活即ち住宅と云つた場合であります。

第一の場合は殆んど外部に於て生計を營み、その住宅はたゞ寢る場合、食事の場合に家にかへつたり又たまに休息をすると言つた場分にのみ使用される。農山漁村人の生活住宅がそれである。昔の穴居生活、現代に於ては勞務者住宅がそれであります。

第二の場合は昔の藤原時代の神殿造りがその適例と云へます。この神殿建築は元來支那の影響を多分に受けたものであるが――この建物は内部に於ける生活を一切かまはないで家を建て、その内を生活に合せて一種の補設的に組立て、屛風、張臺(今の寢臺)几帳等を置き、坐る場所、寢る所等に疊を敷いたもので、月見、花見其他いろ〳〵の催しの宴等の際は疊を多く敷き、又場合に應じてセットを多くつくつたものであります。ちようど現代の富豪住宅もそれに近いものと言へる。

第三の場合、生活即住宅の場合は、茶室がある意味に於てそれに當てはまるのであります。生活の或る一部の形式に對する住宅と云ふものが茶席となつたもので、どうしてそれが即生活かと云ふと、狹い茶席は大邸宅を簡易化したもので、人生々活を營む上に於て何等の不自由もなく、生活の縮圖をなしてゐるのである。

第一次世界大戰後當時の新進建築家コルビュジエ、とか、グロピユース等の人々が住宅會議を開催したことがある。その時最小限住宅と云ふものが議題となつた。その最も適例として日本の代表建築である茶席が擧げられ、あらゆる角度から研究されたのであつた。茶室はプランのせまいのにかゝはらず、變化の多いことは世界に類を見ないものであります。ここに於て何故茶室が日本の代表的建築であるかと云ふと、もと〳〵藤原時代の神殿建築は支那の影響を受け、禪宗が入つて流行し出した書院造りも、これ又支那の影響によつたものでありましたが、茶室建築は日本獨得の構成プランを持ち外國の影響を何ら受けてゐないのであります。そこに民族的香りの最も高い建築として茶室が擧げられるのです。外國の建築家は日本古來の神社佛閣の建造物を特別には重用視しない。眼をつける所は第一茶室建築であります。

一體、茶の精神は不完全の中に完全を見出だすと云ふことが言へる。茶席は非常に簡素でいはゆる侘、さび、を尊び、殆んど無裝飾である。色彩も單色で、床に軸を一幅かけ、花を生けることによつて大宇宙の如き大きさを思はせる。それが前大戰後の合理主義時代建築の理想とぴつたり合致した。今度の第二次世界大戰前に於ても、歐米の建築家の中には非常に茶席の研究家がふえて、フインランドの世界的建築家アルト氏などは非常に茶室を研究した。彼の建築には至る所に茶室趣味がとり入れられ竹を使ひテーブルを低くする等、茶室研究の結果が多く表はれてゐるのが知られる。かつて、紐育の萬國博に於ても彼の茶室趣味參酌の新建築は相當な人氣を呼んだものであつた。現代のアメリカ建築家等も第二次大戰がなかつたならば日本の茶席研究が大に進捗したらうと思ふが、この戰爭で中絶したわけです。これから吾々將來の住宅に對して「不完全の中に完全を見る」と云ふ茶道の悟りを以つて行けば大邸宅はむしろ必要ない。小住宅の中に簡素なエッセンシアルな美をもつ精神で、これからの住宅建築が考へられなければならぬと思ひます。しかし、現代の茶席と云ふものを考へて見ると、實際生活の上から見て時代錯誤であると言はれても仕方がない。それには第一明朗性がないのである。

時代に即した茶室と云ふものが考へられなければならないのである。從つて根本の茶道そのものも變ぜねばならぬ。

今の茶の宗匠にほんとうの傑物があらはれるべきなのです。今、千利休のやうな人がゐたならば、茶室は昔のまゝの茶室ではなく、もつと〳〵變つた、現代の生活に即した立派な茶室の出現を見たであらうと思ひます。卑近な例でありますが、或は硝子、電氣等も勿論つかはれたことであらうと思ひます。

千利休の話が出ましたが、茶室建築はこの利休時代を最高峯として元祿時代より段々下り坂となり後水野越前守の建築制限令によつて極端に墮落したものであります。櫛形の雲げんを使つてはいけない、壁に紙をはつてはならぬ、其他種々の制限により、又武士階級には金がなく、金のある町人は許可された範圍内に於てやむを得ず數寄屋に對してむやみに金をかけ、結果として小うるさい、シンプルでない茶室の出現を見たものであります。いはゆる裏金趣味となり、茶室建築はこゝに全く墮落したのである。そして、徳川中期以後には名跡は殆んど見られぬと言つても良いのであります。(文責在記者)

日本の風景畫

（承前）

木村重夫

四

さて、既に見て來たやうに、禪の渡來以後、いはゆる禪僧たちの遊行や行脚生活と相俟つて、一方、茶道の普及による藝術鑑賞の發達は、その後いよ／＼日本の風景畫に獨自的な樣式の發達を促さずにはをかなかつた。一ッの顯著な現象は、いはゆる四季山水圖及び多分に風景畫的要素を備えた數々の四季花鳥圖、花鳥山水圖等々の登場がそれである。例へば、こゝに雪舟の有名な「四季花鳥圖」（前田家藏）がある。知らるゝ通り、この畫は雪舟七十一歳の老筆として「畫技最も光彩を發揮した」時代の作といはれるだけに、その濃墨を主體とし、ところ／＼濃彩を施した作風は流石に雄渾卓抜、しかもよく寫實に徹し、自然の變容を一畫面にとらへて甚だ至妙である。見るからに春の姿は鳥も樹も水もたのしげに笑つてゐる。又夏は水邊の蓮池しげり、秋は海棠の楚々たる姿も淋しく、やがて荒寥たる冬に凛然たる眞竹の春を配するのは、勿論、禪や茶の思想によつて、革められた新しい自然觀をもつてする、新しい「あはれ」を述べようとした作者の心持に外ならないだらう。然るにこの畫をいはゆる山水畫と區別して考へることは不可能である。のみならず、特にわれ／＼の留意するのは、その個々の題材の表現にみられる局部的寫實的な描寫態度にもかゝはらず、作者が少しもありのまゝなる自然の現實を表現にうつさうとしてない點、こゝでもやつぱり發生期日本風景畫の諸特質を傳承する概念的描畫の姿を認めないわけには行かないやうである。又、同じことは例の有名な「四季日月山水圖屛風」の自然觀照についてもいひ得る。いはゆる宗達前派といはれるこの畫は、多分に前代の大和繪的技法を抱擁する點で、とりわけ特徴的な作風である。畫面、春の姿は爛漫と咲き亂れた櫻花に樹石流水を配し、やがてこの流水は柳橋のたもとを洗つて初夏の姿に移つてゐる。又、秋の姿は寂々たる稻田の月が描かれ、この同じ月は孤影悄然たる多の枯柳を照して甚だ孤絶の感を深くするやうである。いふまでもなく、この畫に於て作者の述べようとする心が、畢竟、かゝる自然のきびしい變容を通じて「わび・さび」のあはれを傳へようとするのに外ならないことは明らかである。殊に、その畫中、個々の題材に對するリアリステイックな描寫、及び、嵌裝する日月のいかめしい金銀板にもかゝはらず、この畫の作者が殆んどこの月日の照らし出す光線について何の感覺をも持つてないのは、甚だ興味深く留意される點でなくてはなるまい。

全く、このやうにして禪や茶道の思想に改變せられた日本の風景畫は、極めて特徴的な發達を促されたが、しかも、その本質的な自然觀照に於ては依然として當來の概念性と、局部的部分的な寫實態度を繼承し乍ら、やがて、こゝから一方、永德の「檜圖」「雪中柳鷺圖」山樂の「宇治橋圖」等々を經て、宗達、光琳等にみられる四季草花圖の如き純花鳥畫的形成に到ると共に、他方、等伯の「松林圖」にみられる如き、特殊な風景的自然描寫に到るわけである。特に、この「松林圖」に於ては、全く、物象的な自然的現實を沒却し去られてゐる。この作者にとつては松林そのものゝ物象的なリアリテイとか或はその自然的環境乃至は季節、天候、時刻などどうでもよく、たゞ「松籟靑風」に心をよせるといつた自己の心情を抽象的な松樹の形像をかりて述べることが出來れば滿足だつたにちがひない。しかもわれ／＼にとつては、從來みて來た數々の山水風景畫よりも、この畫において、より本質的な自然のリアリテイを感じるのは、畢竟、われ／＼の自然觀照が物象の敍述を通じてよりも、むしろ内界心象の敍述を通じて自然を深く味識して來た、さういふ日本的態度を滿足させるからに外ならないであらう。いはゆる「竹林圖」を描いて山水の淸音をきくとか、又「梅林圖」を描いて君子の芳薫を思ふとか等、勿論、さういふ自然觀照の態度に多分に支那的影響のあることは否定出來ないが、いづれも一系列の「わび」的意識を混融した日本的自然觀照といふことが出來るであらう。しかも、この「わび・さび」の意識は、この國のあらゆる文化的生活を通じて深く民族の心情に滲透し、ひろく民衆を導く英雄的思想たり得たことはいふまでもない。從つて、江戸時代末期、いはゆる泰西美術の方法が移植され、徐々に、當來の山水風景畫の描寫に光や遠近法が採用せられはじめるやうになつても、例へば、應擧や吳春の風景的花鳥畫とか、又、北齋、廣重らの街道圖、名所圖等にみられる通り、依然、その描寫態度は局部的に忠實だつたり、或は自然的物象の姿をかりて作者の心情をのべるといふ態度を失はなかつたのは、勿論、しば／＼繰返へすやうに、當然、それが自然描寫としては甚だ不十分且つ不完全にちがひないが、又、そこに日本風景畫の特質ともいふべきものを認めずにはおけないわけであらう。試みに北齋の名作富嶽六景などについてみても、その寫實的態度はこれまでにみられぬ現實的な方法が採用されながら、尙、その富嶽を望む心持は萬葉の歌人赤人のよんだ「望不盡山歌」の心持と相通じる如き、全く興味深いのである。

これが日本風景畫の表現態度であり、且つこれを育てゝ來た日本人の民族的特殊的な傳統的心情であつた。

以上、私は極めて簡單ながら日本風景畫の諸特質と、その傳統形成の過程についてみて來た。然るに、私に與へられた課題は、これから現代風景畫の諸特質に亘り、これを傳統のそれと比較討論せよとのことであつたが、すでに與へられた誌面も大分超過したことゝて、ほんの一言添へることにしたい。すなはち、すでに冐頭でも述べた通り、明治以後、この國に移植せられた泰西の美術思想は、甚だしく、われ／＼の風景畫的理念を一變させた。しかも、つねに限りなく自然を愛し、自然と人間との融合を本質的な自然觀としてもつわれ／＼はそこで改變されたものも部分的にすぎず、尙多くの點で傳統的態度を持續してゐる。例へば、大觀、玉堂、栖鳳らいづれもすぐれたる風景畫家として、その畫風には多分の泰西的影響を思はせるが、やはりその描寫態度は自然のリアリテイを寫實するといふよりも、自然の形像をかりて自己の心情を述べる畫家である。又斯ういふ日本人の自然觀照の態度は、いはゆる西洋畫家の場合でも同じで、はじめ泰西の風景畫を鵜呑みにした洋畫家たちが、あまり永くは彼らの現實主義的態度を持續し得ず、今日、むしろ滔々として氣分的風景畫に變貌してゐるのも、大方、自然に對する日本人の態度が主情的且つ局部的觀照にとゞまり、自然をその全體性において觀照し把握する力にかけてゐるからにちがひない。たゞそれにもかゝはらず、今日の風景畫を極度にたのしめない實情で混亂させてゐるのは、勿論、それが現代日本文化の混亂をそのまゝ反映するものには違ひないけれども、私は主としてこの國の藝術家たちの民族傳統への自覺の缺乏によるものと思ふ。すなはち、そこに、一方傳統的な風景觀も育てられず、といつて他方いはゆる泰西的方法を積極的に取捨する態度もきまらず、甚だ中性的、バラック的な風景畫の氾濫を招くの餘儀なきにおかれてゐるのではないかと思ふ。けだし、こゝに日本風景畫の傳統性や、その民族的特殊性について回想してみることは、必ずしも積極的な意義をもたないが、それでも尙、今日の風景畫を混亂させつゝある泰西的方法と日本的傳統の方法との距離や溝幅を理解することに役立つだらう。この小論の役割はそれを理解することを限度としてゐる。そして、この小論が問題としてゐるところを、いはゆる創造的實踐によつて解決することは、勿論、外ならぬ藝術家たちの役割である。（完）

× ×

東京の公園と名園

東京市公園部長　井下　清

井ノ頭恩賜公園（府下吉祥寺）

東京の自然美は、畏れ多いことであるが、都心に幾十萬坪の翠黛深き皇城の森が在ることを先づ心に銘記しなければならない。あの崇高な森と、それを圍む風光明媚な外苑及び外濠の景情は、世界の何處にも比類のないものであつて、これらが東京の景觀の核心を爲してゐることは、誠に有難い極みである。

東京の公園は、總べてこの宮城の森を中心として配置されてあるが、その中で約百二十ヶ所は、所謂町内公園とでも云ふ、その近所の方々が家庭の延長として朝夕親しみ、自然を味はひ、自分の庭として使ふ公園で、兒童たちには最も安全な天地となつてゐる。殘りの六十餘ヶ所の公園は、いづれも特殊の性格を持つてをつて、全市の人たちが郊外へ自然を求め名所舊蹟を尋ねて遊ぶごとく、その時に應じて利用されてゐるのである。

これらの主なものに就て紹介すれば、明治三十六年我國で始めて出來た文化公園である日比谷を中央として、東に上野西に芝の二大自然公園があつて、いづれも十數萬坪の大森林を擁し、炎天の日でも都にあるとは思はれない程に老樹鬱々として、眺望も佳いし、名所舊蹟をも含むし、涼風は酷暑を吹き飛ばすほどである。上野の森には、博物館や動物園があり、不忍池のボートは夏の人氣を呼んでゐる。芝には增上寺の大伽藍と東洋のベルサイユと頌へられる德川の靈廟がある。又、王朝時代の大古墳や有史以前の貝塚があり、夏らしい設備としては、東京で最も古い水泳場があつて、一般プールのほかに婦女子用の三種のプールを備へ一日に一萬近い人が游いでゐる。

公園で最も凉しい所としては、麹町公園即ち日枝神社の森と、小石川區關口の江戸川公園を擧げたい。郊外に出れば、何としても井頭恩賜公園で、武藏野の淸冽な水が滾々として湧き出で、池のボートとその水を利用した水泳場とは、いつでも滿員の狀態である。その御殿山の森と池の中島には最頃開園した自然文化園が行樂の間に自然を把握せしむべく都人士を迎へてゐる。その他川に臨む公園としては隅田公園で、櫻と都鳥で有名な隅田川を挾んで東西に配置され、西側は水泳場とし、運動施設を充實して下町のオリムピヤとなつてゐる。

海の公園としては、嘉永六年米艦侵寇の記念とも云ふべき品川臺場、更に遠くは伊豆大島の市營の自然公園があり、動物園のほかに黑潮小屋とキヤムプ地と椿の庄とがある。

さて又、公園のうちには、天下の名園とも頌へられる貴重なものが數ヶ所ある。

先づ小石川の後樂園は、水戸德川の賴房卿と光圀卿とが完成されたもので、自然の地形と老樹や名木、及び造園の妙技が三百年の歷史と共に、今日尙東京の名園の筆頭となつてゐる。

駒込の六義園は元錄十五年、かの權勢並びなき柳澤吉保がその學識と高雅な趣味を表現した名園である。全園が人爲的に築造されたものだけに繪卷物を展開するやうな麗しさがある。

深川の清澄庭園は、故岩崎彌太郎氏がその社員を慰安したり友人賓客を迎へたりするために營んだものである。歴史的には幕末の老中久世大和守の下屋敷であつて、水郷の名園として人口に膾炙されてゐる。

蘆花恒春園（京王電車沿線）

その他文化文政時代の佐原掬島が營んだ向島の百花園、天保の老中であつた小田原の大久保忠朝の悠々自適した芝離宮庭園は、これ亦、名園として數へあげることが出來る。いづれも規模宏大で、豪華な山水美が纏繞する景觀は、江戸文化史の名殘りを湛へて後世に永く傳へるに足るものがある。

このほか、英傑や名士の邸宅であつたものが、公園として保存されてゐるものがある。東郷元帥に乃木大將の邸宅が先づ擧示される。又、明治から大正へかけての文豪德富健二郎翁の、粕谷の邸宅は生前の姿そのまゝである。あの「みゝずのたはこと」の一節は、その蘆花恒春園に於て窺ふことが出來る。

又、高橋是清翁の在世中の邸宅も市の手で保存されてゐる。まだ整理中であるが、その遺品博物館が近く公開されやうとしてゐる。

公園は必ずしもその面積の宏大さ、景觀の壯麗さが價値を定めるものでなく、最小の公園である本所區松坂町の公園は、面積僅か二十九坪であるが、元祿十五年師走、赤穗義士が討入つた吉良上野介の邸跡で、元祿快擧の顚末はこゝで充分回顧する事が出來る。舊邸の柳の樹、首洗ひの井戸も殘つてゐる。

□

市内の公園に自然を求め涼を趁ふのも、要するに各人の心境に據るもので、山野を拔渉して涼味を求めるのと同じく、煤煙の下燒けつくやうな街路を汗みづくになり、公園から公園へ、その自然味や史蹟を求め歩く事も大なる涼味を掬するもので、山岳を登攀する勞苦と相似たものがあり、以て俗塵を洗ひ、浩然の氣を養ひ、更に飛躍せんとする鋭氣を養ふことにもなるであらう。

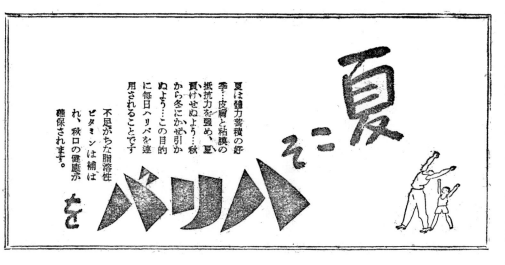

皇道精神と美術

――忠愛美術院について――

陸軍中將　中島今朝吾

現下の日本は凡ゆる面で一大飛躍の時であり叩き直しの時である。わが美術界も一言にして盡せば混迷の狀態にあると言へる。中には眞にその○・一パーセント位の人は新しい次代を認識して朧げ乍ら正しい道に進まうとしてゐるものもあるが、寔に夫れは寥々たるもので、大多數は今の混濁の濁流を如何にうまく泳ぎ渡らうかと云ふことに日夜あくせくして現在の大局に活眼を輝かせてゐるものはない。

現在は恰かも凡ゆる汚物を含むで黑々とした濁水が河口に流れ來て大海の汐に遭ひ、汚水は淸汐を濁らせ淸汐は汚水を淸淨にしつゝある有樣と同じで、そして此汚水は遂に大海の潮に吸ひ込まれて祓ひ淸められ、淸らかなる大水となつて了ふ其の戰ひの時に譬へられる。舊觀念の離脫が出來ずその濁水の中での巧みなる泳ぎのみに專念してゐる輩には、遂に大海の淸潮の泳ぎは知る由もない。斯かる宇宙自然の理法と、此理法に從つて大々的に運行しつゝある天機を摑んで處してゐるものは前にも言つた通り實に寥々たるものだ。これ洵に悲しむべきであるが假令少數と雖もこの天機を知るものがあれば、遂に世を淸潮と化する事が出來る。其の時こそこれら濁水泳ぎの名人共は置去りになるか、泡沫となつてその存在さへも分らなくなる時が來る。此眞理は我が美術界にも流れてゐる。否寧ろ流れ過ぎてゐると云つてよい。自分も軍人上りで忠愛美術院の創立に當りその總裁となつたが、近く世界に君臨する帝國に眞に世界を指導するに足る美術のないと云ふことは慨はしい。歐洲あたりへ行つてあの強い色彩の土地に生れた洋畫を風土國情の異る我が日本に其の儘移し植えて、その糟粕をなめて甘んじてゐるやうなことでは仕方がない。眞に世界に誇示出來る皇道美術の創造、この壯大無邊の國威に應へ奉る藝術の創成は、實に現代美術人に課せられた大なる使命である。

この劃期的な日の本獨特の惟神なる美術をつくると云ふことは舊殼をかぶつてゐては百年をまつても生れるものではない。須らく一生懸命に禊をして舊殼をかなぐり捨て心中の汚物を淨めて、眞に大神の使徒として耻ぢざるの用意が必要である。

自分が忠愛美術院によつて提唱する皇道美術は所謂泥水泳ぎの名人たちには到底その片鱗さへ解することは出來ない。又揭ぐる旗の下に來る同志の數も未だ少ないが、然し泥水泳ぎの名人はこちらから御免蒙る。如何に資金が必要だからと云つて美術家の本質を賣るやうな事は絕對にやらぬ。吾々は唯默々として信念の固き結ばれに精進すればよいので、何れ泥水も大海に入る時が來れば始めて自分等の唱へることも分つて來ると思ふ。（談）

◇◇忠愛美術院展を觀て◇◇

中島今朝吾中將を總裁に仰ぎ花岡萬舟氏を院長として昨年發足した忠愛美術院はその第二回展を去る八月一日より二週間上野日本美術協會に於て開催した。

同會が突如彗星の如く美術界に現はれたといふ意義は他の藝術團體の目的と異り、美術上の技術をむしろ二義とし、現在の國家態勢に順應し、日本精神の發露宣揚を以て國民士氣を鼓舞せんとする一つの國民運動としての立場を把持する點にある。一言にして言へば全然意識的目的藝術を以てその立場とするものであつて藝術それ自身を目的にしてゐるのではない。右と左とは全く違ふが、かつて兇惡マルクス主義全盛の折その主張宣傳を目的としたプロ美術と同じ方法的行動であるが、これはその兇惡に代る皇道精神の烈々たる意氣を以て目的藝術、テーマ藝術を示さんとしてゐるのである。その意氣や壯とすべく、ことに總裁の熱意、花岡氏の野性的純樸の畫魂の迸るところ天を衝くの慨ありと言へよう。

がこゝに吾ら同人諸氏に望むところはこの熾んなる敢鬪的意慾と精神の愈が上にも旺盛ならんことの待望と共にその表現技術の訓練に於て一段の努力奮勵を望んでやまないものである。吾ら藝術の徒は等しく藝術上の技法によつて今日の場合國家への御奉公を申上げて居る。烈々の精神もその表現を誤れば全く目的を達成しえない。忠愛美術院展を見て思ふことは即ちそれである。率直に言ふが諸氏の制作の大半はまだ技術として水平線を出てゐない。烈々たる皇道精神と同程度の熱意を以て宜しく百練苦鬪して世の既成作家を瞠若たらしめるだけの技法を先づ獲得せよ。このことは僞りなく諸君のために忠言するところである。

と共に諸君の身を以てする體驗、盡忠の意志に於て既成作家には到底把握出來ぬ畫境を開拓されることがまた何よりこの會の强みである。その意味に於て花岡萬舟氏の諸作には充分敬意がもてる。こゝで一々の作品についての批評は省くが、花岡氏の戰爭畫をはじめ土田實氏、長谷川八十氏の彫刻、淵上巍氏、高澤圭一氏、山田順治氏、吉田廣洋氏ら會員の油繪は技術に於ても氣を吐くものであると共に應募作品中にも未來を囑すべきものがあつた。恐らく會は一回一回と試練を重ねてその效果を擧ぐるものであらうからその根本の熱意をどこ迄も貫いて頂きたい。日本畫が著しく不振な點も吾々の不滿とするところで茲にも一大馬力をかけて頂きたいと思ふのである。會員諸氏の熱意と又その淡泊素朴な心意に信頼して敢てこの言をなす所以である。（M）

火曜會油繪展

この會の人々には研究的氣魄が乏しい。生活意欲がない。若い諸君はこの重大時局を認識すれば畫家として當然今一段の眞劍な藝術探求を心掛くべきだ。

杉本孝一氏の「牡丹」はこの會ではズバヌケてゐるが自然はこんな弱いセンチなものではない。題材として牡丹を必要とした以上このぼたんの中には當然人生の組立が眞理がなければならない。マチエール、は一應出來てゐるが色が暗い。今一段の素描力が必要だ。高橋卯八氏の「長春花」は面白いが一段の自然勉強が必要である。努力が足りない。

田中君子氏の「菊」はシヤレてゐる。色は美しい。

（銀座菊屋ギヤラリー）

×　　×

公募

會場　東京府美術館

會期　九月廿一日―廿九日

第五回 大輪展

受付　昭和十七年九月十九日
（午前十時ヨリ午後五時迄）

賞　大輪賞・松影賞・其他
副賞金壹阡圓

詳細ハ郵券封入ノ上御照會アレ

大輪畫院
東京市目黒區上目黒八ノ五三八
電話澁谷（46）三二四四番

第百十八回

日本美術協會繪畫展覽會

參考品陳列

搬入期間　昭和十七年十月六七兩日

會期　十月十一日ヨリ同月廿五日マデ

下谷區上野公園櫻ケ岡

財團法人　日本美術協會

美術新報特輯（32號）

レオナルド・ダ・ヴインチ號

口繪

□最後の晩餐圖（原色版）モナ・リザ（表紙）□洗禮圖□岩窟の聖母□聖家族□アンと聖母子□同部分圖□ヨハネ□バッカス□肖像□デッサン□原稿手記□發明品摸型（十數葉）

レオナルド・ダ・ヴインチの藝術　森田龜之助

レオナルドへの興味（講演）　矢代幸雄

レオナルドはなぜ孤獨であつたか　泉四郎

ダ・ヴインチとジヨコンダ圖考　川路柳虹

「神々の復活」に表はれたるダヴインチ　メレジコフスキー

文藝復興とダ・ヴインチ　ウオーター・ペータア

本誌前號（三十二號）は前記の内容を以て不滅の天才レオナルド・ダ・ヴインチの全貌を示してゐる。銷夏の讀物として最も恰好なるもの。是非一部を坐右に備へられよ。

展覽會

日本女子美術院展

金井紫雲

日本女子美術院展も今年は大分粒が揃つた力作も相應に多い。然しながら全體を通じて風俗畫が多く、山水や花鳥の少いのは女流の會として蓋し止むを得ないことか、將來は此の方面にも力作佳作を出してほしいと思ふ。

宮內英子氏の『はつなつ』は花を活けてゐる女である。株分けの花菖蒲を扱ふ女性の衣服の色と花とがよい配合を見せてゐる。技巧も相應に認められる。渡邊玉花氏の『玉蟲祈願』は法隆寺の玉蟲厨子からの構想であらう厨子を薄く人物を前にした構圖が極めて上品であり場中での佳作である。時代ものを扱つた作では、此の外に馬郡沙河子氏の『熊野』月岡玉瀞氏の『靜』があるが比較にならない。

石田貢子氏の『紅』は、時代を化政に取つて髷の好みなど相應に澁いところを見せてゐる。現代ものの得意の人として一の試みで面白い。右の袖の形が單調に見えたのは何故だらう。尾形奈美氏の『今戸』は此人獨持の題材で、前の『下岡蓮杖翁像』と共に、此の會として記憶に殘るべきもの、人形作の職人も江戸前らしくてよい。春日井細香氏の『朝顏』は中々の才筆である。線描も達者であるが、表情はやゝ誇張されてゐる。久保田春子氏の『制服』は極く素直な出來、根岸綾子氏の『春の庭』は衣服の色が嫌味になつた。伊藤鈴子氏の『大空』も平調ながら、よく纏つてゐる。矢崎菊江氏の『薰風』は帶の標本のやうだ。陳進氏の『爆音』は時代色がくつきりと出てゐる。

花鳥では田中セン氏の『蛙聲』が、金線蛙を實によく見てゐる。一四一四丹念な寫生で情趣もあつて異彩を放つ。藤本美知子氏の『山吹』も狙ひが利いてゐる。松本鏡子氏の『菖蒲』は無難に纏めてゐるものゝ、かうした構圖はあまりに常套的で損である。西丸靜園氏の『麗白』は、いはゞ古典的筆致で技巧に新味は無いが、行き届いた筆だ。薔薇に『こがら』を描いてゐるのも珍らしい。それから躑躅の花を描いた作が非常に多かつたが、林初子氏の『白光』がよい。『れんげつゝじ』の二作では横溝郁子氏の方が勝れてゐる。洋畫は今年も貧弱である。此の方は今少し發展してほしいと思ふ。

現代彫塑家五周年展に際して

北村西望

中里聖豐君が、現代彫塑普及會を創めてから、早くも五周年を迎へる事となつた。この間、いくたの困難を克服して東京、大阪、廣島、博多、京城、その他の各都市で屢々彫塑展を開いて、普及につとめ成功して來た。そして今や大東亞戰大捷の光榮を浴びる日本國民として、その燃ゆる情熱と、能動的精神をもつて、新しい彫塑普及の理念の下に、南方進出を希ひ、彼地との藝術交驩を企畫するなどまつたく爽快な話である。

然り、すくなくとも、この聖なる大戰を契機として、單なる商品販賣のプロパーカンダにおはらず、あくまでも民族的、國家的全體性の繁榮に强力な作用を爲すべく、嚴として第二の段階に立つたのである。

展示品は各分野の大家、中堅の大家、中堅、新人など百數十點陳べられ、靑銅、木彫、大理石像、それ〲趣あつて面白い。銀座に繪畫の常設畫廊は二三軒あるが、彫刻方面にも一軒ぐらゐあつて欲しいと思ふ。兎に角、この記念展に臨み、中里君が此處までよくぞ漕ぎつけ來たことの努力と、その洋々たる前途を祝したい。

造營彫塑人會の旗擧げ

去る七月十五日上野精養軒で造營彫塑人會の結成披露があり會員及び來賓の文部省情報局官吏並びに都下新聞の美術記者美術雜誌編輯者、及美術評論家等會同しその旗擧げの披露を成したが、同會の目的とするところは「大東亞建設の國家的要請に即應し、國威の宣揚とモニユマンタル彫塑の完成並びに紀念造營に關し挺身隊たらんとする」信念をもつ彫塑界中堅層を中心に新人十數氏の結合を計つたものでそのバックには三越美術部が應分の努力をなすべきことも約されてゐるから、その活動には、期待出來るものがある。

同會の同人としては、高村光太郎、淸水多嘉示、中村直人、泉二勝麿、長沼孝三、中野四郎、古賀忠雄、水船六洲、野々村一男、岡村進 圓鍔勝二、水野欣三郎、峰孝、柳原義達の十四氏で帝展、舊國展、院展、その他から横斷的に結集されたメンバーである。相當腕のしつかりした中堅層であり、又今までどこへも顏を出さぬ高村氏が本來の彫塑人としての意氣をもつて乘り出してきた處にもこの會の特性が見られる。がその采配は淸水氏中村氏長沼氏あたりにあるものと見られる。內訌もなく一意目的に邁進せられんことを期待して止まない。

元來彫刻そのものゝ史的發足はモニユマンタルなものであるべきで、それが個人的鑑賞物となつてからその本來の意義が失はれたとも考へられる。造營彫塑人は彫刻本來の意義をこの大轉換期の時代に奪還せんとする意志に燃え立つてゐることだけでも壯とするに足りよう。病氣の爲め缺席された高村氏はその祝辭の中に「それは國運と時代的精神との意志によつて成る」ことを强調され奈良大佛創成を引例とされてモニユマンタル彫塑の精神を明かにされた。又井上情報局第五部三課長は藝術家の直觀の崇高と國家の目的への協力を說かれ、柳亮氏は勝利者の藝術としてのモニユマンタル彫塑こそ現在要求さるべきであることを席上說かれたが、いづれもこの會の發足にふさはしい卓上演說であつた。

第一回さつゝき會版畫展

この會の版畫は相當に完成されたものが多い。惡く言へば固定したよさでしかない。

方法の習得が目立ち自然の勉强が足りない大部分の版畫が趣味の域を出ないと言つて差つかへないと思ふ。はつきり言へば版畫によつて何を表現してゐるのかと言ひたい。

平塚運一氏の「風景」は場中ではやはり一番あかぬけてゐる。畦地梅太郎氏の「樹林」「山湖」は相當だが自然はもつとのび〲してゐる。塚本哲氏の「沼」は東洋畫的骨法をとり入れた頭のよさはうなづけるが版畫的かどうか——前田政雄氏の作は色彩が美しい。全體的に諸氏の版畫はマンネリズムと言へよう。

（銀座靑樹社）

繪畫の保存價値に就いて

玉置照信

凡そ人間は、この世に生れ出た以上、長壽を保つてゐる事が目出度いと同じく、美術品でも美術工藝品でも、生れ出でた以上、保存價値が短命では甚だ心許ない次第である。さて寔に廣汎に亙る藝術品は暫く措いて、先づ繪畫に就いて愚見を述べる事とした。

如何なる名作佳品でも保存上の價のないものは、一面的に生命がない事になり、折角の意圖も表現も腕前も作品から消え去つてしまひ、結局壽命のない作品となる事を深く考へねばならぬ。一時的の効果にのみ其作品の價値があると考へてはならぬと思ふ。

明治中期以前の美術家は此點に大いに心された事を我々は常に記憶してゐたがよい。此事は美術家の道德心の發露でなくてはならぬ場當りだけで後は何とでもなれと云ふ様な根性は排すべきである。勿論德川期以前の繪師の技能やその効果を觀る時は常にそれを思ひ遡つて古代和漢洋の繪畫を檢討すれば尚更ら考へさせられる。要するに彩筆の場合、保存上の事を大いに考慮して制作してある事は、絹本に於ても、紙本に於ても、亦西洋では壁畫は云はずもがな、普通額面の繪畫に於ても皆一時的の考念だけで、仕事をしてゐないのである。

明治中期後は、種々の技を試みる爲めに、其本來の用法の深さを考へず只西洋の技法効果の上すべりの取り入れにのみ急で、單に所謂日本畫の顏料で筆を走らすことに終り、其効果の永久性を考へてゐない。殊に大正昭和の今に亙つて益々甚しきもののあるは驚くばかりである。是れは所謂日本畫の上に於てのみ見る事實ではない。油彩畫も亦其通りで、西洋畫法を鵜呑みにし、繪具をなすり附けるだけで、保存價値の如何を考へて居るものは殆どないと思はれる位である。つまり制作者には、一時的効果以外の道德心がなくなつた爲めと思ふ。餘談に亙るが、日本制品は始めは兎に角直きに粗製に陷る癖が、美術方面にも及ぶ事は寒心に堪へないと思ふ。是れは、一つの短所であるとして日本國民の省慮すべき事である。大東亞建設完遂への今日、美術家は特に注意して貰ひたい。

今は何事にも文化を誇り得る時世である。科學的に進步した今日、現代畫家は、其智惠を絞り、古今の作品を比較考察して其保存生命を考へねばならぬ。一時的の快樂を考へるだけでは、不攝生と不養生をして、唯華やかな娛樂にのみ心を致し、自己の生命を輕んずるのと同然である。それは一つの不道德とも云へるのである。各種展覽會に就て述べれば際限がない。展覽會期中に、繪具の龜裂や剝落を見る事が少くない。甚しきは、會期中巳に變色して居ることなど驚くべきで、是れは日本畫にも油彩畫にも見受けられることである。折角貴重な受賞作品でありながら、此樣な次第ではと考へさせられる。又一流大家の作にすら、その缺陷を見受くるに至つては、其作品の生命を考へる時、誰しも苦澁の色を顏に泛べるのである。

私が常に耳にするのは表具師の言葉である今の先生方の作品を表具する時は、うかと引き受けられぬと云つてゐる。曰く、墨は散るし、顏料は落ちるし、いや問題にならないと。某大展覽會に行つた時、私はある觀覽者の話を聞くことなしに聞いた。此作品は、見た處中々面白い。繪具の延びや胡粉の延び等に心を惹かされる。しかし、ポンとさわると直ぐに剝げるし、粉になつて散るし、黑板に描いた畫の樣だと、その人は云つてゐた。その作は、パステル畫ではない、立派な大家と目される日本畫家の絹本畫である、うつかり近頃の畫は買へない、とその人は更に云つてゐた。

古代作品の話が出ると、先づ法隆寺壁畫が持ち出される。よくあの繪が今日まで永く保存されたと大騷ぎされる。しかし何も不思議はない。其土地の風土氣候を考へ、自然の力を無視せず、制作された事を考へて見れば當然である。一つも無理をして居ないのである。要するにあの風土に合致した譯であつて建築が其自然の材料に依つて設けられた上へ何のこだわりもなき自然の仕事を注意深く仕上げて居るのだと云ふ一言に盡きる。つまり親切な心で、例へば、自愛的攝生と長壽とを考へて長生する人の心がまへが繪に現れたまでである。其作品に長壽性のある事は當然過ぎる程當然である。西洋に就て云へば、佛蘭西には佛蘭西、伊太利には伊太利と云ふ風に其風土に從つて壁畫でも其他の普通作品でも此永久性保存價値を考べて、親切に作られてある事を考へれば不思議はない。

印度、南洋の藝術品でも其通りである。印度の繪畫類でも支那の繪畫でも、皆其風土に從つての保存價値を考へて制作されて居る事は、日本の德川期前の作品にも、日本の風土を考へて制作者がよく注意して成された點と差異がないのである。

そこで日本畫、つまり絹本、紙本、そして麻本と綿本（假に此二種には此名稱を附す）、壁畫の壁面でも、皆其用途に從つて、自ら顏料、繪具の工夫が、そして用法が、その保存上の事を熟考してあれば宜しいと思ふ。適當に和洋の長所を取捨し、其風土氣候の如何を考念すれば保存上の價値を高める事が出來るのである。

私は常に其點に注意し保存上の價値を可及的に長からしめようと思ひ、四十年來常に、紙本、絹本、麻布、綿布に、或は壁畫に、それ〴〵の方法を考へ、和洋の別なく、日本式畫法に油彩も併用し、又カンバスを作るにも布地より自分の工夫に依つて作り上げた畫布を用ひて居る爲めか、剝脫もせず、龜裂もなく、變色も殆んどなく、又表具師泣かせを一度もした事はない。

制作者によく考へて貰ひたいのは、風土を考察し製作に保存價値をつける事である。印度南支及び南洋で將來發展する日本の畫家諸氏は、此點大いに考へなければ、あたら作品も無價値に終るやも知れぬと憂慮するものである。表具師たちも世界各地の風土を研究して適宜の技法を練る事が必要である。

油彩畫家は、西洋の丸輸入では日本の風土には合はない事を知らなければならぬ。油畫が變色又は腐蝕するのを多く見受けるのは風土氣候を無視してゐる事、西洋直輸の畫布を用ひ或はそれに適度の工作を施さない事、そのほか多くの理由が存在して居ることに心して貰ひたい。元來は自分で畫布《カンバス》を作るに限るのである。

次は建築に關してである。明治聖德記念館にしても、上野美術館にしても、長く繪畫を置けば損ずると云ふ事であり、明治聖德記念館などでは油畫が變色したり腐蝕したりすると聞き及んで居るが當然なことで、あれでは繪畫の長持ちは無理だと云ふ人すらある。要するに、東京の風土や氣候を無視してゐるからであり、嚴密に云へば、其在館地區の乾濕風土を考察してゐない建築であるからである建築家が家を建てるのにも風土を無視して只西洋丸取りの摸倣建築をするからである。心すべき事ではないか。

旬報

新重要美術品

繪畫彫刻工藝品等三百十八件
本年度初の認定

本年度第一回重要美術品等調査委員會は七月二十七日午前十時から文部省で開催、重要美術品等認定の諮問に對して審議の結果、繪畫三十件、彫刻二十件建造物八件、文書、典籍、書蹟百三十一件、刀劍八十四件、工藝品及び考古學資料四十五件計三百十八件を可決した。主なるものは次の通りである。

【繪畫】▽結城合戰繪詞（東京市芝區西久保城山町榎本正氏所有）室町時代に關東で戰はれた結城合戰の繪卷物で甲冑その他當時の風俗資料としても重要なものである▽四州眞景圖（豐橋市花園町田中平六氏所有）崋山の淡彩畫で武藏、上總、下總、常陸を旅行して寫生したものである▽東大寺戒壇院扉繪圖（神田區駿河臺一丁目澁井清氏所有）

【彫刻】▽能面、小飛出（傳赤鶴作）小癋見（同）大天神、平太、姥、山姥（豐橋市魚町鍋田英之助氏所有）▽能面、翁、三番叟、痩女（廣島市饒津神社所有）

【建造物】▽石造十三重塔（滋賀縣栗太郡治田村安養寺所有）鎌倉時代のもので相輪が完全に殘り臺石に佛像が刻まれてゐる點が珍らしい。

【文書、典籍、書蹟】後陽成天皇宸翰大字「龍虎」芝區高輪南町高木陸郎氏所有）後水尾天皇宸翰大字「敬」付後水尾天皇御用筆二管（京都市左京區永觀音堂町坂内義雄氏所有）▽太平記（品川區上大崎五丁目吉川元光子所有）毛利元就の子岩國城主吉川元春が尼子の富田城を攻めた時陣中で寫した物である▽版本おしよの飜譯（奈良縣波市町天理敎いちれつ會所有）慶長五年刊行した敎義その他を載せた吉利支丹活字版。

【刀劍】▽太刀銘備前國友成（南部利英伯所有）▽太刀額銘長義作（麻布區宮村町大久保忠言子所有）非常に斬れる刀で德川時代から有名なもので一度に三人の足を斬拂つたので六股斬の名がある。

【工藝品及び考古學資料】▽陶製黒釉金彩草花文盌（長野縣諏訪郡川岸村片倉兼太郎氏所有）朝鮮から發掘された宋時代のものである▽銅製六角組合經筒（福岡市内本浩亮氏所有）銅製瓔珞付經筒（同）いづれも筑前四王寺山の經塚から出たものである。

大阪府工藝協會主催

第二回興亞工藝 成人講座

目今豫定通り進捗

社團法人大阪府工藝協會主催大阪市後援の第二回興亞工藝成人講座は去る六月から明十八年三月迄、大阪市天王寺區天王寺公園同市立美術館、同北區中ノ島公園同市中央公會堂、同西區江ノ子島同府工業獎勵館で順次開催される事になつてをり、既に六月では三吉朋十氏の「南方の文化と生活」七月では川路柳虹氏の「美術工藝の立場」の各講座を終つたが、本月以後の演題と講師とは左の通りである。

八月、「科學と建築工藝」伊藤正文氏。九月、「生活史より見たる日本工藝」猪熊兼繁氏。十月「茶室の建築精神」堀口捨巳氏。十一月、「桃山藝術の性格に就て」源豐宗氏。十二月、「萬葉と日本美術」澤瀉久孝氏、一月、「堂塔建築に就て」天沼俊一氏。二月、「東洋の陶磁工藝」小林太市郎氏。三月、「工藝の本質」植田壽藏氏。

東京木版畫工業協會の成立

東京の木版畫製作の「版元」はわが國獨得の國粹技術を傳承し、維持進歩を計るには其製品に必要な資材確保が急務なので此程東京木版畫工業協會の結成を完了した。

（發起人）池田富藏、西宮商店、士井版畫店、渡邊木版畫舖、加藤潤二、高見澤木版社芸艸堂、安達豐久、三宅陽藏審美書院、三宅豐久、廣瀨達五郎（以上十一氏）

現代彫塑家展

入場者二萬人を突破

帝國美術彫塑普及會の創立五周年記念現代彫塑家力作展は銀座の紀伊國屋畫廊で七月廿一日から卅日迄開催された。何しろ朝雲、西望、浩祐、田中各帝國藝術院會員を始め文展無鑑査三十餘作家の作品が無料で鑑賞されるので、酷暑の際にも拘らず連日入場者殺到し、十日間に二萬人を突破するなど非常な盛況裡に閉會、誠に有意義な記念展であつた。

國畫會研究所

進歩的錬成所誕生

國畫會では、今回「國畫會研究所」を目黒區下目黒三ノ五七六南郊モデル協會内に新設し研究生を募集する事となつた。講師には梅原龍三郎氏を始め國畫會同人が指導に當り、講話も適宜に講師を招聘、特別講演會を開く豫定。實習科目は人體、寫生で、入所資格は男女、學歷、年齡に何の制限もなく研究費は一ヶ月金八圓別に記名料金五圓尙隨時研究希望者に對して回數券の便宜を圖り、繪畫技術の練成所として甚だ進歩的なものである。

美術奉公の旗を翳して

公士會の結成

河口樂土氏主宰

數年前大阪から東上して玉川べりに居を構へて只管彩管に精進を傾けてゐた河口樂土氏は、常に自分に可能な範圍での奉仕といふことを心がけてゐたが、大東亞戰下皇軍の赫々たる戰果

展覽會の暦

▽及川曉明日本畫展　八月五日から九日迄日本橋白木屋

▽げてものと反古の展　八月九日から月末迄銀座ギャラリー

▽五彩會第二回展　八月十二日から十六日迄銀座松坂屋

▽忠愛美術院第二回展　八月十四日迄上野日本美術協會

▽川柳久良技作品展　八月十四日から十九日迄銀座三越

▽納涼書畫骨董蚤の市　八月十四日から同末日迄日本橋白木屋

▽日本兒童と友邦中國の華北兒童圖畫、習字、工藝作品展　十五日から廿三日迄新宿三越

▽新水彩協會第三回展　八月廿一日から廿八日迄銀座三越

に愈々振ひ立ち同志と共に公士會を結成し、左の綱領を掲げて美術奉公團體として活動を開始することになりその發會式を去る七月廿八日正午丸ノ內大東亞會館に擧行した。情報局井上五部三課長を始め同じく秦一郎氏、三輪鄰氏、鈴木進氏等の外美術雜誌記者等の多數の來會があり盛會であつた。

綱領

一、我等は悠久深遠なる肇國の精神に基き、日本美術を再建し大東亞共榮圈文化建設に資す

一、我等は美術により雄渾高雅なる國民精神を昂揚せんとす

一、我等は滅私奉公、藝術家としての職分を全うし、大和の生活を樹立せんことを期す

和土苑作陶展

生彩に富む數々

昨年京都美術館に第一回作陶展を開いて京都に於ける陶藝美術界に新鮮なる示唆を與へた和土苑同人は更に七月二十一日から二十六日まで京都高島屋にその第二回展を催した。展觀總數數十點、中村幸節氏のたでを繪附せる花瓶は鐵繪の手法に美しさを感ぜしめ、堀岡道仙氏の伊良保花文水盤は氣品高く、新開邦太郎氏の着彩花瓶は菱形による幾何學的模樣を全部後繪において施し新鮮味に富み、朝鮮李朝風のものを覘つた國領素夫氏の作品は染附けのおほらかな味ひを持ち、寺池匋秋氏の作品は扁壺蹴繪草文花瓶におけるカモジ草の繪附けなど佳く、松林豐彦氏や高木政雄氏など將來に期待を持たせる作品を出してゐた。

白閃社、大東南宗院に合流

石原紫雲、大根田雄國、高士幽篁、渡部香堂、江川武村、須藤悟雲、田中蘭谷、鈴木石鷗、田能村竹莊氏等は、昭和十一年南畫院並に環堵畫塾の解散に依り、純粹なる研究團體として白閃社を組織し、爾來七年間研究發表の展覽會五回を續催し、その目的達成の爲に懸命努力してゐたが、此度國策に順應して大東南宗院に合流し、協力一致以て奉公の誠を盡す事になつた。

八炫社・和同園陶展

清水六兵衞氏門下に依つて組織されてゐる八炫社並に和同園の作陶展が前者は大丸京都店、後者は京都高島屋を會場に何れも七月二十一日から二十六日まで同時に開催、八炫社では昨年十月京都美術館に於ける第一回展以後の精進の跡を示し勝尾青龍洞、福井樂印、桶谷定一、八田蘇谷、德力孫三郎、大町存、涌波蘇隆、瀧本蘇嶺、草加春陽、福田力三郎、宮下善壽氏ら同人出品の研究作品三十餘點には眞摯且つ苦心の跡を充分に窺はせた。

九軍神を謹寫して

熊岡美彦氏九州から歸京

ハワイ眞珠灣攻擊に報國盡忠死を以て大與亞策戰に大いなる寄與を捧げた九軍神に對する献納表彰の儀は全國的に熾烈な運動がなされてある。その中で、海軍記念館に掲揚、永遠にその忠節を耀すべき九軍神像及び其生家寫生圖は、某氏が單獨寄附の志で、熊岡美彦氏に依囑、熊岡氏は過般來一人の助手を隨へ群馬、三重、廣島、岡山及び九州の各縣に出張、其遺族を訪れ肖像作成の資料を集むると同時に、親しくその生家の寫生に努力する處あつたが、最近最終の九州を打止めとして歸京した。大きさは百號大油繪に肖像及び生家圖を描くもので、本年中には完成の豫定だとのことである。

京都府藝術作家組合

慰問作品獻納式

陶器と竹工藝品

曩に陸海軍に各作家選りすぐりの力作を献納した京都府藝術作家組合では、支那事變或は大東亜戰で傷き病む郷土の白衣勇士を慰める爲各作家に呼びかけて陶器及び竹工藝品を献納する事になり、過般の總會で陶藝部長清水正太郎氏から全員の作品供出を要請した結果、次々に作品の搬入があり、八月八日午前九時から同作家組合代表及び後援の大每京都支局代表に依り京都陸軍病院にて此の献納式を擧行した。

豫報

創立記念賞一千圓を懸け

大輪畫院今秋五周年

大輪畫院は在野團體として努力をつゞけて來たが、今年は五周年に相當するので創立記念賞一千圓を懸けるなど大いに盛觀を期し作品公募中である。會場は東京府美術館で九月二十一日から二十九日まで開催、公募出品者は九月十九日午前十時から午後四時まで、同美術館に搬入すべく地方出品者は九月十日迄に東京市目黑區上目黑八丁目五三八小林彦三郎方、同院事務所に到着するやう搬送のこと。

一水會第六回展公募開始

但し一人五點以內で力作を要望

一水會第六回展の公募が發表された。作品は一人五點以內、（一點につき手數料一圓）展覽會の會期は東京が九月廿三日から十月四日迄上野の東京府美術館、大阪は十一月十八日から廿六日迄天王寺の大阪市美術館に於て（從來の朝日會館を變更）と決定。搬入は九月十七、十八の兩日、但し地方出品者は九月十二日迄に會場たる上野の東京府美術館に到着するやう發送を希望して居る。

土田麥僊遺作展

京都美術館を會場とする土田麥僊氏遺作展は愈々九月十日から四日間に亘り開催することに決定した。

九元賞授賞者決定

第八回展を開いた九元社では九元賞授與に關し關係方面に投票を求め且つ同人互選と開票の結果を合せて考慮し左記の如く決定を見た。

九元賞「芯」中野四郎氏。白根賞「陶工和助」村井辰夫氏。奬勵賞「望洋」横山喜一氏。

印協會員番號一三五五
「旬刊」美術新報
昭和十七年八月八日印刷
昭和十七年八月十日發行
發行日 毎月三回（一日十日廿日）
購讀料
一册金五十錢（郵税一錢）
一ヶ月三册金壹圓五十錢（送料共）
麹町區九段一ノ一四 資文堂
編輯發行兼印刷人 東京市麹町區九段一ノ一四 猪木卓爾
發行事務所 日本美術新報社 電話九段二七一五 振替東京一六二五〇
日本出版文化協會會員 一二一三五番
配給元 日本出版配給株式會社
發行所 東京市本鄕區東片町八二 日本美術新報社

通信は一切發行事務所へ

昭和十年一月十二日　第三種郵便物認可　第三十三號
昭和十七年八月十日發行（毎月三回十日發行）

一ケ月三回（金壹圓五十錢）
定價金五拾錢
（郵稅一錢）

八月下旬號

旬刊 美術新報

印度古美術・人を語る

印度細畫

34

デッサン　　　　フエルディナンド・ホドラー

アジヤンター窟院壁畫

アジヤンター窟院はニザム州ジヤルガオンより更に七十哩を遡つた渓谷に沿ふて在る。一面の岩窟を開鑿して成つた寺院であつて二十九の石窟をもつてゐる。西紀前三世紀から紀元後八世紀に渉つて繼續開鑿せられて成つたものでそこに示される壁畫はわが法隆寺の夫れと等しく東洋古代藝術の唯一の精華である。壁畫は主として佛本生譚による佛院の一代記であるが、中には叙事的な記錄畫も多少ある。岩面に漆喰を以て掩ひその上に描いた繪畫である。

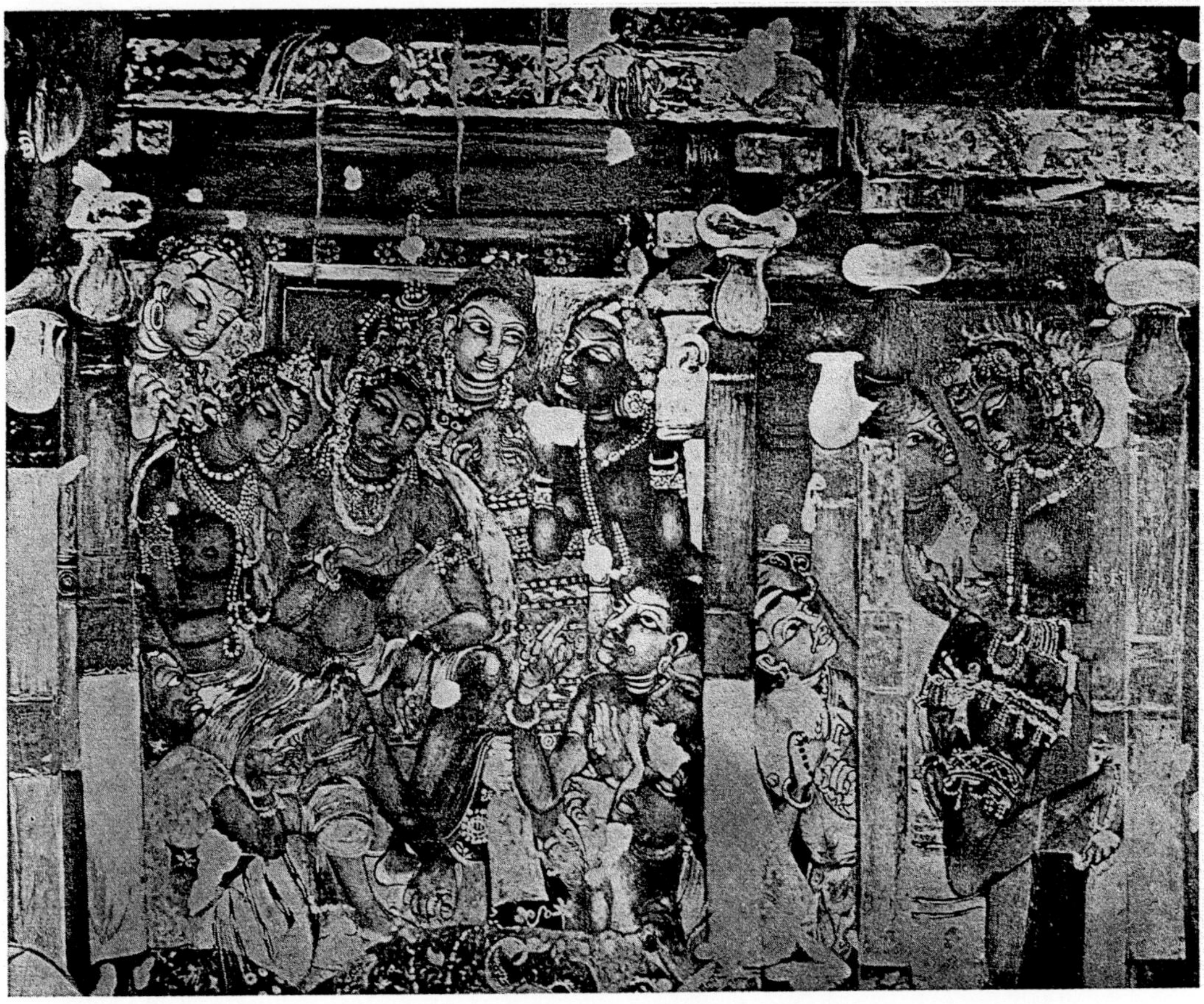

回教繪畫（細畫）

夜（十七世紀）

シャ・ジャハンの肖像（十七世紀）

佛教の盛時は西紀八世紀迄で爾後漸次衰退し西紀十三世紀には完全に亡びたが、それに代る勢力として回教が西方より侵入し來つた。佛教繪畫は古代に於てアジャンターの壁畫の如き雄渾な作を示したが、これも跡を斷ちこれに代る繪畫は回教繪畫としてのミニアチュールであつた。而してこれはモグル王朝期に最も榮えたものである。

クリシナとラーダ（十六世紀）

印度彫刻と細畫

躍るシヴ神

佛像胴體殘缺（サンチ）

佛像（マツラ）

印度彫刻は佛教の盛時クプタ王朝期のものを最も優秀なものとなす。彫刻はすべて建築の様式と並行して進歩してゐる。石彫を以て本位としてゐるが、佛教彫刻が印度に興されたのは歴山大王の東征時に始まり、希臘の彫像を模したものである。これをグレコインド様式と呼びガンダラ彫刻をその代表とする。又印度教のものには「躍るシヴ」の如き近代的感覺をもつ彫刻がある。

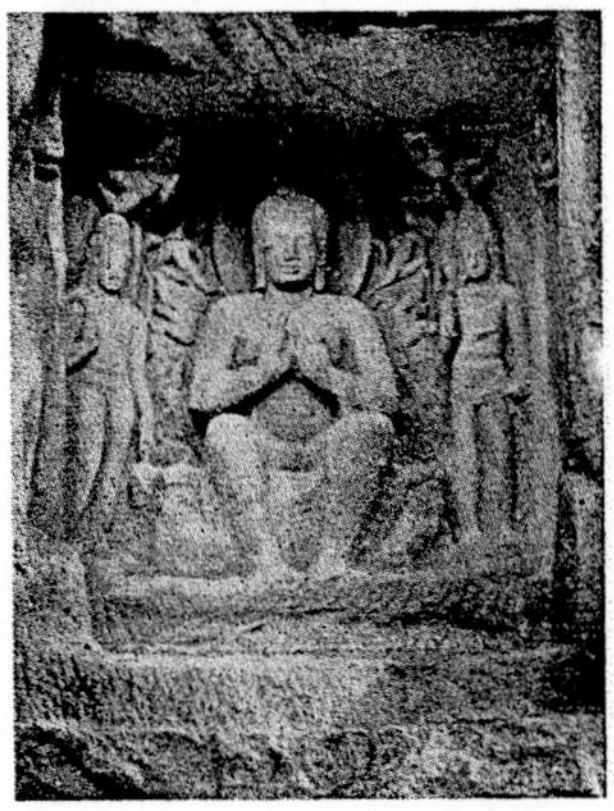

佛像（アジヤンタ）

宮人と羚羊（細畫）

シギリア壁畫（セイロン島）

ヴイシユヌ神像浮彫（アイホール）

印度古代の建築

サンチ石柱彫刻（森の女神）

サンチ卒都婆

佛教建築

印度の古代美術は凡て宗教の興亡につれて様式を變化さしてゐる。それを大別すると(一)印度教美術(二)佛教美術(三)ジャイナ教美術(四)回教美術となる。印度國民と宗教は全く不離の關係にある。而して現在に於ても印度教徒と回教徒の確執あるが如く、過去に於てもこれら宗教の興亡が一切の文化を決定づけてゐたのである。

印度教建築で現在のものは西紀六世紀以後のものである。それより古代のものは全く煙滅してゐる。而してその形式は地方によつて異るがこれを北方、中央、南方と三大別することが出來る。北方建築はアールヤ式、中央（マイソール州）建築はチャルチヤ式、南方建築はマドラスを中心とするドラビタ式である。

佛教建築は西紀八世紀以降に興つてゐる。阿育王の時代が建築も彫刻も凡て佛教美術の盛時を示した。古代(西紀前)のものは窟院に始まり、その內部に壯嚴な禮拜堂をもつてゐた。それが更にスツーパ(卒都婆)の塔となり、石門となり、僧房(精舍)となつて榮えた。

サンチ樓門（石彫）

アジャンタ窟院（二十六窟）卒都婆詞堂

ジャイナ教にも多くの建築様式がある。それを大別すると北方、南方、の兩様式となる。西紀十世紀から十五世紀に渉つてゐるが、その以後のものは回教の様式を取り入れた。本堂、拜殿(圓塔をもつ)外部に廣庭を有してゐる。

回教建築は近代印度式とも稱する建築様式で全く西方アラブの様式がそのまゝ傳はつたものである。その代表タージマハルの美しき宮殿こそサラセンの夢幻を實現したものであらう。凡て十一世紀以降のものである。

アジャンタ窟院入口

ブタカヤ佛院遺跡寺院

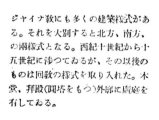

印度教・ジヤイナ教・回教の建築

カイラーサ寺院（印度教）エローラ（ドラビダ式建築）

チヤトルブジヤ寺院（ジヤイナ教）（カジユラホ）

ヴイシユヌーシバ寺院（印度教）（イツタジー）

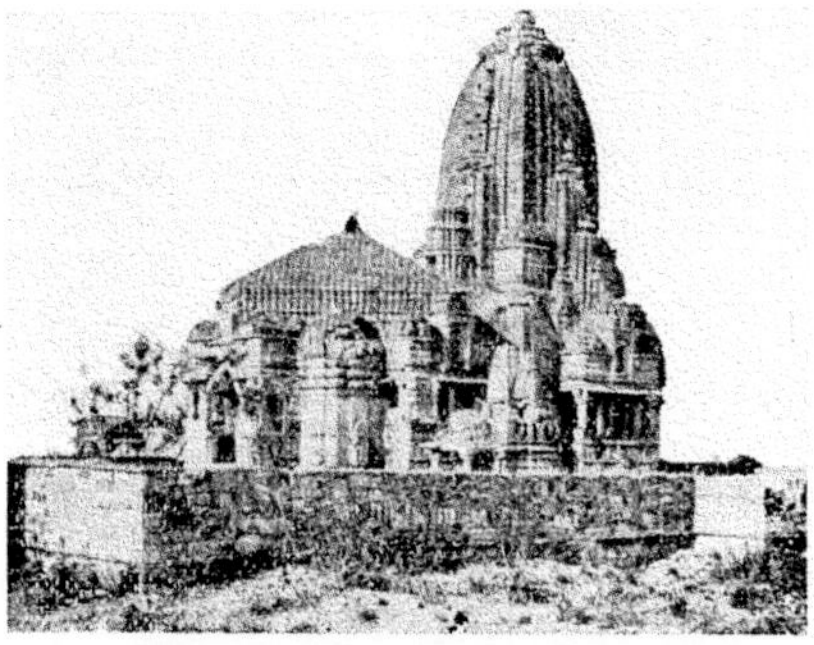

ミイラーバイー寺院（チトル）（ジヤイナ教）

タジ・マハール（アグラ）

スラーヂマル王宮（回教）

ベナレス十九世紀王宮（近代建築）

大古數千年以前に偉大な文化をもつてゐた印度も、近々二百餘年の間に英帝國侵略政策の犧牲となつたが、今や再び古代の印度に還らんとして起ち上りつゝある。大印度の燦然たる古代文化はその美術に最も瞭かであらう。

マホメツト墳墓（ビジヤプール）

狩野永徳筆

新國寶

南禪寺障壁畫より

新重要美術品中より

亮惠上人畫像（栗田唯三氏藏）

孔　雀　明　王（青島氏藏）

山水圖（松永安左衞門氏藏）

結城合戰繪卷（榎本正氏藏）

清籍社第二回展

芥子　相馬千里

湖畔　稲川光風

宇治　五十嵐久和

春渓　西丸小圃

群鯉　古佳節朝

犬鷲　大柴丹渓

先驅　三國慶一

粧ひ　寺村精十郎

野牛　石川滋

日本木彫展（第十一回）

銀鶏　樋田五峰

陣中有閑（其一）　石川美峰

清籟社第二回展

南洋美術展作品

ジヤバ（南洋長官賞）　秋保正三

濠洲　笹原彪

南洋群島モンタージユ　堀田清治

マレー進軍　布施信太郎

印度　北島浅一

ニユーギニヤ　中西次郎

フイリツピンマヨン山の麓　和田香苗

ボルネオ　佐々木孔

綱領

一、大東亞共榮圏確立の使命の下に、吾等は興亞意欲の藝術的體現を期す

一、肇國精神の傳統に基き、吾等は美術の大政翼賛を期す

一、八紘一宇の精神を顯現し、吾等は日本美術の海外進出を期す

公募

日東美術院第二回展

會場　東京府美術館

會期　自十一月二十七日―至十二月七日

搬入　十一月二十三日・二十四日

統裁　園部香峰

事務所　東京市大森區堤方町九〇七

（出品規定進呈）

第八回國風彫塑展

搬入　八月廿七、廿八、兩日

會期　九月一日―十七日

會場　上野公園・東京府美術館

事務所　東京市荒川區日暮里渡邊町一〇四〇石川方

（電話駒込二六九七番）

國畫會研究所

目的　繪畫技術ノ練成・畫家精神ノ高揚

實習科目　人體寫生　實習時間　午後一時――四時（日曜祭日ヲ除ク）

入所資格　男女、學歷、年齢ノ如何ヲ問ハズ、但シ確實ナル紹介者ヲ要ス

記名料　金五圓　入所申込ト同時ニ納付　研究費　一ケ月金八圓（前納）

隨時研究サレル方ノ爲ニ下記ノ便宜アリ、回數券金七圓十二回分（記名料ヲ要ス）

〇既納ノ記名料及ビ研究費ハ如何ナル理由アルモ返却セズ

〇連續缺席二ケ年以上ニ及ブトキハ記名効力ヲ失フモノトス

指導　梅原龍三郎・他國畫會同人

講話　適宜、講師ヲ招聘シ特別講演會ヲ開クコトアルベシ

所在地　東京市目黒區下目黒三丁目五七六番地（電話大崎三八三三）

南郊モデル協會方（省線目黒驛よりバス元競馬場下車）

主催　國畫會

旬刊 美術新報 第三十四號 要目

□物賣る少年　宮本三郎

印度美術の檢討

アジャンタ壁畫について　丹波五朗

印度繪畫概說　木村泰次

秋季美術・人を語る

□島田墨仙と川崎小虎　川路柳虹

□中村岳陵・池田遙邨　大山廣光

□山本安曇・吉田源十郎　渡邊素舟

□中村直人　大藏雄夫

文展審查員を恥ぢよ　江川和彥

畫家の戰時生活集　三輪鄰

晨鳥社展　神崎憲一

日本劇畫院展の旗擧　豐田豐

旬報

口繪

アジャンタ窟院壁畫□印度の細畫□印度の古代彫刻建築□最近展覽會□國寶と重要美術

戰爭の跫音

吾ら支那事變以來「戰爭」の狀態には馴れて來たが、大東亞戰以來の日常生活に於て戰爭をこれほど身近に感じてきたことはない。これを過去の日露戰當時に比べて國民にあたへる戰爭そのものゝ觀念が生活の中に喰ひ入つてくる度合が深刻だといふことである。泌々と日夜戰爭の跫音を生活の中に感じてゐるのである。この心理こそ國民として現代に生きるものゝ最も強い自覺とならねばならない。

吾ら幸運にしてなほ銃後にあつて藝術生活を保つものであるが、この戰爭の跫音を身近かに感じてゐる心理の中に生き〱とした皇國進展の調べを感じ、その意識の下に藝術そのものをも強力に進展さすだけの自覺をもたねばならない。秋の美術季節を前にして吾ら一層の奮勵を思ふと共に戰爭の身近に喰ひ入つてゐる現實意識を昂揚することをゆめ忘れぬやうにしたいと思ふ。

日本劇畫院展作品

矢の根（木彫衣裝）　平田郷陽

初音の旅　布施長春

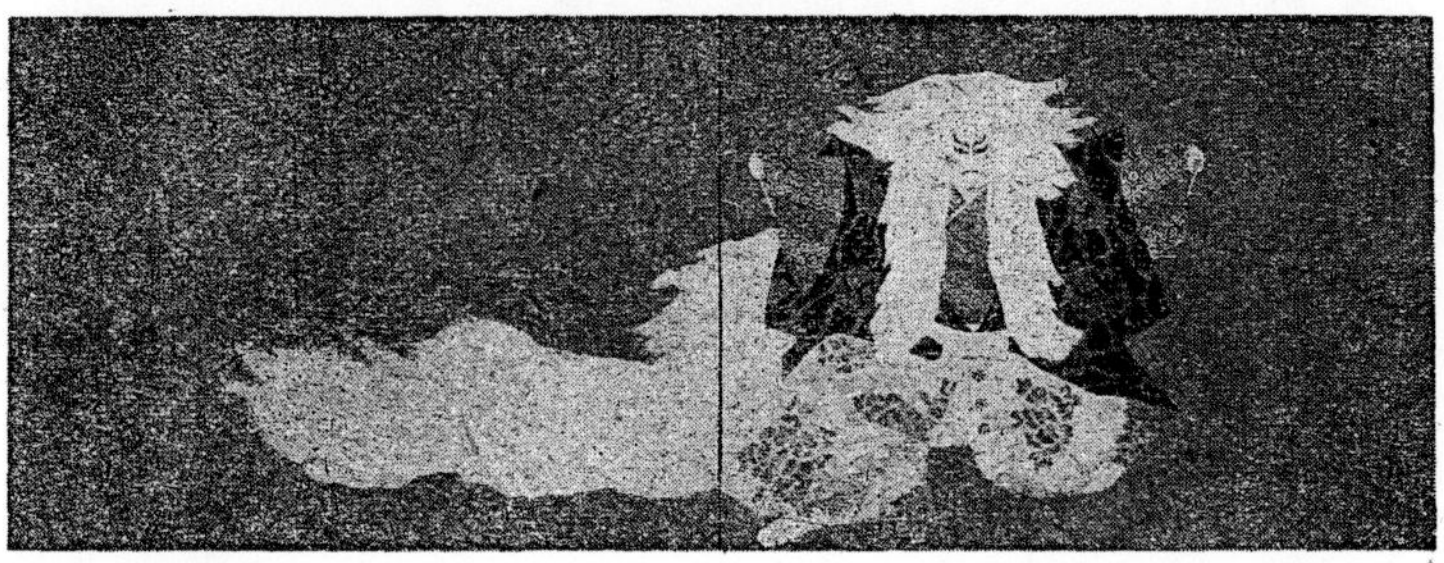

鏡獅子（後シテ）　名取春仙

戰爭と勝利

佐原包吉

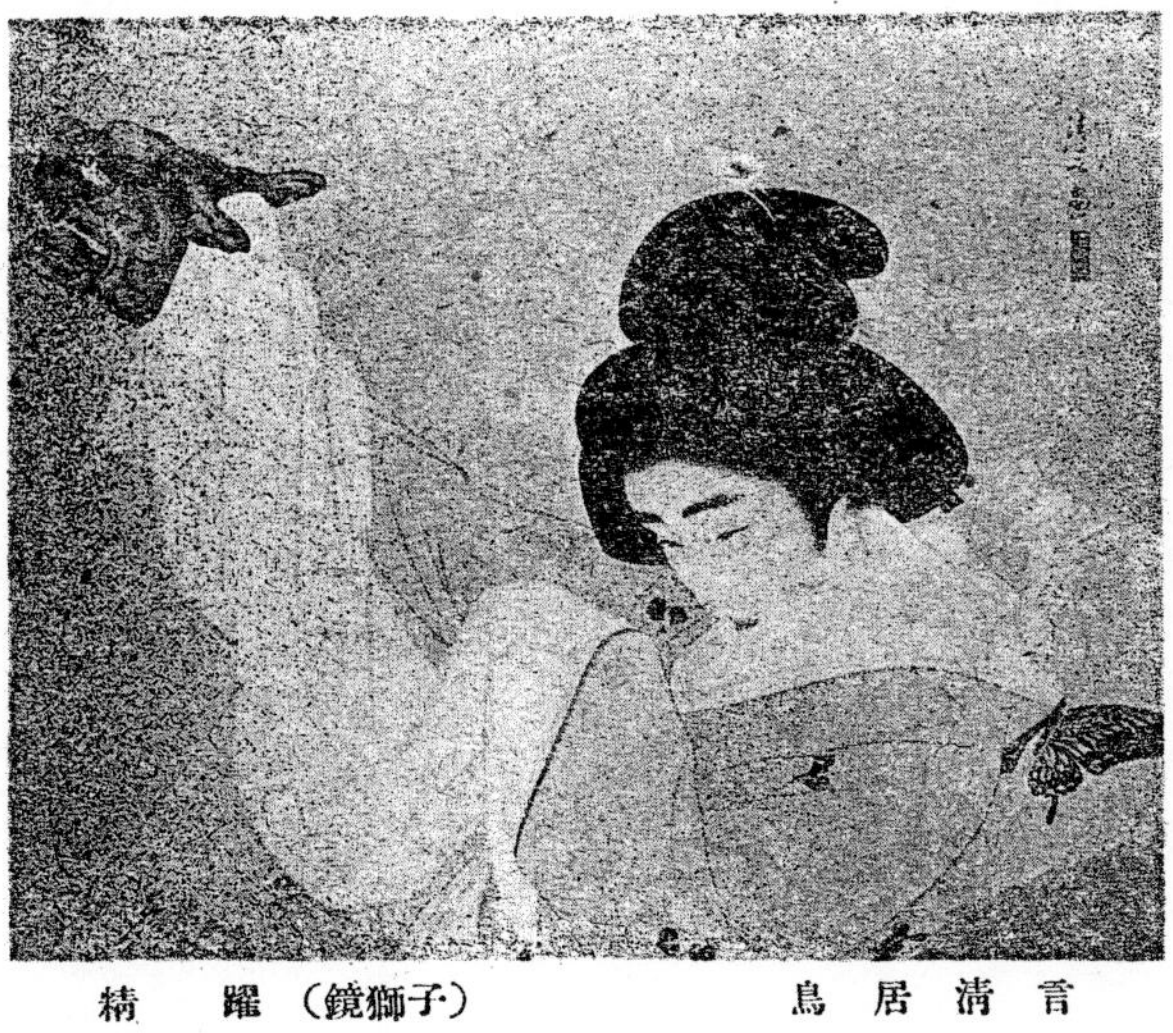

精躍（鏡獅子）　鳥居清言

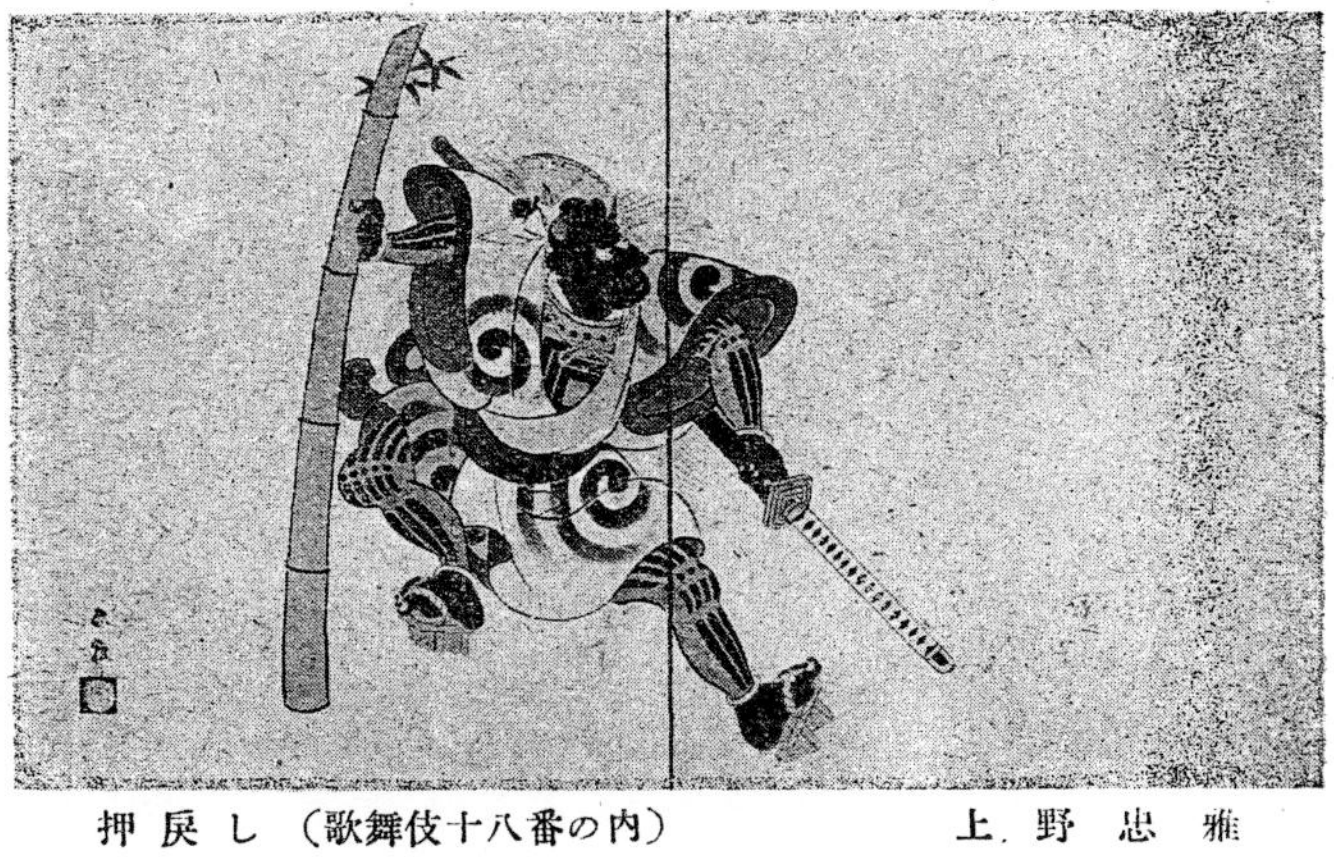

押戾し（歌舞伎十八番の内）　上野忠雅

體操　東山魁夷

鰹釣り体操（靜岡縣御前崎村）

東山魁夷

北に大井川のデルタを控え太平洋の荒浪を眞向に受けて立つこの村は、遠く德川の昔から遠洋漁業の本場として名高く、それだけに夫の留守を護つて女がよく働くことで知られてゐる。特に戰爭以來徴用の關係から男手の減少はかなり激しく、麥畠に女の立働く姿も殊に印象的に眼に映つたが、更に賴もしいのは、遠洋出漁といふこの村の特殊性から他には見られない專門教育を施して、第二の健康な村民の育成に努めてゐる御前崎國民學校の訓練振りで、こゝに描かれてゐるのはその一つ、有名な鰹釣り體操の光景である。鰹釣りの實物教育と體育とを結付けたこの體操の狙ひの中に、この村の積極的な進取性が潑剌と浮んでゐる。

村民の共同作業（神奈川縣相川村）

寺田竹雄

村民全體の共同の利害を預る橋とか道路とかの修理や擴張などは、當然村民の共同の力でやつて行くべき筈のものが、今迄は自已中心の考へ方で兎角それがお留守であつた。この村は共同精神の非常に發達した村で、共同炊事場なども極めて整頓したものを持つてゐるが、折柄村の川普請に村民が美しい共同精神で能率的に仕事を進めてゐるのを見ることが出來た。

家庭榮養食配給所（桐生市）

立石春美

農繁期の共同炊事は今日大抵の農村ではやつてゐるが、都市に於ては未だその例は少い中に織物工場の多い栃木縣下の各都市には工場勞務者へ供給する榮養食配給所の設備が非常によく整つてゐる。特に桐生市の場合は家内工業が多いので、家庭榮養食配給所が發達して居りこれは各家庭から朝名札をつけた籠を配給所に屆けておけば、家族の數に應じてその日の惣菜を入れ置いてくれるのである。共同の力で物資の無駄を省き、時間を活用すると共に、調理の方は各家庭に於てそれだけの好みに應じてやり得るやうになつてゐるところに、日本の家族制度の長所を生かすことが工夫されてゐる。

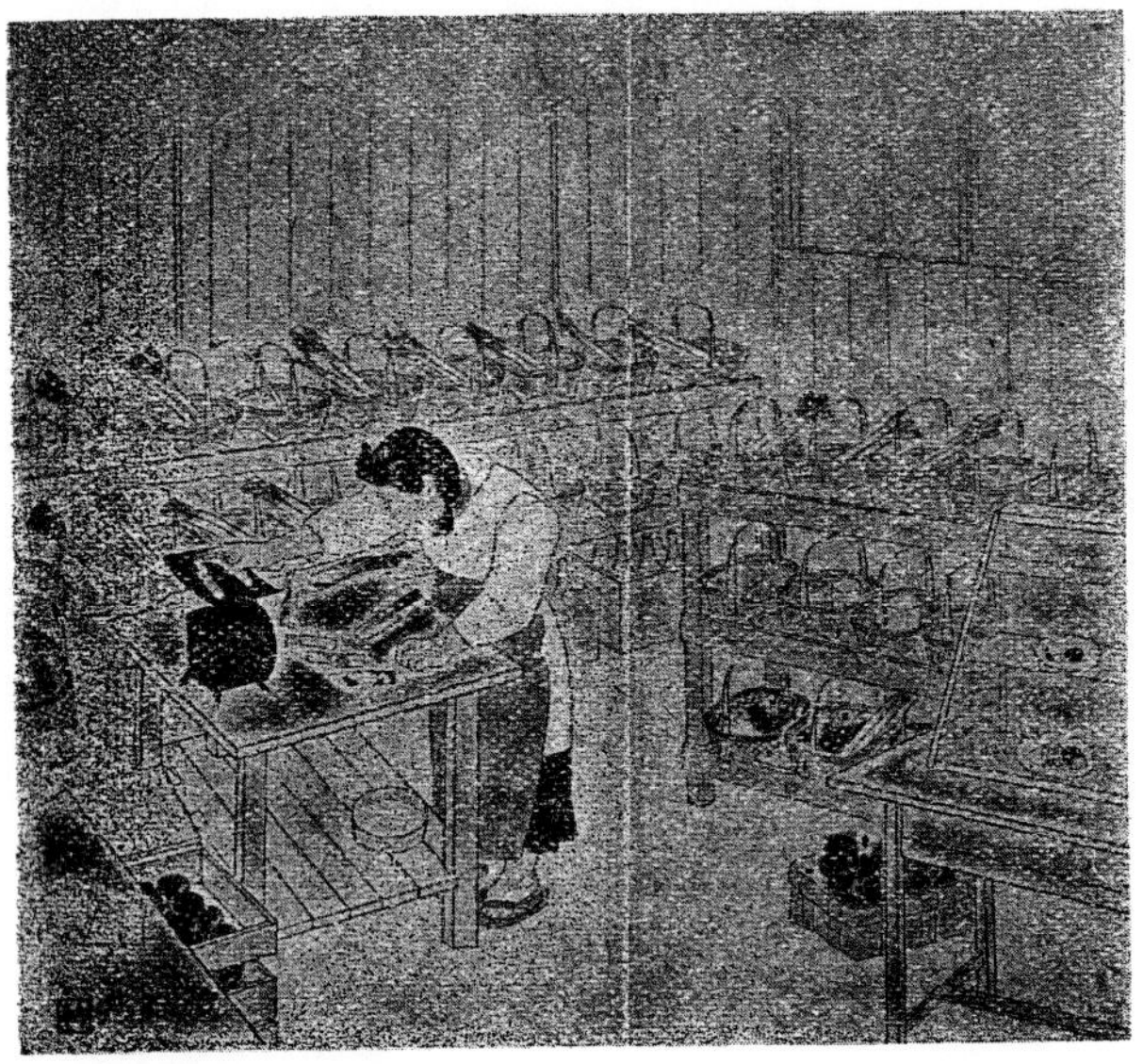

家庭榮養食配給所　立石春美

常會風景（山梨縣五明村）

岩淵芳華

常會の進んでゐることで日本有數と云はれるこの村は、今年になつてからも衣料切符の三十點獻納を決議してゐるといふ程で村全體の一糸亂れぬ協同精神の發露は眞に淚ぐましいものがある。特に調査員の爲に常會の非常召集を賴んだところが二十分もしないうちに部落全體が集るといふ手廻しのよさも流石であつたが、眞劍な話題の中に互助の精神が和やかに流れてゐるその常會風景を一つ。

女子青年團の共同作業（埼玉縣堀兼村）

櫻田精一

人手の足りない農村では、手を拱いて路邊の傍觀者になつてゐる有閑者は一人もあり得ないといふ以上に、今日事實に於て絕無であるが、それよりも嬉しいのは、村の女子青年團員が共同炊事や共同托兒所の擔當者となつて强く雄々しく働いてゐる姿である。若い健康な肉體を甲斐〴〵しい團服に包んで、共同作業の一日を働いてゐる姿は、賴もしくも美しい眺めである。

女子青年團の共同作業　櫻田精一

五采會二回展

挿繪畫家五氏が年一度發表する純正繪畫展で岩田專太郎氏の七點中「獅子」の一と二、共に力作殊に其の二「道頓堀」とは魅力に滿ちた出色の作品、志村立美氏の七點中では「幼女三題」が優れ就中其の一の「クレヨンの幼女」が實感に富んだ佳作、吉田貫三郎氏の七點「牛」は小品ながら筆力逞しく、林唯一氏は「從軍中」の人物と風景三點では「少女の像」田代光氏の六點中では「河童三態」よりも「御毛沼命」が注目された。（銀座松坂屋）

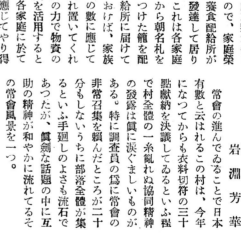

東京府工藝協會展

大山廣光

村民の共同作業　寺田竹雄

とかく安住に傾き易い工藝界にあつて、東京府工藝協會が常にプランを練つて展覽會を開いて居ることは注目に價ひする。今度も先づ「公定價格に依る優良工藝展」を上野松坂屋で開き次いで「喫煙具を主題とせる工藝品展」を銀座松屋で開いた。前者は一種の產業工藝展であり後者は藝術味を帶びた工藝展である。この二種の催は昨年の展覽會を小規模にしたといひ得られる。範圍を狹めて主題を附した處に特殊の興味が持たれた。

松坂屋に行つた時は生憎雨天であつたし、會場も完全とは云ひ得られず、其處に公定價格に束縛された作品が竝んでゐるものだから、興味索然たるものを感じた。雨のせいか人も餘りゐなかつたので、一つ一つゆくつくり見てゐるうちに、一寸手にとつて見たくなる作品を時々發見した。公定價範圍のものであるから、僕の貧弱な懷中を以ても、買はふと思へば買へぬこともない。さう思ふと餘計に熱心に見て行く。こゝを覗つたのだな、と私は一人でに微笑した。中には頗る手頃のものがあつた恁うした展覽會も時にとつては有意義である。

扨て、これでこの展覽會の主旨には賛成したのであるが、全體としての成果はといふと、出品者は今一度反省しなければならないと思ふ。それは殆んど公定價に束縛されてゐるといふことだ。材料等餘り高價なものが使用されないのは止むを得ないが、技巧まで束縛される必要はないと思ふ。どうせ公定價格以上には賣れないのだから、これ位にして置けといふのでは、作品としての價値は零である。大體の規格は必要であるが、それが決まつた以上は之の範圍にてのび／＼と製作して欲いのである。何も最初から終りまで束縛される必要はないと思ふ。府工藝協會がこの主題をとりあげた主旨も其處にあつたのではないかと考へてゐる。木工にいゝものがあつたのに比し陶器は概してひどかつた。

松屋で開かれた喫煙具展には流石に面白いものが大分あつた然しいゝなあと思ふと、それは大低相當知名作家の作品であつたには一寸意外な氣がした。これは當然の事かも知れないが、若い作家はもつともつと自由な立場にゐて製作して貰ひたいと思ふ。と云つて何も新奇なものばかり作れといふのではない。喫煙具として役立ち、然も美的鑑賞に價ひするものであれば滿點である。

喫煙具は茶碗等と同様に側近にあつて親しめるものであるから、種々な立場に於て造型することが出來る。私はこの展覽會にもつともつと期待してゐたのであるが、先づその期待は裏切られたやうに思ふ。府工藝協會のプランは面白いのだが、作家が之れに伴なはなかつた。これは出品者の認識が足りなかつたか、當局の主旨が徹底してゐなかつたかどちらかだと思ふ。同じプランでもう一度催してもいいものだと思つてゐる。

松子社日本畫展

天香畫塾即ち松林桂月門下の新鋭數氏の展覽會で、行き方は違つても孰れも明日の畫壇に向つて大に勉强しやうと云ふ元氣にみちた人々の旗擧げ展であるが、どうしたことか抱負とは稍々違つて、制作欲に充ちた潑剌とした作品の乏しかつたことは甚だ淋しく感じた。聞けば會場が狹くて大作に適しなかつたさうだが、それならば文展ではないが寸法を稍制限してやると云ふことも一つの方法だし、大小各々の選むところに從つてせい一抔の制作をやるといふのが、かゝる小研究集團の持つ特色でなければならない。

天香塾は由來毎年展覽會をやらずに相當の間隔を置いて研究展をやる、從つて交友の廣い師のお蔭で大體全部の作品が處分出來る、こう云ふ一つの傳統的空氣がこんな小研究會にも現れて、ちよつと外で見られない小品が入口の陳列窓から會場に至るまで何十點となく處狹く飾られてゐる。之は研究展か賣畫の展觀かちよつと觀者を戸惑はせる。これはこの人々のみではないが現在の日本畫壇の新鋭は甚だ闘爭心に欠けてゐる。どの集團展を見ても全力をこめたと云ふやうなものに乏しく、所謂巧者に仕上げて會場効果を狙ふといふ小利巧の作品の多いのには常に不滿を禁ずることが出來ない。實にこの世紀の大偉業を遂行してゐる帝國の、その武力に呼應して行かうといふ美術界の青年作家は今少しく私を捨てゝ君國のため一意彩管報國の念に燃えて一人でも一世を背負ふて立たうと云ふ元氣を出して貰ひたいものである。

出品畫では賛助出品の桂月山人氏は紙本に墨一色で牡丹を描いたが、遉がに大家の風格、何とも云えぬ滋味を會場に漲らせてゐる。西野新川氏は大作で苗代田に鷺の餌をあさる圖であるが構圖色調の新味は大に氣を吐いてゐるが、その元氣に似ず迫力乏しく、それかと云つて情感にも未だ混濁さがある。荒川晃雲氏は鯉で構圖稍雜然としてゐるが、技巧に於ては中、優れたものがある。白井烟嵩氏は水郷小品の連作で趣向に富み中でも先輩としての貫祿を示してゐるが畫面の生硬さと今少し美的情趣をも筆技に示すことは出來ないものであらうか。松浦滿氏の「魚二題」これも技巧にとんだ得意のものだが、小作の域を脱しない。河野華崖氏は努力の作で各作とも丹念な筆技觀者の眼を惹く。横尾拙光氏の「雨三題」は水墨の暈染巧みな情趣に富んだ作で、其他小山晴雲、根本霞外氏等共に相當の努力を拂つてゐる。次回はどうか元氣一抔の大作ならずとも總身をこめた力作を見たいものである。(T生・白木屋)

常會風景　岩瀬芳華

菊　徳岡神泉

尙美堂展と多聞洞展

豐田豐

どちらも七月中旬盛夏に近い候を東京で開催した關尙美堂展と橋本多聞洞展は、兩方とも本據の東美倶樂部が無くなり、一は東京會館に、一は資生堂に、會場こそ兩方とも反つて立派になつたが作品の寄りの惡いこと夥しく、目星しい作品は最終日午後になつて「遲かりし由良之助」式に馳せ參ずるといふ仕末。

それはそれで尙美堂展の三遲出品徳岡神泉の「黄菊」山口華楊の「青桐」、加藤榮三の「紅蜀葵」は花鳥畫に凛とした名調の氣を吐き、殊に神泉は黄菊一輪キリット冴え拔き拔けば玉散る氷の双のやうな鮮やかさだ。背後の微妙な苦心も自ら解る。華楊は青い桐の葉をいつもよりじんわりと溜め込み、吸ひついた揚羽の蝶にグッと抑揚を昻める。榮三の紅蜀葵は蕋や蕾の感じに手强い科學的新手法を昻めながら、全體を優雅なる感じに包む。

しかし遲れたから作品が好いといふのは觀る者の迷信であつて、早くから揃つてゐた田中咄哉州の「風果」金嶋桂華の「芥子」宇田荻邨の「栗鼠」奥村土牛の「朝顔」は肚の据つた名人藝の感深く、殊に咄哉州の眞爪に茄子を對照させた幻想寫實は微妙な幽韻を奏で、秀でた美と言つたものを感じさす。寸法から言つても場中代表的なものであらう。

だが新進藝としては上村松篁のフラスコの中の蛙を描いた「蛙」は理科學教室の標本のやうだが、觀察と構成の確實性、新鋭性に於いて、研究的態度のものとしては場中第一であり、寺嶋紫明の少女と白衣と紅い脣の對照も、その清純性と精髓性に於いて新興の佳品として推すべきものである。鏑木清方の「雪月花」三幅對と、池田遙邨の「雪月花」三幅對は一は江戸情緒の、一は京洛情緒の、更に一は抒情的に一は叙景的に微細な佳韻を織り、相對照してこの展の景物となつてゐた。島田墨仙の「華山先生」の歴史人物も場中異色の感高く、又景物の一たるに値するであらう。

この他こゝの子飼ひの綵尙會系の三谷十糸子の「花菖蒲」奥村厚一の「林道」、青龍系の三華形坂口一艸の「新樹」加納三樂の「月」山崎豐の「爽晨」別格では白倉嘉入の「雪」根上富治の「ちやぼ」など、在來の個性に一歩深入りして健鬪に力めてゐた。

睡蓮　奥村土牛

多聞洞展では新進の活躍が非常に眼立ち、就中江崎孝坪の「神兵」の冴へと鋭角性は生肝を切取つたやうに妙趣があり、東山魁夷の「深秋」「初夏」の前衛北宋情緒ともいふべき双幅、中島清の「胡爪」のキリッとした暗示的造型、山田申吾の「夏の花」の直立的新感覺などこの展の呼物とすべく、橋本明治の八ッ手の下の白鷺一羽の「朝」も光琳を新樣にした深趣掬すべきものがあつた。

と、鄕倉千靱の松の上の白鷺三羽の「月明」の透きとほるやうな新感覺は明治より一層新人かと思つたら、さすがは中堅の第一線人、その清澄純雅の氣は多年鍛へた腕だ。中村岳陵の「清潭」はその流紋の新情趣と言ひ鯉の考へ深げな眼ざしと言ひ、これ又千靱以上の新人かと思つたら、奥に潜む老妙の畫韻はさすがに又大岳陵の名に背かないものがある。鏑木清方の「花火」は屋上の干物台に親子三人、兩國の花火を望んで、清方近來の密畫である點、新人に負けない力作であるが、紙本描の瀟洒たる滋潤の妙は新人達が束になつて掛つても及ばん大家藝。森白甫の「清秋」も中堅ながら紙本描に滲みの妙を見せ、黄蜀葵に凛とした氣品を籠める。酒井三良の「初夏」の耕作風景は彼方に河江を遠望し、前景に燕一羽の飛翔を描いて、一段の密畫ながら、紙本の和かな味を淡如とも生かして快品であつた。

こゝでも奥村土牛と杉山寧とが遲出品して、とう〱會期に間に合はなかつた。「遲かりし由良之助」以上である。

麗日　池田朋昭富士展

鈴木日出兒日本畫個展

久しく雌伏といふか藝術上の苦行と闘つて來た氏の第一回の發表である。勿論完成されたものではないが夫れだけに前途に望を囑することが出來る。師といふものを持たない作者は萬事自然を師として獨往、よく今日の境地を開いたものである。展示された二十點餘の多くは紙本に水墨を基調とした山水畫が主で外に花鳥、靜物、美人といふ多彩である。紙による墨色の味を巧みに狙つたものに「群嶼碧洋」「春山雲海」「蓬萊神山」等の秀作が見られる、雲煙のぼかしは相當成功を收めたが多少の生硬さが漂ふのも止むを得ないことだらう。鯉もよく、特に赤繪の鉢に林檎と葡萄は寫生もよく色調殊に優れてゐた(白木屋)

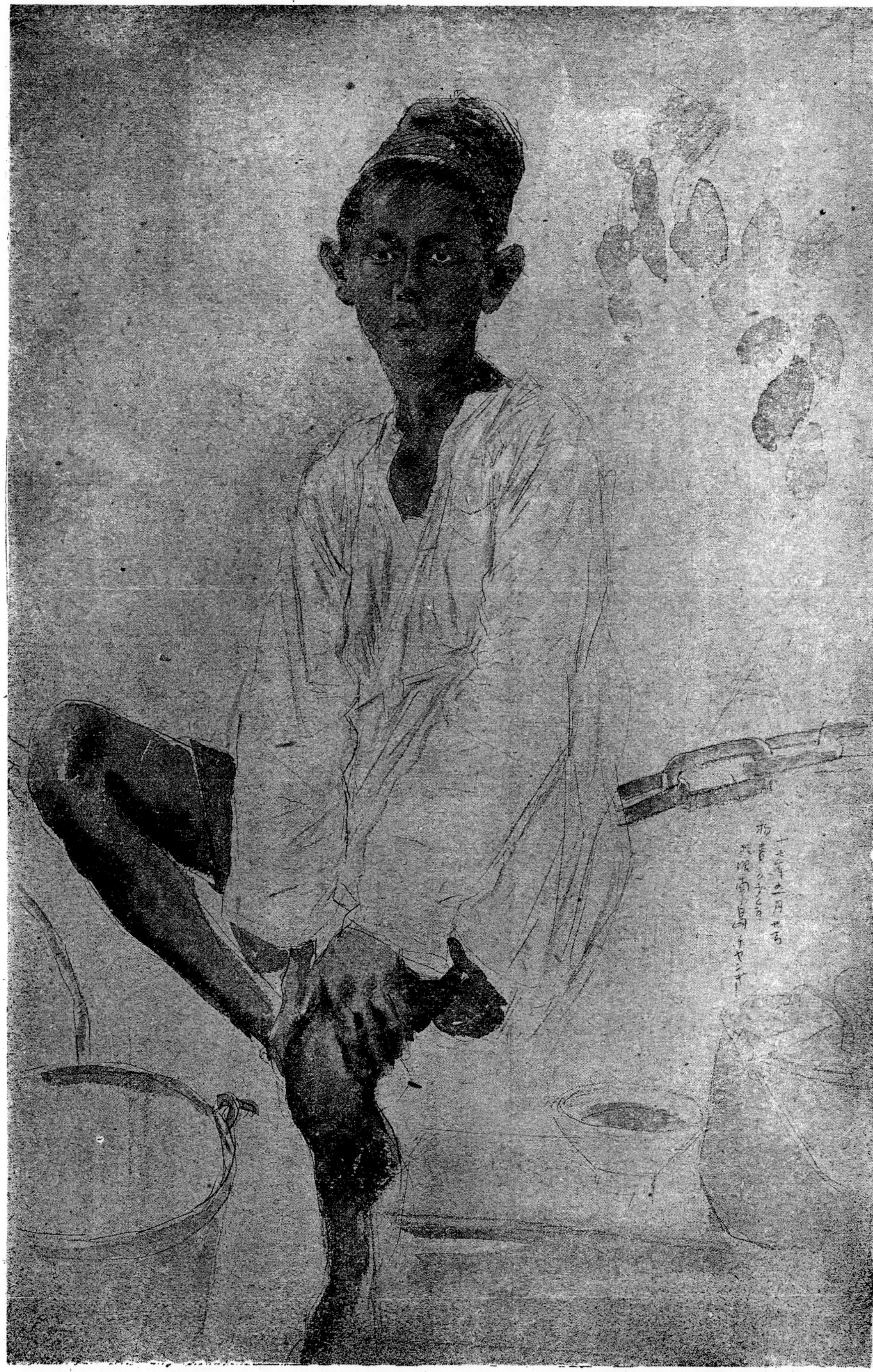

物賣る少年

宮本三郎

昭南島のチャンギー監獄（英國居留民及びバシバル以下俘虜の收容所）への途中道路で、煙草、バケツ、それにアルミの罐などに水を入れたのを、勞働者や俘虜を相手に商つてゐる少年達がゐる。この少年達は、わが軍の占領後二三ヶ月しか經つてゐないのに、――有難うとか、――一つ幾ら――とかの日本語を巧みに操つてゐる。非常に快活な性質で、皇軍勇士によく馴染み、一二三と日本語を習つたり、またマレー語を敎へたりして、實に樂しさうに戲れてゐる。色は黑いが、顏立は日本の子供によく似てゐて親しみを感じられる子供達である。

わが軍占領後の傾向であるらしいがこの少年達は、英軍の俘虜部隊が街を行進すると、列の中に割込んで煙草を賣りつけてゐる。どう云ふ氣持でさうするのか判らぬが、多分に複雜な感情が含まれてゐる樣にも思はれる。

男は殆んど明るい綠とか、桃色とか、單色の着物を纏つてゐるが黑い身體と非常によく調和がとれてすつきりした鮮明な色彩である傳統的な風習を重んずる民族で、永い間英國の支配下にあつたにも拘らず、傳統と云ふか古來からの服裝を纏つてゐる彼等の簡素な風習を奇異に感ずる旅人が多い。

彼等と接して氣持よく感じられるのは、支那人の樣に複雜さを感じさせるところがなくどちらかと云へば單純で、そして淳朴な性質であるからであらう。

アジヤンターの壁畫に就て

丹羽吾朗

アジヤンター窟院の壁畫は時代に依つて變化あり、又描き現はしてあるものにも種々區別がある。その內には當時の風俗、釋尊一代の圖繪又は本生譚と云ふ樣なものも描き現はしてあるが、それが或場合には頗る豪放に描かれ、又時には非常に綿密に描かれてゐる。顏面の如きは睫を幾度も描きかへ、或は濃厚な隈を取り、其圖取りの如きも日本の繪卷物などに見る樣に自然の圖案を施してある。之を構成してゐる人物も、法隆寺の壁畫の樣な大きい人物ではなくて、非常に小さく描かれて凡ゆる活動を示してゐる。

又天井や柱にはいろ〳〵の模樣を施してあつて、それに人物、動物、花鳥等を隨意に描き現はしてある。此のケープ中最も古い繪畫を有するのは第九、第十、第十一の三ケープであるが、第十ケープの繪は以前は確かに古い立派な繪であつたらしい。現に殘つてゐる部分から見てもバルフート、サンチー等の古藝術と同じ風俗の繪畫であるが、後世になつて汚して了つたらしく思はれる。

第一ケープは精舍式の窟院で、其本尊は說法印の三尊佛である。正面に釋尊の像を大きく刻み、其兩脇に觀音と勢主を刻んである。他のケープの本尊は皆鼻が缺けたり、こはれたりしてゐるが、此ケープの本尊だけは總て完全に殘つて居り實に結構なものである。柱及び入口等に刻んである樹下美人や龍神の像等も細密な完全なもので技巧も進步したものである。

アジヤンターの繪畫の釋尊は白毫が附いてゐるが、彫刻には之が無い。此の白毫がないといふことは、鹿野苑にあるグプタ時代のものと一致するものである。尙衣紋又は說法印の印相等もグプタ朝式である。

アジヤンターに在る二十幾つかの本尊は總て說法印である。その他の彫刻には龍神が最も多い。これに次では鬼子母神、觀音である。この樣に龍神が非常に多いところから、以前はあそこの窟院は一帶に大寺院となつてゐたものであると云ふ說もある。

第一ケープの本尊は最も奧にあつて、內柱が二十本あり、其柱には極く密な彫刻がある。其柱の兩脇に十四の僧房があつて、天井から壁全體に繪畫を描いてゐる。この繪畫には種々別はあるが、アジヤンターにある二十六ケープの中で一番進步した方法の描き方で、初めに朱線で描き、その上に全部肉色を塗り、又その上に肉線を描き起し、更にその上に濃厚な隈をもつて西洋畫のやうに光線の明暗を描き、又瓔珞の葉に胡粉で大膽に描き起すと云ふ具合に壁畫としては最も進步した方法で描いてあると云はれてゐる。內部の向つて左には降魔の圖を描き現はしてあるが、其惡魔の意匠は實によく描いてある。又釋尊の前には三人の妖女を描いてあるが、これは實に以外な圖案の下に描かれてゐる。そして降魔の側に大きな菩薩を描いてゐるが、非常な大作であつて光線その他の調子は西洋畫にも決して劣らぬものである。

種々描いてある中に、釋尊の出城或は三時殿なども描いてあるが、孰れも非常に小さな人物を實によく描いてゐる。

第二ケープの繪も完全で、同じく精舍式でその本尊もやはり說法印の三尊佛である。その入口の左右には千體佛の繪が描かれてゐる。このケープには佛陀の誕生の繪があつて、摩耶夫人が佛陀を生んで腹が小さくなつたところから、無憂樹の具合など誠に面白い方法の圖案で描き現はされてあつて、實に旨く出來てゐる。

以上の第一ケープ及第二ケープの繪畫の系統は一致してゐて、何れも濃厚な隈取りを用ひ、肉線は朱で描き、顏面殊に目の上或は口等の急所々々には墨線を施し、全體の形も注意して完全に描き現はしてある。

第三ケープは何も無い。入口は二間位、奧行は四間位の四角の洞穴で天井の高さは一丈位、殆ど僧房のやうである。或はこれは第二ケープの僧房であつたかも知れない。

第四ケープは非常に大きい洞でやはり精舍式、その本尊は說法印である。その柱にも門にも彫刻は無い。之は未成洞で、これから壁畫も描かうと云ふ計畫であつたものと思はれる。只入口の右の方には觀音八難を彫刻してある。八難の上に少しばかり壁畫を描いてあるが之等は未だ完成してゐないものと思はれる。

第四ケープはアジヤンターの二十九ケープの中で一番大きく、又位置も最もよい。

第五ケープも未成洞である。入口に僅かに彫刻があるだけで繪畫は少しもない。

第六ケープになると實に立派なもので、この洞の式は最も古いものと認められてゐるのであつて、やはり精舍式と稱せられ、二階がついてゐる。本尊は說法印である。洞中に壁畫があり、左右に觀音が彫つてあるが、彫刻されてゐる佛像には說法印が多い。又洞の左右には僧房があつて、こゝにも壁畫を描いてあるが中途で中止されたまゝになつてゐる。

第八ケープは僧房であるが、非常に硏損して居るので能くは判らぬが、入口には幾つかの彫刻があり、天井にも壁畫の形跡がある。それも點々と僅かに見えてゐるだけで、何を描いてあるものか判然としない。

第九ケープの本尊はスツパーであつて、所謂塔廟式に屬し、アジャンター全體のケープ中最も古い樣式で實に壯嚴なものである。この樣式のものはナシツクにもあり、エロラーにも一つあるが、洞窟の總ての樣式では最も舊いものと見做されてゐる。

このケープには多數の柱がある。殆んど形がなくなつてゐるものが十二本、形あるものが二十一本あつて、それには全部繪を描いてあるが、その繪は全部破損されて完全なものはない。この繪は第十ケープ、第十九ケープ、第二十六ケープなどと同じ樣式であるが、一番小さいながらも、最も崇高に造られ、壁畫も白象王の本生譚その他種々のものを最も舊い樣式で描いてある。只注意すべき事は、其壁畫は以前はバルフード、サンチ等のものと一致するやうな樣式で描いたものであるが、その後其の上から再び描き足したものであつて、その繪が丁度第一ケープ並に第二ケープのと同じ時代らしい構造法で描いてあることである。古い繪が剝落した上に漆喰のやうなものを塗り、其上更に描いてあるのである。併し現在ではそれが又剝落して下から最初の好い繪が現れてゐる。

又このケープには我が法隆寺の三尊佛の繪と一致してゐると稱せられ、又アジャンターでも殊に重きを置かれてゐる三尊佛の繪があるが、それは舊いものではなく、元の繪の上を一旦塗つて新に描いたもので、ずつと新らしい繪である。初めに立派に肉色を描き、その上に着物を描き、又線をかき、更に隅どりして細かに描いたといふ風にしてあつて、非常に精巧なものではあるが、今はその上からニスを塗つてあるので、實に不快な感がする。

天井には蓮の模樣が澤山ある。それはサンチー及びバルヲードの玉垣に見るものとよく似てゐる。その技巧は幼稚ではあるが、地を赤で塗つて上を黄でぼかしたり、或は地を黄で塗つて上を赤でぼかしたりして、其上に朱線で描いてゐるところは却々巧みなものである。その花は所に依つては菊花のやうにも見える。

第十ケープも第九ケープと同じ式のものである。柱は八角で、その角々に繪畫を描いてある。この天井も第九ケープ同樣蓮の模樣がある。壁には白象王の本生譚をすべて描いてあるが、第九ケープと同時代のものでありながら比較にならぬ程ずつと薄くなつて、人物の顔面、武器、象の形などが僅かに點々と認められるに過ぎない。向つて右六番目の柱には墨線のみで描いた釋尊の像があるが、これも非常に精巧なもので、技巧がガンダーラの式と一致するので多分ガンダーラ藝術が此處へ流れて來たものであらうと云はれてゐる。又色のみで描いた釋尊の像もある。施無畏、與願、說法等の釋尊の立像を描いてあるのに、白衣のもの、赤衣のもの、黄衣のもの、或は墨線で描かれてある等、種々異つた色彩であり、又細線であつたり或は太線であつたり釋尊の描法を樣々に研究して描いてゐる。然しこの描法は餘り古いものではなくして、時代は第一期のものであらう。

第十ケープは形は第九ケープ、第十九ケープ、第二十六ケープと同式でアジャンター窟院中最も古いものであり、入口の天井に阿育時代の文字が殘つてゐるが、その門前はひどく破壞してゐる。第九ケープと第十ケープは繪畫にも古い形跡が遺り、且つ非常に氣分の高い感じのよい洞であらう。で先づこの二ケープが出來て、その後次々のケープが左右に出來たものではないかと思はれる。

第十一ケープは第十ケープより少し階段を上つて行つた處にあつて、洞は稍小さい。これ亦精舍式で本尊として說法印を刻み、頗る精巧なものである。こゝも全部に壁畫が描かれて實に綺麗に出來てゐるが、現在は一として完全な形を存するものはない。入口の左に大きな脇士を描いてあるのも僅かに手が見えるだけであるが、實によく出來てゐる。

第十二ケープは純然たる僧房であつて、天井に壁畫の形跡があるが、墨線を點々認め得られる丈で繪の形は見えない。

第十三ケープは非常に小さい一種の僧房である。彫刻も何も無い。この洞の上に第十四ケープがあるが、これは未完のもので、入口に少々の彫刻と內部にその彫刻があるに過ぎない。第十五ケープは最も小さいもので、中に柱も無く繪畫もない。その奥に本尊があるが、その手も破損して能く形が判らない。

第十六ケープは精舍式の非常に立派な洞である。間口は十間以上、奥行も十間以上あつて、その內部に破損した柱が並び、門にも柱がならび、內部は全面壁畫が描かれて實に見事なものである。本尊は說法印の非常に成巧したもので、この洞の說法印は他の洞のものとは違つて腰をかけてゐる。壁畫は釋尊の一代記を描き、佛陀の出城、妻子哀別のところその他の事蹟を多く描いてあるが、以前には明らかに見られたけれども、今日ではひどく剝落して殆ど見ることが出來ない。只天井に模樣、人物の足、頭、手などの形が少し殘つて僅かに繪畫の構成法が分るに過ぎない。その繪は線を多く用ひて描かれ、第十ケープに匹敵するものである。第十七ケープはこゝ以上に立派なものである。

全ケープに言及し、尙地理的にも話すつもりであつたが、紙數に制限があるので第十七ケープから省略し、他は何れ又改めて述べることにする。

ケープ數は全體で二十九であるが、その中最も古いものは紀元前一世紀位のもので、新らしいものが紀元後七世紀位のものである。最も古いものは第八、九、十、十一、十二、十三ケープ。中頃のものは第六、七、十四、十五、十六、十七、十八、十九、二十ケープで他はその後に屬する。ところが現在洞窟の形をなしてゐるのは第二十六ケープ迄で、二十七、八、九の三ケープは形が無くなつてゐる。

（文責在記者）

印度繪畫概説

木村泰次

一

古代に餘りに榮えた文化をもつてゐた國は現代に於ては恒に悲劇を味はされてゐる。アラビア然り、埃及然り、波斯然り、而して吾が印度もまた然りである。

今印度は數千年の夢を破つて起ち上らんとしてゐる。印度は大古亞歷山大王の東征にその西北部を蹂躙され、ついで十世紀に回教徒の浸入をうけ、更に後蒙古の侵略に會つたが、それら往古の悲劇も近々三百餘年來の英帝國の浸略搾取に比すればものゝ數でもなかつた。何となれば過去の浸略者はわづかに印度の一地方を荒したにすぎず、宗教上の闘爭を以外にして、その文化は古來の習俗の中に胚まれて居つた。然るに英吉利の東印度商社設立を機としての貪婪飽くなき搾取と蠶食は全印度文化を根こそぎにし、印度人を奴隷人種として取り扱つてきたのである。そこに一切の國民文化が癈頽に陷つたのもまことにやむなきことである。

印度を考へることは印度人を考へることであり、印度人を考へることは印度の宗教を考へることである。一切の印度文化は宗教の上層構造としての存在以外でない。文學も美術もその宗教を離れて存在がないのである。宗教は印度人の生活であり生命である。しかもその宗教が婆羅門から佛教、佛教から回教と推移しても大多數を占めるものはその古來の婆羅門即ち印度教であるが、印度の繪畫を考へる場合にはその遺されたる資産はわづかに古代の佛教と近代の回教より存しないといふ事實を認識せねばならない。同じ美術に於ても、造型藝術——彫刻や建築に於ては印度教、佛教、耆那教、回教等の各時代の遺品があるが、繪畫に於てはかゝる多樣性が見られないのである。勿論他の造型藝術の發達があつたのであるから、印度教の繪畫も、耆那教の繪畫もあり得たことは察せられるが、それを實證する遺品が殆んど見られないといふことは印度の繪畫史を甚だ淋しいものにさしてゐるのである。

たゞ古代にあつては佛教が印度教の諸神をも抱攝し、印度教の中にまた回教の中に耆那教の要素が加はつてをつたことは彫刻や建築の上で示されてゐるから、それと同じ程度に繪畫の中にも兩者の混淆は見られないではない。たとへばアジヤンタア窟院の壁畫中には印度教の神像が描かれて居る如きを見るからである。がその根本をなすものは繪畫に於ては古代にあつては佛教、近世に於ては回教であると言へるのである。然しそれを一つの系統ある「史」として語ることは殆んど不可能と言つてよい。それは遺品のない時代が餘りに多く、かつ長い爲めに、史的陷沒が至る處にある故である。從つて印度繪畫を語ることは一つの史の斷片を語る以上でないといふことを豫め知つてをく必要があるのである。

二

西紀三世紀頃と言はれてゐるが、婆羅門教の一經典中に梵語を以て示された繪畫論が見出されることは繪畫に對する印度古代の觀念を窺ふ一つの資料になるであらう。それは「繪畫に對する六つの法則」なのである。南齊の謝赫が「古畫品錄」に示したのも有名な「六法」であるが、それとこれと如何なる關係があるか。それは種々な面から交渉如何を探求する必要あらうが、(或る學者は謝赫の六法がこれから生れてゐると說くものさへある)今夫れを玆に論ずるだけの智識が私に無いことを遺憾とする。が、ともかく「繪畫に對する六つの法則」があると記されてゐる。それは左の如きものである。(意味は英譯故當不當は知らぬ)

一、形象と外廓の區別 (Rupu-vheda)
二、節度、規矩、均衡の認識 (Pramānam)
三、感情の表現 (Bhāva)
四、優雅の尊重 (Lavanya Yojanam)
五、迫眞及相似 (Sādriciam)
六、顏料用具(への注意)(Valnikavanga)

支那の「六法」に見る「氣韻生動」に當る語はないが(一)の「形象と外廓の區別」といふ意味は印度哲學の古代思想の一片を窺ふことは出來る。即ち眞の形象は外廓にないとする思想はウパニシヤツドの本體觀に通じる。(二)や(五)は「應物象形」「經營布置」とも相通ずるが寫實精神が古來の印度美術の根本をなしてゐるからこれ又怪むに足りない。この說の當否は別としてこれらの法則が梵哲學に胚胎する思想と見做して誤りでない。と同時に(三)や(四)の法則は古來の印度彫刻にも見出せると等しく繪畫の法則として充分首肯出來るものを有つてゐるのである。

さて、印度の繪畫で現存のものとして最も古いものを擧げるならばやはりアジャンタ－窟院の壁畫を擧げねばならない。それは單に古代のものといふだけでなく、實に印度が世界に誇る古代文化の輝かしい業績であるからである。而して一面佛教美術といふ上から言つて爾後これに匹敵する創作を見出しえないことに於てもそれは印度繪畫の代表作と言へるであらう。

アジャンタア窟院は中部印度に近いニザム州の北邊ジャルガオンから七十哩遡つた溪谷に沿うて岩窟を開鑿された幾多のケーブによつてあるが二十九の洞窟中繪畫（壁畫）を藏するのは十八窟である。四邊は廣漠たる砂地の曠野で往昔は緣樹も生ひ繁つてゐたらうと思はせる地であるが今はその影もない。西紀前三世紀から西紀七八世紀に渡つて漸次に開鑿の工事が行はれたものと考へられる。

當時は佛教の全盛時代で、その中心は毱多王朝の夫れである。アジャンタ窟院は中に禮拜堂をもちその四邊の壁面を各々繪畫で埋めてゐるが、その圖題は佛本生譚を中心とし中には婆羅門の諸神シバ、ヴイシュヌ等も描かれてゐるが叙事詩的テーマをもつものが多い。又これらの圖題に於て外國との交渉（波斯使臣招應の如き）ありし事もよく窺はれる。ともかくアジャンタ窟院壁畫はその規模に於ても構想に於ても佛教美術の精髓を示したものであることは明らかである。

我國法隆寺の壁畫がこれと關聯ある手法であることは古くから說かれてゐるが、壁面の構成は漆喰を土臺にする事に於ても、またその手法が相似してゐることに於てもこれら印度手法が間接に齎されたであらうことは察するに難くないが、法隆寺の夫れは多く支那化されて居ると考へられる。アジャンタの壁畫はその主調が線よりも色調に富むことに於て一つの特色がある。その熱色を帶びた紅や朱の強い調子は法隆寺の高雅な描線と色彩との調和より激しいものがある。とまれこれらの往古の大繪畫を生んだ佛教盛時の印度文化は誠に逞しいものと言はねばならぬ。

佛教全盛時は中部印度と南部印度を中心としてゐる。佛教彫刻は早く西北印度に開けたがこれは前語る如く希臘の侵入によつて希臘神像を模した初期の時代が犍陀羅を中心とした故その地方に最も多く榮えたのである。しかし阿育王の時代の大佛教主義はこの外國模倣が國民化の形式をもつに到つた時代で、彫刻に於ても毱多期のものが印度佛像の指標となつたのである。この時代（主として西紀六、七世紀）に於ける佛教の傳波は窟院壁畫を多く發達せしめたと考へられるが、アジャンタア以外の窟院としてはバアグ及びシギリアの夫れが殘存せるものとして注目されてゐる。バアグは中央印度のガリウオールに近い村落に在り、シギリアは錫蘭島中部に存する。バアグの壁畫はアジャンタと同系のものらしくその圖題も佛本生譚、供養圖、會式等の叙事的のものもあると同時に密圖題の觀自在天や執金剛の如きもあると言はれるからよほど後のものも加はつてゐるのであらう。シギリアの密院は迦葉の宮殿であり佛供養のために建てられた禮拜堂をもつとの事で、その壁畫中には供養圖が多いやうである。これらは西人の不完全な模寫によつてのみ窺ふことで明確な論斷を下しえないのを遺憾とする次第である。（なほこの他一、二の地に壁畫はある）

三

佛教繪畫を以外にしては印度繪畫と云へば回教侵入後の細畫（ミニアチュール）を擧げるよりほかにない。佛教は西紀十三世紀には滅亡し、爾後回教の興隆期が來るのであるが、回教はその建築に於ても知らるゝ如く纖細な趣味を中心とすることに於て、繪畫も玩賞用の小幀を中心にしたから壁畫の如き大制作を殘さなかつたことゝ思はれる。カリフ政治は印度に諸王國を造らしめたが、その盛時はアクバル大帝の時代以後である。回教の侵入はすでに十世紀後半より西北印度を侵したが、チムールの侵入が印度を更に混亂せしめた。かくて十六世紀中葉には莫俱兒《モグル》王朝が起り東方と西方と兩様の文化が混入した跡はその繪畫の様式に於ても充分窺はれよう。それは波斯の場合とも共通で、西方の波斯形式と蒙古的支那風の交流である。即ち漢畫の描線手法の移入がミニアチュールにも表はれてゐる。

印度の細畫は波斯の細畫の影響下に發達したのは事實であるが、また印度古來の「ラバンヤ、ヨヂャナム」優雅の尊重）をついで氣品の高い線描と色彩に一つの特色をもつてゐる。細畫が最も發達した時代は十六、七世紀間であるが、莫俱兒王朝は宮廷畫人を多く養つてゐたのでそこには專門の畫家が輩出した。そしてその中では肖像畫に秀でた作家があつた。これらは主として王朝の保護によつて成つたものであるが、ジャハンギル及びシャ、ジャハン兩帝の時代はかゝる宮廷畫家の惠まれた時代で、十七世紀にはナンハ、モノハルダースの如き傑出した細畫作家を出してゐる。

細畫の主題は宮廷の逸樂的風趣を主とした風俗畫、乃至古代の文學（梵文學）に據る印度神話等であるが、佛教畫の如き宗教的叙事のものが餘り榮えてゐないのは、宗教が一種の世俗的風習の中に隱れ、信仰より享樂が喜ばれた痕を見るのである。

かくて十七世紀以後は西歐人の浸畧が始まりこゝに回教繪畫もまた愈々衰滅の跡をたどりたゞ古來のトラヂションにのみ生きることゝなつたのであらう。洵に惜むべきことである。

現代の印度にはその新な國民繪畫の創生も一部には起つてゐるが（それはカルカッタに於けるアバニンドラナート・タゴールの美術研究所の如き）日本繪畫の如き逞しい發達をなすべく餘りに遠い存在である。印度繪畫の發達は今次の動亂を境に印度の起ち直ることによつてのみ解決される問題であらう。

秋季美術

人を語る

（文展審査員月旦）

島田墨仙と川崎小虎

川路柳虹

墨仙翁

その位置から言つても、貫祿から言つても畫壇の大先輩であり、とうに藝術院會員にはなつてゐてよい人に島田墨仙翁がある。世間の評判とか、繪の値段などいふものが妙に人の位置を決定づける惡い習慣の下では、毅然孤高の作家は技倆があつても惠まれない。況んやその人格を重んぜられるといふやうな事は二の次になる。墨仙翁が、たとへ不遇といふほどではないにしろ、決して充分惠まれてゐないといふことははつきり言へると思ふ。

今度文展の審査員になられた。私はこの審査員といふものを今迄誰々がなつたのか、ソラではとても覺えてゐないのであるが、翁の出馬は或は初めてゞはないのかと思ふ。いや前に一度位あつたのかもしらぬが、さう度々の出馬でないことだけは確かである。私はこの審査員といふものを大してエライとも素敵な名譽だとも正直なところ考へてゐないので、その故に墨仙翁が惠まれたとも感じないが、この審査員任命が或は昨年評判の高かつた「塙保己一」からの推擧ではないのかとも想像するのである。

だが、墨仙翁の力倆は「塙保己一」以前にすでに決定的であり得てゐる。翁の人物畫、特に肖像に於ける技倆は現日本畫壇中全く獨擅的地步をもつもので容易に他の追隨を許さないものである。つまりそれだけ深く、高く研究がつまれてゐるのである。日本畫が人物、特に肖像に於て困難なことは多くの人が知つてゐる。だから手をつける人が尠い。しかも困難でゐて他の花鳥作家のやうに一般の好尙を博すに乏しい。愈々さういふものへ手をつける人がない理由でもあるが、墨仙翁は敢然とこゝに力を臻してきたのである。その代表作として數年前の「坪內逍遙博士夫妻」の逞しい表現を擧げることが出來る。それは至高な線描の中に性格を躍如たらしめる日本傳統の肖像畫を實に新しく生かしたものであるからだ。この技巧を以て更に淸澄な翁自身の心境を迄吐露した名作が「塙保己一」であつた。單に一つの制作としても松園女史の作をのぞけばこの一點のみが眞の繪畫として昨秋文展會場を飾つてゐたとも言へる。

歌仙畫や頂相やに逞しい寫實の精神をもつ日本の肖像畫の傳統をまたこれほど迄に高い淸澄な「繪畫」の境地へ進めたのは現下墨仙翁を措いて他にないと言へよう。

翁には古武士の俤がある。所謂士大夫的性格が凜として存する。世間の毀譽を超絕し士魂を以て對する意氣がある。その高潔な人格に於ても吾らの尊崇すべき作家である。一言にして言へば世間は墨仙翁を買つてない。だからこゝに覺醒すべきだといふことを一言敢てつけ加へておきたいのである。

川崎小虎君

御家柄から言つて川崎君は大和繪の畫系を守つてよい人である。君はさういふ環境に育つてきたゞけに、その環境に反抗する心意が夙く目醒めてゐた。有職故實の人物畫をきちんとかいて居たら或は世間的にもつと早くよい地位を贏ちえてゐたか知れない。しかし君の繪畫的良心は早くこの安全への道に反抗してゐたのである。――いつも文展に裸體畫を出した時、人は同君の態度のあまりに突飛なのに驚いたが、この芽生へは實に三十年の昔にあつたのだ。

今ではほんの一部の人の記憶にしかあるまい。しかし私は現代日本畫史をかく人があつたらこれだけは記述の中に殘しておいて貰ひたい會が一つある。それは行樹社のことである。時は大正三、四年の頃で日本の洋畫壇が後期印象派の移入で引つくりかへる騷ぎをしてゐる中に「日本畫でもやるぞ」と意氣込んで所謂新しい繪をかき始めた青年作家の一群、大半は無名であつた。水島爾保布、小泉勝爾、小林源太郎、川崎小虎、その他今は故人となつた作家が三、四數へられるが、さういふ筆者もその仲間の一人にゐた。いはゞ日本畫の革新運動として西洋風な寫實と近代感覺の眼で今の若い人達のやつてる仕事を技巧こそ拙かつたが勇敢に三十年前にやつたのが行樹社である。國畫創作などはそのずつと後の仕事である。今の「新美術人」「大日」などの傾向は極言すればこの行樹社の系統にある。技術がうまくいつたゞけの違ひであることを思へばこれは史の中にとめておいて貰ひたいことの一つである。

處でその行樹社で、今でもはつきり覺えてゐるのは川崎君が白い卓布の上に青林檎を二つ並べて紫の影までとつた靜物畫を出品されたことである。その卓布のタッチも荒い並行的な線を胡粉で並べたものである。たしかに當時の日本畫として破格的でゴッホやセザンヌの息がかゝつた所謂新しい繪であつた。かうした作品を描いた川崎君である。裸體畫を描き、今また新しい手法の研究に餘念のない同君の態度の眞劍さは三十年以前から連綿たるものゝあるといふことを世間はあまり知らないやうである。

技倆の點から言つて川崎君も充分逞しいものをもち、且つその古典技に於ては駈け出しの流行作家など足もとへも及ばぬものをもつてゐる。それを意識的に打破して新しく出ようと永い間闘つてゐる同君の制作はこの意味で大きい未完成であり、それ故にまた今後の日本畫に一つの課題を投げてゐるものでもある。好んで苦闘惡闘をつゞける作家に、これも世間はむしろ澁い顏をしてゐるやうでもある。しかし同君の眞劍な心意に對して深く尊敬を拂ふものである。

二人の畫人

大山廣光

中村岳陵

近代は分業の時代だといふ。然しこの特徴は主として產業的な方面のことであつて、藝術界には通用しないことなのだが、日本畫壇にはこれに似た傾向が不思議とある。花鳥畫家、人物畫家とかゞ存在してゐることだ。生半可な美術通は速水御舟を花鳥畫家と云ふと同時に中村岳陵をも花魚畫家と云つてのけて了ふ。元來私は花鳥畫しか描けない。又は人物畫しか描けない作家を完全なる畫家とは云ひ得ないやうに思つてゐる。雪舟は風景畫ばかり描いてゐたわけでもなし、應擧は花鳥畫ばかり描いてゐたわけでもなかつた。

　中村岳陵は果して單なる花鳥畫家であらうか。とんでもないことで、今までの經歷から見て、花鳥、風景、人物、行くとして可ならざるはなく、その表現法から云つても、水墨あり、絢爛な裝飾畫あり、大和繪風のものあり、浮世繪風の美人畫あり、然かもこれ等を彼一流の近代的な感覺をもつて統一してゐる。卽ち畫題を擧げても「綠陰の饗莚」「維盛高野」「平家物語」「千木櫻」「輪廻物語」「梳髮」「貴妃賜浴」「婉賦水韻」「都會女性職譜」「砂丘」「流紋」等頗る變化に富んでゐる。

　彼は數年前より新感覺裝飾風花鳥畫とも云ふべき作品を發表してゐるが、その根本基礎に如上の如き尊い經驗の堆積が存在するので少しも浮つ調子のところなく、最近ではその畫風がぢつくりとした落付さをさへ見せて來てゐる。

　元來岳陵には非常な强情なところがあり、凝り家である。自分の信じてゐないこと、人に踊らされるやうなことは絕對にしない。從つて彼の畫業は常に確乎とした基礎、深いモチーフを持つてゐる。花鳥を描くにしても、その前にどれだけ根氣よく寫生から始めるか。その實際を知つてゐる者は誰れでも驚嘆するところである。昔の繪卷風なものを描いたことがあるが、その考證の愼重さが今だに思ひやられる。それでゐて、彼は非常に近代的な纖細な感覺と情緒を持つてゐる。强情とデリカテス、これが彼の人物と藝術を一番よく現はした言葉ではないかと思ふ。

　彼は藝術に對しては常に青年の如き熾烈な情熱を持ち、然かも進歩的である。これが彼をして後進に對する理想的な指導者たらしめてゐる。靜かな逗子山麓にゐて、何處まで伸びて行く作家だらうか。彼に對する世人の期待も大きい。

池田遙邨

　池田遙邨も遂ひに辿るべきところへ辿りついた。これは何も彼が今度文展審査員に推薦されたことを指してゐるのではない。所謂審査級位ゐならば、迅くになつてゐるべきである彼だ。辿りついたといふのは彼本來の藝術軌道に辿りついたといふことである。

　彼は決して所謂才子ではない。あちらに走りこちらに馳けることはせず、一度自分の方向を決めると、せつぱ詰つて拔きさしのならぬところへ突當るまで行く。行詰りさうになればひらりと體を躱すやうなことはしない。側で見てゐても息づまるやうに思へる。身を捨てゝこそ浮かぶ瀨もあり、と云ふが、彼が藝術道を突進するやり口は正にそれである。

　遙邨が最初に知つた畫人は小野竹喬だ。竹喬の作品に見る南畫的な新境、あれが若き遙邨にとつて大きな魅力だつた。そして又、その境地は彼自身の中に本來あつたところのものである。彼は現在でもその境地を追求しつゝある。

　最初少し洋畫を習得したので、彼は洋畫の長所を日本畫に攝入れて京都畫壇へ打つて出た。この進歩的な手法が認められて彼は一躍新人としての名を擧げた。然し彼が表現しようとする境地とその表現法とに大きなギヤツプのあることを間もなく自覺して苦んだ。然しそれに惱めば惱む程表現が生硬になり、長らく一種のスランプに陷つてゐた。然しこれは彼自身スランプと思ふだけであつて、その間「濱名湖今切」の如き佳作も發表されてゐる。然しその頃の作品が概して生硬で見るから作者の苦悶が窺はれてゐたことは爭へない。彼は殆んどこの苦悶に體當りして初めて自分の辿るべき路を發見したのである。その間彼に大きな暗示を與へたのが富田溪仙であることは誰れしも氣づくことであらう。

　後進が先人に啓發され、その線に沿つて進むことに何の不思議もない。遙邨は再度勇猛心を奮ひ起してその線にひた向きに進んだ。旣に自から信ずる路なれば、周圍を右顧左眄しない。そして數年のひたむきな努力精進は遂ひに報はれ、最近の彼の風景畫には近代的南畫調とも云ふべき、彼獨特の新しい境地が確立されて來た。辿るべきところに辿りついたことはこれを指すのである。彼は今でも體當り的な精進の網をゆるめない。然かも些かも焦躁的苦悶の色なく、氣持に餘裕も見える。今年は長年の彼の苦鬪を犒ふかの如く文展審査員がその上に輝いた。正に順風に帆を擧げた形である。

工藝の面より

渡邊素舟

山本安曇君

　繪は色があつて派出であるから、女や子供でもある程度までの好き嫌ひはいふやうであるが、ブロンズの黑い壺などになると好きなのやら嫌ひなのやら解らんといふのが世の常のさまのやうでもある。この地味なものゝ底に隱されてゐるものこそは東洋特にニッポンの持つ異常なる美の粹であるから、まことの美は常に物を通して物の奧に隱されてゐるものかも知れない。山本安曇君の存在はかういつたやうな群雄作家の底にゐて常に忘れ得ぬ存在であるところに尊いものがありはしないか。藝術が眞を持つ美しさでなければならないとしたら、私は斯界にかゝる人の存在をこそ誠の世のために誇つてよいものだと思ふのである。

　勿論山本君の作品は古典の髓と通つて行くところまで行き費してゐて、而も極めて自由である。この間燦匠會で見せたわさびの置物などはたまらなくうるほひに充ちたもので、寫實にゐて寫實を超えたものゝ好ましい美しさである。私はかういふ野心的でないものを常に樂しんでゐるこんな眞面目さをまことの藝術家の姿だと思つてゐる。妙な野心や肩書きやバックを背負はず一貫して地味な道を歩いてゐるところがよい。道觀山や車で惹いて汗だくの困難と戰つて以來幾十年の生活は一にこれ良心の生活であつて惻考ものでなかつたところに東洋的な光りがある。小さい惻考ものが崩れ傷ついて行く斯界の今日この頃に於いて、けれん味のない眞打の眞骨頂が不知不識の中に輝いて來るのは嬉しい神の國ニッポンの姿ではないか。世がいかに烈しい世紀の改廢を見せてゐようとも良心の姿はたじろがない。山本君は野心的の人でなく良心の人であり、地味ではあつても正しい文化を愛し切つてゐる尊い人だ。われ等はもつとかうした人が我國のために價値づけられねばならないと思つてゐるのである。

吉田源十郎君

　いつも大ものを帝展へ出す人として、吉田君の努力は尊い。この精力的な膚合ひは天惠的なものと見えて、この作者でなければ見られない力の特色を見せてゐるやうである。無論體力もよいし巾もある、ら大きい活動力が伴ふものだかも知れない。特に今後の大東亞的なものゝ仕事には或は適役で贏ち獲るのではないかと思はれるのであるが、一いきの反眥を深うしてからでなければ進んで貰ひたくないといふ氣がする。

この頃の作品では皮などが扱はれて益々達者であることは歎ばしい限りであるが、妙に締める力が弱いのは不思議である。恐らく巾廣に押し出る努力が過ぎて央的必然の縱の力が根强くないのは蒔繪の精神からいつて物足りない。巾を生かすものは奥行きでなければならないことはいふまでもない。眞にニッポンの東亞性から世界性を贏ち得るためにはよくこの點の確かさが把握されてゐなければならない。

過日松屋展には金粉の代用品を使つてゐたやうであるが、藝術價に代用品といふものはない筈であるから素材の持つ自らなるよさに一しほの潜心さが必要でなければならない。造型の美は物を心で生かすのであり、心を物に移す力でもあるから、いささかも代用品でよい筈はない。否、代用品をして超代表品にまで精神化する力が必要である。從つてわれわれはもつと白臈を使つた過去の蒔繪や、鉛を使つた光悦の大さと深さを見直さねばならぬ秋ではある。

私はこの作者に大きい望みをかけてはゐるが、それはこの作者の巾に奥行きが出來たときであることを期待してゐるのである。この人の努力と熱とを持つてしてそれが出來ない筈はない。この作者が一いき高くなるために深く沈潜することを希つて息まないものである。

中村直人

大藏雄夫

今秋の文展彫塑部審査員には一人の新顔も出現しなかつた。十四人殆んどお馴い金箔付ばかりだ。それなのに、中村直人氏（二回目）が新顔のやうに思はれたり、感じられたりするのは、何か意義深いものがある。惟ふに、氏が時代人の要望する審査員で、他の舊體制讃美の遺具の群れの中で、一きわフレッシュで明快な感觸を與へてゐるからであらう。誰れも知る院展の彫刻には、彫刻性で貫き立つ太い線と、趣味性に胚胎する細い線との二筋の流れあり、中村氏は前者に屬する。そして氏が往年の出世作『道化役者』につき、ある批評家は「高村光太郎や石井鶴三のリアリズムに似て、どこか少し違ひ、少し頑固なところがある。道化役者の輕々しい動作ではなしに、その性根と それからもう一つ奥の生活――生活の單調な陰影とも云ふべきものまで捉へてゐる」と、適評したが、まことこの作は個性的に、性格的に、作家の眞實の意欲がわれ〳〵に迫つて來る力作であつた。

茲にポイントを打つた氏は、歩一歩、おもむろに攀ぢ上つてきた。攀ぢ上つて來るに從つて、だん〳〵堅實な技術と思想的な洞察が加はり、今や歴乎たる一國一城の領主である。

氏は、こよなく傳統を尊び、民族の血の流れを重んずる。しかも新しい國家理念を正當に理解し、日本人の誇りは世界人への誇りなりとして、民族のもつ眞實性を求め、少くとも大東亞の盟主たるに恥ない彫刻を創りたいと念願する。そして彼の傳統を無視し、モチーブや形體上のみの奇を衒ふものを排し、專ら內在性に重點を置き、外部から揷へるものに發展のないことを啓示してゐる。さればこそ、文展系、院展系を問はず、若い作家間に敬親され、その周圍に一勢力となる人達も相當あるらしい。

氏は謙虚で、純粹である。故吉田白嶺翁に師事して、忠節であつたが、彫刻は面白ければ良い、良ければ良い、味があれば良い、と云ふやうなことだけでは濟まされない時代を識り、單なる趣味や鑑賞から隔離して、嚴しい彫刻の本道に進み、內に武士的精神を潜ませてゐる。私は、この作家生活に双手を擧げて謳歌する。しかし、あまりに純粹なるがために、鷲と鳥、左と右、複雜怪奇な社會面のカラクリや、狹小な彫刻灣內を謀略に泳ぎまわる者に氣付かない。それゆゑ、迂かりすると他に乘ぜらるゝ憂ひなしとは云へない。この點、大いに警戒を要す。

銷夏餘錄

川合玉堂

護謨錫と抱き合はされし暑さかな

○

山口蓬春

どうも內地の暑さは格別で草や木、見るものみな餘計に暑さを誘ひますが、そこへ行くと南方は暑いことは暑いですが、椰子や護謨の葉蔭に入道雲といふ背景ですから何だか凌ぎよい氣がします。暑さにも道具立てといふ所ですね。

文展新審査員を恥ぢよ

江川和彦

今年の文展が何う期待出來るか――どれだけの人が今年の文展に期待をかけるだらうか――期待をかける者があるとすればどんな所に期待がかけられるだらうか――そんな風に考へて來ると結局今年の文展に期待をかけることは困難であるとか或は無理であるとかいふ結論に到達するらしい。

かくの如くに述べて來るならば何故に今年の文展は期待がかけられないかを明らかにしなければならないであらう。その答は極めて簡單である。即ちこの秋の文展開催期までには未だ文展の指導精神の確立が見られるとは考へられないからである。恐らく今年もまだ文展は『從來の文展』の惰性的な延長に終るであらうからである。

この域を打破することは如何に藝術的に技術的に優れた作品が審査員となつたとて出來るものではない。審査員は審査員をすればそれでよいのだ、といふやうな自由主義的根性の者はもはやゐないのであらう。案外今年の新しい審査員等は提携して『そこに新しい指導性を發揮せしめて文展の新しい根本方針の生まれろ機運でもかもし出してやらうといふやうな氣がまへで今から手ぐすねひいて待つてゐるのかも知れない。かかる、眞に目醒めて而も實力を以て迫る新鋭氣鋭の審査員の英斷的行爲によつて舊觀念的文展が新理念の文展へ脱出するためにゆらぎ出す日をこそ期待したい。

今までならいざ知らず、今年あたりにもなれば心のかまへも相當整つて來てゐる時、舊觀念的文展の延長が繰返しにしかすぎないものに舊習的審査などをしかつめらしくする審査員は、舊來の人は別として彼等が新進を任ずる者であればある程、恐らく現代藝術家としての恥辱を感ずるであらう。この際の大建設にあらゆる者が全力をあげてかゝらねばならぬ時、建前もわからぬやうな文展にのめめ審査員づらをして出かける者がありとするならば、現在の藝術家としての自覺を有たぬ者でもあらう。現在の藝術家としての自覺を有し現在の藝術の指導性といふものを理解してゐろ者ならば恐らく新しくわざわざ文展の審査などには出かけられろ筈のものではないであらう。

今年の文展第二部の新審査員の畫風とか傾向とかを論じたところで、彼等が舊來の審査員風に尤もらしく審査をするのだつたら、その畫風とか傾向とかが如何に優れたものであつても立派なものであつてもその作品は大したことはないことになる。

現代の畫家としての資格を失はざるを得ないであらう。

この稿は實は今年の文展新審査員中の若干についてその藝術を語れといふ註文だつたのである。これまでに審査員型の出來てゐる人ならばいざ知らず、時もあらうに今年初めて新審査員として登場する作品の作風等を、如何にも審査員たる資格を裏づけるやうにその人たちの藝術を語ることは、個人の藝術として論ずるならば別だが、私自身の文展論が文展自身に變化のない限り、私自身の論理が成立しない。從つて編輯者の求めたところのものとは少しく趣を異にしたであらうが、私は敢てこの際文展新審査員にされた人たちの態度についてこの機會に一言しておきたかつたところである。これはあながち油繪の場合ばかりではない。日本畫にもせよ、彫刻にもせよ、工藝にもせよ、同じことがいへるのである。而して實際にはどんな文展が開かれ、どんな審査員が顏を並べるかは知らないが、かかる理論が實踐されねばならないといふことを强調しておかう。

今までだつたならばそれぞれの作家の特徴なり力量なりを述べて新審査としての活躍を大いに期待すると共に激勵すべきであらう。而してかかる云ひ方からすれば現在の油繪作家の中ではその力量に於て大いに推賞して然るべきものもある。然し現在の場合、特徴あり、技倆ある者ならば、而して現代の藝術家であることを自覺する者であるならば、文展審査員たることが如何に矛盾したことをせねばならぬかを思はせるものがある。

むしろ今年の新審査員の藝術について論じるとすれば、かかる前提のもとに論ぜられねばならない筈である。さういふ意味からいへばその主なる二三の人の藝術とか畫風とかを論述するとしても、この小論のよくなし得る所ではないので、その具體論は略して序論を簡單に述べただけで遺憾ながら筆を擱くこととする。

畫家の描く戰時生活集

三輪鄰

大東亜戰爭に銃後はない。國民生活のその日その日は、前線の將兵と歩調を合せての勝利への戰ひだ。

南方の輝かしい大戰果が國民の胸を湧きたたせても、與へられた大東亜共榮圏確立の使命を擔つて、今よりももつと〳〵强力な國防國家を作り上げなければならないこれからは、國民の生活は更に愈よ困苦と缺乏に耐えぬき、戰ひぬくことを要請されてゐる。軍需資材はいくらあつても多過ぎるといふことはないのだし、食糧がまた銃後生活の安定確保の爲にどうしても増產への急ピッチを上げなければならないのだ。更に國民生活の全體が、そのあらゆる生活體制、生活技術、生活指導の面に於て徹底的に再檢討され、そこに國民の一人一人が戰爭目的達成の爲の生活建直しを强行しなければならないのだ。新しき勤勞體制の確立、新しき生活樣式の創造が、いまや銃後戰線の課題として吾々の前に與へられてゐるのだ。

銃後の戰ひは默々たる土と岩と機械との格鬪であり、あらゆる陋習の克服である。ここからは華々しい戰果は傳はらない。而かも平時に倍する收穫を要求されてゐる血と汗の戰ひなのだ。これらの戰士達の無言の努力は、その無言の故に、世人の耳に傳はらないが、日本の活力の本當の源泉は、かかる默々たる堀下げの中にこそあるのではないか。

大政翼賛會では、斯うした戰ふ國民生活の實情を全國に亘つて調査蒐集する計畫をたて、この三月から四月にかけて先づその手始

展覽會

晨鳥社展

神崎憲一

近年の京都畫壇は其發表機構に混亂を來した過渡期に際會してる觀があつて、市展に立籠る人達と夫れに對立した人達と其何れにも關係してる人達との三通り位になつてると言へるやうだ。

晨鳥社は謂はゞ最後の部に屬してると言へるが、かうした關係だとどうしても市展の方は義理づきあひの申譯け的な出品となり、やはり塾展の方に力が入ることになる。それも餘儀ない行き掛りで苦しいところだらう。

山口華楊氏の「水」は鞍馬あたりの溪流が題材とされたものだが、兩岸の岩の塗りが流石山口氏らしい味の出たもので、往年帝展に好評を博した「出水」の牛を想起させ、重みのある量感を出すのに苦心されてる、と言ひ度いものだつた。水の仕上げが終つてゐないらしかつたけど、あの岩に對する水は謂はゞ味で仕上げる場面だけに、五雲式な瀟洒な筆で最後の括りをつける獨壇場とも言へる。兎に角力作だ。

前田荻邨氏の「綠裝」は、色感なり筆づかひなり今迄の道を全然出直したといふ感じのもので、その奥には非常な勇猛心が覗いてる。時局と言ひ、五雲歿後の晨鳥社の現狀などから推しても、心構への程を察せられるものがある。唯、此新しい道に對して未だ充分の慣れを出すところまで行つてゐない憾みがあるので、見る方にもしつくりした感じを與へる所まで行つてゐない不安があると言はねばなるまい。

田ノ口青晃氏の「寄せ網」、構圖などには新味もあるが、こまかな網の目の丹念な細線の繰返への部分に力が入り、魚の部分が今迄の青晃作から受ける程力强くくるものが足りず、會場藝術的な迫力が弱いものとなつてる憾みがある。

廣川辨次氏「群禽」、これも鳥の蒐め方や部分的なやり方には面白みが感ぜられても、あの大畫面にあれ丈けの描込みではピンと來ない物足りなさがあり、隨つて會場晴れもせず昨年のダリアなどの方が効果を見せてたといふ追憶を辿らせられた。

西村卓三氏の作品が見えなかつた事は何と言つても物足りない。總じて、山口前田兩氏を除くと、中心になる幹部級の人達の熱の入れ方が稍や足りない憾みがある。尤も此展覽會は、月例の研究會を擴張した意味の含まれたものだといふ事でもあるから、必ずしも大作の無い事を責める譯にも行かないとは言へ、勘くもかうした公開のものとする以上、もつと熱と力が見せてほしい氣はする。

そんな意味から見れば鈴木大華氏の「風薫る頃」の二頭の犬は却々打ち込まれたものだ。題材の上から五雲の面影を覗ふものさへあり、毛描きに體臭さへ感ずる程だ。田村豐洲氏の「薫風」、猪田青以氏の「杜若」も力作だ。

奥村厚一氏の「若葉」は此人らしい自然をじつくり觀拔かうとする丹念な作だし、河合健二氏の「樹間小徑」は持味の大きさの裡に和やかな膨らみと柔かみの加つた佳作ではあるが、共にいま迄の兩氏の作柄から見ればさう頭拔けた出來とも言へまい。

猪原大華氏の「雞頭」は筆味や色感には此人らしい面白みが出されてるけど、如何にも研究會的な小品感が强く迫るものが尠い。小谷雅彥氏の「麥」（習作）は今迄風景を主として見せてゐた人の作丈けに珍しく見られる題材で、穗と葉の組合せや落し込んだ重みの感じなど一寸氣を引きはするが、あれ丈けの廣さの所を同じ調子で連續さしてるのが單調平板な感じのものにしてる憾みもある。此調子で押して行けば面白いものになりさうな期待を懷かせるいゝ作だ。

山下薫氏の「春光」はしんみりと牽きつける味があり、井上五郎氏の「松芽」は潑剌とした新氣が放たれてゐる。

西畑喜佐子さんの作品は、久しぶりな作に目を惹かれたが、何處かもう一押しほしい弱々しさが氣になる。（六、二二於東京）

めに關東地方八縣に調査員を派遣し、文書と寫眞による記錄を整備したが、この機會に畫家によるルポルタージュを企畫し、それが幸ひ實現を見得たのは、かねてから私の考へてゐた「銃後生活戰への從軍畫家」の實現であつたと思つてゐる その作家は一縣に一人づつ、活動的な新人を條件として人選し、東山魁夷（靜岡）寺田竹雄（神奈川）立石春美（栃木）村松乙彦（群馬）岩淵芳華（山梨）櫻田精一（埼玉）の六君の外に二人の漫畫家を委囑したのであるが、今回これら六君の記錄畫が出來上つて翼賛會に提供されたのを機會に、その一部を本誌に掲載することになつたのである。

今度廻つたのは主として農村であるが、支那事變以來最も多くの犠牲を捧げて起ち上つてゐる農村の本當の姿を見ることによつて、日本の眞の强さが必ず見出されるに相違ないといふのが吾々の考へであつた。耕地は工場と住宅の爲に潰され、勞務も肥料も不足勝ちであり、內地農產物の價格が外地の競爭によつて影響を受ける等々、農村の苦しい條件を數へたら殆んど限りがない。然し「嵐は强い木を作る」やうに、今日の農村は新しい智慧でこの困苦に考へぬいてゐるのである。共同作業をやり出した。大規模に耕地整理をやり出した。共同托兒所、共同炊事、保健施設等々、彼等は一人一人のバラ〳〵な努力を協同の力集團の力に振りかへて、この苦難を切り拓いてゐるのである。この六人の諸君によつて齎された記錄畫は、實のところ未だ不充分であり、不完全ではあるが、それは諸君にとつても始めての經驗であつたことを考へて置かなければならぬ。それよりも、かかる機會が將來組織的に、そして頻繁に與へられるならば、それは世に示して國民志氣の昂揚に役立つこと多大であり、一方畫家自身にとつても、眞に日本の要求する新しき美術文化の創造の一つの有力なる契機となり得るのではないかと信じてゐる。

聖戰美術展を始め、海洋美術展、航空美術展等が漸次その理念と行動を軌道に乘せつゝあるのは結構であるが、私はこの機會に、かかる銃後生活の戰ふ姿を描いた國民生活美術展の如きが當然あるべきではないかと、それを一言つけ加へて置きたいと思つてゐる。

劇畫院旗擧展を觀る

豊田豊

日本劇畫院旗擧展は情報局後援とあつて、演劇の劇畫的興亞理念に、時局の宣傳的役割を努めてゐる。しかし目的藝術が藝術至上主義に劣らないといふ事實は、右の情報局後援の趣旨に合调しようとした特殊企劃が、他の藝術至上的な自由出品よりも優れてゐた事が際立つて證明してゐるやうに思へる。畢竟藝術至上主義でも目的藝術でもその成果如何は內在する藝術的情熱の如何によるのであつて、繪畫以上に宣傳的教化的性格を持つた演劇を更に又繪畫する場合、時局の緊張は一層彼等の情熱を掻き立て、發奮も與へたのであらう。それには情報局のよき示唆もあつたと見なければならない。

特殊企劃の一『日本精神の對外宣傳』では名取春仙の『日本刀』（大和魂）、久保田金僊の『蜘蛛の糸』（破邪）、森春鳥の『國姓爺』（善隣）のどれも皆日本刀を翳したのが偶然藝術的成果に優れてゐるのは、日本刀そのものゝ持つ美と颯爽性が、これ等芝居繪をして藝術的潑剌さを帶ばしめたのであらう。そのうち春仙の石切梶原は淡彩と線描の筆感に優れ、金僊の土蜘蛛は幽妙高雅、春鳥の國姓爺は重厚な覇力に優れる。

特殊企劃第二『日本精神の皷吹對內指導敎化』では清水三重三の『足柄山』（母性）『辨慶』（忠義）が嶄然この人の明朗圓滑な浮彫的手法のよさを見せて觀者を樂しましめ、秋草彌三郎の『千松より俺が强い』（忠節）藤澤龍雄の『のべ鏡』（防諜）、鳥居清言の『和藤內』（敬神）は異色もあり畫風快適でもある。そのうち龍雄が七段目のお輕を扱つて、大野九郎兵衞手紙の映し取りの場面を『防諜』ともぢつたのはなか〳〵の智惠である。それにも拘らず繪が豐麗艶冶、就中快作である。

特殊企劃第三『產業面の作興』では井川洗涯の『花に踊る』（慰安）と髙崎重二の『手鞠唄』（產業戰士の爲に）を取るべく、洗涯の『花に踊る』は元祿花見踊を扱つて濶達の調朗かであり、『手鞠唄』は良寛と子守を扱つて淡雅瀟洒、前二企劃の嚴めしいのとは反對に、兩作とも大いに演劇の娛樂面を發揮して愉快だ。

自由出品の方では雨情庵賞を貰つてゐる『鏡獅子』の後シテの濃麗緊密、色彩にある澁さを潛めた完成的な成果、神保英世の『舞踊四季』の鏡獅子と鷺娘、『二十四孝八重垣姬二題』のともに浪漫的な色彩の明快調、ほのかな神祕調が嶄然群を拔いて居た。ほかに上野忠雄の『御座船の淸正』は正面切つた力作であり、幔幕の大きな描出と、淸正の吉右衞門もどきの張り切つた表現に作者の必死な氣持も窺はれる。

その他人形の湯淺政子の『お里』、平田鄉陽の『矢の根』、洋畫の佐原包吉の『戰爭と勝利』版畫の高橋幸雄の『源治店』など以上の日本畫に對して極く少數ではあつたが、とり〴〵に面白かつた。

芽生會第一回展

川崎小虎門下の尾形奈美と石田重子の二女流が『芽生會』としほらしく名附けて、銀座の松坂屋にその最初の展觀を持つた。しかし會場藝術の方では風俗で二人とも相當特異な個性と、女性としての前衞的新調をもたらしてゐるにも拘らず、鑑賞畫の方は平素餘り手馴れらしく會場藝術の方の大膽な行き方とは違ひ、內輪に愼ましく手控へに畫いたことは女性らしくて結構だが、僕等に取つては齒痒へのせんこと夥しい。

尾形奈美は『時雨』と『新綠』で秋、春の庭園描寫を對照し、小ぢんまりとした風洗爽の階調を奏でてゐる。纏つてはゐるが調子はか細い。『櫻貝』の海邊の靑い籠を持つた赤衣の童女は女性らしいロマンチックな構想であり、その種の品のよさも持つてゐながら現實感は稀薄である。その他『人形』は女性らしい色彩情趣と眈つた趣味の描寫であり『石榴』、『朝顏』、『とろゝ葵』は品の好い愼ましい小型の靜物描、花卉描である。

石田重子は奈美から比較して多少强力に個性的に押し切つてゐるかと思はれる。『チューリップ』や薔薇の『靜物』など或る程度簡勁な造型で、稍々色彩も芳烈に彈いてゐる『舞子』の三聯作は稍々銳角な姿態でそれ〳〵花や扇を配して新唯美情緒を創意してゐる。

が、いづれにしても兩女ともこれでは文字どほり芽生であつて、折角好い個性の持主なのであるから、それを鑑賞作の方でもグッと押し切つて今後充分な開花こそ望ましい。

第廿九回二科會展

招待　八月卅一日（後一時―五時）

會期　九月一日―廿一日

會場　上野公園・東京府美術館

事務所　東京市四谷區愛住町七八、二科會
電話四谷・四九七八番
（會期中會場）

搬入期間　昭和十七年十月六七兩日

會　期　十月十一日ヨリ同月廿五日マデ

參考品陳列

第百十八回
日本美術協會繪畫展覽會

下谷區上野公園櫻ヶ岡

財團法人　日本美術協會

公募

搬入日　十一月　十七日　十八日

第16回　新構造社
美術展覽會

出品規定申込所下記へ

事務所
府下小金井町小金井
四四八　三村方

會場　上野公園・東京府美術館

會期　十一月廿三日―十二月七日

旬報

大東亞美術協會創立

會長に有馬伯、副會長に菊地中將

八月七日正午から日比谷三信ビル八階で大東亞美術協會創立披露會が開催された。同協會關係者一同の外、陸海兩省、外務省及び關係官廳の當事者、都下各新聞並に美術雜誌記者等參集、會長に有馬頼寧伯、副會長に陸軍中將菊地門也氏を推戴、常任理事に小城基、峰岸義一兩氏、理事に仲田定之助、山口文象兩氏、庶務部長に旭泰宏氏を夫々決定

有馬會長から創立趣旨の披露並に挨拶、菊地副會長の挨拶あり、午餐後、小城常任理事から事務報告、各官廳出席者よりの祝辭及び希望意見が交々縷陳された。

遠大な目的と事業

同協會の目的は、大東亞共榮圏に洽一する意欲の下に大陸始め南方との交歡を遂げ、廣く美術を通じて日本民族の精華たる傳統的特質を共榮圏諸國に紹介し、該諸國の美術、工藝を我國に招來し、共榮圏の美術人に年一回東京で開催する諸民族協和の美術展覧會に出品させ、右展覧會を共榮圏諸國主要都市で交互に開催し之れを機會として相互の認識を昂め、こゝに大東亞新文化圏を建設し、翼賛の誠を期するに在る。

大東亞美術協會創立發會式の光景
右列右より菊地中將、その左一有馬頼寧伯（記事參照）

組織 は法人とし美術文化人、美術愛護者、美術批評家、美術史家、美術家、工藝家、建築家、寫眞家等を會員とし、會長、副會長の外顧問、贊助員、理事、書記を置き、會長、顧問は共榮圏文化の有識者又は理解者を推戴する。事業は、大東亞共榮圏展を毎年東京府美術館で開き、共榮圏各地で交換展を催す。其他大東亞共榮圏美術館の建設、共榮圏關係美術及び建築、工藝の製作奉仕、

共榮 圏美術の病院、學校、研究所等へ參考と慰安を兼ねた寄贈又は貸與、共榮圏關係展への協力 同關係美術と文化方面の出版、共榮圏人に美術する機會を造り研究所を開設し、生活を向上させる美育などが企劃されてゐる。

第二回忠愛展

授賞と院友推擧

第二回忠愛美術院展の授賞者と院友推擧とは左の通りである。

（授賞者） 白井喜久男、沙門大量子、渡邊豐市、前原豐三郎、遠藤淸志、森田秀一、山田靖、淵上巍、有田丈吉、佐藤重雄

（院友推擧） 高須賀曉風、木村晁郎、五十嵐眞穗、古橋義郎、新井淸室、內野正喜、塚本觀嵯、奈良原韶三、小柳翠泉、工藤孝一、沙門大量子、前村國應、富澤順平、高井香素史、鈴木素秋、永島半二郎、鈴木唯元、水野善次郎、高橋祐二郎、潮田峠哉、木寺成太郎、高井四郎、佐藤重雄、纐本東耕、梅澤和人、染谷祐通、小野澤進。

青甲社本年度役員

京都西山畫塾青甲社では去る七月一日同塾研究所で總會を開催、西山翠嶂氏を中心に堂本印象氏を始め川上拙以、小川翠村、上村松篁、森守明、福田翠光、三谷十糸子、秋野不矩等無鑑査の諸氏並に全塾員出席、研究會學藝方面等につき種々協議し役員改選を終つて散會した。本年度役員は左の通り。

（幹事）森守明、（副幹事）澤宏

叡、水野深艸、（會計）木下青陽、（同補佐）藤村茂、伊藤斗久三、（研究會主事）向井久萬（同副主事）安島雨晶、松平春樹、（學藝部主事）西山英雄、（同副主事）有元一雄、富田秋邦、（文書係主事）片岡中鄕、（同係）江馬進、細木成實

豫報

東京、大阪、名古屋三都で
青龍社第十四回展

川端龍子氏を主宰とする青龍社では第十四回展を八月廿六日から九月六日迄東京日本橋三越、九月卅日から十月十一日迄大阪市大阪驛前阪急百貨店、十月廿三日から十一月三日迄名古屋市榮町通十一屋百貨店で順次に開催する。秋期の本展は、東京、大阪、名古屋共に作品公募制に依つて一般搬入作品の内から、同社の主張――時代精神に合致する健剛な畫業、或はこの目的の上にその將來を期待し得る作品を鑑査採用の上陳列する事になつてゐる。入選作品は審査の上賞牌並に賞金を交附、鑑別審査は、社人川端龍子、坂口一草、加納三樂、福岡青嵐、山崎豐諸氏之れに當る。出品受付は十八、十九兩日東京三越本店で之れを締切つた。

二科展迫る

九月一日から 上野府美術館

洋畫壇の雄二科會の第廿九回展は愈々八月卅一日（午後一時から五時）の招待日を皮切りに九月一日から同廿一日迄上野の東京府美術館で華々しく開催さ

展覽會の暦

▽青龍社第十四回展　八月廿六日から九月六日迄日本橋三越

▽二科第廿九回展　九月一日から廿一日迄上野公園東京府美術館

▽國風彫塑第八回展　九月一日から十七日迄上野公園東京府美術館

▽綜合美術第一回展　九月一日から十五日迄上野公園東京府美術館

▽維新會第四回展　九月三日から七日迄銀座青樹社

▽創元會第二回展　九月五日から十六日迄上野公園日本美術協會

▽新水彩第三回展　九月廿一日から廿八日迄銀座三越

れる。應募作品約三千點、審査は八月廿四日より開始される。尚本年は同人坂本繁次郎氏の還暦記念作品、宮本三郎、田村孝之介兩氏の從軍畫等が別室に特別陳列される。

日本美術院第二十九回展

九月一日から廿日迄東京府美術館

日本美術院第二十九回展は九月一日から同二十日迄上野公園府美術館で開く。出品は繪畫及び彫塑の二種。本月二十五日から二十七日迄（毎日午前八時から午後六時迄）に公募出品物を搬入する事になつてをり、鑑査は同院同人が行ひ、陳列される作品中特に優秀なものには賞を與へる。

國風彫塑展

第八回を府美術館

「民族彫塑の創造と建設」を目標とする國風彫塑會の第八回展は八月廿七、八の兩日に搬入を締切り、九日一日より同十七日まで上野公園東京府美術館の彫塑室で開催される。

創元會第二回展の陣容

六氏退會、九氏新入會で面目一新

創元會の第二回展は愈々切迫公募作品の搬入は九月一日、審査は同二、三の兩日、入選發表は三日夕刻と決定、同五日より上野公園櫻ヶ丘の日本美術協會で華々しく開催される。同會では其後會員に移動あり、大久保作次郎、安宅安五郎、吉村芳松佐竹德次郎、矢島堅二、柚木久太の六氏退會し、新に山下大五郎、須田壽、圓城寺昇、野口良一呂、飯島一次、大貫松三、樋口一郎、手島憲之、榎戸庄衞の九氏入會して同會の面目一新、十四名の會員と十五名の會友等は材料難の時局下にも萎縮せず、いづれも二點以上（計百號程度）の力作を出品すべくハリキッテゐる。殊に今回は會員會友一同が、陸海軍へ慰問畫（小品）二點宛を獻納する事に決し、獻納畫も會場内の一室に特別陳列し一般の觀覽に供する由。尚新會員で前途を囑望された野口良一呂氏は晴の第二回展を前にして去る二日病死しいたく惜まれてゐる。

永野軍令部長（左）と古城江觀氏——古城江觀個展會場にて

維新畫會四回展

太平洋畫會出身者の意思疎通を圖り藝術向上の研究機關として實績を擧げつゝある維新畫會の第四回展が九月三日から同七日迄銀座の青樹社で開催される。今回展は昨年三月の第三回展後一年半に亘り精進努力した作品の發表で各同人はいづれも二點乃至四點の力作を展示し、新同人佐藤辰夫、鈴木滿兩氏は三、四點宛の努力作を發表する筈。

新構造社公募開始さる

新構造社の第十六回展に對する出品作品の公募が愈々發表された。應募作品は例の如く繪畫彫刻、工藝の一般美術に及び、作品搬入は十一月十七、十八の兩日、鑑査發表は同廿一日午後三時、展覽會會期は十一月廿三日より十二月七日までの十五日間ときまり、出征中の會員會友以外は、いづれも旅行先或は家庭で第十六回展を飾るべき力作制作に暑熱を忘れて専念してゐる。

全群馬洋畫家聯盟

菊屋で旗擧展

去る七月中旬結成式を擧行した群馬縣洋畫家約四十名を以て會員とせる全群馬洋畫家聯盟では、今回同人佐藤正也、小林良曹、伊藤德次郎、櫻井作次氏等七人にて九月一日より三日迄三日間菊屋ギャラリーにて第一回展を開催する。何れも中堅層の新人で、佐藤正也氏（新構造社會員、二科出品）小林良曹氏（美術新協同人）等其の特異な作風に期待出來る。今後群馬縣の美術文化に指導的な役割を取る心構へで大いに活躍する由。

消　息

▽九室會では都合に依り左記の如く移轉した。
舊事務所　板橋區中新井町二ノ六五三伊藤久三郎方
新事務所　品川區西大崎一ノ二二五原田直康方

▽久保田金僊氏（日本劇畫院同人）今般海軍報道部員として南方に從軍した。

▽國畫會　事務所を左記に移轉　澁谷區松濤町六七福島方（電話澁谷三四一番）

▽仁科柏山氏　左記に轉居した　目黑區中目黑町三ノ一一七九（電話大崎一六九一番呼出）

▽大東亞美術協會假事務所　麹町區丸ノ内三ノ六仲通四號館六號山口內（電話丸ノ内五〇〇六番）

▽光風會事務所變更　太田三郎氏の同事務所滿十年を機とし同氏辭退のため東京市大森區田園調布二ノ一六清水良雄方（電話田園調布二二〇八）へ移轉した。

▽太田三郎氏　南方ジャバ方面へ、名古屋師團經由、軍の依囑によつて從軍。これを機會に豫て辭意申出中の光風會十年に亘る首腦者をやめた。但し同會關係は從前と變らず。

▽服部有恒氏　太田氏同樣名古屋師團から南方スマトラへ。

▽永田春水氏　子供同伴赤倉へ、

▽水上泰生氏　九州から歸京、直ちに信州上林の別莊へ、腹部膜性疾患治療良好。

▽望月春江氏　輕井澤へ家族と旅行中。

▽松林桂月氏　例の赤倉別邸にあり。

▽園部香峯氏　滿洲旅行中。

印協會員番號一三三五五
「旬刊」美術新報
昭和十七年八月十八日印刷
昭和十七年八月二十日發行
發行日　毎月三回（一日十日廿日）
購讀料
一册金五十錢（郵税一錢）
一ヶ月三册金壹圓五十錢（送料共）
麹町區九段一ノ一四　資文堂
編輯發行兼印刷人　猪木卓爾
東京市麹町區九段一ノ一四
發行事務所　日本美術新報社
電話九段二七一五
振替東京一六二五〇
日本出版文化協會會員　一一二三五番
配給元　日本出版配給株式會社
通信は一切發行事務所へ
發行所　東京市本郷區東片町八二　日本美術新報社

昭和十年一月十二日 第三種郵便物認可 第三十四號
昭和十七年八月廿日發行（毎月三回十日發行）

（一ケ月三回 金壹圓五十錢）

定價金五拾錢

（郵稅一錢）

美術新報

白衣勇士の美術

35

昭和十七年九月一日發行（毎月三回十日目發行）九月上旬號

花岡萬舟　周濟大學激戰跡

旬刊 美術新報 第三十五號 要目

白衣勇士の美術特輯

圖版

□周濟大學激戰の跡（原色版）（表紙） 花岡萬舟
□白衣勇士作品集
■第一陸軍病院美術教室作品
■「忠愛美術院特別陳列」
□「傷痍軍人の美術實習
■双手を失つても尙ほこの敢闘精神
□大東亞戰爭畫集
□南方戰線從軍報告畫展作品
□陸海軍將校集會所懸額（池上秀畝）
　國香薫苑（小林中將）
□兵士（表紙の二）（宮本三郎）

本文

■繪と文
（從軍作家スケッチ集）
焦山 伊東深水
コレヒドール戰跡 猪熊弦一郎
スタンレー砲臺 山口蓬春
比島の日章旗 寺內萬治郎
ジャバより還りて 鶴田吾郎
廣東攻略戰に參加して 野間仁根
牛飼ひ少年 田村孝之介
メナド附近の村落 矢澤弦月
傷痍軍人と情操教育 陸軍大將 本庄繁
皇道美術と白衣勇士の作品 陸軍中將 中嶋今朝吾
美術家も盡忠の士たれ 花岡萬舟
陸軍美術教育と藝術家の覺醒 池上恒
□旬報

兵士　宮本三郎

軍人援護事業への協力

—本誌改題創刊一周年の記念—

大東亞戰爭以來國民の軍事保護に關する熱意は頓に高まつた觀あるが、それが文化面よりするもの丶未だ甚だ乏しきを吾人は遺憾に感じてゐた。本誌は昨夏美術雜誌統制により改題し全く從來の內容體裁を改め、臨戰態勢を以て、美術界の惰氣を一掃するに努め、銳意編輯に努力し來つたが、早くもその新しき創業より一週年を迎ふるに當り誠に感慨深きものがある。苟くもこの大戰時下である。渺たる一社の祝意のため浮辭を費すの愚をなすものではないが何らか御奉公の一端になる事業によつて小社の微意を致したいと念願した結果、こゝに皇國のため身命を賭して戰ひ、傷病をえて歸還せられた白衣勇士のため、何らかとの慰問となると同時に、又多くの國民が未だ知らざる傷痍軍人の生活、ことにその輔導教育として選まれた美術技藝教育の實際を報道し、國民士氣の鼓舞と白衣勇士への感謝を捧ぐることが出來たら何よりと感じ玆に「白衣勇士の美術」特輯を企つることゝなつた。しかも本年は大東亞戰を記念し從來の軍人援護事業に賜はりたる勅語奉戴式も盛大に行はれることでもあり本社の擧はこれによく應ふるものであることを信じる。怱卒の計畫であり意に充たぬ點多分にあるが、本社の微意を汲まれ、軍事保護院、第一陸軍病院、情報局その他民間の奉公的美術團體忠愛美術院等の御厚意を得て本號を編輯することを得た。此の機に臨み各位に感謝する次第である。尙ほ本誌はその大部數を獻納する事となつた。併せて玆に記しておく。

白衣勇士の美術特輯

（忠愛美術院出品）

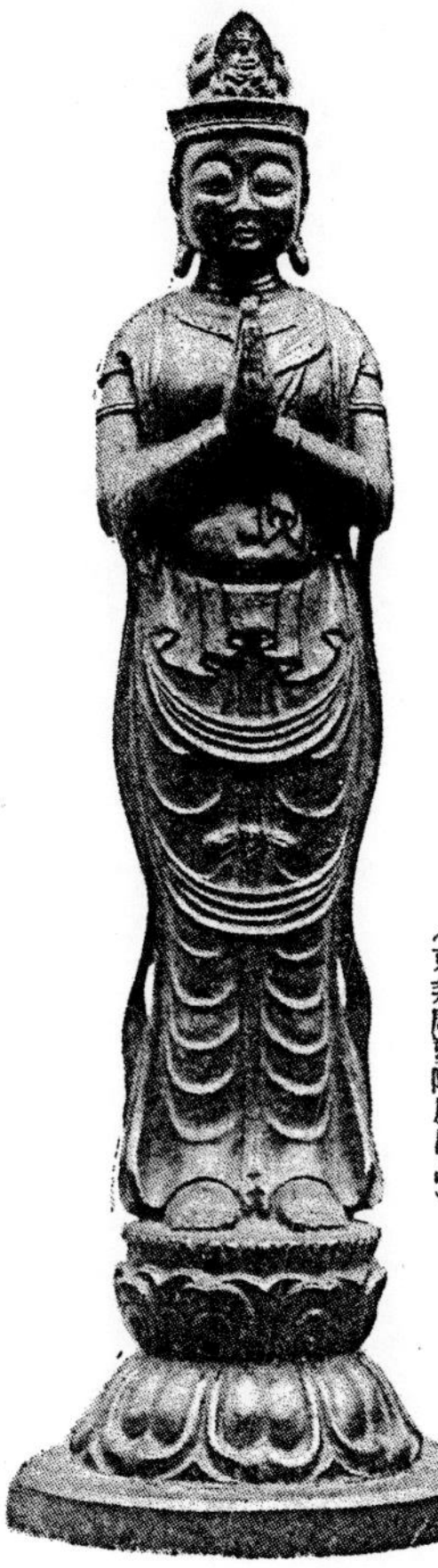

弘誓觀音　少佐　藤崎弘策

（東邦彫塑院展出品）

力　軍曹　米田浩太郎

（上右）「弘誓觀音」の作者故藤崎弘策少佐は、中支にて轉戰し、不幸惡性マラリヤに罹り、內地に後送されて、第一陸軍病院に入院中、稍〻病輕快に向つた折、精神修養にもと彫刻を習得され、天分があつたか、進境著しく、專門家も驚くばかりであつたが、戰歿部下の英靈を弔ふため一念發起し、美校博物館等であらゆる古代の參考品を涉獵して、遂にこの觀音像の完成を見た。

聖上陛下には畏くも靖國神社に御臨幸遊ばされた當日に此の完成を見たのも、何かの奇緣であらうと故少佐は一入感激してゐたと云ふ。

（上左）レリーフ「皇軍魂」（石膏）白井喜久男上等兵は、神奈川縣鎌倉町出身、元會社員で支那事變に出征、北支山東省で下腿部に手榴彈創、右膝部に盲貫銃創を負ひ後送され、第一陸軍病院で療養中、昭和七年二月から彫刻の技を習得した。この作は、極めて實感の籠つた力作で、傷いて盲目となつた兵が、足と手とを負傷した戰友を背負ひ、その導きを受けながら後方へ退避する光景を描く。その背後には迫擊砲彈でもあらうか、もの凄く炸裂するありさま、眞に見る者の眼を烈しく打つ。

白衣勇士作品集 (1)

「戰盲兵」前平俊雄一等兵は鹿兒島縣出身、西部〇〇部隊として中支に出征、烏衣にて戰傷を負ふた。

(上)「干場部隊の奮戰」山田榮喜知軍曹は石川縣出身、中部〇〇部隊に屬し、北支で奮鬪中、山西省忻縣で戰傷を受けた。
(下)「病室の午後」中村泰三上等兵は、和歌山縣出身、野砲兵〇〇部隊として北支に轉戰し、山西省崞縣で戰傷した。

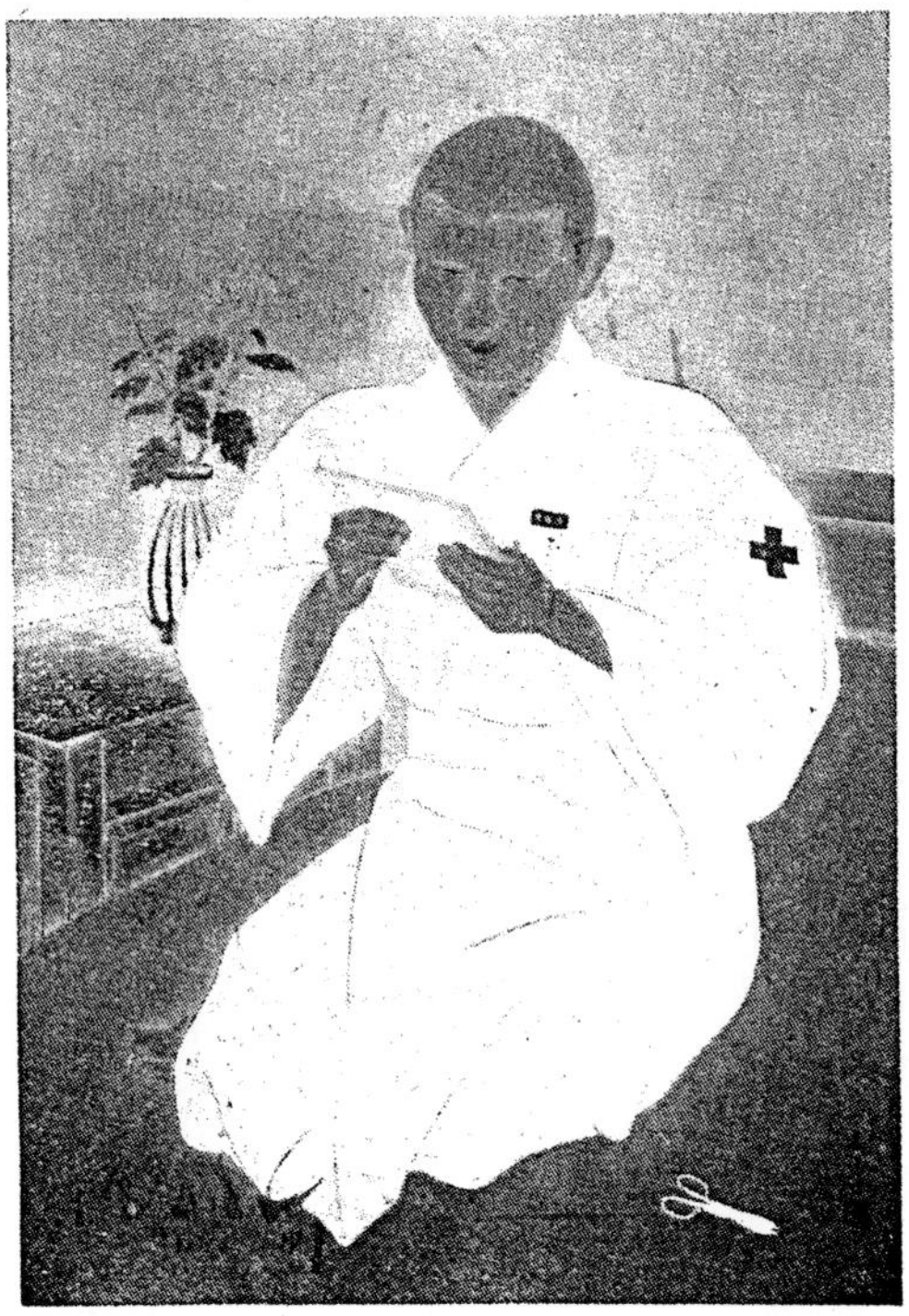

「慰問の少女」木村良秋一等兵は、廣島縣出身、西部〇〇部隊として中支で轉戰中、湖北省で名譽の戰傷を受けた。

(右下)「花と傷兵」今久保清正上等兵は、高知縣出身、朝鮮〇〇部隊として北支に出征、山西省で戰傷を蒙つた。
(下)「鐵條網破壞」有田丈吉上等兵作。

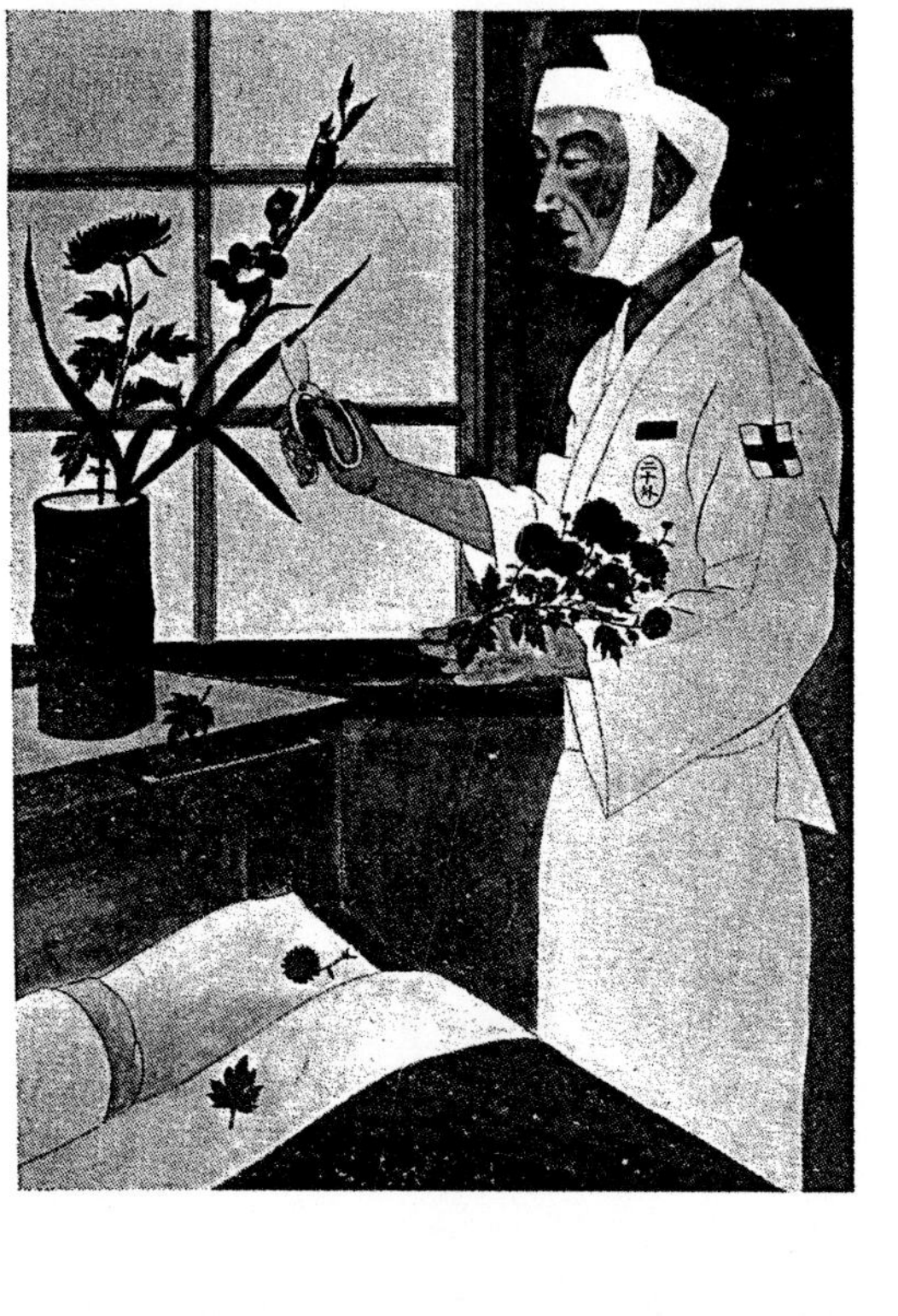

白衣勇士作品集 (2)

「ラクダ」濱田源造一等兵は、熊本縣出身、西部〇〇部隊附で出征、北支にて不幸倒れた勇士。

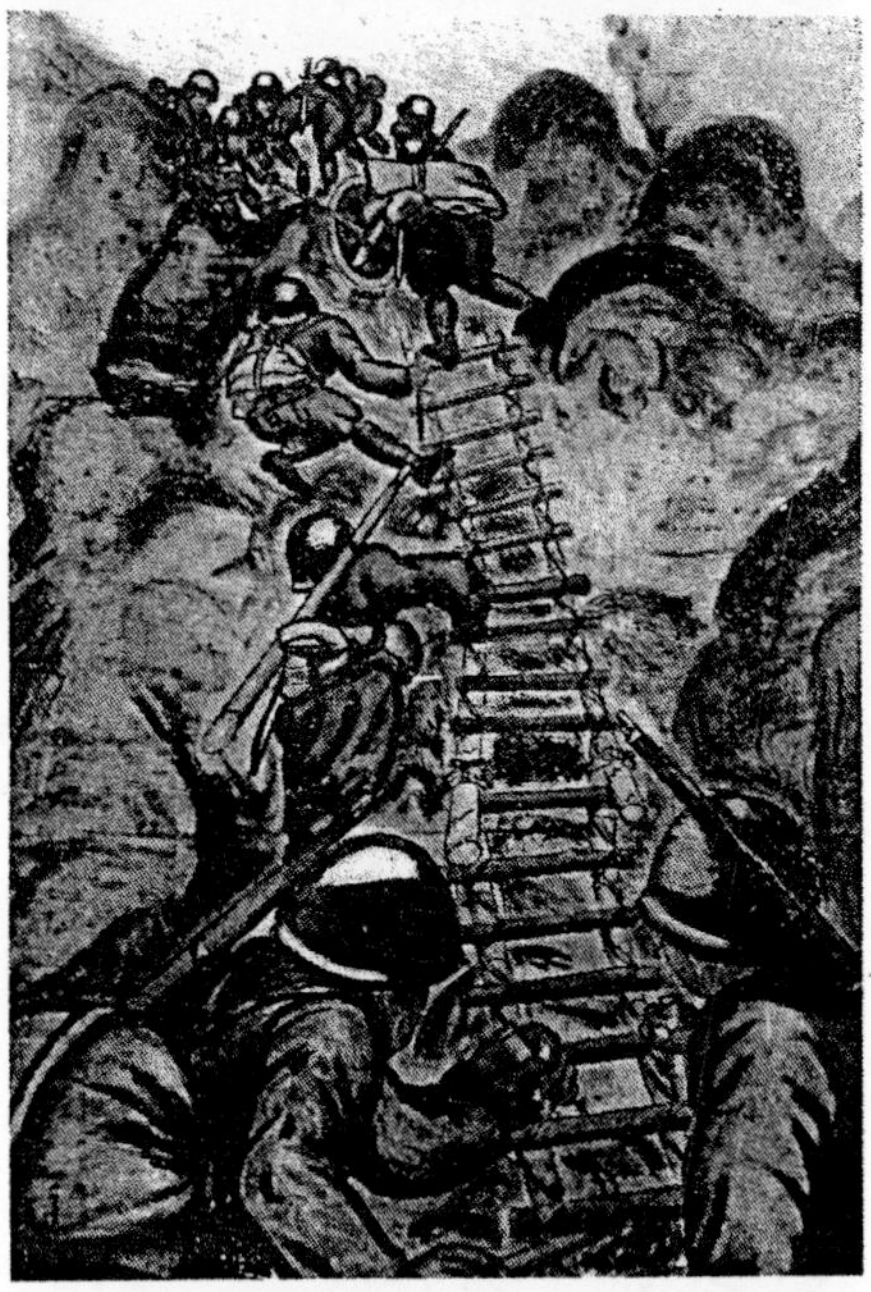

岡庄治一等兵は、長野縣出身、中支派遣軍若林隊に屬し轉戰中、中支浙江省龕山鎭で戰傷の勇士。有田丈吉上等兵は、岐阜縣出身、中支派遣軍加藤部隊に屬し勇戰中大別山にて戰傷の勇士。

☆

☆

戰盲患者　一等兵　木林內次
（左手作）東邦彫塑院展出品

「古代狩獵圖」渡邊豊市氏は、島根縣出身、中部四七隊として北支にて力鬪中、河北省で戰傷、後送された勇士。

傷痍軍人の美術實習 (1)

日本畫の實習——一人々々に懇切に指導する池上教授。

時には、基礎教育のため、屋外寫生もする。(ある日の上野動物園にて)

(上圖) 左手で熱心に習畫する右が志村久雄上等兵、左が松田康人上等兵。
(左圖) 美術教室には小さいながらも窯も設備して、陶器の教授もしてゐる。圖は、池上教授が小物に就て指導してゐるところ。主として、茶碗、花器、水指等、その他帶留、盃などの小物は、勇士らの手に依つて手際よく仕上げられ、專門家ならぬ格別の味はひが出る。

傷痍軍人の美術實習 (2)

熱心に實習する彫刻部。

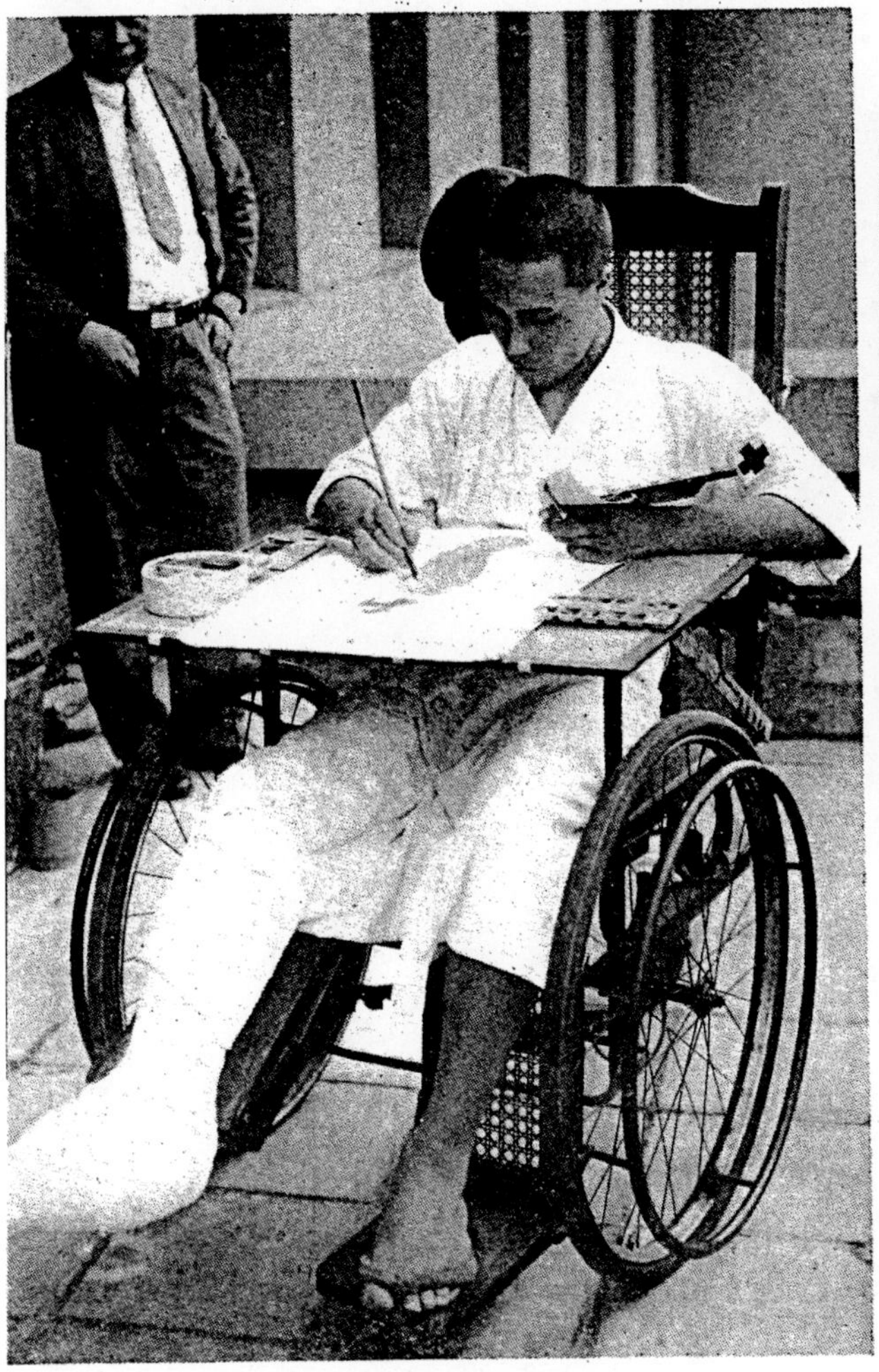

圖は加藤喜三郎一等兵。足部の戰傷で車上の畫板で美人畫を描いてゐる。

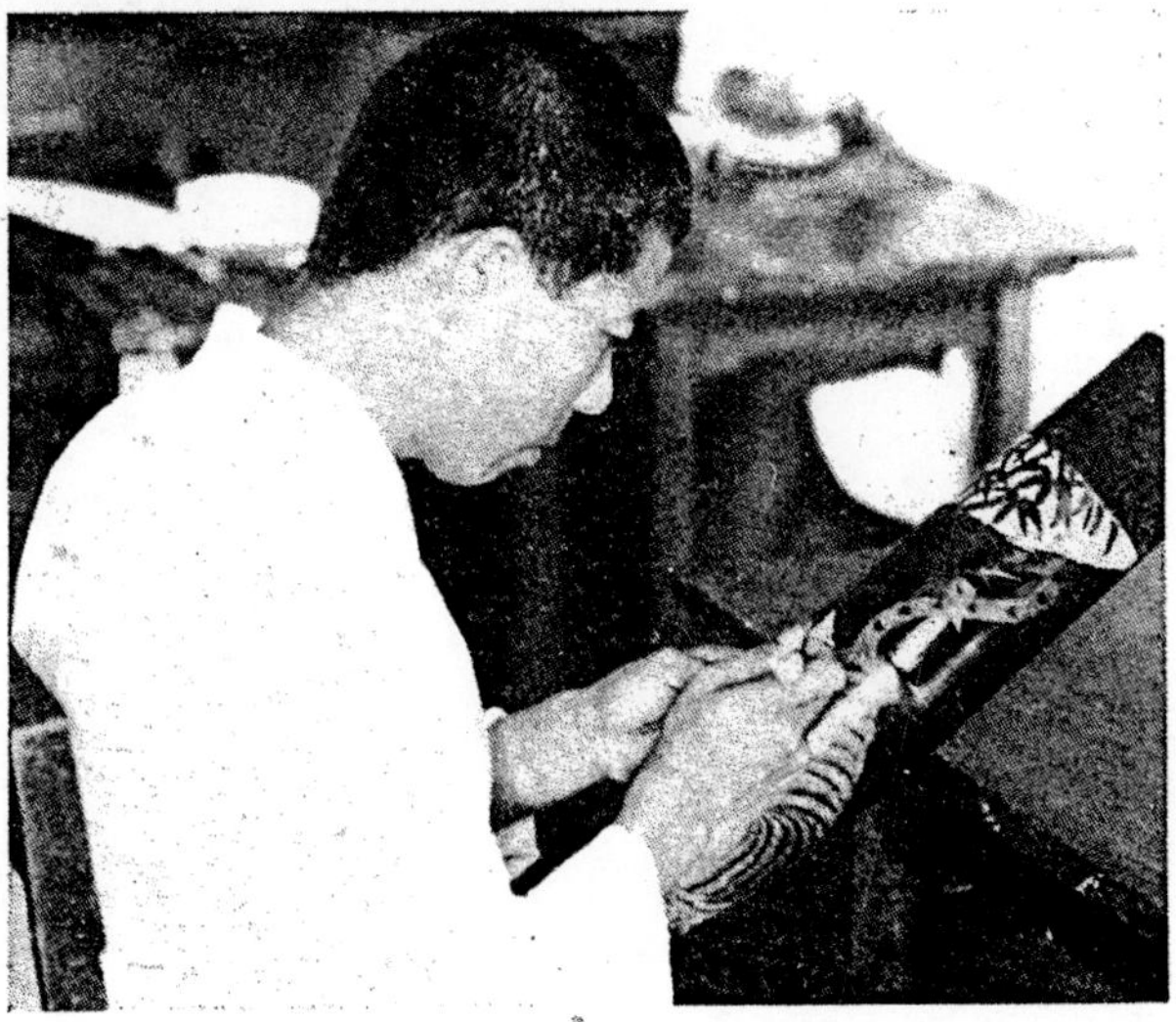

(上圖) 佐藤玉一上等兵は島根縣出身、北支保定で倒れて今は熱心に竹の彫刻を勵む。

(下圖) 大沼英明一等兵は東京府出身、中支で奮戰中、胸部を負傷して、今は陶器に興味を惹かれてゐる。

工藤虎男上等兵は中支浙江省で手榴彈で右手をやられたが、今は熱心に竹の彫刻に勵んでゐる。

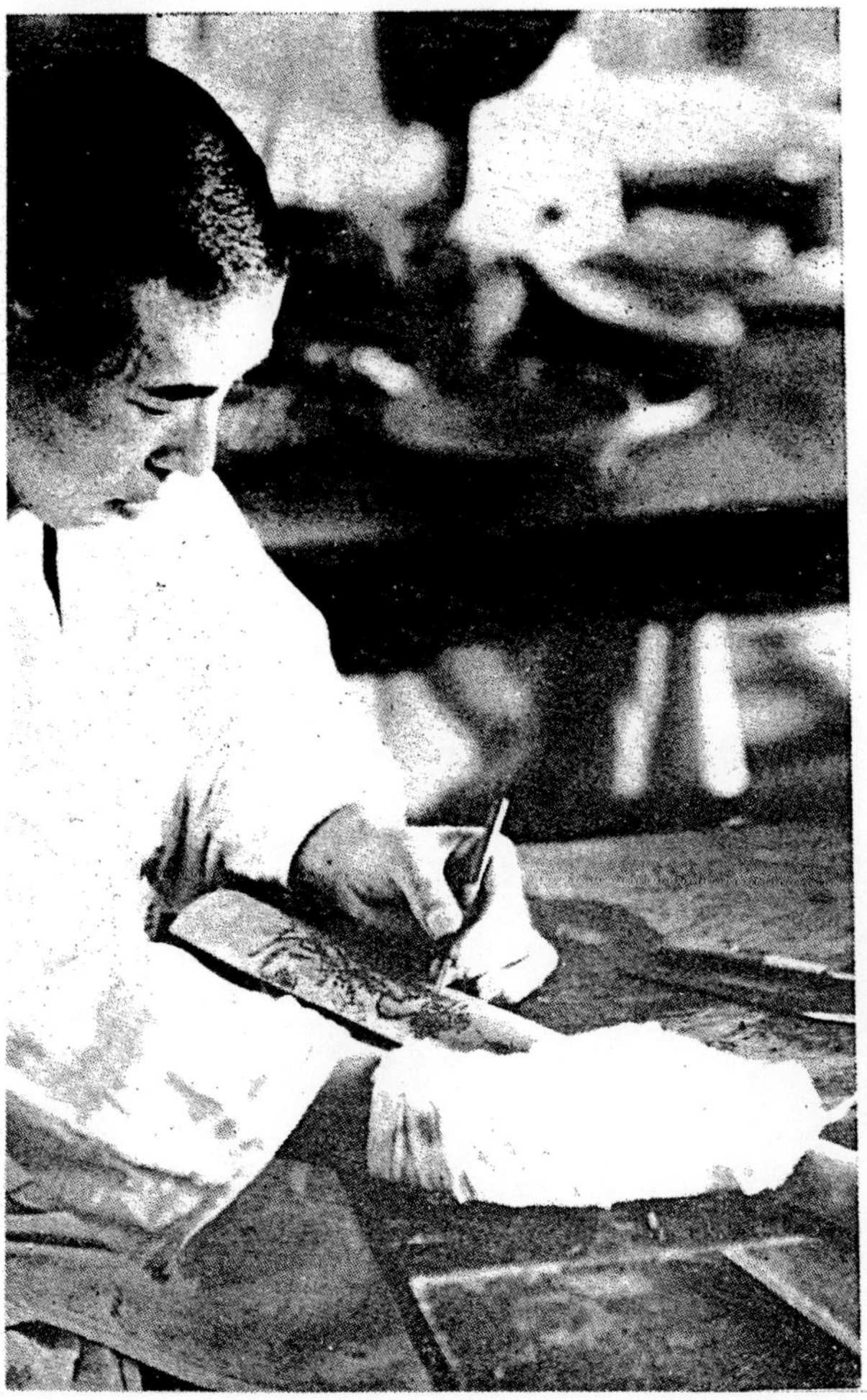

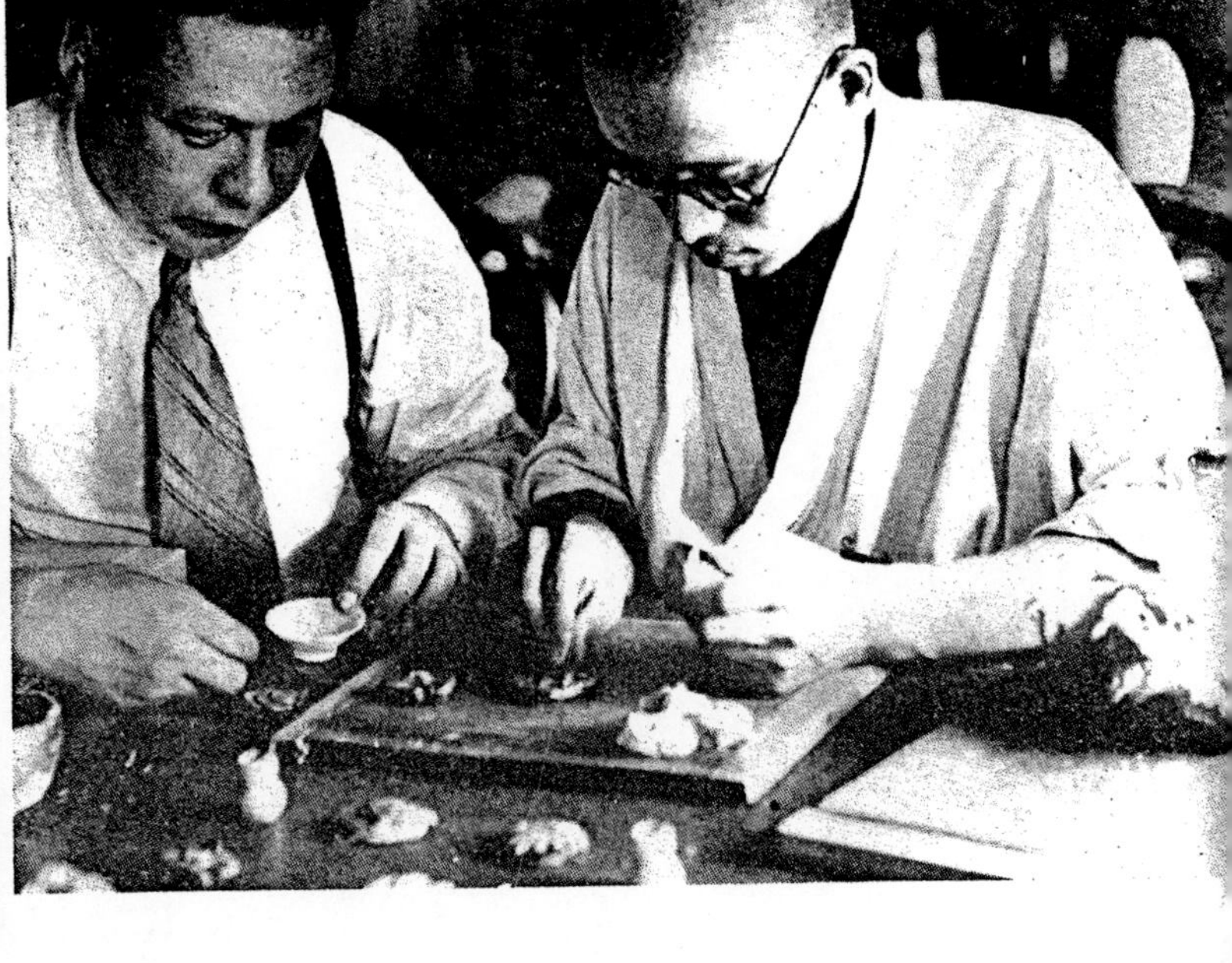

傷痍軍人の美術實習(3)

青木守三一等兵の、傍目もふらぬ陶器實習。

（上圖）渡邊豐市上等兵（島根縣出身）は、北支河北省で轉戰中病に倒れて、今は熱心に彫刻の技を修めてゐる。

（右圖）永尾春甫講師に依つて竹細工教授の實況。

（中圖）增澤達一等兵（長野縣出身）中支江西省奉新縣の戰で名譽の戰傷を負つた。永尾講師の竹細工實習。

双手を失つても尚この敢闘精神

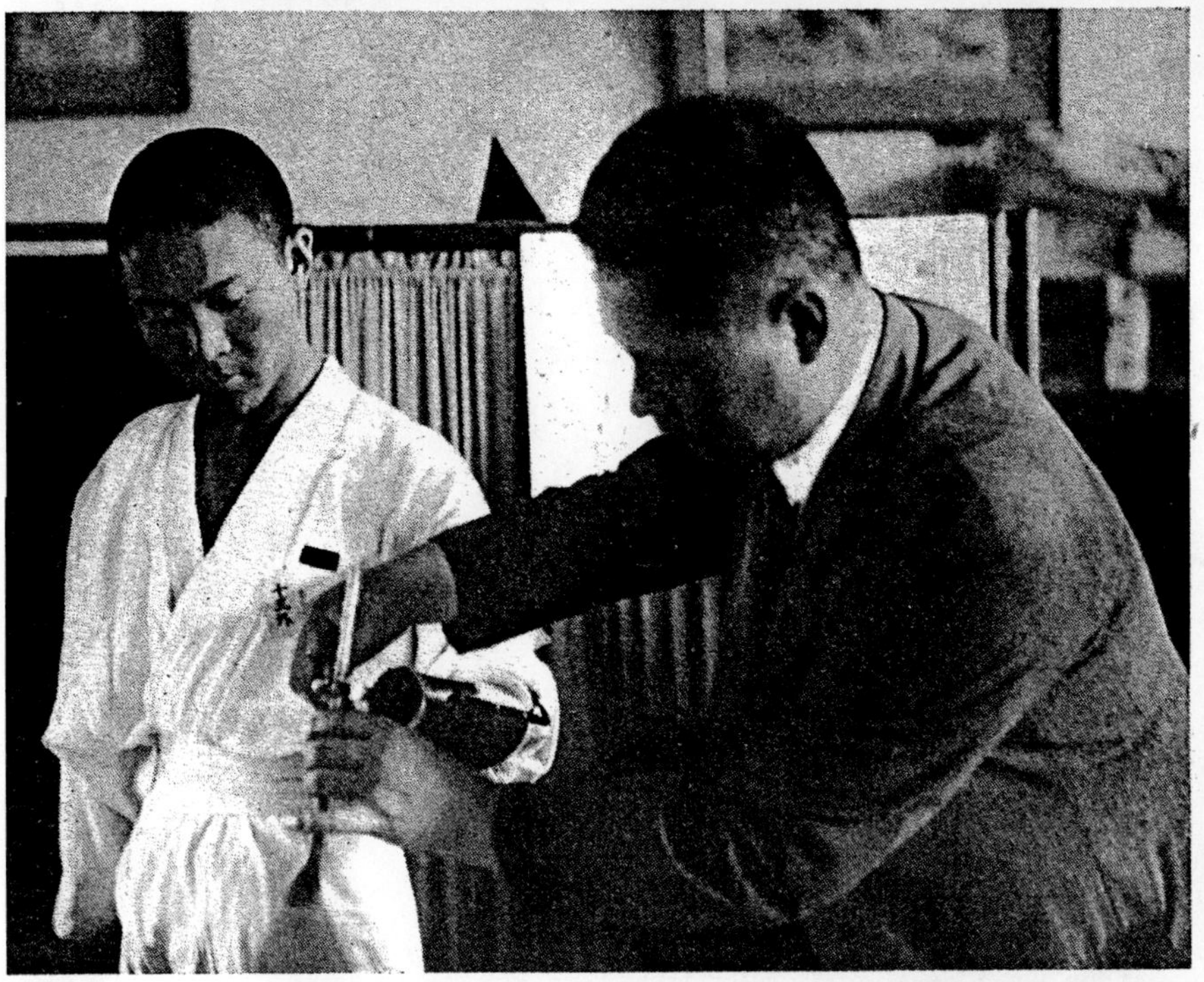

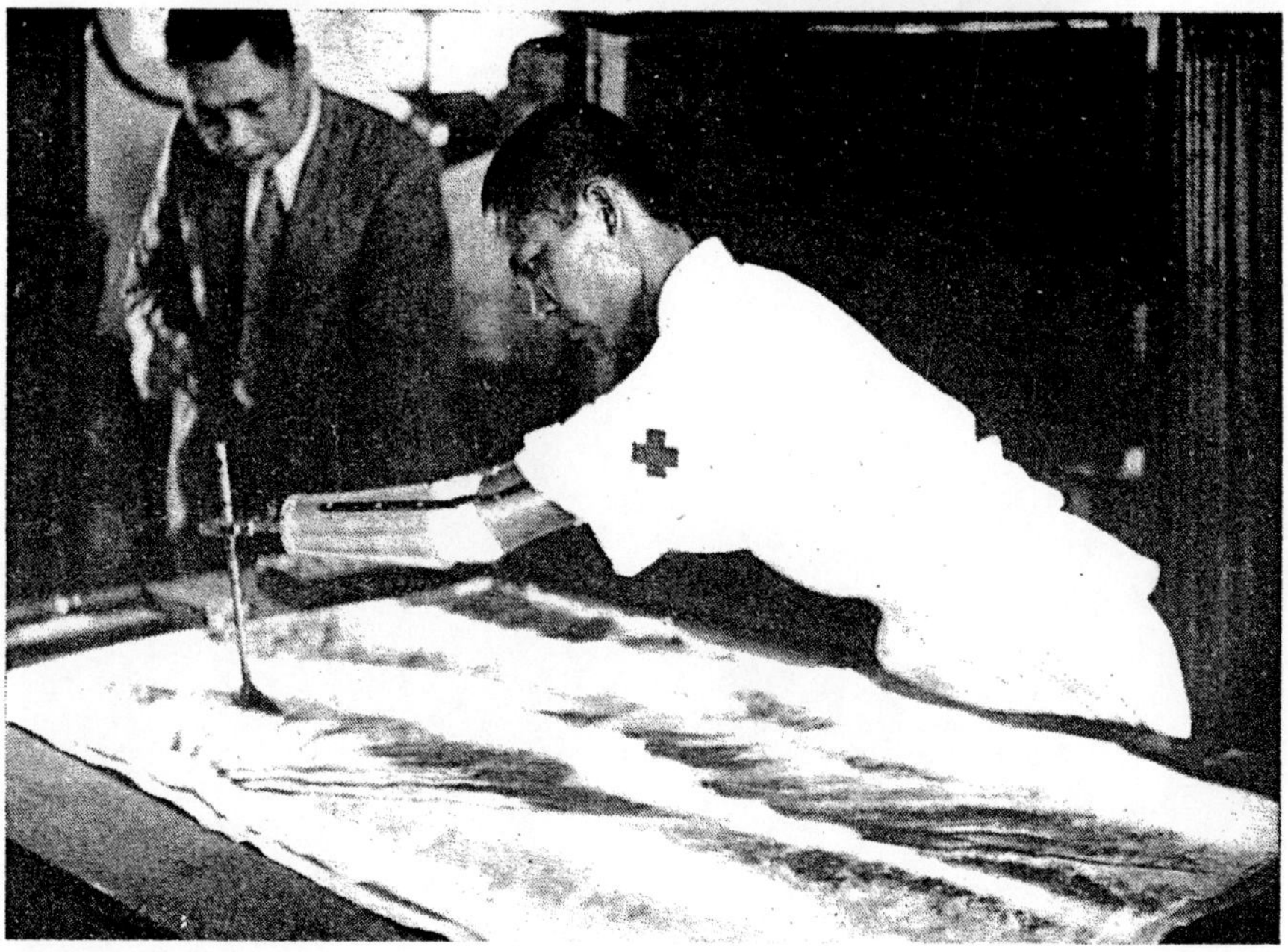

双手を失つた山田靖一等兵（鹿兒島縣出身）。現役兵として大陸に轉戰、中支湖北省で敵陣に突撃し、夜中の白兵戰に不幸、敵の銃劍創を負ひ、遂に後送されて双手截斷の大手術を受く。敢闘の意氣は、あらゆる不自由を克服して、讀書、手紙文執筆にも不自由を感じないやうになつた。更に、一念發起、日本畫習得に志し、不自由ながらも、義手に繪筆を挾んで貰ひ、水墨淋漓、この富士の大畫圖が成り、忠愛美術院に出品し授賞された。

大東亞戰爭畫

昭和十三年十月三日賜軍人援護事業

溜る一億の赤誠

對敵陣地日野丸郷

曉の強襲

花岡萬舟畫

忠愛美術院出品

世界の黎明

ジャングル線

敵色一掃

敵前渡河

彈雨の川を渡る

御勅語ノ聖旨ニ副ヒ奉ラン事ヲ期セヨ

南方戰線從軍報告書

會見に於ける山下中將　宮本三郎

俘虜習作　田村孝之介

マレー子供　開秀水

美しき戰跡（比島敵前上陸地）　寺内萬治郎

タプロン（佛印アンコール）　荻須高徳

アンコールワツト　藤田嗣治

昭南のわが宿　中村研一

ブキテマ高地遠望　川端龍子

昭南島宣傳班屋上展望　清水登之

海中の鐵條網　野中勳夫

コレヒドールの棧橋　鈴木榮二郎

イポ附近　栗原信

コレヒドール坑道の入口　鈴木榮二郎

ツザンの道　田中佐一郎

蘭印軍裝具參考圖　吉岡堅二

（右圖）國華薫苑　　　小林恒一陸軍中將

中將は、ノモンハン勇戰の小林部隊長として、名譽の戰傷を負はれ、その勇名は今尙耳新しいところである。暫く傷を第一陸軍病院にて治療されつゝあつた際、精神修養の一助にもと、日本畫に志されたが、その技も誠に美事にて當時多くの作品が生れた。ノモンハン戰車戰の實況圖は、今尙、記念として同病院に秘藏されてゐる。中將は、創痍癒えて、現に東京灣要塞司令官の要職に就かれてゐる。

陸海軍將校集會所懸額「陸海の荒鷲」　　　池上秀畝

これは、傷痍軍人の作ではないが、去る七月二十四日陸海軍將校集會所に献納された陸海の荒鷲を表象した横三尺に縱二尺五寸の大懸額で、作者渾身の努力になるもの。陸軍大臣東條英機閣下は、宮木包則作二尺三寸の銘刀一振りを以てその勞を犒つた。

中支焦山風景　伊東深水

焦山

伊東深水

このスケッチは、揚子江に於て最も潮流の悪い焦山沖である。恰度内地の鳴門海峡のやうに激流が渦卷いてゐてそれがしかも支那特有な濁流なのである。むく／＼と不氣味なこの赭水が底知れぬ深間から泥を卷いて湧き出るかのやうに流れてゐるのである。こゝへ落ち込むだが最後永劫死體は上らぬと云はれてゐる。私が此處を渡つて揚州へ行つたのは一昨年の秋であつたが、未た其頃はこの焦山に蟠居してゐる殘敵が時折出沒しては往來の船舶を襲つてゐた。私が鎭江へ戻つた其の頃も、彼等の襲來があつたが、敏速果敢な、我憲兵隊の出動によつてなんなく取り押へられ、珠數つなぎにされた十五六人の匪賊が捕はれて來たのを見た。

こんな風だから、何千年の殺戮の歴史を有つた支那にあつては、この揚子江の如きは、定めし夥しい生靈を呑み去つた事であらう。（昭和十七年八月廿八日）

比島の日章旗　寺内萬治郎

比島の日章旗

寺内萬治郎

比島のニツパハウス（ニツパ椰子で屋根を葺いた家）に原住民がこしらへたものであらうと思はれる紙の日章旗が軒先に立てられたり壁に貼られたりしてある。この日の丸の旗に實に尊い感激を受けた。他國の旗には美しいものはあるが、日の丸の旗の樣に神々しい氣持にうたれるものはない。人が工風して作つたものではなく、自然我國體のシンボールとして生れでたものの感がある。土人にしろ他國民にしろ、日の丸の旗により日本の皇道精神が解される樣な氣がする。原住民が日の丸の旗を解することにより、日本國體の眞髓を解することも出來るであらうと思ふ。

日本の庇護のもとに平和な生活を續けてゐる原住民は、兵隊を見るとマンゴーの實をとつて來て感謝の意を表してゐる。

マニラの街道を日の丸の旗をつけたカルマタがひつきりなしに走つてゐる。馬の頭や幌に小さい日の丸旗がはためく。

スタンレー砲台　山口蓬春

スタンレー砲台

山口蓬春

香港島の東南端、南支那海に突出した部分をスタンレー半島或は赤柱半島と呼んでいる。

敵性英國が、一朝　日本と戰を交へた場合にはどうしても日本軍は此の方面から攻撃するものと勝手に獨斷して、百年がゝりのいとも物凄い防備の建設を、それは東洋中のコンクリートと鐵條網を總動員したかの樣に、此の半島をグルぐ〜巻に堅めて居て、海岸一帶に張りめぐらされた二重三重の鐵條網と地雷、やたらに大きな大砲……その砲丸は一寸ドラム罐程もある……を据へた砲台の數々、無數の大きな兵營の連立、疑裝した地下壕……と香港防營の全神經を集中させたかの感があるのは、素人の吾々が視てもわかるくらいである。所が……日本軍は決して此の方面から、彼等が何くら待つても……遂に來なかつた。案山子の樣な此の大砲達が、さては……とまわれ右を、した時にはすでに彼等の體には無數の巨丸の痕を殘して、沈默してしまつた。

夏雲の白く浮ぶ、鏡の樣に靜かな南支那海の五月は、夏の峯ばかりでは無い巨大な砲台の姿を加へて、餘計に靜寂な感がある。

コ・レヒドール戰跡　猪熊弦一郎

コレヒドール戰跡

猪熊弦一郎

コレヒドールの要塞が陥ちた直後同島に渡つたが、夜中であつたので懐中電燈を頼りに、生臭い新戰地を地獄廻りの様に道なき道をさまよいながら宿舎をたづねて歩いた。その夜はコンクリートの上に紙を敷いて寢たが、なか〱眠られないで弱つた。流石に皇軍勇士は落着いたもので、高鼾をたてゝ氣持よさそうに眠つてゐた。

夜明けも待ち遠しい氣持で、薄暗い中に飛び起きて戰場を見たが、皇軍の强烈な爆撃の跡が非常に美しく感じられた。綠のかげ無く骨の様に突つ立つてゐる樹木などにも激戰が忍ばれた。縱横各方面に非常に複雜にほられてゐる例の地下道から、俘虜が收容されてる水上飛行場に出た時に我が荒鷲の先導で帝國軍艦が入港して來た。威風堂々たるくろがねの浮城、艦上高く燦然と飜る軍艦旗、世紀的な感激のシーンであつた。

メナド附近の村落　矢澤弦月

メナド附近の村落

矢澤弦月

空路南方への旅の途次、セレベス島ランゴアンに一泊する。こゝは海軍落下傘部隊の最初に落下したメナドに近き一村落である。

落下傘部隊を神兵來ると歡喜して迎へたと云ふこの部落民は、日本人を心から敬愛してゐるかに見える。夕暮の町を散歩すると往きから村人、門に立つ老若、悉くが敬禮して吾等を迎送するのである。中には「今日は」などゝ日本語を使ふ者などもゐる。又小供等は三々五々親しげに吾等の周圍に集まり、ハーモニカーを吹いて日本の軍歌の曲を奏する者などもゐる。村のあつちこつちでは鷄が啼き、時々牛の聲が聞こえ、恰かも內地の田舍を旅しつゝあるが如き平和な、豐かな、感激を滿喫して吾等は再び機上の人となつて南に向ふ。

廣東の回想　野間仁根

廣東攻略戰に參加して

野間仁根

エンヂンが止り、艇が砂濱にすべり上つた一瞬戰友同志で接迫したものを覺え、始めて支那の奥地に來たことが感じられた。物音一つしない靜かさの中にあつて、暗闇の一點に目をすへ上陸命令を待つてゐた數分間を思ひ描くと、今以て身の引締るものを覺える。上陸する頃に空が白みかけ、南畫の風景さながらの支那の塔が見えたことなども緊張の中にも美しい思出として頭の中に殘つてゐる。

武器引上げの勞力、痛れが休まる間もなく、必死で鋭い氣力を以て五六里の山路を越る時の綺麗な月、雨よりもひどい露、ひどい蚊、何れも忘れることの出來ない尊い體驗である。

落下傘兵　鶴田吾郎

ジャバより還りて

鶴田吾郎

繪畫の發達する國は冬期の多い國である。亞熱帶より北方が遙かに優れてゐるのは溫度と濕度の關係にある。南方と文化の交流をなすにも、高い溫度と多い濕度を常に考慮しなければならない。近く南で展覽會を開くことになつてゐるが、餘程注意を要することである。苦勞して日本の品を持つて行つても無理ではないかと思はれる。原住民の大半は教養が低いから、彼地で活躍する日本人への慰問であれば非常に結構なことであるが、原住民への文化的叫びかけであれば少々無理であらう。

文化的に藝術的に原住民に叫びかけるには音樂と新しい踊り、それもスポーツを兼ねた集團的舞踊を指導することである。原住民の中で生活したる後に、土地の踊りを參考にして音樂を作るなり振付けをするなりしなければなるまい。次に彫刻（資材は實に豊富にある）であるがジャバ土産程度の低級なものであつてはならない。それが生産的事業になれば向いゝことであらう。

印度の娘(B)　田村孝之介

マレー娘　栗原信

第二十九回二科展出品

牛飼ひ少年

田村孝之介

田舎では何一つ用事もないところへ學校もないので、ビルマの子供はよく澤山の大きな牛の番をさせられてゐます牛はみな朝から夕方まで暑くても一生懸命草ばかり食べてゐます。勝手に放れて行くので牛飼ひの子供も暑いのになか〳〵世話が掛るのです。しかし牛は大きいが、この小さい子供のいふことはよく聞いて放れてゐても直ぐ元のところへもどつて來ます。

一日中だから、ずゐぶん暑いことだらうと心配して手眞似で聞いて見たところ、平氣なのか、たゞ笑つてゐました。

陸軍大將本庄繁閣下

傷痍軍人と情操教育

軍事保護院總裁
陸軍大將男爵　本庄　繁

大東亞戰爭完遂のためには軍人援護の仕事の重大なる事は申すまでもない。政府としては昭和十三年十月三日賜はりたる軍人援護に對する御詔勅を基礎として總ての援護事業を進めてゐる。

そこで政府の事業に協同して民間からも凡ゆる援助をして貰つてゐる。各方面から寄せられる熱誠には寔に感謝の外ない。吾々としても現在に於て充分だとも思つてゐないしその希望に際限はないが、先づもつて出來るだけのことは各方面からやつて貰つてゐると見てゐる。然しこの世界史を覆すやうな大戰爭をやつてゐるのだから新しくやらねばならぬ幾多重要の仕事は次ぎから次へと起つて來る。表面にパツと現はれない援護事業の如きは兎角輕視され易い。又これが長年月に亘る場合飽かれても困るので、政府としては詔勅を賜はつた十月三日を期して一週間に亘り毎年毎年國民の關心を喚び起すべく諸々の運動をやつてゐるが、今年は特に大東亞戰爭が起つた年だから大いにやる積りでゐる。

傷痍軍人の援護、遺家族の扶助、或はこれらの人々に適當の職業を與へる、又教育するなど夫れから〳〵へと殆んど出來る丈のことは手を盡してゐる。

然し乍ら受ける方の人即ち歸還軍人、遺族、傷痍軍人などの人々がこれは吾々の戰場に於ける功績に對し當然なことだと思つては相ならない。吾々軍人は日本人として陛下の赤子として一旦緩急ある場合盡忠奉公は當然の事で、當然のことをやつたのにも拘らずこの援護をうけることは感謝に堪へないといふ心持で、決してこれに馴れたり甘えたりすることなく、常に戰場にある心持を以て再起奉公の念を持して貰ひたい。そして遺家族である場合は譽の家として生業に勵み遺兒をして立派に育成する、寸分も前線の將士に後顧の憂なからしめるのが又受けるもののつとめである。然し現在は寔にかかる言をなすまでもなく旨く行つてゐるのは實にわが國體の麗はしいところである。

今傷痍の軍人が第一陸軍病院其の他の病院に於て輔導教育の一端として或は精神修養の一助として繪畫、書道、彫刻、工藝等に非常の意氣をもつて勵んで居られ其の成績顯著なものある由で寔に有意義なことだと思ふ。傷ついて充分な仕事につかれ難い人々にとつて情操教育として此上ないものだと思ふ。中には相當優秀なものもある由だが或は今まで經驗のあつた人もあるかも知れないが、何等特別の經驗技術をもたないものでも、あの戰場で體驗した氣魄が技術の上に表はれる結果かも知れない。充分に勉强して美育の方に向ふもよく、又工藝方面を生かすのもよいが、要は戰場でうけた超人的な氣魄をもつて何物もやり通すといふ自信をもつて進むならば出來ないものはあるまい。

今美術新報で「白衣勇士の美術」と題して特輯號を出すといふので實習の有樣や、作品の一端を見て大に感心した次第で、これはあな勝ち美術だけでなく美術によつて修得された精神力を他日の職業の上に心の糧としあらゆる不自由を克服して戰場に於けるあの敢闘精神をもつて進まれるならば恐らく大なる光明を見出すであらう事を信じて疑はぬ次第である。これら輔導教育に携る人々の勞も多とせねばならぬが、傷痍軍人諸士も益々勵精、艱難を克服して再起奉公皇恩の萬分の一に酬ゆると共に銃後國民の熱誠なる援護に應へられんことを祈る次第である。

皇道美術と白衣勇士の作品

陸軍中將　中島今朝吾

作戰に臨んでいつも感じたことだが、作戰が開始せられて軍の將兵が進擊する場合、大砲の音を聞いて進んでゐる中は極めて呑氣で冗談の一つも喋りながら行軍する。迫擊砲の彈丸でも落ちるやうになると稍緊張する。更に機關銃の彈がヒューツヒューツ、と來る時分にもなると大分肉親や自已と云ふことについての感情が薄らいで相當緊張を見せる。更に敵陣に切迫して機關銃彈がブス、ブス、ブスと云ふやうな音で飛んで來るやうになると最早や親兄弟もなければ、自已さへもなくなつて來る。全く無我の境に入つて來るのだ。無我の境位超人的な仕事をするものはない。人間は此處まで來ると何でもやる。平靜になつて顧みてよくもあんな放れ業が出來たと思はれるやうな仕事をやつてゐる。これが即ち無我の境で禪などでもこの境地を人間最高のものとしてゐる。此境地は實に無限大のもので其の精神力はどこ迄も無限に發展してどんな大きな仕事もなされる。この境地に到達することは普通人の容易に入れるものではないが、彈雨下をくゞつたものは期せずして此境地を體得してゐる。この境地こそ寔に尊い體驗でこの精神力さへあれば如何なる仕事でもやり拔くことが出來る。よく捨身で行けば人間出來んことはないなど云ふが、その捨身なるものが眞に死生の境に行かねば出て來んのだ。

自分が忠愛美術院の總裁をやつてゐるのでこの「白衣勇士美術號」を出すにつき一文を求められたが、今軍でも內地の各病院では將士の療病生活のひまぐに各々の好むところに從つて輔導教育が行はれてゐる。中に東京の病院などでは美術教育を行つてゐるところもある。先般の忠愛美術院には夫れ等傷痍勇士の作品を第一陸軍病院から出品して貰つて一室に陳列し入場者の觀覽に供した。

これらの作品には所謂職業畫家のうまさは求めることは出來ないが、その作畫精神といふことになると洵に尊いものが包藏されてゐる。

自分は夙に皇道美術を提唱してこの强靱な皇軍武威は世界孰れの軍隊にも優り既に大東亞戰下この廣大な地域を征服して綽々たる餘裕を示す。この日本の國力の裡に潜んでゐる强靱なる力がなぜ文化面殊に美術の上に現れて來ないのであらうか。實に今日の美術界は歐米の糟粕をなめたものばかりで、今の日本の國力に相應しい剛健の美術が存在しない。わが惟神の美術をもつて世界を指導するといふことはなくてはならないことなのだ。皇軍の赫々たる戰果に應えて起らねばならぬ筈だ。美術界には皇軍が長い間やつて來たやうなあの血みどろな訓練、その訓練即ち勉强が美術家になかつたのだ。尊い體驗を生かして崇高なる精神と雄大なる構想のもとに作畫する。かくして高い格調のものを作るといふことに心がけねばならぬ。

この美術教育は實に一方精神修養にもなるし情操を高め、又天分あるものは將來大に勉强して作家として立つもよし、敎育家として再起するのもよからう。中には工藝などは既に相當生活の上に役立つてゐる人もあるのを聞いて欣びに堪へない。

只一言したいのは將來僅かの技巧をもつて傷痍軍人として安價なる社會の同情をかふの結果に陷らぬやう注意せねばならぬと思ふ。飽くまで戰場にあつたと同じ敢闘精神と不撓の精神力をもつて、凡ゆる不自由を克服して將來の生活を開拓し、譽れの勇士として社會の軌範たるべく心がけねばならぬ。

竹工と浮書彫

永尾春甫

竹は東洋にのみ存する特產で其の用途は多岐に亘つてゐるが、自分が創案にかかる浮書彫は從來の竹の彫刻とは異り表面の硬皮を一應むいて柔かい肉にビスマーククローン劑を塗つて、これに書なり畫なりを描いて彫刻するもので、假りに繪畫の素養のないものでもちよつとした繪を摸寫して彫ることが、出來るのだが、刀の運び方によつていろいろ面白く變化するので興趣深いものである。自分は數年前から第三、第一陸軍病院にこの技の敎授を行つてゐるが、既に退院して職業としてこの業についてゐる人もある位で割合に好評をうけてゐる。

竹は元來その持つ味が高尙なので、多く今迄は茶道具などに用ゐられてその特性を生かして來たが、その他接着劑を利用したならば筆立、莨入花器、襖の引手等その用途は相當に廣くしかも趣味深いものが出來るので、將來は是非傷痍軍人で現職に再起出來ない人々のために再教育を施したいと思つてゐる。遉がに死線を超えた勇士の人々とて、ひと度刀をとつて描き出す程の作品には、實に迫力に充ちたものの出來るのには、導く吾々の寔に愉快に堪えないものがある。

美術家も盡忠の士たれ

——世紀の大轉換に處する美術——

花岡萬舟

支那事變につゞく大東亞戰爭の勃發は實に懦夫を起たしむるの衝動を國民一般に與へたであらう。然も皇軍の進むところ赫々の戰果は日に夜を繼いで吾らの耳朶を撃ち、驚愕的快哉を叫ばしめつゝあるが、最も警むべきはたゞ表面の戰果に醉ふて國民としての自己の職責を怠らんとする如きことあつては夢ならないのである。否戰果の擧れば擧るほど吾らの使命は重く、明日の世界に君臨する大日本帝國がその大らかなる御稜威の下、八紘爲宇の大理想を實現する任務の一片一片が國民各自の双肩にあることの自覺を愈が上にも深く感ぜざればならないのである。

世間では美術とか藝術とかいふ語を全く平和時のものと思ひ、又その美術家自身も美術に於ける戰時意識といふことを單に方便的に考へ、たとへば獻畫であるとか慰問であるとかいふ方面の仕事に從事さへすればそれが御奉公の道と簡單に考へて居るが、かゝる考へこそ吾らの最も忌むべき過去の自由主義的殘滓の思想といはねばならぬ。そのことは今日迄藝術家はたゞ自己の藝術をさへ練磨すれば足ると考へてゐた安價な藝術至上主義由來するからである。そんなヘナ〳〵な自由思想で今後の日本が世界に君臨出來ると思つたら大間違ひである。先づ美術家自身の精義的大改造を行はぬのでなくんばこの世紀の一大轉換期を切り拔けることは不可能なのである。

私はかつて自ら世間並みに藝術家面をしたことはない。私は先づ私自身大日本帝國臣民であることを何よりも誇りとし、何よりもその道にたがはざらんことを終始願ふてゐる。私はかつて滿蒙支の山野にあり、戰塵にまみれて起居を共にした忠勇なる將兵諸子と常に憶ひ常に望んだことは、吾らが戰場に於てえた戰友道ともいふべき美はしき人間道徳にどこまでも生きられたらと思ふことであつた。生死を忘れて盡忠の誠を臻すといふことは、何も固くなつてへチ六つかしい理窟を考へることではない。お互ひが平等に天皇陛下の赤子であるといふ歡びを感じて水火を厭はず眞摯敢鬪するその生活の美はしい淸らかさに生きることに他ならないのである。それは先づ己れを捨てゝ大我に一致するの美はしい心境である。しかもそれはいかなる凡愚にも許された心のもち方である。高僧傑士でなくばもてないといふやうな特別の修業の要るやうな道ではない。たゞ心からその明るい美しさに歡びを感じるやうになればよいのである。戰友道に我々が生きるのもたゞそれだけであつた。戰友は官位の差はあつても、みな同じく陛下の赤子として戰場に働くことに無上の歡びを感じてゐる。それは大將も兵卒もみな同じなのである。この美はしい心境に立つてこそ敢鬪出來るのであり、この明るい心あつて死も笑つて享け得られる。生死を超越するといふことは何も特に宗敎的な悟りを俟つまでもなく、自己の精神の置き處をかように淸く明るく平等にもつなら誰にでも出來ることである。日本の軍隊の强さもかゝる精神に一兵卒と雖もなりうるといふ處に發揮されるのである。それは世間でいふ「緊張」などゝいふことより、もつと深い、却つて反對に軟らかい心なのである。「自己」を棄てるほど强いものはなく、またそれほど凡てに謙虛なものもない。戰場にあつては所謂「緊張」の强制は殆んど不用である。たゞ精神を盡忠の至境に置けばかやうに安らかに何の屈托もなくその日その日が充實して自己の職責に盡しえられるのであつた。

然るにこの現實の國內戰場では、かやうな美はしい想念が殆んど人々に見られない。銃後の御奉公を言ひ、盡忠を說き、朝から晩までラジオは國民精神の緊張を語つてゐるが、路に買物行列は絕えず、闇取引は橫行し、しかも人心は目前の巧利にのみ追はれて休する處を知らぬ。勿論凡てわが帝國の國民である。假にも國家の國是國策に敢て反しようとするものはあるまい。が緊張を說かれながら一向に緊張もなく至つて遲巡した日常が送られてゐるといふことはつまり言へば各自の精神の持ち方がまるで成つてをらんが爲めである。それは餘りに「我」に執した生活であるからだ。「我」と「我」の爭鬪以外に精神の所在がないとしたら國民精神は死物になる。それでどうしてこの世紀の一大轉換期を切り拔けられるか。

ことに最も精神的な仕事に從事してゐる筈の美術家が、皆各自己れの「我」に執して排他的爭鬪をやつてゐる。何派がどうの、何會がどうのと下らぬ派閥の爭鬪に浮身をやつしてゐる。一體諸君の藝術家たる精神はどこにあるのか。陛下の赤子としての臣民的職分はそれで果せてゐるといふのか。吾徒が今聲を大にして言はんとする處は實に玆にあり、未熟なる草輩をも顧みず敢て忠愛美術院を起した所以も實にこの精神の墮落、臣民としての無自覺に慨するの餘り吾徒の美術觀こそ眞の藝道なりと提唱したい熱意を以て應ふる所以である。

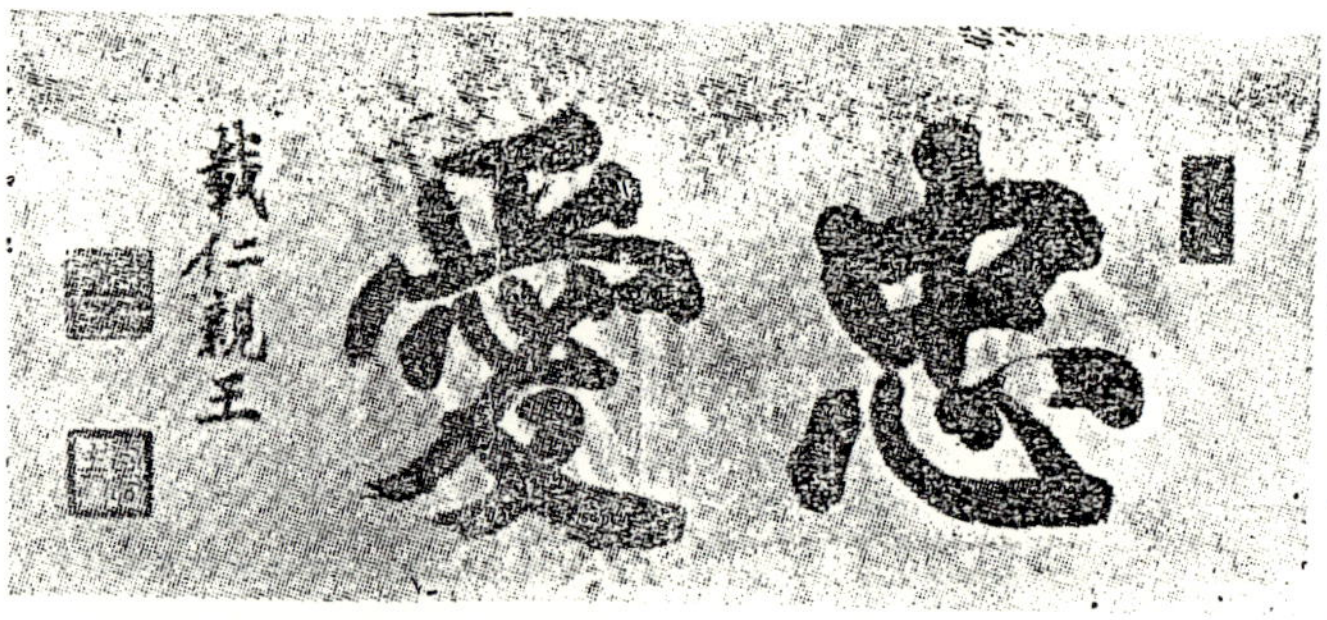

一言にして盡せば今日の美術は末梢の技巧に對しての進歩はあらうが、吾人を精神的に打ち、吾人を小我より去らしめて天地宏大の「美」に參與する歡びに浸らしむる如き美しい精神に缺けてゐる。而してそのことはこれを制作する美術家の精神そのものがかゝる心境を把握してをらぬが爲めであると斷じる。先づこの精神の改造の上に新しく發足せねば眞個の日本美術は發生しえないと信じるものである。

この事を一歩進めて考ふれば、今日の美術家が明治以來の西歐的藝術思想を盲拜し、藝術の獨立とか、自由とかいふことを尊び、特に「個性の尊重」といふ美辭の下に實は「小我」の偏奇的表現を欣び、墮落したる美術を眞の美術なるかに說く學者批評家らに追隨したがためである。特にこのことは油彩畫に於て然りとする。また日本畫に於ても、傳統の國民的精神が日を追ふて稀薄となり、たゞ末梢技巧のみを競ふてその上達者を無上の美術家として祭り上げるから眞の美術精神は死滅して終つたのである。かの畫工輩の賣畫を見よ。どこに吾人の尊むべき雄大な美があるか。精神を湧き上らせる魂があるか。そこにも吾らが戰場に於て體驗した如き淸らかな魂の美しさ、眞に日本臣民としての陛下の赤子としての魂に生きる明るい歡びと美しさがあるだらうか。斷じて否と言へるのである。藝術界とか美術界とかには今迄緣の少なかつた自分が、敢て忠愛美術院なるものを興した微意も、實は技として未熟な吾々の作品を藝術的至上主義からのみ批判して貰ふために世間に訴へたのでなく、この根本の濁つた小我の寄り集りのわが既成美術を根本から覺醒さす爆彈的意志を以て起ち上つたのである。だから吾々は先づ精神運動としての出發をもちたいのである。そして臣民の盡忠精神を顯揚することを以て美術の至上目的としたいのである。吾らは一切の毀譽褒貶の如きを顧みず、この境地にあつて同志に呼びかけこの事業を完遂せんとするものである。而してこれこそ曠古の聖戰に仕へまつる吾らの藝術的任務であると思ふのである。

「美術新報」が今度傷兵生活と美術に對する特輯號を出される爲め稿を求められたが、國民が眞の美術に覺醒する爲めには私が如上述べた如き精神的自覺に俟つことを重ねて言ひたいのである。即ちそのことは今日白衣の勇士となつて病床生活にある勇士たちも、その技とするものゝ如何を問はず、等しくかゝる高潔な美しい心に生きることを技の上にも常に求めてゐるからである。このたびの忠愛展に於て特に傷兵の制作を示すため一室を宛てたことも世人にこの精神を諒解して貰ひこれ等勇士に對する國民の感謝の意を忘れて貰ひたくないと思ふ自分の日ごろの信念の發露に他ならないのである。本會は總裁中島中將閣下から特に優秀作に授賞して今後の精進を祈つた。

傷兵諸士の半ばはかつて美術の何ものたるかも知らなかつた人達である 。それが初歩からの技術的指導をえて繪畫に彫刻に堪能な士となりつゝある。そしてそこには微塵も卑しい氣もち、さもしい感じなどはない。純眞素朴な心で技を磨くのをたゞ樂しんでゐる。後日この技によつて一家をなす人も多いと共に、また從來の仕事に全然適應の道を失つた人さへ、新しくこの藝術道によつて物心兩面から惠まれた生活に入らうとされてゐる人も非常に多いのである。國家のために捧げた肉體に不治の傷痍を受け乍ら、何らそれに屈托する道なく戰友の美しき心境に生きつゝ日夜技術に勵まれてゐる人々の心を世人は深く諒察し反省すべきであらうと思ふ。

且つこれを一つの職業教育として見ても、傷兵の美術教育は立派に職業としての應用技能を與へつゝある。これは國家にとつても大きい厚生の道であり、人的資源の乏しさを補ひうる一石二鳥の道でさへあらう。

陸軍美術教育と藝術家の覺醒

池上 恒

陸軍病院の美術教育は、藝術を通して傷病兵に豊かな情操と光明を與へて、それが將來の職業準備の教育となり、人格陶冶と職業能力を增進させることにある。藥物のみによらずして精神的創痍の治療と更に直接戰鬪に於て受けた創痍の治療ともなす。云換へれば、職能增强、精神修養、治療の訓練と言ふ樣な目標のもとに教育を行つてゐる。

戰ひに傷いた負傷兵が片手、片足或は片眼を失くし、將來の職業戰線に立つ場合、果してやつて行けるか、と云ふことの心配を持つことを非常に考慮しなければならぬ。勿論既に死を鴻毛の輕きに置いて戰つた皇軍勇士であるから、如何なる困難に遭遇しても悲感は無いわけではあるが、この傷病兵を如何にして第二の御奉公をなさすかと云ふことが、實際問題とされねばならぬ。で、陸軍の美術教育は精神に重點を置き、崇高な藝術を通して高い教養と趣味を培ひ、不屈の精神力を涵養して立派な學識技能を體得せしめ、將來の再起奉公に備へる有能な人材を輩出すると云ふことに、この指導の重要性があると信ずる。

今事變始つて以來間もなく職能教育が叫ばれ、約半歲を經てこの陸軍病院に職能美術教育が實施されることになり、私が此處に始めて美術教育を開講したわけであるが、今迄は何もなかつたサツ風景な軍病院に凡ゆる苦心と困難を排して美術學校の樣な總べての教材や、教育課目を定めて、軍內に美術教室を開いた時の感激と苦心は全く筆舌に盡せぬものがある。當時の傷病兵の喜びは又大變なものであつた。初めて繪を見たり學んだりするだけで病氣や傷が癒つたと云つた。進んだ軍陣醫學を以つて傷病兵の診療と云ふことには全力を盡し、立派な軍獨特の醫學が實施されてゐたものであるが、傷兵は單に肉體的治療や、藥のみをもつての治療だけでは眞に傷は治らぬ。のみならず多くの傷病兵を將來の有能の人材として、これを再教育して知識技能に應じた指導をなし、有能人士が輩出すると云ふことは最も大切なことと云はねばならぬ。傷兵が更に立派な軍人として、又は國民としても國家に再度の御奉公の出來る樣教育して行くと云ふのが眞の治療であり陸軍病院美術教育の大きな眼目でもある。

傷病兵は常にあの戰場で體驗した貴い皇軍魂を以つて、如何なる困難にも克ち拔くと云ふ不屈の精神をもつてこの教育を受けつゝあるのである。私達教官たるもの又常にこの峻嚴なる皇軍精神を雄喚びつゝ烈々たる指導に灼熱の意氣を示して來たのである。そしてその中で眞に天分のある者は、その希望に應じて藝術家ともなし、或は此處の教育を基礎に更に高等專門の學校に入學させるとか、又は個人の塾等に入門せしめて修業させ立派な專門家ともなすのであるが、一般多くの傷兵はこの美術教育をもつて人格の修練と、あらゆる職業に就く一つの基本的修業としてゐるわけである。そしてこの力を應用する。例へば木彫などを習つた者は、社會へ出て職業に就いた場合に木工をやるとか、或は大工の樣な傷兵等がこの教育によつて、今迄の單なる職人的な大工と云ふ丈に止まらず、美的觀念の修養された立派な有能技術家として、又は室內に於ける欄間の彫刻等までも自ら工風し、又は彫刻して行くと云ふ位の力を持つ。又繪畫の練習兵にしてもその學んだ藝術繪畫的素養を以つて、社會に出た場合圖案方面に進むとか、或は製圖染織等これらの教育が總ての職業につく時の立派な基礎的修養となつて社會に活躍することが出來る。であるから繪畫、彫刻を學んだと云つても、それは則ち明日より直ちに畫家や彫刻家になるための教育と云ふより一つの精神教育であり各職業への準備教育である。而も教育は何處迄も高い崇高な藝術教育を以て學課に技術に、不斷の努力を續けてゐるわけである。これによつて傷病兵は全く明るい希望と喜びの中に日々を過し戰傷の治療をなしつゝある。

美術はやゝもすると一部有產階級の玩弄物的贅澤心に墮し、或は又全く戰爭とかけ離れた有閑的なものであるかの如く見られ、一部人士はかゝる非常時に於ては美術は全く不要の長物の如く考へてゐる不認識の者もある。かゝる時に斯くも美術が直接國家のお役に立ち、而も陸軍に於て立派な美術の教育が行はれてゐると謂ふ事は美術界に大きな力强さを與へ、又、名譽ある傷病將兵がこれに依つて輝かしい再起奉公の糧として、云ひ知れない力を身に感じてゆくことは、全く藝術の生んだ偉大なる力と云はねばならぬ。これは美術界の誇りでもあり、吾等全美術人の感激である。最早美術は全く戰爭と離れることが出來ない車の兩輪の如くであらう。勿論この中には從軍畫家として戰爭畫を描く、或は報道宣撫の任務を果すと云ふ大きな美術家の使命も含んではゐるが、戰爭が長期戰となり戰果が擴大すればするほど一方に於ては逞しい建設が必要とされ、支那事變の處理とともに大東亞戰の進展は南方に共榮圈にます〳〵擴大されてゆく今日、日本の文化的使命は全く大きなものである。それには戰爭に强いと言ふ丈ではいけない。この比類ない皇軍勇士の戰果に劣らないところの高度の日本文化を昂揚しなければならぬ。それには國內銃後の力の充實、高度の文化、有能人材の輩出と云ふこれらの問題は、大東亞共榮圈の指導的立場にある現下の日本の必須の問題である。人的資源と相俟つて教養ある人材の輩出は今後の我が國の重要な問題である。それには今迄でと根本的に違つた、正しい精神の教育こそ大切なのである。そこで全美術人はこの際もつと〳〵精神練成に再出發して行かなければならぬ。大家も小家も今は國民總力戰であり總ての舊套を脫却して全力を國家目的に傾倒し、皇國臣民たる名譽と自負を强化して相共に携へて眞の臣道實踐に邁進すべき秋である。戰場に傷いた傷病兵もはや傷ついた傷者であるから何も出來ないと云ふ樣な、弱い觀念を全く振ひ落し、傷ついた手、失つた目、切斷された足、それらの殘存機能を以つて總ゆる傷痍を克服して困難を克ちぬき何ものかを學んで各々職場に起上らなければならない。そして傷痍軍人と雖ども健全な五體そろつた銃後の國民と何ら遜色のない技術と精神をもつて、銃後の戰線に完全なる再起奉公をせしめる。又全く治癒したる傷兵は、この教育部で學んだ教養と精神をもつて、再び戰場の第一線に立ち赫々の戰功をあらはしてゐる。それは藝術教育が物事に對する深い觀察力を養ふからである。こゝでも美術教育は戰場に生きてゐる。

尙この美術教育をもとに陸軍病院の美術部に於ては、傷病兵が各自體驗した戰場の實戰畫を描かせてゐる。その最も優秀な作品は、小林閣下の描かれた『ノモンハン戰鬪の圖繪卷』岡本閣下の『ハルハ河畔に於ける敵戰車の擊滅戰』又は東上等兵の描いた『優勢なる敵戰車軍に對し挺身決死の夜襲を敢行した夜襲戰の圖』等、その外、山田軍曹の『干場部隊の奮戰』『不法敵空軍の爆擊下完全任務の遂行に進み行く病院船の圖遠藤君筆也』有田上等兵の『吳淞敵前上陸』並に『鐵條網破壞』の日本畫等その他數多くの戰場記錄畫が完成して皇軍不滅の尊い戰史の記錄がものせられた。これ等は全く單に技術で想像して描く普通畫家の到底及ばない生きた迫力が犇々と畫面に盛られて、觀る者をして全く深い感銘を與へずにはおかない作品が多數に出來た。それは自ら生死の境を往來した血の滲む魂の作品であるからである。

これ等多くの傷兵が全く經驗のない素人であるに拘らず、軍美術部に於て教育を受け、そして繪畫に彫刻に工藝に幾多の優秀な作品が出て、美術界各方面よりも激賞と賞讚を戴く驚異的な作品が生れたのは、傷兵の不屈の魂と至誠と、そして私共教育者の烈々たる指導精神が天に通じて偉大な力を現はしたものと信じてゐる。殊に藤崎少佐は彫刻を學ばれて連日熱心な努力を續けられ、遂にあの東邦彫塑院に出品した立派な觀音彫刻を完成せられた。これらの作品は北村西望氏、長谷川榮作氏等の大家が絕讚を送られ、その優秀な作品に驚歎の聲をはなたれた。

藤崎少佐は人格崇高で、微力の私共に先生々々と云はれて常に敬意を表はされてゐた。又食事も忘れる程の熱心さで努力せられた、信念の强い人であつた。私も母校の東京美術學校へ少佐殿をお連れして、正木記念館に陳列の參考美術品や佛像彫刻等を御覽に入れて、實物教育を致したり、飛鳥天平、藤原、鎌倉等各時代に於ける彫刻に就て說明したり、又は參考品を見せて、熱誠なる教育を續けた。藤崎少佐は立派な彫刻の技術を體得されると同時に、眞の彫刻精神を把握せられて或る日私に『彫刻とは全く軍の作戰と同一である』と云はれ『彫刻はその制作に當り常に作品全體の大局を摑んで、而も細部の微細な動きや面の變化をも見逃さない觀察力は偉大な一つの參謀であり、作戰である』と、感歎の聲をはなたれた。日本畫を學ばれた小林閣下はあのノモンハン戰の部隊長として奮戰された名將軍であるが貴くも右足を戰場に捧げて切斷せられた勇猛部隊長である。が、又熱心に繪畫を學ばれた藝術人でもあられた。あの崇高な御人格には只々頭が下がつて深い感銘に打たれた。又最近に入學して現に學びつゝある山田一等兵の如きは、中支の戰線に激戰を交へ、最後に敵陣地に躍り込んで白兵戰を展開し、その激戰に兩腕を失くした勇士である。この兩腕のない傷兵が日本畫を學び、不自由を克服してやり拔くと云ふので、私も深く感激してこの不自由な傷兵を明るい希望のもとに、何とか立派に教育したいと熱心に教授をしたのである。そして今度あの忠愛美術院に出品したあの富岳の圖を完成したのである。がそれは全く不自由な兩腕のない手に、少く殘つた左腕へ義手を附けて繪を描くといふ不自由な體を努力と魂で描いて行つたのである。それには欲もなく邪念もない强い精神と氣魄が生んだ藝術であつて先般中島中將閣下を初め忠愛美術の花岡萬舟氏等より絕讚を頂いたものである。斯うした傷兵の美しい精神や技術は、一般美術家の全くもつてよき一つの反省とすべきであり、單なる技術偏重に偉大な警告を與へるものである。私共は常に傷病將兵に教育指導をしてゐる重責を痛感し總ての私心を捨てて只々君國のため國家への御奉公であることを堅く信念して、傷兵の明るい希望に燃え立つ尊い姿を胸に銘記し、藝術報國に邁進してゐるのである。東京美術家協會員の方々や、その他の各講師が當陸軍美術部の教育に時々見えられて、共に盡力せられてゐる事は感謝に耐へないところである。

由來美術家は、誰れではどうとか、あれらのやつてゐることは大したことはあるまいとか云ふ風に兎角かたづけて其の人々のもつ眞の人物や、識見、力を過少に評價したがる。勿論立派な美術家にそんなものはないが一般にもつと大乘的な心の修養が大切ではあるまいか。賣名的でも有名ならば信じ又は文展審査員にでもならなければ立派な美術家でない樣な錯覺を以てこれらの藝術家の尊い使命や、眞に國家理念に副つた藝術の大道を理解しない者がまだまだ多くあるのではないか。勿論立派な美術家も澤山あつて、戰時下率先美術のもつ總ゆる重大使命に涙ぐましい獻身的努力を續け、從軍や報道宣撫に或は又陸海軍獻納作品に奉公せられ、又は陸軍病院傷兵慰問等その他、公の藝術家のなし得る職域に於て至誠報國の誠を盡しつゝある現下の美術界は、又誠に古今比類のない愛國盡忠の藝術家精神であつて、文化戰士としての美術人の誇りである。地位や名聲を得た美術家が大家然と納まる前に、この大東亞戰の重大使命を認識して陸軍病院美術部に一度は來訪せられて皇軍傷兵勇士の逞しい精神から生れ出た美術を、教育を、觀て頂きたい。拙い、素朴の技術ではあるがそこからこん〳〵と湧き出して來る雄渾不屈の精神は必らずや心に脈打つものがあると信じてゐる。

繪畫に於ても、中澤弘光、南薰造、太田三郎、川島理一郎、富田溫一郎、齋藤與里、熊岡美彥等の各氏或は二科、獨立白日會太平洋等其の他の會の會員諸氏、日本畫壇や彫刻界の人々靑龍社の川端龍子、矢澤弦月、望月春光、高木保之助氏等その他まだ〳〵多くの大家や知名の有數藝術家の方々は、陸軍病院美術部を訪問されたり、或は會に招待されたりして、陸軍美術教育に非常な賞讚を賜り、又優秀な傷兵の作品や私共の獻身的教育の成果に多大の絕讚を賜つて激勵を頂くなぞ全く感謝感激してゐる。私共は又常にその微力を更に反省しつゝ軍美術教育に一段の奉公を盡す覺悟である。

昨年五月、畏くも、皇太后陛下陸軍病院に臨御遊ばされた砌り、傷病將兵美術作品御台覽の光榮に浴し、尙當日美術部傷兵の繪畫、彫刻の實際の教育狀況を御台覽賜り不肖池上教授御前教授の光榮に浴し御下問を拜し、傷兵始め關係者一同に有難きお言葉を賜り只々皇恩の厚きに感泣した。全く比類なき皇國に生を享けた尊い感激である。

大東亞戰に勝ち拔くためには、今は藝術家も戰士の一人である。輝やかしい皇道美術の確立と、高度文化の重大使命に積極的な飛躍を致すべきである。それには從來の單なる技術萬能の世界より脫却して、肩書や、有名に墮す事なく眞に實力のある、そして立派な精神と、實行力のある、現實の推進的人物を凡ゆる面から多數にどん〳〵選拔して大東亞戰下の美術界覺醒に資す可きである。そして皇道理念に立脚した精神の入替を必要とする。立派な精神より生れた藝術、立派な人格より生れた美術、これこそ眞の偉大な藝術であり輝かしい我國精神文化の發足ではあるまいかと信じてゐる。

雜誌獻納運動頗る好評

本社の企劃、各方面の協贊多大

聖戰に必死勞苦さるる第一戰線の勇士各位及び再起出征の熱意に燃え傷痍病牀にある白衣勇士の方々のために、本社は隨時旬刊「美術新報」を寄贈いたし、其慰問に捧げて居りました處、各方面に於て頗る好評と多大の感謝を以て迎へられてゐるのであります。

今や戰果は益々擴大し、前線及び病院には層一層慰問の重大期となりましたので、本社は取敢ず、保存に、縱覽に、最も便利なる旬刊「美術新報」半年分の合册を特製し、慰問運動の强化擴大に決し（本誌第二十八號及び第三十一號發表）ました處、各方面共多大の賛成を得ましたので、着々これが實施に進みつゝあり、一層大方の御協力を願うて止まぬのであります。

雜誌獻納參加芳名

第壹回發表（敬稱略）

青衿會　五口
伊東深水　五口
日本彫塑家聯盟　五口
北村西望　五口
福陽美術協會　二口
堅山南風　二口
田中案山子　三口
小林巢居　三口
讀畫會　二口
日東美術院　二口
園部香峰　一口
正統木彫家協會　二口
澤田晴廣　一口
長谷川榮作　二口
各務鑛三　二口
東京硝子部會（工藝美術家協會）　一口
双台社　二口
大日美術院　一口
松本姿水　一口
石川確治（國風彫塑會）　一口
一水會　一口
石井柏亭　一口
川崎小虎　二口
煌土社　一口
野田九浦　一口
田中咄哉州　二口
飛田周山　二口
二科會　一口
東光會　一口
熊岡美彦　一口
熊岡繪畫道場　一口
小林彦三郎（大輪畫院）　一口
森大造（九元社）　一口
朝陽會　一口
西澤笛畝　一口
尾崎一草（瑞穗社）　一口
光風會　一口
鬼原素俊　一口
茨木衫風　一口
中里聖豐（帝國彫塑普及會）　二口
燦木社　一口
穴山勝堂　一口
狩野晃行（明朗美術聯盟）　一口
日本畫院　二口
直土會　二口

＝以下次號續々發表＝

旬報

榮えの新人選

秋の院展二科、青龍社

上野の秋を彩り、院展、二科はけふ一日から共に上野の東京府美術館で開催される。兩展共に去月末入選者をそれ〲發表した。先づ院展の方は、搬入總數七百三十七點、（繪畫六百十四點、彫塑百二十三點）で、うち新入選は左記の如く繪畫二十點彫塑二點計二十二點、全體を通じて堅實眞面目な力作が多い。

同人出品には横山大觀氏の「正氣放光」「野に咲く花」石井鶴三畫伯の「靜坐像」「大雅像試作」などが目立つてゐる。

◇繪畫部　中島一悟（岐阜）高橋玄輝（京都）里見米山人（同）池田榮廣（同）笹川喜久子（千葉）大久保東州（東京）中村進一（同）石井美代子（神奈川）藤井觀文（石川）河本松之（大阪）染谷祐道（横濱）島田秀（東京）永田紳自露（名古屋）高坂青邨（熊本）金井敬陽（東京）高浪勢以（長野）池澤青峰（東京）宮本濟次郎（神奈川）小川雨虹（大阪）本多三洲（名古屋）

◇彫塑部　藤本美弘（大阪）千野茂（新潟）

□

二科の方は總搬入數二千五百九十六點（繪畫二千四百二十八點、彫塑百六十八點）で、うち入選は繪畫三百二十點（うち新入選五十二點、彫塑三十二點（うち新入選三點）、地方からの新入選三點、地方からの新入選がぐつと殖えたのは注目すべく、新入選は左の通りである。

◇繪畫部　安藤隆男（岐阜）池戸資之（東京）井口淡（久留米）內田系一（福岡）宇井俊（東京）越智義男（大阪）大道あや子（廣島）岡本誠（大阪）大麻秋夫（愛知縣）大貫正（東京）小川庄之助（東京）大場十四路（富山市）小川博司（名古屋）川田茂（神戸市）木下百合子（東京）栗林丈（千葉）草川綾子（名古屋）小林森次（東京）近藤幸一（香川）齋藤愛子（東京）佐藤正也（群馬）庄司道子（豐中）下川都一郎（久留米）柴原葛造（京都）高橋二郎（兵庫）竹內一（名古屋）田代泰三（四日市）瀧本正男（名古屋）瀧川武雄（金澤）玉崎三枝子（東京）千葉精三（東京）奈良岡正夫（東京）永島也（千葉）中村重一（東京）名嘉眞武雄（東京）野本克己（尾道）萩原英一（千葉）原田豐村（京都）長谷眞次郎（京都）平井康正（東京）平山惠多路（仙臺）朴成煥（東京）松山京仙（東京）松島勇（姬路）三宅輝夫（西宮）三田村武雄（岐阜）宮永岳彦（名古屋）宮內秀雄（東京）吉野廣行（東京）柳澤松一（奉天）山川孝吉（久留米）矢川大治郎（東京）

◇彫塑部　野村正（兵庫縣）藤島茂（横須賀市）久保孝雄（東京）

□

更に青龍社では、既記の如く第十四回展を東京日本橋三越で八月二十六日から開き來る六日迄、大阪阪急百貨店では九月三十日から十月十一日迄、名古屋十一屋百貨店では十月二十三日から十一月三日迄續催する。今回の搬入總數九十五點（八三名）入選總數三十三點（三二名）、內新入選は左の如く九點（九名）である。

堀江大白（京都市）、安東丈夫（同上）、竹內未明（大阪市）、野村東山（同上）、木田雙樹（大阪市）、渡會牽牛（名古屋）、宅間說（東京市）、久保木彩光（同上）、木下薫（同上）

尚社人の出品は左の通りである。

『國に寄する』連作ノ二「大和の國」『南方篇』四連作ノ一「國滅ぶ」川端龍子。「飛燕」「赤日溪谷」坂口一草、「花王圖」「娘子報國」加納三樂、「蕃椒酒」福岡青嵐、「娘々祭」山崎豐

くろも會展

第九回展を資生堂

「くろも會」は早くも第九周年を迎へる事となつた。明年は十周年といふ記念すべき佳年の前哨戰的展覽會を今秋の美術期に開會するので目下準備中である。同會は一水會系新進八氏のよき結社で「くろも」は希臘語の色の意義で石井柏亭氏の命名、昭和十年七月結社をつくり同九月中旬資生堂で第一回展を開いたのである。

京都林泉協會

石造美術の振興と保存を圖る目的で結成さる

京都に於ける石像美術學者並に同好者、造園業者などは今回石造美術の振興と保存を圖る爲京都林泉協會を結成、近く代表者を選んで大政翼贊會文化部を訪問させ、京都の名園保存につき陳情せしむべく着々準備を進めてゐる。

□□永野海軍々令部總長□□

古城江觀氏を激勵

去る二十三日から銀座三越で開催した古城江觀氏の南方風物畫併びに從軍畫展は時局柄頗る重視されたが、同展の最終日に永野海軍軍令部總長は副官二氏を帶同し來場、江觀氏の案內で一々に入念觀賞の上、別室で少憩中「斯かる企劃は時局柄誠に適宜のもので銃後に民が南方への關心深き折からその社會的效果は絶大である、猶大いに致されむことを望む」と激勵を與へ、直ちに筆を執つて「達人大觀」の四字を大書し江觀氏に贈つたが、更に同展出品の「關印の船」一點を海軍軍令部買上とされた爲重ね〲の光榮に江觀氏は感激措かず一層の藝術報國を誓つたのであるが、氏は次の如く語つた。

軍務多端の折から街頭の個展に枉駕さるる事はないだらうと思つてゐたが私の個展の目的が南方圏の風物を通じて聊

展覽會の暦

▽二科第廿九回展　九月一日から廿日迄上野府美術館

▽國風彫塑展　九月一日から十七日迄上野府美術館

▽群馬美術洋畫聯盟展　九月一日から三日迄銀座菊屋畫廊

▽美術文化秋季展　九月一日から六日迄銀座三越

▽角田磐石第一回展　九月二日から八日迄銀座松坂屋

▽土田麥僊素描展　九月二日から八日迄銀座松坂屋

▽童人畫展　九月二日から五日迄銀座紀伊國屋畫廊

▽大東亞戰爭畫展示會　九月三日から九日迄高島屋

▽維新會第四回展　九月三日から七日迄銀座青樹社

▽石井彌一郎五回展　九月四日から八日迄銀座菊屋畫廊

▽創元會第二回展　九月五日から十五日迄上野日本美術協會

▽青龍社第十四回展　九月六日迄三越

▽芝野川不染鐵合同展　九月七日から十日迄銀座書店畫廊

▽明朗美術九回展　九月八日から十七日迄上野府美術館

▽珀光會第一回展　九月九日から十三日迄銀座青樹社

▽逸品古畫展　九月九日から十三日迄白木屋

▽佐々木邦餘技日本畫展　九月九日から十五日迄三越

▽棟方志功新作油繪展　九月十二日から十六日迄高島屋

▽西本白鳥水墨展　九月十五日から同十七日迄銀座七丁目村松時計店畫廊

竹内栖鳳氏逝く

帝國藝術院會員竹內栖鳳氏は宿痾の喘息病のためかねてから神奈川縣湯河原町宮上天野屋旅館別莊で療養中であつたが病勢惡化遂に八月廿三日午前六時四十分永眠した。享年七十九。遺骸は同日午後八時十分湯河原驛發大垣行下り二等特別列車で家人及び門弟たちに付きそはれて故人の鄉里京都に向つた。

故人は横山大觀氏等と共に明治大正、現代を通じて畫壇の大御所で、元治元年京都の料亭「亀政」の長男に生れ、十四歲の時畫家土田英林の門に入り、後幸野楳嶺を師として「棲鳳」と號したが後栖鳳に改めた。明治廿四年京都美術工藝學校教諭となり、卅三年歐州を巡歷、歸朝後文展が東京上野に開設されるや審査員となり、四十三年帝室技藝員を拜命、大正十一年佛國パリに開催された日佛交換展には「蘇州の雨」を出品して日本人最初のサロン會員に推された。昭和十二年文化勳章制定せられるや畫壇を代表して最初に授賜同年六月帝國藝術院創立と同時に會員に選ばれて今日に及んでゐた。純日本畫寫實派の巨匠で「雀」「竹虎」を最も得意にしてゐた。氣品あるその作品は故人生前の風貌と共に國寶に近い畫壇の重鎭であつた。

京都で盛葬
偲ぶ故人の餘榮
會衆實に五千名

竹內栖鳳氏の葬儀は八月二十七日午後一時から京都黑谷金戒光明寺本坊で管長望月大僧正導師となり、嗣子逸三氏をはじめ遺族、近親者、門下生西山翠嶂、上村松園、石崎光瑤、金島桂華、德岡神泉氏ら參列、しめやかに執行された。葬儀場には畏き邊りより下賜の幣帛・祭資、東京、京都兩久邇宮家下賜の御紋菓を正面に陸軍大臣、文部大臣、藝術院、大日本美術院、日本美術雜誌協議會・關西美術雜誌聯盟、青甲社始め各塾その他各方面から贈られた供花をもつてうづめられ故人の余榮を偲ばせた。一般燒香の爲參列した各界の名士五千名を超え、いと嚴肅にして且つ時局下質素な葬儀であつた。柩は同寺文殊堂の横に姉琴さんと並んで埋葬された。

かなりとも國民の認識を深めたいといふ微意のある處、其熱情の認められたかのやうに思へて感激の外はありません。永野閣下とは十年以前私が世界漫遊の歸途布哇から横濱迄同船した事があつたので、この個展にも副官を通じて御招待申上げ置いたのです。公務多端の折から寸暇を割かれての御來場は南方圏であるため軍務御熱誠とは存じますが十年前の事ども御記憶ありての事かと思へば人情味豐かな將軍と敬服申上げたのです。

青龍社出品者懇談會

青龍社では八月二十六日夜虎の門晩翠軒で今度の第十四回展出品者懇親會を開き、同社主宰川端龍子氏以下社人一同、各出品者、美術關係新聞雜誌記者等參集、盛會を極めた。尚又、川端氏は、同二十八日午後六時から大森區大井海岸小町園で前記關係者一同を招きその第十四回記念日を祝する賀莚を開いた。

珀光會旗擧展
「白日」の新人十一氏

珀光會第一回展が九月九日から十三日迄銀座の青樹社で開催される同會は二十年の輝かしい白日會に名を連ねて、畫道を畢生の生命と觀じひたむきに精進しつゝある若い人々が心友十一名を以つて今回結成した眞摯な研究機關で、府美術館に於ける一年一度の作品發表以外、時には街頭展を開催して一層激勵し合ひ延いては母會の隆盛を圖らうとする團體で、同人の顔觸は次の通りである。

伊藤清永、市原義夫、大河內信秀、川村精一郎、島村三七雄、平松讓、古川弘、松平齊光、松平康南、三保義・山道榮助

豫報

輸出振興基礎を確立する
第二回東京工藝綜合展
美術・產業工藝品は高島屋で

東京府主催で、第二回東京工藝綜合展が開催される。同展は、傳統ある本邦工藝文化の昂揚と戰時下國民生活に適應せる產業工藝の**伸展**に資すると共に、大東亞共榮圏に對する輸出振興基礎の確立を期し輸出雜貨の改善に資せんとするもので、第一部美術工藝部は東京府工藝協會で第二部產業工藝部は東京府立工業奬勵館で、第三部輸出雜貨部は同府立商工奬勵館で夫々事務を分擔する。第一部と第二部は九月二十九日から十月四日迄六日間日本橋高島屋で、第三部は九月二十二日から同二十七日迄六日間丸ノ內府立東京商工奬勵館で開催する。出品點數及び大きさは之れを**制限**せず、出品希望者は九月十五日迄は所定の申込書を同會事務所（東京府經濟部總務課）に提出する事になつてゐる。搬入場所並に期日は各部毎に之れを指示する筈である。出品物は之れを鑑査したもののみを陳列し第一部第二部とは同會推薦に係る出品を無鑑査とし、鑑査に合格した作品は審査の上優秀と認めたものに對し褒賞する。褒賞は、（東京府知事賞）賞牌、（一等賞）賞金二百圓、（二等賞）賞金百圓、（三等賞）賞金五十圓ほかに褒狀

明朗聯盟第九回展迫る
十周年紀念展を控え目覺しき緊張

狩野晃行氏を盟主とする明朗美術聯盟第九回展は愈々九月八日から十七日迄上野の東京府美術館に於て華々しく開催される。開會を前にして狩野氏は語る

「聯盟結成十周年を迎へる來年からは物語的なものをと考へてゐる今回發表する私の作品は「日月春秋」と題する六曲屏風一双に二曲一双の「牡丹獅子」其他で、木和村創爾郎氏は六曲一双に「富嶽」を、渡邊日向氏は二曲半双に「武藏野風景」を、東條光高氏は支那歷代の思想家を八人、山下昌風氏は從軍畫家の像を、其他同人一同、時局下非常に緊張した氣分で目下制作に懸命の努力を續けてゐる。」

芝、不染合同展

芝野川と不染鐵兩氏の合同個展が九月七日から十日迄銀座の紀伊國屋畫廊で開催される。芝氏の作品は「垓下の夜」（虞氏・項羽・騅）、「將進酒」（李白）、「天草四郎時貞」、「關の嵐」（蟬丸）其

他で、不染氏は墨繪二曲一双の式根島其他小品五六點の發表である。

逸品古畫展

探幽、應擧、抱一其他

某名家所藏の「逸品古畫展」が九月九日から十三日迄日本橋の白木屋で開催される。その主なるものは、探幽の「登り龍・降り龍」三幅對、同「布袋」他二の三幅對、抱一の「薄紅白椿」双幅、應擧の「富嶽」、尙信の三幅對、椿山の「國色靑齊」、文晁の靑綠山水、竹田の「舟遊山水」、畫は山陽、賴三樹、博文其他の逸品が展示される。

第十二回京都工藝美術展

十月下旬京都美術館・十一月中旬東京高島屋

第十二回京都工藝美術展覧會は十月二十五日から五日間京都市岡崎公園京都美術館、十一月十日から六日間東京高島屋でそれぞれ開催されることとなり、八月十七日右本年度審査員が左の如く決定された。

（審査長）石原京都府經濟部長（審査員）山鹿淸華、岸本景春、淸水正太郎、楠部彌弌、平館酉、秋月透、明石國助、霜島正三郎、川勝堅一

尙同展に二回以上受賞した者は京都府藝術作家組合への加入資格が與へられ、五回以上の受賞者は創作割當增額の特典を賦與されることになつてゐる。

帝都で秋季展

全群馬洋畫家聯盟

全群馬洋畫家聯盟は、その後急速な發展を遂げたので、敢然秋の京都に進出し、九月一日から三日迄銀座菊屋ギャラリーで展覧會を開催する事になつた。尙、聯盟事務所は群馬縣碓氷郡磯部町に設置されてある。

美術文化協會

同人秋季小品展

美術文化協會では、同協會同人秋季小品展を九月一日から六日迄銀座三越六階ホールで開催、海軍獻納作品を特陳する。

近畿聯合工藝展

九日から十二日迄大津

九月九日から十二日までの四日間大津市公會堂で近畿聯合工藝展覧會が開催される。わが國工藝品の改善發達を圖り產業の振興に資する目的のもので、出品物は輸出工藝品を第一部とし、一般工藝品を第二部とし、陶磁器、漆器、金屬製品、染織物、木竹製品並にそれらの綜合工藝品で、時局下特に東亞共榮圈文化の宣揚並に產業の開發に貢獻するもの、國民生活の刷新に適應せるもの、新代用資材を活用したるもの及び工藝技術の保存並に技術水準の向上に貢獻するもの、以上四事項に據れるものが求められてゐる。なほ右による京都府の出品物は九月二日午前九時から午後三時までに京都市岡崎公園京都市勸業館に搬入せしめ、翌三日第一次鑑査を行ひ、第二次鑑査は更に大津會場で行ふ。京都府市各關係者は近畿六大都市中特に傳統に輝く京都工藝品大量の出品を待望してゐる。

角田磐石個展

羅陽美術の中堅角田磐石氏が九月二日から八日迄銀座の松坂屋で個展を開催する。氏の個展は今回が初めてゞ、出陳作品は、滿洲風景（二尺五寸横物）と花鳥（二尺）など約二十點。尙氏の初めての個展とあつて、勝田蕉琴氏と荻生天泉氏とが賛助出品をする筈。

荻野康兒個展

一日から札幌三越

日本水彩畫會及び白日會の會員たる荻野康兒氏は、九月一日から六日迄水彩畫個展を札幌市三越で開催する。出品作品は「アカシヤの路」「阿寒湖」「長安門」「水蓮の入江」「大連風景」等卅餘點。

石井彌一郎個展

石井彌一郎氏の第五回洋畫個展は九月四日から八日迄銀座ギャラリーで開催される。氏は春陽會の常連で、今年は滿洲建國十周年を記念として渡滿し、金州や哈爾濱等でスケッチしたもの、並に新作を加へて二十五點を發表する。即ち「ハルピン風景」「金州城」「南方の男」等。

消息

▽松上茂氏　四谷區南伊賀町十九に轉居。

▽光風會事務所　大森區田園調布四ノ二一六淸水良雄氏方に移管

▽關口俊吾氏　滿洲國を二ヶ月に亘り旅行視察して最近歸朝満國大使館後援で八月十九日から廿七日迄神戸そごうに於て滿洲風物展を開催した。

▽福田平八郎氏　滿洲國展審査の爲渡滿中の處、九月上旬歸洛の豫定。

▽廣瀨熹六氏　今回永年の報知新聞社を退社、爾今持論とする美術の日本精神昂揚に後半世を献げ丹靑報國に邁進する。

▽西野嚴三氏　大禮記念京都美術館を去り京都市敎育部文化課主事となる。

▽常岡文龜氏母堂　ふじさんは入院加療中の處八月十一日午前十時半逝去、同十四日午後自宅に於て佛式に依り告別式擧行。

▽濤川薰氏　九月上旬帝大病院高橋泌尿器科に入院、患部を手術する事に決定。

▽鈴木定夫氏　出征後入院加療中の處退院を命ぜられ八月七日名古屋市西區田幡町二ノ八〇五の自宅に無事落ち着いた。

▽高士幽篁氏　今回大東南宗院展委員及び興亞院華北連絡部囑託として渡支、この機會に支那畫研究に精進する由。

▽河口樂人氏　栃木縣日光町中禪寺湖畔に滯在中。

▽村松乙彥氏　本郷區駒込千駄木町二一〇千駄木會館に轉居

▽高島祥光氏　八月三日拓務省の指令を受けて渡滿し開拓團と義勇隊とを巡りつゝ畫材を蒐集、九月中旬頃歸京の豫定。

▽湯原柳畝氏　この程、靑森縣鹿湯溫泉を中心に十和田方面を旅行、鹿湯附近で早曉、雲海を見、非常の感激をうけた。歸京後奥日光に秋の出品材料を求めてまた旅途についた。

▽大林千萬樹氏　目下長野縣澁溫泉に滯在中。

▽荒井龍男氏　今回板橋區石神井南田中町八一に轉居した。

▽出口淸三郎氏　小田原市十字町一丁目九十七番地の新居に移轉した。

――業界消息――

▽銀座の村松時計店　階上をギャラリーにして、一般展觀場とする。資生堂より少し廣く約三十坪である。會場拂底の折柄頗る意義があらう。

⊙正誤　本誌八月下旬號二科會廿九回展廣告中會期を九月一日から廿一日迄とせしは廿日迄の誤りに付訂正

「旬刊」美術新報　東京一三五五
昭和十七年八月三十日印刷
昭和十七年九月一日發行
發行日　毎月三回（一日十日廿日）
購讀料
一册金五十錢（郵税一錢）
一ヶ月三册金壹圓五十錢（送料共）
編輯發行兼印刷人　猪木卓爾
麹町區九段一ノ一四　資文堂
發行事務所　東京市麹町區九段一ノ一四
日本美術新報社
電話九段二七一五
振替東京一六二五〇
日本出版文化協會會員　一二二一三五番
配給元　日本出版配給株式會社
通信は一切發行事務所へ
發行所　東京市本郷區東片町八二　日本美術新報社

會期　九月九日—十三日

會場　銀座・青樹社（樓上）

珀光會第壹回展

同人

伊藤清永　市原義夫
大河内信秀　川村精一郎
島村三七雄　平松譲
古川弘　松平齊光
松平康南　三保義
山道榮助

會期　九月七日—十日

不染鐵
芝野川
個人展

會場　銀座・銀座書店畫廊
（舊紀伊國屋ギャラリー）

會期　昭和十七年九月十二日—同十六日

棟方志功油彩展覽會

會場　東京・日本橋高島屋八階サロン

昭和十年二月十二日　第三種郵便物認可　第三十五號
昭和十七年九月一日發行（毎月三回十日目發行）
九月上旬號

一ヶ月三回（金壹圓五十錢）

定價金五拾錢

（郵稅一錢）

旬刊 美術新報

二科 青龍展 特輯

36

旬刊 美術新報 第三十六號要目

二科・青龍展特輯

圖版

□二科展作品集（繪畫・彫刻數十點）
□坂本繁二郎特別陳列作品
□國亡ぶ（原色版）川端龍子作（青龍展）
□青龍展の作品
□二科展大東亞戰スケッチ素描

本文

二科展を觀る
二科の中堅新人の作品
二科の彫刻
□二科の憶ひ出
當初の思ひ出
私の追憶
△二科開設の頃
青龍展を評す
青龍展の新人
□旬報・美術經濟

荒城季夫
尾川多計
木田路郎
中川紀元
田口省吾
石井柏亭
四宮潤一
觀田

印度の女　田村孝之介

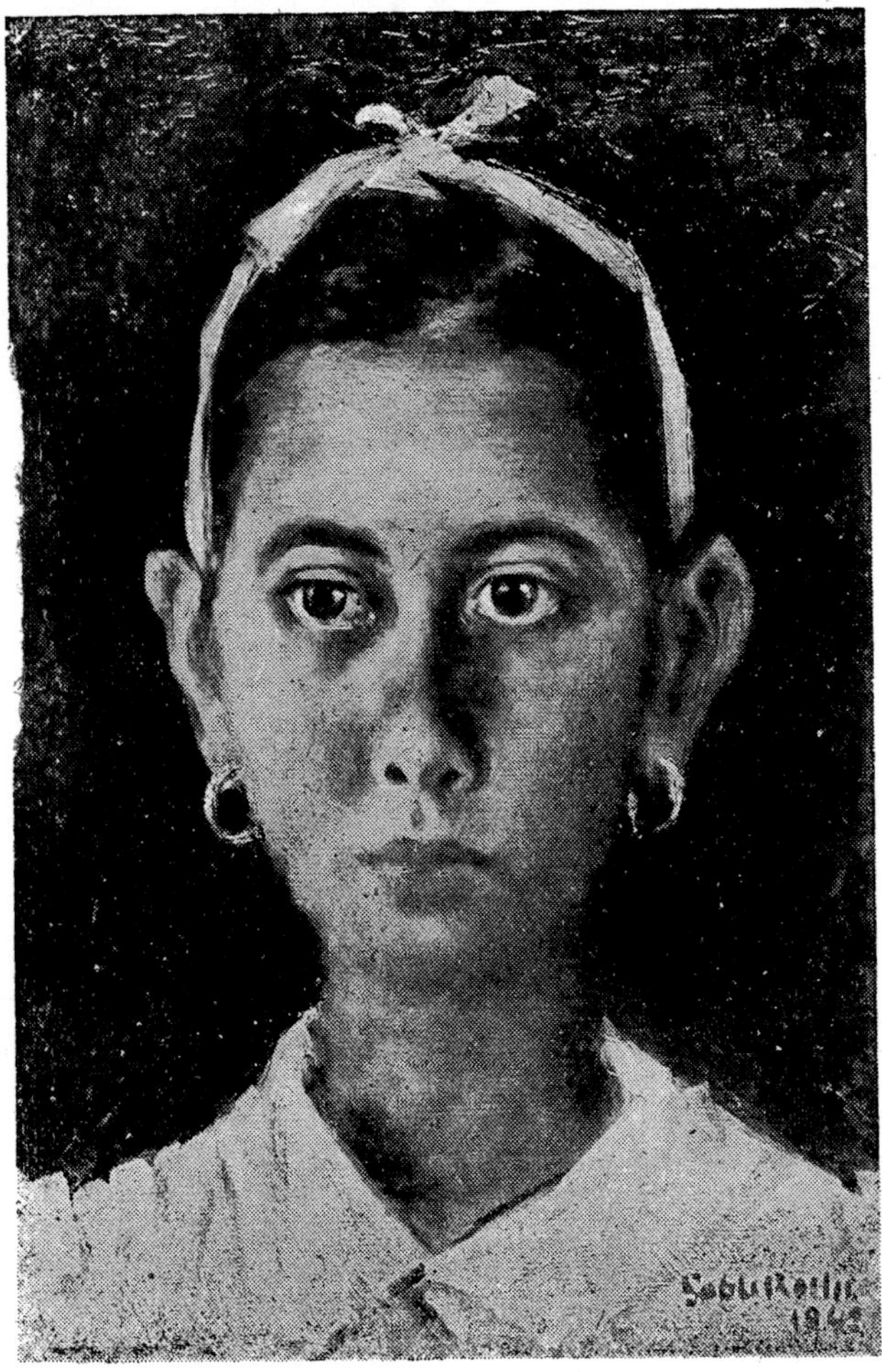

ユーラシヤ　富本三郎

新秋美術季始まる
―二科・青龍展について―

大東亞戰下、遠く南方異郷の戰線にあつて皇軍將士は赫熱の烈日下すでに戰後の經營と守護に挺ずるものあると共に、なほ爆撃の轟音を海上島嶼に響かせて新戰場に戰果擴大の力闘を續けてをる。戰勝を敢て誇らず、百年の大計を以て皇國の進軍譜は日夜奏ぜられつゝあるのだ。誠に世紀の偉觀であり壯觀である。しかも銃後は防衛の布陣を忘れざると共に、御稜威の下戰塵の餘片も受けず、文化戰士は藝術のため安んじて彩管に親しんで居る。例年と異らず新秋と共に美術季節を吾ら迎へて、皇恩の深さに感泣せざるを得ないものがある。

しかも今次新秋の美術界は誠に潑剌たる意氣を示してゐること最も吾人の意を强うするに足ると思ふ。美術に時局色ありやとこれ迄巷間の叱聲をきく屡々であつた。しかも、その反映は如實に今次の二科・青龍諸展に示されてゐるではないか。先づ美術家の作因について見よ。戰時取材のものいかに多きか。銃後生活を示すものいかに多きか。又單なる風俗畫の數々に至つても勞働や生産を取り扱ふもの多々である。支那事變以來四周年にして美術も國民の熱意を明瞭に反映し始めたと言へる。それは決して附燒刃でもなくかりそめの時局便乘でもない。その取材の如何を問はずそこには色彩の上に、形描の上に國民的熱意と明朗快活な基調が感じられるからである。ことに現地を親しく觀てきた作家の作品にはそのスケッチの片鱗にも大構想の圖上にもそれが明らかに感取せられることを何よりの欣快とする。やがて文展も開催されんとしてゐる。乞ふ美術家諸氏よ。この清新潑剌の氣を幾十倍にもして皇國文化の横溢せる元氣を克く表明されんことを。

國亡ぶ
（南方篇四部作の中）

川端龍子

—青龍展出品—

二科展の作品

坂本繁二郎作品特別陳列

第二十九回二科美術展は活氣の横溢輝かしい歩みを示してゐる。ことに中堅新進の活躍が目覺ましい。

坂本繁二郎氏は還暦を紀念として今回の二科展に一室を設け既往の作品より二十點を特別陳列された。坂本氏は二科創立當時の會員で、現在では草創の一回展出品者は氏一人といふ點から見ても畫壇の三十年がいかに變遷きはまりなきかゞわかる。氏の大正初年より最近に至る作を通じてその神祕的自然主義の作品が不朽の光彩を放つてゐる。

老婆　坂本繁二郎

白馬　坂本繁二郎

二科會展

耳成山　正宗得三郎

北市場　岡田謙三

湖國のみのり　鍋井克之

牡丹　黒田重太郎

静物　鈴木信太郎

夜　東郷青児

天香山　正宗得三郎

黄色の日傘　田口省吾

山躑躅　熊谷守一

空と水　宮本三郎

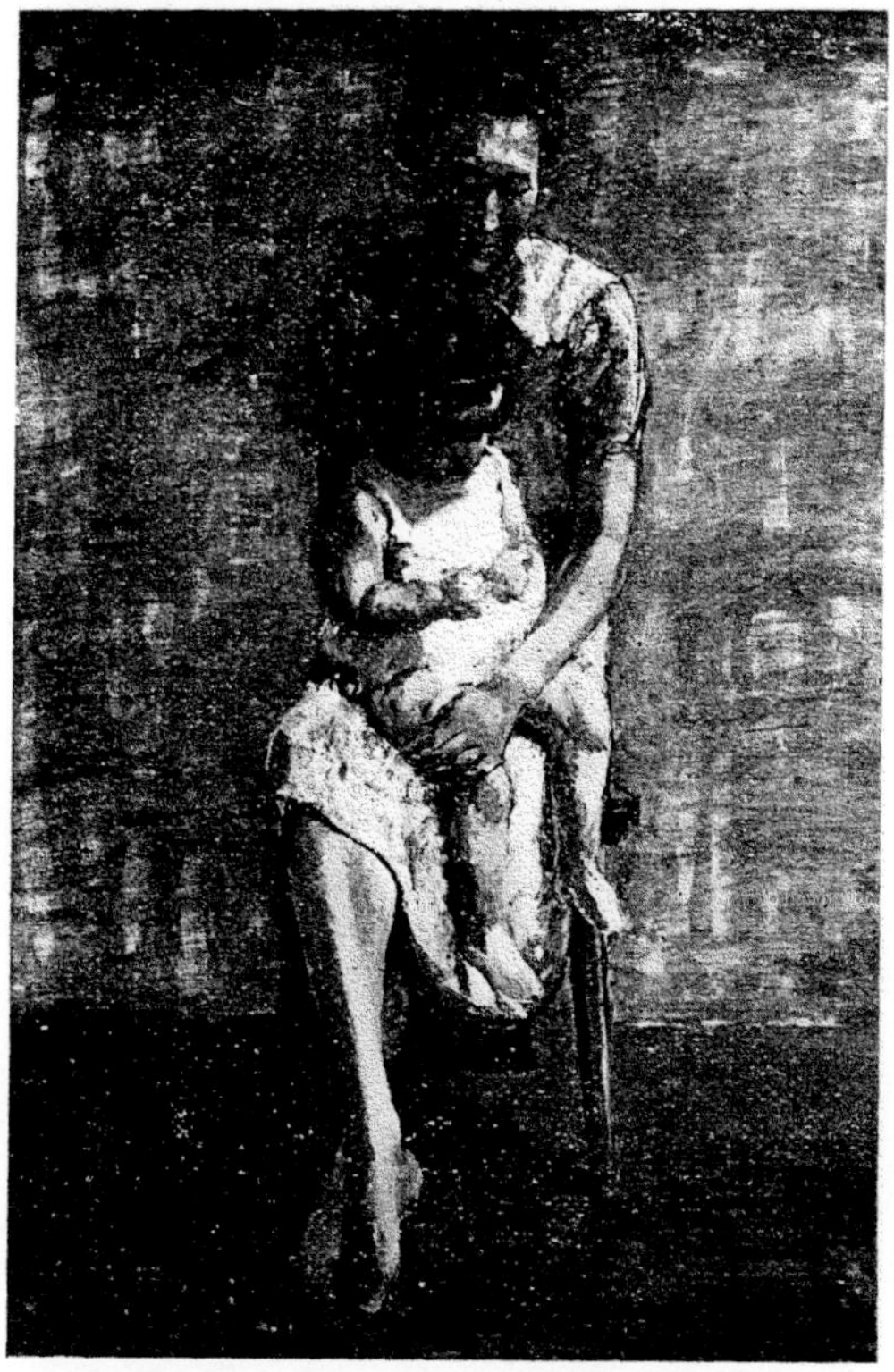

母子　吉井淳二

人形　　椎塚猪知雄

回教徒　　高井貞二

葛飾の子供　　野間仁根

好日子　　橋本徹郎

出漁

柏原覚太郎

夕暮の森　　濱田葆光

八仙花　國枝金三

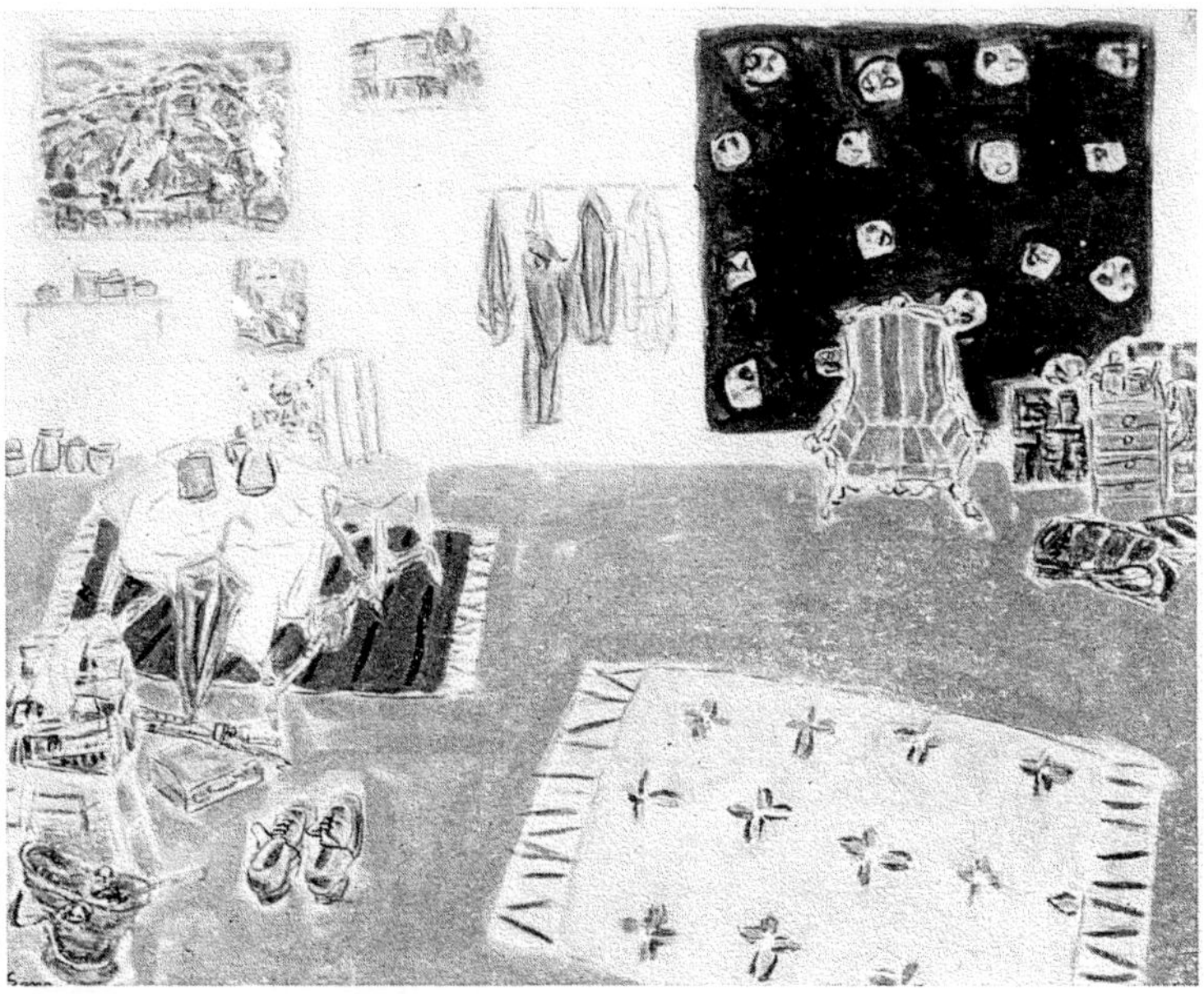

畫室　佐野繁次郎

湖水　野村守夫

麥秋　服部正一郎

働く婦人達　藤川榮子

牧草　島崎鷄二

二科展の作品

河畔　飯田清毅

沙漠の中の町　峯岸義

波　大澤昌助

麥の話　田中忠雄

湯の花神樂　高岡德太郎

海の人　籔野正雄

菖蒲　伊藤久三郎

小供　田中一郎

二少年　山本直

娘と獲物　酒井亮吉

伐採　桂ユキ子

鷺　津田周平

岬の午後　田澤三重松

雪國の人々　藤井二郎

渡船場　小出卓二

草上　鶴田宏

友達　安部次郎吉

塔　伊藤研之

おてゝ　篠原來介

牡丹　古家新

朧　佐藤吉五郎

文楽　伊東市太郎

野外保育班　高根澤政子

水馬圖　丹下富士男

早春　榎倉省吾

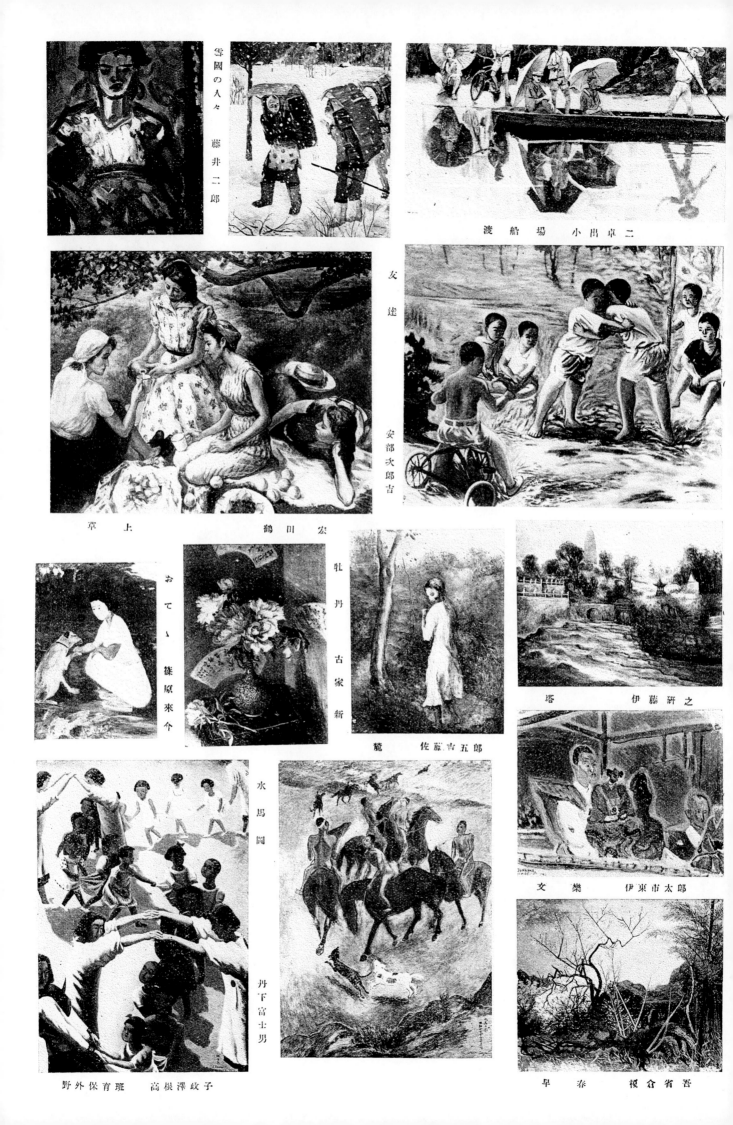

第十四回
青龍社展

大和の國　川端龍子

孔雀の如く　堀江太白

娘々祭　山崎豐

霽後　佐藤尚義

寫生　安西啓明(社人推擧)

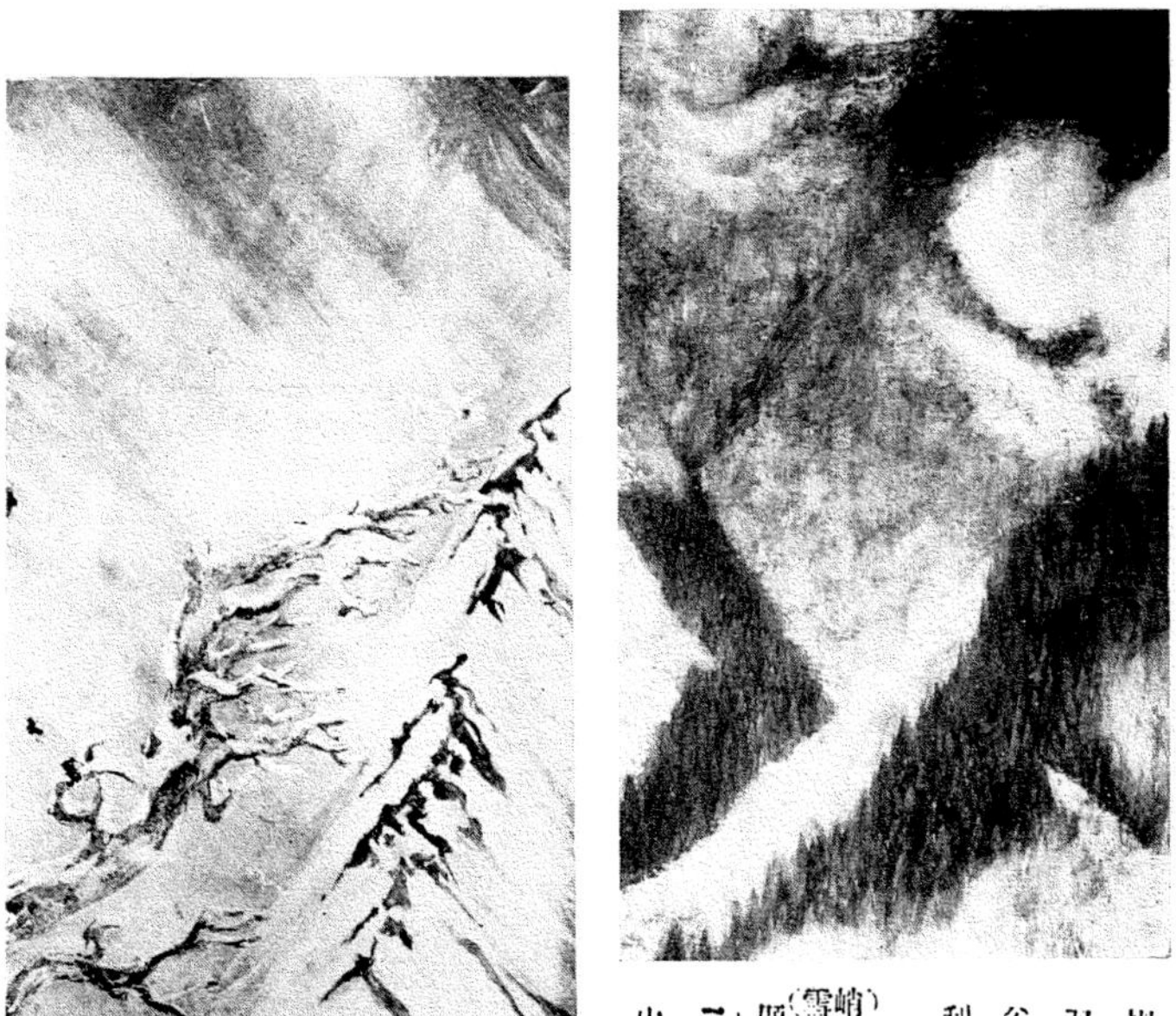

山二題（雪峭）（雨峽）　利谷双樹

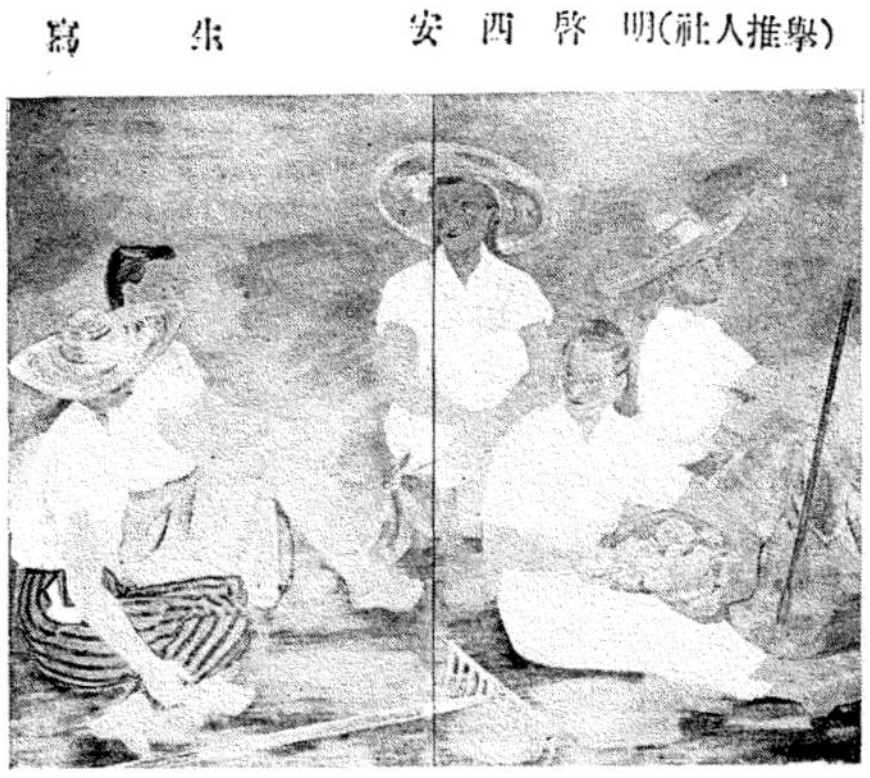

共同耕作　森省三

赤目溪谷　坂口一草

花王圖　加納三樂

首夏　琴塚英一(奬勵賞)

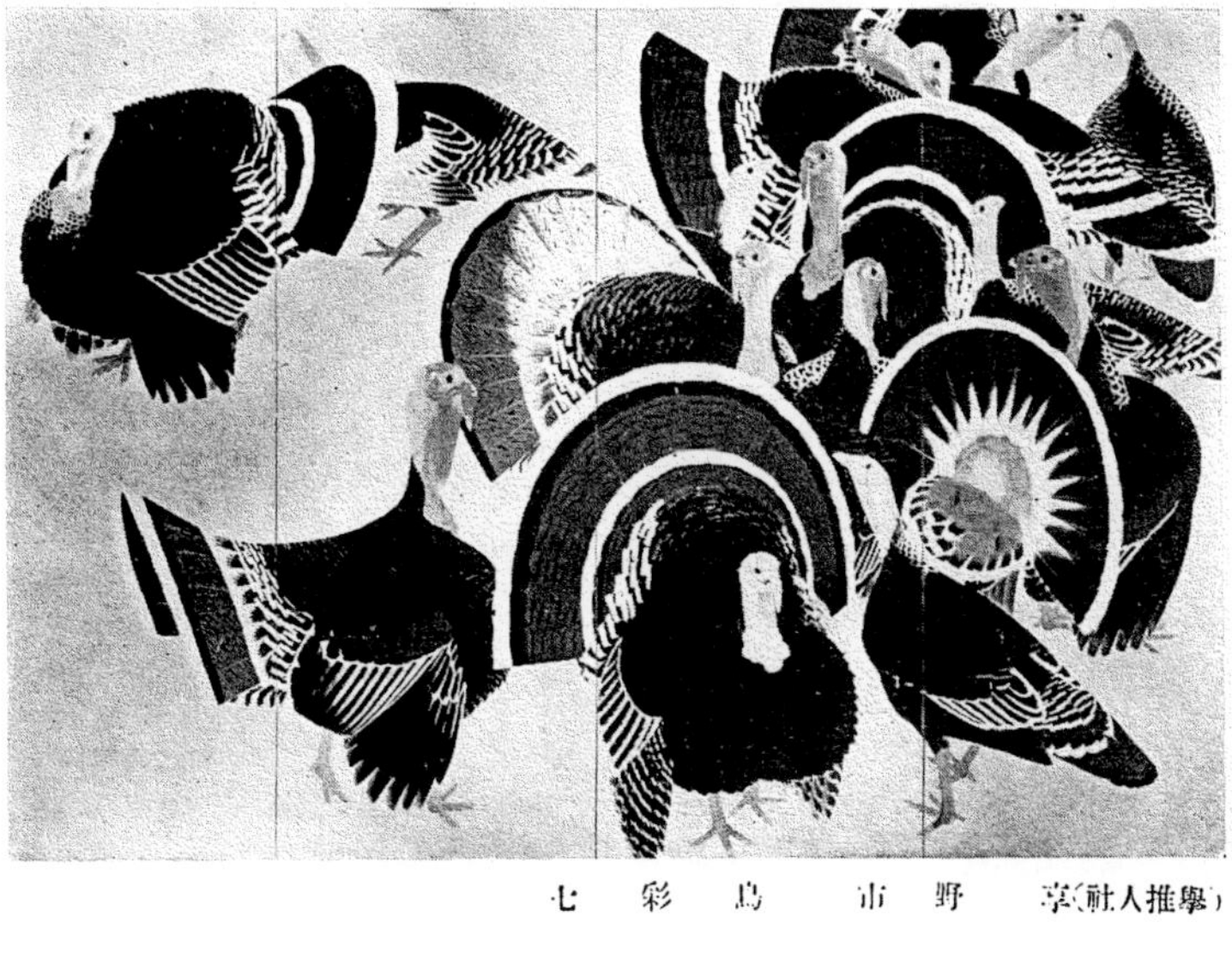

七彩鳥　市野亨(社人推擧)

春遲し　安宅説(Y氏賞)

蕃椒酒　福岡青嵐

睡蓮池　小畠鼎子(奬勵賞)

鵜陣　時田直善

南の夢　木村鹿之助

二科の彫刻

雲　渡邊義知

猛爆　笠置季男

コバタ　松村外次郎

國宗氏頭像　大西金次郎

雁　中村竹男

旗手　八柳泰二

胸像　渡邊政夫

仔牛　上田曉

女の首　乘松嚴

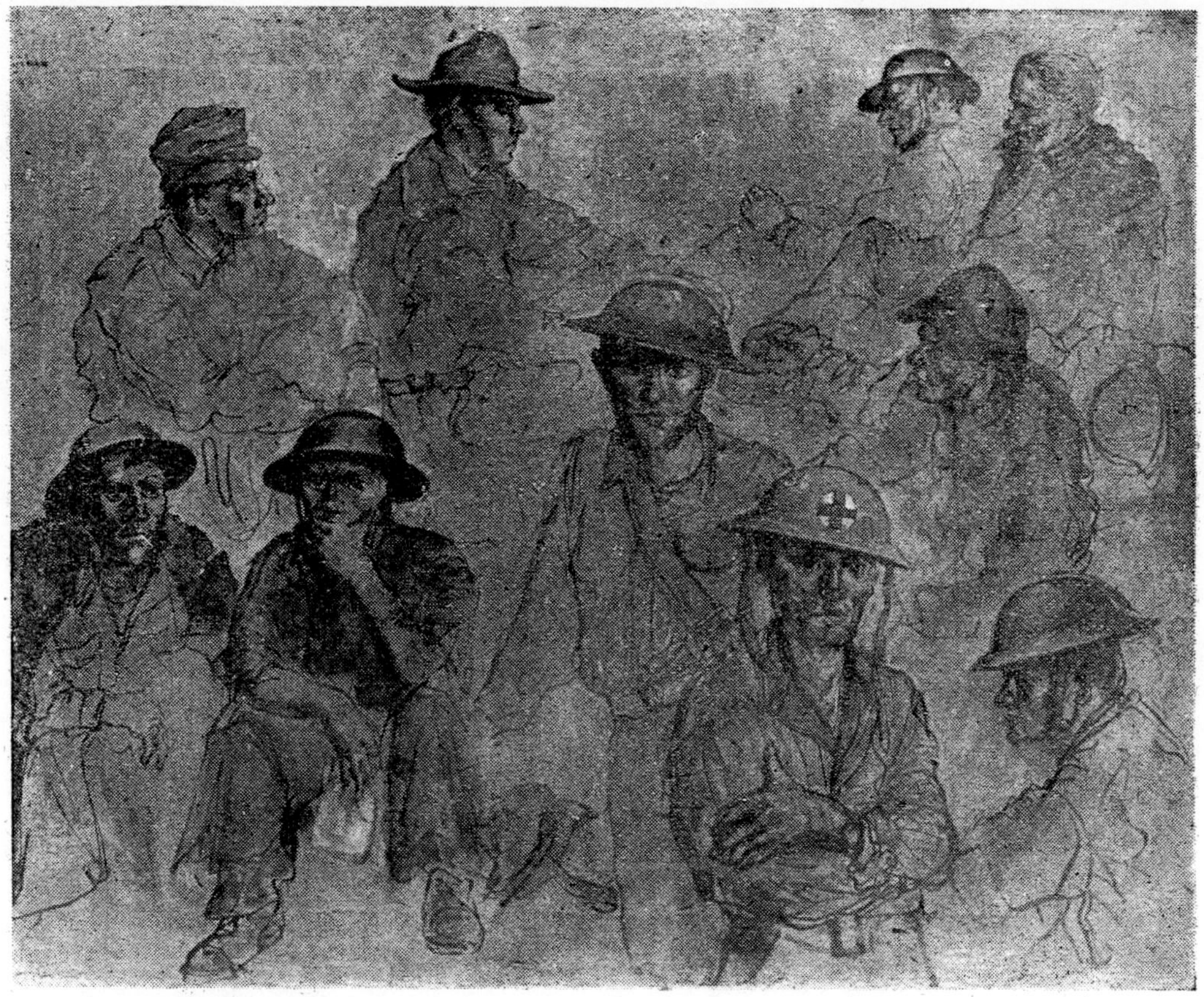

投降兵　　向井潤吉

二科會特別陳列

——大東亞戰爭スケッチ・素描集——

宮本三郎・向井潤吉・田村孝之介・栗原信

従軍作家として大東亞戰の現地を親しく訪れ、その見聞を彩管に托して歸來した二科會の俊毫諸子がその素描に、油繪の小品に端的に捉へたモチーフこそまことに興味深きものがある。

敗將パーシバル　　宮本三郎

二科作品

花　木下百合子

玖摩川　井口淺

二少年　原田直康

廚房靜物　秋山良太郎一

港の人々　田子嘉三

採果　葛西康

庭　渡邊造酒二

F留守宅　平野弘

繪畫と彫刻

月　錦義一郎

仁王　大貫正

童子　米良道博

紋様　浪江勘次郎

アグリ船　岩月信造

青年　大橋孝吉

噴水のある風景　定方希一

牛　中村輝

大東亞戰素描・スケッチ

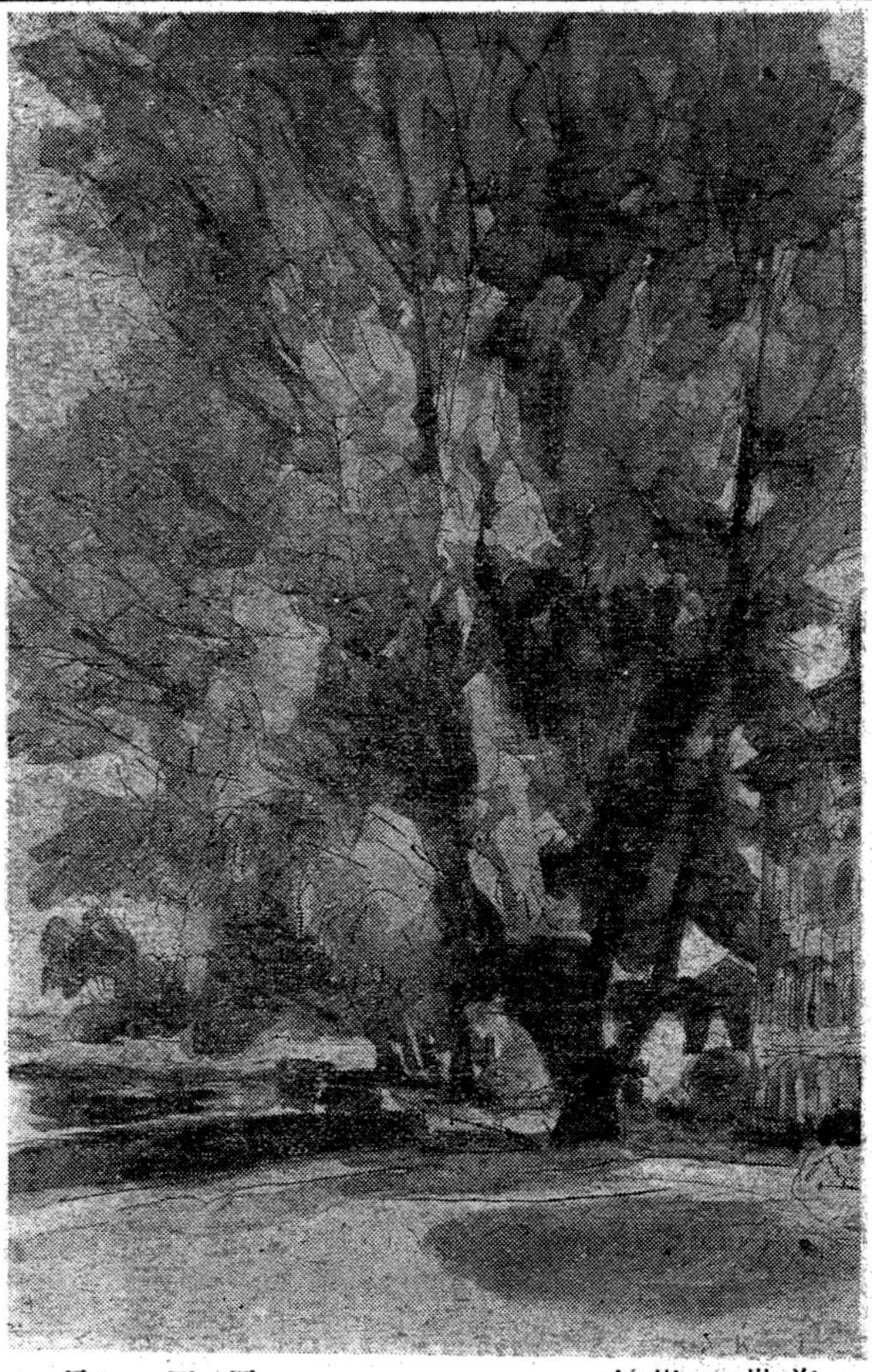

海岸の樹木　栗原信

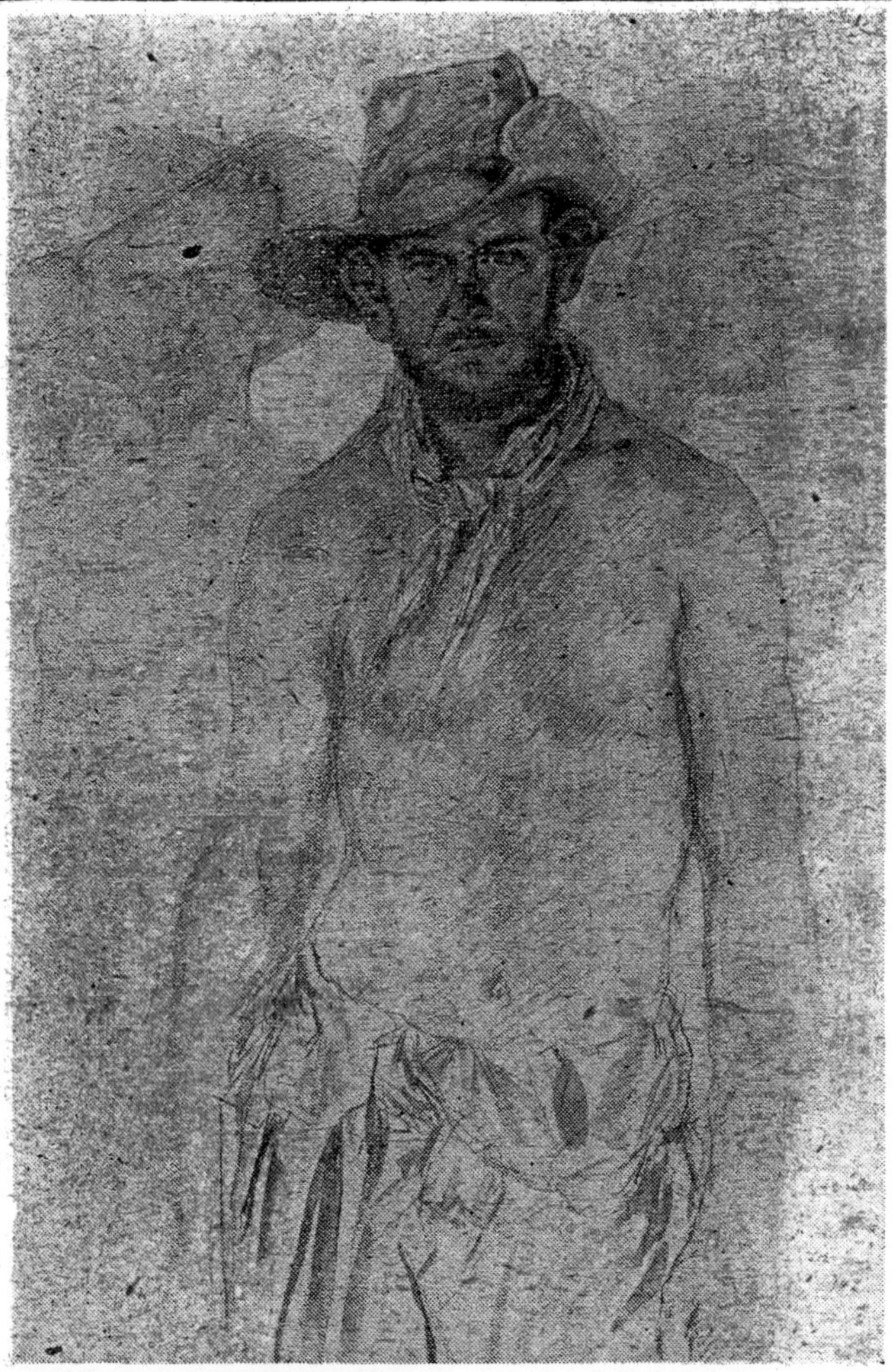

俘虜　宮本三郎

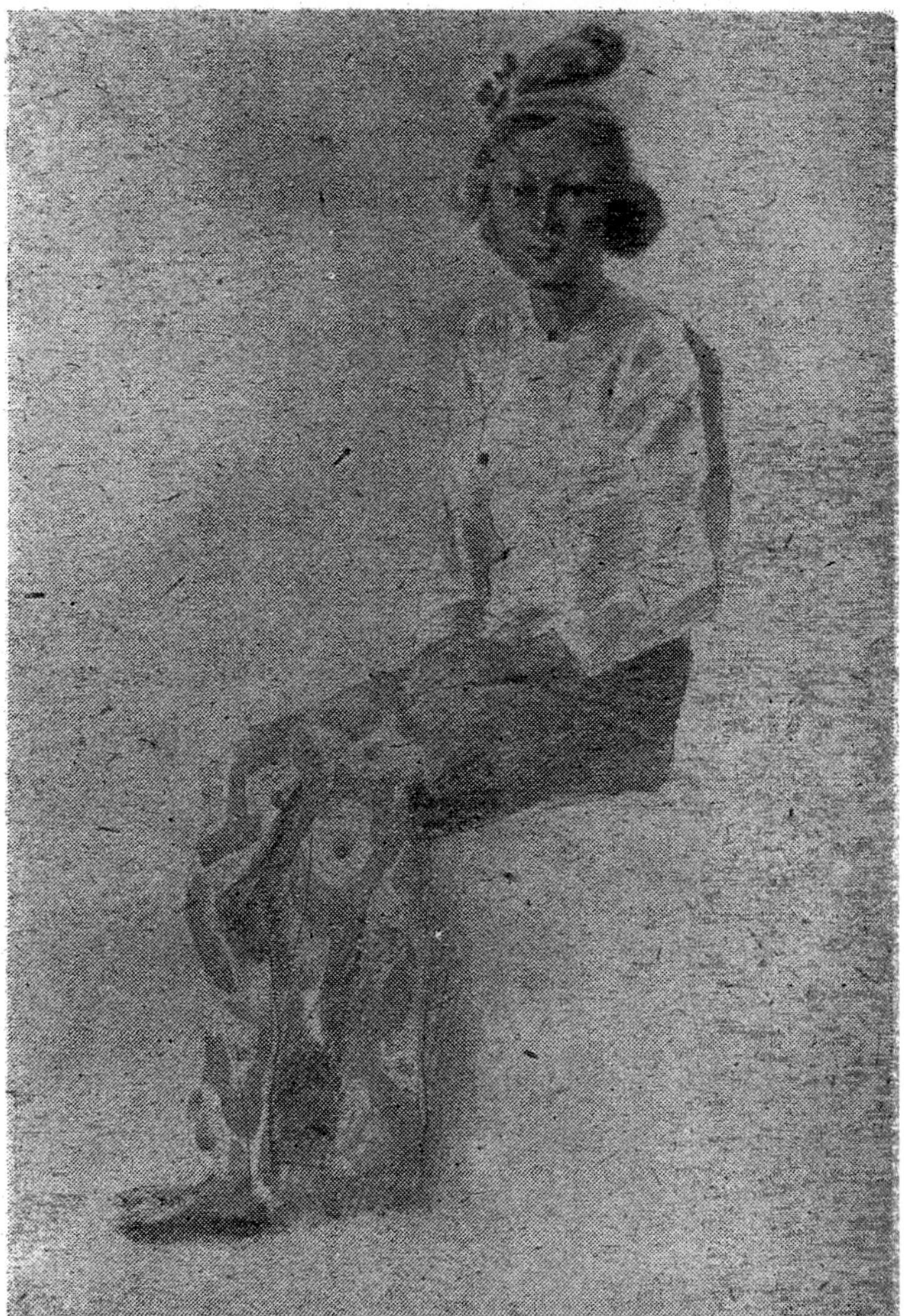

印度の娘　田村孝之介

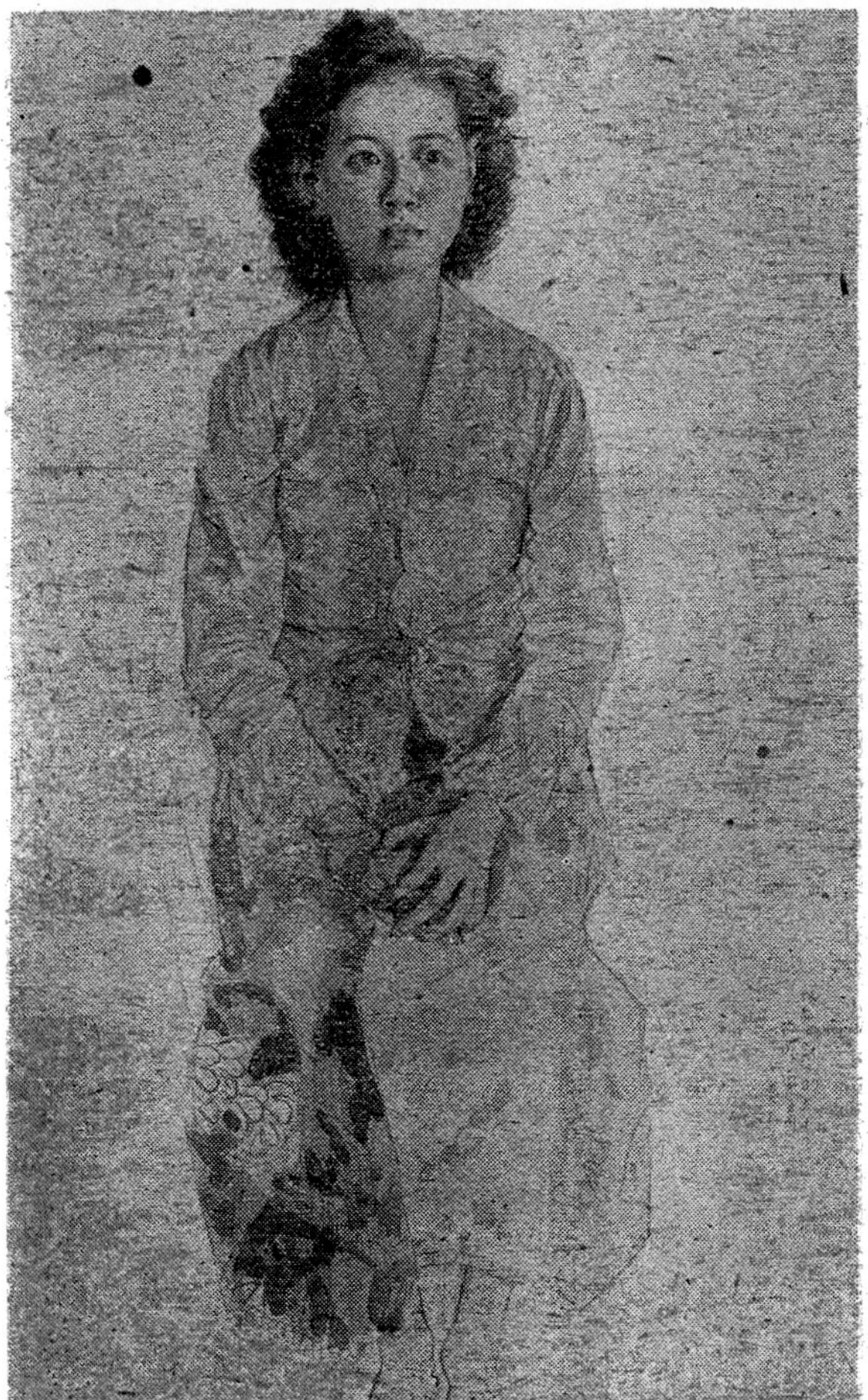

マレイ娘　宮本三郎

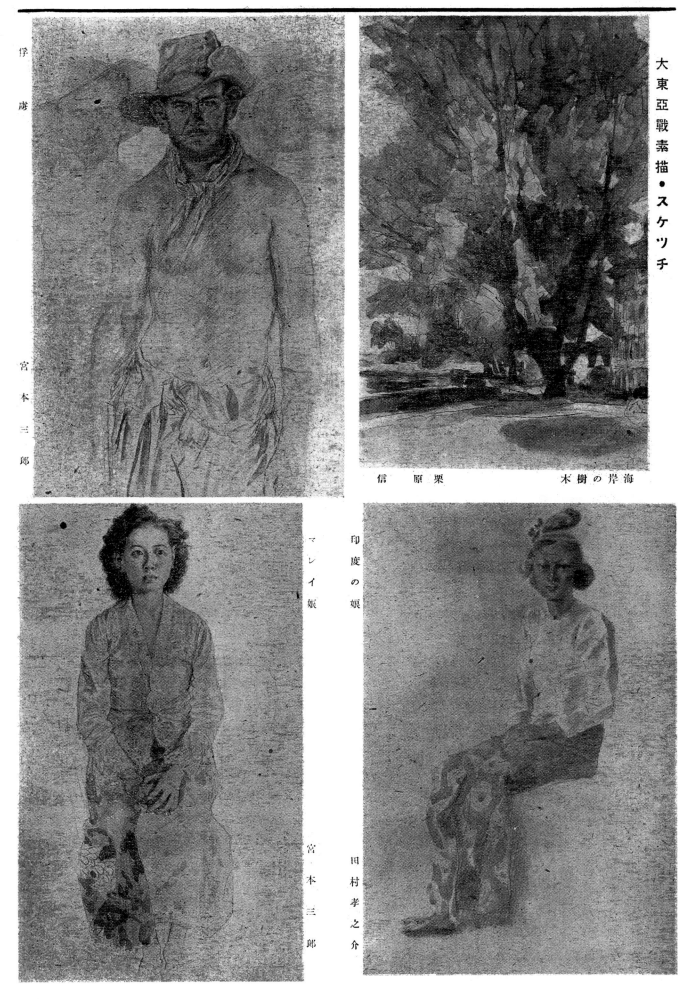

会期 十一月二十二日—十二月一日
會場 上野公園 日本美術協會
搬入日 十一月二十日

第一回展覽會

扶桑會

公募 繪畫・彫刻・工藝・產業美術・書道

出品用紙は四錢切手封入請求のこと

東京市世田ケ谷區祖師ケ谷二丁目四六〇番地

扶桑會事務所

會員

今西洋　大野平吉　大石俊彥　片山健吉　角浩　高橋惟一　高橋貞一郎　高林和作　山崎武郎　彌吉明　齋田喬　里見宗次　澤田美喜子　岸田麗子　志村一男　東山紗智子　比田井小琴　金原省吾

美術新協第八回展

繪畫　彫塑　造型一般　工藝

版畫　創案圖案　舞臺美術

會期　昭和十七年九月廿三日……十月四日

會場　上野公園・府美術館（新館主階全部）

事務所　東京市杉並區井荻二の一玉村方久斗方

（會期中會場）

第一回

難波田龍起油繪展

會期　九月廿一日—廿五日

會場　銀座・青樹社

第九回

くろも會油繪展

會期　九月十六日—十九日（自前九時至後八時）

會場　銀座・資生堂ギャラリー

同人

木下壽々子　北村幸信

黒田外喜男　近藤五郎

坂本正春　坂本不二

鍋谷傳一郎　源川雲

第二回

光高・昌風日本畫展

會期　九月廿四日—廿六日

會場　銀座・鳩居堂（双鳩ビル）

二科會を觀る

荒城季夫

二科會が今もなほ洋畫壇の一勢力たることは疑ひない。前後二十九回にわたつて、幾度か分裂があり、崩壞にさらされたが、よく持ち堪へて兎も角も今日まで官展に對抗し來たつたのは偉とするに足りる。他の諸團體にくらべて、依然として出品搬入數が多いのは、やはりこの會が實勢力を有つてゐる證據であつて、昔ほどではないにしても、何等かの人氣を有することは否み難い事實である。

創設以來三十年に近い歴史性を持續してゐるといふこと、たゞそれだけのことでも、二科會が社會的信用をかち得てゐるのは當然であらう。このことは決して輕視できない。何故かといへば、ひとり集團の場合にのみ限らず、個人の場合においても、歴史や經歴といふものは一應社會の信用を博する素因となるからである。

しかしながら、いづれの會の場合においても、徒らに歴史が長いといふことばかりが、存在の價値になるのではない。存在の價値評價が、存續の價値と並行して、その藝術的本質の發展如何にかゝつてゐることは今さらあらためて言ふまでもあるまい。さういふ意味から嚴格に批判すると、現在の二科展は、必ずしも滿足すべき段階にあるとはいへないのである。

二科會發生の時代と現在とでは社會情勢が著るしく異つてゐるから、謂はゆる在野精神といふやうな自由主義的觀念は最早や通用しない。事實、官展と民間展はその意識、形式のうへで大した差別はなく、在野精神といふが如き曖昧な言葉は單なる死語になつて了つてゐる。また、あらゆる文化面で「官」と「民」の對立が漸く解消撤廢されようとする機運にむかつてゐる今日、一時代前の死語である在野精神などをいつまでも振舞はすのは無意味である。

現在の二科會が矛盾した、甚だ曖昧摸糊たる立場にあることは事實である。たゞ長い歴史によつて何時とはなしに身につけた社會的信用を、唯一の賴りとしてゐるに過ぎないかの觀がある。別にレアリズムに徹してゐるわけではないし、フォーヴィズムの純化があるわけでもないし、さればと言つてこの會獨自の樣式を明確に示してゐるのでもない。個々の作家としては若干のすぐれた人はあるけれども、會全體として統一的な性格に缺け、いかなる方向にむかつて進んで行かうとするのか非常に不明瞭である。

過去において新鋭の作家を多く社會に送り出したこの會が、その光榮ある歴史にかけて、現在の不整備な官展に參加しないのは相當の理由がある。官展に參加しない見識のあることはよろしいが、しかし、それならばそれで、眞に二科會を二科會たらしめるところの、特殊な性格が會全體の空氣として、おのづからあらはれ出るべき筈であらう。

重要な問題は、官展に參加するか否かといふやうな形式にあるのではない。若し野に在ることが高い矜持であり、それに必然性があるとするならば、その實質と內容を以て示すより他に途はないのである。さうすれば、この會は曾ての華かな時代のやうに、新興藝術の母體となり得るにちがひない。しかし、そのためには、二十年代三十年代、四十年代の謂はゆる青年層や壯年層の自覺と精進が絶對に必要となつてくるのであつて、これなくしては二科會の復興はあり得ないのである。

本年の一般的現象

今回の一般的現象は、その題材のうへで、戰時下らしい健康な面が示されてゐるといふことである。それは最初の第一室において最もよく代表されてゐるのであるが、他の室においても同樣の現象が少からずみられる。殊に農村や漁村における勞働を描いたものが多く或は働く近代女性や支那を題材に扱つたものもある。從來この會に屢々みられた都市的な甘い風俗畫は、漸く影をひそめて來たやうである。

しかしながら、全般的にいふと、成功の作と思はれるものは極めて少い。だいたいにおいて、構圖は常凡であり色感は鈍く、創作の意慾に缺けてゐる。いくら題材は健康さうにみえても、強く迫つてくる力の不足してゐるのはそのためである。たとへば第一室を例にとると、柏原覺太郎の二點が稍や目星しい作品で、大澤昌介と橋本徹郎の作品がこれと並ぶに過ぎない。なほ次いで擧げれば松井正、小出卓二あたりが注目すべき部類であらう。この他には、第四室の葛西康の一點が多少注意をひくだけである。

宮本・田村・向井・栗原

この四人の南方派遣畫家は、いづれも素描或は小品の油繪を出品してゐるに過ぎないが、さすが現地のスケッチだけあつて巧妙を極めてゐる。これを以て今回の觀物であるといつても決して過言ではあるまい。特に宮本と田村の素描、素描淡彩、小品油繪等は著るしい技術の冴えをみせてゐる。宮本三郎の素描淡彩十六點は、南方の男女、子供などを纖細な線で描き、それに明るい色彩を要領よく賦したもので、幾分甘くはあるけれども、好ましいスケッチである。また油繪の方では、「マレーの少女」、「インドの青年」、「ユーラシヤン」の三點とも念入りの寫實である。

田村孝之介の南方素描十三點はその油繪「ビルマの女」、「印度の女」と倶に、出色の佳作である。殊に田村の描寫技術と感覺は二科會を通じて遙に高く他の水準を拔くものであり、宮本の努力、勉强に對して、この作家は豐かな且つ本質な天分の良さをみせてゐる。その點兩者は、ひとり二科會においてばかりでなく、現代の洋畫壇における好敵手であつて、今やこの二人が揃つて新制作派の小磯良平の堅壘に肉迫しようとしてゐるところは、ほゞ同年代の少壯作家として、非常な興味を以て眺められるのである。

向井潤吉の「米比投降兵等」は一點で聊か物足らないが、何うかすると細密に過ぎる從來の傾向よりもこの方が自然で面白い。栗原信は全部ペンの素描に色彩を派手に加へた水彩で、熱帶の風景が鮮かに描き出されてゐる。それはアクワレリストとして一つの特色を有つものといへるであらう。

岡田・島崎

この二人は同型の作家として屢々併稱されて論じられてゐる。仔細にみれば兩者それぞれ異つた性格を有ち、岡田謙三が稍や明るい西歐趣味の近代的群像に興味を感じてゐるのに對して、島崎鷄二の方は何れかといへば憂鬱な日本風の畫題に表現の對象を置いてゐるのであるが、一種のセンチメンタリストとして、兩者の間に共通した感情のあらはれてゐることは爭はれない。また、二人とも今日の情勢からみて、多少不健康な面を有つてゐることも似てゐる。

しかし、今回は、岡田が西歐的な趣味から東洋的な趣味に轉じて市場の人物を描き、これに對して島崎が「牧草」三點において野草の寫生を試みてゐるのは面白い對照である。率直にいへば、時代の變化に伴ふ不徹底な轉向若しくは逃避と思はれないこともないけれども、この二人の特殊な技術と内容は、健康であるか否かは別として、こゝでは個性的な藝術性を有つてゐるといふことができるであらう。

官展と大した變りのない、むしろそれよりも技術の拙劣な半ばアカデミックな作品の多いうちにあつて、岡田と島崎の作品は、とにもかくにも、個性的な表現があるといふ意味で、一應注意されてよいのである。

松本・峰岸

第九室は謂はゆる九室會の名を以て一般に知られてゐる抽象派の陳列室であり、二科會で特殊の位置を占める室であるが、時世の激變はこゝにも影響を及ぼして様相を一變してゐる。在來の傾向に苦干の未練をのこし、時代の線に沿はうとする苦惱の跡が中途半端な形式を生んでゐる。これは一つのヂレンマといへるであらう。

さうした矛盾の多い作品のうちで、純粹に繪畫的な美しさを有つた佳作として、松本俊介と峰岸義の二人を特に推したい。とりわけ松本の二點は今度の展覽會での優作であらうと思ふ。「立てる像」にしても、「小兒像」にしても、多少陰氣ではあるけれども、構想、構圖ともに獨自性がある。かうした作品はこの會でみるよりも、新制作派展あたりでみた方が一層しつくりするかも知れない。

峰岸の二點「沙漠の中の町」と「ダラダ・マリガワ」はたのしい繪である。何か版畫をみるやうな面白味があり、派手なこの原色調とロマンチツクな情緒は、アラビア夜話の挿繪にでもしたきものである。この作家の、いつもの細密なモンタージュ風の作より一層親近性を有つてゐるところが注目される。もとより本格的な繪ではないが、ちよつと感興のある作品として觀者の注意をひくのである。

鍋井・野間・熊谷

鍋井克之は從來の泥臭い鈍重さと趣味的境地を脱して、晴々とした畫境に轉じて好ましい三點を出品してゐる。殊に「潮國のみのり」は近來の快作で、この作家のために欣びたい。マチエールにも題材にも豐かさがあつて、畫面がいつものやうに、いぢけず、のびのびとしてゐる。

野間仁根の三點は、いづれも微笑ましく愉しいものである。この野趣はこの作家の獨壇場であり、油彩畫を以てかうした趣味を出し得る人は他にちよつと例がない。故人の森田恒友なども、ほゞ同様のところをねらつたが、野間の方が一層油彩畫としての近代美をあらはしてゐる。村童の野遊びを描いた「毛波澤溪流」、村童の勤勞奉仕に出かける渡橋の圖「子供勤勞」、牛をつれて野を行く村童を寫した「葛飾の子供」など、甚だ愉快な表現である。

熊谷守一の二點は例によつて小品で、格別取立てゝいふほどのことはないが、この人獨特の風格があるところを買ひたい。

坂本・横井・鈴木

坂本繁二郎は還暦記念の特別陳列である。總數二十點、大正三年の初期から最近にいたる作品を代表的に蒐めてある。これでこれまでの發展經路は一應わかるわけであるが、この畫人の仕事は普通の畫家の場合のやうに時代を劃する變貌が殆どなく、初期から後代にかけて大した變化を見ない。それが坂本の身上でもあり、同時にその物足らなさでもある。しかし、いづれの作をみても、一つの境地を深めて行かうとする超世俗的な、眞摯質實な態度の窺はれるのはよい。列品中では、やはり馬を主題としたものがすぐれてゐる。

横井禮市の三點では「スツボンとアメンボウ」が面白い。河鹿を描いた作は畫面が荒びて大味であり、入道雲の方は何處に興味を感じたのか餘り明瞭でない。

鈴木信太郎の三點は、やはり同室に列んでゐるのであるが「初夏の山中湖」、「奈良の春」、「靜物」は、とにかく優作の部に屬するであらう。たゞ今回の出品は、畫面全體が幾分淡く朦朧として（風景は殊にさうである）この人特有の稚拙味と快活調が缺如してゐる。そして重厚感と色彩の曖昧も、そのために乏しくなつてゐることを注意したいのである。

以上の諸作の他、なほ批評すべき佳作が若干あるが、すでに豫定の紙數に達したので、左に目星しい作品の題名だけを記して置かう。それは正宗得三郎の「耳成山」、高岡德太郎の「箱根山」、田中忠雄の「麥の話」、伊谷賢藏の「隨の港」、山尾薫明の「ヒンズー教徒」、吉井淳二の「庭」、北川民次の「濱へ行く道」等の諸作品である。

（九月五日）

二科の中堅・新人

尾川多計

一

古參の會員に對して中堅どころといへば、結局會員のうちの評議員を取上げなければならないが、今年の二科はその評議員のうちの最も働き手が、例の南方作戰記錄の大作に追はれて、現地スケツチを淸書したやうなものを出してゐるので、殘るは島崎、岡田、高岡、吉井といつた連中に加へて、やや古參に近い鈴木信太郎、野間仁根などを問題にせざるを得ないことになつた。

島崎鷄二の「牧草」三點はつまらぬものだ。花なら花、雜草なら、雜草でもいゝ、もつと對象に愛情を持つべきだと思ふ。迷つてゐるくせに、變に早老的に取りすました作品といふものは感じのいゝものではない。同じやうに岡田謙三も一種の昏迷狀態だが、これは動脈の硬化から正直に逃れ出ようとしてゐるだけまだましだ。肌理のあらくなつたサンチマンが隨所に顏をのぞけてはゐても、「人間」を描かうといふ心構へに近づいたことはいゝ。三點の中では一番小さい「門口」を採らう。

高岡德太郎の壁のやうな塗り方は、今度の大作「湯の花神樂」で或程度效果を發揮したが、結局げて趣味に墮してゐる。「熊襲征伐の日本武命」などといふ傍題も、時局をアタマに入れたやうな物ほしさがあつて感心しない。二點の風景では「伊豆の海」は問題にならぬが「箱根の山」はまだいゝ。

吉井淳二は去年と同じやうな取材だが、二點とも大した出來ではない。「母子」の方がどちらかといへばまとまつてゐるが、バックがどうも氣になつて、肝腎の母子像が浮き出てこない憾みがある。

二

まつたく無風狀態といつていゝほど問題のない今年の二科で、どうにか佳作のうちに數へられる作品といへば、まあ野間と鈴木といふやうなことになるだらう。越後毛波澤渓流遊樂圖といつたやうなものも、眞面目か不眞面目かわからぬやうでゐて、ちやんと要點だけはおさへて描いてゐるし「子供勸學」も丸軸の筆で日本畫式に描くためか、遠のいてみると遠近がでたらめになつてゐるが、面白い部分はもつてゐる。

鈴木信太郎は相變らず正攻法で、際立つて眼にもたたぬが、よく見ると仲々誠實な自然觀照である。「初夏の山中湖」は季節の空氣もよく捉へた佳作といつていゝだらう。

ついでに南方從軍スケツチの一室に觸れゝば、前にも書いたやうに宮本、田村はじめ栗原信の水彩も向井潤吉の油繪も、あまりよそゆきに清書したスケッチを出してゐるので、その點物足りない感じがするのは事實だ。從軍スケッチなどといふものは、その性質上、現地の汗の匂ひが浸み込んだやうなものの方が價値がある。とはいへ、田村のも宮本のも器用さの點では感心した。栗原の昭南風景も、いつものコテ塗りの大陸風景にみられない輕やかさで、見てゐて氣が樂だ。

宮本はフランスから歸つて以來の古典調が素描にまで附いて廻つて、その一種莊重な感じを出さうといふねらひが、場合によつて現實的迫力をそぐ結果になつてゐる場合もあるが、「廣東の乞食」などうまいものだ。こうした收穫が素描の柔軟さをどこまで生かして大作に集約されるか、ひとつの懸念でもあり期待でもある。

三

筆を進めて新人を取上げてみようと思ふが、一口に新人といつても色々ある。若いから新人かといふとさうでもない。常連にも新人はゐるし、長く會友でも新人の名に相當するやうな作家もある。新人といふ言葉をどういふ風に理解するかは人各々だが、僕は僕なりに選んでみよう。

第一室はいはば新人の部屋だから、まづここから何人かを探さう。まづ桑原實の「默想する少年達」がある。作品の出來としては決して上々ではない、素描力も不確かだし、だいいち色感が鈍い。伸びる芽だ。いゝ加減に描かず、基礎的な勉强をする必要がある。

川原章二の「森」はしつかりした作品だ。厚味のあるいゝ仕事ぶりだ。寺田榮枝の「漁村」も女性に珍らしく骨組みが出來てゐるが、いかにも粗畫だ。もつと描き込んだらよかつたらうと思ふ。

次に、これは會友だが大澤昌助を擧げなければなるまい。「波」は明るくたくましい畫面で、會場效果はあるが、僕はむしろ「運河」の方を採る。ただ遠景の倉庫か何かの建物がまづい。

いきなり十三室にとんで、山本直治「少年」を採る。少年の顏だけ畫面から飛び出たやうな破調はあるが、カサついた作品の多い中で、しつとりした味はひを持つてゐる。細田浩の「地下鐵」には全體として面白さがあるが、作りものであり過ぎる。建物の部分は特にでためだ。

水彩でひとり、これも會友だが山本不二夫が佳作を示した。「元氣なヱンヂさん」がそれ。

第十四室では渡邊信正の「雨の風景」を擧げる。平凡な都會風景ではあるが素質はいゝ。(一七・九・三)

二科の彫刻

木田路郎

二科の彫刻部は故藤川勇造以來の質實な寫實の傳統を守つて華やかではないがよい歩みをつゞけて今日に至つてゐる。

上田曉の「肖像」は一言にして言へば溫健の二字に盡きる。肖像彫刻は肖像畫の場合と等しく對者の相似とその性格表現に重心はあらうが、その性格表現は要するに作者の主觀力を强く表明する處に良き把握を見出すので、その點もつと主觀的なアクサンがモドレーの上に示されてよいのである。それが乏しいとどうしても平板に陷る。溫健な技術は惡くはないが、內面的に萎縮しては困る。上田の肖像に望むのもこの點である。他の一點「仔牛」(テラコッタ)はそこへゆくと輕快で中々よい。

中堀正孝の「男胸像」はタッチがなだらかで量感もよく把握されてゐる。先づ無難の作。

笠置季男の「猛爆」はモニュマン彫刻の一種で出來上りはこの五倍になるといふのだから、このヱチュードだけでは充分その効果を窺ひえないが上部の飛行機の飛翔がこの位置でよいか否かゞ一寸問題になる。急降下爆擊とした場合にも爆煙との比例、距離感の等差がこれだけの大きさのもので適當に表はされるかどうかである。臺座がついて下から仰ぐやう

二科開設の當時

石井柏亭

文展洋畫部に於ても二科分設の運動が起つた。それは第七回文展の開かれて居る大正二年十月のことであつた。此運動の火元は有島、山下、津田、齋藤(與作)と云ふやうな新歸朝の青年達でありそれに藤島も關與して居た。それは文展の鑑審査に對する不滿にも基づいてゐた。

例へば明治四十三年と四十四年とに滯歐中の作品を出して續いて三等賞を受けた山下の畫は大正二年の展覽會には落選させられた。其年には有島の「藤村氏肖像」柳敬助の「椅子に凭りて」坂本の「魚をもつて來て與れた海女」齋藤の「落葉かき」「夕映の流」等が出たし私のは「滯船」「N氏と其一家」「並藏」の三點が出たのであるが津田、正宗、森田等のものは落され勝ちであつたし、藤島のものは全く落ちたと云ふことはないにしても「幸ある朝」以外に於て落された畫もあつたと云ふことである。これは新歸朝者達の新畫風排斥に原因したものであるか、それ共審査員團の無理解に歸すべきものであつたか何れともあれ斷じがたい。兎に角初め頃の小山正太郎、松岡壽、中村不折、滿谷國四郎、黑田清輝、久米桂一郎、岡田三郎助、和田英作、鹿子木孟郎、岩村透、森鷗外、と云ふやうな審査員連名に、藤島の漏れたのは仕方がないにしても、あとで中澤、山本(森)、中川、吉田等後輩の任命にも拘らず、先輩藤島が歸朝後、なほ委員に推されずに居たことは藤島を不滿にしたであらうことが察せられる。いゝ賞を受けて居ないからと云ふことは、和田、岡田の同輩である所の藤島非推擧の理由として可笑しい。

其所で同鄕にも拘らず黑田の御覺えがめでたくなかつた爲ではないかと云ふ想像も起るのであつた。

第七回文展の審査發表は大正二年の十月二十四日であつたが、二科運動の最初の會合はそれに先立つ一日の廿三日の晩京橋の高砂屋に於てであつた。それで其會合では文展洋畫部を日本畫のやうに二科に分つことを當時の

な場合を考へると飛行機の大きさはあの位でもよいだらうとも思はれるが實際のプランにならないとはつきりしない。たゞかういふ制作が小細工にならないことが望ましい。理想化するのを本位とするならもつとそういふ面を强調した方がよい。

千葉輝彦の「こぶし」はロダンの小品の一つを憶ひ出させるが、摯實な寫生である。銅の色つけが少し浮ついてゐるが可憐な小品ではある。

大西金次郎の「國宗氏頭像」も出來はわるくはないが上田の場合に望んだやうに平板な技法に陷つてゐる。ゆき方は正しいが面白く感ぜられない。

松村外次郎の「タバコ」は場中第一の大作である。堂々會場を壓してゐるが兵士の勇壯なポーズはその大きいタッチと素朴な造形でよく表はされてゐるが子供はとつてつけたやうで二者の關係がまだプランの上でしつくりしない。且つ子供の胴から足へかけてあまりに平板で技巧もまづい。兵士の胸部の筋肉も表現が概念的である。しかしこの素朴な逞しさが何にしてもこれだけの大作を雄渾に仕上げたことは賞してよいだらう。

渡邊義知の「雲」は同氏としては今まで、と變つた行方であり且つ材料も木であるが、何かまだ一體にこなれてゐない鈍さが見える。この作者の知的な面が隱れて常凡に平板になつてしまつた。その雲の理想化の形もギコチない。飛行士との調和にもなほ一考を要するだらう。

小品ではあるが乘松巖の「女の首」は質感をよく表現した作品として推賞出來る。細かいタッチではあるが、皮膚の肉感が捉へられてゐる。寫實の方向として最も彫刻的な技法である。

この作と反對な綜合的な造形技法だが、スッキリと表現されてゐるのが竹下慶一の「コタンの酋長」である。このアクサンの自然な表出はこれまた最も彫刻的な表現法である。光と影の諧調がこの綜合的手法で全體の形を統一した美に至らしめてゐる。小品ながら場中の佳作として推したい。

八柳恭二の「旗手」はよくまとまつた作であるが、それがいはゞ生命感ともいふべき內部的流動を缺いでゐるため、形か形としてしか表はされてゐない。ことに右手など形が概念化されてゐる點を惜む。かういふ作品はもつと古典的な方向をとるか、或は寫實的に細部の技巧をもつと進めるかいづれかにしたらよいと思ふがそのいづれにしても作者が實在を生きた感情で把握する力を養はなくてはならない。

これに比すると小品ではあるが安藤菊雄の「働く男」の寫實の細かさを採る。これは細局がよく行き屆いた表現をもつてゐる。つまり生きた感情が働いてゐるからである。形が內から把へられてゐるからである。銅としての材料もよく生かされてゐる。

藤島茂の「K氏の顏」も自然主義的作風ながら技巧はすつきりと示されてゐる。これに反して木村敏一の「首」は寫實力がいぢけてゐる。

鷲泰次郎の「腰かけた女」は西洋の古典彫刻でもモデルにしたやうな感じの作品であるが、その整つた形がまだ充分古典的な統一にまでは達してゐない。しかしその顏面や、胴から股へかけての形は美しい。この作が形體の美を外から把握しようとしてゐる點をもう一應省察して內からの把握、生命感の流動が見られるなら勿論素晴らしいものとなるだらう。

この他大橋孝吉、野村正、中村竹雄、長野隆業その他二三氏の作品に部分的共鳴はえたが、印象をうけた作品を標準にすると以上のやうな作品を擧げるよりなかつた。二科の彫刻は地味だが、文展一派のイヤ味な作風のないこと、正しい寫實的方向をとつてゐることを特質として賞讃を惜まぬものである。妄評多罪。

（九月三日）

狀態に鑑みて必要であるとすることに一致した結果、建白書を起草すると同時に同夜の會合者をそのまゝ發企者として第一回以來の文展第二部出品者の殆ど全部と他の三四の洋畫家とに贊否を求める文書を送ることにした。

此連名には藤島、長原は入れてなかつた。贊成者の中には二科に分つと云ふ趣旨に贊成したので成立の曉第二科へ出品することを豫想しなかつた人達も交つて居た。

それで審査發表の翌朝委員達は文部省へ行き上野の文展事務所に福原次官を訪ねて其趣旨の概要を述べ建白書を手交した。

次官は尙代表者と懇談したいと云ふので其後日を卜して我々は大臣室に次官と會つた。

「審査員諸氏が製作品に對する標準たる常に固定して進歩せんとする藝術の鑑査に堪へず夫が補助誘導の任を全ふし得ざるが爲なり其選定する處の作品漸く同一の鑄軌に陷り場を通じて新鮮高雅の氣風を失はんとしつゝある故なきにあらず且吾等の將來藝術發展の上に等しく危惧する所なり」

とその建白書のなかに書かれて居た。處が翌大正三年になつて此建議の容れられそうにもないのを見て同志は別に獨立の展覽會を開くことに肚を定めて其準備に移つた。

私は最初文展以外に別の展覽會を開くと云ふことに充分の自信を持てなかつたが後には寧ろ獨立の展覽會を新設することに興味をもつ樣になつた。これは私が大正二年の出品に意外の優賞を與へられたが第二回文展に虐待を受けて以來文展なるものに愛想をつかして居た爲もあらう。我々は既に豫約されて居た五更會といふ團體から竹之臺陳列館を讓つて貰ひ十月、文展と同時に第一回の展覽會を開くことに運んだ。何しろ文部省直轄の美術學校教授と云ふ職に在る關係上藤島と長原とはそれ迄の關係にも拘らず此加盟を脫した。そして藤島は其年洋畫の審査員に擧げられた。

（「繪畫三代志」より）

二科む

中川紀元——

□□

當初の思出

中川紀元

今日は九月一日。例に依つて上野では二科會の初日だ。

持病のリヨウマチに祟られて今年はその二科會も休んで、いま蒸暑いうちの二階でこの原稿を書きながら、今年廿九回を數へる長い二科の歴史を餘所事のやうに追想して見る私である。

二十九年間の二科會で一番思ひ出すことの多いのは、何と云つてもその開幕第一日に大震災に襲はれた第十回の展覽會だ。創立からあの頃までが第一期とでも云ふ時代で、震災の年を境界として二科會の體容は大體に一とかはりしたやうに思ふ。

二科會といふものが生れるまでの詳しい經緯は、當時未だホンの畫學生に過ぎなかつた私などの知り得なかつたことであるし、これは他に語る人があらうと思ふ。こゝに私が書くことは、二科會といふものが出來、自分の師事する石井先生がその仲間であるし、その標榜する新派の旗幟にわけもなくあこがれて、油繪を描き出してヤット何枚目位の幼稚極る作品を擔ぎ込んで手もなく落選した、といふやうな立場にゐた者の思出噺に過ぎない。

序に自分のことを述べさせて貰ふと、その翌年の第二回に田舍の代用敎員をしながら、描いた八號の繪がマグれて初の入選、それから細々と毎年おなさけで（であつたらう）入選を續けた。と云ふやうなわけで、こゝに思出噺を書く「二科會當初」時代は賴まれもしないホンのワンサ・ボーイで過したのである。

二科會の第一回展覽會は竹之臺陳列館の文展に對抗して大正博覽會の美術館が未だ取拂はれてゐないのに據つて同時に開かれた。二科小史の載つてゐる目錄がいま一寸手許に見當らないので不確かだが、續いての第二回三回の兩度は三越の會場で開いたと思ふ。第二回には安井さん、第三回には正宗さんの滯歐作品の特別陳列で評判を取つた。

第一回の時は期待が多かつた故か開いて見ると「それほど新しいこともないぢやないか——」といふ世評さへある氣味だつたが、安井正宗兩氏の新入りに出品者側の新鋭鍋井克之東鄕青兒、岸田劉生、海老名文雄、鷄伊之助林倭衞、關根正二等輩出するに到つて二科が本當に二科になつたと云へやう。會員が漸く卅歲前後（湯淺一郎さんだけは飛び離れておぢさんだつた）出品者は大部分が廿歲代も若い方といふ勢で仲々當るべからざる元氣のものだつた。

あの頃は年毎に一二人づゝ飛び拔けた新人が出現して畫壇を賑はして、東鄕君の未來派や林君の有島さんをして「二科會の寶玉」と嘆稱せしめた諸作などの素晴しさ、其後段々に世の中が行亘つてしまつた爲か、あの頃のやうな華々しいデビユーは見られなくなつてしまつた氣がする。

一般出品者の中であの頃の異色は、川路柳虹、佐藤春夫兩氏の詩的空想的な色彩の繪、それから——面倒くさくなつたからあの頃のいろ〳〵のことを思出すまゝメモ的に列記して見やう。

文士では他に久米正雄が出品したことがある。但し入選はしなかつたやうに覺えてゐる。威勢よく人力車に乘つて搬入して來たが、例の竹之臺陳列館の入口に大勢が陣取つてゐて、「久米が來た〳〵」と云つて騷いだので、トタンに車上で眞赤になつてしまつた。漱石の娘に失戀した頃であつたらうか。——

夭折した女形役者の河原崎といふのが井上正とかいふ別名で水彩畫を出して入選した。二科會の自慢の一つだつた。

岸田劉生は草土社といふ據所があり傲岸一世を睥睨する勢だつたが、二科へ出品して二科賞を貰つた時、「呉れると云ふから貰つてやる、が、豚共が眞珠を何うとかするやうなものだ。」と放言したとの噂で意久地のない畫學生たちを煙に卷いた。

當時甚だ尠かつた女流入選者の中に何とか淸子とかいふのがあつて大騷ぎをした。（新聞も閑な時代で、展覽會のゴシップなど澤山載せた）それが後になつて歷然とした男の變名とわかつてまた一ト騷ぎ。更に後になつてのことだが古賀春江君なども女と間違えられた津田靑楓さんなどは眼を細くして、「春江さんといふ美人を見たいネ」などと云つた。

イワノフ・スミヤヰツチ氏といふロシヤ人が入選といふのでこれも一ト騷ぎ、「やつぱり繪の感覺が日本人とは違ふネ」など、感服したりしたのが、眞正眞銘の日本人住屋盤根？君のいたずらとわかつてロアングリ。

と、まアいろ〳〵なことがあつた。

確かな記憶ではないが、當初の頃は應募搬入も精々三四百點位のものだつたと思ふ。その中から五六十點の入選で立派に大展覽會の面目が立つてゐた。しかも十號程度が一番多くて十五號以上となれば大作の部だつた。搬入の時は大抵皆が自分で風呂敷に包んで擔いだり提げたりして持つて行つた。久米正雄が人力車で乘込んだなどが眼に立つた始末、鷄伊之助君が四十何點をトラックで運び込んで來たのには皆々ドギモを拔かれてしまつた。

震災の年は搬入總數がたしか五千點以上、それに百號、百五十號などは珍らしくないといふ豪勢さ、數量ではあの頃が頂上だつたやうだ。それで入選がタッタ五十七點といふ嚴選ぶり、考へて見ると天變地異ばかりでなく人間のすることも度外れの年だつた。

（九月一日記）

私の憶出

田口省吾

私が始めて二科へ出品したのは大正十二年の震災の年であつた。

その二三年前から急激に增加して來た二科の出品點數は遂に此年に至て三千數百點に達したが、これは一人の搬入點數に制限がなかつたせいでもあつたらうが、實は當時の少壯氣銳の畫家達の關心がすべて二科會に集中されて居た事にも原因する。今から考へるとこの數は別に驚く程のものでないが、畫家の數の少かつたその頃では未曾有の事であつた。締切の日若くて俊敏を謳はれて居た横山慨之助君が荷車一臺三十五點の畫を搬入して受付をびつくりさせたのも確か此年だつた樣に記憶して居る。

私も六七點を持込んだのだが、丁度石井正宗の兩先生はフランスに滯在中で、新會員に

かし話

——田口省吾

□□

なつたばかりの小出、中川、黒田、鍋井、國枝、横井等の勢ひ當るべからざる元氣潑剌たる諸氏が鑑査にあたつたので結果は甚しい嚴選となつてしまつた。入選點數僅に五十六點、人員にして四十一人と云ふ猛烈なものであつた。これは後で聞いた話だが石井さんが外國から歸つてから、こんなひどい嚴選はやるものではないと諸氏に注意されたとの事である。

兎も角も私も幸、此難關を突破して初入選の榮を擔ひ得々として會場へ入つて行つた。其處にはフランス繪畫の特別室が設けられ、デュフイ、ピカソ、ドラン等の大作を始め、マチス、ブラック、ロート、ビッシエール、ブランシヤール等の現代巨匠の作品三十六點がずらりと並び、其他前記の諸先生の作品、古賀春江君の「涅槃」と云ふ見上げる様な大作が陣列されて居て全く壓倒される様なものであつた。

所がその途方もない大作だと思つた古賀君の畫が百號で、隨分大きいと思つたデュフイの海の畫が八十號だつたのだから、當時の作品は實に小さいものであつたのだ。

一通り會場を見廻つた頃に例の大地震がやつて來た。彫刻は倒れる、畫は壁から落ちる土煙の様な埃があがる。慘憺たる中を見物は悲鳴をあげ先を爭つて飛び出した。何にしろ初入選の招待日にあんな目に會つたのだから此時の光景を私は一生忘れる事が出來ない。無論閉會になつたのだから此年の二科を東京で見た人は極少數に過ぎなかつただらうと想像して居る。

その翌年私は見事落選した。今から思ふと滑稽でもあり、それが當然すぎる様な出鱈目な畫をもつて行つたのだから、當り前の事であつたが、落選とわかると隨分悲觀したものである。

入選發表の日は大雨であつた。今の美術館と違つて竹の臺陳列館と云ふ博覽會の貧弱な建物が會場だつたが、薄暗い夕方の雨の中にその白壁がぼんやり浮んで居る。仲々發表にならない。六時近くなつて漸く中川氏ともう一人誰だかが出て來て發表の紙を壁に貼りつけるとさつさと中へ入り込んでしまつた。物蔭にかくれて居た私はその方へ飛び出して行つた。薄暗くて眼を皿の様にして見ても私の名は見つからない。幾度見直しても矢張りない。私は突きのめされた様な氣がした。どうも自惚れと云ふものは仕方のないものである。中には喜びに大聲をはり上げて横飛びに飛んで行くものもある。そう云ふ中を私は孤影悄然と家へ歸つて行つたが、その晩床下の蟋蟀を生れて始めて味氣ないものに聞いたのだつた。落選の悲哀を考へると、無暗に人の畫も落せないと今でも思つたりして居る。

此年だつたと思ふが、最近迄劇壇で活躍して居た村山知義君の一派がマヴォと云ふ團體を組織して居たが、その人達が揃つて二科を落選した。すると最前衞畫家の自負をもつて居た此人達は猛烈に憤慨して二科の事務所へねぢ込み、毆り込みをしかねない見幕を見せたので審査員諸氏は裏口からそつと脫け出してその場を外したと云ふ面白い話もあつた。その連中が二科の向ふを張つて竹の臺の向側で落選展をやると騒いだので、上野署から警官が出張して解散を命じたりしたのも此年だつたと記憶して居る。

横井弘三と云ふ稚拙な畫をかいて大いに問題にされた會友が居たが、何でもその年から設けられた會友も鑑査する制度に不滿をもつて聲明書を發して二科を脫會した事件があつたが其後の此人の消息は一向に聞かない。

その翌年には私も前年の不名譽をとりかへして入選した。二科賞をとつた木下孝則君の裸體畫が一點撤回させられた。その時は大して問題にはならなかつたが、當時は一般に裸體畫の取締りが嚴重であちこちで撤回問題をひき起し新聞なども大いに書き立てたものである。私なども他の展覽會で時々やられ、遂には上野署長や立花と云ふ警視廳の課長と時々折衝したため、すつかり知合になつてしまつた事があつた。

新聞が書くと云へば、當時は報道機關も大いに美術に關心をもつて居て、展覽會の搬入の様子、有力な人達の作品の入落豫想から新入選の紹介、受賞の報告など、隨分大々的に扱つたものであつた。

今でもやつて居る出品者懇親會は隨分豪奢なものだつた。出品者の數の少いせいでもあつたらうが、芝の紅葉館へよばれて始めての私などすつかりまごついた位である。無論會費もとらないのだから、その頃の二科の財政は想像以上豐かであつたものに違ひない。何にしろ二科の入場者は頗る多く、何日となく札止めをしたと云ふのだから。

その次の大正十五年第十三回から今の美術館に引移り入選者もぐつと増えて來た。

その頃から新歸朝の佐伯祐三君や前年歸朝した里見勝藏君を迎へて若い出品者の間にある動きが始まつた。自分達だけの世界を現出したいと種々計畫が廻らされ、遂に後年獨立美術展の成立を見るに至つた眞の萠芽は此頃から生じて來たのである。

それから三年後昭和四年に私は渡歐したのであるが、五年には獨立が旗上げをした。私はパリの客舍で電報を受けとつてびつくりしたのである。

歸朝後獨立展加入をすゝめられたが、思ふ所あつて二科に踏みとゞまり、昭和七年第十九回に會員となつて現在に至つて居る。

追記　原稿締切迄二科の方が忙しく、詳細の調べが出來ず、單に記憶をたどつて書いたにすぎないから、かなり間違ひもあると思ふ。大方の御許しを願ひたい。

青龍展を評す

四宮潤一

青龍社位作畫性格が明瞭に統一されてゐる會も少ない。この統一的性格は勿論川端氏の個人主宰による藝術的意向に據るものである。要するにかゝることは餘程優位確固な信念なり主張を强固に保持する指導者がなければ將來出來ぬ成果ではある。

それだけに又作家の個性的作畫の自由性に限界が存在する譯でもある。

兎も角もこの作畫性格はその視覺形式から表現形式に致るまでよくも亦こう言ふ風に統一的に意向づけられたものとその指導力に驚くのである。

先づその視覺形式から彼の目錄に於ける畫因解說が證明する如くすこぶる解明な自然觀に於て性格づけられてゐる。であるから良いにしろ惡いにしろ彼の放縱無慙を極める個性的作畫の自由性がもたらす弱々しい感傷的詠嘆性も、生活感情的に不健康な官能惑溺もない。だから下手に深刻がつた苦澁さから解放されて一寸も懷疑の陰も生じ得ない程に皆が皆明朗潤達に平明な自然觀を持してゐる。

そうするとその作畫動因はどう言ふ風に發動し來るかが問題になる。兎も角も活潑旺盛なこの制作意欲の根本を知らぬ以上は、その畫因と表現に於ける理解は出て來さうもない。そして自己の觀賞態度に於て無味乾燥と云ふ默殺が生ずる。赤子も三年たてばなんとやら、如何に馬鹿でもちよんでも美術にたづさわる以上は何時か自己の藝術觀が深淺當不當は兎も角として、保持されるものである。自己に於て好惡を超えた客觀的批判などなか〳〵に成立するものではない。で無理な注文も出ることになる。

から云ふと全的に私がこの會の樣な作畫動因を支持するかと云ふと、そうは行かない。併しその作畫目的の限界に於ての繪畫成立の好拙は私の職能柄正當に理解しなければ矢張默殺と同じ態度になる。

それでは何がこの會場藝術の藝術性を青龍社に於て持して居るか、要はその創作活動の動因、所謂この視覺形式が如何なる感動的素因をもつか、この明朗簡潔な自然觀がどんな角度に於て對象美を把握し、如何な内容の表現に方向づけられて居るか、それが動かすことの出來ぬこの作畫活動の根本的性格を決定して居るものである。

平明で明朗な自然觀と私が一應理解した處のものは、往々に自然主義的な視覺形式を以つて自然描寫的表現形式に結びつくものと考へられる。併し青龍社の畫はそういふ作畫が示す樣な受動的感傷性に依る情意的ニュアンスの優婉なものではない。もつと平明であるし又たくましくもある。では寫實的美の探究に於て存在感を追求するかと云ふとこれでもない。さうするとそのどちらでも無い處に自然觀がある譯である。

併し視覺形式は飽まで自然主義的である。それに表現技術も亦自然描寫的に繪畫空間を再現する態度である。だがその畫面的効果は裝飾的組成に於て所謂會場的効果を强調してゐる。大まかなそしてダイナミツクな描寫技術と裝飾的な畫面秩序が、情に流れず、知に偏せず、そして兩々知と情の調和を意圖してゐる樣でもある。するとこゝに畫因發動の性格を見出さなければなるまい。

だがこゝに青龍社の作畫性格を決定し、その傾向的パリエテを廢してまで、作畫活動をかり立てゐる魅力が存在しなければならない。

だがこゝに彼の會場藝術なる主張が存在する。會場を目的とする繪畫は、その目的として先づ會場に於ける効果を先行的條件とする。そしてそれが創作活動に結び付いて藝術的でなければならない。會場藝術は會場の効果を必須の條件とする。さうすると多分に効果主義が存在する。効果を目的とする藝術的活動の內容これは目錄の畫因解說が雄辯に語るものである。

勿論青龍社の軌範的意向はすべて川端氏の過去の探求のプロセスを負ふ到達點に於ける畫境が追求されて青龍社一般の創作的基準を作すものである。そしてこの基準はこの會の作畫動因に於ける對象把握の性格をなし、その自然觀賞の態度に迄及んで居る。

大體川端氏が洋畫敎養から抽き來つて日本畫の脊寫的描寫性を改變して新技法を創始した功績は、何んと云つても認められなければならぬ。例へ反對的な言論があるとしてもこれは否定出來まい。

兎も角も流動的空間と動的對象描寫に効果はこの完成された技術特質である。これは氏が洋畫敎養を基礎として油彩の自然描寫性を岩彩沒骨法に轉位させるに水墨畫の流動性を加味し活用した處にこの完成技術がある。この致達點の描寫性は寔に自然的で、日本畫の靜的表現を動的表現へ方向づけるのである。この動的な描寫性は自然的視覺に於て對象把握に意向するが、動的表現に於て表現的なデフオルメを伴ふ。では當然自然的視覺は再現的空間法に旣定されさうであるが、裝飾的畫面組成に於て日本畫的空間法の融通性を得て會場藝術の効果性に合致させる。

會場藝術の効果は大きく對象を把握む描破能力と同時的に裝飾性を必要とする。自然描寫面に適切な技術はこの目的効果の上にその裝飾的意圖を含む方向を性格とした。こゝに多少誇張的描寫が要求されるが、その誇張も描寫性を逸脱しない程度に於て、表現主義的に本來特異な感情的デサルモニュな表現ではない。充分描寫的に對象のリアリテに於て描寫性が强調的に發動するのである。自然的視覺於て成立する描寫技術は猶多分に表現的奔放さを含みとするが、描寫的態度はどこまでも氏の畫作の根底に横はつてゐる。

彼れのこの作畫性格は院展所屬初期の夢幻的浪漫な象徵性が漸次後期に推移するに從つて客觀的描寫の度を加へ具體化して來たプロセスの上に立つ。勿論個人に於て內體をもつ繪畫である。現在の描寫性に過去の表現性が働くのに不思議はない。

兎も角この龍子の作畫性格を軌範とする青龍社である。であるからこの繪畫意向は龍子を基準として統一される。すべての作畫が逡巡滯を許さぬ底の濶達な表現効果に於て成立してゐる處には仰望的對象として龍子の視覺、龍子の技術、龍子の繪畫組成を學び、習熟し、主宰の意向に追從して悔いなきこと信念があるものと思はれる。

であるから青龍社の畫作は、畫因發動の根本から直接感覺的に自然情趣を對象とするも、その受容性は、その內容に於て敏感に對象の存在する意味が重要な成因となる。理念の假托もこの性格の積極面である。情趣性もこの存在の意味內容に結合する處に於て只々に詠嘆する如き感傷を許さぬ如きである。自然靜觀的精神的深度をこゝに求めて非難する世評と逆に彼等の繪畫は對象の存在の表面に於てのみより表現の積極面を求める。

これは多分に奇智をすらも要求する對象把握の方法であり、着眼點の警拔さに於て意味を持つものである。自然情趣に直接結びつく內容の表現が青龍社の平明にして明朗な自然觀賞の基本性格である。他の繪畫成因に於ける表現の藝術性を求めることは自體無理である。

青龍社繪畫の價値性とその存在位置への正當な理解はこゝにのみ可能である。無理に青龍社の繪畫意向に追從する必要は勿論ないが、少なくとも青龍社の藝術意向を一應肯定しなければ、他の分野との對比的批判も亦否定も成立しないであらう。

「國滅ぶ」と題する瓜哇人の三色旗燒却の圖が川端龍子の假托を內容的感慨として作畫されてゐる。如何にも氏ならではの發想の秀拔さである。殊にこの畫面的効果の上手さに示されるその卓拔な技術は充分に比類を絶する特異な表現を得て居る。何時も乍ら顏容に於ける對象の性格を案外に單純に表情づけられて、キヤラクテールの把握に鈍感な樣に思はれるが、これも亦過去の「草露行」「盗心」等の類型的表現の內に表情的心理を働らかす表現に系を引くものが今日の描寫の根幹に横つてゐて普偏的寫形と特異的表現の中間性が、丁度半々に視覺の上に概念性を將來してゐるかに思はれるのであるが、これとてもその修正的要求はこちら側にあつて、氏自體の表現の成立にあつては必然の効果である。

これは南方素描の描寫性の內にも、見られるもので、この人物描寫が自然對象性格に準ずる如くであるが、猶前述の表現性を持てゐる。勿論この場合は自然直接法的に素描が成立する爲その制作の表現よりも對象に對する描寫的密度を感じられる。だが矢張りこの人の素描性格は完成して居て、馴れと云ひ、要領と云ひ切れそうでさうばかり云へぬ描寫力が存在してゐる。素描力に於ても充分今日の日本畫家中に屈指の手腕である。

山崎豊の「娘々祭」などはこの點に於て過去の龍子調から表情的表現の敏感さを缺いて只に類型的表出で何んの心理性をも持たぬ人形振りで終るのである。かと云つて福岡青嵐の「蕃椒酒」では一寸下手すぎる。安西啓明「寫生」が案外に好評なのはその描寫的に自然性を把握して居る爲である。組織的には、やゝ瞬瞰的に半圓を劃する子供の寫生姿勢群を構成の素材としてゐる。こゝら邊が青龍調の畫面構成通有的目的に合致するものであるが何にしろ着實な對象觀察がその描寫性に於て子供達の心意を描出してゐるので、例へば加納三樂「花王圖」の樣にあまりにも度を越えた青龍調の露出がないだけに安心出來る。

大分紙數をだら／＼と費し過ぎ樣だから、手取り早く青龍社の欠點に觸れるが、藝術意向が明瞭りしてゐる爲に陥りたがる効果主義の缺陥は、描寫技術の効果を、鵜呑みにして自然性を不謙虚に冒瀆することである。ことにこの展の裝飾的意向は只に畫面空間をフギユールで一杯にうめてフォルムを喪失する處に欠點が胚胎する。對象を太く大きく誇張することが裝飾性と間違ふのは、こゝばかりでない日本畫家通有の弊害である。裝飾なる言葉を只にデコラチイフと解釋する處にこの缺陥が生ずる。私はむしろ日本畫の裝飾性を繪畫造型の基準と考へれば、日本畫の本來の繪畫性が明瞭に判つて來るし、又弊害を變じて本來の優位さに於て表現機能を活かし得る道があると思ふものである。木村鹿之助、小畠鼎子の浪漫を中心として加納三樂と安西啓明へ極端に描寫性が別れてゐる。その段階に各作家の夫々の個人的自然觀賞が存在する譯であるが、自然性を無視してあまりにも會場効果に急な氣負では繪畫は成立しない。ならば啓明の描寫に讃意が持たれる。だが青龍社の基準の根本的視覺形式はこれを基とするが、基準性格からはもつと効果がダイナミツクなことが要求されてゐるに違ひない。これでは組成だけが青龍調で描寫表現は決してこの展だけに見られるものでない。併し私はこの畫に好感を持つのは、その基準的畫性格を一應豫知しての上である。

青龍社の浪漫な繪畫もその描寫性に於てこの自然主義的視覺の上に矢張り立つ描寫性がその裝飾的組成の効果に合致する限界に於て成立する。この視覺の裝飾的表出の可能のポイントとが嚴格に考察されなければたゞ放漫な大制作を誇示するばかりである。

平明な視覺は不健康な病弊に墮ることはないが、又單純に對象の表面表情だけを受容して流れる缺陥がある。青龍社の繪畫がこの缺をうめるには基準の中に浪漫な意向を含みとしてゐる。寫實に向ふことも、靜觀的深度に向ふ道もないが、唯自然描寫の情的リアリテが一つの通路を作す樣である。

青龍展新人作評

豐田豐

川端龍子氏は今年青龍展の若い人達の時局の攝入れがどうも思はしくない、若い者はもつとそれに敏感であるべき筈だがと會場で僕に感想した。大東亞理念が漸く具體づけられて來てゐる昨今、今年の青龍社など年來の提唱から言つて、一層新人達に時局的反映の優れたものが期待されたのに、寧ろ去年、一昨年よりも減退したかの觀がある。主宰龍子をして如上の嘆きをなさしめた所以であらう。

一つにそれは今年入選作に花鳥、風景の類が多く、風俗畫が尠かつたことに原因してゐる。風俗は風景、樹木よりも常に最も敏感に直接的に文化と關係を持つ。若い人達の情熱は常にそれがために昂揚されるのである。然るに今年青龍展の入選作中風俗畫として指摘し得るものは社人推擧の安西啓明の『寫生』、Y氏賞の宅間說の『春遲し』森省三の『協同制作』の三點あるに過ぎない。しかしながら啓明の作は銃後新國民藝能教育の一場面と解釋されないこともないが、寧ろその輪形の快適な構圖や、朗かな双眸の一點への集中、各兒童の色彩のヴリエテ等都會人的嗜好に興味を持つものとする方がより適切である。從つてこれは快適輕淺な藝術至上主義の一軌範であつて、寧ろ君は昨年、一昨年作の强度な押切りと多年の忍苦の結果、新社人に推進されるに至つたのであらう。

然るに最近大政翼贊會でも銃後農村視察に青年畫家を特派して、その實地を繪畫せしめたといふことであるが、宅間說と森省三が數尠い風俗畫のうち偶然さうした國策理念に合致した農業勤勞の場面及び精神に取材してゐるのは、時局反映としても比較的素直な現はれであらう。しかし省三の場合はこの人在來の好みである近代都會婦女の半スポーツ的情緒のものであり、それはそれとしてこの作家特有の薄白い色彩の中にある鋭角なものを新感覺してゐるが、本然的な農村性格、勤勞精神のものとしては說の『麥踏み』の素朴剛健且つ無邪氣なるに如かない。全會場的に觀て描技、取材ともに拔群のものではないが、その素直な時局的攝入れが審査員達にも好意を以つて迎へられた結果の授賞であらう。このよき意味の農村精神、銃後精神は軈て社人加納三樂の『娘子報國』となつて、更に潑剌快適に發展する。

だが花鳥、風景の類の中にも全然時局的精神の攝入れがないとは言へない。殊にそれは花卉畫、山村風景等よりも鳥禽畫、猛獸畫、機械美風景等に多く、就中鳥禽畫はそれの尤なるものであらう。社人推擧の市野亨の『七彩鳥』、奬勵賞の小畠鼎子の『睡蓮池』、木村鹿之助の『南の夢』、時田直善の『鵜陣』、竹内未明の『コンドル』、渡邊牽牛の『靜日』は即ちそれに概當し、これ等は小禽や中鳥の類に取材せず、剛壯な或ひは頴敏な大鳥に取材して逞ましく朗かに或ひは夢幻的に、荒鷲の精神に準じ、或ひは南方の夢を盛る。描技も風俗、風景の類よりも健全且つ緊確である。亨、鼎子はそれを代表したものであらうが、直善の頴敏刺すが如き描格も、これに優るとも劣らないであらう。猛獸畫では大塚榮治の『虎視』佐藤木草の『麒麟』ともに佳作であつて、一は斑紋、毛畫きの流動描に優れ、一は構圖と規格の簡勁に優れる。岡部健一郎の『望嶽』、池内星子の『凪』は機械美的新風景畫として注目に値し、前者は傳統富嶽圖に對する革新として特記すべきであり、畫技も强健確實である。

斯くして第十四回青龍展新人作も、漫然たる藝術至上作品よりも、何等か緊張した精神に於いて時局感を盛つた作品が優越し、主宰作『國滅ぶ』は餘りにもそれが多量であるが、新人達のその種時局的精神の貧血的と動向に對する好個の輸血の役割を努めてゐる。

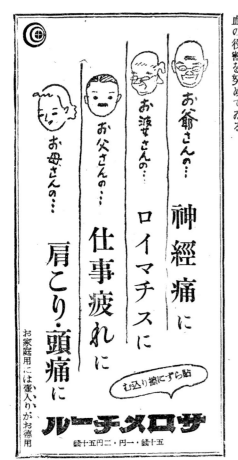

旬報

二科展特賞

榮譽の七氏・新會員は五氏

一日から上野の東京府美術館で開催した二科展は、總搬入數二千五百九十六點の內、入選は繪畫三百二十點、彫塑三十二點で、嚴選の結果、左記特賞が授與された。

二科賞 大澤昌助、早川國彥、田邊三重松、飯田清一井上覺造。

岡田賞 葛西康（以上繪畫）

二科賞 八柳恭二（以上彫塑）

尚又、今回展に於ける會員推薦は左の通りである。

小林喜一郎、田中忠雄、榎倉省吾、小出卓二、柏原覺太郎（以上五名）

皇藝會員作品

近く南方へ進出

京都在住の新進畫家を以て結成されてゐる皇藝會（舊稱＝皇國藝術聯盟）では豫ねて大東亞文化確立の一端として滿、華、泰、佛印等大東亞各地の重要都市に贈るべく會員各自分擔の下に制作中だつた作品五十點の完成を見たので、それ〴〵內地に於ける展觀を續けてゐたが、去る八月十一日から一週間に亘つた京都大丸での內地最後の展觀を終つて近く送出する運びとなつた。斯く大量の作品が一時に海外へ送られることは稀有であるのみならず、繪畫の南方への進出は正にこれを以てその嚆矢とされるので、彩管報國の熱意を迸らせ心血を傾けて各會員が生み出せるこれらの作品が齎らすべき成果には全く豫期以上のものがあらうと期待されてゐる。なほ同會では、陸海軍並に情報局支援のもとに成る佛印の聖跡アンコールワット調査の準備漸く完了を告げ、九月を期し壯途に就くこととなつてゐるが、これは實に前記南方への文化的進出繪畫五十點を得るに至つた動機をなすもので、これが結果にも絕大なる關心が寄せられてゐる。

栃木縣工藝美術作家協會

新たに結成、工藝報國に努力

今般栃木縣美術の研鑽助長に資すると同時に戰時下鄕土文化の發揚と併せて產業振興の見地に立つて『栃木縣工藝美術作家協會』が結成され、各々の職域を以て工藝報國に努力する事になつた。役員と會員は左の通りである。

「顧問」栃木縣經濟部長岡本三良助、同商工課長伊吹貞治、「會長」栃木縣商工獎勵館長森正、「會員」濱田庄司、鈴木賢二、川上澄生、入見與四郎、高田松次郎、河合隆三、塚本武、見目喜一郎、佐久間藤太郎、齋藤文石、鈴木峰齋長谷川虎三、井上鶴吉、中山勝一田野琢洞、篠春吉、熊代重延日渡廣志、阿部憲、井下彰。

大森光彦氏

興亞院重務で滿洲から歸る

興亞院の重務を帶びて滿國に出張、滿洲國督學官沈立氏を帶同して東奔西走大興亞美術文化の視察を了へて四ヶ月ぶりで歸京した大森光彦氏は、報告書や資料の整理と、文展出品、三越吉例の個展の製作準備などで忙殺されてゐるが、寸談に聽くと——

各地を強行軍で步いた後、北京には一ヶ月も滯在しましたこの間汪主席を始め要路の人々をも訪ひ、意見の交換をしたのですが、多くは舊知なので、視察上何かとスムースに進行しました。各地とも製作施設は全く休止の狀態で、先づ合辦によつてこれを復興し滿洲方面の基礎を建てねばなりません。文化交流もその上の事で、これが急務ですが全く長期運動です。十一月には大博覽會があり、その內の三分の一は文化方面でやることとなりましたが斯うしたことは盛んになつて行かねばなりません。云々

注目、美術部の改廢

——デパートの賣場縮少に伴ふ問題

時局下空家難を緩和する意向も加味されて、デパートの賣場縮少の問題が昨年あたりから話題に上り、一部デパートでは既に實現を見てゐるが、最近、當局の慫慂に依り『長期戰に堪へるために』もと全國のデパートが相當大掛りな縮少を見ることとなり目下對策を練つてゐる折柄美術部、美術催物會場等をいかに存續させるかが一般の注目の的となつてゐる。デパート側では、文化の向上に幾分でも貢献するものがあると自負する美術催物は、少くとも從來の儘とし他の賣場を縮少する意向を持つてゐる。日本百貨店組合では賣場の縮少に付、その方法程度等を愼重協議中である。同組合では左記語る——

個々のデパート各賣場の縮少は、各個で適當に決定するものであるから、當組合側からどの賣場をどの程度に縮少したがよいとの意見は述べない唯、今後の方針が實用本位に一部商品、例へば生活必需品に重點を置く樣になれば、自然美術の方面は大英斷を以て縮少又は廢止することになる。然しデパートに於ける美術關係が文化の向上に役立つものがありとすれば、より完備すべき方策を執らなければならないであらう。然し今の處何れとも決定してゐない。

京都陶藝に福音

＝共同窯近く設置＝

わが國工藝美術界に重きをなす陶藝品製作上長きに亘つてその必要を痛感されながら今日までその實現を見るに至らなかつた京に於けるこれら陶藝品さしあたり裝飾品のみに限定された各作家の共同窯が近く設置されることにその決定を見た。場所その他に關しては目下銳意研究が續けられてゐるが、實現の曉は更に京都陶藝界に一段の飛躍を齎らすものとして多大の期待が寬められてゐる。

村上華岳三周忌記念出版具體化

特異の畫風を以て日本畫壇に重きをなしてゐた村上華岳氏、逝いて早や三年に垂んとするに際し、入江波光、中井宗太郞氏らが發起人となり故人の代表的作品並に數多の文章を輯め、その三周忌記念に出版しようとの企てが具體化するに至り昨今關係者の手により準備されつゝある。

版畫工藝講習會

東京市職員美術部で

描くと云ふことは畢竟道への追及である、古來劍道、弓道等と共に畫道として稱へられてゐる、人生求道と藝術精神は常に一致しなければならない、依つて美術を通じて道に徹し人格を陶冶し、之を市政に反映させることも亦一つの幅を持つ吏道である、との趣旨で、東京市職員美術部では本月十五日から二十六日迄版畫科、十月十日から十六日迄工藝科の講習會を職員特別食堂會議室で開催することになつた。最近市職員間で美術への關心が高まりつゝある折柄、發表直後數日にして早くも定員に近い受講申込を受けた。尙これが講師は、版畫に東京美術學校講師平塚運一氏、工藝に同校教授磯谷阿岐良氏を夫々依囑する事になつた。

豫報

舞臺協會の數氏を容れて「新協」第八回展

玉村方久斗氏水墨に氣を吐く

美術新協第八回公募展は十五十六兩日その出品搬入を終るが昨年よりは遙かに多數の新搬入者で賑ひ、十七日から審査で、愈々二十三日から十月四日まで東京府美術館で開會する事となつた。新協はその出品中、舞臺裝置は伊藤喜朔氏及び舞臺協會系の作家の參加を見てゐたが、今年からは同協會の

田中良、數馬英一、作原包吉
遠山靜雄

の四氏が更めて新協會員に加はり舞臺美術を新協直下の藝術運動に移し一層の飛躍をする事となつた。絕えず進展躍動に燃ゆる玉村方久斗氏の藝術報國の運動はいよ〱擴大して目ざましいものがある。なほ新興院展の芝垣興生氏も二三を率ゐて參加出品をするとの噂もあり注目される。

猶、今回出品中、玉村方久斗氏は甲州山帶を二曲二双の大作に描いたもので、東京街頭風景の大聯作は既に出來したが、人物花鳥を綜合した「菊と子供」は新時代の菊慈童とも見るべきかまた「職長と子供」が强靱な描線を巧みに驅使して水墨で職長の服姿を如何に表現したかは必ずや重視され、問題作となるであらう。

三三美術團

近く第一回公募展

日本畫、洋畫の差別を越え日本的性格に基く新時代の繪畫道を拓き明日の日本文化建設に寄與せんとの趣旨で「三三美術團」が結成され、其の第一回公募展

展覽會の暦

▽西本白鳥水墨展　九月十五日から十七日迄銀座村松時計店ギャラリー
▽烟雲會日本畫展　九月十五日から廿日迄上野松坂屋
▽等和會試作展　九月十六日から十九日迄銀座菊屋ギャラリー
▽田中寅三油繪展　九月十六日から十九日迄銀座日動畫廊
▽くろも會第九回油繪展　九月十六日から十九日迄銀座資生堂ギャラリー
▽山梨縣人書畫展　九月十六日から廿日迄日本橋白木屋
▽明朗美術第九回展　九月十七日迄府美術館
▽國風彫塑第八回展　九月十七日迄府美術館
▽珊々會第八回展　九月十七日から廿二日迄日本橋高島屋
▽東京みづゑ會展　九月十七日から廿二日迄新宿三越
▽白日莊主催現代大家新作日本畫展　九月十七日から廿三日迄日本橋三越
▽三三美術團展　九月十七日から廿五日迄日本美術協會
▽朝倉彫塑展　九月十八日から卅日迄府美術館
▽二科第廿九回展　九月廿日迄府美術館
▽第廿九回院展　九月廿日迄府美術館
▽寺田政明第一回油繪展　九月廿日から廿二日迄銀座日動畫廊
▽內海加壽子日本畫展　九月廿日から廿二日迄銀座資生堂ギャラリー
▽大輪畫院第五回展　九月廿一日から廿九日迄日本美術協會
▽新制作派第七回展　九月廿二日から十月四日迄府美術館
▽春岱翁古陶展　九月廿二日から廿七日迄上野松坂屋
▽美術新協第八回展　九月廿三日から十月四日迄府美術館
▽一水會第六回展　九月廿三日から十月四日迄府美術館
▽新美術人協會日本畫展　九月廿三日から廿五日迄銀座資生堂ギャラリー
▽光高、昌風日本畫展　九月廿四日から廿六日迄銀座鳩居堂
▽綠巷會秋季展　九月廿六日から卅日迄銀座青樹社
▽穹窿會第二回展　九月廿六日から廿九日迄銀座資生堂ギャラリー
▽擇艸會展　九月廿六日から廿九日迄銀座菊屋ギャラリー
▽吉田白流邦畫展　九月廿九日から十月四日迄上野松坂屋

が九月十九日から廿五日迄上野の日本美術協會で開催される。同人は左の十七氏である。伊藤仁三郎、今井繍人、梅原藤披、長谷川優策、佐々木孔
宮川仁、要樹平、澤田石民、野々口重、松下義晴、林司馬高階重紀、成井弘文、新見虚舟、椎野修、濱倉清光、雜賀文子

乾山・光琳・宗達展注目

十月一日から五日間日本美術協會

乾山、光琳、宗達展覧會が乾山同好會主催の下に來る十月一日から五日間上野の日本美術協會で開催される。同展は、由來乾山の作品に就ての鑑賞が區々で、或人は名作だと讃へ、或人は僞物だと貶し、いづれも確たる根據なく唯その人の見た感觸に依つて漫然と決定する傾向があり、美術界に取つても亦國家の爲にも非常な損失であるとし乾山は初代から十代以後までつゞき其の作品は時代に依つて變化があるので、此展觀には特に各時代の作品を併せて陳列し、約百點の眞否を識別鑑賞に供する由。

等和會試作展

銀座菊屋ギャラリー

等和會の試作展が九月十六日から十九日迄銀座の菊屋ギャラリーで開催される。同會は今回日頃氣の合つた若け挿繪畫家達が先輩富田千秋氏をリーダー格に畫道の研究に激勵し合ふ目的で結成された和かな團體で今回展は第一回の試作展である。

山梨縣人書畫展

美術協會結成前提

山梨縣縣人書畫展が九月十六日から日本橋の白木屋で開催される。同展は山梨縣出身で東方書道會の山下涯石、大橋曉山雨宮金鳳、内藤香石、金子玉山萱沼貞石の六氏が同郷の日本畫々家望月春江、穴山勝堂、近藤浩一路の諸氏を始め、無鑑査級の同縣人の參加を求め、山梨美術協會を結成する前提としての展觀で、今回は取敢えず望月春江氏の賛助出品程度である。

久邇宮家へ

小早川秋聲氏上納

小早川秋聲氏は宿痾を押して早苗會試作展に北條時宗の首を描いて出品したが、これは豫ねてから久邇宮家から御下命を拜してゐる「相模太郎北條時宗像」——二尺五寸幅、丈幅——の一試作で今回之れを擱筆して上納した處宮家から過分の御言葉を賜り同氏は頗る感激してゐる。尙同氏は暫く靜養後滿州建國十周年慶祝の爲昨春依囑された「大地豊」——八尺に七尺——壁畫を本秋の慶祝記念日までに完成すべく張り切つてゐる。

難波田龍起個展

——銀座青樹社——

美術創作協會の難波田龍起氏の個展が銀座の青樹社で九月廿一日から廿五日迄開催される。氏の個展は今回が初めてゞ、出陳作品は國展出品以後のもの。フォルム展當時から美術創作展に至る約八年間に於ける作品の發表で、其趣旨は、一般の嚴正な批判を仰ぎ以つて新しき時代への發足に資せんとする念願からとある。

▽▽目睫に迫る春臺秋季展△△

——九月二十日から一週間銀座三越

春臺美術の秋季展が例に依り故岡田三郎助氏の命日九月廿三日を偲ぶ爲九月廿日から廿六日迄銀座の三越に於て開催される。出陳作品は約四十名の評議員と本年度春臺受賞者の他顧問和田三造、辻永兩氏、賛助中村研一氏等の賛助出品がある。

新美術人協會第二回小品展

◇……九月廿三日から廿五日迄資生堂

新美術人協會の第二回小品展が九月廿三日から廿五迄銀座の資生堂ギャラリーで開催される。同人の福田豊四郎氏はまだ南方の從軍より歸京しないが吉岡堅二氏は既に歸京し、南方のスケッチより取材して出品し、其他の會員いづれも小品展とは云へ春の展覧會に劣らぬ意氣込みで目下其制作に大童である。

乾坤社四回展

大阪松坂屋を皮切りに

矢野知道人氏の主宰する乾坤社では第四回展を、九月下旬大阪日本橋松坂屋を皮切りに、十月廿四日から同二十九日迄名古屋廣小路松坂屋、引き續き十一月二十三日から十二月七日迄、東京上野の府美術館で開催する。同展の鑑査は同人及び社人が行ひ、優秀な作品には、乾坤社賞を授與する。出品は一人二點以内とし、出品作品は、最少寸法は横六尺、縱五尺五寸（二回屛風半双寸法）とし、尙六曲半双及び六曲一双屛風凡て枠張は運送の關係から一切之れを使用しない事になつてゐる。

近く烟雲會展

烟雲會展は、來る十五日から二十日迄上野松坂屋で開催される。

——業界消息——

▽川邊敏哉氏　青樹社に長らく勤務中の處今般圓滿退社す。洋畫商として獨立し、京橋區銀座西六丁目一京濱ビルに事務所を設置した。

東京みづゑ會

第十二回展

東京みづゑ會の第十二回展が九月十七日から廿二日迄新宿の三越で開催される。出陳作品は水彩百餘點　即賣もする。

光高昌風聯合展

——銀座の鳩居堂——

明朗聯盟の逸材東條光高、山下昌風兩氏の聯合個展が九月廿四日から廿六日迄銀座の鳩居堂で開催される。東條氏は宗教方面に取材し、老子、孔子、徐福其他を「東洋思想演繹譜」の題下に敢鬪、山下氏は中支や南支に從軍中の收穫である「若き少尉の戰死」、「戰場の夢」、「ジャングルを衝く」其他敢鬪を發表する。近く烟雲會展の理事を入れる。

「旬刊」美術新報　東京一三五五
昭和十七年九月八日印刷
昭和十七年九月十日發行
發行日　毎月三回（一日十日廿日）
購讀料
一册金五十錢（郵税一錢）
一ヶ月三册金壹圓五十錢（送料共）
編輯發行兼印刷人　東京市麴町區九段一ノ一四　猪木卓爾
印刷所　麴町區九段一ノ一四　資文堂
發行事務所　日本美術新報社　電話九段二七一五　振替東京一六二五〇
日本出版文化協會會員　一二一三五番
配給元　日本出版配給株式會社
發行所　東京市日本橋區東片町八二　日本美術新報社

通信は發行事務所へ

綱領

一、大東亞共榮圈確立の使命の下に、吾等は興亞意欲の藝術的體現を期す

一、肇國精神の傳統に基き、吾等は美術の大政翼賛を期す

一、八紘一宇の精神を顯現し、吾等は日本美術の海外進出を期す

公募

會場　東京府美術館

會期　自十一月二十七日―至十二月七日

搬入　十一月二十三日・二十四日

日東美術院第二回展

統裁　園部香峰

事務所　東京市大森區堤方町九〇七

（出品規定進呈）

第百十八回

日本美術協會繪畫展覽會

搬入期間　昭和十七年十月六七兩日

會　期　十月十一日ヨリ同月廿五日マデ

參考品陳列

下谷區上野公園櫻ケ岡

財團法人　日本美術協會

優良薬品

カミツクス	外科・皮膚科・疾患　塗布新治療薬	一〇瓦入　一、二〇
肺炎錠	肺炎・痲疹・感冒特効薬	二〇錠入　一、〇〇
ネオセールモン錠	代謝機能促進　綜合ホルモン劑	一〇八錠入　三、三五
アラスター	各種痔疾強力治療薬	五ケ入　、六五
[illegible]疹錠	急性・慢性蕁麻疹専門薬	五五錠入　、五〇
三式錠	健胃・清腸・强壯　薬	二〇〇錠入　一、三〇
自强丸	薬用人蔘主劑　婦人保健薬	二三五粒入　一、三〇
ホンドリオ	新製劑　小ジワ取り美顔薬	普及瓶　一、五〇

全國總代理店

日本橋横山町

花生堂薬品株式會社

昭和十年一月十二日第三種郵便物認可　第三十六號
昭和十七年九月十日發行（毎月三回十日發行）
九月中旬號
（金壹圓五十錢一ケ月三冊）
定價金五拾錢
（郵稅一錢）

復刻版
旬刊美術新報《じゅんかんびじゅつしんぽう》
第1回配本（第1巻〜第3巻・別冊1）

2017年5月1日　第1刷発行
揃定価（本体75、000円＋税）

発行者　細田哲史
発行所　不二出版
東京都文京区向丘1-2-12
TEL03(3812)4433
印刷所　富士リプロ
製本所　青木製本
乱丁・落丁はお取り替えいたします。

第3巻　ISBN978-4-8350-8024-6
第1回配本（全4冊 分売不可 セットISBN978-4-8350-8021-5）